KB065797

아도르노 강의록 002

미학 강의 Ⅰ

Ästhetik(1958/1959)

테오도르 W. 아도르노

문 병 호 옮김

세창출판사

아도르노 강의록 002

미학 강의 Ⅰ

초판 1쇄 발행 2014년 5월 10일
초판 2쇄 발행 2019년 10월 7일
-
지은이 Theodor W. Adorno
옮긴이 문병호
펴낸이 이방원
편집 이미선 · 김명희 · 안효희 · 윤원진 · 정조연 · 정우경 · 송원빈
디자인 손경화 · 박혜옥   **영 업** 최성수
-
발행처 세창출판사
신고번호 제300-1990-63호
주소 120-050 서울시 서대문구 경기대로 88 냉천빌딩 4층
전화 02-723-8660 팩스 02-720-4579
이메일 edit@sechangpub.co.kr   홈페이지 www.sechangpub.co.kr
-
ISBN 978-89-8411-465-4 94160
      978-89-8411-369-5 (세트)

이 도서의 국립중앙도서관 출판시도서목록(CIP)은 e-CIP홈페이지(http://www.nl.go.kr/ecip)와 국가자료공동목록시스템(http://www.nl.go.kr/kolisnet에서 이용하실 수 있습니다. (CIP제어번호: CIP 2014012159)

1 이 책의 토대는 테오도르 W. 아도르노가 1958/1959년 겨울학기에 프랑크푸르트 대학에서 21회에 걸쳐 진행한 강의이다. 강의는 원래 25강으로 계획되었으나 아도르노의 건강 상태가 좋지 않아 21강으로 마감되었다.

2 21강에 뒤이어 나오는 '핵심용어들'은 아도르노가 이 강의를 위하여 메모한 내용이다. 독일어 판본의 편집자는 '핵심용어들'을 아도르노가 했던 메모의 형태를 원래대로 유지하면서 원전의 뒤에 수록해 놓았다. 편집자의 의도에 맞도록, 한국어 번역판도 메모의 원래의 형태를 가능한 한 최대로 유지하려고 노력하였다. 아도르노가 실제로 행한 강의들은 그러나 '핵심용어들'에 메모가 되어 있는 순서, 내용과 정확하게 일치하지는 않는다. 강의가 그의 계획대로 진행되지는 않았기 때문이다. 이 책을 모두 읽은 후에 '핵심용어들'을 세밀하게 검토해 보면, 아도르노의 미학을 파악하는 데 많은 도움이 될 것으로 사료된다.

3 이 책의 맨 앞에 있는 '차례'는 원전에서는 맨 뒤에 '개관'이라는 제목으로 첨부되어 있다. 한국어판에서는 그러나 독자의 편의를 위해 '개관'을 '차례'로 바꾸어 책의 맨 앞에 배치하였다. '개관'이 갖는 의미에 대해서는 편집자 후기를 참조하기 바란다.

4 '편집자 주'에 있는 내용 중에서 편집자가 이 강의의 이해에 도움이 되도록 학문적 차원에서 달아 놓은 주석들은 모두 한국어로 번역하였다. 그러나 '편집자 주'의 서지 정보는 독일어 원문을 그대로 유지하였다. 이는 전문 연구자들의 연구에 도움을 주기 위함이다. 동시에, 독일어에 익숙하지 않은 독자들을 위해 옮긴이가 필요하다고 판단한 경우에는 책이나 논문의 제목 정도를 한국어로 번역해 놓았다. 괄호 사용은 소괄호 '( )'를 원칙으로 하고, 괄호가 중첩될 때에는 대괄호 '[ ]' 내부에 소괄호 '( )'를 사용하였다.

5 원문에서 이탤릭체로 처리된 '강조'는 한국어 고딕체로 처리하였다.

아도르노의 저술들은 전집(롤프 티데만Rolf Tiedemann이 그레텔 아도르노
Gretel Adorno와 수전 벅-모스Susan Buck-Morss 그리고 클라우스 슐츠Klaus
Schulz의 도움을 받아 편집한 것으로 1970년 프랑크푸르트 암 마인Frankfurt
am Main에서 출간되었다) 그리고 유고들(테오도르 W. 아도르노 자료실 편,
프랑크푸르트 암 마인, 1993)에서 인용하였다. 줄임말들은 아래와 같다.

GS 1　Philosophische Schriften. 3. Aufl., 1996.
철학논문집

GS 2　Kierkegaard. Konstruktion des Ästhetischen. 2. Aufl., 1990.
키르케고르. 미적인 것의 구성

GS 3　*Max Horkheimer und Theodor W. Adorno*, Dialektik
der Aufklärung. Philosophische Fragmente. 2. Aufl., 1996.
계몽의 변증법

GS 4　Minima Moralia. Reflexionen aus dem beschädigten Leben.
2. Aufl., 1996.
미니마 모랄리아

GS 5　Zur Metakritik der Erkenntnistheorie/Drei Studien zu Hegel. 5.
[recte: 4.] Aufl., 1996.
인식론 메타비판 / 헤겔 연구 세 편

GS 6　Negative Dialektik/Jargon der Eigentlichkeit. 5. Aufl., 1996.
부정변증법 / 고유성이라는 은어

GS 7　Ästhetische Theorie. 6. Aufl., 1996.

미학이론

GS 19 Musikalische Schriften VI. 1984.

음악논문집 VI

GS 20·1 Vermischte Schriften I. 1986.

기타 논문집 I

GS 20·2 Vermischte Schriften II. 1986.

기타 논문집 II

NaS I·1 Beethoven. Philosophie der Musik. Fragmente und Texte, hrsg. v. Rolf Tiedemann, 1993.

베토벤. 음악의 철학

NaS I·2 Zu einer Theorie der musikalischen Reproduktion, hrsg. v. Henri Lonitz, 2001.

음악적 재생산의 이론

NaS IV·14 Mataphysik. Begriff und Probleme(1965). hrsg. von Rolf Tiedemann. 1998.

형이상학 강의

미학 강의 I

Ästhetik(1958/1959)

미학 강의 Ⅰ

여러분이 이 강의에서 경험하게 될 철학적 미학은 어려움이 많은 학문 분과입니다. 이것은 특히 철학의 영역 안에서 발생하는 어려움입니다. 나는 경험하게 될 것이라는 말을 바로 앞에서 함으로써, 이 강의에서 미학에 대해 어떤 '견본'을 여러분에게 제공하게 되기를 바라는 희망을 말한 것이 되었습니다. 이런 희망이 이루어지기를 바랍니다. 철학적 미학은 조금은 불신에 처하게 되었습니다. 철학의 다른 분과들이 일관성 있게 발전해 온 것에 비교해 볼 때 미학은 지난 30년 동안 일관성을 갖지 못한 채 다루어진 학문 분과였습니다. 피셔 출판사에서 최근에 나온 철학사전을 한번 보기 바랍니다. 내가 알기로는, 그곳에 프렌첼Ivo Frenzel[1]이 집필한 '미학' 항목이 있습니다. 그곳에서도 여러분은 철학적 미학이 왜 일관성 있게 논의되지 못했는가 하는 이유를 발견할 수 있을 것입니다. 거기에서 제시된 이유는 크게 보아 두 가지입니다. 철학적 미학은 끝이 없을 정도로 전제조건들이 많은 학문 분과이다, 철학적 미학이 매번 그 기초를 두는 철학 전체에 의존되어 있다, 특히 인식론에 의존되어 있다, 철학 전체의 흐름이 바뀔 때마다 거의 저항해 볼 틈도 없이 그 흐름에 휩쓸려 들어간다는 이유들이 제시되고 있습니다. 한편으로는, 예술작품이라는 것이 구체적으로 출현하지만 그 자체에서 결코 한 번도 명확하게 꿰뚫어진 적이 없었으며 예술작품이라는 특징 뒤에 숨어 있듯이 머물러 있었다는 이유도 나와 있습니다. 다른 철학적 학문 분과들에 비해서 철학적 미학에는 확실한 존립 근거가 없다는 것입니다. 그러나 다른 철학적 학문 분과들에는 확실한 존립 근거가 있다고 하지만, 나는 이것도 따지고 보면 불안정한 근거일 뿐이라는 견해를 말하고 싶습니다. 이에 관련하여 우리는 다음과 같은 사실을 알 수 있습니다. 우리가 일반적으로 수용할 만한 것이지만 거기에서 우리는 아무것도 없는 껍데기만을 마주치게 되는 경우들이 있는 것입니다.[2] 여기에서 논리학 문장들에 대해 잠깐 언급하겠습니다. 내가 여러분에게 말하고 싶은 것이지만, 논리학 문장들은 가장 형식적이면서도 아무것도 말해 주지 않습니다. 존립 근거의 불안정에 관한 논의에서 논리학 문장들은 예외인 것입니다.

이제부터는 철학적 미학과 미학을 동일한 개념으로 사용하도록 하겠습니다. 나는 오늘날 미학에 고유하게 들어 있는 상황이 오히려 다음과 같은 이유에서 유래한다고 생각하고 있습니다. 미적 사고의 지속적 전통과 같은 것이 존재하지 않았다는 것이 미학이 오늘날 처한 상황을 말해 주고 있습니다. 미학이 인식론과 논리학의 영역에서, 최소한 학문 이론과의 연관관계에서 지속적인 전통을 이루면서 존재했어야 함에도 그렇지 못한 것입니다. 미학이 다소간 갑작스럽게 비약하는 것과 같은 모습을 보이면서 흘러왔고 특정한 철학적 입장으로부터 미적인 이론들을 전개시키는 시도에서도 중심을 못 잡고 이리저리 동요했다는 것도 오늘날 미학이 처한 상황에 원인을 제공하는 요소입니다. 또는 역으로 다음과 같이 생각해 볼 수도 있습니다. 미학의 문제를 예술작품에게 간단히 떠넘겨 버리고 예술작품에 나타난 경우를 가능한 한 서술적으로 말함으로써 이러한 방식으로 미학이 성립된다고 생각해 버리는 태도입니다. 완벽하게 펼쳐진 미학을 이 강의에서 여러분에게 제공할 수 있다는 약속을 내가 할 수는 없습니다. 그 이유는 아주 간단합니다. 내 자신의 고유한 미적 생각들은 아직 흐르는 물과 같은 상태에 있고 완벽하게 펼쳐진 미학에 부응하는 형태가 아직은 전혀 형성되어 있지 않기 때문입니다. 또 다른 간단한 이유도 있습니다. 두 시간짜리 강의로는 시간적으로 볼 때 완벽하게 그 모습을 드러낸 이론을 여러분의 손에 제공해 줄 수 없기 때문입니다. 그럼에도 나는 이 강의에서 여러분에게 아마도 최소한 다음과 같은 문제들에 대해 개념을 제공할 수 있을 것으로 생각하고 있습니다. 다시 말해, 미학에 관한 이론, 즉 철학적 미학이 가능하다는 것, 미학이 오늘날 가능하다는 것, 미학이 요구되고 있다는 것을 말할 수 있게 될 것입니다. 나는 여러분에게 최소한 그러한 미학을 어떻게 볼 것이냐 하는 문제를 예술적 현상들의 모델들에서 논의하면서 내 나름대로의 미학을 펼쳐 보이게 될 것입니다. 이 강의가 제기하고자 하는 요구는 많습니다. 오늘날 나에게 매우 절박한 문제로 다가오는 철학적 미학을 여러분에게 설명하려는 의지를 갖고 있기 때문입니다. 이 강의가 제기하는 요구는 그러나 다른 한편으로는 거의 없습니다. 이 강의가 철학적 미학 자체를 본질에 맞게 펼쳐 보일 수 있다는 것에 대해 나 스스로 신뢰하고 있지는 않기 때문입니다.

미학은 위대한 철학에 의존되어 있으며 철학적 미학은 철학적 이론들에 관련되어 있습니다. 나는 이 문제에 대해 여러분에게 이 강의의 시작과 더불어 짧게 설명하고자 합니다. 철학과 미학의 관계를 고려할 때 나타나는 문제에 대해 여러분이 이 자리에서 미리 짚고 나가는 것이 좋기 때문입니다. 칸트 미학, 미적인 것에 대한 칸트의 정의, 또는 최소한 미적인 것에 대한 칸트의 정의들 중의 하나는 여러분 중에 많은 분들이 이미 잘 알고 있듯이 "이해관계 없는 편안함"[3]입니다. 즉, 주체인 우리에게 편안함으로 준비되는 대상들을 뜻합니다. 우리가 갖는 욕망의 능력이나 의지가 개입되지 않은 상태에서 우리로부터 나오는 이해관계가 바로 이해관계 없는 편안함입니다. 예를 들어 우리가 예쁘게 생긴 사과를 먹으려고 하는 순간 우리는 더 이상 미적으로 행동하고 있지 않으며, 동물적이나 자연적으로 행동하는 것이 됩니다. 이렇게 되면 예술적인 것에 대한 칸트의 정의는 상처를 입게 됩니다. 이것이 명백하다는 것은 두말할 나위도 없습니다. 그러나 이것이 그처럼 명백하고 철학이 칸트의 규정과 같은 그러한 규정으로부터 벗어날 수 있는 가능성이 매우 낮다고 하더라도, 그러한 규정은 규정들의 열列에 필연적으로 되돌아가고 맙니다. 또한 규정들의 열은 칸트 철학에 정말로 독특한 것이기도 합니다. 그러한 규정은 우리가 '선험적 주관주의'라고 명명할 만한 틀에 일단은 들어 있는 것입니다. 여기에서 미적인 것의 본질은, 미적인 것이 주체들인 우리에 대해 갖고 있는 관계로부터 출발하여 이 관계에 의해 인식된다는 것입니다. 반면에, 즉자 존재로서의 미적인 것에 대한 생각, 다시 말해 미적인 것에 대한 생각은 우리에게 특별하게 들어 있는 대상 파악 형식들로부터 독립된 채 존재할 것이며, 그러한 형식들에 대해서 독자적으로 출현할 것입니다. 이러한 생각은 미적인 것에 대한 칸트의 정의에서는 고려되지 않고 있습니다.[4] 미적인 것에 대한 칸트의 정의定義는 또한 더 나아가 편안함의 기준과 같은 형식적인 기준을 전제로 하고 있습니다. 칸트의 기준은 우리의 감각적 직관에의 필요성을 오로지 만족하는 것으로만 느낄 뿐이지 불만족스러운 것으로 느끼지는 않는다는 문제점을 안고 있습니다. 내 생각으로는, 여기에서 여러분 모두 단 몇 초 동안만 깊이 생각해 볼 필요가 있다고 봅니다. 우리가 미적인 것이라고 명명하는 것이 실제로 항상 감각적으로 편안함의 특징만을 갖고 있는지의 여부를 생각해 보아야 하는 것입니다. 감각적으로 편안함이라는 개념이 최소한 형편에 따라서는 끔찍한 분화와 복잡화를 경험하게 함으로써 원래 본질적으로 평평한 생각인 감각적 편안함에서 더 이상 남아 있는 것이 없지 않느냐 하는 생각도 해 보아야 합니다. 여러분이 이렇게 생각해 볼 필요가 있는 것은, 칸트 철학의 그러한 전제에 근거하여 미적인 것에 대해 이해를 제공하는 정의가 미적인 것에 대한 이해 가능성을 많이 상실하게 할 수 있기 때문입니다. 다시 말해, 나는 여기에서 미학이 철학이 가진 문제 전체에 휩쓸려 들 수 있다는 우려를 표명하고 싶습니다.

이제 미적인 것에 대한 칸트의 정의와 비교해 보기 위해 헤겔『미학』에서 나타나는[5] 미적인 것에 대한 정의定義를 소개하려고 합니다. 미적인 것에 대한 헤겔의 정의는 셸링[6]의 『예술철학』,『의지와 표상으로서의 세계』[7] 제3권에 나오는 정의와 더불어 미학이 이론적으로 성취한 가장 의미 있는 업적들에 속합니다. 앞에서 제시한 미학들은 독일 관념주의라는 전통에서 칸트에 직접적으로 접맥되어 있기도 합니다. 미적인 것에 대한 헤겔의 정의는 다음과 같습니다. 미적인 것은 "이념의 감각적 현현顯現"[8]이다. 여기에는 이념의 개념이 거의 플라톤적인 의미에서, 즉 실제적인 것, 주어진 어떤 것, 출현할 수 있는 어떤 것으로 전제되어 있습니다. 이념의 개념은 칸트 철학에서는 배제되어 있었습니다. 칸트 철학은 유한한 실증성으로서의 이념을 다루는 것을 금지하였기 때문입니다.[9] 여러분이 당장 당연히 알 수 있는 것은 아니지만 헤겔의 철학에 대해 함께 생각해 보면, 헤겔 철학에서는 미적인 것에 대한 칸트의 정의가 비판되고 있습니다. 다시 말해, 헤겔 철학은 이념, 절대적인 것을 구축하고 이에 상응하여 인식하고자 하는 요구를 제기하고 있습니다. 이것을 이해할 때, 미적인 것은 이념의 감각적 현현이라는 주장이 그 의미를 얻을 수 있는 것입니다. 미적인 것에 대한 헤겔의 웅장한 정의와 같은 종류의 테제는, 이념이라는 개념과 같은 개념을 간직하고 있는 정신적 상황에서는 개념적 명증성을 영구적으로 상실하게 됩니다. 아주 많은 사람들은 그러한 테제를 독단적인 것, 환상에 지나지 않는 것으로 느낄 것입니다.[10] 이처럼 독단적이고 환상에 지나지 않는 것은 실재의 예술작품을 이해하는 데 거의 도움을 주지 않을 것입니다. 예술작품에서는 항상 직접적으로 그러한 이념이 결코 실현되고 있지는 않기 때문입니다. 그럼에도 나는 거의 모든 경우에서 헤겔의 처리방식에 특별히 근접해 있으며 헤겔 철학의 덕을 보고 있다는 사실을 이 강의의 시작과 더불어 여러분에게 말하겠습니다. 내가 미적인 것에 대한 헤겔의 정의에서 "이념의 현현"이나 "절대적인 것의 현현"

을 말하게 되면,[11] 아름다운 것 자체가 단순히 형식적인 것, 주관적인 것일 뿐만 아니라 그것 자체에 무엇이 있다는 사실로 되돌아가서 고찰하는 것을 의미합니다. 그리고 바로 이 점이 위대한 철학인 칸트 철학과 헤겔 철학의 근본적 차이와 관련되어 있기도 합니다. 미적인 것을 앞에서 말한 방식으로 고찰하는 것은 나 자신에 대한 성찰이 아닙니다. 예술에 대한 관찰자로서의 나 자신에 대한 성찰, 예술이 나에게 미치는 영향에 대한 성찰이 아닌 것입니다.[12] 반대의 경우가 맞습니다. 헤겔은 그의 『미학』에서 예술에 미치는 논論으로서의 미학에 대해 18세기부터 유래하는 견해를 신랄한 조롱을 퍼부으면서 다루었습니다. 나는 헤겔의 이러한 태도를 매우 정당한 것으로 받아들이고 싶습니다. 헤겔은 미적인 것이 어떤 객관적인 것, 어떤 실체적인 것, 사물 자체에 있는 어떤 것이라는 생각에서 출발하고 있습니다. 이러한 것들이, 단순히 주관적인 의식에 맞서서, 그러한 종류의 객관성을 필연적으로 갖고 있는 이념에 들어 있다고 보고 있는 것입니다. 주관적 의식의 개념을 그것의 전통적이고 플라톤적인 의미에서 단 1초 동안이라도 포착해보면 곧 문제점이 드러납니다.

이 점을 강의의 모두에 놓기 위해, 나는 우리가 이 강의에서 펼쳐 보이고자 하는 미적 객관성에 대한 생각에 미학에 대한 숙고를 맞추는 방식으로 진행하고 싶습니다. 이 생각은 미적인 것의 본질뿐만 아니라 모든 미적인 카테고리들이 그것들의 객관성에서 해명될 수 있으며 우리들 주체에 대한 단순한 영향으로서 파악될 수는 없다는 것에 기초하고 있습니다. 여기에 덧붙이고 싶은 것은 미적인 것은 단지 하나의 미적인 카테고리에 지나지 않으며, 이것이 고립된 채 있으면 미적인 것, 즉 예술적인 것의 전체 영역을 해명하는 데는 전혀 충분하지 못하다는 사실입니다.[13] 미적 객관성에 맞춰 내 생각을 진행시키면서도, 나는 다른 한편으로는 여기에서 헤겔적인 객관적 관념주의와 헤겔의 객관적 변증법을 단순히 참인 것으로 받아들일 수 있는 독단적인 태도를 취하지는 않을 것입니다. 나는 이 점을 잘 알고 있습니다. 내가 이 강의에서 시도할 수 있는 최대한의, 그리고 전적으로 카테고리들의 분석을 통해 여러분에게 다음과 같은 내용을 전달하려고 하는 것입니다. 다시 말해, 미적 객관성과 같은 것이 사실상 존재한다는 점, 변증법적 철학의 맞은 편에서 변증법적 철학과 본질적인 관계를 형성하면서 나에게는 항상 더욱더 많이 떠오르는 어떤 것이 미적 객관성과 관련을 맺고 있다는 사실을 보여주고 싶은 것입니다. 즉, 변증법적 철학에서 경험, 생동감 넘치는 경험으로서 인식되지 못한 채 밀폐되어 있었던 경험을 과일이 열매를 맺듯이 풍부하게 인식시켜 여러분에게 제공하고자 하는 것입니다. 단적으로 말하겠습니다. 내가 받아들이고 싶고, 우리가 이 강의에서 논의하고 싶은 주제인 미적 객관성은 미적 대상들, 즉 예술작품들의 사실관계들, 문제들, 구조들에 대한 분석으로부터 나오는 객관성으로서만 나타날 수 있습니다. 예술작품들 자체로 침잠해 들어가는 것 이외에 미적인 것의 객관성에 이르는 길은 존재하지 않습니다.[14] 나는 여러분에게 최소한 몇몇 모델들에서 미적인 것의 객관성에 이르는 길을 펼쳐 보이는 것에 대해 주저하지 않을 것입니다. 나는 객관적으로 방향이 설정된 미적인 고찰이 실행될 수 있다는 점을 믿고 있습니다. 이러한 고찰에 우리가 채택하는 방법론적인 표준 척도가 들어 있으며, 다시 한 번 여기에서 헤겔에 기대어 말한다면, 우리를 가능한 한 사물 자체에 순수하게 맡기는 것이 표준 척도인 것입니다.[15] 우리를 맡길 때 우리는 물론 사물에 대해 너무나 많은 관계를 맺어서는 안 됩니다. 그리고 우리가 사물, 개념[16]의 운동에 우리를 순수하게 맡기면 맡길수록, 우리가 고유하게 주체적으로 필요한 것도 더욱 힘 있게 인정받게 될 것입니다.

다른 한편으로는, 미학을 위에서부터 아래로 내려오는 방식으로 구축하려고 반복적으로 시도한 것은 매우 부당한 시도였다는 것이 명백합니다. 이 점에서 나는 전통미학에 대한 비판가들, 예를 들자면 모리즈 가이거Moritz Geiger[17]와 전적으로 동일한 견해를 갖고 있습니다.

개념적으로 선언하여 확정하는 방식으로 미적 카테고리들의 본질을, 이를테면 요하네스 폴켈트Johannes Volkelt[18]가 시도하였듯이 비극적인 것의 본질을 항상 밖으로부터 에워싸고 확고한 것으로 정해 버리는 것은 매우 부당한 것입니다. 여러분 중에서 생동감 있는 예술과 관계를 맺고 있는 청중들은 위에서 아래로 내려오면서 예술을 포괄하는 태도에 대해서 분명히 생각해 볼 수 있는 모든 불신을 품게 될 것으로 믿습니다. 위에서 아래로 내려오는 이러한 고찰방식, 일반개념적인 고찰방식은 이 방식의 일반성에 들어 있는 형식성의 특징에 의해 일반적으로—일반적이 되는 것은 그러한 고찰방식에 내재하는 개념적 형식성의 결과입니다— 다음과 같은 경향을 갖게 됩니다. 즉, 미적인 것의 인식을 위해 그 어떤 완전히 형식적인 카테고리들을 미적인 것에 갖다 대서 예술에서도 특정한 수학적인 비율이 지배하는 것처럼 말하기도 합니다. 또는 예술작품이, 힐데브란트Hildebrand[19]가 명명하였듯이 표면이 만든 선線의 형상(사람들이 항상 그렇게 명명해도 상관이 없는 일이지만)에서와 같은 특정한 방식에서, 그 어떤 형식적인 규칙들에 근거하여 무언가 우리를 만족시키는 것으로서 우리에게 나타나는 것처럼 말하는 경향을 보이는 것입니다. 여기에서 나는, 헤겔과 함께, 이러한 카테고리들이 생동감 넘치는 예술작품에 비교해 볼 때 전적으로 무언가 비정상적일 정도로 불충분한 것이며 표면적인 것에 지나지 않는다는 견해를 대변하고자 합니다. 내가 이러한 견해를 대변한다고 여러분이 나를 오해하지 않기를 바랍니다. 나는 위에서 말한 형식적인 모멘트들, 즉 수학적 비율과 형식적 규칙들이 중요하지 않다는 것을 말하고 싶지는 않습니다. 우리가 나중에 형식 미학과 내용 미학의 문제에 대해 논의해야 할 때가 오면, 이 문제에 대해 상세하게 다루어야 할 것입니다. 다시 말해, 형식 미학과 내용 미학이라는 두 카테고리는 서로 깊게 매개되어 있으며, 이른바 형식들은 퇴적된 내용이고, 미적인 내용도 그것 나름대로 형식에 의해 가장 깊은 내부까지 관련되어 있으며, 미적인 내용은 마치 원료처럼 경험세계로부터 받아들여 예술작품에 집어넣어서 만들어진 것은 결코 아닙니다. 우리는 이 점을 상세하게 논의하게 될 것입니다. 예를 들어, 오늘날 '구성'이라는 이름 아래 매우 중요한 것으로 받아들여지고 예술의 모든 매체에서 매우 활기차게 통용되고 있는 모든 문제는 형식적인 구성 요소들, 때에 따라서는 수학적 비율을 고려하지 않고는 전혀 생각될 수 없다는 점이 매우 확실합니다. 나는 이런 모멘트를 배제하고 싶지 않으며, 오히려 다음과 같이 말하고 싶습니다. 우리가 그런 모멘트를 고립시키는 순간에, 모멘트가 갖고 있는 생동감 넘치는 관계에서, 모멘트에 들어 있는 변증법에서 구체적인 예술적 내용을 들여다보지 않는 순간에, 우리는 정말로 잘못된 형식적인 것에 빠져들게 되고 마침내 학교 선생이 형식적으로 가르치는 것과 같은 태도에 빠져듭니다. 이처럼 형식적으로 가르치는 것에서는 그 어떤 형식적인 비율을 충족했느냐 또는 충족하지 못했느냐에 따라 예술작품이 쓸모가 있느냐 없느냐 하는 것을 판단해도 된다고 믿고 있습니다. 반면에 위대한 예술작품들에서는 그러한 모멘트들이 그 어떤 것으로 되는 것이 너무나 확실합니다. 위대한 예술작품들에서는, 모멘트들이 관련을 맺고 있는 예술적 내용이 특별한 모습으로 나타나는 것에서, 그러한 모멘트들이 자기를 표현합니다. 어떤 추상적이고 예술적 내용으로부터 분리되며 항상 통용되는 규정으로 자기를 나타내지는 않는 것입니다.

　　나는 또한 이 강의에서 방법론적인 것에 대해 여러분에게 지나치게 많이 말하는 것과 미학의 인식론적 기초들에 대해 장황하게 설명하는 것은 내 의도가 아님을 여기에서 말하고 싶습니다. 나는 이 강의를 그러한 문제들을 고찰하는 것으로 채워나갈 수도 있을 것입니다만 그렇게 하지는 않을 것입니다. 철학자들이 미학과 같은 대상을 다룰 때, 그들은 견실함에 대한 필요성 때문에 강의의 서두에서 먼저 숙고한 내용을 멀리 넘어가서는 결코 안 된다는 생각을 갖고 있습니다. 이런 생각이 철학자들에게 결여되어 있지 않다는 사실을 나는 잘 알고 있습니다. 나는 철학자들이 갖고 있는 이런 생각과 그 시도를 낮게 평가할 의도는 전혀 없습니다. 그럼에도 그러한 시도에 대해 나를 방어하고 싶습니다. 바로 이 점에서 나는, 첫 시간인 오늘 여러분에게 고백해도 된다면, 헤겔주의자입니다. 나는 금속을 다루는 연습을 해야만 마침내 대장장이가 된다는 생각을 간직하고 있습니다. 방법을 추상적인 상태에서 일단 서술하고 그럴듯한 멋진 말처럼 그 어떤 대상들에 '적용'하는 방식으로는 방법을 정말로 제대로 포착하지 못하며, 방법을 내부로부터 확실하게 하지도 못하는 결과에 이르게 되는 것입니다. 그러한 방식은 이미 인식의 각 영역에서 회의적인 처리방식이 되고 있습니다. 회의적인 처리방식은 예술에 대해서도 예술이 비속한 것에 지나지 않는다는 의심을 내놓고 있습니다. 나는 그러한 처리방식을 행하지 않을 것입니다. 미학에서는, 어떤 방법이 사물 자체로부터 분리된 채 그 방법을 표현하는 경우가 없을 것입니다. 그런 방법은 존재하지 않는 것입니다. 그러므로 나는 여기에서 차라리 다음과 같이 시도하고 싶습니다. 내가 펼쳐 보일 미적 카테고리들에 대한 개별적인 설명에서 여러분이 내가 사용하는 방법을 배우게 되도록 시도하고 싶은 것입니다. 이것이 이른바 방법을 강의의 시작에서 추상적으로 여러분에게 제시하는 것보다 더 나을 것이라고 생각합니다.[20] 여러분 중에 많은 분은 내가 시도하는 방법이 매우 단편적이고 우연적이라는 느낌을 갖게 될 것입니다. 내가 사용하는 방법이 원리적이지도 않고 항상 같은 방식으로 서술되고 적용되지 않기 때문입니다. 그러나 나는 내가 사용하는 방법이 불가능한 것이라고는 생각하지 않습니다. 그렇다고 해서 내가 내 생각에 반대하는 입장에 대해 할 수 있는 것도 없습니다. 다만 나의 작은 책들에서 방법과 사물을 분리하는 것에 대해 나를 방어하는 반론을 시도하였으며, 헤겔도 이미 앞서 생각했던 이러한 모티프를 현재의 의식이 처해 있는 상태로부터 출발하여 전개시켰다는 사실을 여러분에게 주지시켜 줄 수 있는 것이 전부입니다. 이에 대해 여러분이 가치를 부여한다면, 여러분은 『인식론 메타비판』[21] 서문과 「형식으로서의 에세이」[22]에서 상세한 내용을 볼 수 있습니다. 「형식으로서의 에세이」에서는 이 문제를 가장 넓게 다루었습니다. 그러나 나는 이러한 문제들에서 엄격주의자는 아닙니다. 내가 정말로 사물 자체로부터 순수하게, 예술작품들 자체로부터 순수하게 당장에 모든 카테고리를 뽑아내려고 마음먹고 있는 것도 물론 아닙니다. 주체와 객체, 인식하는 사람과 사물 사이에 어떤 차이가 존재하는 한, 사물과 방법 사이에 절대적이고 완벽한 일치는 물론 결코 존재하지 않을 것입니다. 나는 한때 이 문제에 대해 약간 과도할 정도로 확고한 입장을 피력한 바 있었습니다. 이 자리에서 거론하기에 어울리는 어떤 확실한 공평무사함에 대한 생각에서, 나는 나에게 미적인 방법으로 떠오르는 것에 대해 크라니히슈타인에서 행한 강의인 「신음악의 기준」[23] 서론에서 짧게 언급한 적이 있었습니다. 나는 이 사실을 여러분에게 말하고자 합니다. 이 글에서는 물론 음악만을 다루었습니다. 이 글에서 여러분이 발견할 수 있는 나의 숙고熟考를, 미적인 문제 전체에 걸쳐 적용될 수 있을 정도로, 이미 알려진 것으로부터 해명하는 것이 가능하다고 봅니다.

　여기에 매우 특별하게 나타나는 하나의 문제가 있습니다. 이 문제는 인식론적인 정당화의 문제에 대한 필요성을 고려할 때 여러분 중에서 많은 사람에게도 생각으로 떠오르게 될 것입니다. 이 문제는 오래된 문제로서 칸트가 이미 정리한 취향 판단의 우연성과 필연성에 관한 문제입니다.[24] 다른 말로 하면, 이른바 미적인 상대성에 관한 문제이며, 이 강의에서도 우리는 물론 그 내용을 다루어야 할 것입니다. 이와 동시에, 우리가 여기에서 설정하는 숙고들이 양극단에서 같은 거리로 떨어져 있으며 양극단 사이에서 중간을 찾지 못하는 상태에서 진행된다는 것을 여러분에게 알려주고 싶습니다. 나는 한편으로는 절대적으로 미적인 '가치들'과 같은 것을 받아쓰게 하거나 설정하려는 의도를 갖고 있지 않습니다. 완고하고, 주체에 마주 서 있으며, 불변의 가치들로

부터 출발하는 그러한 가치 철학의 개념은 나에게는 역사적인 경험, 예
술 자체에서 구속력 있게 스스로 일어나는 것에 대한 경험과는 서로 결
합될 수 없는 것으로 보입니다. 나는 다른 한편으로는 취향 판단의 우
연성에 대한 부르주아적인 확정성에 고개를 숙일[25] 생각이 거의 없습
니다. 예술은 어떤 사람에게는 이것이 마음에 들 수 있고 다른 사람에
게는 저것이 마음에 들 수 있다는 식의 취향일 뿐이라는 주장에 나는
굴복할 생각이 없습니다. 나는 예술을 취향으로 보는 견해에 굴복하기
도 싫고 그러한 견해들이 갖고 있는 성과들을 살펴볼 의지도 없습니다.
그러한 견해는 그것이 등장하는 곳에서조차 정말로 진지한 의도를 갖
고 나타난 적이 전혀 없었기 때문입니다. 취향에 대해 다툴 생각이 없
다는 말을 가장 많이 하는 사람들이 취향에 대해 가장 많이 다툰다는
사실은 매우 기이한 일입니다. 현대성이 드러나 있는 그림이나 현대적
인 음악작품에 대해 그러한 예술작품을 이해하지 못하고 판단의 구속
력으로부터 이를테면 자유롭다고 말하는 남자가 바로, 일반적으로 볼
때, 그가 예술작품을 이해하지 못한다는 것을 수단으로 삼아 이해될 수
없는 사물에 대해 어떤 절멸적인 것을 이미 말해 버린[26] 남자가 되어
있는 것입니다. 이와 동일한 문제에 대해 여러분에게 더욱 간단히 숙고
해 볼 수 있는 예를 알려주고 싶습니다. 취향 판단의 상대성에 대한 생
각이 거의 진지하지 못하다는 것은 사람들이 미적인 질에 대한 다툼에
쉬지 않고 연루되었다는[27] 사실과 독일의 경우에 이것은 극단으로까
지 치달았다는 사실에서 드러납니다. 예를 들어 니체의 기독교 비판처
럼 독일에서 가장 크게 벌어졌던 철학적 논쟁들은 미적인 질, 다시 말
해 바그너의 「파르지팔」[28]의 미적인 질에 대한 문제들로부터 출발되
었다고[29] 말할 수 있습니다. 일반적으로 볼 때, 어떤 사람도 예술 내부
에는 수업과 같은 것이 존재하지 않는다, 예술은 매우 넓은 범위에 걸
쳐 학습될 수 없다와 같은 생각을 진지하게 받아들이려고 하지는 않을
것입니다. 여기에서 우리는 다음과 같은 가능성을 생각해 보기로 하지

요. 내가 어떤 사람에게 화성론 분야에서 가장 간단한 수업을 제공한다는 가능성, 즉 합창이 언제 좋은 화음을 이루며 언제 나쁜 화음이 되는가, 대위법은 언제 놓여 있고 언제 놓여 있지 않은가에 대해 알려주는 가능성이 존재합니다. 또는 어떤 사람이 어떤 젊은 사람에게 그림이 언제 원근법적으로 옳으며 언제 잘못되어 있는가를 잘 설명할 수 있는 가능성도 존재합니다. 앞에서 예로 든 가능성 한 가지도 이미 상대주의의 테제와는 일단은 어떤 방식으로도 전혀 하나로 될 수 없는, 미적인 문제에 대한 결정 가능성을 지적해 주고 있습니다. '그 모든 것이 단순히 기법의 문제일 뿐입니다. 사람들은 기술을 익혀서 배울 수는 있지만, 예술을 배울 수는 없습니다.' 이러한 말대꾸는 사람들에게 항상 반복적으로 알려주는 빈말에 지나지 않습니다. 내 강의를 경청하는 호의를 가진 사람이라면 내게 다시는 이런 빈말을 반복하지 말기를 바랍니다.30) '그것은 그럼에도 단순히 기법일 뿐이다. 예술작품의 절대적 가치는 결정될 수 있는 것이 아니다'라고 말하는 빈말에 대해 나는 예술적 내용을 기법으로부터 분리시키는 것은 완전히 독단적인 것이라고 말할 수 있습니다. 다시 말해, 구속력이 있고 객관적으로 통용되는 예술적 내용은 예술작품이 바로 그것 내부에서 기법적으로 수미일관하게 펼쳐지고 있을 때만이 존재하는 것입니다. 화성론에 관한 규정이나 원근법 규정처럼 내가 여러분에게 예로 들었던 모든 규정은 기본적인 것들이며 원숙한 예술작품, 원숙한 작곡, 원숙한 그림은 기본적인 것들과는 관계가 없으며 전통적인 화성론이나 전통적인 원근법을 넘어서도 될 뿐만 아니라 바로 넘어서야 하는 것31) 아니냐고 나에게 질문할 수 있을 것입니다. 그렇습니다, 그것은 확실히 맞는 질문입니다. 그럼에도 나는 다음과 같이 생각해 보는 것에 대해 말하려고 합니다. 나는 그 질문에 들어 있는 내용이 예술작품의 객관적 질에 관한 문제를 고려할 때 여러분에게 최소한 첫 번째 시선을 제공하고 있다고 생각합니다. 여러분에게 길을 안내하고 있는 것입니다. 이 길은 자율적이고 제기하는 요구가 많으며 학교에서 가르치는 규칙들로부터 벗어나 있는 어떤 예술작품이 하나의 예술작품인가에 대해 진지하게 결정할 수 있게끔 해 줍니다. 이 길은 제대로 화음을 이루고 있습니다. 정확하게 그려져 있다는 이른바 기초적인 문제들에 의해서 하나의 연속선 상에서 앞으로 더 나아가게 되어 있는 길입니다. 다시 말해, 아직도 최상위에 있는, ─나는 최상위라고 표현할 의도가 없습니다. 나는 여기에서 조심스럽게 말하려고 합니다─ 그래도 거의 최상위에 있는 미적인 것에 관한 물음들은 원래는 정합성整合性의 카테고리에 따라 결정될 수 있습니다. 정합성의 카테고리들은 내가 여러분에게 앞에서 이미 지적한 바 있었던 단순한 것들과는 양적으로 볼 때 끝이 없을 정도로 상이하지만 결정 가능성에서는 근본적으로 그러한 단순한 것들과 같은 차원에 속합니다. 나는 또한 내게는 미적 판단의 객관성에 이르는 핵심처럼 보이는 정합성의 모멘트를 여러분에게 이 강의에서 완전히 설명할 수 있게 되기를 바라고 있습니다. 어떠한 경우이든 취향 판단의 우연성에 관한 물음이 우리를 혼란에 빠트려서는 안 될 것입니다. 이 기회를 빌려 말하자면, 나는 여기에서 취향 판단의 경험적 우연성을 의도하고 있지는 않습니다. 다시 말해, 예술작품을 마주하면서 X씨와 Y양이 예술작품으로부터 무엇을 얻어서 간직하고 있느냐 하는 것은 상당히 우연적입니다. 우리가 미적인 질을 위에서 본 주관적인 반응양식으로부터 출발하여 합산하기가 대수對數를 써서 계산하려고 하면, 우리는 물론 객관성에 이르지 못하게 될 것입니다. 객관성에 이르는 유일한 길은 사물의 내적인 합성, 카테고리적인 구조물입니다. 다른 말로 해도 된다면, 이 것은 모든 개별적인 예술작품이 작품 자체 내에서 표현하는 구조물인 것입니다.[32]

　　이제 미적인 이론에 관해 확산되어 있는 반감들에 대해 몇 마디하고 싶습니다. 이렇게 해 두면 여러분과 내가 서로를 이해하는 데 조금은 도움을 주게 될 것이기 때문입니다. 여러분이 그러한 몇몇 반감들에 대해 숙고하고 나서 반감들을 없애고, 여러분에게도 물론 다가오고 있는 부당한 요구에 대해 아마도 더욱 호의적인 태도를 보여주는 것은 여러분과 나의 의사소통에 기여할 것입니다. 미적인 이론에 대해 제기되는 반감은 이렇습니다. 예술에 대한 태도는 일요일에 즐기는 오락과 같은 것이 아니며 매우 진지한 것이고 매우 의무감을 느끼는 것이다라는 주장에 대해, 또는 헤겔이 명명하였듯이 예술은 하나의 현현顯現이며 진리가 지속적으로 현현한 것이다[33]라는 주장에 대해 반감이 제기되고 있는 것입니다. 이와 관련하여 다음과 같은 것을 일단은 생각해 볼 수 있습니다. 일반적 의식, 철학적 의식이 투입되기 이전의 의식에서는 예술은 일종의 비합리성의 영역, 무의식의 영역, 인간의 논리성을 탈취해가는 영역으로 통용됩니다. 이에 대해 곧바로 말하겠습니다. 내가 '정합성'이라는 이름으로 앞에서 말하였던 예술작품의 논리 또는 엄격성은 물론 통상적으로 통용되는 논리, 즉 개념이 에워싸는 통상적인 논리와는 아무런 관련이 없습니다. 예술작품의 논리는 인과율적-기계적 논리로 이해될 수는 없고, 예술작품에 고유한 종류의 논리, 예술작품에서 동기 유발된 의미의 연관관계의 논리로 이해될 수 있습니다. 우리가 미적인 논리에 대해 말하려고 하면, 미적인 논리에 들어 있는 이러한 특별한 본질로 파고들어 가야만 합니다.[34] 오늘날 나타나는 조작된 대중문화의 세계에서는, 조종된 소비의 세계에서는, 사람들이 그렇게 부르고 있듯이, '예술의 비합리성'에 대한 생각은 일반적으로 고객을 잡기 위한 수단으로, 즉 사람들을 우둔하게 만들고 사람들의 의식을 잠재우는 데 이미 오용되고 있습니다. 이러한 현실임에도 불구하고, 나는 예술의 비합리성에 대한 표상에 내포되어 있는 진실의 모멘트를 오인하고 있는 것으로부터는 아주 멀리 떨어져 있습니다. 이것을 여러분에게 말하고 싶습니다. 우리가 다음 시간에 자연미와 예술미와의 관계에 대해 이야기를 시작하게 되면, 이러한 진실의 모멘트에 대해 어느 정도 명확하게 설명해 줄 수 있게 되기를 바랍니다.

다시 말해, 사실상 예술은 본질적으로 자극들, 행동방식들, 감정들을 그 내용으로 하는 영역입니다. 이러한 요소들은 항상 예술의 영역에 속합니다. 그렇지 않다면 이러한 요소들은 지속적으로 진보하는 자연지배의 희생자에 속하게 되고, 자연지배와 더불어 역시 지속적으로 진보하는 합리성에 속하게 됩니다. 예술은 이성이나 합리성의 개념 아래서 대략적으로 간단히 포괄될 수는 없습니다. 그러나 예술에서 나타나는 합리성은 합리성의 다른 형태에서만 존재하는 합리성입니다. 예술적 합리성은 합리성에 대해 특정한 방식으로 저항하는 형태에서 출현합니다.[35] 그러나 예술적 합리성의 존재가 일단 허용이 되면, 예술이 비합리성의 모멘트를 갖고 있다는 사실은, 여기에서 조금은 비장하게 말해도 된다면, 즉 모든 예술에 수수께끼적인 특성의 모멘트가 내재되어 있다는 사실은[36] 당장 예술을 이론적으로, 이성적으로 파악하는 것을 배제하는 것으로 이어지지는 않습니다. 예술의 수수께끼적인 특성에 대해서는 이 강의의 마지막 시간에 다시 논의할 것입니다. 앞에서 말한 비합리성 문제로 되돌아갑니다. 우리는 이성적 인간으로서 영혼의 삶을 파악하고 심리학을 운용하고 있음에도 우리 영혼의 삶이 들어 있는 비합리성을 일단은 배제시켜 버립니다. 예술에 대한 이론적 파악에서는 예술의 비합리적 모멘트가 이 정도로까지 배제되지는 않습니다. 내 생각으로는, 여러분이 예술에만 국한되어 있지는 않지만 예술에 확실하게 결정結晶되어 있는 불안으로부터 벗어날 때만 미적인 것에 대한 이론적 고찰로 들어갈 수 있으며 무엇인가를 얻어낼 수 있을 것입니다. 어떤 사람에게 의식된 것이 의식되었다는 사실에 의해 파괴되고 망가진다는 불안감으로부터, 즉 여러분이 어떤 예술작품을 인식하는 순간에 여러분에게, 사람들이 그렇게 부르고 있듯이, 무엇인가를 '제공하거나' 또는 행복을 주는 예술작품이 끝나고 마는 것이 아니냐 하는 불안감으로부터 벗어날 때 미적인 것에 대한 이론적 고찰은 여러분에게 이득을 안겨줄 것입니다. 이와 같은 이론적 고찰에서는 순진한 의식에나 해당되는[37) 질質들은 아마도 망실될 것입니다. 앞에서 내가 이미 말하였으며 수를 셀 수 없이 많은 사람들이 자신을 묶고 있는, 이른바 감각적 편안함과 같은 질들이 여기에 해당될 것입니다. 그러나 미적인 것에 대한 이론적 고찰을 통해서 다른 질들이 획득될 것입니다. 이러한 고찰이 질들에서 항상 갖고 있는 것은, 철학적 의식이 그러한 이론적 고찰에 걸맞다면, 철학적 의식에서 보호되어야 하고 진실로 없애가져지는 결과로 이어져야 할 것입니다. 그것은 의식에 의해 간단히 파괴되어서는 안 될 것입니다. 어떤 사물에 대한 성찰은 사물 자체를 성찰된 것으로 곧바로 만들지는 않습니다.[38) 나는 얼마 전에 함부르크에서 「이 시대 오페라 극장의 문제」[39)라는 제목으로 강연을 한 적이 있습니다. 강연이 끝난 후 어느 토론자가 매우 흥분하면서 나에게 말하였습니다. 내가 시도하고자 하는 모든 숙고는 모차르트도 실행에 옮기지 못했을 것이 거의 확실하다, 모차르트도 그 모든 것을 동시에 생각하지는 못했을 것이다, 그렇다면 내가 모차르트처럼 아름다운 곡들을 작곡할 수 있는지[40)를 말해 달라고 다그치는 것이었습니다. 이처럼 다그치는 것에 대해 나는, 내가 운이 없게도 강연을 해 달라는 요청을 받았고 나로부터 예술에 대한 이론적 강연을 듣기 위해 나를 초대하였으며 나는 이를 행하였기 때문에 나를 비난할 수는 없다고 토론자에게 답변하였습니다. 그 자리에서 나타났던 흥분은 그러나 정말로 강력했습니다. 나는 이것을 보면서 우리가 예술작품에 대해 제기하는 이론적 자각이 처음부터 잘못 해석되고 있다는 생각을 하게 됩니다. 즉, 이론적 자각이 작품을 생산한 예술가에서 그 어떤 방식으로 진행되는 것과 관련이 있는 것처럼 잘못 해석되고 있는 것입니다. 나는 여기에서 내 입장이 조금 난처해지고 내가 강조하는 것이 범속한 것에 지나지 않다고 할지라도 아래에서 밝히는 내 입장이 매우 중요하다는 점을 여러분에게 주지시킵니다. 나는 앞으로 진행될 예술에 대한 숙고의 어느 곳에서도 예술가, 예술가-심리학에 대해서는 말하지 않을 것입니다. 이에 대해 그 어떤 연관관계 때문에 언젠가는 명확하게 말하지 않을 수 없는 경우가 닥친다고 해도 예술가-심리학을 논하지는 않을 것입니다. 나는 심리학적으로 예술가에 대해 말하려는 의도가 전혀 없으며, 특정 연관관계들, 역사철학적인 연관관계들에서도 그러한 의도가 없습니다. 무엇보다도 특히, 내가 예술작품의 객관성이라고 강조하는 모멘트 중에서 그 어떤 것도 예술가들이 갖고 있는[41] 이른바 '의도'와 동일한 것은 없을 것입니다. 예술작품은 예술가에 대해서 스스로 독립적인 것으로 존재하고 작품 내부에서 조직화된 것으로서 예술가와 마주 서게 되는 것을 통해서 비로소 객관적으로 되는 것입니다. 나는 거의 다음과 같은 정도로까지 말하고 싶습니다. 객관적으로 되는 것이 예술작품에서 더욱 완벽하게 성공에 이르면 이를수록, 예술작품이 예술가가 만든 단순한 기록문서에 머무르는 정도가 작으면 작을수록, 예술작품이 그 내부에서 스스로 말하는 화자話者가 더욱 많이 되면 될수록, 예술작품은 일반적으로 볼 때 더욱 높은 위치에 올라서게 됩니다.

여기에 한 가지 덧붙이는 것을 양해해 주기 바랍니다. 예술에 대해 항상 반복적으로 확정되듯이 굳어 있는 소박성은 괴테와 실러의 유명한 논쟁에 의해, 그리고 실러의 매우 중요한 논문인 「소박하고 감성적인 문학에 대하여」[42]에 의해 확고부동하게 자리를 차지하고 있는 개념입니다. 나는 소박성이 거의 독단적이고 교의적敎義的인 개념이라고 생각합니다.[43] 우리가 이 개념을 철저하게 성찰해 보면, 예술가의 소박성이라는 것은 역사적으로 볼 때 이미 무언가 확실히 문제성이 있는 개념이었습니다. 예술가들은 오페라 작곡가들이 모차르트에 대해 말을 할 때 떠올리는 생각보다는 훨씬 더 사려 깊은 생각을 하는 사람들이었습니다. 함부르크 강연에서 내게 반론을 제기했던 그 남자는 오페라 작곡가는 아니었습니다. 나는 그것을 처음부터 추측하고 있었습니다. 그러나 그 남자는 최소한 오페라 극장의 임차인이었으며, 이렇게 보면 나는 그를 제대로 본 것이었습니다.[44] 지금까지 말한 것을 정리하겠습니다. 예술작품이 인간의 소박성의 순수한 표현이라는 견해는 상업적 이해관계, 관리된 세계verwaltete Welt의 이해관계, 또는 장사꾼들의 이해관계에 의해 지배된 세계의 이해관계를 직접적으로 보완하는 견해에 지나지 않습니다.

그러한 견해가 항상 그러한 행태를 보이더라도 나는 여기에서 그럼에도 예술을 이론적으로 포착하는 문제를 정당화시키기 위해 무언가 말해 두고 싶습니다. 우리는 이 강의에서 그러한 문제를 정당화시키려는 계획을 갖고 있기 때문입니다. 현재 예술이 처한 상황에서는, 예술의 모든 재료적인 조건이 문자 그대로 문제성이 있는 것으로 되었으며, 실체적인 것이 예술에게 더 이상 미리 주어져 있지 않고, 모든 예술가들이 보잘것없는 것을 마주 보며 서 있는 것이 확실합니다. 이러한 상황에서는 물리학에서 흔히 기초연구라고 부르는 것이 예술의 영역에 대해서도 매우 절박하게 필요하다고 생각합니다. 예술에 대한 그러한 이론적 숙고는 예술가 집단에 의해 단독으로 실행되는 것보다는 예술과 이론에 대해 어느 정도 이해할 능력을 갖춘 사람들에 의해 이루어지는 것이 더욱 좋을 것입니다. 예술가 집단은 사실상 개념적 장치를 잘 구사하지 못하고, 그들에게 고유한 창작적인 실제에 필요한 어떤 변명적인 보조적 구성이나 만들어내기 일쑤이고, 예술작품에서 실질적으로 앞에 놓여 있는 것의 배후에 숨어서 멀리 물러나 있는 합리주의적인 이론들을 자주 만들어내기 때문입니다.

1) Vgl. Ivo Frenzel, Artikel »Ästhetik미학«, in: Das Fischer Lexikon, Bd. II: Philosophie, hrsg. von A. Dieme und I. Frenzel, Frankfurt a. M. 1958, S.35. 아도르노는『미학이론』의「초기 서문」에서도 프렌첼이 집필한 미학 항목을 상세하게 인용하였다(vgl. GS 7, S.493). 언론인이었던 프렌첼(1924년생)은 특히 하르트만N. Hartmann과 플레스너H. Plessner에게서 철학과 사회학을 공부하였다. 그는『부정변증법』에 대한 서평(»Ist Philosophie noch möglich? 철학은 아직도 가능한가?«)에서 아도르노의 저작을 칭찬하였다. 『부정변증법』을 통해서 "철학이 자기주장을 할 수 있는 가능성이 철학에게 선물로 주어졌으며, 철학이 갖고 있는 위엄의 한 부분이 다시 주어지게 되었다"는 것이다.

2) 아도르노는 이 강의의 녹음테이프로부터 작성된 글을 나중에 이어지는 강의들을 준비하고『미학이론』을 집필할 때 사용하였다. 그는 이 글을 들여다보는 과정에서 인쇄된 상태의 글에 밑줄을 쳤으며, 이것은 어떤 경우이든 육필로 기재되어 있다. 아도르노가 작업한 흔적들은 주석들에 표시되어 있다. "피셔 출판사에서"부터 여기까지 아도르노가 밑줄을 그어 놓았다.

3) Vgl. Immanuel Kant, Kritik der Urteilskraft판단력비판(1790/93), hrsg. v. Wilhelm Windelband, in: Kant's gesammelte Schriften, hrsg. v. d. Königl. Preuß. Akademie der Wissenschaften, Bd. V, Berlin, ^{2}1913, § 2-5. 아도르노가 『판단력비판』으로부터 인용한 자리는 1793년에 2판으로 출판된 판본(B)의 쪽수에 따랐다. 이 판본은 현대에 이루어진 편집에서도 대부분의 경우 쪽수의 조회를 위해 쪽수가 매겨진 상태로 나와 있다.

4) "칸트 미학"부터 여기까지 아도르노가 밑줄을 그어 놓았다.

5) Vgl. Georg Wilhelm Friedrich Hegel, Vorlesungen über die Ästhetik미학 강의, hrsg. v. Heinrich Gustav Hotho, 3 Bände, Berlin 1835-1838. 아도르노는 헤겔의 『미학 강의』를 기념 출판본으로 읽었다. Sämtliche Weke, hrsg. v. Hermann Glockner, Stuttgart 1927-1940; Bände 12-14. 아도르노가 헤겔 미학에서 인용한 자리들은 Eva Moldenhuer와 Karl Markus Michel이 편찬한 전집(Frankfurt a. M. 1969-1971, hier: Bde. 13-15: Vorlesungen über die Ästhetik I-III)에 따른다.

6) Vgl. Friedrich Wilhelm Schelling, Philosophie der Kunst예술 철학(Vorlesungen

Jena 1802/03 und Würzburg 1804/05), in: Friedrich Wilhelm Joseph von Schellings sämtliche Werke, hrsg. von K. F. A. Schelling, Erste Abtheilung, Bd. V, Stuttgart und Augusburg 1859.

7) Vgl. Arthur Schopenhauer, Die Welt als Wille und Vorstellung의지와 표상으로서의 세계(1819/1844/1859), in: ders. Sämtliche Werke, hrsg. von Wolfgang von Löhneysen, Bd. I, Stuttgart/Frankfurt a. M. 1960.

8) Hegel, Vorlesungen über die Ästhetik I 미학 강의 I, Werke, a. a. O.(편집자주 5 번 참조), Bd. 13, S.151. —아름다운 것을 "이념의 감각적 현현"이라고 규정한 것은 헤겔 미학의 수용에서 중심적인 규정에 속하지만, 이 규정은 헤겔이 베를린에서 행한 미학 강의(1820/21, 1823, 1826, 1828/29)로부터 획득할 수 있는 문헌들 중 어느 곳에서도 증명이 되고 있지 않다. 이러는 동안에, 이러한 규정이 헤겔 자신으로부터 유래하지 않고 그의 제자이자 편집자인 H. G. Hotho로부터 각인된 것으로 받아들여지고 있다. Vgl. dazu die Einführung der Herausgeber in: Georg Wilhelm Friedrich Hegel, Philosophie der Kunst예술 철학. Vorlesung von 1826, hrsg. v. Annemarie Getmann-Siefert, Jeong-Im Kwon und Karsten Burr, Frankfurt a. M. 2005, S.21. — 헤겔, 셸링, 쇼펜하우어의 미학을 가리키는 부분에 대해 아도르노는 인쇄된 상태의 글에서 밑줄을 그어 놓았다.

9) Vgl. Immanuel Kant, Kritik der reinen Vernunft순수이성비판(1781/1787), hrsg. v. Benne Erdmann, in: Kant's gesammelte Schriften, Akademie-Ausgabe, Bd. III, Berlin ²1911, S.261. "단순한 선험적인 이념의 대상은, 이 이념이 이성에서 이념의 원천적인 법칙에 따라 전적으로 필연적으로 산출되어짐에도 불구하고, 우리가 이념에 대해 아무런 개념을 갖지 못하는 어떤 것이라고 말할 수 있다. 이성의 요구에 어울려야 되는 대상에 의해서는 사실상 오성 개념이 가능하지 않기 때문이다. 다시 말해, 가능한 경험에서 보이고 직관되어질 수 있는 그러한 오성 개념이 가능하지 않는 것이다. 우리가 이념에 일치하는 객체에 대해서 앎을 갖지 못하고 문제성이 있는 개념을 가질 수 있다고 말한다면, 이것이 더욱 좋을 수도 있을 것이다. 오히려 위험이 더 적은 상태에서 표현할 수 있기 때문이다"(B 396F.).

10) "이것을 이해할 때"부터 여기까지 아도르노가 밑줄을 그어 놓았다.

11) "헤겔의 처리방식에"부터 여기까지 아도르노가 밑줄을 그어 놓았다.

12) "아름다운 것 자체가"부터 여기까지 아도르노가 밑줄을 그어 놓았다.

13) "이 점을 강의의 모두에 놓기 위해"서부터 여기까지 아도르노가 밑줄을 그
어 놓았다.

14) "미적 객관성은"부터 여기까지 아도르노가 밑줄을 그어 놓았다.

15) 헤겔은 『정신현상학』(1807) 서문에서 철학적 인식과 '사물'의 관계에 대해
설명하고 있다. 그는 사물을 인식하는 것이 철학의 임무와 도전을 완성시킨
다고 보았다. 처음부터 목적과 결과를 제시하면서 이것에서 철학적 사고의
흐름이 출발해야 한다는 요구에 대해 헤겔은 다음과 같이 반론을 펼치고 있
다. "목적 또는 결과를 제시하려는 노력뿐만 아니라 어떤 것과 다른 것의 차
이점을 알아내서 이에 대해 판단하려는 노력은 그 노력에서 보이는 것보다
는 … 더욱 쉬운 작업이다. 사물을 파악하는 것 대신에 그렇게 노력하는 행
위는 항상 사물을 넘어가 버리기 때문이다. 그러한 지식은 사물 내부에 머무
르고 사물에서 자신을 망각하는 것 대신에 항상 다른 것을 포착하며, 사물에
머물러 있고 사물에 헌신하는 것보다는 그러한 지식 자체에 머물러 있을 뿐
이다"(G. W. F. Hegel, Phänomenologie des Geistes정신현상학, in: ders.
Werke, Bd. 3, Frankfurt a. M. 1970, S.13). 아도르노는 이것을 근본적인 방
법론적 요구로 이해하고 있으며, 자기 자신의 방법론으로 채택하면서 『부정
변증법』에서 구체화시키고 있다. "객체에 자신을 내맡기는 것은 객체의 질
적인 모멘트에 그만큼 합당하게 되는 것이다"(GS 6, S.53).

16) 사유가 파악해야 하는 대상이며, 사유가 머물러 있어야 된다고 하는 '사물'
은 헤겔에 따르면 '개념의 운동'이다(Phänomenologie des Geistes, ebd.,
S.38). 헤겔은 『정신현상학』 서문에서 이러한 운동을 일단은 경직되어 있고
"단단히 굳어 있는 사고들"을 녹이는 것이라고 서술하고 있다. "순수한 사유
가 … 사유를 모멘트로 인식하거나 또는 순수한 확실성 자체가 그것 자체를
버리며, … 그러한 확실성이 확실성을 스스로 설정하는 것의 고정성을 포기
하면서 사고들이 객체처럼 흐르게 된다. 순수한 확실성 자체가 상이한 내용
에 대해 대립적인 자아 자체인 순수하게 구체적인 것의 고정성뿐만 아니라
순수한 사유의 요소들에서 설정된 채 모든 무조건성에서 그 몫을 갖고 있는
상이한 것들의 고정성을 포기함으로써 사고들이 녹게 되는 것이다. 순수한
사고들은 이러한 운동을 통해서 개념들이 되며, 개념들이 진리에 들어 있는
것이 되면서 비로소 자기 운동들이 된다. 자기 운동들은 개념들의 실체인 순
환이며, 정신적인 본질성이다"(Ebd., S.37). 아도르노는 헤겔 철학의 경험 내
용이라는 그의 연구에서 헤겔의 이러한 근본적인 사고를 포착하고 있다. "자

신에게 고유한 의미에 충실하게 머물러 있는 개념은 그러므로 변해야 한다. 개념을 오성의 단순한 도구보다는 더 높은 것으로 존중하는 철학은 철학에 고유한 명령에 따라 철학을 방해하고 싶어 하는 정의定義를 버려야 한다. 개념의 운동은 외부로부터 오는 변화되는 의미들을 개념에 끼워 넣는 소피스트적인 조작이 아니다. 개념의 운동은 오히려, 개념이 표현해야 하는 것과 개념이 완전한 개체를 형성하면서도 동시에 피할 수 없는 차이를 형성해야 한다는 것이 어느 곳에서나 나타나 있는 의식이며, 모든 진정한 인식에 영혼을 불어 넣는 의식이다"(GS 5, S.310).

17) 가이거M. Geiger, 1880-1937는 립스T. Lipps, 분트W. Wundt, 후설E. Husserl의 제자이며 뮌헨에서 철학 교수로 일하였다(1915-1923). 이 시기에 특히 벤야민W. Benjamin이 가이거에게서 공부하였다. 1923-1933년까지는 괴팅겐 대학에서 일하였다. 1933년에 은퇴를 하고 미국으로 건너가 뉴욕에 있는 Vassar College에서 사망할 때까지 가르쳤다. 가이거는 미학에 대한 현상학적 연구 (vgl. ders., Beiträge zur Phänomenologie des ästhetischen Genusses미적 즐김의 현상학 논문집, in: Jahrbuch für Phänomenologie und philosophische Forschung I, Leipzig 1913, S.567-684)와 학문이론적인 저작들로 잘 알려져 있는 철학자이다. 아도르노는 이 자리에서 특히 가이거의 »Zugänge zur Ästhetik미학에의 접근«(Leipzig 1928)에 그의 논리를 관련시키고 있다. 가이거의 이 저작은 예술적 체험에서의 딜레탕티슴, 예술의 표면적인 것, 예술의 심층적 작용, 현상학적 미학을 다루고 있다.

18) 폴겔트J. Volkelt, 1848-1930는 라이프치히 대학의 철학 교수로 일하였다 (1894-1921). 아도르노가 여기에서 소름끼치는 책이라고 언급하고 있는 »Ästhetik des Tragischen비극적인 것의 미학«(München 1897; [4]1923)에 이어서 그는 더욱 포괄적인 책인 »System der Ästhetik미학의 체계«(3 Bde., München 1905-1912)를 저술하였다. 아도르노는 그가 1931/32년에 최초로 행한 미학 강의에서 이미 폴겔트와 격렬하게 대립각을 세웠다. Vgl. Frankfurter Adorno Blätter I, im Auftrag des Theodor W. Adorno Archivs hrsg. v. Rolf Tiedemann, München 1992, S.39-84.

19) 힐데브란트Adolf von Hildebrand, 1847-1921는 대략 1880년부터 제1차 세계대전 말까지 독일에서 가장 중요한 조각가 중의 한 명이었다. 그는 »Das Problem der Form in der bildenden Kunst조형예술에서 형식의 문제«(Straßburg 1892)라는 저서에서 미학에서 제기되는 물음들에 대해서도 언급하였다. Jetzt in:

ders., Gesammelte Schriften zur Kunst, hrsg. von Hennig Bock, Köln/Opladen 1969.

20) "나는 철학자들이 갖고 있는"부터 여기까지 아도르노가 밑줄을 그어 놓았다.

21) Theodor W. Adorno, *Zur Metakritik der Erkenntnistheorie. Studien über Husserl und die phänomenologischen Antinomien*인식론 메타비판. 후설과 현상학적인 이율배반 들에 관한 연구, Stuttgart 1956; jetzt in: GS 5.

22) In: Theodor W. Adorno, *Noten zur Literatur*문학론, Frankfurt a. M. 1958, S.9-49, jetzt in: GS 11, S.9-33.

23) 1957년 여름에 행하였던 강연은 다음에 인쇄되어 있다. In: Theodor W. Adorno, Ernst Křenek u. a., Kriterien기준들: aus der Einleitung eines Kranichsteiner Vortragszykulus(Darmstädter Beiträge zur neuen Musik, Bd. I), Mainz 1958. 아도르노의 서문은 다음과 같은 문장으로 시작된다. "신음 악의 기준들에 대한 물음은 자각을 요구한다. 이러한 자각은, 표준화되어 있 는 방어를 만나려는 의도가 없는 한, 신음악과 직접적으로 관계를 갖는 것이 아니고 신음악이 얻으려는 인식의 방법에 관련되어 있다. 그러나 동시에 방 법이 미리 원리적으로 논의될 수는 없다. 방법은 완성된 것, 사물에 외부적 인 것으로서 인식과 분리될 수 없으며, 대상과의 상호작용에서 산출되기 때 문이다"(GS 16, S.170).

24) Vgl. Kant, Kritik der Urteilskraft판단력비판, § 18-22.

25) "우리가 여기에서 설정하는 숙고들이"부터 여기까지 아도르노가 밑줄을 그 어 놓았다.

26) "취향에 대해 다툴 생각이 없다는"부터 여기까지 아도르노가 밑줄을 그어 놓았다.

27) "취향 판단의 상대성에 대한 생각이"부터 여기까지 아도르노가 밑줄을 그어 놓았다.

28) Parsipal파르지팔. Bühnenweihfestspiel von Richard Wagner(1813-1883), Uraufführung 1882 im Bayreuther Festspielhaus. 이에 대해 아도르노의 다음 논문도 참조: *Zur Paritur des »Parsipal«*파르지팔의 총보에 대하여, in: Theaterzeitschrift der Deutschen Oper am Rhein, Heft 3(1956/57), jetzt in: GS 17, S.47 bis 51.

29) Vgl. Friedrich Nietzsche, Der Fall Wagner바그너의 경우(1888), und: Nietzsche contra Wagner니체 대 바그너(1888/1895), in: ders., Werke in drei Bänden,

hrsg. von Karl Schlechta, München, 1954, Bd. II, S.910-938 und 1035-1061.

30) "이러한 말대꾸는 사람들에게"부터 여기까지 아도르노가 밑줄을 그어 놓았다.

31) "화성론에 관한 규정이나"부터 여기까지 아도르노가 밑줄을 그어 놓았다.

32) "나는 여기에서 취향 판단의"부터 여기까지 아도르노가 이중으로 밑줄을 그어 놓았다.

33) Vgl. Hegel, Werke, a. a. O.(편집자주 5번 참조), Bd. 15: Vorlesungen über die Ästhetik III 미학 강의 III, S.573. "왜냐하면 우리는 예술에서 단순히 편안하고 유용한 유희적 작품과 관계를 갖는 것이 아니라, 정신의 내용으로부터의 해방, 무한성의 형식들, 감각적인 것과 출현하는 것에서 절대적인 것의 현현 및 화해, 진실의 전개와 관련을 갖기 때문이다. 이러한 진실은 자연사로서 쇠진되지 않고 세계사에서 그 모습을 드러낸다. 이러한 진실은 자기 스스로 세계사로부터 가장 아름다운 측면, 현실적인 것에서 이루어지는 고된 노동에 대한 최선의 칭찬, 인식의 고달픈 노력을 완성한다." — 아도르노는 『신음악의 철학』(1949)에서도 이 자리를 인용하고 있다. Jetzt in: GS 12, S.13(Motto).

34) "통상적으로 통용되는 논리"부터 여기까지 아도르노가 밑줄을 그어 놓았다. Vgl. GS 7, S.205-208.

35) 아도르노는 이 문장에 4중으로 밑줄을 그어 놓았다.

36) 예술의 수수께끼적 특징은 아도르노의 『미학이론』에 나오는 중심 모티프들 중의 하나이다. Vgl. GS 7, S.182f. "모든 예술작품들, 그리고 예술은 전체적으로 수수께끼들이다. 이것이 아주 오래전부터 예술의 이론을 괴롭혀왔다. 예술작품들이 무엇을 말하고 있으며 이와 동일한 호흡으로 무엇을 숨기고 있다는 것은 언어의 관점에서는 수수께끼적 특징이라고 명명된다. 수수께끼적 특징은 광대처럼 흉내를 낸다. 우리가 예술작품 안에 들어가 예술작품을 함께 실행하게 되면, 수수께끼적 특징은 자기 모습을 드러나지 않도록 해 버린다. 우리가 예술작품에서 나와서 예술작품의 내재적 연관관계와의 계약을 깨트리면, 수수께끼적 특징은 다시 정령처럼 되돌아온다." — 아도르노는 이 개념을 이미 1953년에 그의 논문 *Über das gegenwärtige Verhältnis von Philosophie und Musik* 철학과 예술의 현재적 관계에 대하여(GS 18, S.149-176, bes. S.152ff.), 그리고 이 논문에서 개진된 생각들을 더욱 발전시켜 1956년에 발표한 *Musik, Sprache und ihr Verhältnis im gegenwärtigen Komponieren* 음악, 언어, 현재의 작곡에서 나타나는 양자의 관계(GS 16, S.660)에서 사용하였다.

37) "내 생각으로는, 여러분이 예술에만"부터 여기까지 아도르노가 밑줄을 그어 놓았다.

38) "철학적 의식이 그러한 이론적 고찰에"부터 여기까지 아도르노가 밑줄을 그어 놓았다. 가장자리에 아도르노가 육필로 메모한 것이 적혀 있다: 성찰을 향해 중심 텍스트에 보완. Vgl. GS 7, S.26ff.; 122f.

39) *Fragen des zeitgenössischen Operntheaters*동시대 오페라극장에 대한 물음들, erstmals publiziert in: Neue Deutsche Hefte, H. 31, Januar 1957, S.526-535; in einer überarbeiteten Fassung 1966 im Programmheft der Bayreuther Festspiele zur »Tannhäuser«-Inszenierung von Wieland Wagner, jetzt in: GS 19, S.481-493.

40) "이 시대 오페라 극장의 문제"부터 여기까지 아도르노가 밑줄을 그어 놓았다.

41) "나는 앞으로 진행될 예술에 대한 숙고에서"부터 여기까지 아도르노가 밑줄을 그어 놓았다. "무엇보다도 특히, 내가 예술작품의 객관성이라고"부터 여기까지는 아도르노가 3중으로 밑줄을 그어 놓았다.

42) Vgl. Friedrich Schiller, Über naive und sentimentale Dichtung소박하고 감성적인 문학에 대하여(1795/96), in: ders., Sämtliche Werke, Bd. 5: Erzählungen/ Theoretische Schriften, hrsg. von Gerhard Fricke und Herbert G. Göpfert, München, [8]1989, S.694-780.

43) "객관적으로 되는 것이 예술작품에서"부터 여기까지 아도르노가 밑줄을 그어 놓았다.

44) "우리가 이 개념을 철저하게 성찰해 보면"부터 여기까지 아도르노가 밑줄을 그어 놓았다.

제2강

1958년 11월 13일

나는 여러분이 이론적 미학에 접근하는 것을 용이하게 하는 데 도움을 주겠다고 약속하였습니다. 미학이라는 학문 분과에 대해 광범위하게 전제가 되어 있는 여러 가지 반감들 중에서 몇몇 반감을 여러분에게 말함으로써 이 약속을 지키고자 합니다. 나는 여기에서, 우리 스스로 그러한 반감들을 성찰함으로써, 다시 말해 일종의 자각을 통해서 반감들을 극복한다는 경우가 많다는 확신에서 출발하고 있습니다. 이러한 출발점은 심리학에는 낯선 것이 아닌 확신이기도 합니다. 지난 시간에 예술을 비합리성을 옹호하는 자연보호공원과 같은 분과로 이론적으로 파악하는 입장에 대한 저항을 말하였습니다. 이러한 저항에 이어 오늘은 두 번째 저항을 살펴보도록 하겠습니다. 논의에 들어가기에 앞서 우선 한 가지를 첨언하고 싶습니다. 여러분이 예술을 이론적으로 파악하거나 미적인 문제를 다룰 때 우리가 예술작품들에 대해 어떤 태도로 임해야 하는가 하는 일종의 지침이나 심지어는 난해한 예술작품들을 이해할 때 도움을 받는 일종의 지침과 같은 것을 가져야 한다고 이해해서는 안 된다는 것입니다. 이 강의가 어느 정도 성공한다면, 그것은 눈가리개를 제거하고 확실하다고 믿는 확정성을 뒤흔들어 놓음으로써 가능해질 것입니다. 그러나 여러분은 이 강의를 단순히 예술작품들을 파악하는 처방전과 같은 강의로 생각해서는 안 될 것입니다. 예술작품에 대해 어떻게 행동하느냐 하는 물음은 확실히 궁극적으로는 사물 자체

의 객관성에서 그 척도를 갖고 있지만, 이러한 객관성을 다루는 것에서
는 철저하게 상이한 형태를 보입니다. 이것은 내가 오늘 다른 연관관계
에서 여러분에게 말하게 될 사실에 의해 설명이 될 것입니다. 다른 연
관관계는 다음의 내용을 의미합니다. 즉, 미학에서 성취된 위대한 성과
들 중에서 일부는 예술에 대한 직접적인 경험으로부터 한참 떨어져 있
었던 사람들에 의해 이루어졌다는 사실입니다. 예술에 대한 이론적 자
각과 예술의 지각知覺에 대한 직접적인 파악은 동일한 것이 아니라는
사실입니다. 이론적 자각은 이러한 생동감 있는 관계를 파악하는 데 기
여할 수 있을 것입니다. 여러분 중에서 많은 분들은 내가 현대 예술의
여러 가지 문제들과 매우 밀접한 관계를 확실하게 갖고 있다는 사실을
알고 있을 것입니다. 이분들은 이 강의에서 난해한 현대음악이나 난해
한 현대문학에 대해 일종의 지침을 직접적으로 얻어낼 수 있지 않느냐
하고 생각하고 있겠지만, 이 점과 관련하여 오해가 없기를 바랍니다.
만약 그러한 기대를 갖고 있다면 여러분은 실망하게 될 것입니다. 나는
이 강의에서 일종의 지침과 같은 것을 여러분에게 제공하려고 하지는
않을 것이기 때문입니다.

　　예술에 대한 이론적 파악, 즉 이론 미학이 직면한 두 번째 선입견
은 '개별주의적'이라고 표시할 만한 것입니다. 이 선입견은 예술은 예
술을 창조한 사람의 재능과 어떤 사람이 예술을 이해하기 위해 어떤 방
식으로 예술에 대해 취하는 태도에 본질적으로 의존되어 있는 것이라
는 믿음에서 가장 현저하게 드러납니다. 예술이 이처럼 우연적인 것,
또는 이론적인 규정으로부터 벗어나 있는 개별적인 재능에 묶이게 되
면서, 이러한 개별화에 맞서 예술에 대해 더욱 일반적으로 숙고하려는
시도는 어떤 자의적인 시도처럼 보이기도 합니다. 이에 대해 나는, 우
리가 제기하는 예술작품들에 대한 객관적 물음을 자각하는 것은 일단
은 사물 자체를 향하게 되며 개별 인간이 사물에 대해 취하는 행동[45]을
향하지는 않는다는 점을 말하고 싶습니다. 우리가 여기에서 채택하는

고찰의 경향은 철저할 정도로 일종의 객관적-미적인 고찰이지 일종의 심리학적인 고찰은 아닙니다. 이렇게 하지 않으면, 나는 여기에서 예술 심리학에 대한 강의를 하게 될 것이며, 미학 강의를 하지 않게 되는 결과에 빠져들게 될 것입니다. 내가 예술심리학과 미학을 고집스럽게 분리시킬 수 없다는 사실에는 이유들이 있으며, 여러분도 왜 그런지 곧 알아차리게 될 것입니다. 나는 다음 사실을 미리 말해 두고 싶습니다. 내가 이 강의에서 강조하고자 하는 점은 특히 19세기 후반의 미학에서 두드러지게 나타나는 부분과는 대립됩니다. 나의 강조점은 미적인 대상들이 갖고 있는 문제들에 대한 고찰에 집중되어 있으며, 미적인 대상들을 어떤 포착 방식들에 환원시키는 것에 놓여 있지는 않습니다. 바로 여기에 이론적, 미적 의식이 무기력해지는 원인이 있습니다. 이에 대해 지난 시간에 여러분에게 말한 적이 있으며, 나에게는 다음과 같은 사실이 본질적으로 중요한 문제로 남아 있습니다. 헤겔 이후에, 그리고 헤겔 철학의 쇠락 이후에 이론적 사변이 내가 여러분에게 위에서 말한 방식으로 사물 자체에 당당하게 접근하는 것을 더 이상 전혀 시도하지 못하고, 사물을 심리학적인 반응형식들에 환원시키는 것을 계속해서 반복하고 있다는 사실입니다. 모든 예술작품은 그 내부에서 객관적 모멘트들과 주관적 모멘트들이 기이할 정도로 하나의 통일체를 이루고 있습니다. 이것은 우리가 이 강의에서 말해야 하는 중심 주제를 형성하게 될 것입니다. 예술작품에서 나타나는 그러한 통일체 하나만 보아도 예술을 심리학적으로 환원시키거나 단순히 재능에 환원시키는 태도는 배제되어야 할 것입니다.[46]

여러분 중에는 내가 앞에서 말한 선입견에 가까이 다가서 있는 사람들도 있을 것이며, 어떤 이유에서든 자신이 미적인 문제를 접할 때 재능이 없다고 느끼는 사람들도 있을 것입니다. 이 사람들에게는 예술을 심리학적으로 환원시키거나 재능에 환원시켜서는 안 된다는 내 주장이 아마도 조금은 예술을 이해하는 데 도움이 되었을 것입니다. 이 자리에서 심리학적인 문제에 대해서 최소한 몇 마디 더 보태는 것을 양해해 주기 바랍니다. 심리학적인 문제는 인간이 예술에 대해 취하는 기본 태도와 정말로 관련이 있기 때문이며, 개별 인간과 예술작품 사이에 생동감 넘치는 관계가 어떻게든지 성립될 때 우리가 객관적으로 미적인 문제들에 대해 비로소 의미 있게 논의를 할 수 있기 때문입니다. 나는 재능의 개념이 예술에서 분명히 지나칠 정도로 높게 평가되고 있다고 생각하고 있습니다. 나는 이 개념을 우리가 살고 있는 세계로부터 출발하여 토론하고 싶지는 않으며, 간단히 설명하겠습니다. 내 경우처럼 음악축제에, 오늘날에는 현대음악의 전시라고 부르는 것이 더욱 적당할 지도 모를 음악축제에 매우 자주 가서 음악을 듣는 사람은, 때로는 매우 격렬할 정도로 재능의 차이를 알아차리게 될 것입니다. 내가 여기에서 말하고자 하는 바는 여기에서 알아차리는 재능의 개념을 어떤 정적靜的인 것, 불변적인 것, 이른바 하늘에서 내려온 것으로 굴복하듯이 받아들여서는 안 된다는 점입니다. 음악성이 마치 수학의 경우와 유사하게 확고하게 굳어진 타고난 재능의 일종으로 자주 간주되고 있는바, 이것은 잘못된 것이라는 점을 조심스럽게 말하고 싶습니다. 예술적인 것에 대한 재능은 인간이 갖고 있는 전체적인 심리학적인 정초定礎들의 한 부분이지, 인간에게 떨어져 내려온 일종의 특별화된 특수 능력이 아닙니다. 사람은 좋은 청력을 가질 수도 있고 좋은 눈을 가질 수도 있습니다. 그러나 이것만으로는 예술적 재능에 결정적인 것이 되지는 못합니다. 나는 지금까지 살아오면서 좋은 청력을 전혀 갖고 있지 않음에도 빼어나고 특별히 중요한 음악가로 성공한 사람들을 알고 지내왔습니다. 동화에서나 나올 만한 청력밖에 갖지 못하였고 음의 6분의 1만으로 노래를 부르면서도 노래에 맞출 수 있었던 음악가들을 알기도 하였습니다. 그들은 근본적으로 나에게는 음악가들로 보이지 않았지만 그래도 음악가들이었습니다. 예술적 재능은 원래 어떤 사람이 갖고 있는 전체적인 것에 관련되어 있습니다. 그것은 본질적으로 부정적 능력에 의해 특징지어진다고 말을 해도 됩니다. 그것은 현존재의 직접성, 직접적인 목적들과 속마음들[47])에 붙잡혀 있는 상태로부터 해방될 수 있는 부정적 능력입니다. 그것은 플라톤이 열정주의를 철학의 조건이라고 말하였던[48]) 의미에서 무엇을 제기할 수 있는 능력입니다. 독일 관념주의 시대에도 사람들은 이것을 한마디로 열정주의라고 불렀으며, 오늘날 다시 입에 담기에는 더 이상 적절하지 않지만 그래도 거기에는 무언가 의미 있는 내용이 들어 있습니다.

　인간이 예술에 대해 취하는 행동을 단적으로 배제시키는 행동방식은 구체화된 행동방식입니다. 나는 이러한 행동방식을 무엇과의 결합성이, 어떤 사람에게 실제적으로 요구하는 것과의 결합성이 훼손된 상태라고 말하고 싶습니다. 훼손된 결합성은 어떤 사람을 결합성이 훼손된 방식으로 지배하게 되며, 사람들이 훼손된 결합성을 대하게 되면 죄책감을 느끼게 됩니다. 개별 인간의 자기 보존과 사회의 자기 보존이 작동되는 틀에서는, 증명할 수 없는 의미를 행동에 옮기는 곳에서 고향처럼 뿌리를 내리는 행복이 금지당하는 죄책감을 느끼게 되는 것입니다. 이것은 예술적 재능의 조건에 대한 단순한 자각이 예술적 재능이 부족하다고 느끼는 사람들을 치료하는 데 충분한 것처럼 보이게 하지만, 사실은 그렇지 않습니다. 아래와 같이 하는 것이 아마도 더욱 충분할 것입니다. 그들에게 예술적 경험이 왜 낯설게 다가오는가 하는 이유들을 그들 스스로 뒤쫓아 가도록 해보는 것입니다. 이렇게 하면 그들은 아마도 예술적 재능이 부족한 이유에 대해 더욱 깊이 생각해 보는 동기유발을 갖게 될 것입니다. 이것은 일종의 자기 성찰과도 같은 것입니다. 이를 더욱 심리학적으로 말해도 된다면, 아래와 같은 사람들이 여기에서 관건이 되고 있다는 것에서 일반적으로 찾아도 될 것입니다. 즉, 그 사람들은 대부분의 경우 아주 어린 시절에 이미 아버지의 권위와 같은 어떤 강한 권위에 의해 자기 보존을 실제적으로 영위하는 것과 같이 현실원리에 적응하도록 강력하게 지시를 받습니다. 이로 인해 그 사람들 스스로 금지한 것을 넘어서서 존재하는 사물들에 대해 불안감을 갖게 됩니다. 이러한 불안감은 확실하게 잘못된 일종의 거만함에 —하찮은 일이자 어리석은 도구이며 어떤 사람에게는 아무것도 아닌 것에 해당되는 것에 대해 반감을 갖는 거만함입니다— 의해 보상되고 합리화될 것입니다. 이것은 지나치게 시디신 포도로부터 너무 많은 것을 얻어내려는 거만함입니다.[49] 음정을 배울 능력이 없다거나 아주 간단한 선율만을 따라 부를 수 있을 정도의 능력밖에 없는, 극단적으로 비음악적인 사람들은 이미 어린 시절에 엄격한 아버지에 의해 어떠한 방식으로든지 제재를 받은 사람들이었다는 사실을 나는 여러 번의 비교를 통해 알아낼 수 있었습니다. 다른 한편으로, 나는 살아가는 형식을 확실히 변화시키면 예술을 받아들이는 능력도 갑자기 변화되는 것을 자주 관찰할 수 있었습니다. 매우 음악적이면서도 동시에 권위적인 환경에서 성장한 사람들이 처음에는 자신들이 비음악적이라고 생각하거나 또는 주변 환경에 의해 그렇게 생각되도록 하는 상태에 놓여 있었으나 그 이후에 갑자기 그들의 음악성을 확실히 발견했던 경우들도 나는 알고 있습니다. 이러한 모든 것은 경직되어 있거나 정적인 것이 아닌 것입니다. 여기에서 강조하고 싶은 것은 여러분이 예술을 고려할 때 이른바 재능의 문제를 과대평가하지 말아 달라는 것입니다. 이와 같은 과대평가에는 이데올로기적인 모멘트가 숨어 있습니다. 즉, 사회가 그 안에 숨어 있는 것입니다. 사회는 예술적인 것들에 대한 인간의 반응능력을 내쳐버리는 현실원리를 완고하게 고집하고 있습니다. 사회의 목적을 직접적으로 추구하지 않는 곳이면, 즉 사회가 추구하는 이해관계를 보충하기 위해 절대적으로 자연적인 것, 비합리적인 것, 의지와 의식으로부터 완전히 독립된 것이라는 이데올로기가 있는 곳이면 어디에서나 사회를 필요로 합니다. 나는 거의 다음과 같은 정도로까지 말하고 싶습니다. 음악성은 신의 은총과 같은 것으로 하늘에서 내려온 것이며 개별 인간에게는 해당되는 몫이 없다고 말하는 것은 부르주아적인 확정성50)이 사용하는 전가傳家의 보도寶刀와 같은 것입니다. 아버지가 제 시간에 사무실로 출근해야 부채가 생기지 않는다는 것과 정확하게 일치하는 생각이기도 합니다. 이 모든 생각은 말하자면 호화판으로 나온 실러Schiller 전집51)에서 유래한 것입니다. 그러한 모든 생각은 한때나마 그 뿌리가 있었던 교육이 이미 오래전부터 붕괴된 이후 아직도 유령처럼 우리의 주변을 맴돌고 있으며 사람들을 황폐화시키면서 예술적인 것에 대한 관계를 어렵게 하거나 거부하게 하고 있는 것입니다. 여기에서 여러분에게 내가 출발점으로 삼았던 심리학적인 문제에 대해서는 더 이상 전혀 관심을 두지 말고 이 강의에서 곧 경험하게 될 내용에 대해 관심을 가질 마음의 준비를 미리 해둘 것을 당부하고자 합니다. 예술을 순수한 직관적인 것으로, 즉 사고, 노력, 긴장으로부터 전적으로 독립되어 있는 것으로 표상하는 것은, 여러분도 아마 대다수가 이러한 표상에 익숙해 있겠지만, 더 이상 유지되어서는 안 됩니다. 순수하게 직관적인 예술에 대한 착상은 매우 문제성이 있는 것으로 증명되고 있습니다. 이것을 경험하는 것은 절대적으로 필요합니다. 특히 이 시대의 예술에서 고유한 요소로 나타나는 아방가르드적인 경향을 여러분이 이해하려고 하면 더욱 필요한 경험인 것입니다.

여러분은 이제 내게 이렇게 질문할 수 있을 것입니다. 그렇다면 모든 사람을 제치고 도대체 누가 예술의 이론에 종사해야 한다는 말입니까? 이 질문은 두 가지 점에서 타당합니다. 한편으로는 재능이 그렇게 중요하지는 않다는 사실과, 다른 한편으로는 내가 이 강의의 시작과 더불어 여러분에게 고백하였듯이 철학과 도서관에서 발견할 수 있는 미학에 관한 두꺼운 책들에서는 밑도 끝도 없이 많은 예술에 낯선 것들과 부질없는 잡말이 함께 들어가 있어서 예술적으로 반응력이 있는 사람이 이른바 철학적 미학을 파악하려고 할 때 그 사람을 경악시킬 수 있다는 사실을 고려해 보면 여러분이 던질 수 있는 질문은 타당한 것입니다. 나는 여기에서 이제 여러분에게 무언가 특별한 답을 주어야만 한다고 생각합니다. 답은 이렇습니다. 진리는 상호 간에 맞닿아 있는 양극단에 놓여 있습니다. 내게는 미적인 통찰에는 두 가지 원천이 있는 것처럼 보입니다. 더욱 정확하게 말한다면, 두 개의 극단이 있으며, 두 극단은 불꽃이 하나의 극단으로부터 다른 극단으로 넘어가서 튀는 방식으로 서로 맞닿아 있는 것입니다. 극단들 중의 하나는 지금까지 정말로 수미일관하게 지속되어 온 이론적 사고입니다. 이 사고는 특별히 미적인 대상들로부터 상대적으로 거리를 유지할 때 가장 결실이 있는 것으로 증명된다는 특징을 갖고 있습니다. 여기에 해당되는 경우는 특히 『판단력비판』, 헤겔의 『미학』은 물론이고 『의지와 표상으로서의 세계』의 미학 부분으로 이어져 내려오는 미학의 위대한 체계들입니다. 칸트, 헤겔, 쇼펜하우어는 매우 좁은 의미에서 예술가적인 사람들이라고 지칭할 수 있는 철학자들이 아닌 것은 분명합니다. 그들은 우리가 '섬세한 감정을 가진 사람'이라고 부를 만한 철학자들이 아닌 것도 분명합니다. 그러나 그들의 경험, 정신적 경험의 힘은 매우 깊었으며, 그들은 이 힘을 통해 내용으로 볼 때 그들에게 전혀 명백하게 다가오지 않는 영역들을 어느 정도까지 확실하게 그들의 철학 안으로 끌고 들어갔던 것입니다.[52] 우리가 칸트 철학을 인식론으로만 읽지 않고 정말로 하나의 표현으로 읽어서 이해하려고 할 때, 칸트라는 개인에 내재하는 우연성과는 거의 무관하게, 심지어는 칸트에게 특별한 경험과도 거의 무관하게 사고의 힘이 그가 개인적으로나 경험적으로 전혀 '알지' 못하였던 모든 사물에 미치고 있음을 알 수 있습니다. 이것은 칸트 철학에서 확인되는 가장 충격적인 것입니다. 칸트의 지식은 그가 원래 알고 있던 지식을 넘어서서 얼마나 멀리 나아갔을까요? 우리는 이 질문에 대해 이렇게 답할 수도 있을 것입니다. 그것이 바로 칸트의 천재성에 대한 보증이다. 특히 나에게는 앞에서 말한 것들이 헤겔에서도 전혀 다르게 나타나지 않는다고 보입니다. 이제 쇼펜하우어로 넘어 갑니다. 쇼펜하우어는 그가 갖고 있는 전체적인 삶의 태도로 볼 때 예술을 즐기는 사람의 입장에 더욱 많이 서 있었을 것입니다. 그럼에도 그가 미적인 문제들에 대한 특별한 통찰력을 이에 걸맞게 펼치지 못한 것으로 보이는 것은 기이한 일이라 할 것입니다. 나는 지금까지 양극단 중에서 하나의 극에 대해 말하였습니다.

다른 한편으로, 양극단의 다른 극에는 스스로 예술적으로 특별한 작업에 들어가 있고 재료에 대한 특별한 경험을 갖고 있으며 이런 경험을 경우에 따라서는 자신의 내부에서 스스로 성찰하는 사람들이 있습니다. 현대에서는, 이러한 성찰 과정을 예술적 생산과정과 더 이상 분리될 수 없을 정도로 멀리 밀고 가는 사람들이 있습니다. 이것은 우리 시대에서 볼 수 있는 특별한 현상입니다. 여러분 중에서 많은 사람들이 이미 미리 헤아려 짐작하겠지만, 나는 여기에서 특히 폴 발레리Paul Valéry[53]를 떠올리고 있습니다. 예술의 내부로부터 예술과 관계를 맺고 있는 것[54]이 확실하게 드러나고 있는 것입니다. 이것은 또한 더 많은 것을 말하고 있습니다. 예술의 테크놀로지적인 카테고리들에서, 예술에 내재적인 생산의 카테고리들에서 예술과 관계를 맺는 것입니다. 이것은 미적인 통합의 정통적 원천이기도 합니다. 물론 여기에는 어려움도 있습니다. 즉, 이러한 경험을 가진 예술가들이 그 경험들을 이론적으로 결실을 맺도록 하는 개념적 수단을 구사하는 경우가 비교적 드물다는 난점이 있는 것입니다. 그러나 다른 한편으로는 그러한 능력이 드문 것처럼 보이기는 하지만 그렇게 전적으로 드물지는 않기도 합니다. 이론적 미학과 결실을 맺게 하는 관계는 두 개의 처리방식, 즉 괴테의 말을 빌린다면 "가장 높은 곳에 있는" 처리방식과 "가장 가까이 있는" 처리방식[55]의 의사소통에서 고유하게 존재한다고[56] 생각하고 싶습니다.

나는 그러나 사람들이 "섬세한 감정"이라고 표시하는 영역, 미적 향유자의 영역, 이른바 "감정이입적인" 영역, 중국의 침들을 모아 소름끼칠 정도로 기꺼이 실내악을, 그 실내악이 진지하지 않다는 것에서 끝나지 않음에도, 만드는 사람이 갖고 있는 영역에 대해서는 가장 강력하게 경고를 보내고자 합니다. 위에서 말한 영역들은 중간쯤에 위치하는, "섬세한 감정"의 종류를 보여주고 있습니다. 이러한 종류의 섬세한 감정은 그 감정이 교육에 의해 이미 그 감정에 매개된 것에 선취적先取的으로 관계를 맺음으로써 미적인 것에 고유하게 일반적으로 들어 있는 경험들로부터 차단되어 있습니다. 그러한 종류의 감정이 유발하는 위협적인 실례는 딜타이Wilhelm Dilthey[57]의 전체 저작이라고 할 것입니다. 그의 전체 저작이 최소한 미적인 것에 관련을 맺고 있는 한, 앞에서 말한 위협적인 실례에 해당되는 것입니다. 나는 여기에서 딜타이의 저작을 다루고 싶은 생각은 전혀 없습니다. 오히려 여기에서 여러분이 기운을 내서 특히 지난 세대의 교육자들 사이에서 무한대로 사랑을 받았던『체험과 문학』을 앞에서 내가 말한 관점을 갖고 한번 읽어 보기를 권하고 싶습니다. 딜타이는 이 책에서 모든 진지함을 다해 특히 횔덜린 Hölderlin의 언어를 논하고 있습니다. 횔덜린의 언어는 심각한 주름을 내쳐 버리는 진홍색 망토를 그 주위에 감고 있다는 것이 특히 강조되고 있습니다. 그 밖에도 이와 유사한 내용이 그 책에 들어 있습니다.[58] 나는 이러한 것들을 우리의 강의에 관련지으려는 생각은 털끝만큼도 없습니다. 오히려 나는 앞에서 말한 극단을 붙들려고 합니다. 나는 극단들이 서로 접촉하는 것에서 극단들을 서로 굽히게 하는 것을 시도하고자 하는 것입니다.

강의의 다음 내용에 들어가기에 앞서 여러분에게 하나만 더 말하고 싶습니다. 여러분 모두는 아마도 한 번은 이미 어떤 경험을 해 보았을 것입니다. 나는 여기에서 굳이 어떤 경험이라고 부르고 싶습니다. 왜냐하면, 어떤 경험이라는 표현은 이 강의의 근저에 놓여 있는 주제를 아주 정확하게 말해주고 있기 때문입니다. 나는 이것을 이제는 나의 습관에 따라 극단적으로 과도하게 표현하고자 합니다. 어떤 경험이란, 사람들이 어느 정도 확실한 의미에서 예술작품을 전혀 이해할 수 없다는 것에 대한 경험입니다. 내가 여기에서 의도하는 바는 두 가지 경우이며, 구체적으로 다음과 같습니다. 예술작품 안에 들어가서 생동감 있는 의미에서 예술작품과 함께하는 경우가 그 하나입니다. 이런 경우에는 예술작품의 이해에 관한 물음, 또는 예술작품의 의미에 관한 물음이 제기되지 않습니다.59) 이런 경우와는 달리 어떤 사람들은 예술에 대한 성찰이나 예술론을 전개함으로써, 때에 따라서는 심지어 싫증을 느끼거나 지나치게 많은 예술적 경험을 함으로써 예술이 서술하는 세력권으로부터 벗어나 있게 되며, 이 상태에서 예술작품에 시선을 던지게 됩니다. 이렇게 되면 어떤 결과가 나올까요? 이런 경우는 과거에 나에게 일어났고, 지금도 나에게 자주 일어납니다. 여러분 중에 많은 분들도 이미 언젠가 이런 경우에 맞부딪친 적이 있었다고 할지라도 나는 그것을 놀랄 만한 일로 받아들이지 않을 것입니다. 앞에서 말한 어떤 결과가 나올까 하는 물음으로 되돌아갑니다. 사람들은 여기에서 갑자기 매우 거칠고도 매우 당돌하게 묻게 됩니다. 예술작품에서 무엇이 원래의 전체란 말인가? 예술작품의 전체란 원래 무엇인가? 우리가 예술작품의 내부에 더 이상 들어 있지 않는 순간에, 우리가 예술작품과 더 이상 함께하지 않는 순간에 예술은 특정한 방식으로 우리의 앞에서 뒤로 물러서고 자신을 닫기60) 시작합니다. 이렇게 해서 예술은 내가 예술의 수수께끼적인 특성이라고 명명했던 것을 받아들이게 됩니다. 이에 대해서는 나중에 훨씬 명확하게 설명하려고 합니다.

이어서 예술철학의 정당화 문제로 넘어가겠습니다. 미학이 이른바 철학적 특징을 지닌 학문들의 일부를 구성해야 한다는 것보다는 최소한 더욱 진지하게 예술철학을 정당화시키는 것이 중요하다고 생각합니다. 나는 이러한 정당화가 없이는 여러분과 함께 여기에서 예술철학을 시도하고 싶지 않습니다. 예술철학의 정당화가 존재한다면, 정당화는 다음과 같은 경험을 제압할 능력을 보이는 곳에서만 유일하게 가능할 것입니다. 예술작품으로부터 떨어져 나와 있는 어떤 사람에게 갑자기 예술작품이 낯설고 말문을 막히게 하여서 그 사람이 예술작품이라는 것이 도대체 무엇인가, 무슨 목적으로 존재하는가, 예술작품이 말하는 것이 무엇인가라고 물었을 때, 다시 말해 예술작품에 관련하여 어떤 갈라진 틈을 스스로 경험하게 되었을 때 그 사람이 경험한 바를 제압할 수 있을 때만 예술철학의 정당화가 이루어지는 것입니다.[61] 이러한 경험의 상태는 모든 개개인의 미적인 경험에 본질적으로 들어와 있습니다. 개개인 교육에 대한 믿음이 지나친 나머지 이러한 경험에 대해 스스로 우둔하게 되지 않는 한, 그 경험은 미적인 경험에 본질적으로 침투해 있는 것입니다. 그 경험의 상태는 아마도 예술에 대한 이론적 자각을 통해서만 제어될 수 있을 것입니다. 예술에 대한 이론적 자각을 나는 마치 권총에서 총알이 나가듯이 직접적이고도 단도직입적으로 '그렇습니다, 그것이 바로 예술의 의미입니다, 그것이 예술입니다, 나는 그것을 항상 내 손안에 쥐고 있습니다, 나는 예술이 무엇인지를 알고 있습니다'라고 말하면서 여러분에게 설명할 수는 없습니다. 그것은 뻔뻔한 일입니다. 이론이 그렇게 할 수 있다고 이론에게 요구하는 것은 근본적으로 잘못된 것입니다. 그러나 이론은 그 총체성을 통해서, 이론이 그 카테고리들을 설정하는 연관관계를 통해서 그러한 낯섦을 제거할 수 있으며 예술작품과 예술작품을 경험하는 사람 사이의 화해를, ─예술에 대한 모든 생동감 넘치는 관계, 모든 진지한 관계에서─ 그 어떤 자리에서 언젠가 문제성이 있는 것으로 되어 버린 화해를 산출할 수 있습니다.[62] 예술은 오로지 예술향유자들에게만 모든 단계에서 문제가 없습니다. 그러나 예술이 내가 여러분에게 상세하게 논하고자 하는 수수께끼적인 특성을 그 내부에서 정말로 가지고 있다면, 예술작품은 물론 예술작품의 특성에 맞게 고유하게 전개되고 생명을 유지하기 위해서는 논평과 비평을 필요로 하게 됩니다. 나는 이 생각의 중요성을 강의의 모두에서 특히 강조하고 싶습니다. 예술에 대한 논평과 비평은 한편으로는 예술에 고유한 생명의 한 부분이지만, 다른 한편으로는 중지되어서는 안 될 요소이기도 합니다. 논평과 비평은 계속해서 실행되

며, 논평과 비평이 끝을 맺어야만 하는 예술이론으로 가는 도중에 정지될 수는 없습니다.[63]

　'미학'이라는 표현에 더욱 성실하게 접근하기 위해 나는 여기에서 미학이라는 표현이 곧바로 예술에만 국한되어 있지 않다는 사실을 말하고 싶습니다. 이 표현은 희랍어인 감각하다 αἰσθάνομαι에서 유래한 것으로 '지각하다'라는 뜻을 갖고 있습니다. 이 표현은 그 내부에 감각적 경험에 관한 전체 영역을 포괄하고 있습니다. 여러분 중에 많은 분들이 알고 있듯이 칸트가 이 표현을 감각성의 학문적 조건들에 대한 모든 종류의 관계, 즉 감각적 지각의 조건들에 적용시켰으며 독일 계몽주의 시대의 일부 저술가들도[64] 그렇게 적용하였습니다. 그 이후의 시대에서도 미학이라는 단어의 사용이 통상적으로 발견되고 있습니다. 그러나 내가 여기에서 이 내용을 여러분에게 강의할 것으로 기대하지는 말기 바랍니다. 칸트에서 '선험적 미학'[65]이라고 불리는 이 내용은 여러분이 이미 인식론 강좌나 세미나에서 충분히 경험하였을 것입니다. 그 대신에 나는 여기에서 '미적인 것에 대한 논論'이나 '예술에 관한 논論'의 개념들에 해당하는 미학의 개념을 유지하려고 합니다. 나는 또한 미학을 의도하는 이러한 개념들 중에서 어느 것도 쇠진되어 있지 않다는 사실을 미리 말해 두고 싶습니다. 철학적 성찰 대상을 생동감 넘치는 대상으로 고찰하고 독단적인 형식에 흘러 들어가지 않는 모든 철학적 성찰이 그러하듯이, 미학의 개념에는 또한 그 개념이 추상적인 정의로부터 벗어나 있다는 것이 통용됩니다. 미학이라는 이름에 함께 모이는 규정들을 만들어내는 것의 내용이 바로 미학인 것입니다. 이러한 연관관계가 미학에 고유한 이름을 비로소 만들어내는 것입니다. 이러한 연관관계는 그 어떤 개별적 동사動詞적인 정의[66]를 만들지는 않습니다. 이렇게 되면 당장 한 손을 들고서 미학에 해당되는 것이 또 있다, 동사적 정의에 해당되지 않는 것도 있다고 말을 할 것입니다. 여러분이 이런 문제를 일단 멀리한다면, 미학이라는 단어에 전래되어 온 정의 중에서 가장 일반적인 의미에서 다음의 정의만이, 즉 미학에서는 어떤 경우든 미학에서 본질적인 요소인 감각적으로 직관적인 것만이 미학과 관련을 맺게 됩니다. 미적인 것이 감각적으로 직관적인 것에 환원되는 것의 절대적 통용성을 내가 여기에서 비판한다면, 이 비판은 다음과 같은 두 가지 경우가 허용될 때만이 의미를 갖게 됩니다. 첫째 예술에서는, 또는 더욱 일반적인 의미에서 미적인 것의 영역에서는, 단어에 머물러 있고 문자 그대로인 의미에서의 인식을 다루지는 않는다는 것입니다.67) 학문들은 그런 수준의 인식에 의미를 부여하지만 미학에서는 그렇지 않습니다. 둘째로는, 예술과 미적인 것의 영역에서는 실제적인 행동을 다루지는 않습니다. 이런 이유로 나는 미학에 관해서 쓴 짧은 심리학적인 여론餘論에서 실제적 행동을 배제하였던 것입니다. 이 정도의 짧은 개념 정의에서 우리가 더욱 많은 것을 포착할 수는 없습니다.

미학의 역사에서 자연미와 예술미를 본질적으로 구분한 것으로부터 산출된 결과를 계속해서 붙들어 보면, 우리는 두 개념의 차이가 매우 포괄적으로 드러난다는 사실에 부딪치게 됩니다. 18세기 이후의 미학에서 자연미와 예술미의 관계는 기이한 방식으로 서로 위치가 바뀌어 왔습니다.68) 이 과정에서 두 개념이 미치는 범위를 전혀 제대로 보지 못했다는 것도 기이한 일입니다. 칸트까지만 해도 자연미는 위엄의 차원에서 예술미와 같이 놓여 있는 것으로 다루어졌습니다.69) 우리는 또한 가장 심오한 미적인 규정들 중에서 몇몇 규정들은 예술미의 미학 영역에서 얻어지는 것이 아니고 자연미의 영역에서 획득된다는 놀랄 만한 내용을 칸트에게서 관찰할 수 있습니다. 그러한 몇몇 규정들이란 칸트가 제시한 미적 규정들 중에서 칸트의 시대를 가장 멀리 뛰어 넘어가는 규정들을 의미하며, 나는 이에 대해 여러분에게 나중에 강의할 것입니다. 가장 심오한 미적인 규정들 중의 일부가 자연미 영역에서 얻어진다는 것은 이렇습니다. 『판단력비판』의 제2부, 즉 「숭고한 것의 분석」은 숭고한 것의 의미에 따라 전적으로 자연미와 관련이 있지 예술미와 관계가 없다는 것입니다. 칸트는 자연만이 숭고할 수 있고 예술은 그렇지 못하다고 본 것입니다.[70] 이것은 그러나 매우 기이한 방식으로 뒤바뀌게 됩니다. 이러한 뒤바뀜은 헤겔 철학에서 처음이자 궁극적으로 퇴적되어 있습니다.[71] 그 이유는 예술의 의식에 관련하여 지속적으로 정신화가 진척되었다는 사실에서 찾을 수 있습니다. 이것은 유럽 전체에서 일어난 낭만주의 운동과 더불어 제기되었으며, 예술에서 예술이 감각적 편안함의 총체라는 시각은 점점 줄어들었고 정신적인 의미의 담지자라는 시각이 더욱 확산되었습니다. 이것을 헤겔 철학의 언어로 표현한다면, 예술을 이념의 표현으로 보는 시각이 들어선 것입니다. 이와 동시에 단순히 감각적인 편안함과 결합되어 있는 형식적인 시각도 필연적으로 더욱 뒤로 물러나게 되었습니다. 자연미의 개념이 지배적인 위치를 차지하는 미학이 내용 미학을 위해서 편안함의 단순한 형식으로서의 형식 미학에 대한 비판과 더불어 예술미의 이론으로 전이된 것은 우연이 아닙니다. 동시에 예술에서 내용이 원래 무엇이냐 하는 개념은 위에서 말한 철학들에서 다만 일반적으로 거칠고도 불충분하게 해결된 채로 놓여 있을 뿐입니다.[72] 이 점을 나는 여기에서 곧바로 말하고 싶습니다. 나는 또한 단순한 형식 미학에 대치하는 내용적인 모멘트에 대해서 전통적인 미학에서 다루었던 것과는 무언가 다른 더욱 근본적인 설명을 시도해야 한다고 보며, 이 강의에서 우리가 다룰 주제들 중의 하나로 입력해 두고 싶습니다.[73]

　미학에서 자연미로부터 멀어지는 분위기를 여러분에게 보여주기 위해 나는 헤겔 미학의 몇 구절을 읽어 주고 싶습니다. 나는 이 구절이 자연미로부터의 회피를 이해하는 데 적합한 특징적인 부분이라고 생각하고 있습니다. 먼저 읽은 후 이어서 헤겔의 생각에 대해 내 입장에서 몇 마디를 첨부하고자 합니다. 헤겔의 『미학』 제1부의 일반론에 다음과 같은 구절이 있습니다. "참된 것, 즉 이념이 그것의 다음 단계에서 나타나는 자연 형식에서 생명으로서 개별적으로 상응하는 현실에서 직접적으로 현존할 때만이, 자연에 있는 생동성은 감각적으로 객관적인 이념으로서 아름다운 것이 된다."[74] 지난 시간에 이미 말했듯이, 헤겔에서는 모든 존재하는 것은 본래부터 이념이라는 사실이 위 인용문에서도 전제되어 있습니다. 헤겔에서는 이념과 미美가 서로 부합되어 있기 때문에 자연도 그 직접성에서 스스로 이념의 한 부분, 하나의 모멘트를 가질 뿐이며, 자연은 그런 모멘트를 가질 때만 아름다운 것입니다. 그러나 이것은 동시에 헤겔을 제약하는 요소가 됩니다. 나는 여기에서 헤겔 학회[75]에서 기회가 있어서 토론했던 내용에 관련시켜 다음과 같이 말하고자 합니다. 즉, 헤겔을 무비판적인, 그저 그런 생기 없는, 테제-반테제-종합 테제의 물레방아가 덜렁거리는 사고를 펼친 철학자로 파악하는 것은 헤겔을 완전히 오해하는 것임을 말하고자 합니다. 오히려 헤겔 철학에서 변증법적 운동의 진지한 내용은 비판이라는 것이 현저할 정도로 드러납니다. 여러분이 헤겔을 정말로 진지하게 살펴보면, 헤겔이 다루고 있는 개념의 변증법적 운동들은 참되지 않은 것, 제한되어진 것, 잘못된 것, 죽은 것, 타락한 것에 대한 비판을 그 실체로 갖고 있음을 발견하게 될 것입니다. 이에 대해 예를 제시합니다. "생기 있는 자연미는 오로지 감각적인 직접성에 머물러 있기 때문에 자기 자신에 대해서도 아름답지 못하다." 다른 말로 하면, 자연미는 "자기 스스로 아름다운 것으로 생산되고 아름다운 현상 때문에 생산된 것"에 대해 알지 못한다는 것입니다. 계속해서 설명하겠습니다. 자연미는 그것의 미를 위해서 있는 것이 아니고, 그냥 있는 것입니다. 자연미에 귀속되는 미는 주관적인 정신의 모멘트를 통과한 것도 아니고 따라서 정신화의 모멘트에 의해서 형성된 것이 아닙니다. "자연미는 다른 것에 대해서만 오로지 아름답다. 다시 말해 우리에 대해서만, 미를 포착하는 의식에 대해서만 아름답다."[76] 헤겔 미학은 본질적으로 객관성을 지향하고 있으며, 헤겔에서는 아름다운 것의 모멘트들을 아름다운 것에서 스스로 규정하는 것이 중요합니다. 자극된 의식에 미치는 영향이 문제되는 한에서는, 단지 그렇게 규정하는 것만이 중요한 것은 아닌 것입니다. 헤겔에서도 자연미의 규정이 칸트의 규정과 일치하고 있습니다. 헤겔에게는 자연미의 규정이 미가 포착하는 의식에 대해서만 존재하는 하나의 미가 되는 것입니다. 헤겔에서 보이는 자연미에 대한 규정은 동시에 자연미 개념에 대한 매우 깊이 있고 효과가 있는 비판인 것입니다. 헤겔의 말을 계속 들어 보겠습니다. "추상적 형식으로서의 자연미의 형식은 한편으로는 특정한 형식이며 따라서 제한된 형식이다. 자연미의 형식은 다른 한편으로는 하나의 통일성과 자기 자신에 대한 추상적 관계를 포함하고 있다. … 이러한 종류의 형식은 우리가 규칙성, 대칭, 더 나아가 법칙성, 최종적으로는 조화라고 부르는 것들이다."[77] 여러분은 여기에서 내가 이미 앞에서 간략하게 말하였던 생각이 헤겔에게서 명백하게 언급되고 있는 것을 볼 수 있습니다. 자연의 아름다움에 대한 믿음과 예술의 아름다움과 비교해서 자연의 아름다움을 강조하는 것이, 예술의 생기 있는 정신적인 내용의 맞은편에서, 예술에서 단순히 형식적이고, 원한다면 수학적이라고 표현해도 되는 관계들과 본질적으로 관련을 맺고 있다는 생각이 이곳에서 드러나고 있는 것입니다. 헤겔의 위 문장에서는 그가 바로 앞에서 설명한 이유로 인해 자연미를 무언가 하위적인 것으로 —나는 하위적인 것이라고 말하고 싶습니다— 생각하고 있는 것이 숨겨져 있습니다. 나는 또한 동시에 헤겔의 이러한 제스처에는, 정신이 아닌 것에 대해 정신이 갖는 의기양양함에는 헤겔 철학을 제약하는 모멘트가 숨겨져 있다는 것을 명백히 말하고자 합니다. 나는 여기에서 도출된 내용에 근거하여 헤겔 철학의 제약성을 넘어서는 시도를 할 것입니다. 헤겔의 말을 계속해서 듣겠습니다. "규칙성의 아름다움은 추상적인 이해에서 나오는 하나의 아름다움이다."[78] 이를 통해 헤겔은 자연미에 대한 의미를 약간 거만한 제스처를 보이면서 18세기 합리주의로 되돌려 보내고 있습니다. 18세기 합리주의에서는 잘 알려진 대로 바움가르텐Baumgarten이 라이프니츠와 볼프의 철학을 형식 미학의 의미에서 보완하려고 시도한 바 있었습니다.[79] 자연미는 '이념적인 주체성'을 소유하고 있지 않다는 것입니다. 즉, "자연미에 있는 본질적인 결함은 우리를 이상에의 필연성으로 이끌게 되는바, 그러한 이상은 자연에서는 발견될 수 없으며, 그러한 이상에 비교해 볼 때 자연의 아름다움은 하위적인 것으로 출현한다"[80]는 것입니다. 여러분은 여기에서 내가 앞에서 삽입시켰던 개념인 하위성의 개념을, 독일어로 정리된 상태에서, 문자 그대로 보고 있는 것입니다. 헤겔의 말을 다시 듣겠습니다. "따라서 예술미의 필연성이 스스로 도출된다." —여기에서 헤겔에 매우 특징적인 면이 드러나고 있습니다. 헤겔이 그러한 비판에 머물러 있지 않고 자연미의 부족함, 불충분함으로부터 예술의 필연성을 도출해 내고 있는 것입니다.—[81] 헤겔의 주장이 이어집니다. "직접적인 현실에는 결함들이 들어 있기 때문에 생명감, 특히 정신적으로 생기를 불어넣는 영활靈活의 출현이 생명감과 영활의 자유에서 외적으로 서술되어야 하며 외적인 것이 그것의 개념에 상응하여 만들어져야 한다는 소명召命이 있다는 임무가 확고하게 설정되어야 한다. 이렇게 했을 때 비로소 참된 것은 그것의 시간적인 환경으로부터, 그리고 밖으로 나온 채 흘러가는 상태로부터 빠져나와 영원성들의 반열로 고양되며 동시에 외적인 현현顯現을 획득하게 된다. 이러한 현현으로부터는 자연과 산문散文의 결함이 더 이상 나타나지 않고 진실의 가치를 갖는 현존재가 출현하게 된다."[82] 자연미는 우연성의 모멘트를 유지하기 때문에 나는 미적인 것 이전의 것이라고 명명하지만 헤겔은 "산문적인 것"이라고 부르는 것을 갖고 있다는 것입니다. 아름다운 것의 개념은 정신에 대하여 본래부터 불충분한 것이며, 그러한 개념은 외재적인 것 자체가 예술을 통해서 내적인 것이 외부로 출현하는 형식에 의해 비로소 극복된다는 것입니다. 이것이 대략 헤겔의 생각입니다.

헤겔의 이론에서 뻗어나가는 이러한 전개를 나는 취소시키고 싶은 생각이 없습니다. 또한 여러분에게 여기에서 자연미의 이론을 제공하고 싶지도 않습니다. 매우 단순하고 평이한 이유들이 있기 때문입니다. 내 스스로 자연미의 이론을 내 마음대로 처리하지 않고 있는 것이 첫째 이유입니다.[83] 또한 그러한 이론이 제공될 수 있는지에 대해 의문을 갖고 있고, 우리가 자연미의 규정을 허용할 때 그러한 규정들이 19세기가 주목하였던 평범함에 어쩔 수 없이 다시 빠져들어 가지 않느냐 하는 의문도 갖고 있기 때문입니다. 다른 한편으로는, 나는 자연미의 문제를 파악하는 것이 기이할 정도로 배제되어 버렸고 오로지 휴가 기간 중에서나 간직되는 것으로 되고 말았다는 사실을 그냥 지나치고 갈 수는 없습니다. 다시 말해, 자연미와 관련하여 이 자리에 아직은 미결인 상태로 남아 있는 것이 숨겨져 있는 것입니다.[84] 이론理論이 아직도 제공되고 있지 않으며, 이러한 부족함이 당연히 이론적 미학의 필요성을 자극하고 있다고 보아도 될 것입니다. 자연미의 이론과 관련하여 불충분함과 숙고에의 필요성이 발생하는 이유는 아마도 칸트와 실러에서 유래하지만 헤겔도 수용한 '존엄'의 개념에서 찾을 수 있을 것입니다. 존엄의 개념은 오로지 인간에게만 해당되고, 인간에게 일종의 특별 지위를 차지하게 해 줍니다. 존엄의 맞은편에서 다른 모든 것은 단순한 재료로 내려앉게 되는 것입니다.[85] 특별 지위의 문제는 오늘날 우리의 경험에서 볼 때 내게는 빼놓고 넘어갈 수 없는 문제로 보입니다. 우리가 인간에게 부여된 절대적인 특별 지위를, 즉 이러한 철학적 인간중심주의를 더 이상 함께 실행할 수 없다면, 우리는 자연미의 문제를 최소한 예술미에 대한 자연미의 관계에서 심사숙고해야 할 것입니다. 우리가 자연미에 대한 명시적인 이론을 가능한 것으로 생각하지 않는다고 해도 우리는 자연미를 하위적인 것으로 본 헤겔의 판단에 머물러 있어서는 안 될 것입니다. 최소한 우리는 헤겔 미학에서 서술된 것보다는 훨씬 더 변증법적인 관계인 자연과 예술의 관계에 대해 보고서를 제출해야 할 것입니다. 이렇게 하고 나서 우리는 예술 자체가 도대체 무엇인가 하는 것을 규정하는 것에 대해 비로소 최초의 카테고리들을 제공해야 할 것입니다.

45) "예술에 대한 이론적 파악"부터 여기까지 아도르노가 밑줄을 그어 놓았다.

46) "바로 여기에 이론적, 미적 의식이"부터 여기까지 아도르노가 3중으로 밑줄을 그어 놓았다.

47) Velleität(프랑스어의 velléité, 라틴어의 velle)는 "아직은 사실로 되어 있지 않은 상태에 있는 의지의 표명이며, 단순한 의지의 자극, 힘이 없고 행위가 없는 의지이다"(Friedrich Kirchner, Wörterbuch der philosophischen Grundbegriffe철학 기본개념 사전, 5.Aufl., bearb. v. Carl Michaëlis, Leipzig 1907).

48) Vgl. Platon, Phaidros파이드로스 249 d-e. 아도르노의 다음 글을 참조. "플라톤은 철학의 조건으로서의 열정주의, 강력한 인식에 대해 가르쳤으며, 이것은 미메시스 내부에 있는 합리성에 대한 예감을 노출시키고 있다. 플라톤은 이러한 열정주의와 강한 인식을 이론적으로 요구하였을 뿐만 아니라 파이드로스의 결정적인 전회점에서 서술하였다"(GS 7, S.488).

49) 욕심 많은 여우가 포도에 다가서지 않으면, 포도가 아직 여물지 않았고 신 맛에 머물러 있다는 것이 확인된다. — 유명한 이 우화는 늦어도 헬레니즘 시대 이후 초기 희랍의 우화 작가인 이솝 이야기에 들어 있다.

50) "여기에서 강조하고 싶은 것은"부터 여기까지 아도르노가 밑줄을 그어 놓았다.

51) Vgl. Schillers Werke. Neue Prachtausgabe in zwei Bänden. Mit 300 Abbildungen ···, Druck und Verlag von Paß & Garleb, Berlin o. J.(ca. 1900).

52) "나는 여기에서 이제 여러분에게 무언가"부터 여기까지 아도르노가 밑줄을 그어 놓았다.

53) Vgl. Adornos Essay über Valéry: Der Artist als Statthalter대리인으로서의 예술가 (1953), in: Noten zur Literatur I 문학론 I(1958), sowie Valérys Abweichungen발레리의 빗나감, in: Noten zur Literatur II 문학론 II(1961), jetzt in: GS 11. S.114-126 und 158-202.

54) 엄격한 작품내재적인 해석은, 러시아 형식주의의 전통에 되돌아갔던 미국의 신비평과 문학적 해석학에 이르는 20세기 중반의 예술학과 문예학에서 지배적 위치를 가졌던 학파의 방법론적 이상이었다. Vgl. John Crowe Ranson, The new Criticism신비평, New York, 1941; René Wellek und Austin Warren, Theorie der Literatur문학의 이론, Bad Homburg vor der Höhe 1959;

Wolfgang Kayser, Das sprachliche Kunstwerk언어예술작품, Bern 1948; Emil Staiger, Die Kunst der Interpretation해석의 기술, Zürich 1955. — 작품들의 고 유한 의미를 인정하는 것은 아도르노에게도 예술과의 생산적인 비판적 대결 을 하는 데 출발점이다. 아도르노는 그러나 맥락에서 벗어나 있는 개별 작품 을 절대화하는 것을 비판한다. 이러한 절대화는 엄격한 내재적인 해석자들 이 작품에서 매번 무엇이 문제되고 있는가를 이해하는 것을 방해한다고 본 것이다. 아도르노의 다음 글을 참조(GS 7, S.269). "예술작품들이 자기 자신 에서 단자론적으로 정초되는 것은 작품들을 넘어서서 작품들을 내쫓게 된 다. 단자론적인 정초가 절대화되면, 내재적 분석이 세계관을 작품들로부터 멀리 하는 것 대신에 작품 안으로 파고들어가려고 하면서 노획물로서의 이 데올로기를 막아 보려고 해도 이데올로기의 손에 들어가게 되고 만다. 한때 는 속물근성에 대항하는 예술적 경험의 무기였던 내재적 분석이, 절대화된 예술로부터 사회적 자각을 떼어 놓기 위한 목적으로, 표어로서 오용되고 있 음이 오늘날 이미 인식 가능하게 되었다."

55) 괴테의 시 「두 세계 사이Zwischen beiden Welten」(1820)가 간략하게 언급되고 있다. "하나의 유일한 세계에 속하며, / 하나의 유일한 것을 숭배하고, / 한때 가슴과 의미였던 것처럼! / 리다, 가장 가까이 있는 행복, / 윌리엄, 가장 아름 다운 높은 곳에 있는 별, / 내가 있는 것에 대해 너희에게 감사드리니. / 하루 와 여러 해가 사라졌고, / 그래도 모든 시간에서 조용히 머무르고 / 나의 가치 를 모두 얻으면서"(Goethes Werke, Hamburger Ausgabe in vierzehn Bänden, hrsg. von Erich Trunz, München, [13]1986, Bd I, S.373).

56) 아도르노가 내재적 비판을 어떻게 이해하고 있는가에 대해서는 다음 글을 참 조. Kulturkritik und Gesellschaft문화비판과 사회(1949), in: Prismen프리즘(1955). "정신적인 형상물들에 대한 내재적 비판이란 형상물들의 형체와 의미의 분 석에서 형상물들의 객관적인 이념과 요구 사이의 모습을 포착하고, 형상물 의 견고함과 견고하지 못함이 형상물들 자체에서 현존재의 상황에 대해 무 엇을 포함하고 있는가를 명명하는 것을 뜻한다"(GS 10·1, S.27).

57) 딜타이Wilhelm Dilthey, 1833-1911는 바젤(1867), 키일(1868), 브레스라우 (1871), 베를린(1883-1908)에서 철학 교수로 일하였다. 그는 정신과학의 인 식론을 창시하였으며, 해석학적 학문의 '역사학파'를 대표하는 학자들 중의 한 명이었다. 아도르노는 이어지는 논의에서 거명되는 Das Erlebnis und die Dichtung체험과 문학(1906) 외에도, 딜타이의 Studien zur Geschichte des

deutschen Geistes독일 정신사 연구(1906)로부터 정선된 글들을 모아 1933년에 놀Hermann Nohl과 미쉬Georg Misch가 Von deutscher Dichtung und Musik독일 문학과 음악에 대하여라는 제목으로 출간된 책을 주목하였던 것으로 보인다. 이 책은 1958년에 개정된 판으로 2쇄로서 출판되었다.

58) 아도르노가 여기에서 생각하고 있는 자리는 '엠페도클레스Empedokles'에 관한 딜타이의 해석에서 발견된다. 딜타이의 해석은 다음과 같다. "형상들은, 고대 희랍의 입상立像에 입혀진 제의에 에워싸여 있는 것처럼, 장엄한 숭고함에서 앞으로 나아가면서 말한다"[Wilhem Dilthey, Das Erlebnis und die Dichtung(1906), Göttingen, ¹⁵1970, S.300].

59) "나는 이것을 이제는 나의 습관에"부터 여기까지 아도르노가 밑줄을 그어 놓았다. 인쇄된 상태로 된 글의 맨 위에 아도르노가 육필로 밑줄을 그어 적어 놓은 주석이 발견되고 있다: 이해의 문제에 대해서— 매우 중요함.

60) "예술이 서술하는 세력권으로부터"부터 여기까지 아도르노가 밑줄을 그어 놓았다.

61) "정당화는 아래와 같은 경험을 제압할"부터 여기까지 아도르노가 밑줄을 그어 놓았다.

62) "그 경험의 상태는 아마도"부터 여기까지 아도르노가 밑줄을 그어 놓았다.

63) "예술작품은 물론 예술작품의 특성에 맞게"부터 여기까지 아도르노가 밑줄을 그어 놓았다.

64) 학문 분과로서의 '미학'이라는 제목은 바움가르텐Alexander Gottlieb Baumgarten, 1714-1762이 할렌스 대학에 제출한 석사논문인 Meditationes philosophicae de nonnullis ad poema pertinentibus시의 몇몇 조건들에 관한 철학적 고찰(1735)에서 처음으로 각인되었으며, 미완성에 머무른 그의 주저작 Aesthetica미학(2 Theile, Frankfurt an der Oder 1750/1758)에서 체계적으로 전개되었다. '미학'의 개념은 바움가르텐의 제자인 마이어Georg Friedrich Meier, 1719-1777가 저술한 Anfangsgründe aller schönen Wisenschaften모든 아름다운 학문의 기초(3 Theile, Halle 1748-1750)에 의해 널리 알려지게 되었다. Vgl. auch Johann Gotthelf Lindner, Kurzer Inbegriff der Aesthetik미학에 관한 간략한 총괄, Redekunst und Dichtkunst웅변술과 시문, 2 Bde., Königsberg/ Leipzig 1771-1772.

65) In Kants »Kritik der reinen Vernunft순수이성비판«(편집자주 9번 참조).

66) "철학적 성찰 대상을 생동감 넘치는"부터 여기까지 아도르노가 밑줄을 그어

놓았다.

67) "미적인 것이 감각적으로 직관적인"부터 여기까지 아도르노가 밑줄을 그어 놓았다. 이러한 비판은『미학이론』에서도 발견된다(GS 7, S.145f.).

68) "미학의 역사가 자연미와 예술미를"부터 여기까지 아도르노가 밑줄을 그어 놓았다. 인쇄된 글의 머리 부분 여백에 아도르노가 육필로 해 놓은 주석이 있다: 자연미.『미학이론』은 자연미를 상세하게 다루고 있다(vgl. GS 7, S.97-121).

69) Vgl. etwa Kritik der Urteilskraft판단력비판(편집자주 3번 참조), B 166; 171; 180.

70) Vgl. ebd., B 76.— "자연미의 영역에서 획득된다는 놀랄 만한"부터 여기까지 아도르노가 밑줄을 그어 놓았다.

71) 헤겔은『미학 강의』서문에서 다음과 같이 주장하고 있다. "['아름다운 예술의 철학']이라는 표현을 통해서 우리는 동시에 자연미를 배제시키게 된다. 우리의 대상을 이렇게 제한하는 것은, 모든 학문이 그것의 범위를 임의적으로 경계를 정하는 권한을 갖고 있듯이, 한편으로는 자의적으로 규정으로 나타날 수도 있다. 이런 의미에서 볼 때 우리는 미학을 예술의 아름다운 것으로 받아들여서는 안 된다. 우리는 일상적인 생활에서 아름다운 색, 아름다운 하늘, 아름다운 강, 아름다운 꽃, 아름다운 동물, 그리고 더 나아가 아름다운 사람들에 대해 말하는 것에 익숙해져 있다. 그러한 대상들에 미의 질이 정당하게 덧붙여져야 되고 예술미 이외에도 자연미가 설정되어져도 되는 한, 우리가 여기에서 논쟁에 말려들 의도가 없음에도 불구하고, 일단은 예술미가 자연보다 더 높은 곳에 있다고 주장할 수 있다. 예술미는 정신으로부터 탄생되고 다시 탄생되는 미이며, 그만큼 정신과 정신의 산물은 자연과 자연의 출현물보다 더 높은 곳에 놓여 있고, 그만큼 예술미는 자연의 미보다 더 높은 것이기 때문이다"[Werke, a. a. O.(편집자주 5번 참조), Bd. 13, S.13f.].

72) "이와 동시에 단순히 감각적인"부터 여기까지 아도르노가 밑줄을 그어 놓았다.

73) 아도르노는 이렇게 알리는 부분을 3중으로 밑줄을 그어 놓았다.

74) Hegel, Werke, a. a. O.(편집자주 5번 참조), Bd. 13, S.167. 이 인용과 뒤따르는 헤겔-인용들에 대해서는 아도르노가 인쇄된 상태의 글에서 밑줄을 그어 놓았다.

75) 여기에서 언급된 헤겔 학회는 1958년 10월 25일에 프랑크푸르트에서 개최

되었다.

76) Hegel, Werke, a. a. O., Bd. 13, S.167.

77) Ebd., S.179.

78) 아도르노에 의해 축약된 상태로 다시 제시되어 있다. 인용된 문장은 아래와 같은 연관관계에 놓여 있다. "그것 자체로서의 규칙성은 어떻든 외부적인 것에 붙어 있는 동일성이며, 더욱 자세히 보면 대상들의 형식에 대해 특정한 통일성을 부여하는 동일한 형상의 반복이다. 그러한 통일성은 이것의 일차적인 추상성으로 인해 구체적 개념의 이성적인 총체성으로부터 가장 멀리 떨어져 있다. 이를 통해 그러한 통일성이 갖고 있는 미는 추상적으로 이해되는 미가 된다. 왜냐하면, 오성은 그 원리에 대해 추상적이고 자기 내부에서 스스로 규정된 동일함과 동질성이기 때문이다"(Ebd., S.180).

79) 아도르노는 이곳에서('아름다운 것의 철학'으로 이해되는) 미학에서 나타나는 '형식적' 단초들과 '내용적'으로 지향되는 단초들 사이의 대치관계를 이용하여 헤겔을 그보다 더 오래된 바움가르텐의 미학으로부터 경계를 짓는 데 투영하고 있다. 이러한 대치관계는 19세기 후반에 비로소 나타났으며, 20세기의 예술 및 문학에 관한 논의에서 극단으로 치달았다[신비평, 형식주의 논쟁(편집자주 54번 참조)]. 이러한 연관관계에서, 아도르노가 바움가르텐의 이름과 함께 "형식 미학aesthetica formalis"의 사유 가능성을 펼치고 있는 것은 방향이 잘못되었다는 점이 지적되어야 한다. 바움가르텐은 그의 미학으로 라이프니츠-볼프 학파의 합리주의적인 철학을 보완하려고 했으며, 이것이 바움가르텐 미학에 대한 올바른 평가이다. 바움가르텐의 계획이 밀고 나갔던 방향은 그러나 —이 점에서는 헤겔을 따르는— 아도르노에게서 왜곡된 채 재현되었다. 바움가르텐에서 관건이 되고 있는 것은 취향과 형상화 형식의 영역에서 "추상적 이해를 위한 '형식적'인 미학"의 의미에서 합리주의를 관철시키는 것이 아니었다. 이러한 '형식적'인 미학은 고트셰트Johann Christoph Gottsched가 시학의 영역에서 Versuch einer critischen Dichtkunst vor die Deutschen독일인 앞에 내놓은 비판적 문학에 관한 시론試論(Leipzig 1739)으로 시도한 바 있었다(이에 대해서는 편집자주 474번도 참조). 바움가르텐 미학은 오히려 합리주의적인 학파에서 소홀히 다루었던 문제인 감각적 인식과 표상의 내용에 대한 의미, 비개념적인 표상들의 서술 및 통보 가능성에 대한 의미를 함양하는 것을 지향하였다(vgl. dazu inzwischen die Einführung von Dogmar Mirbach in: A. G. Baumgarten, Ästhetik, 2 Bde., lat.-deutsch, Hamburg 2007, Teil I, S.

XV-LXXX). '형식미학'의 개념은 바움가르텐의 저작들에서 나타나지 않는다. 바움가르텐 미학의 틀에서 형식미학의 개념에 대해 체계적으로 논한 자리는 존재하지 않는 것으로 보인다.

80) Hegel, Werke, a. a. O., Bd. 13, S.190.

81) 여기에서 삽입 부분 안에 설정되어 있는 언급은 아도르노에 의한 것이며, 그는 헤겔을 인용하는 읽을거리를 읽으면서 이를 중단하였다. 아도르노는 이 부분에 대해 인쇄된 상태의 글에서 3중으로 밑줄을 그어 놓았다. 아도르노는 가장자리에 다음과 같이 메모해 놓고 있다. 이를 위해서: 예술미는 자연이 약속하는 것을 의도하고자 한다. — 어떤 대가를 치르고라도. Vgl. GS 7, S.99; 115f.

82) Hegel, Werke, a. a. O., Bd. 13, S.202.

83) "이것이 대략 헤겔의 생각입니다"부터 여기까지 아도르노가 밑줄을 그어 놓았다.

84) "다른 한편으로는, 나는 자연미의"부터 여기까지 아도르노가 밑줄을 그어 놓았다.

85) "칸트와 실러에서 유래하지만"부터 여기까지 아도르노가 3중으로 밑줄을 그어 놓았다. Vgl. GS 7, S.98. 칸트에서 '품위'의 개념에 대해서는 다음을 참조. Grundlegung zur Metaphysik der Sitten도덕 형이상학 원론(1785), hrsg. v. Paul Menzer, in: Kant's gesammelte Schriften, Akademie-Ausgabe, Bd. IV, Berlin 21911, S.434(=A/B 77ff.). 실러에서 품위에 대해서는 「우아함과 품위에 대하여」(1793)를 참조, in: Sämtliche Werke, a. a. O.(편집자주 42번 참조), Bd. 5, S.433-488. 또한 『인간의 미적 교육에 대하여』(1795)를 참조. 특히 15번째 편지를 참조(ebd., S.614-619, 616). — 아도르노가 여기에서 이상주의적 미학이 자연미에 대해서 불충분한 미학이라는 근거로 제시한 칸트와 실러의 품위 개념은 헤겔에서는 곧바로 확인될 수 없다. 헤겔의 『미학 강의』에서 품위의 개념이 사용된 유일한 자리는 헤겔이 이미 '자연'과 '정신'의 대립관계에 대해 비판적으로 성찰하고 있음을 보여준다. 헤겔은 자연과 정신의 대립이 자연미가 미적으로 출현하고 충만되는 세계의 옷을 벗긴다고 하였고, 근대적 주체가 처리 가능하게 된 자연재료들에 대해 갖는 단순한 폭력관계가 정신의 '품위'를 끌어들여서 정립되었다고 하였다. "우리는 한편으로는 인간이 비천한 현실과 세속적인 시간성에 붙잡혀 있고, 필요한 것과 곤궁한 것에 의해서 억눌려 있으며, 물질, 감각적 목적들과 이것들을 즐기는 것에 휘말려 있고, 본능적 충동과 열정에 의해 지배를 받으면서 마음을 빼앗기고 있음을 보

고 있다. 다른 한편으로 인간은 자기 자신을 영원한 이념, 관념과 자유의 영역으로 끌어올리며, 자기 자신에게 의미로서의 일반적인 법칙들과 규정들을 부여하고, 세계를 세계의 생기 있고 꽃이 만개한 현실로부터 세계의 옷을 벗기면서 세계를 추상으로 만들면서 해체시킨다. 정신은 인간이 자연으로부터 경험하였던 곤궁과 폭력을 자연에게 되갚음으로써 오로지 자연에 대한 불법과 오용에서 정신의 권리와 품위를 주장하며, 이렇게 함으로써 인간은 세계를 추상으로 만들면서 해체시키는 것이다"(Hegel, Werke, a. a. O., Bd. 13, S.105f.). 아도르노는 『계몽의 변증법』에 있는 그의 주장과 이미 매우 멀리 떨어져 있는 상태에서 마주하고 있는 이 부분보다는 헤겔 '미학'의 서문 모두에 있는 '예술미의 학문'에서 자연미를 배제시키는 헤겔의 주장을 생각하고 있었던 것으로 보인다[vgl. ebd., S.13f.(편집자주 71번 참조)].

지난 시간에 이른바 자연미를 고찰할 때 점차 확대되는 불신에 대해 여러분에게 이야기하였습니다. 그 문제를 단 1초 동안만이라도 여기로 끌어들여 생각해 보면, 나는 우스꽝스러운 일이 생긴다고 봅니다. 우리가 특별히 자연적으로 아름다운 대상 앞에서 철학적 고찰을 제기한 후 자연미가 철학의 매우 많은 개념들과 실제로 잘 어울린다는 것, 다시 말해 이러한 많은 철학적 개념들은 개념들이 낡아지기 때문에 제기되는 반박에 그 운명이 전혀 의존되어 있지 않다는 것, 그러한 철학적 개념들이 낡아지기 때문에 더 이상 사용될 수 없다는 것, 그러한 개념들은 지속적으로 진보하는 역사적 의식에 의해 어느 정도 확실하게 그 개념들에서 실체가 탈취된다는 것을 여러분에게 말할 목적으로 꽃 피는 사과나무가 왜 아름다운가를 말한다면 얼마나 우스꽝스러운 일입니까.[86] 이론 미학이 자연미에서 지향하는 방향에 대한 논박이나 헤겔이 자연미의 개념을 하위적이라고 주장한 것에 대한 논박을 여러분이 다시 기억해 보면, 거기에는 어떤 모티프가 들어 있다는 사실로부터 여러분이 빠져나올 수 없게 될 것입니다. 그 모티프는 헤겔 철학에 친숙한 모티프들에도 낯선 것이 아닙니다. 그것은 도망가듯이 일시적으로 존재하는 것입니다. 이처럼 일시적인 것은 확고한 형체를 획득하지 못합니다. 일시적인 것은 대상화를 통해서 생명력 있는 주체와 다시 화해하기 위한 목적으로, 확실한 의미에서, 대상화가 되지는 않습니다. 여러분에게 이렇게 말하겠습니다. 모든 도망가는 듯한 일시적인 것은 헤겔 철학에서는 별로 통용되지 못합니다.[87] 나는 이 자리에서 나타난 문제점을 더 이상 다루고 싶지는 않습니다. 그러한 문제점은 헤겔이나 변증법에 관한 강좌에서 다룰 주제이며, 이 강의에서 다루는 주제에 속하지는 않습니다.[88] 내가 말해도 되는 것은, 헤겔 철학에는 물론, 한편으로는, 단순한 낭만적인 분위기에 들어 있는 감각주의에 맞서는 대단히 웅대한 것이 숨겨져 있다는 것입니다. 그러나 다른 한편으로는, 헤겔 철학에서는 무력한 것에 —우리는 거의 이렇게까지 말할 수 있습니다— 대한 근본적인 태도를 통해 헤겔 철학이 전체적으로 볼 때 최종적으로는 기존의 질서를 옹호하는 쪽으로 끌려가는 경향이 나타나고 있기도 합니다. 그러나 예술에서, 아름다운 것에 대한 물음에서 매우 확실한 것이 있습니다. 즉, 예술은 일시적인 것, 완전히 포착되지 않은 것,[89] 마치 법적 규정처럼 확실하지 않은 것의 모멘트에서 예술의 생명을 유지시키는 요소를 갖고 있는 것입니다.[90] 헤겔이 그의 미학에서 주체-객체-변증법을 통해서, 그리고 내용적 규정들을 미학에 끌어들임으로써 18세기의 미적 형식주의를 넘어서서 성취한 진보는 위대하다고 할 것입니다. 그럼에도 나는 여기에서 헤겔 미학에는 예술에 낯선 모멘트가 있다는 것을 말하는 것이 좋겠다고 생각합니다. 헤겔에서 성취된 진보는 예술에 낯선 모멘트가 바로 그 진보에 들어 있는 대가를 치르고 있는 것입니다. 그렇습니다. 우리는 예술에 낯선 모멘트라고까지 말할 수 있습니다. 헤겔이 성취한 진보는 또한 재료성의 과잉이라는 대가도 치르고 있습니다. 이러한 과잉은 우리로 하여금 다음과 같은 의구심을 종종 품게 하는 결과로 이어집니다. 즉, 헤겔의 예술철학은 그 위대함에도 불구하고 내가 앞에서 말한 일시적인 것에서 성립되는 예술작품의 경험을 포착하는 데는 전적으로 무력하지 않느냐 하는 의구심을 갖게 하는 것입니다. 우선 아래의 사실에 주목해 주었으면 합니다. 예술작품은 정신에 의하여 스스로 매번 이미 규정되어 있는 것이기 보다는 정신에 의한 규정에 한참 더 근접해 있습니다. 자연미는 정신에 의한 규정으로부터 더욱 많이 빠져나와 있습니다. 이 사실이 중요합니다. 이제 헤겔에서의 자연미와 관련하여 결론적으로 언급하겠습니다. 자연미에서 나타나는 일시적인 것, 법 규정처럼 확고하게 확정될 수 없는 것은 아름다운 것의 본질에 산입算入되는 것입니다. 그럼에도 헤겔은 자연미에 그러한 특징들이 있다고 자연미를 비난하고 있는 것입니다. 자연미의 문제에 대한 자각은 자연미에서 보이는 일시적인 것에서 제대로 시작될 수 있다고 생각합니다.[91]

자연미는 개념적으로 포착되는 것이 매우 어렵고 자연미에 대한 진술을 무언가 형식주의적인 것이나 또는 고루한 것으로 받아들이고 있다는 사실은 내게는 오히려 미처 해결되지 않은 문제로 다가옵니다. 우리가 헤겔의 판단에 만족해 버리면, 자연미에 대한 사고는 전혀 힘을 받지 못하고 마는 것입니다. 자연미의 전체를 하위적인 것으로 통용시켜 버리면, 우리는 여기에서 확고하고도 포착 가능한 형체를 손에 넣을 수가 없기 때문입니다. 나는 그러므로 자연미의 문제를 해결하는 것이 미학을 정초하는 데 매우 중대한 영향을 미치고 있다고 생각합니다. 헤겔은 자연미를 철학적 의미에서 미적인 것 이전의 것을 만드는 요소로 보았지만, 나는 자연미의 요소가 없이는 예술작품 자체를 제대로 생각하는 것조차 불가능하다고 보기 때문입니다. 나는 여기에서 다음과 같은 사실을 여러분에게 주지시키는 것을 전혀 망설이고 싶지 않습니다. 자연미를 지각할 능력이 없는 사람, 즉 자연을 경험하면서 자연이 활동의 대상들, 실제적인 대상들과 원래부터 분리되어 있다는 것을 승인할 능력이 없는 사람은 예술적 경험을 제대로 할 수 없는 사람입니다. 그렇게 분리되어 있는 것이 미적인 것을 만들어 내는 기초가 되기 때문입니다. 오히려 나는 두 가지 사실을 지적하고 싶습니다. 자연미가 예술미에 대해 매우 특별한 모델의 특징을 소유하고 있다는 사실을 먼저 지적하고자 합니다. 근대 철학 전체가 그렇게 하였듯이, 아름다운 것을 고찰하면서 자연미에 대한 생각을 배제시켜 버려서는 절대로 안 된다는 점도 말하고 싶습니다. 예술미에 대한 구상 자체가 예술미에 고유한 의미에 상응하여 자연미, 자연 자체와 분리시키려고 해도 분리될 수 없는 관계에서 발생하였기 때문입니다.[92] 나는 이것을 여러분에게 보여 주게 되기를 희망하고 있습니다.

두 가지 예를 들어 자연미를 설명하도록 하겠습니다. 여러분 중에서 예술사회학 세미나에 참석한 분들은 벤야민Walter Benjamin에 대한 발표를 들어 보았을 것입니다.[93] 거기에서 벤야민의 '아우라Aura' 개념이 논의되었을 것이며, 아우라는 일회적인 것을 본래의 특징으로 갖고 있다고 들었을 것입니다. 벤야민은 아우라 개념을 예술작품의 '숭배 가치'와 결합시키고 있으며, 숭배 가치는 어떤 경우이든 전통적 예술작품을 규정하는 요소였다는 사실을 수용하고 있습니다. 벤야민이 「기술복제시대의 예술작품」이라는 논문에서 도입한 아우라 개념이 예술작품에서 보이고 설명된 것이 아니고 무언가 자연적인 것에서 보이고 설명되었다는 사실을 나는 우연으로만 생각할 수는 없습니다.[94] 다시 말해, 벤야민이 예술작품에서 서술하고자 하는 현상은 원래 자연 풍경을 관찰하면서 사람들에게 나타나는 현상인 것입니다.[95] 아우라에 관련되는 문장들을 여기에서 읽어 주겠습니다. 이 구절은 자연미에 대한 지적도 포함하고 있습니다. 그러한 지적에 지나칠 정도로 따르지 않아도 이 구절에 자연미가 무엇인지를 가리키는 것이 들어 있음을 알 수 있습니다. 벤야민의 말을 들어 보겠습니다. "역사적인 대상들에 대해 제안된 아우라 개념을 자연적인 대상들에 관한 아우라 개념에서 설명하는 것이 권장될 만하다. 우리는 후자를 먼 곳의 일회적 출현으로 —이것이 아무리 가까이 있다고 할지라도— 정의하고자 한다. 일요일 오후에 지평선에 있는 산맥이나 지맥의 아우라를 호흡해 보는 것이 먼 곳의 일회적 출현인 것이다."[96] 여러분 모두에게도 대략 예술작품의 '분위기'라는 개념, 또는 사람들이 하이데거Heidegger의 용어에 기대어 예술작품의 '분위기 있음'이라는 개념으로 매우 가깝게 친숙하게 다가오는 아우라 현상은 그 자체가 원래 자연현상입니다. 원래부터 가까이 있는 먼 곳의 특징을 갖고 있는 것입니다. 가까운 것이 멀리 있는 이러한 특징은 지나가 버리는 것, 일시적인 것, 법적 규정처럼 확정될 수는 없는 것, 완전히 잡아 둘 수 없는 것의 모멘트와 원래 깊게 연관되어 있습니다. 그러한 특징은 예술작품의 본질과 자연에 대한 우리의 경험에 본질적으로 속합니다. 예술작품의 본질과 자연에 대한 경험이라는 두 개의 모멘트에서 여러 가지로 상호 대립관계에 놓여 있는 카테고리들, 즉 우리의 직관의 대상으로서의 자연의 카테고리와 예술적 직관에 대한 표상의 카테고리가 서로 일치되는 것처럼 보입니다. 나는 여기에서 자연과학의 대상으로서의 자연을 말하지 않았다는 점을 강조하고 싶습니다.[97]

이제 두 번째 예를 추가하겠습니다. 우리가 어떤 예술작품을 장악한다는 것, 어떤 예술작품을 예술작품으로 경험한다는 것은 우리가 객체적인 것으로서 '의미하는 것'에 대한 경험과 예술작품에서 맞서게 되었을 때 가능하다고 생각합니다. 이것은 예술작품의 경험에 본질적으로 중요하며, 그러한 맞섬은 예술작품 내부에서 일어나야 할 것입니다. 나는 여기에서 벤야민이 사용한 언어에 접맥하여 거의 다음과 같은 정도로까지 말하고 싶습니다. 예술작품은 사람의 두 눈을 때려 눈이 열리도록 해 준다.[98] 나는 예술작품이 스스로 말하고 있는 것, 예술작품이 내게 말한 어떤 것을 내가 이해하는 순간에 예술작품을 이해합니다. 내가 예술작품에 단순히 투영한 것, 즉 단순히 나에 관한 어떤 것에 지나지 않는 것을 이해하는 순간에 예술작품이 이해되는 것은 아닙니다. 나는 이것이 예술작품에 대한 예술적 경험과 예술적 경험을 하기 이전의 경험 사이에 놓여 있는 문턱과 같은 것이라고 말할 수 있습니다. 여기에서 가정 주부의 경험을 예로 들어 봅니다. 그녀는 장편소설에 등장하는 사람들에게서 자기 자신을 확인하기 위한 목적으로 장편소설을 읽습니다. 나는 한때 어떤 이상한 사람을 알게 된 적이 있습니다. 그는 가정 주부가 프루스트Proust를 읽을 수 없는 까닭은 프루스트의 장편소설에서는 가정 주부가 자신의 삶과 동일한 삶으로 볼 수 있는 사람들이 발견되지 않기 때문이라고 말하였습니다. 나는 바로 이것이 예술작품에 대한 예술적 경험과 예술적 경험 이전의 경험, 또는 단순히 재료적인 경험이 구분되는 문턱이라고 말하고 싶습니다. 예술작품이 우리 자신에게서 객체성, 정신적으로 객체적인 것으로 내재되어 있다는 것을 우리가 예술작품에서 알게 됨으로써 ─정신적으로 객체적인 것이 예술작품을 고찰하는 주체에서 탈진되지 않은 채─ 그러한 문턱에 다가서는 것입니다.[99] 이것을 가능하게 하는 것이 원原현상입니다. 원현상에서 우리는 예술적 경험의 가능성과 모든 예술작품에 대해 구속력을 갖고 있는 행동방식을 획득할 수 있습니다. 원현상도 역시 자연에 대한 관계로부터 유래합니다.[100] 누군가에게 한때, 어린 시절이라고 거의 생각할 수 있는 한때, 관찰자의 기분에 따라서가 아니고 관찰자와 밤이 서로 맺는 관계에서 밤 자체가 우울하다는[101] 생각이 떠오르게 되었습니다. 이것은 결정적으로 중요한 경험이며 '객체에 대한 자유'[102]의 경험인 것이 확실합니다. 나는 이러한 경험을 갖지 않은 사람, 대상과 마주하여 자신을 스스로 망각하는 경험을 갖지 않은 사람은 예술작품이 무엇인지를 모르는 사람이라고 생각합니다. 오늘날 우리가 여러 가지로 관찰하고 있는, 예술작품에 대해 자행하고 있는 야만적인 행동거지들은 본질적으로 실증주의적인 정신에 의해 전체적으로 생산되어서 예술작품들에까지 영향을 미치고 있는 태도인 사실이 중요할 뿐이라는 태도, 즉 일상적인 태도와 관계가 있습니다. 이렇게 해서 예술작품들은 단순한 재료들로, 또는 관찰자의 심리적인 투사로 지각되고 마는 것입니다.[103] 이처럼 야만적인 행동거지들에서는 밤이 어떻게 하면 그 자체에서 우울한 밤으로써 경험될 수 있느냐 하는 것이 더 이상 가능하지 않습니다.

이어서 한 가지 내용을 덧붙이겠습니다. '분위기'와 같은 개념들이 내게는 특별히 걱정스럽고 의심스럽게 보이는 것에 대해 가장 깊이 있는 근거를 제공해 주는 것은 바로 내가 앞에서 말한 정신적인 내용의 객체성, 즉 주관적 성찰에서 탈진되지 않는 객체성입니다. '분위기'와 같은 개념들은 유겐트양식Jugend Stil이나 신문, 잡지 풍으로 황폐화된 인상주의로부터 유래하며, 이것들은 내 눈에는 1950년대 후반인 현재에도 철학적으로 새롭게 회복되는 추세를 보이고 있습니다. 여기에는 코메렐Kommerell의 미학104)도 책임이 없지는 않습니다. 사물 자체에서 지각하는 것이 원래 미적인 것에 특별한 것을 정초시키는 결정적 요소입니다. 그러나 '분위기'와 같은 개념들은 이처럼 결정적인 요소를 단순히 주관적인 규정 안으로 용해시켜 버립니다. 그래서 '분위기'와 같은 개념들이 내게는 특별할 정도로 걱정스럽고 의심스러운 것입니다. 이러한 지적들을 통해 내가 여러분에게 명확하게 보여주고자 했던 시도가 맞는다면, 우리는 이러한 시도로부터 결론을 내리거나 내가 앞으로 여러분에게 더 자세히 보여주게 될 생각으로 나아가도 될 것입니다. 다시 말해, 인간에 의해 창조된 것으로서의 예술, 그리고 자기 스스로부터 이미 현존재의 형체로 출현하는 것으로서의 예술은 모든 자연에 대해 어떤 특정한 대립관계에 놓여 있지만 동시에 자연에 의해 매개되어 있다는 결론에 이르게 되는 것입니다.105)

자연과 예술의 매개, 자연미와 예술미의 관계가 원래 어디에서 성립되고 있는지에 대해 계속해서 보여주겠습니다. 여러분 모두가 알고 있듯이, 자연적인 세계와 역사적인 세계는 간단히 말해서 서로 대립되어 있다는, 성찰되지 않은 채 유포되어 있는 견해는106) 앞에서 읽은 벤야민의 구절에서도 나타나고 있으며, 두 세계가 대립되어 있다는 습관은 깨지지 않고 있습니다.107) 두 세계가 대립되어 있다는 견해가 맞는지, 그리고 자연과 역사의 분리가 그것 자체로서 현혹眩惑의 연관관계 Verblendungszusammenhang, 더욱 깊게 들여다보면 자연과 역사의 양쪽으로 분해되어 버리는 현혹의 연관관계가 아닌지 하는 문제에 대해서는 여기에서 결론을 내리지 않고 그냥 놓아두고 싶습니다.[108] 이 문제는 또한 변증법적 논리나 변증법에 대한 강의에서 다루어야 할 것이며, 특별히 미학적인 주제는 아닐 것입니다. 그러나 나는 어떤 경우이든 우리가 이른바 자연미 자체에서 자연미가 역사에 의해 매개되어 있다는 사실을 입문 차원에서라도 이미 증명할 수 있다고 생각합니다. 나는 여기에서는 폐허에서 보듯이 두 갈래로 나뉘어 싸우는 현상들이나 알레고리적인 현상들에 대해 관여하고 싶은 생각은 전혀 없습니다. 폐허는 바로 역사가 만들어낸 것입니다. 이처럼 역사적으로 만들어진 것은 그것이 마치 자연의 한 조각인 체하면서[109] 그것의 역사적인 표현을 획득하게 됩니다. 내가 여기에서 일단은 의도하고 싶은 것은, 자연에 의해 주어진 것φύσει과 인간에 의해 만들어진 것θέσει[110] 사이에는 미적인 경험의 영역에서는 사람들이 생각하는 것처럼 그렇게 철저한 차이가 성립되지 않는다는 점입니다.[111] 이것은 기회가 있을 때마다 관찰되었던 사실입니다. 그러나 내가 알기로는, 그러한 미적인 경험이 미적인 것에 관한 이론에 어떻게 수용되어야 할 것인가 하는 문제나 오늘날 우리에게는 본질적으로 자연미의 경험에 밀착되어 있는 영역들인 자연의 영역들, 예를 들어 높은 산맥들과 대양大洋과 같은 것들이 원래는 자연의 경험에 뒤이어 나타나는 역사적인 경험에 비로소 힘입고 있다는 문제가 중요하게 받아들여진 적이 전혀 없었습니다. 다시 말해, 제어되지 않은 것, 무한한 것으로서의 자연미는 다음과 같은 세계에서 비로소 성립되어 있습니다. 사람들이 사회가 만들어 낸 직조물과 대비되는 것을, 즉 아직도 완벽하게 파악되지 않은 것, 아직도 완벽하게 지배되지 않고 길들여지지 않은 것을 이러한 대비가 내보이는 미에서 처음으로 제대로 지각하였을 정도로 사회적인 직조물이 넓게 퍼져 있는 세계에서, 바로 이러한 세계에서 성립되어 있는 것입니다.[112] 이와 동시에, 한편으로는, 자체 내에서 영원한 것으로서의 주체의 원리의 발견은 그러한 영원한 것을 자연에서도 역시 친화적인 것으로 감지하는 데 이르게 합니다. 이 상태가 되기 이전에는 그러한 영원한 것은 단지 불안을 유발시키는 것이나 소름끼치는 것으로만 지각될 뿐이었습니다. 내가 나중에 논의하게 될 숭고함에 대한 칸트의 미학은 그 내부에 문턱을 넘어서는 요소가 들어 있는 것이 확실합니다.[113] 다시 말해, 칸트의 숭고함의 미학에는 장중한 자연에 대한 불안과 두려움이 감지되고 있습니다. 그러나 이와 동시에 숭고함의 감정이 이미 결합되어 있으며, 숭고함의 감정은 불안, 두려움, 숭고함의 모멘트들에 내재하는 미를 경험하는 근거를 제공해 주고 있습니다.

베를렌Verlaine의 "바다는 대성당보다 더 아름답다La mer est plus belle que les cathédrale"[114]와 같은 문장은 특별할 정도로 그의 말기에 나타난 문장입니다. 즉, 성당들이 성당들로 존재하였던 것을 중단하고 교육을 맡는 일부분이 되거나 박물관과 같은 것으로 되는 세계에서 비로소, 바로 이 순간에 비로소, 대양大洋이 일드 프랑스île de France의 성당을 지었던 중세 전성기에는 갖고 있지 못하였던 대양의 아름다움을 획득하게 됩니다. 바다나 하늘처럼 아름다운 것의 지각은 바다에서 발견되는 가치들을 바다의 표면이나 분위기에서 그 가치들 나름대로 예술적으로 객체화시키는 것을 가능하게 하는 인상주의의 미적인 경험이 동시에 존재하지 않고는 전혀 생각될 수 없는 것입니다. 이렇듯 자연의 대상들에 대한 우리의 경험은 원래는 우리의 미적인 경험에 대한 성찰인 것입니다. 더욱 정교하게 정리하겠습니다. 자연 대상들에 대한 경험과 미적인 경험에 대한 성찰은 오히려 양자에 공통되는 제3자, 즉 대상적인 세계에 대한 통각統覺으로 되돌아가며, 이러한 통각은 스스로 그 역사적 위치 가치를 갖고 있습니다.[115] 폭격을 당한 도시의 파괴된 모습에서, 어떤 질서 같은 것, 정돈된 정원, 아직도 남아 있는 집, 온전한 상태의 시민사회적인 세계에서는 사람들이 다른 모든 것보다 아름답다고 여겼던 수많은 사물들이 갑자기 어떤 특정한 질質을 갖는 미美를 받아들이고 있었음을 여러분 모두는 전쟁 직후에 볼 수 있었을 것입니다. 이러한 특정한 미의 위치 가치는 도시의 파괴된 모습과 마주하면서 성립되었던 것입니다. 자연이 인간보다 더욱 강력한 힘으로 존재했던 한, 다시 말해 인간이 자연과의 맹목적인 투쟁의 상태에 머물러 있었던 한, 인간이 자연에 맞서서 헤겔이 명명하였던 대상에 대한 자유를 아직도 소유하지 못했던 한, 인간은 자연미를 전혀 지각할 수 없었다는 사실을 우리는 여기에서 어떤 경우에도 받아들일 수밖에 없습니다. 어느 정도까지는 확실히 죄가 없는 것, 인간에 의해 손상이 되지 않은 것으로서의 자연미의 지각은 인간이 자연 앞에서 더 이상 두려움을 느낄 필요가 없고 자연이 인간보다 더 약하게 되며 인간이 자연에서 어느 정도까지는 무엇인가를 다시 개량할 수 있게 되었을 때 비로소 가능하게 됩니다. 아름다운 것과의 관계에서 우리에게 최초로 확실하게 출현하는 것, 다시 말해 자연에 대한 관계는 뒤늦게 나타난 관계입니다. 자연에 대한 관계는 자연과 거리를 두는 과정을 전제로 하며, 이 과정에는 인간과 자연 사이에 벌어지는 전체적이고도 역사적인 대결이 하나의 본질적인 모멘트로 내포되어 있습니다. 이런 의미에서 볼 때, 예술의 영역으로부터 발원되는 미적 이론들이 자연미의 이론에 본질적으로 들어가 있는 것은 결코 우연한 일이 아닙니다.[116]

여기에서 우리가 주목하고 있는 연관관계는 자연과 인간의 대결에 관한 연관관계이며, 자연과 인간의 대결은 예술과 자연의 관계에서 기이하게 나타나는 이중적 특징에 대해 해결의 실마리를 제공합니다. 자연과 인간의 대결에 관한 연관관계와 관련하여 나는 여기에서 여러분에게 칸트의 『판단력비판』 중에서 「역동적으로 숭고한 것」에 관한 장에 나오는 중요한 자리를 알려주고 싶습니다. 이곳에서 칸트는 숭고한 것의 카테고리를, 그의 뒤를 이었던 미학자들과는 반대로, 전적으로 자연미에게만 할당시키고 있습니다. 이곳에서 여러분은 영원성에 대한 사고, 자연과의 대결에 대한 사고, 주체성에 대한 사고가 독특한 방식으로 어떻게 서로 교차되어 있는가를 발견하게 될 것입니다. 나는 칸트에서 매우 중요한 이 구절에 특별한 것이 들어 있다고 생각합니다. 따라서 여러분은 여기에서 더 나아가 칸트의 자연미의 이름에, 주관적인 예술에서 —이를 헤겔은 낭만적 예술이라고 말하였습니다[117]— 예술미의 이념에 결정적으로 중요한 역할을 하는 모멘트들이 기록되어 있음을 알 수 있을 것입니다. 주관적인 예술은 칸트 이후에 근본적으로 전개되었습니다. 다른 말로 하면, 칸트가 바다나 산에 할당시킨 것은, 새로운 것으로서, 베토벤의 음악과 같은 예술에서 예술 자체에 들어오게 되었습니다.[118] 칸트가 베토벤의 음악에 대해 전혀 알 수 없었던 것은 자명한 일이지만 예술에서 이처럼 새로운 것을 인식하고 있었던 것입니다. 칸트의 말을 들어 보겠습니다. "웅장하게 돌출되어 있는 위협적인 절벽들, 천둥소리와 함께 하늘에 겹쳐 쌓여 있는 구름들이 섬광과 폭음을 내면서 행진하는 모습들, 위력적인 파괴력을 지닌 화산들, 대지를 황폐시키는 대폭풍들, 화난 모습을 폭발시키면서 포효하는 끝을 모르는 대양, 거대한 강이 만드는 높은 폭포와 같은 것들은, 자연이 가진 힘과 인간을 비교해 볼 때, 우리가 자연에 대해 저항할 수 있는 능력을 아무런 의미가 없는 사소한 것으로 만들 뿐이다."[119] 이것은 자연의 힘이 인간보다 훨씬 강력하기 때문에 자연의 아름다운 것에 대한 감정이 아직은 일어나지 않은 단계에 해당됩니다. 그러나 이제 여기에서 정지된 것에서 출현하는 보기 드문 변증법이 드러납니다. 숭고미에 대한 칸트의 구절이 바로 이 변증법과 관계를 맺고 있습니다. "자연의 모습은 그러나 더욱더 매력적이 된다." 다시 말해, 자연은 이제 아름다운 것으로 출현하는 것입니다. "우리가 안전하게 있다고 할지라도 자연의 모습은 더욱 두려워질 수 있는 것이며, 우리는 이러한 대상들을 기꺼이 숭고한 것으로 명명할 수 있다. 그러한 대상들은 그것들이 갖고 있는 통상적인 평균치를 넘어서서 영혼의 강력함을 고양시켜 줄 수 있으며, 저항할 수 있는 능력을 전혀 다른 방식으로 우리의 내부에서 발견할 수 있게 하기 때문이다. 자연의 힘에 저항하는 능력은 우리가 겉으로 보이는 자연의 위력을 측정할 수 있는 용기를 우리에게 부여한다." 여러분 중에 문학사가들이 있다면, 그 사람들을 위해 여기에서 한마디 덧붙이겠습니다. 위 구절에서 보이는 칸트의 언어는, 사람들이 그의 언어를 계몽의 언어 차원에 귀속시키고 있음에도, 질풍노도 운동의 문장들과 접점을 형성하고 있다는 것이 현저하게 드러나고 있습니다. 여기에서 내가 여러분에게 특별히 지적하고 싶은 사실이 있습니다. 그리고 나는 칸트가 실질적으로 철학적 미학을 제시하려고 한다는 사실을 믿고 있습니다. 이 두 가지 사실이 수렴되는 곳이 바로 저항입니다. 나는 칸트가 위 구절에서 말한 숭고함의 감정이 그 사이에 미적인 것을 정초定礎하는 데 본질적으로 중요한 것이라고 생각합니다. 칸트의 생각을 계속 들어 보겠습니다. 칸트는 숭고함의 감정이, 인간도 자연으로서 자연적인 규정에서는 자연보다 약한 존재임에도 불구하고, 정신으로서의 숭고함의 감정을 그 내부에서 갖고 있다고 말하고 있습니다. 그는 내가 앞에서 표현하고자 시도하였듯이, 정신의 영원성이 자연의 영원성과 닮는 것을 그 내부에서 가짐으로써 인간보다 더욱 강한 자연에 저항할 수 있는 능력에서 숭고함의 감정이 성립된다고 언급하고 있습니다. 우리는 여기에서 이미 알려진 것으로부터 결론을 도출할 수 있고, 더 나아가 아래에서 말하는 모멘트가 객관적으로 미에 속한다고 말할 수 있습니다. 우리가 정신이 규정하는 것에 힘입어 맹목적으로 자연적인 것이 형성하는 연관관계보다 ―정신이 규정하는 것이 없다면 우리는 이러한 연관관계의 틀에 묶여 있게 됩니다― 자유롭고 더욱 강하다는 감정을 갖게 되는 모든 곳에서 미가 주는 행복을 느낀다는 모멘트가 바로 객관적으로 미에 속하는 것입니다. 정신이 규정하는 것은 오로지 형상에서만 가능할 것이며, 우리가 형상에 머물러 있을 때, 즉 가상의 영역에 머물러 있을 때만 가능할 것입니다. 다시 말해, 맹목적 현존재가 최후의 단어를 갖는 것은 아니라는 유토피아가 맹목적인 현존재에 대한 저항의 감정에 내포되어 있는 것입니다. 이것이 바로 형상이 없는 형상의 유토피아이며, 유토피아에 대한 표현인 것입니다. 유토피아는 그것 스스로 무엇인가를 말하지 않습니다. 유토피아는 그 어떤 무엇이 우리에게 더욱 강력하게 나타난다고 알림으로써, 또는 우리가 우리를 세계가 처해 있는 것보다는 더욱 강력하게 그 어떤 것에서 나타내는 것을 알림으로써 유토피아를 표현합니다. 나는 앞으로 미적인 것에 특징적인 카테고리들을 사고의 대상으로 삼고 싶으며, 유토피아는 그러한 카테고리들 중의 하나입니다.[120] 칸트는 앞에서 인용한 구절에 곧바로 뒤이어 다음과 같이 말합니다. "자연이 두려움을 일으키는 한, 자연은 우리의 미적인 판단에서 두려움을 주는 방식으로 숭고한 것으로서 판단되지는 않는다. 오히려 자연은 우리의 힘(자연이 아닌)을 우리가 걱정하고 있는 것들(재화, 건강, 생명)을 얻기 위해 우리 내부에서 불러일으키기 때문에 숭고한 것이다. …" 이것은 루터Luther합창을 상기시킵니다. 여러분은 여기에서 "그들은 육체, 재물, 명예, 아이와 여자를 소유한다"[121]에서 보이는, 분명히 신학적인 카테고리들이 미학의 기본 카테고리들에 어느 정도 확실하게 들어와 있다는 것을 볼 수 있을 것입니다. "… 육체, 재물, 명예, 아이와 여자는 작은 것으로 보이며", 그것들을 고려해 볼 때 우리가 물론 종속되어 있는 "그것들이 가진 권력은 우리와 우리의 인격에게는 그럼에도 불구하고 우리를 굴복시키는 힘으로 간주될 수 없다. 이것은 특히 우리가 견지하는 가장 높은 기본원칙들과 기본원칙들이 표방하는 주장들, 또는 주장의 포기가 관건이 될 경우에 해당된다. 바로 여기에서 자연은 숭고한 것으로 명명된다. 자연이 인간의 정취에 영향을 주어서 정취가 자연에 대해 규정하면서 자체에서 갖는 숭고함을 스스로 느낄 수 있는 경우를 표현할 수 있도록 인간의 상상력을 고양시키기 때문이다."[122]

내가 여러분에게 읽어 준 칸트의 두 구절 사이에 놓여 있는 대립관계에 대해 잠깐만이라도 생각해 보기 바랍니다. 한편으로는, 우리가 스스로 안전한 곳에 있을 때만 자연의 미를 지각할 수 있다는, 편협하고 소시민적인 의식에 사로잡혀 있는 자리가 발견됩니다. 이렇게 해서 칸트에 있어서는 자연으로부터 벗어나 있는 것을 뜻하는 자유의 숭고함에 대한 감정, 즉 인간에 내재하는 도덕적인 의식의 숭고함에 대한 감정이 성립되는 것입니다. 그렇다면 여러분은 바로 여기에서 내가 여러분에게 자연미의 본질에 대해 설명하면서 보여주고 싶었던 극단성을 볼 수 있을 것입니다. 다시 말해, 자연에는 한편으로는 우리보다 강력한 모멘트가 숨겨져 있고, 자연지배가 진척되기 이전의 시기에 가능하였던 아름다운 것에 대한 명상을 우리에게 허용한 모멘트가 또한 숨겨져 있는 것입니다. 그러나 다른 한편으로는 자연이 확실히 제어되고 그 두려움을 상실한 이후에는 인간의 의식도 자연이 지배되는 것을 통해 스스로 일깨워졌으며 두 번째의 유사성, 즉 자연과 형상적으로 화해하는 것과 같은 종류의 화해가 산출되었습니다. 인간은 자연을 제압하였으며, 자연을 제압하면서 자연에게 사실상 불의를 자행하였습니다.[123] 칸트는 이처럼 심오한 경험을 표현하였습니다. 물론 이러한 깊은 경험이 칸트에서 성찰에 이르는 단계에 도달한 것으로 보이지는 않습니다. 칸트는 바로 이러한 숭고한 것의 감정을 다른 자리에서 내부에서-전율하는 것으로, 의식의 운동과 같은 것으로 나타냄으로써[124] 심오한 경험을 표현하는 데 성공한 것입니다. 여기에서 칸트가 말하는 의식이란 자연에 대한 인간의 무력함의 감정 및 자연이 제압되는 것의 감정과 자기-스스로-힘이 있는-존재라는 감정 및 저항의 감정 사이에서 동요하는 의식을 말합니다. 칸트는 이렇게 해서 그가 의식하지 못한 상태에서 미적 경험이 ─미적 경험이란 오로지 자연지배가 진척된 이래 열리게 되었습니다─ 그 자체에서 변증법적이라는 표현을 부여하게 되었습니다. 다시 말해, 미적 경험은 예술미의 미학에서 정리하고 있는 것처럼 감각적으로 편안한 것에 대한 단순히 조화적인 경험이 아니라는 사실을 칸트가 우리에게 알려주고 있습니다. 그는 또한 미적 경험은 더욱 강한 것과 더욱 약한 것 사이에서 나타나는 긴장관계, 즉 일치에 원래부터 결합되어 있거나 또는 더욱 강한 것과 더욱 약한 것의 대립관계들이 그 내부에서 중지되어 있는 것에 결합되어 있다는 사실도 인식시켜 주었습니다. 이러한 변증법이 시작된 이래 모든 예술이 아름답게 되기 위해, 무언가 행복을 주기 위해 필연적이고도 절대적으로 불협화음적이 될 수밖에 없었다면, 포괄적인 의미에서 모든 현대 예술에 들어 있는 근본적으로 불협화음적인 특징은 원래는 칸트가 자연미에서 부딪혔던 변증법이 표현된 것으로 볼 수 있습니다. 그러한 변증법이 칸트가 살았던 시대의 예술에서는 전혀 나타나지 않았습니다. 그러나 그러한 변증법은 자연미의 영역을 이미 초월하고 있으며 예술미의 영역까지 가리키고 있습니다. 예술미의 영역만이 그러한 변증법에 해당되는 권리가 있다고 주장하지만, 이것은 맞지 않습니다.

칸트가 예술에 대해 전체적으로 요구하는 태도는 "이해관계 없는 편안함"의 태도입니다. 이것은 숭고한 것에 대한 그의 규정에서 다시 들립니다. 칸트가 그토록 감정을 실어 말하고 있듯이, 우리가 "안전한 상태에 있을 때만이", 즉 돌출된 절벽이 우리를 덮치지 않고 파도가 우리를 삼키지 않는 것에 대하여 관심을 가질 필요가 없을 때만이 우리는 자연미를 경험할 수 있다는 것입니다. 아름다운 것을 경험하는 것에는 이해관계가 없어야 한다는 견해는 미적인 토론을 전체적으로 지배하는 견해가 되었습니다. 나는 사람들이 아름다운 것의 경험을 자기 것으로 만들기 위해서는 많은 어려움을 겪을 수 있다고 생각합니다. 우리가 실제의 대상으로서의 어떤 대상에 대해 직접적으로 행동하는 그 순간에, 거칠게 말해서 우리가 아름다운 것의 경험을 자기 것으로 만들려는 의지가 어떤 의미에서든 뒤엉키게 되는 그 순간에, 특별하게 미적인 것으로 나타나는 관계는 더 이상 전혀 존재하지 않게 되거나 근본에서부터 방해를 받게 됩니다. 예술에서 아름다운 것의 경험을 자기 것으로 만들려는 욕구 가치와의 관계에서는 매우 심각한 금기가 지배적으로 나타난다는 사실에 대해서도 매우 깊게 생각해 보아야 합니다. 나는 여기에서 우리가 심리학주의에 빠져들어서는 안 된다고 생각합니다. 그보다는 미적인 것에 대해 욕구를 갖고 직접적으로 행동하는 것을 금하는 금기가 갖고 있는 강점을 변증법적으로 설명해 주는 모멘트에 제대로 의미를 부여해야 할 것입니다. 즉, 불쾌한 것은 그것이 우리에게 너무나 비밀스러운 것이기 때문에 불쾌한 것이다[125]라는 프로이트Freud의 말은 이른바 모든 이해관계 없는 편안함에 해당될 것입니다. 예술작품이 우리에게 아름다운 것으로 출현하게 만들고 그 아름다움에서 동시에 직접적인 욕구를 예술작품으로부터 떼어 놓게 하는 모멘트는, 욕구가 예술작품에서는 필연적인 조건이기는 하지만 그것이 다시 깎아내려지는 조건으로 예술작품에 내포되어 있다는 사실과 가장 깊은 내부에서 관련을 맺고 있습니다. 나는 오늘 강의를 여기에서 마치면서 자연미의 개념에 대한 새로운 자각은 미학에 특별히 중요한 것임을 여러분에게 전합니다. 왜냐하면 이처럼 새로운 자각을 통해서만이 우리가 욕구와 욕구를 금하는 금기 사이에 존재하는 보기 드문 역학 관계를 깨우칠 수 있기 때문입니다. 이러한 역학 관계는 사실상 플라톤의『파이드로스Phaidros』[126]에서 유래하는 아름다운 것에 대한 정의 이후 모든 아름다운 것을 그 내부에 포함하고 있는 관계이기도 합니다. 욕구의 모멘트가 아름다운 것의 이념에 부정否定된 것이 아닌 것으로서 내포되어 있다면, 아름다운 것의 개념 자체가 공허하고 아무것도 아닌 것으로 되고 맙니다. 다음 시간에 강의할 내용에 대해 말하겠습니다. 욕구의 건너편에 존재하는 영역으로서의 미적인 영역에 대한 정립定立이 항상 불안정하고, 이러한 모멘트들 사이에서 나타나는 긴장이 미적인 경험의 모든 순간에 원래부터 출현하며, 항상 새롭게 우리와 다시 관계를 맺는다는 점을 보여줄 것입니다. 우리는 여기에서 출발하여, 자연이 예술미로부터 추방되지 않을 수 있는 가능성이 어떤 의미에서 가능한가 하는 문제를 파악하여야만 합니다.[127]

86) "자연미가 철학의 매우 많은 개념들과"부터 여기까지 아도르노가 밑줄을 그어 놓았다.

87) "거기에는 어떤 모티프가 들어 있다는"부터 여기까지 아도르노가 밑줄을 그어 놓았다.

88) 아도르노는 1958년 여름 학기에 『변증법』강의를 하였다.

89) "그러나 다른 한편으로는, 헤겔 철학에서는"부터 여기까지 아도르노가 밑줄을 그어 놓았다.

90) "그러나 예술에서, 아름다운 것에 대한 물음에서"부터 여기까지 아도르노가 4중으로 밑줄을 그어 놓았다. 가장자리에 다음과 같은 메모가 들어 있다: 매우 중요하며(아도르노의 육필로 되어 있으나 잉크 색이 다름), 이에 대해서는 발레리를 언급.

91) "예술작품은 정신에 의하여 스스로"부터 여기까지 아도르노가 3중으로 밑줄을 그어 놓았다. 가장자리에 육필로 매우 중요함이라고 기재되어 있다. 다음의 자리를 참조. "헤겔은 자연미에 들어 있는, 모든 손에 잡히지 않는 것이 보이는 경향인, 도망가는 것을 비난하고 있다. 헤겔은 이렇게 함으로써 예술의 중심적인 모티프에 대해서 무관심한 태도를 고집스럽게 보여주고 있다. 궤도에서 벗어나 있는 것, 덧없는 것에서 예술이 갖고 있는 진실을 만질 수 있는 가능성에 대해 헤겔은 냉담한 태도를 보이고 있는 것이다"(GS 7, S.119).

92) "나는 여기에서 다음과 같은 사실을"부터 여기까지 아도르노가 밑줄을 그어 놓았다.

93) 아도르노는 1958/59년 겨울 학기에 '예술사회학' 세미나를 하였다. 이 세미나에서 티데만Rolf Tiedemann은 벤야민의 예술사회학에 대해 발표하였다.

94) Vgl. Walter Benjamin, Gesammelte Schriften. Unter Mitwirkung von Theodor W. Adorno und Gershom Scholem, hrsg. von Rolf Tiedemann und Hermann Schweppenhäuser, Band I·2, Frankfurt a. M. 1974, S.471-508, bes. S.477f. — 「기술복제시대의 예술작품」은 1936년에 세 번째로 작성된 원고가 있었으며, 이것이 1958년에 유일하게 알려진 판본이다. 이것은 아도르노가 배려하여 2권으로 출간된 벤야민 『저작들』의 덕택이다(Frankfurt a. M. 1955, Bd. I, S.365-405). 벤야민은 그의 '아우라' 개념을 이미 아래의 글에서

도입하였다. Kleine Geschichte der Photographie사진의 작은 역사(1932), jetzt in: Gesammelte Schriften, Bd. II·2, Frankfurt a. M. 1977, S.368-385; hier: 378.

95) "벤야민이 「기술복제시대의 예술작품」이라는 논문에서"부터 여기까지 아도르노가 밑줄을 그어 놓았다.

96) Benjamin, Gesammelte Schriften, Bd. I·2, a. a. O., S.479.

97) "가까운 것이 멀리 있는 이러한 특징은"부터 여기까지 아도르노가 밑줄을 그어 놓았다.

98) "우리가 객관적인 것으로서 '의미하는 것'"부터 여기까지 아도르노가 밑줄을 그어 놓았다. Vgl. Benjamin, »Über einige Motive bei Baudelaire보들레르에서 몇몇 모티프들에 대하여« (1930), Gesammelte Schriften, Bd. I·2, a. a. O., S.646.

99) "나는 바로 이것이 예술작품에 대한"부터 여기까지 아도르노가 밑줄을 그어 놓았다.

100) 아도르노는 이 문장에 3중으로 밑줄을 그어 놓았다. 이에 대해서는 『미학이론』의 다음 자리를 참조. "다른 어떤 곳이 아닌 바로 자연에 대한 경험에서 더욱 생생하게 나타나는, 아름다운 것의 면전에서 경험하는 고통은 아름다운 것이 ─그 내부에서 자신을 감추고 있는 것을 드러내지 않은 채─ 약속하는 것에 대한 동경이다. 이것은 출현이 아름다운 것과 같은 것이 되고 싶어 하면서 아름다운 것이 거부하는 출현의 불충분함에서 겪는 고통과 같은 것이기도 하다. 이것은 예술작품에 대한 관계에서 지속된다"(GS 7, S.114).

101) "누군가에게 한때"부터 여기까지 아도르노가 밑줄을 그어 놓았다.

102) 아도르노가 헤겔이 구상한 생각으로서 자주 인용하는(vgl. u. S.50; 109, s. auch GS 6, S.38, 58; GS 7, S.409) '객체에 대한 자유'의 개념은 헤겔에서 발견되지 않는다(vgl. dazu auch die Anmerkung des Herausgebers in: Nachgelassene SchriftenNaS, 유고집, Bd. IV·16: Vorlesung über Negative Dialektik부정변증법 강의, hrsg. v. Rolf Tiedemann, Frankfurt a. M. 2003, S.302. Anm.148). ─아도르노가 헤겔에 귀속시켜 놓은 객체에 대한 자유에 대한 아도르노의 이해는 무엇에 대한 자유라는 의미에서 '긍정적인' 자유 개념과 특정한 제약으로부터의 자유라는 의미에서 고전적이며 자유주의적인 '부정적인negativ' 자유에 대한 이해 사이의 대치관계를 넘어서고 있다. 이러한

대치관계에 대해서는 다음을 참조. Die Oxforder Antrittsvorlesung von Isaiah Berlin vom 30. 10. 1958: Two Concepts of Liberty, Oxford 1958 (deutsch in: Isaiah Berlin, Freiheit. Vier Versuche, Frankfurt a. M. 1995, S.197-356). — 객체에 대한 자유는 아도르노에게는 "객체에 대한 관념의 자유이며, 사물에서 자신을 스스로 망각하면서 자신을 변화시키는 자유이다"(GS 10·2, S.579). 자유의 패러다임은 미적 행동이다. 다음의 자리도 참조. "형상물을 관찰하였고, 들었고, 읽었던 주체는 총체적 관리의 단계에 이르게 될 때까지는 자신을 잃어버리고 자신에게 무관심하면서 그 내부에서 소멸해야만 할 것이다. 주체가 실행하였던 동일화는 이상理想에 따라 주체가 예술작품을 자신에게 동일하게 하는 동일화가 아니었고 주체가 자신을 예술작품과 동일하게 하는 동일화였다. 바로 여기에서 예술적 순화가 성립된다. 헤겔은 그러한 행동방식을 일반적으로 객체에 대한 자유라고 명명하였다. 바로 이렇게 해서 헤겔은 정신적인 경험에서 주체의 외화外化를 통해 주체가 되는 주체에게 경의를 표하였다. 헤겔은 주체에게 무엇인가를 주어야 한다는 속물근성을 가진 시민들의 요구에 반대하는 주체에 경의를 표한 것이다"(GS 7, S.33).

103) "오늘날 우리가 여러 가지로 관찰하고 있는"부터 여기까지 아도르노가 밑줄을 그어 놓았다. Vgl. hierzu GS 7, S.394ff., sowie die Einleitung zum »Positivismusstreit in der deutschen Soziologie독일 사회학에서 실증주의 논쟁« (1969), jetzt in: GS 8, S.330, Fußnote 52.

104) 코메렐Max Kommerell, 1920-1944은 1941년부터 마부르크에서 독문학 정교수를 지냈으며, 전후 독문학에서 영향력이 컸던 »Lessing und Aristoteles레싱과 아리스토텔레스«, »Geist und Buchstabe der Dichtung정신과 문학의 문자«(1940)를 저술하였다. 이 책들에서 그는 '순수한' 해석의 방법론을 예시적으로 도입하고 이론적으로 근거를 세우려고 시도하였다. 그의 에세이를 모은 책인 »Dichterische Welterfahrung문학적 세계 경험«이 사후인 1952년에 출간되었다. 게오르게George 서클에서 유래하는 책인 »Der Dichter als Führer in der deutschen Klassik독일고전주의에 나타난 지도자로서의 시인«(1928)에서 코메렐은 클로프슈토크에 대해 다음과 같이 쓰고 있다. "근대 독일에서 처음으로 신앙고백의 내용이 언어를 통해서 분위기가 되었고, 이렇게 해서 신앙 고백의 지속과 한계에 대한 영혼의 유산에 속하게 되었다"(3. Aufl., Frankfurt a. M. 1982, S.36). 벤야민은 이 책에 대해 다음과 같이 논평하였다. "자기를 고수하

는 보수주의가 존재한다면, 독일 보수주의는 이 책에서 자신의 마그나 카르타를 알아차리지 않을 수 없을 것이다"[Benjamin, Gesammelte Schriften, a. a. O.(각주 94번 참조), Bd. III. hrsg. v. Hella Tiedemann- Bartels, Frankfurt a. M. 1972, S.252]. »Die Sprache und das Unaussprechliche 언어와 말해질 수 없는 것«이라는 제목으로 출간된 책에 들어 있는 »Betrachtung über Heinrich von Kleist하인리히 폰 클라이스트에 대한 고찰«에서 코메렐은 홈부르크의 왕자가 했던 첫 독백을 같은 이름을 갖고 있는 클라이스트의 극에서 해석하면서 다음과 같이 언급하고 있다. "왕자가 갖는 분위기는 극의 내용보다 중요하다"(M. Kommerell, Geist und Buchstabe der Dichtung, Frankfurt a. M., ^{6}1991, S.287).

105) "철학적으로 새롭게 회복되는 추세를"부터 여기까지 아도르노가 밑줄을 그어 놓았다. 인쇄된 상태의 글의 상단 여백에 아도르노 자신이 나중에 말소한 메모가 기재되어 있다. "예술과 자연은 절대적 대립관계가 아니고 매개되어 있다. 일단은 자연에서 매개되어 있다." 나중에 다른 색 잉크로 만들어 놓은 주석에는 중심적이라고 기재되어 있다.

106) "자연적인 세계와 역사적인 세계는"부터 여기까지 아도르노가 밑줄을 그어 놓았다. 아도르노는 자연과 역사의 대립관계를 그의 강연인 「자연사의 이념」(1932)에서 이미 비판한 바 있었다(vgl. GS 1, S.345-365).

107) Vgl. Adornos Kritik an Benjamins Aufsatz über »Das Kunstwerk im Zeitalter seiner technischen Reproduzierbarkeit기술복제시대의 예술작품« in seinem Brief vom 18. März 1936, in: Theodor W. Adorno, Briefe und Breifwechsel, hrsg. v. Theodor W. Adorno Archiv, Bd. I: Theodor W. Adorno— Walter Benjamin, Briefwechsel 1928-1940, hrsg. v. Henri Lonitz, Frankfurt a. M. 1994, S.168-175.

108) "더욱 깊게 들여다보면"부터 여기까지 아도르노가 밑줄을 그어 놓았다.

109) Vgl. Walter Benjamin, Ursprung des deutschen Trauerspiels독일 비애극의 원천(1928), in: ders. Gesammelte Schriften, Bd. I·1, a. a. O.(편집자주 94번 참조), S.353. 이 자리에서 벤야민은 다음과 같이 쓰고 있다. "자연의 얼굴에서 '역사'는 무상함에 대한 표지標識로 놓여 있다. 비극을 통해서 무대 위에 설정되어 있는 자연사의 알레고리적인 인상학은 폐허로서 실제로 현재적으로 나타나 있다."

110) 아도르노는 자연에 의해 주어진 것φύσει과 인간에 의해 만들어진 것θέσει

의 대립관계를 플라톤에 의해 Kratylos크라틸로스(383 a ff.)에서 도입되었거나 또는 그 이전에 소피스트적인 계몽에서 도입된(vgl. Eugenio Coseriu, Der Physei-Thesei-Streit피세이-테세이 논쟁: Sechs Beiträge zur Geschichte der Sprachphilosophie언어철학사에 대한 6편의 논문, hrsg. von Reinhard Meisterfeld, Tübingen 2004) 대립관계가 들어 있는 어의語義에 대해 '자연적'이거나 또는 순수하게 관습적으로 기초를 세우는 것에 대한 언어철학적인 논쟁의 관점에서 이해하고 있을 뿐만 아니라 더 확장된 문화철학적인 관점에서 이해하고 있다. 예를 들어 다음의 자리를 참조. Der Essay als Form형식으로서의 에세이 (1958), jetzt in: GS 11, S.19. "에세이는 사고가 문화에 해당되는 테세이 Thesei로부터 나와서 자연에 관한 것이라고 하는 피세이Physei안으로 들어가 부숴 버릴 수 있는 환상을 말없이 알린다."

111) 아도르노는 이 문장에 밑줄을 그어 놓았다.

112) "다시 말해, 제어되지 않는 것"부터 여기까지 아도르노가 밑줄을 그어 놓았다.

113) 67-72쪽을 참조.

114) 베를렌Paul Verlaine, 1844-1898은 프랑스 상징주의 시인이다. 여기에서 인용된 시의 첫 부분은 »Sagesse슬기« III, No. 15(1880)에서 유래하며, 이것은 그의 작품들을 담은 Pléiade 판본에 들어 있다: Œuvres poétiques complètes. Texte établi et annoté par Y.-G. Le Dantec Édition révisée complète et présentée par Jacques Borel, Paris 1962, S.285; dazu auch GS 7, 103.

115) "베를렌Verlaine의"부터 여기까지 아도르노가 밑줄을 그어 놓았다.

116) "헤겔이 명명하였던 대상에 대한 자유를"부터 여기까지 아도르노가 밑줄을 그어 놓았다.

117) 헤겔은 그의 『미학 강의』 2부에 들어 있는 「예술미의 특별한 형식들에 대한 이상의 전개」에 관한 역사철학적인 구상에서 근대 예술의 임무를 '낭만적인 예술형식'의 이상형적인 구상을 통해서 규정하고 있다. 헤겔은 '낭만적 예술형식'을 원시적이며 미개한 사회의 '상징적 예술형식'과 고대 희랍을 모범으로 삼아 설명되는 '고전적 예술형식'과 구분하고 있다. "정신은 낭만적 예술의 단계에서 정신의 진실이 육체성 안으로 침잠해 들어가는 것에서 성립되지 않는다는 것을 알고 있다. 정신은, 이와는 반대로, 외부적인 것으로부터 정신의 내부성 안으로 정신과 함께 되돌아가고 외부적인 현실을 정신에 맞지 않는 현존재로 설정함으로써만 정신이 갖고 있는 진실을 확신하게

된다. 이처럼 새로운 내용이 그것을 아름답게 하는 것을 그것 내부에서 임무로 확인하게 되면, 여태까지의 의미에서의 미는 새로운 내용에게는 하위적인 것으로 머물러 있게 되면서 정신적인 미의 내부에 들어 있는 무한한 정신적인 주관성으로서의 즉자적 및 대자적인 내적인 것의 정신적인 미가 된다"[Hegel, Werke, a. a. O.(편집자주 5번 참조), Bd. 14: Vorlesungem über die Ästhetik II, S.127f.].

118) "칸트의 자연미의 이름에서"부터 여기까지 아도르노가 밑줄을 그어 놓았다.

119) Kant, Kritik der Urteilskraft판단력비판(편집자주 3번 참조), B 104.

120) "여기에서 내가 여러분에게 특별히 지적하고 싶은 사실이"부터 여기까지 아도르노가 밑줄을 그어 놓았다.

121) Martin Luther, »Ein fester Burg ist unter Gott견고한 성은 신의 밑에 있다«(1528).

122) Kant, Kritik der Urteilskraft판단력비판, B 105.

123) "자연에는 한편으로는 우리보다 강력한"부터 여기까지 아도르노가 밑줄을 그어 놓았다.

124) Vgl. Kant, Kritik der Urteilskraft판단력비판, B 98. "정취는 자연에 있는 숭고한 것에 대한 표상에서 움직여지고 있음을 스스로 느낀다. 이와 동일한 표상에서 아름다운 것에 대해 미적으로 판단할 때 정취는 평온한 명상 안에 들어가 있기 때문이다. 이러한 운동은 (특히 그 초기에는) 동요, 다시 말해 동일한 객체를 밀쳐 무너뜨리고 끌어당기는 것이 빠르게 변화하는 것과 비교될 수 있다." — 아도르노는 『미학이론』에서 이 자리에 되돌아오고 있다(vgl. GS 7, S.172).

125) Vgl. Sigmund Freud, »Das Unheimliche불쾌한 것«(1919), in: ders., Gesammelte Werke, Unter Mitwirkung von M. Bonaparte hrsg. von A. Freud, E. Bibring, W. Hoffer, E. Kris, O. Isakower, Bd. 12, London 1940, S. 227-268; hier: 235ff.

126) 아도르노는 제9강과 제10강에서 플라톤의 『파이드로스』에 대해 상세하게 논의하고 있다. 아름다운 것을 가장 밝게 드러난 것과 가장 큰 사랑의 대상 ἐϰφανέστατον ϰαί ἐϱασμώτατον으로 정의하는 것은 『파이드로스』250 d에서 발견된다. 플라톤이 아름다운 것에 대한 경험의 의미를 심리적으로 꿰뚫는 형상들에서 해석하면서 접합시켜 놓았던 욕망과 욕망 금지 사이의 힘의 유희에 대해서는 특히 제10강(237쪽 이하)을 참조할 것.

127) 아도르노는 제4강에서(84쪽 이하) 포크로 자연을 몰아붙이면 자연이 항상 되돌아온다는 격언에 되돌아가고 있다(vgl. auch GS 2, S.173f.). 독일어에서 조금은 익숙하지 않게 들리는 단어인 '포크Furke'는(통상 상용되는 'Forke' 대신에) 이 단어가 라틴어에 어원을 두고 있음을 가리키고 있다. "네가 갈퀴로써 자연을 추방하더라도, 그것은 계속해서 돌아온다Naturam expellas furca, tamen usque recurret"(Horaz, Epistulae I, 10, 24).

지난 시간에 우리는 자연미를 다루었으며, 넓은 의미에서의 자연과 예술미, 예술이 어떤 관계를 갖고 있느냐 하는 문제에 주의를 기울였습니다. 이와 동시에 우리는 이러한 맥락에서 다음과 같은 중요한 문제를 숙고해 보았습니다. 이해관계 없는 편안함이라는 의미에서의 예술미와 욕구의 의미에서의 자연미는 사실상 어떤 관계에 놓여 있는가? 우리는 이러한 물음을 통해 이해관계 없는 편안함을 자극하는 것은 원천적으로 가장 커다란 이해관계를 자극한 것이었음을 확인하였으며, 이러한 확인에 가치를 부여하였습니다. 가장 커다란 이해관계를 가장 직접적으로 향하고 있었던 것은 욕구 능력과 욕망이었음을 우리는 확인할 수 있었습니다. 나는 아름다운 것을 느끼는 데 있어서 욕구된 것과 욕구하는 것의 분리로부터 발원하는, 특정한 종류의 고통에서 무언가가 함께하지 않으면 아름다운 것을 느끼는 것이 존재할 수 없다고 생각합니다. 욕구된 것과 욕구하는 것의 분리는 아름다운 것의 경험에 원천적으로 표현되어 있습니다. 아름다운 것을 느끼는 것은 심지어는 미의 개념에 들어 있는 다음과 같은 고통과 함께해야 가능할 것입니다. 즉, 미로서 지각될 수 있기 위해서는 미는 욕구로부터 밀려나 있어야 하며 욕구로부터 벗어나 있어야 하기 때문에 미의 개념에는 고통이 함께하고 있는 것입니다. 이렇게 함으로써 본래의 것이 아닌 것으로서의 미적 영역[128]의 특징은 우리가 대략적으로 미적 가상이라는 이름으로 숙고

하고 있는[129] 모든 것을 수용하고 있는 것입니다.[130]

내가 이런 문제들에 대해 말한 것을 여러분이 심리학적인 예술이론이라는 의미에서 오해하지 말기를 바랍니다. 내가 모든 미적인 것, 또는 아름다운 것 자체를 변형되거나 다른 방향으로 전환된 성성性性, Sexualität이라고 확실하게 생각하고 있는 것처럼 여러분이 오해하지 말았으면 합니다. 심리분석은 예술에 대한 표현에서 그러한 느낌을 자주 불러일으켰습니다.[131] 이것은 ―심리분석적인 방향을 따르면서 예술에 대해 언급한 대다수의 의사들이 예술에 대해 언급하였음에도 불구하고― 그들이 예술에는 낯선 사람들이라는 사실에서 유래합니다. 이런 의미에서 볼 때, 프로이트 자신도 본질적으로는 의사입니다. 심리분석이 예술과 관련하여 그러한 느낌을 자주 일으킨 이유는 심리분석이 선취적으로 심리학적인 관심 방향과 관계를 맺고 있다는 것에서 유래합니다. 심리분석가가 예술의 문제를 다루게 되면, 아름다운 것에 대한 경험에 내포되어 있는 요소들에 대해, 즉 관찰자의 의미는 물론이고 미적 생산의 의미에서도 미적인 것에 들어 있는 요소들인 심리적으로 역동적인 요소들에 대해 본질적으로 관심을 갖게 됩니다. 그러나 이러한 관심 방향을 통해 객관성 자체에 대해 무언가가 진술되지는 않습니다. 아래와 같이 생각해 보면 우리는 여기에서 문제되고 있는 물음에 더욱 가까이 다가설 수 있습니다. 즉, 대상에 대한 직접적인 욕구로부터 앞에서 보듯이 기이할 정도로 떨어져 나오는 것을 통해서 비로소 특별하게 미적인 질質에 대한 시각이 열리게 된다고 말할 수 있습니다. 또는 이러한 미적인 질은, 그 자체에서, 활동이 투입되는 대상들로부터 자유롭게 되는 것을 포함하고 있다고 말할 수 있습니다. 이처럼 자유롭게 되는 것은 우리가 앞에서 본 칸트의 구절[132]에서는 자연에의 맹목적인 속박에 대항하는 감정으로서 숙고되고 있습니다. 우리는 다음과 같이 두 갈래로 나누어 생각해 볼 수 있습니다. 한편으로는, 미적인 대상의 영역이 대상에 대한 직접적인 욕구로부터 물러나 있는 것을 통해서 비로소 대상에서 격리되며, 대상이 단순한 자극물로서 원천적으로 들어 있는 총체성으로부터 빠져나오게 됩니다. 그러나 다른 한편으로는, 그러한 변형에 귀속되는 에너지 자체가 아름다운 것에 대한 직관에 파고들어오며 이것이 바로 원래의 미적인 것을 정초定礎시키는 것입니다. 예술작품이 욕구에 대해서 심판하면서 요구하는 금기에서, 즉 모든 예술작품은 손으로 만져지고 삼켜지거나 어떤 의미에서든지 소유의 대상이 되는 것을 거부하는 금기에서 ─욕구에 내재되어 있었던─ 자연의 모멘트가 부정적으로 없애 가져진 채 발견되는 것입니다.[133]

이러한 현상의 심리학적인 측면에 대해서 여기에서 한마디 해도 되리라 봅니다. 아름다운 것에 대한 경험과 같은 것으로 다가오기 위해서는 변형되어야 하는 충동 에너지에서 관건이 되는 것은 본질적으로 성적性的인 종류의 충동 에너지라는 점입니다. 이것은 의심의 여지가 없습니다. 이러한 충동 에너지와 더불어 나타나는 특별한 것은 그 에너지가, 아름다운 것에 대한 경험으로 다가오는 곳에서는, 배제되고 억압되고 폭력적으로 꺾이는 것이 아니라 심리학적인 표현에 따르자면 '순화된다'[134] 점입니다. 순화된다는 것은 충동을 예술적 성과로 만든다는 것을 의미합니다. 심리분석이 이 점을 확실히 제대로 본 것은 맞습니다. 다시 순화의 문제로 되돌아갑니다. 순화된다는 것은 확실한 방식으로 붙들어지고 보존되는 것을 말합니다. 원천적으로 한때는 직접적인 욕구였던 것이 이제는 단순한 상상, 단순한 표상으로 설정되는 방식으로 붙들어지고 보존되는 것입니다. 어떤 욕구된 것이 어떤 표상된 것으로 변형되는 것은 미적 행동에서 보이는 근원적인 현상들 중의 하나입니다. 그러나 나는 이 단계에서는 관찰자의 미적인 행동과 예술작품 자체에 퇴적된 행동 사이에 나타나는 차이를 구분하지는 않겠습니다. 미적 행동은 이미 대상화된, 이미 객체화된 예술 영역에 앞서서 원래부터 일어나기 때문입니다. 나는 여기에서 이 점에 대해 여러분에게 보여주려고 합니다. 순화는 어떤 욕구된 것을 표상된 것으로 변형시키게 하며, 욕구된 것이 표상에서 보기 드물게 변화된 방식으로 행운을 갖도록 해 줍니다. 나는 이러한 기능을 가진 순화의 고유한 진행 과정에, 주관적인 측면에 따라서 볼 때, 예술의 정신화를 성립시키는 모멘트의 전제가 들어 있다고 생각합니다. 이 모멘트가 바로 예술을 감각적인 것으로 만들어 주면서 동시에 감각적인 것 이상의 그 어떤 것으로 만들어 줍니다. 우리는 앞에서 말한 모멘트의 전제를 아름다운 것에 대한 규정에서 다시 만나게 될 것입니다. 헤겔이 아름다운 것을 이념의 감각적인 현현이라고 정의한[135] 내용을 내가 여러분에게 입문적으로 상기시켰을 때도 우리는 이미 그러한 모멘트의 전제에 부딪친 바 있었습니다. 욕구로부터 떼어 놓는 것, 상상으로 옮겨 놓는 것, 앞에서 본 바와 같은 종류의 순화는 그 내부에서는 이미 정신화의 과정입니다. 그러한 순화의 과정에 어떠한 확정적인 것도 존재할 수 없다는 것을 여러분에게 말할 수 있습니다. 이는 예술미가 자연과 갖게 되는 복합적인 관계에 대해서 세부적인 표상을 할 때 매우 본질적으로 나타나는 요소입니다. 우리가 갖고 있는 가장 강력한 충동들과 관계를 맺고 있는 이러한 종류의 모든 심리적인 과정에도 확정적인 것은 존재하지 않습니다. 그리고 예술의 근원에는 무한대의 강력한 충동 자극이 놓여 있어야 합니다. 이러한 자극이 예술이 항상 반복해서 주장하는 힘을 인간에 대해서 주장할 수 있도록 하기 때문입니다. 순화의 과정은 어느 정도 불안정한 특성을 갖고 있습니다. 순화의 과정은 모든 단계에서, 모든 순간에 폐기될 수 있습니다. 다시 말해, 직접적인 욕구의 모멘트는, 키르케고르가 감각적인 직접성[136]이라고 부를 만한 모멘트는 어느 순간에라도 다시 흘러넘칠 수 있는 것입니다. 여기에는 어떠한 확고한 것도 존재하지 않는 것입니다. 모든 예술작품은 이러한 속성에 근거하여 그 내부에 감각적인 모멘트들과 정신적인 모멘트들 사이에 일어나는 긴장의 장場과 같은 것을 표상합니다. 이러한 모멘트들은 서로 만나면서 작업을 하며, 어떠한 확정적인 것에 이르게 되는 것은 전혀 발생하지 않습니다. 나는 여기에서 여러분에게 예술과 자연의 관계에 대해 특별히 강조하면서 강의를 진행하고 있습니다. 나는 이러한 진행에 특별한 의미를 두고 있으며, 이에 대해서도 특별한 이유가 있습니다. 이처럼 의미를 두는 강의 진행에 대해 나는 다음과 같이 정당성을 확보하고자 합니다. 지금까지의 미학들에서는[137] 상상과 욕구 사이를 분리하는 것, 또는 더욱 일반적으로 표현하면 가상의 영역으로서의 예술과 감각적 현실로서의 아름다운 것 사이를 분리하는 것이 항상 실행된 것, 예술의 창조 작용과 같은 종류의 것으로 생각되어 왔으며, 예술의 창조 작용을 통해 예술과 자연의 관계에 대한 물음은 해결된 것이며 더 이상 우리와 관계가 없다[138]고 생각했습니다. 나는 이러한 생각이 잘못되어 있다는 것을 말하고자 하는 것입니다. 자연은 항상 순환한다는 격언이 통용되는 행태와 인간이 자연을 쇠갈퀴로 추방해 버리는 것[139]과 같은 행태가 예술과 자연과의 관계에서도 통용되고 있는 것입니다. 다시 말해, 순화의 모멘트와 직접적인 욕구의 모멘트 사이에 일어나는 긴장은 예술의 원사原史의 영역에서[140] 예술의 이상적인 원사라는 의미에서 구축되는 긴장입니다. 이러한 긴장은 예술의 모든 층層과 모든 단계에서 항상 다시 새롭게, 그리고 항상 다시 같은 힘으로 통용되는 긴장입니다. 여기에서 이른바 형식 미학들이 갖고 있는 약점에 대해 가장 깊이 있는 설명을 제공해 주는 근거가 도출될 수 있습니다. 형식 미학들은 이처럼 항상 재생산되는 긴장을 한 번으로 끝내는 것으로 보아, 한편으로는 예술을 규정한다고 하는 정신의 추상적인 개념 이외에는 그 어떤 것도 간직하지 않으며 다른 한편으로는 ─감각적인 것이 예술에서 갖고 있는 힘에 대해 아무것도 더 이상 알려주지 못하는[141]─ 감각적으로 편안한 것에 대한 추상적인 표상만을 붙들고 있습니다. 이러한 애매함을 설명하는 가장 깊은 근거는 순화의 현상이 ─지나가는 김에 말해 두자면, 심리학은 순화의 현상을 절대적 엄밀성, 절대적인 예리함을 갖고 전위轉位의 모멘트와 단 한 차례도 제대로 구분하지 못하였습니다─ 항상 어떤 곤궁한 것으로 나타난다는 것에서 찾을 수 있지 않을까 생각됩니다. 다시 말해, 우리가 우리의 욕구를 자연적인 이유들과 사회적인 이유들로 인해서 완전히 실현시킬 수는 없으므로 욕구를 어떤 특정한 방식으로 정신화해야만 한다는 것에서 순화의 현상은 곤궁한 모습으로 나타나는 것입니다. 오로지 이렇게 해서 가능해지는 정신의 힘의 상승에도 불구하고, 그리고 예술적인 것의 경험이 빚을 지고 있는 모든 소름 끼치는 것에도 불구하고, ─내가 이것을 매우 조야하고 거칠게 표현해도 된다면─ 정신화에는 무언가 대체되는 것이 있는 것입니다. 즉, 현실이 이상으로서 확실한 방식으로 실재적으로 가득 채워지는 것이 정신화의 이상보다 더욱 위대한 것입니다. 이것은 그러나 우리가 그렇지, 생은 예술 이상의 것이야, 형상보다 중요한 것은 생이야 등등으로 말하는 방식을 통해 외부로부터 예술에 갖다 붙이는 척도와 같은 것을 의미하지는 않습니다. 이렇게 말하는 것들은 열매를 맺지 않는 대안들과 같은 것들입니다. 랭스 Reims의 성당이 그대로 머물러 있다거나, 또는 이렇게 많은 병사들이 살아 있다는[142] 것을 놓고 어느 것이 더 중요한 대안인가를 말하는 것과 같은 것입니다. 나는 이러한 대안들이 맺을 수 있는 성과에 대해서 확신하지 않습니다. 그럼에도 나는 우리가 이 순간 논의하고 있는 문제가 예술작품들 자체에서 조짐이 나타나고 있다고 생각합니다. 우리가 여기에서 노력하고 있는 문제 제기는 미적인 것에 특별한 사실관계들을 암호를 해독하듯이 판독함으로써만 해결될 수 있다고 봅니다. 여기에서 매우 기이한 것이 나타납니다. 즉, 예술작품의 존엄성은 작품들 내부에서 단순히 예술인 것 이상인 그 어떤 것이 살아 숨 쉬는 것에 항상 의존되어 있는 것입니다. 예술작품은 자신에 고유한 형식법칙을 충족시키면서 이와 동시에 항상 형식 이상인 그 어떤 것이 되면서 존엄성을 갖습니다. 그러나 예술작품이 그것이 배제시킨 현실적인 것과 확실히 다시 관계를 갖지 않고, 다시 말해 오로지 배제를 통해서만 현실적인 것에 다시 관계를 가질 수 없게 될 경우에는,[143] 예술작품은 현실적인 것에 대해 중립적인 것이 되고 말거나 확실하게 영락零落에 이르게 됩니다. 나는 이 문제를 나의 저서 『프리즘』에 들어 있는 논문인 헉슬리Aldous Huxley에 대한 비판에서 『로미오와 줄리엣』을[144] 예로 들어 명백하게 분석하는 것을 시도하였습니다. 『로미오와 줄리엣』과 같은 작품, 또는 『안토니오와 클레오파트라』, 또는 사랑을 주제로 한 셰익스피어의 위대한 희곡작품들 중에서 그 어떤 작품들도 우리가 '경향 희곡'이라고 명명하는 것과는 최소한의 관계도 없다는 점이 명백합니다.[145] 우리가 『로미오와 줄리엣』을 사람들 사이의 사랑에 대한 봉건적인 속박에 저항하면서 떠오르는 시민성을 옹호하는 작품이라고 해석한다면, 그것은 아무런 의미가 없는 해석에 지나지 않을 것입니다. 왜냐하면, 이른바 초기의 떠오르는 시민사회는 사랑에 관한 문제들과 관련해서 봉건계급이 갖고 있었던 금기보다 더욱 많은 금기를 이미 스스로 동반하고 있었기 때문입니다. 그 밖에도, 여러분이 셰익스피어의 극작이 그의 후기 시대에서 나타나는 경건주의에 호의적이지 않다는 것을 …[146] 알아보기 위해서는, 셰익스피어의 마지막 희곡인 『폭풍』을 읽어 볼 필요가 있습니다. 다른 한편으로, 『폭풍』에서는 밤꾀꼬리의 노래를 생각할 수 없을 것이며, 종달새의 노래가[147] 아닌 노래를 생각하기 어려울 것입니다. 『폭풍』에 나오는 이 노래는 중세 문학[148]의 매우 위대한 연가戀歌이며, 근대 문학의 최초의 위대한 연시戀詩라고까지 말할 수 있습니다. 『폭풍』에서 유토피아가 살아 숨 쉬고 있지 않다면 이 연가는 달콤함도 갖지 못할 것이고 말로 표현할 수 없는 힘을 얻지도 못할 것입니다. 끝이 없는 충만함, 길들여지지 않은 순수한 사랑, 제어당하지 않는 사랑, 사물들의 관계와 같은 관계에 의해서 일그러지지 않은 사랑과 같은 유토피아가 이 연가에서 살아 숨 쉬고 있습니다. 이러한 유토피아는 셰익스피어의 프로그램에 들어 있는 것이 아닙니다. 유토피아가 『폭풍』에 의해 주장되고 있는 것도 아닙니다. 『폭풍』은 그 작품에 순수한 내적인 법칙에 순종하는 것을 행하고 있을 뿐입니다. 마치 사랑을 주문한 것처럼 '바로 여기에'의 몸짓으로 사랑을 보여주는 것입니다. 사랑이 어떻게 일어나는지를, 매개된 세계에서 사랑이 어떻게 직접적으로 일어나는지를 보여주고 있는 것입니다. 이러한 모멘트가 『폭풍』에 들어 있지 않다고 해도, 이 모멘트가 『폭풍』에서 설정되어 있지 않다고 해도, 『폭풍』은 그 자체로는 예술적인 것이라고 볼 수 있습니다. 그러나 작품이 작품으로 존재하게 하는 그 어떤 것이 될 수는 없습니다. 위에서 말한 모멘트는 예술적인 것 이상인 그 어떤 것이기 때문입니다. 여기에서 '예술을 위한 예술'[149]에 대한 비판의 문제를 언급하겠습니다. 예술을 위한 예술이라는 비판에서 나처럼 신중한 사람도 거의 없을 것입니다.[150] 우리가 예술을 위한 예술의 개념을 비판해야 한다면, 그리고 이 개념을 진지하게 비판하려고 시도해 본다면, 이것은 우리가 다음과 같이 말할 때만 오로지 가능할 수 있을 것입니다. 다시 말해, 예술작품이 자신의 순수한 내재성에 완전히 종속되는 것을 서약함으로써, 모든 것을 자신으로부터 잘라 냄으로써 스스로 하나의 덮개를 갖게 되고 자기 자신을 넘어서서 자신을 내쫓게 됨으로써 예술작품 스스로 시들어 버릴 수밖에 없다고 말할 수 있을 때만 예술을 위한 예술의 개념에 대해 비판을 해도 되는 것입니다. 그러나 여기에 곧바로 덧붙일 것이 있습니다. 예술작품이 인간의 욕구를 충족시켜 줄 수 있는 능력과 맺고 있는 관계가 자체로서 시장에 의해 조직되는 세계에서, 감각적으로 편안한 것과 인간의 마음에 호소하는 것이 이미 오래 전부터 예술작품의 품위를 떨어뜨리고 예술작품이 표상하는 유토피아를 기만하는 것에 도움을 주는 결과로 이어지는 세계에서, 즉 이러한 세계 상황에서는 형식의 순수한 내재성에 대한 자각, 예술을 위한 예술의 원칙은 특별할 정도로 위대한 권리를 갖고 있었다는 점을 첨언하는 바입니다.[151]

물론 우리는 예술에 대해 다음과 같이 말할 수 있습니다. 예술은 자연으로부터 떨어져 있고 더 이상 직접적으로 욕구의 대상이 되지 않고 직접성의 행복을 상상을 통한 매개로 바꿈으로써, 바로 이처럼 내재적으로 정초시키는 활동을 통해서 자연이 처한 위급함으로 달려 나가며 자연으로부터 무엇인가를 보존시키며 역사적인 세계가 자연에서 탈취한 것을 예술 자신으로부터 자연에게 다시 부여하는 것을 시도합니다. 앞에서 말한 두 가지 모멘트, 즉 자연과 역사, 또는 인간에 의해 만들어진 것과 원래부터 형성되어 있던 것은 상호 간에 매개되어 있다는 점을 나는 철저할 정도로 잘 알고 있습니다. 그러나 내가 여기에서 이 점을 덧붙여도 되고 두 카테고리들이 서로 매개되어 있다고 할지라도, 두 카테고리들이 서로 매개되어 있기 때문에 그것들을 단순히 서로 금지시키는 결과에 이르게 하는 생각이 있다면, 그것은 아무런 힘이 없는 생각에 지나지 않을 것입니다. 이것보다는 오히려 두 카테고리들이 그 규정들에서도 동시에 서로 달라붙어 있을 때, 우리가 자연과 예술의 관계를 논할 때는 두 카테고리들이 갖고 있는 이념을 그것 자체로서 붙들고 있을 때만이, 우리는 두 카테고리들의 매개, 이것들이 서로 관계를 맺으면서 산출해 놓은 것을 제대로 이해할 수 있는 능력을 다시 갖게 되는 것입니다. 이런 까닭에서 지난 시간에 여러분에게 충분히 이야기하였던 주제인 자연의 매개성에 대해서는 이 자리에서 다시 언급하는 것을 잠깐 동안 제쳐 놓고, 예술이 그것 나름대로 자연에 의해 매개되어 있고 역으로 자연도 예술에 의해 매개되어 있다는[152] 사실을 예술과 관련시켜 말하는 것이 옳다고 생각합니다. 내가 이 모멘트를 제대로 표현하여 그 내용이 여러분에게 잘 전달되기를 희망합니다. 나는 여기에서 현대 예술, 즉 동시대 예술에 대한 경험에서 빼 놓을 수 없는 하나의 결과를 도출할 수 있다고 생각합니다. 내가 여기에서 의도하는 바는 감각적 행복의 모멘트입니다. 여러분 모두는 현대 예술이, 매우 확대된 의미에서, 감각적으로 편안한 것으로부터 항상 지속적으로 멀어지고 있다는 것을 알고 있을 것입니다. 우리는 이러한 현상이 마네Manet의 그림[153]에서 이미 유래한다고 말할 수 있습니다. 마네에서는 색의 조화가 주는 편안함이 극단적으로 나타나는 색의 대조에 의해 철저하게 부서지고 있습니다. 이러한 현상은 특히 음악에서 이른바 불협화음이 화음에 비해서 지속적으로 비중을 확대해 가는 것에서도 드러납니다. 불협화음적인 것이 이처럼 지배력을 강화하면서 마침내 불협화음과 화음, 아름다운 것과 추한 것에 대한 오래된 전통적인 구분까지도 문제가 되는 결과에 이르게 됩니다. 이 자리에서 나는 우리가 다루고 있는 물음을 예술적 경험과 관련되는 현실적이고 구체적인 물음들에 적용시키는 것에 대해 말하고 싶습니다. 나는 이러한 적용을 결코 한 번이라도 뒤로 미루고 싶지 않으며, 미루는 것에 대해 반감을 갖고 있습니다. 나는 축제가 생기면 축제를 행하고 싶으며, 위에서 말한 적용이 우리가 하는 숙고로부터 구체적으로 그 결과가 나오도록 적용이 실행되는 방법을 모색하고 싶습니다. 내가 여기에서 의도하는 바는 다음과 같습니다. 다시 말해, 우리가 가장 확대된 의미에서 불협화음의 지배력을 단순히 고통에 대한 의식이나 예술의 추상화, 정신화에 귀속시켜 버리는 것은 잘못된 것이라는 점을 여러분에게 말하고 싶습니다. 앞에서 말하였듯이, 예술이 자연으로부터 분리되는 것에는 어떤 확정적인 것도 존재하지 않으며 예술과 자연이라는 두 모멘트들 사이에 발생하는 변증법과 같은 대결 구도가 모든 역사적 순간과 예술작품의 모든 부분적인 것에서 스스로 재생산됩니다. 이것이 맞다면, 다음과 같은 것을 의미하게 됩니다. 즉, 감각적으로 편안한 것의 모멘트는 단순히 사라지는 것이 아니고, 그 모멘트 나름대로 없애 가져지는 변증법적 운동을 하게 됩니다. 그 모멘트는 예술작품에서 보존되지만, 이제는 불협화음을 내는 형상에서 보존되는 것입니다. 이것을 정리해서 표현하겠습니다. 가장 전통적이며 오늘날에는 매우 낡은 화성론의 의미에서 아름다운 것, 편안하게 들리는 것, 협화음으로 통용되는 모든 것을 포기한 상태에서 어떤 예술작품이 조화를 이루고 있는 것을 생각해 봅시다. 이러한 조화는 앞에서 말한 포기가 가져오는 결과에 의해서, 다시 말해 그 결과가 전통적 의미에서의 아름다운 것을 배제시키고 부정하는 것에 의해서 아름다운 것이 갖고 있는 고유한 이념에게는 그 이념이 편안한 것을 직접적이고도 감각적으로 가져오는 것보다는 비교할 수 없이 많은 명예를 부여하고 있는 것입니다. 편안한 것이 이미 오래전부터 현실적으로 상품에 붙여져 있는 상표, 인간이 저지르는 단순한 조작의 모멘트로 타락하였기 때문입니다. 예술가의 귀와 눈은 내가 여기에서 말하는 현상을 '키치Kitsch'라는 표현으로 기록하고 있습니다. 우리가 여기에서 키치에 대해서 말하고 있습니다만 중요한 것은 다음과 같은 것을 예술에서 경험하는 일입니다. 다시 말해, 감각적인 행복은 그것이 예술에 의해 부정되는 곳, 그것을 얻기 위해 직접적으로 애쓰는 곳이 아닌 다른 곳에 보존되어 있으며, 예술이 그것 자체로서 존재하는 곳에서 그 모습을 드러낸다는 점을 경험하는 것이 중요합니다. 우리는 여기에서 이 문제를 가볍게 넘겨서는 안 됩니다. 오늘날 예술적 형식에서 나타나는 어두운 것, 충격적인 것, 낯선 것, 여러 측면에서 반감을 일으키는 것은 재앙이 우리를 항구적으로 위협하는 것과 관련이 있습니다. 우리 모두 이러한 위협 속에서 살고 있습니다. 예술의 형식을 통해 현존재를 단순히 빛나게 표현하는 예술은, 즉 가장 조화적인 예술은 그러한 위협에 직면하여 처음부터 무력함의 모멘트나 아무것도 아닌 것의 모멘트만을 받아들이는 것입니다. 현실을 있는 그대로 정말로 보여주려고 하는 예술은 이러한 모멘트에 저항하면서 가장 격렬하게 분노할 수밖에 없는 것입니다.[154] 사람들은 오늘날의 예술에서 나타나는 현상들에 대해 자주 말하였고, 나는 이것이 진실을 말하고 있다는 사실에 대해 전혀 다툴 생각이 없습니다. 내 자신도 스스로 그렇게 말한 적이 있기 때문입니다. 그러나 여기에서 이미 세상을 떠난 클라우스 만Klaus Mann[155]이 썼던 논문들을 예로 들어 현대 예술에서 경험에 관한 문제를 살펴보겠습니다. 클라우스 만의 논문은 미학적으로 말하자면 반동적인 논문이며, 그가 주장하는 방식을 따른다면 그것은 재앙과 같은 오해가 될 것이며 현대 예술에 대한 경험을 심각하게 축소시키는 결과로 이어질 것입니다. 그는 이렇게 썼습니다. "세계는 오늘날 혐오스러운 것이 되었다. 그렇다고 해서 예술이 세계보다 더욱 혐오스럽게 되고 세계의 혐오스러움을 단순히 모방하는 것이 예술의 임무가 될 수는 없다. 오히려 예술은 그것 나름대로 더욱더 아름다운 것과 더욱더 좋은 것을 서술하는 것이 예술의 임무일 것이다."[156] 더욱더 아름다운 것과 더욱더 좋은 것의 이상理想은, 장편소설처럼 쓴 차이코프스키의 전기에서 증명되었듯이, 차이코프스키의 교향악[157]에서 보여진 바 있었습니다. 더욱 아름답고 좋은 것의 이상이 차이코프스키의 교향악에서 보이는 이상성과 함께 이미 주문되어 있는 것이 얼마나 많은 문제를 안고 있는가를 여러분도 인식할 수 있을 것입니다. 그렇습니다, 더욱 아름답고 더욱 좋은 것의 이상이 차이코프스키의 교향악에서처럼 그렇게 놓여 있는 것은 아닙니다. 나는 여기에서 매우 빈번하게 오용되고 있는 불협화음이라는 용어를 예술가의 경험에 적용하고 이 용어에 더욱 버젓한 의미를 부여하는 것을 시도하기 위해 다음과 같이 말하고자 합니다. 불협화음을 끌어당기는 예술가의 경험은, 즉 불협화음적인 것의 경험이나 편안한 것의 경험은 끝이 없을 정도로 다층적多層的입니다. 예를 들어 작곡가와 같은 어떤 예술가가 오늘날 불협화음을 설정하는 경우에, 불협화음들과 이것들에 들어 있는 배제성, 그리고 불협화음들을 구축하여 사용하는 것에는 잔인한 그 어떤 것이 나타나 있음에도 불구하고 그 예술가는 불협화음을 통해서 세계의 잔인함을 배가시키기 위해 불협화음을 만드는 것이 아닙니다. 오히려 그 예술가는 각기 만들어지는 그러한 모든 불협화음이 이미 그것 하나만으로도 새겨 넣어진 확정성과는 차이가 나는 것이라는 점을 통해서, 그리고 더욱 중요한 점, 즉 확정성에서 포착되어 있지 않은 것으로 존재한다는 점을 통해서, 새로운 것을 통해서, 표현으로 불협화음을 짊어지고 있는 것을 통해서 행복에 넘치는 그 어떤 것이 되기 때문에 불협화음을 만들어내는 것입니다.

예술작품이 자연에 반발하며 승화를 통해서 단순히 자연적인 것과 예술작품을 구분할 뿐만 아니라 예술작품이 다시 자연의 손에 들어가게 하려는 의도는 빼어난 예술작품들에 들어 있는 의도들 중에서도 본질적인 것에 속합니다. 나는 이 점을 여러분에게 이미 말한 바 있습니다. 자연과 예술의 이러한 관계는 모든 불협화음에서 일어나는 것이 확실합니다. 불협화음은 이제 가장 넓은 의미에서, 그리고 음악에 제한된 의미를 넘어서서 사용되기에 이른 것입니다. 모든 불협화음은 고통이 예술작품에 들어와 있는 것을 보여주는 부분입니다. 이처럼 고통이 들어와 있는 부분에는 자연지배가 들어 있습니다. 자연지배에는 모든 것을 지배하는 사회가 자연을 내맡겨버린 것도 들어 있습니다. 오로지 이러한 고통의 형체에서, 오로지 동경의 형상에서만 고통이 들어와 있는 모습이 보이는 것입니다. 불협화음은 본질적으로 항상 동경이고 고통입니다. 억압된 자연은 오로지 동경과 고통에서만 자연의 목소리를 발견하는 것입니다. 이렇기 때문에, 불협화음에는 부정성, 고통이 표현된 모멘트들뿐만 아니라 동시에 자연에 자연의 목소리를 부여하는 행복, 포착되지 않은 어떤 것을 발견하는 행복, 아직 길들여지지 않고 이제 막 내린 흰 눈처럼 새로운 것이 —항상 동일하게 작동되면서 우리 모두를 포로처럼 잡아 놓고 있는— 시민사회와는 다른 것이 있을 수 있다는 점을 상기시켜 주는 행복이 붙어 있는 것입니다. 나는 이미 이 단계에서 불협화음의 모멘트가 어떤 의미를 갖고 있는지에 대해 여러분에게 보여주었다고 생각합니다. 불협화음의 모멘트에서는 고통과 행복이 하나가 됩니다. 한스 삭스Hans Sachs의 「봄의 명령, 달콤한 곤궁」[158]에서처럼 형언할 수 없을 정도로 감동을 주는 달콤한 불협화음에 대해 노래하는 '명가수'의 노래에 들어 있는 인동과에 관한 독백에서 천재적으로 나타나는 모멘트도 바로 고통과 행복이 하나임을 보여주고 있습니다. 이제 곤궁은 확실히 더욱 강해졌습니다. 그러나 아마도 곤궁과 더불어 달콤함도 역시 증대되었을 것입니다. 어떻든 나에게는 그렇게 보입니다. 그 밖에 한 가지 덧붙일 것이 있습니다. 즉, 예술에서 보이는 불협화음적인 것이 감각적으로 편안하지 못한 것, 감각적으로 추한 것과 동일한 것이라는 널리 확산되어 있는 믿음은 그것 자체로 미신과 같은 종류에 지나지 않습니다. 내가 이 시간에 여러분에게 말하고 있는 자연과 역사 사이에, 또는 자연과 예술 사이에 벌어지는 역동성은 그것 자체로 가져오는 것이 있습니다. 다시 말해, 이른바 감각적으로 편안한 것의 모멘트들도 스스로 변혁되며, 항구적인 변화 속에서 존재하는 것입니다. 어떤 특정 시대에서는 사람들이 터무니없는 것으로 느껴서 마치 금기와 같았던 조음調音이 감각적으로 편안한 것으로 될 수도 있는 것입니다. 그 밖에도 작곡가의 예술, 위대한 작곡가의 작곡법에도 가장 불협화음적인 화음들이 실질적으로 감각적으로 매력적인 것, 감각적으로 행복이 넘치는 것의 모멘트를 가져야 하는 곳에 배치되어 있기도 합니다. 이러한 경우가 있음에도, 사람들은 가장 불협화음적인 화음들은 감각적으로 매력적이거나 행복이 넘치는 것의 모멘트를 갖고 있지 않다고 일반적으로 말하고 있는 것입니다. 정말로 현실적으로 중요한 현재의 예술에 대한 이해, 현대 예술에 대해 실제로 적절한 경험을 하는 것은 불협화음적인 것의 복합성과 마주하고 있는 모든 모멘트를 함께 이해하는 것을 전제할 때 가능해집니다.[159] 미학-강의가, 신의 이름을 걸고, 가장 앞서가는 예술에서 나타나는 문제들에 다가서려면, 골동품처럼 낡은 문제들을 다루는 강의가 되는 것을 바랄 수는 없습니다.

내가 오늘 여러분에게 보여주려고 시도하였던 모든 특징을 갖고 있는 예술은 그것 자체로서의 자연적인 행동의 한 부분으로 남아 있습니다. 예술이 이러한 방식으로 남아 있는 한, 예술은 합리성보다 더욱 오래된 현상입니다. 예술은 합리성이 지배력을 강화하는 사이에 합리성에게 자리를 내주었던 것을 구체화하거나 대변합니다. 이렇게 해서 우리는 아마도 예술의 철학적 원사原史와 같은 것에 이르게 될 것입니다. 예술의 철학적 원사는 자의적이고도 결합력이 없었던 상태에 있었으며 단순한 단어적인 정의에 머물러 있었습니다. 이러한 상태에 머물러 있었던 예술의 철학적 원사의 자리에 내가 대표하는 견해가 들어설수 있지 않을까 생각해 봅니다. 나는 여기에서 여러분에게 예술이 미메시스적 행동의 산물이라는 이론을 알리고자 합니다. 이 이론은 호르크하이머와 내가 공동 집필했던 『계몽의 변증법』에서 계몽의 개념을 다룬 서론에서 상세하게 논의된 바 있었습니다.[160] 나는 이 이론을 여기에서 여러분에게 설명하는 것을 포기하고 싶습니다. 우리에게 주어진시간이 화가 날 정도로 빠듯하다는 점을 고려해야 하기 때문입니다. 그러나 여러분이 『계몽의 변증법』에서 논의된 내용들을 나중에라도 읽어 본다면, 도움이 되리라고 생각합니다. 우리가 이 자리에서 다루고있는 문제들에 대해 확실하게 이론적으로 답을 제공해 줄 것이기 때문입니다. 예술은 미메시스적 행동입니다. 미메시스적 행동은 합리성의시대에서도 예술에 붙어 있으며, 보존되어 있습니다.[161] 미메시스적 행동, 즉 직접적인 모방의 행동은 인류의 역사에서 한때는 원시적인 행동의 하나였습니다. 우리는 미메시스나 단순한 보호색Mimikry이 원시적존재의 생존에서 어떤 역할을 하였는지를 알고 있습니다. 그것은 원시인류의 삶에서 적지 않게 중요한 역할을 담당하였습니다. 그리고 미메시스적 행동으로부터 마침내 주술적 실제가 성립되었습니다. 사람들은 그 어떤 자연 현상들을 모방함으로써, 그러한 모방을 통해서 자연에대항하는 힘을 획득한다는 생각이 주술적인 실행에 들어 있었던 것입니다. 주술사가 "프쉬, 프쉬, 프쉬"하는 행동을 하면, 그것이 비를 내리게 하는 데 충분한 행동이라고 믿었던 것입니다. 이러한 행동방식들은탈신화화 과정에, 즉 계몽의 과정에 매우 복합적이고도 난해한 방식으로 그 자리를 내주게 됩니다. 이처럼 복합적이고도 난해한 방식을 여기에서 여러분에게 설명할 수는 없습니다.[162] 그래도 이 방식에 대해 조금이나마 말을 해두겠습니다. 이른바 신화들은 미메시스적인 실행들을 이야기로 바꾸어 놓았으며, 이렇게 함으로써 합리화가 이루어져 신화들 자체로서 이미 계몽의 단계에 놓이게 되는 방식으로 미메시스적인 행동방식들이 계몽의 과정에 자리를 내주게 되는 것입니다. 여러분이 『계몽의 변증법』에서 오디세이에 관한 장163)을 읽어 보면, 신화가 계몽으로 전이되는 과정에 대한 내용들을 발견할 것입니다. 그러나 계몽의 증대되는 과정에서 인간은 한편으로는 자연과 맞서면서 더욱 자유롭고 더욱 힘이 있는 존재가 되었으며, 다른 한편으로는 자연은 내가 심리학적인 형성이론으로부터 빌려 온 표현인 "행동의 대상"으로, 즉 실제적인 대상으로 전락하였습니다.164) 다른 말로 표현하겠습니다. 인간을 성가시게 하는 자연의 위협으로부터 인간을 빼져나오게 하는 과정에는 인간이 자연에게 가하는 불의가 항상 들어 있는 것입니다. 인간이 자연에 대해 행하는 이러한 합리적인 행동의 맞은편에서 예술은 원시적인 것, 더욱 오래된 것을 확실하게 붙드는 태도를 취합니다. 나는 다음과 같은 정도로까지 말하고 싶습니다. 예술의 이러한 태도에서 모든 예술은 어린이와 같고 유아와 같습니다. 이렇게 해서 예술은 현실에 대해서 실제로 그 어떤 무엇을 갖게 됩니다. 예술은 현실에 대해 자행되는 모든 폭력을 형상에서 보여주는 것을 스스로 약속하는 것입니다. 예술은 사고와 행위를 통해 현실 안으로 파고들어 가는 것을 통해 현실을 보여주는 것이 아닙니다. 예술이 이러한 모멘트를 붙들면서, 예술은 동시에 억압된 자연의 모멘트가 다시 자신의 것이 되도록 하는 길을 모색하게 됩니다. 나에게는 이것이 바로 예술에서 자연이 다시 돌아온다는 사실에 대한 더욱 포괄적인 역사철학적 근거 세움으로 다가옵니다. 우리는 오늘 여기에서 예술에서 자연이 다시 돌아온다는 사실을 일반적으로 다루어 보는 문제에 부딪쳤습니다. 이렇기 때문에, 자연이 예술에서 되돌아오는 것이며 예술이 어느 정도 확실한 의미에서 자연을 다시 산출시킨다는 견해가 나오는 것입니다. 예술의 원사原史 자체에는 ―예술이 그것 자체로서 가진 이념이라고 불러도 됩니다― 예술에서 자연이 되돌아온다는 사실을 알리는 목소리가 발견됩니다. 예술의 원사에는 합리성, 법, 질서, 논리, 사물을 분류시키는 사고 등등과 같은 카테고리들에 의해 타락으로 빠져든 것에서도 정의正義를 경험하는 것이 들어 있는 것입니다.[165]

　　마지막 남은 몇 분 동안에 모방의 개념에 대해 말하겠습니다. 모방의 개념은 과거의 오래된 미학에서 예술을 본질적으로 서술하는 개념이었습니다. 현대 예술의 관점에서 예술은 모방하는 것이 아니고 표현이거나, 또는 사람들이 항상 그렇게 명명하듯이 정신적인 것이라고 말하는 것도 쉬운 일입니다. 그러나 다른 한편으로는, 르네상스 미술에 대한 위대한 예술가인 바사리Vasari가 —그가 어리석은 사람이 아니었음은 확실합니다— 모방의 모멘트에 대해 대단한 의미를 부여한[166] 내용을 여러분이 읽어 보면 모방의 문제를 지나치게 신속하게 매듭지어 버리는 것이 약간은 마음에 걸리게 될 것입니다. 나는 다음과 같이 말하고자 합니다. 예술은 사실상 그 내부에 모방의 모멘트를 결정적으로 내포하고 있습니다. 그러나 여기에 하나의 제한이 있습니다. 모방의 모멘트는 무엇에 대한 모방이 아니라 모방하는 충동으로서의, 즉 보호색의 충동으로서의 모멘트입니다. 충동 자체를 스스로 사물이 되도록 하거나 또는 충동과 마주하고 있는 사물이 충동이 되도록 하는 것이 예술에서의 모멘트입니다. 다른 말로 표현하겠습니다. 예술은 모방이지만 어떤 대상에 대한 모방이 아니고 예술의 몸짓과 예술이 취하는 전체적인 태도를 통해서 어떤 하나의 상태를 다시 산출해내는 시도입니다. 이 상태에서는 주체와 객체의 차이가 원래부터 존재하지 않았고 주체와 객체가 유사성의 관계에 놓여 있으며, 이렇게 해서 오늘날 우리 앞에 놓여 있는 주체와 객체의 반反테제적인 분리 대신에 주체와 객체의 친화성이 지배적이 됩니다.[167] 쇤베르크가 안톤 베베른의 현악4중주를 위해 작곡한 소곡(op. 9)에 붙인 서문에 나오는 아름다운 문장에 들어 있는 내용은, 즉 오로지 음악을 통해서 말해질 수 있는 어떤 것을 말하는 것이 음악에서 가능하다는 내용은[168] 위에서 말하는 친화성의 상태에 들어맞는 표현을 제공하고 있습니다. 쇤베르크의 이 문장은 음악 또는 예술이 무엇을 말하며, 무엇을 표현하고, 무엇을 모방한다는 것을 말하려고 합니다. 그러나 예술은 무엇을 대상으로서, 대상을 모사하는 방식으로 모방하지 않고 예술의 전체 행동방식, 예술의 몸짓, 예술의 존재에서 무엇을 모방하는 것입니다. 이러한 방식으로 주체와 객체의 갈라진 틈을 되돌리기 위해서 무엇을 모방한다고까지 말할 수 있습니다. 무엇에 대한 모방으로서의 예술을 관례적으로 파악하는 것은 위에서 말한 것에 견주어 보면 사이비 변형의 한 종류에 지나지 않습니다. 이 점은 내가 오늘 여러분에게 말한 것에서 볼 때 나에게는 정말로 이론의 여지가 없는 것으로 다가오는 것 같습니다. 다시 말해, 예술에게는 원래부터 중요한 것인 미메시스적 행동이 이미 합리화되는 것입니다. 미메시스적 행동이 그것 자체로서 대상적인 세계에 직접적으로 관계를 맺고 있는 행동인 것처럼 실질적으로 취급되고 있는 것입니다. 이것은 동시에 예술에 들어 있는 미메시스적 행동에 대해서 계몽의 관점에서 볼 때 나타나는 오해가 되기도 합니다.

이제 우리가 다음 시간에 다루어야 할 주제에 대해 말하겠습니다. 여러분이 예술을 원시적인 것, 미메시스적인 것, 자연 상태의 재생산에 지나지 않는 것으로 생각한다면, 이것은 잘못된 것입니다. 예술은 항상, 그리고 본질적으로 역사적인 과정에 얽혀 있으며, 지속적으로 진보하는 자연지배의 모든 카테고리에 스스로 참여합니다. 다음 시간에는 예술 스스로 자연지배에 참여하고 있는 모멘트에 대해, 즉 예술작품에서 합리적인 요소와 미메시스적인 요소 사이에서 두드러지게 나타나는 변증법의 모멘트에 대해 살펴보려고 합니다. 우리가 지금까지 시도한 모든 숙고로부터 나오는 결과들을 아름다운 것의 개념을 파악하기 위한 시도에 끌어들이기에 앞서서 예술이 자연지배에 참여하는 모멘트를 먼저 논의할 것입니다.

128) Vgl. Donald Brinkmann, Natur und Kunst자연과 예술. Zur Phänomenologie des ästhetischen Gegenstandes미적 대상의 현상학, Zürich u. Leipzig 1938.

129) "특정한 종류의 고통에서"부터 여기까지 아도르노가 밑줄을 그어 놓았다. 이에 대해서는 편집자주 100번도 참조.

130) 미적 가상의 개념은 실러에 의해 도입되었다[Über die ästhetische Erziehung des Menschen인간의 미적 교육에 대하여, in einer Reihe von Briefen(1795), 26. Brief.]. 이 자리에 다음과 같이 언급되어 있다. "여기에서 우리가 현실, 진실과는 구분되는 미적 가상이 논의되고 있는 것은 자명하다. 우리가 미적 가상과 혼동하고 있는 논리적 가상이 여기에서 논의되고 있지 않다. 미적 가상은 가상이기 때문에 그 결과로 우리가 그것을 사랑하며, 미적 가상을 무언가 더 좋은 것이라고 생각하기 때문에 사랑하는 것은 아니다"[in: ders., Sämtliche Werke, a. a. O.(편집자주 42번 참조), Bd. 5, S.656f.]. 현대 미학의 기본 개념인 미적 가상이 실러에 이어 어떻게 사용되고 있는가에 대해서는 다음을 참조. Peter Bürger, Zum Problem des ästhetischen Scheins in der idealistischen Ästhetik이상주의적 미학에서 미적 가상의 문제, in: Willi Oelmüller(Hrsg.), Kolloquium Kunst und Philosophie콜로키움 예술과 철학, Bd. 2: Ästhetischer Schein미적 가상, Paderborn 1982, S.34-50.

131) Vgl. z. B. Sigmund Freud über »Eine Kindheitserinnerung des Leonardo da Vinci레오나르도 다빈치의 유년기 기억«(1910), in: ders., Gesammelte Werke, Bd. 8, London 1945, S.127-211. 심리분석적인 예술이론에 대한 아도르노의 비판은 다음을 참조. GS 7, S.19-25.

132) Vgl. Kritik der Urteilskraft판단력비판 104f.(편집자주 119번 참조).

133) "한편으로는, 미적인 대상의 영역이"부터 여기까지 아도르노가 밑줄을 그어 놓았다.

134) 프로이트는 '순화' 개념을 »Drei Abhandlungen zur Sexualtheorie성이론에 대한 논문 세 편«(1905)에서 사용하고 있다. in: ders. Gesammelte Werke, Bd. 5, London 1942, S.79, 140f.; vgl. auch »Triebe und Triebschicksale충동과 충동 운명«(1915), in: ders. Gesammelte Werke, Bd. 10, London 1946, S.210-232, hier: 219.

135) 제1강 9쪽과 편집자주 8번을 참조.

136) Vgl. Sören Kierkegaard, Entweder-Oder이것이냐 저것이냐. Erster Teil, übers. v. Emanuel Hirsch, Düsseldorf 1957, S.65.

137) 아도르노가 '통상적인 미학들'을 말할 때, 그것들이 세부적으로 어떤 미학들을 말하는가에 대해서 쉽게 재구성될 수 없다. 아도르노는 자신의 미학을 '통상적인 미학들'과 경계를 지우려고 시도하였다. 아도르노가 의도하였던 미학들 중에서 몇몇 미학들을 예거하면 다음과 같은 미학들이 해당될 것으로 보인다. Eduard von Hartmann, Aesthetik미학(1886/87), Berlin ²1924; Theodor Lipps, Ästhetik, Psychologie des Schönen und der Kunst미학, 아름다운 것과 예술의 심리학(1903/06), Leipzig 1923; Johannes Volkelt, System der Ästhetik미학의 체계(편집자주 18번 참조); Benedetto Croce, Aesthetik als Wissenschaft vom Ausdruck und allgemeine Sprachwissenschaft표현의 학문으로서의 미학과 일반 언어학. Übertragen von H. Feist und R. Peters, Tübingen 1930; Moritz Geiger, Zugänge zur Ästhetik미학에의 접근(편집자주 17번 참조); Nikolai Hartmann, Ästhetik미학, Berlin 1953.

138) "여기에는 어떠한 확고한 것도"부터 여기까지 아도르노가 밑줄을 그어 놓았다.

139) 편집자주 127번 참조.

140) 예술의 원사原史에 대해서는 다음 자리를 참조. GS 7, S.215. "희랍의 전설에 나오는 괴도怪盜인 프로크루수테스Prokrustes의 신화에서 예술에 대한 철학적 원사에 대해 이야기되고 있는 것이 있다."

141) "다시 말해, 순화의 모멘트와 직접적인"부터 여기까지 아도르노가 밑줄을 그어 놓았다.

142) 프랑스 왕의 대관식이 열리는 곳인, 고딕 양식으로 건축된 랭스Reim 성당은 제1차 대전 중인 1914년에 독일의 포사격에 의해 심각하게 훼손되었다. 이에 대한 대응책으로 전쟁 중이던 1915년에 예술을 보호하려는 콘퍼런스가 브뤼셀에서 소집되었으며 전쟁의 파괴로부터 예술적인 기념물들을 보호하기 위한 협정이 체결되었다. 성당에 대한 포사격은 독일 측에 의해서 방어되었는바, 이것은 프랑스군이 포대를 성당의 바로 앞에 배치하고 탑을 경계 초소로 사용하도록 독일 측이 양해하는 것을 통해 이루어졌다. — 아도르노가 위험에 처해 있는 병사들의 생명과 성당의 보존을 상쇄시키는 중재와 관련하여 세부적으로 어떤 중재를 생각하고 있었느냐에 대해서는 확인되고 있지 않다.

143) "여기에서 매우 기이한"부터 여기까지 아도르노가 밑줄을 그어 놓았다.

144) 아도르노의 논문인 *Aldous Huxley und die Utopie*헉슬리와 유토피아(1942/1951)
에 다음과 같은 내용이 들어 있다. "로미오와 줄리엣의 자기 스스로 잃어버
리는 열정은 … 자족적인 즉자가 아니다. 오히려 이러한 열정은 정신을 내쫓
는 것을 넘어서서 육체적인 결합에 이르게 되면서 정신적인 것이 되며 영혼
의 단순한 연극 이상의 것이 된다"(GS 10·1, S.111).

145) 냉전 시대에 통상적인 개념이며, 정치참여적인 연극의 형식들을 평가절하
하는 것을 나타내는 개념이다. 이러한 형식들은 연극에서 대변되는 정치적·
이데올로기적 관심사에 동의하는 것에만 근거할 뿐이고 그 형식들에 고유한
예술적인 가치에 근거하지 않음으로써 관객의 관심을 정치-이데올로기 자
체에 묶어둘 수 있는 것만을 흉내 낼 뿐이었다.

146) 텍스트에 있는 빈틈은 녹음테이프의 교환으로 발생한 것이다.

147) Shakespeare, »Romeo und Julia«, III. Aufzug, 5. Szene: [Julia] "벌써 가려고
하니? 날이 새려면 아직 멀었어. 너의 근심스러운 귀를 지금 뚫고 들어왔던
것은 밤꾀꼬리였어. 그것은 종달새가 아니었지, …"(Übers. v. Schlegel und
Tieck). Vgl. auch GS 10·1, S.111.

148) 낮에 부르는 노래는 중세 서정시의 노래 장르이다. 연인들이 함께 밤을 보
낸 후 아침에 이별하는 것이 형상화되어 있다.

149) '예술을 위한 예술'. 예술은 철저하게 목적으로부터 자유롭게 존재해야 하
며, 모든 사회적 또는 정치적 참여를 피해야 하고, 생산물의 완벽성에서만
의미를 발견해야 된다는 교의를 담은 슬로건이다. 아도르노는 보들레르가
이러한 구상을 한 창시자라고 보고 있다(vgl. GS 11, S.422 und GS 7, S.332,
475). 최근의 연구에서는 이러한 슬로건을 편지 형식으로 된 장편소설인
»Mademoiselle Maupin모팽«의 서문에서 강령적으로 도입하였던 고티에T.
Gauthier를 대부분의 경우 창시자로 보고 있다[vgl. Michael Einfalt,
»Autonomie자율성«(IV-VI), in: Karl Heinz Barck u. a.(Hrsg.), Ästhetische
Grundbegriffe미적 기초개념. Historisches Wörterbuch in sieben Bänden철학대
사전, Bd. I, Stuttgart/Weimar 2000, S.460f.].

150) Vgl. GS 7, S.337; 351f.; vgl. auch *Der Artist als Statthalter*대리인으로서의 예술
가, ursprünglich ein Vortrag für den Bayerischen Rundfunk, erschienen 1953
im »Merkur«, jetzt in: GS 11, S.114-126.

151) "여기에서 '예술을 위한 예술'에 대한 비판의"부터 여기까지 아도르노가
밑줄을 그어 놓았다.

152) "물론 우리는 예술에 대해 다음과 같이"부터 여기까지 아도르노가 밑줄을 그어 놓았다.

153) 마네Edouard Manet, 1832-1883는 프랑스의 화가이며 그래픽 디자이너였다. 현대 예술의 전개에서 마네가 갖는 의미에 대해서는 특히 다음을 참조할 것. Julius Meier-Graefe, Manet, München 1912; Paul Valéry, Triomphe de Manet, Paris 1932; 319쪽 이하와 475쪽 이하도 참조.

154) Vgl. *Standort des Erzählers im zeitgenössischen Roman*동시대의 장편소설에서 화자의 위치, in: *Noten zur Literatur*문학론, GS 11, S.45f. "카프카가 그의 장편소설에서 거리를 완벽하게 철회하는 처리방식은 극단에 속한다. 이러한 극단에서 우리는 현재의 장편소설에 대해 이른바 '전형적으로' 중간쯤에 위치하는 사실관계에서보다는 더욱 많은 것을 배울 수 있다. 카프카는 충격을 통해서 읽는 대상 앞에서 독자가 느끼는 명상적인 안전함을 독자에게서 부숴버린다. 그의 장편소설들이 개념에 속하게 된다면, 그것들은 ―명상적인 태도가 유혈이 낭자하는 조롱이 될 뿐인― 재앙의 영구적인 위협이 누구에게도 더 이상 세계의 상태에 끼어들지 않고 구경만 하는 것을 허용하지 않으며 이러한 구경에 대한 예술적 사본을 단 한 번이라도 용인하지 않기 때문이다."

155) 토마스 만의 아들인 클라우스 만Klaus Mann, 1906-1949은 1933년에 일단 파리로 이주하였다가 암스테르담으로 갔다. 특히 그는 암스테르담의 퀘리도 출판사에서 망명자들의 글을 모아 »Die Sammlung글모음집«을 편찬하였다. 그는 1936년 이후에는 주로 미국에서 살았으며, 1949년 5월 21일 수면제 과다 복용으로 칸에서 사망하였다.

156) Vgl. Klaus Mann, Die Heimsuchung des europäischen Geistes유럽 정신의 시련; zuerst englisch unter dem Titel »Europe's Search for Credo« in: Tomorrow, New York, Juni 1949; deutsch in: Neue Schweizer Rundschau, Juli 1949 (übers. v. Erika Mann); jetzt in: Klausmann, Auf verlorenem Posten. Aufsätze, Reden, Kritiken. 1942-1949, hrsg. von Uwe Naumann und Michael Töteberg, Reinbeck bei Hamburg 1994, S.523-542.

157) Vgl. Klaus Mann, Symphonie Pathétique비창 교향곡. Ein Tschaikowski-Roman(1935), München 1970.

158) Richard Wagner, Die Meistersinger von Nürnberg뉘른베르크의 마이스터징거 (UA 1868 in München), 2. Aufzug, 3. Szene, V. - Vgl. dazu *Versuch über Wagner*(1939/1952), jetzt in: GS 13, S.64. "특정한 화음은 알레고리적으로

문자를 새기면서 "봄의 명령, 달콤한 곤궁"이라는 말을 가져오고 마이스터 징거들에서 에로스적인 충동과 이를 통해 곧바로 원동력을 대변한다. 이러한 화음은 충족되지 못한 것에서 느끼는 고통일 뿐만 아니라 긴장, 충족되지 못한 것 자체에 놓여 있는 욕구에 대해서 일러 준다. 그것은 달콤한 것이면서도 곤궁한 것이다."

159) "모든 불협화음은 고통이 예술작품에"부터 여기까지 아도르노가 밑줄을 그어 놓았다.

160) Vgl. GS 3, S.34ff.

161) 아도르노는 이 문장에 밑줄을 그어 놓았다. Vgl. GS 7, S.86. "미적 자각의 전체적인 전통에 걸쳐 거의 들어 있는 감수성과 허약성은 이러한 자각이 예술에 내재적인 합리성과 미메시스의 변증법을 감춰 버리는 것으로부터 유래한다."

162) Vgl. GS 3, S.19ff.

163) Vgl. GS 3, S.61-69.

164) 앞의 82쪽을 참조. 제3강에서 이미 언급되고 있다(60-61쪽을 을 참조). 『미니마 모랄리아』도 참조(GS 4, S.99 u. 142f.).

165) 아도르노는 이 문장에 밑줄을 그어 놓았다.

166) Vgl. Giorgio Vasari, Leben des ausgezeichnesten Maler, Bildhauer und Baumeister von Cimabue bis zum Jahre 1567치마부에부터 1567년까지 가장 빼어난 화가, 조각가, 건축가의 생애. Aus dem Italienischen von Ludwig Schorn, 6 Bde.(Stuttgart und Tübingen 1832-1849), Nachdruck Worms 1983. 바사리는 자연에 대한 모방, 그리고 이로부터 생기는 예술의 개선을 위해서 집중적인 자연 탐구의 필연성에 대해 특히 제1권, 2권, 3권의 서론에서 언급하고 있다.

167) "나는 다음과 같이 말하고자 합니다"부터 여기까지 아도르노가 밑줄을 그어 놓았다. Vgl. GS 7, S.424f.; dazu auch Walter Benjamin, Lehre vom Ähnlichen유사한 것에 대한 논의, in: ders. Gesammelte Schriften, Bd. II·1, a. a. O.(편집자주 94번 참조), S.204-210.

168) 쇤베르크는 1924년 빈에서 보급판으로 나온 베베른의 「현악4중주 op. 9를 위한 6개의 소곡」의 출판을 위한 서문에서 다음과 같이 썼다. "음들을 통해서, 오로지 음들을 통해서만이 말할 수 있는 것을 표현할 수 있다는 믿음에 동참하는 사람만이 이 작품들을 이해하게 될 것이다"(Zit. nach: Schönberg/ Berg/Webern, Die Streichquartette, Eine Dokumentation, hrsg. von Ursula von Rauchhaupt, Hamburg 1972, S.127).

오늘은 자연미와 예술미와의 관계, 또는 더 넓게 말해도 된다면 자연과 예술의 관계에 대한 원리적인 고찰들을 일단은 잠정적으로 종결짓고 싶습니다. 다시 한 번 반복하고 싶습니다만, 자연과 예술의 관계는 철저하게 변증법적인 관계이며, 양자의 단순한 대립관계로 파악될 수는 없습니다. 또는 감성적인 견해가 그렇게 시도하고 있듯이, 또는 완성에 이른 예술은 완성된 자연169)이라고 상투적으로 반복해서 말하는 태도나 이와 유사한 태도에서 보는 것처럼, 예술과 자연의 관계는 직접적인 관계로 파악될 수는 없습니다. 나는 이러한 변증법을, 다시 말해 대립관계에서 이루어지는 하나의 통일성, 또는 비동일성에서 이루어지는 동일성을 가능한 한 간결하게 이론적으로 다시 한 번 풀어주고 싶습니다. 우리가 예술이라는 경험에 대해서 어떠한 경우이든 역사적으로 경험한 것처럼, 예술은 자연적인 세계로부터 빠져나와 있는 것으로 분류되는 한, 그리고 실재 세계와 직접적으로 함께하지 않는 영역을 차지하고 있는 한, 예술은 일단은 자연과 대립적인 위치에 놓여 있습니다. 그렇습니다. 우리는 이것을, 예술이 휴전선처럼 설정해 놓은 경계선이 경험적 현실을 향해 끌려 들어오지 않는 경우에는, 예술작품에 붙어 있는 흠집과 같은 것으로 느끼고 있습니다. 예를 들어 문화사가 프리드랜더 Friedländer가 제정 로마시대에 고대 희랍 비극을 라틴 방식으로 개조한 형식으로 공연한 것을 야만성이 시작되는 징후로 해석한 것은 맞지 않은 것만은 아니라고 생각합니다. 이 공연에서는 극중에서 죽어야 할 운명에 있었던 주인공들의 역할을 공연하면서 실제로 죽게 되는 노예들이 담당하도록 하였으며, 가능한 한 많은 고통을 받으면서 죽게 함으로써 검투사의 검투와 비극이 종합되는 것과 같은 종류의 공연이 이루어졌습니다.[170] 우리가 앞에서 말한 휴전선과 같은 경계선을 어떻게 이해할 것인가에 대해서는 제정 로마시대에 있었던 이러한 공연을 지적하는 것으로 여러분에게 충분히 설명하였다고 생각합니다. 오늘날에도 비록 피를 흘리는 사례는 아니지만 제정 로마시대의 유혈이 낭자한 공연과 원리적으로 유사한 영역이 있습니다. 이것은 이른바 통속적인 예술에서 나타납니다. 휴전선과 같은 경계선을 말살하고, 이렇게 함으로써 예술에서 실재의 역사가 정말로 다루어지고 있다고 덧붙이면서 부여하는 경향이 통속 예술을 더욱 많이 지배하게 되는 것입니다. 어떤 영역을 그것이 경험적 현실과 맺고 있는 관계에서 증명하지 못함으로써 그 영역을 직관할 수 있는 능력이 느슨해지는 것은 이른바 장편소설의 형식으로 되어 있는 전기傳記들에서 보이는 나락과 같은 잘못됨의 이유가 된다고 나는 생각합니다. 이러한 전기들은 원천적으로 에밀 루드비히Emil Ludwig,[171] 허버트 오일렌베르크Herbert Eulenberg,[172] 슈테판 츠바이크Stephan Zweig[173]와 같은 이름들에 연계되어 있으며, 그사이에 상당히 수지가 맞는 장사가 되었습니다. 언론인으로서의 자리를 언젠가 잃어버리게 되는 사람들은 소수에 불과합니다. 언론인들은 예술과 르포르타주로 만들어지는 잘못된 혼합물을 제대로 정돈시킬 수 있는 징검다리를 놓은 위대한 사람을 찾는 시도를 할 것 같지 않은 사람들입니다.

예술이 세계로부터 이분자異分子로 갈라져 나와 있다는 사실만이 오로지 예술에 본질적인 것을 완성하지는 않습니다. 예술은 본질적인 것을 가장 넓은 의미에서 일단은 놀이의 영역과 함께 나눕니다. 존재하는 모든 놀이는 그것들이 일단은 직접적으로 경험하는 현실의 부분이 아니라는 사실, 확실한 의미에서 목적으로부터 자유롭다는 사실, 사람들이 놀이와 더불어 직접적인 이익을 추구하지 않으며 직접적인 이익이 발생한다고 하더라도 오로지 뒤에서만 발생한다는 사실에 의해 두드러지게 드러납니다. 놀이가 원래부터 경험세계와는 이분자로 갈라져 있다는 의식이 놀이에서 얼마나 강력하게 지배적으로 나타나는가 하는 것을 우리는 소피스트들이 아마추어와 프로를 구분하는 것에서 관찰할 수 있습니다. 놀이, 즉 스포츠가 오래전부터 돈을 버는 원천이 되었다는 것, 놀이의 이념에 충실하기 위해서 가능한 한 돈을 받는다는 것, 스포츠맨이 행하는 것이 직접적으로 돈벌이로 이어지지 않으면 용서받을 수 없다는 것을 여러분은 관찰할 수 있을 것입니다. 그러나 다른 한편으로는 예술은 내가 그동안 형식적 특징이라고 표시하고 싶었던 특징에 의해서 놀이의 영역과는 매우 본질적으로 구분됩니다. 나는 여기에서는 현상적 특징에 대해서, 즉 상상적인 것의 특징에 대해서 내가 여러분에게 예술의 미메시스적 근원에 대해 말할 때보다 더 자세히 파고들고 싶지는 않습니다. 그 밖에도, 이 자리에서 대두된 예술과 놀이의 구분은 물론 절대적이지 않습니다. 예술처럼 미메시스적인 특징을 가진 놀이들은 그 수를 헤아릴 수 없이 많습니다. 미메시스적인 특징을 지닌 것으로 우리는 어린이들이 하는 놀이들을 생각해 볼 수 있습니다. 어린이들의 놀이에서는 어린이가 기관차가 되기도 하고 과자를 만드는 사람, 비행기, 인공위성인 스푸트니크도 되고,[174] 여타 다른 것이 되기도 합니다. 이러한 놀이들은 물론 미메시스적 특징을 철저하게 갖고 있습니다. 그러나 여기에서 나타나는 미메시스적 특징은 어떤 확실한 활동을 담고 있는 특징과는 본질적으로 다릅니다. 그 밖에도, 우리는 예술의 장르들을, 놀이의 장르들과 같은 장르들을 그것들이 갖고 있는 극단적 특징들을 통해서만 구분할 수 있습니다. 예술과 놀이 사이에는 예술에서 놀이로 넘어가고, 놀이에서 예술로 넘어가는 과정에 놓여 있는 무한히 많은 현상들이 존재한다는 점을 인정하는 것은 자명한 일입니다. 우리가 예술의 원천들을, 무엇보다도 앞서서 놀이들을, 그로스Groos[175)가 서술한 바를 신뢰해도 된다면 동물들의 행동방식들을, 즉 동물이 하는 미메시스적인 행동들을 동물적인 모방을 추적함으로써 밝힐 수 있다는 것은 예술의 발생과 관련하여 확실히 옳은 견해입니다. 예술은 두 개의 극極으로 특징지어지는 특별한 영역을 형성함으로써 자연과 두드러지게 구분된다고 일반적으로 말할 수 있습니다. 예술은 한편으로는 내가 강조했던 놀이의 모멘트라는 극을 형성합니다. 예술에서 전개된 활동들은 놀이의 모멘트에서 직접적으로 실재적인 것으로 파악되지 않고 자연과 두드러지게 구분되는 영역에서 일어나는, 괄호 안에 놓여 있는 활동들 자체로 파악됩니다. 다른 하나의 극은 가상의 모멘트입니다. 우리가 예술작품을 원래의 의미에서 예술로 이해하는 한, 예술작품이 전체로서 하나의 의도를, 다시 말해 단순한 출현 이상의 어떤 것이 예술작품에서 출현한다는 것을 의도로 갖는 것을 통해 예술작품은 가상의 모멘트를 갖게 되는 것입니다. 바로 이 점이 예술작품에 내재하는 카테고리적인 요소이며, 이것을 통해 예술작품은 놀이와 구분됩니다. 예술의 모멘트들을 놀이와 가상이라는 양극에 정돈함으로써 우리가 제대로 된 하나의 예술이론을 집필할 수도 있다는 점을 덧붙여 말할 수도 있습니다. 이러한 예술이론에서는 두 개의 극이 예를 들어 드라마에서 서로 마주 보고 있는가를 우리가 확인할 수 있을 것입니다. 드라마에서 연기를 하는 사람들은 그들이 마치 다른 사람들인 것처럼 놀이를 합니다. 이것이 드라마에서 보이는 놀이의 모멘트입니다. 가상의 모멘트는 그것이 뒤에 숨어 있는 것, 상상 속에 있는 것과 같은 표지인 것처럼 존재하면서 하나의 전체로서 나타납니다. 우리는 이러한 방식으로 예술의 영역을 놀이의 모멘트와 가상의 모멘트 사이의 긴장관계라고 표시할 수 있습니다. 두 모멘트는 경험적 현실로부터는 이분자異分子와 같은 것으로 존재합니다.[176) 이처럼 이분자로 존재하는 것은 일종의 세속화와 같은 것이라는 점을 덧붙일 수도 있습니다. 다시 말해, 예술의 원천은 한편으로는 내가 여러분에게 이미 그 윤곽을 말했듯이 놀이의 영역입니다. 다른 하나의 영역은 예를 들어 노동의 리듬들에, 그리고 노동의 리듬들과 연관되어 있는 모든 것에 관련됩니다. 나는 두 영역 중에서 어느 영역이 더 중요한가, 또는 그 밖에 다른 영역이 존재하는가에 대해서는 여기에서 더 이상 논의하지는 않겠습니다. 예술의 원천에 대한 그러한 물음들은 항상 조금은 쓸모없는 것들이기도 합니다. 이러한 물음을 던지면서 우리는 '그렇지, 하지만 …'177) 하는 범위에 곧장 빠져들고 맙니다. 예술은 경험적 현실과는 경계가 지워져 있고 경험적 현실과는 이분자와 같은 영역으로 존재합니다. 예술에 특징적인 이러한 영역을 손상시키는 것은 예술에 대한 부정이라고 볼 수 있습니다. 어떠한 경우든 경험적 현실과 경계가 지어진 영역은 일단은 금기에 의해 성스럽게 된 영역에 대한 세속화에 다름이 없다는 것이 확실한 듯하다고 말할 수 있습니다. 어떤 불편함이 없는 상태에서 사람들이 그러한 성스러운 영역을 접촉하는 것은 허용되지 않습니다. 여기에서 예술작품 앞에서 인간이 느끼는 두려움이 발생합니다. 이 강의의 첫 시간에 칸트에 대한 논의에서 여러분이 맞부딪칠 기회가 있었던 숭고함의 개념은 접촉할 수 없는 것의 성스러운 본질로부터 그 어떤 것이, 성스러운 영역에 존재하는 위대한 신적인 힘인 마나Mana178)의 현존으로부터 그 어떤 것이 예술에서 남아 있다는 점에 그 발생론적인 뿌리가 들어 있다고 할 것입니다. 이 점은 의문의 여지가 없습니다.

나는 바로 앞에서 놀이에 예술의 뿌리가 있다는 것에 대해 몇 마디 언급하였습니다. 우리는 바로 이 요소에서 우리가 철학의 언어에서 예술작품에 들어 있는 '이념'의 모멘트라고 나타내는 것의 뿌리를 탐지해 볼 수 있습니다. 예술작품으로부터 종국적으로 우리에게 튀어 나오는 것은 삶의 감정에 관한 것이며, 이것이 바로 이념입니다. 이념은 인간의 주체, 성찰, 자유를 통해서 관통되는 성스러운 영역입니다. 바로 이러한 이념에 앞에서 언급한 마나Mana가, 즉 모든 존재하는 것에 분배

되는 힘이 집중되어 있습니다.[179] 내가 여러분에 바로 전에 말하였던 외경의 모멘트는 경험적 현실과 경계를 짓는 예술의 영역과 관련이 있으며, 사람들이 감히 손으로 포착해서는 안 되는 모멘트입니다. 외경의 모멘트는 모든 예술작품이 경험적 현실과의 의사소통에 대항하여 각을 세우면서 저항하는 모멘트입니다. 이러한 모멘트에는 그러나 동시에 그 어떤 다른 것이 들어 있습니다. 예술작품에 당연히 표명되어 있어야 하는 정신은, 즉 마나는 항상 총체성에의 요구 제기와 같은 것을 의미하기 때문입니다. 나는 여기에서 다음과 같이 말할 수 있다고 생각합니다. 즉, 모든 예술작품, 가장 가련한 예술작품, 예술이 원래 갖고 있는 의지에 반하면서까지 빈궁한 이익이라도 얻기 위해 생산된 작품은, 작품 생산자의 의식에서는 최소한도라도 꿈을 꿀 수 없다 할지라도, 객관적으로, 예술작품에 고유한 구조에 따라 원래부터 전체와 같은 그 어떤 것입니다. 예술작품은 절대적인 것처럼, 총체성인 것처럼 절대적인 충족이 되려고 하는 것입니다. 바로 이러한 모멘트만이 모든 예술작품이 우리에게 절대적인 것으로 존재하겠다는 약속을 해 주는 것입니다. 우리는 예술작품에 존재하는 이러한 모멘트를 무엇에 묶여 있지 않은 전체로서, 빈틈없이 채워진 전체로서 경험할 수 있어야 하고 경험해야 되는 것입니다. 경험적 현존재가 처해 있는 모든 조건은 오늘날 우리를 속박하고 있으며, 우리가 일단은 받아들여야 하는 예술에 대한 대립관계 외에도 그 밖의 전혀 다른 연관관계에서 논의할 기회를 갖게 될 것입니다. 예술이 전체로, 절대적인 것으로, 총체성으로 존재한다는 모멘트는 —바로 이 모멘트에서 여러분은 내가 여기에서 강조한 예술의 측면이 가상의 측면과 얼마나 많이 관련을 맺고 있는가를 볼 수 있을 것입니다— 쇼펜하우어가 예술에서 음악이 갖고 있는 특별함을 지적하면서 예술이 "세계를 다시 한 번 보여주는 것"[180]이라고 표현한 모멘트이기도 합니다. 모든 예술작품은 확실히 '세계를 다시 한 번 보여주는 것'입니다. 다시 말해, 직접적인 목적들로부터 정화淨化되어 있는 세계를 보여주는 것입니다. 그러나 모든 예술작품은 동시에, 내가 앞에서 명명하였듯이 경험세계와 경계가 지어져 있고 경험세계로부터 분리되어 있는 영역으로서 예술이 성스러운 영역에서 예술에 내재되어 있는 거짓으로부터 해방되어 있는 한, 성스러운 영역과 대립각을 이루는 세속화이기도 합니다. 다시 말해, 세계로부터 괄호가 쳐진 것처럼 이분자적인 것으로 세계에서 존재하는 특별한 영역으로서의 예술이 정말로 현실이라는[181] 요구를 제기하는 거짓으로부터 해방되어 있을 때, 모든 예술작품은 세속화인 것입니다. 모든 예술작품이 세속화인 한, 우리는 다음과 같이 말할 수 있습니다. 놀이의 직접성과 마주하면서 현실 자체를 완전히 중단시키며 이런 이유 때문에 현실에게 다시 존중받도록 해 주는 예술적 가상의 모멘트는 사고의 전능함에 대한 신화적 믿음, 즉 사고는 현실과 직접적으로 하나가 되어 있으며 현실에 대해 주술적 힘을 갖고 있다는 믿음입니다. 예술에 들어 있는 예술적 가상의 모멘트는 따라서 처음부터 부정되는 운명을 가질 수밖에 없습니다.

이렇게 해서 우리는 앞으로 다루어야 하고 내게는 결정적으로 중요한 사실관계에 맞닥뜨리게 됩니다. 이 문제를 논의함으로써 우리는 예술에 관한 개념에서 지나치게 원시적인 표상을 갖지 않게 됩니다. 예술이 확실한 의미에서 자연지배에 저항하는 자연의 이해관계를 —이 문제에 대해 우리는 곧 다시 한 번 논의하게 될 것입니다— 지각한다면, 예술은 그러한 이해관계를 단순히 지각하는 것이 아니고 예술 자체 내부에서 항상 동시에 계몽의 한 부분이 되는 과정을 통해 지각합니다. 나는 이 사실을 반복하고 싶습니다. 이것이야말로 우리가 예술의 본질이라고 명명해도 될 만한 것을 이해하는 데 중심적인 사실관계라고 생각하고 있기 때문입니다. 특별한 영역으로서의 예술, 즉 예술적 순환이 더 이상 주술적인 전개가 아니고 현실과는 구분되는 것을 제공한다는 사실은 오래된 금기에 대한 기억과 이를 통해 인간이 역사에서 남겨 놓왔던 자연과의 관계들의 여러 단계에 대한 기억을 보존하고 있습니다. 이와 동시에 그러나 사람들이 주술사의 표정을 통해서, 즉 이분자와 같은 영역인 예술에 속하는 주술사의 표정을 통해서 세계에 대해 직접적으로 정말로 힘을 갖고 있는 듯이 행동하려는 의지가 포기됩니다. 이렇게 해서 예술적 가상은 거짓으로부터 해방이 되는 것입니다. 예술적 가상은 일단은 진리와 직접적인 관계를 맺게 됩니다. 헤겔이 남겨 놓은 위대한 말을 따른다면, 이 관계는 항상 지속적으로 전개됩니다. 예술은 편안한 놀이의 산물이 아니고 그것 자체가 진리의 전개라고 헤겔이 말하였기 때문입니다.[182] 내가 여기에서 여러분에게 예술적인 것을 특징적으로 보여주기 위해 가져온 모든 것은 헤겔의 이 문장에서 측정된다고 생각합니다. 나는 헤겔의 이 문장을 규범으로써 확실하게 미리 설정하였던 것입니다. 여러분도 나의 생각에 함께하고 있습니다.

이렇게 함으로써 여러분에게 일단은 앞에서 말하였던 내용에 반대되는 내용을 우리가 이미 건드리고 있습니다. 즉, 예술은 '세계를 다시 한 번 보여주는 것'으로서 자연으로부터 이분자와 같은 것으로 존재하며 자연과 대립관계에 놓여 있다는 내용과 반대되는 내용을 여러분에게 이미 말하고 있는 것입니다. 왜냐하면, 예술은 경험적 세계의 전체적 작동에 대해 대립각을 세움으로써 자연의 이해관계를 지각하는 것이 확실하기 때문입니다. 이것은 또한 내가 여러분에게 예술의 가상이 주술적 진리가 제기하는 요구와 맺는 관계에 대해 바로 앞에서 말했던 것에도 확대된 의미에서 해당되는 내용이기도 합니다. 이것은 또한 사회적 과정이 전체적으로 지속적으로 진보되는 합리적인 자연지배의 표지標識에 본질적으로 놓여 있다는 사실에서 이해될 수 있습니다. 이와 관련하여 특히 『계몽의 변증법』 제1장인 계몽의 개념에서 전개된 생각을 여러분이 기억해 주기를 바랍니다. 따라서 여기에서는[183] 자연지배와 계몽에 대해서는 간단히 언급해도 된다고 생각합니다. 원시시대부터 내려오는 오래된 미메시스적인 행동방식들의 자리에 자연과의 지속적인 소외가 들어섭니다. 원시적인 동일성을 들어 말해 본다면,[184] 동일한 것을 통해 동일한 것을 인식하는 자리에 동일하지 않은 것[185]을 통해 동일한 것을 인식하는 모티프가 항상 더욱더 많이 들어섬으로써 자연지배는 더욱 증대되는 척도로 가능해지는 것입니다. 바로이 과정을 우리는 가장 넓은 의미에서 계몽의 과정이라고 명명합니다.또는 여러분이 다른 용어를 선호한다면, 합리화의 과정이라고 불러도됩니다. 우리가 생각해 낼 수 있는 모든 것이 합리화 과정의 희생물로전락합니다. 사실상으로 존재하는 외적 자연, 실재로 억압된 외적 자연, 인간에 의해 정비되는 외적 자연에서부터 인간 자체가 갖고 있는끝없이 많은 능력들에 이르기까지, 예를 들어 한때는 미메시스적인 능력들이었으나 지금은 우리가 산산조각이 난 모습으로 파편적으로나마우리 스스로에게서 지각하는 모든 능력에 이르기까지 합리화 과정의희생물이 되는 것입니다. 예술은 이처럼 지속적으로 진보하는 자연지배의 과정에 희생물이 된 것을 정당하게 취급해 주는 시도이며, 이처럼희생되는 동안에 단지 상징적인 척도에서라도 희생물이 정당성에서경험할 수 있도록 해 주는 시도라는 것은 확실합니다. 다시 말해, 이것은 기억의 척도이며, 억압된 것에 대한 기억, 희생물에 대한 기억, 지속적으로 진보하는 합리화 과정에 의해 인간에서 파괴된 인간 내부에존재하는 모든 힘에 대한 기억입니다.[186] 심지어는 속물 시민의 단계에서 나타난 예술에 대한 생각조차도, 즉 예술은 오성을 향하지 않고 감정을 향한다는 생각조차도 진실의 모멘트를 갖고 있습니다. 이에 대해야유하는 것은 매우 쉬운 일입니다. 소시민적인 예술이 위에서 말한 진실의 모멘트를 영악하게 약탈해 버린 것, 소시민적인 예술이 지속적으로 진보하는 합리화 과정에 의해 인간에게서 씨가 말라 버린 것을 찾으려는 인간의 요구에 따라 스스로 합리화를 만든 것을, 즉 상업과 가슴의 따뜻함을 지닌 인간에게 제공하는 합리화에 얼마나 많은 힘을 쏟았는가를 우리가 생각해 보면, 예술은 인간의 감정에 기여한다는 전래적인 파악에 반대하는 소시민적인 예술의 증오심이 정말로 지당하다고 말할 수 있을 것입니다. 나도 또한 소시민적인 예술이 보내는 증오심을 인정하는 바입니다. 그러나 우리에게서 파괴되어 버린 행동방식들이 숨겨져 있고 지속적으로 보존되어 있는 영역이 바로 예술인 한에 있어서는, 소시민적인 예술이 합리화를 만드는 것에서도 무언가 참된 것이 들어 있습니다. 이것도 또한 예술이 경험적 현실로부터 이분자처럼 존재한다는 모멘트와 밀접한 관련을 맺고 있습니다. 경험적 현실에서는, 즉 우리가 활동적이고 실제적인 인간들로서 살고 있고 목적들을 추구하며 다른 사람들을 목적들을 실현시키기 위해 일을 하게 하며 목적들과 관련이 없는 모든 것을 정말로 혐오스러운 것이라고 치부해 버리는 세계인 경험적 현실에서는, 사실상 현실의 원리만이 지배하고 있습니다. 사람들이 이 현실을 가능한 한 포괄적으로 제어하게끔 행동하는 것이 바로 현실의 원리입니다. 예술의 행동방식은 근본적으로 이러한 현실 원리에 대한 부정입니다. 예술이 가상이어야 한다는 요구와 어떠한 경우이든 현실 원리에 의존되어 있지 않고 이 세계에 있는 대부분의 사물들처럼 실제적으로 무엇을 갖는 것과 동일한 의미가 아닌 의미에서 우리가 '무엇인가를 갖는다는 것'을 요구하는 전체적 영역에 대한 표상을 요구하는 어떤 영역을 예술이 구축하는 한, 예술은 현실 원리에 대한 부정인 것입니다. 예술에 내재되어 있는 해방적인 것에 의해 항상 반복적으로 사용되는 구절이 있습니다. 내 생각으로는 이러한 구절은 석고처럼 굳어 있는 고전적 예술가를 젊은 여성들을 통해서 우리 내부에서 일깨워야 한다는 열광에 놓여 있는 것은 아닙니다. 오히려 이보다는 예술이 그것의 단순한 실존을 통해서 현실 원리의 절대적 권력으로부터, 다시 말해 이 세계에 존재하는 모든 것을 희생시키는 대가로 얻어지는 자기보존의 메커니즘이 갖는 절대 권력으로부터 우리를 해방시켜 준다고 약속하는 것과 더욱 많은 관계를 갖고 있을 것입니다.

인간을 현실 원리의 절대 권력으로부터 해방시키는 것은 위대한 예술이 개별적으로도 항상 희생물과 더불어 그러한 해방을 유지시켜 온 것과 어떤 밀접한 연관관계를 맺고 있습니다. 위대한 예술이 역사가 나아가는 방향을 거스르면서 빗질을 해 왔다는 사실과,[187] 즉 위대한 예술은 승리자의 시각에서 본 역사가 아니고 시대에 대한 무의식적인 역사 서술, 즉 희생물의 시각에서 본 역사 서술[188]이라는 사실과 밀접한 연관관계에 놓여 있는 것입니다. 예술작품들에서 원래부터 크게 나오는 소리는 항상 희생자의 목소리입니다.[189] 희생자의 목소리를 원래부터 낼 수 없는 예술은 존재하지 않는 것입니다.[190] 희생물의 목소리는 원리적으로, 이미 예술에 고유하게 내재하는 원리를 통해 억압된 것에 통용됩니다. 억압된 것은 희생물의 목소리에서 항상 다시 주제가 되는 것입니다. 예술에서 일반적으로 표현이라는 이름으로 명명하는 모멘트는 그것 자체에 내재하는 매우 난해한 변증법을 갖고 있으며, 나는 이에 대해 여러분에게 침묵하고 싶지 않습니다. 표현이라고 부르는 이 모멘트가 예술이 억압된 것의 목소리라는 것과 연관관계에 놓여 있습니다. 표현은 원래부터 항상 고통에 대한 표현인 경우가 매우 많기 때문입니다.[191] 표현은 그것 자체로 기호적으로-합리적인 것에 맞서서, 즉 단순한 표지標識에 맞서서 선취적으로 이미 미메시스적인 잔재입니다. 다시 말해, 이것은 이러한 잔재로라도 남아 있지 않으면 제어되고 말 운명에 처해 있는 자연으로부터 아직도 남아 있는 모멘트입니다. 이 모멘트는 그러나 그것 자체에 고유한 방식으로 조형물과 같은 것으로 나타납니다. 지속적으로 진보하는 분화과정에 함께 포획될 수 있는 형국에서도 조형물처럼 나타나는 것입니다. 내가 변증법적 사고를 더욱 첨예화시키는 것을 여러분이 양해해 준다면, 우리는 다음과 같이 말할 수 있습니다. 예술은, 한편으로는, 자연의 영역으로부터 벗어나 있으며, 이런 점에서는 모든 단순히 자연적인 것과 절대적인 대립관계를 형성합니다. 우리가 어떤 연극을 관람할 때 무대에서 사과 냄새가 난다고 하더라도 연극 관람은 이미 예술작품 자체에 대한 부정이 됩니다. 매우 거칠게 말하자면, 예술이 자연적인 영역에 대한 반反테제라는 것을 한 번도 경험하지 못한 사람은 야만인과 같은 사람이라고 할 것입니다. 어떤 연극 공연을 관람하고 나서 과거의 형태에서 이야기하면서 연극에서 정말로 현실적으로 주어진 것이 공연된 것처럼 말하는 사람들과 같은 사람인 것입니다. 그들은 예술과 자연적 영역 사이의 대립관계를 붙들고 있지 않기 때문입니다. 다른 한편으로는, 예술은 그것 자체로서의 자연이 강력하고도 비가역적非可逆的인 과정에 의해 스스로 소외되는 세계에서 나타난 자연의 형상입니다. 우리는 이렇게 말할 수 있습니다. 즉, 예술은 자연의 스스로 소외되어 있는 형상입니다. 이러한 소외의 의미에서, 이 형상에 중요한 것이 하나 들어 있습니다. 예술이 자연에게 더욱 좋은 충실함을 유지하고 있는 것입니다. 이러한 충실함을 예술은 자신에게서 그 어떤 방식으로 알랑거리는 태도를 취하거나 스스로192) 자연인 것처럼 행동하는 방식으로 유지시키는 것이 아닙니다. 예술은 이러한 태도와는 반대되는 태도를 취합니다. 예술은 오늘날 사람들이 집착하고 있는 직접적인 것, 단순히 자연적인 것을 포기함으로써 자연에 충실하게 됩니다.

　나는 지금까지 예술에 대해 여러모로 규정을 시도하였습니다. 나는 그러나 여기에서 시도한 규정을 누구나 느낄 수 있는 오해로부터 보호하고 싶습니다. 내가 말했던 것을 여러분이 예술과 자연의 관계에 대한 일종의 현상학과 같은 것으로 파악하여 내 의도를 오해하지 않을까 하는 걱정이 있는 것입니다. 예술과 자연의 관계가 항상 동일한 관계인 것처럼 여러분이 오해할 수 있는 것입니다. 내가 제공한 예술과 자연과의 관계에 붙들려 있으면서, 예술이 무엇이고 자연이 무엇인지를 알 수 있다고 생각하는 일이 있어서는 안 될 것입니다. 나는 여기에서 자연과 예술에 대해 내가 갖고 있는 생각에 합당하도록 처신하지 않을 수 없으며, 이 점에 대해 여러분에게 미안하게 생각합니다. 다시 말해, 나는 여기에서 조금은 힘을 들여 자연과 예술이 서로 대립적인 것을 설명하고 양자가 서로 구분된다는 것을 보여주려고 합니다. 지금까지 여러분에게 조금은 애를 써서 보여주었던 내용을 다시 거둬들이고 다음과 같이 말할 수밖에 없습니다. 예술과 자연의 관계는 그렇게 간단한 관계만은 아닙니다. 나는 다음과 같이 말하려고 합니다. 내가 여러분에게 윤곽을 그려서 말한 자연과 예술의 관계는 정적靜的인 것이 아닙니다. 한쪽에는 자연의 영역이 항상 동일하게 있고, 다른 한쪽에는 예술의 영역이 존재하는 관계가 아닌 것입니다. 오히려 두 모멘트는 상호 간에 항구적으로 긴장을 유지하고 있으며, 예술의 역사의 모든 단계에서 항상 다시 변화하는 관계에 놓여 있습니다. 이러한 관계는 예술이 존재하는 동안에는 아마도 영구히 계속될 것입니다. 가장 극단적인 것으로부터 시도하는 규정을 여러분에게 정말로 보여주겠습니다. 예술적 감수성은 문화에 대해 쓸데없이 수다를 떠는 것과 체제긍정적인 문화193)의 영역에 대항하는 특징을 갖고 있습니다. 이러한 예술적 감수성의 특정한 종류가 —예술작품으로 머물러 있고 예술작품이 세계와 대립관계를 형성한다는 규정에 충실하기 위해서— 예술작품에 대해 특별한 영역으로서의 예술작품을 원래부터 정의하는 요소인 세련된 교양을 철회할 것과 경험적 현실의 요소들을 받아들일 것을 요구하는 단계들로 존재할 수가 있는 것입니다. 이에 대해 예를 들어 보겠습니다. 콜라주, 몽타주는 항상 이 경우에 해당되었고, 초현실주의 전체가 또한 그러한 단계들을 보여주었습니다. 여러분은 그러한 단계들을 오늘날에는 위대한 화가인 피카소의 최초 작품들에서도 발견할 수 있습니다. 피카소에서는 자연으로부터 직접적으로 유래하는 그 어떤 모멘트들이 항상 지속적으로 변형되는 것에 대한 필요성이 단호하고도 커다란 역할을 맡고 있습니다.194) 여러분은 예술적인 것이 경험적 현실로부터 이분자처럼 존재한다는 규정과 같은 것을 어떤 절대적인 것으로 받아들여서는 안 됩니다. 여러분은 그러한 규정을 역사적으로 진행되는 변증법에 놓여 있는 불안정한 모멘트로 받아들여야 합니다. 그것은 내가 앞에서 진행된 강의에서 이른바 이해관계 없는 편안함도 불안정한 것[195]이라고 말한 것과 똑같이 불안정합니다. 다시 말해, 그 뿌리를 감각적인 편안함에서 갖지 않고 이른바 감각적인 편안함을 —그것이 설사 부정적이라 할지라도— 다시 가리키지 않는 예술작품은 전혀 존재할 수 없는 것입니다.[196] 이것은 예술에 대해서 매우 원리적인 그 어떤 것을 의미하고 있습니다. 우리는 이것을 이 강의에서 말하였던 양극兩極[197]과 관련하여 잘 확인할 수 있습니다. 내가 여러분에게 말하려고 시도하였던 극단성을 정말로 '문화의 자연보호공원'과 같은 종류의 것으로 평가절하하지 않은 바에는, 그것은 우리가 주의를 소홀히 해서는 안 되는 모멘트를 의미하고 있는 것입니다. '문화의 자연보호공원'과 같은 것은 대략 다음과 같은 방식으로 의미를 보여주려고 합니다. 즉, 오늘날 우리가 살고 있는 세계처럼 냉혹하고 낯설며 경직되어 있고 사악하게 된 세계에서 사람들이 내적으로 통하는 그 어떤 작가들을 읽을 수 있고 작가들에서 자신을 따뜻하게 할 수 있으며 아마도 오늘날과 같지는 않을 것 같았던 과거의 시대에 있었던 것과 같은 좋은 기분을 작가들에서 느끼는 것이 행복이라는 것을 스스로 표상하는 방식으로 의미를 주려고 하는 것이 바로 '문화의 자연보호공원'입니다. 내가 의도했던 의미는 이러한 방식의 의미가 아닙니다. 그러한 의미와는 정반대되는 의미입니다. 아주 간단하게 말하고 싶습니다. 왜 그렇게 간단할까요? 다시 말해, 예술은 경험적 현실과는 구분되는 특별한 영역을 산출하는 시도로서, 그리고 억압받는 것이, 즉 합리성이 아닌 것이 예술이라는 계몽의 전체 과정에 착종되어 있으며 또한 계몽의 전체 과정으로부터 전혀 해방될 수 없기 때문입니다. 이 강의 시간이 시작될 때 여러분에게 말했던 내용으로 잠시 되돌아가겠습니다. 나는 특별한 영역으로서의 예술이 특별한 영역과 구분되는 것은 특별한 영역으로서의 예술이 경험세계에 대한 영향과 더불어 실제로 현실이라고 주장하지 않고 무력한 그 어떤 것으로서, 마치 자연처럼 무력한 것으로서 존재하는 한 이미 계몽의 한 부분이라고 말한 바 있었습니다. 예술이 계몽의 한 부분이면, 경험적 현실로부터 이분자처럼 존재하는 예술의 전체 과정이 원래부터 계몽의 과정 전체에 의해서 침투되어진 과정이 되는 경향이 예술 내부에 이미 들어 있게 되는 것입니다. 다른 말로 하겠습니다. 항상 지속적으로 진보하는 자연지배에 대항하여 예술이 이의를 제기하는 시도는 동시에 자연지배의 한 모멘트입니다. 예술이 행하는 그러한 시도는 매우 본질적이고 매우 중심적인 모멘트이며, 예술 자체 내부에 포함되어 있는 모멘트입니다.198) 내가 여기에서 말하고 있는 내용은 근본적으로는 예술적인 것에 특별한 경험의 사실관계, 다른 것이 아닌 바로 이러한 사실관계입니다. 철학은 이러한 사실관계를 항상 반복하여 특별히 강조하였으며, 이것은 특히 헤겔에서 두드러졌고, 다른 여러 철학자들에서도 나타납니다. 인류가 자유의 영역 안으로, 다시 말해 인간과 자연에 대해서 똑같이 자행하는 억압과 폭력이 마침내 한번은 중단되는 자유의 영역 안으로 들어가서 무엇인가를 발견해도 될 것 같은 길은 과거에 언젠가 한번은 있었다고 하는 것으로의 그 어떤 귀환을 —루소의 유명한 당선 논문199)에서 처음으로 강령적으로 정리되었던 것처럼— 통해서 열릴 수 있는 것이 아닙니다. 그러한 길은 자연의 이념이 사회적 전개와 예술에게 미리 밑그림을 그려주는 것을 통해서, 오로지 인간이 자연에 맹목적으로 종속되지 않을 정도로200) 자연을 지배하는 것을 배우는 과정을 통해서만 얻어질 수 있다는 것을 헤겔과 여러 다른 철학자들이 강조하였던 것입니다. 이러한 생각과 더불어 내가 의도하였던 바는 다음과 같습니다. 예술작품이 자연의 이질성으로부터 스스로 해방될 수 있을 때 예술작품은 억압된 자연의 목소리를 대변하는 데 기여하는 이념에 접근하는 것입니다. 예술작품을 생산하는 과정의 밖에 있으면서 해명되지 않은 것, 맹목적인 것, 꿰뚫어질 수 없는 것으로 존재하는 그어떤 재료들과 인간이 이질적인 것, 낯선 것, 인간과 같지 않고 다른 것으로 느끼는 권력을 인간에 대해 행사하는 재료들에 예술작품이 더 이상 의존되어 있지 않을 때, 예술은 억압된 자연의 목소리를 알리는 이념에 다가서는 것입니다. 나는 자연과 예술의 관계에서는 이것이 바로 정말로 원래부터 존재하는 변증법적인 핵심이라고 말하고 싶습니다. 자연이 예술에 숨겨져 있다는 모멘트는 예술이 항상 더 높아지는 척도로 자연을 지배할 능력이 있다는 것과 분리될 수 없습니다. 그러면서도 동시에 예술은 한편으로는, 예술이 그 어떤 재료들에 대해 무력하고 맹목적으로 마주 서 있는 한 예술의 내부 자체에서 자연을 전체로서 말로 옮길 수 있는 힘을 갖지 못하고 다시 맹목적인 것, 해명되지 않은 것, 일종의 신화와 같은 것에 희생물로 전락합니다. 지금까지 강의한 내용을 다음과 정리하여 말하고자 합니다. 자연과 예술 사이에 발생하는 긴장은, 다시 말해 지속적으로 진보하는 자연지배는 동시에 자연으로 하여금 자유를 갖도록 자연에게 도움을 준다는 생각은 예술이 생산되는 과정을 이루게 하는 과정이 됩니다. 이 과정이 예술작품의 의미를 정의합니다.[201]

이러한 과정에 속해 있으며 희랍 시대 이래의 모든 예술작품에 근원적인 요소일 뿐만 아니라 하나의 단어로 자연과 예술을 둘 다 동일한 정도로 감당할 수 있는 개념이 바로 기법Technik입니다. 나는 기법의 개념을 이 자리에서 여러분에게 소개하지 않을 수 없습니다. 기법적인 요소가 없이는 진지한 의미에서 예술이라고 명명될 수 있는 예술은 존재하지 않습니다. 예술의 재료는 재료가 가진 자연적 형식으로부터 벗어나서 예술이 나타내고자 하는 의도의 담지자가 되어야 합니다. 그리고 예술의 재료는 자연적인 아닌 인간적인 것으로 융해되어 그러한 의도의 담지자가 되어야 합니다. 이러한 의도는 그것 나름대로 다시 자연에도 해당됩니다. 예술의 재료가 이러한 방식으로 형성되는 모멘트가 없이 예술이 존재할 수는 없는 것입니다. 기법이 이렇게 발전하는 것은 없어서는 안 될 필연성입니다. 이러한 필연성에 예술이 본질적으로 계몽의 과정과 얽히고 설켜 있는 관계가 놓여 있습니다. 여러분에게 보여주려고 시도하였듯이, 바로 그러한 계몽의 과정의 이름에서 자연이 그 목소리를 내도록 예술이 도와주는 것입니다.[202] 그 밖에도, 이것은 사회학적으로 숙고해 보아도 명증합니다. 전체 내부에서, 즉 사회적 총체성의 내부에서 특별한 영역으로 머무르는 영역으로서의 예술은 예술 내부에서 정적靜的으로 자신을 유지시키는 것이 아니고, 사회적 현실과 상호작용을 하고 반反테제제적인 관계에 놓여 있는 한 예술 스스로 사회적 현실에 필연적으로 참여할 수밖에 없는 것입니다.

지금까지 우리가 제기했던 숙고들에 근거하여 예술에서의 진보에 대해 몇 마디 언급해도 된다고 생각합니다. 이른바 진보의 순진함이란 것이 한때 예술에서 있기는 하였습니다. 이른바 '순진한 진보에의 믿음'이 있었던 것입니다. 나는 진보에의 믿음에 대해 사람들이 줄곧 비명을 지르는 것을 일반적으로 더욱 많이 들었습니다. 이러한 비명은 진보에의 믿음을 발견하는 것보다도 더욱 많았습니다. 나는 단지 다음과 같이 말할 수 있습니다. 진보가, 다시 말해 기법과 장인적 솜씨의 발달에 대한 믿음이 조금 더 큰 척도로 존재했었다면, 일반적인 예술적 의식에서 진보에의 믿음이 우리가 지금 이 자리에서 진보에 대해 말하고 있는 경우처럼 더욱 좋은 반응을 얻었을 것입니다. 다른 한편으로 우리는 항상 다음과 같은 말을 반복적으로 듣습니다. 그래, 예술이 진보를 성취하는 것이 맞다고 받아들이는 것은 단순하고 순진한 계몽적인 직관이야. 또한 매우 중요한 비중을 갖는 일련의 학자들이 예술에는 진보와 같은 것이 전혀 존재하지 않는다는 것을 강하게 강조하면서 반복적으로 언급하였습니다. 이미 헤겔이[203] 이런 견해를 밝혔고 헤겔의 언급과는 무관한 상태에서 칼 구스타프 요흐만Carl Gustav Jochmann[204]이 강조하였으며 마르크스도 역시 예술에는 진보가 존재하지 않는다고 말하였습니다. 마르크스가 호머의 시에 대해 쓴 유명한 자리가 있습니다. 마르크스는 호머가 쓴 시들은 아직도 우리에게 당시와 똑같이 규준적인 것이고 우리가 호머의 시들이 나왔던 시대와 똑같이 시를 '즐길 수'

있을 것 같지만 화약이 사용되는 시대에 일리아드를 그것에 걸맞은 자리에 갖다 놓는 것은 불가능하다[205]고 말하였습니다. 마르크스의 생각과 같은 그러한 종류의 생각들은 오늘날까지 내려와서 오늘날에는 내 입장에 반대하면서 기회가 있을 때마다 통용되는 주장들에서 발견되고 있습니다. 내게 반대하는 주장들은 내가 음악과 관련하여 진보에의 믿음을 갖고 있지만, 자연적이고 다른 것에 의해 접촉이 되지 않은 채 머물러 있기 때문에 변증법과는 아무런 관련이 없고 존재의 힘들이 존재한다고 말하고 있습니다. 나는 이 문제를 지금 다루려고 애쓰지는 않겠습니다. 그러나 우리가 명백하게 해 두었던 사실들에 근거하여 여기에서 몇 마디 할 수 있다고 생각하며, 이것이 인간의 건전한 오성이라고 말하고 싶습니다. 다시 말해, 예술에 진보가 존재하고 있는 것입니다. 예술의 진보는 물론 매우 특정한 의미에서, 즉 자연지배의 진보라는 의미에서 존재합니다. 지속적으로 진보하는 자연지배와 재료에 대한 지배의 과정과 기법의 진보과정은 극도로 기이할 정도로 비가역적非可逆的입니다.[206] 기법의 진보를 실제로 이해하기 위해서는 기본적인 예술적 경험과 같은 것을 정말로 소유해야만 할 정도로 기이하게 비가역적인 것입니다. 오늘날 베토벤이 사용했던 수단들을 이용해 작곡을 하려고 한다거나 모네가 구사했던 수단들을 통해 그림을 그리려고 시도하는 사람은, 베토벤이나 모네가 갖고 있는 품격을 갖춘 작품들을 산출해 내지 못할 것입니다. 그러한 시도를 하는 사람들은 오히려 17세기 수준의 인상주의라고 할 음악학교의 낡아빠진 책이나 호텔에 그려진 그림[207]을 만들게 될 것입니다. 이러한 인상주의는 호텔에서 자주 발견되며, 나는 17세기 수준의 인상주의보다는 데프레거Defregger 재생산품들[208]을 선호한다고까지 말하겠습니다. 다른 한편으로는 예술작품의 질은, 즉 예술작품의 진리 내용은 그러나 지속적으로 진보하는 재료에 대한 지배와 어떠한 경우에도 직접적인 관계에 놓여 있지 않습니다. 예술이 발생한 이후 초기 단계에서는 재료에 대한 지배가 작품생산에 별로 영향을 미치지 못했던 정도에 머물러 있었던 예술작품들이 존재하였습니다. 그러한 예술작품들도 그러나 작품들에서 진리로 표현된 내용과 진리를 형성하는 방식 사이에 존재하는 통일성에 의해서 유지됩니다. 이런 이유에서 그 어떤 사람이 재료에 대한 지배의 진보를 뒤로 돌려놓을 힘을 갖지 못하는 것입니다. 재료에 대한 지배의 진보는 이러한 진보에 원래 고유한, 내가 마법적이라고까지 말하고 싶은 힘을 갖고 있으며, 이 힘에 대해 개별적인 의지가 시도할 수 있는 것은 거의 없습니다. 이런 점에서 볼 때, 우리는 예술에서의 진보, 재료에 대한 예술의 처리능력, 무조건적인 필연성에 대해 말을 하지 않을 수 없거나 또는 당연히 말을 해야 하는 것입니다. 이러한 필연성은 모든 예술가에게 해당되며, 예술가는 그가 사는 시대에서 가장 진보된 기법들과 함께 할 수 있어야 합니다. 우리는 그러나 다른 한편으로는 재료에 대한 지배의 진보를 비변증법적으로 예술의 진보 자체와 동치시켜서는 안 됩니다. 예술에서 지배적인 것에 마주하고 있는 모멘트는, 즉 예술이 스스로 표현한 것과 마주하고 있는 모멘트는 예술에서는 단지 하나의 모멘트일 뿐이며 결코 전체가 아니기 때문입니다.[209] 이것이 바로 우리가 예술에서의 진보의 개념에 대해 부여할 수 있을 것 같은 이성적인 의미가 아닐까 싶습니다. 이처럼 이성적인 의미에서 이해되는 예술에서의 진보 개념이 예술에 대해 동물적 수준에서 말하는 테크노크라시의 일종과 같은 것으로부터 비로소 자유롭게 될 수 있을 것이며, 역으로 예술에 내재하는 자연을 보존하는 본질이 예술 스스로 진보에 저항하여 경계를 형성하는 것에서 성립된다고 믿는 모호함으로부터도 해방될 수 있을 것입니다.

169) Vgl. Friedrich Schiller, Über naive und sentimentale Dichtung, in: ders., Sämtliche Werke, a. a. O.(편집자주 42번 참조), Bd. 5, S.752(Fn). "완성된 예술이 자연에 되돌아오는 이상理想."

170) Vgl. Ludwig Friedländer, Darstellungen aus der Sittengeschichte Roms in der Zeit von Augustus bis zum Ausgang der Antonine, 10. Aufl. besorgt von Georg Wissowa, 4 Bde., Leipzig 1922, Bd. 2, S.90-95. 이 자리에 다음과 같은 내용이 들어 있다. "원래는 연극적이며, 특히 무언극으로 된 공연이 투기장에서 개최되었다. 배우들은 판결을 받은 범죄자들이었다. 죽음과 고문이 가정假定된 것이 아니고 실제로 견뎌야 하는 것이라고 배우들에게 전달되었고 그렇게 연습이 되었다. … 오늘날의 세계가 이처럼 비인간적인 오락에 대해 느끼는 혐오를 언급하는 것을 우리는 로마의 문학 전체를 통틀어서 거의 만나지 못한다. … 로마의 시인 오비디우스는 사람들이 살인을 보면서 흥겨워하는 연극을 사랑의 관계를 증진시키기 위해 특히 추천할 만한 연극이라고 말하는 것에서 어떤 악의도 발견하지 못하였다."

171) 루드비히Emil Ludwig의 원래 이름은 콘Emil Cohn, 1881-1948이었으며 유태인 혈통을 가진 독일 작가이다. 그는 역사적 인물들에 대해 심리적으로 그 뜻을 해명한 전기로 특히 성공을 거두었다. 주요 작품들을 다음과 같다. »Bismarck. Ein psychologischer Versuch«(Berlin 1911), »Goethe«(Stuttgart 1920); »Rembrandts Schicksal«(Berlin 1923); »Napoleon«(Berlin 1925); »Wilhelm der Zweite«(Berlin 1925); »Hindenburg und die Sage von der deutschen Republik«(Amsterdam 1935); »Barbares et musiciens: Les Allemands tels qu'ils sont«(Paris 1940); »The Germans«, London 1942.

172) 오일렌베르크Herbert Eulenberg, 1876-1949는 20세기 독일 연극무대에서 가장 많이 공연되었던 극작가 중의 한 명에 속하였다. 특히 다음과 같은 작품들을 남겼다. Die Romanbiogrphien »Anna Boleyn«(Berlin 1920) und »Heinrich Heine«(Berlin 1947).

173) 오스트리아의 작가인 츠바이크Stefan Zweig, 1881-1942가 쓴 작품들로는 다음과 같은 것들이 있다. »Sternstunden der Menschheit. Fünf historische Maniaturen«(Leipzig 1927); »Schachnovelle«(Buenos Aires 1942). 전기소설로는 다음과 같은 것들이 있다. »Joseph Fouché. Bildnis eines politischen

Menschen«(Leipzig 1929); »Marie Antoinette. Bildnis eines mittleren Charakters«(Leipzig 1932); »Triumph und Tragik des Erasmus von Rotterdam«(Wien 1934); »Maria Stuart«(Wien 1935); »Magelan. Der Mann und seine Tat«(Wien 1938).

174) 구소련이 1957년 10월 4일 지구 궤도에 쏘아 올린 스푸트니크는 최초의 인공위성이었다. 그 뒤 몇 달에 걸쳐 인공위성이 계속해서 발사되었다. 냉전 시대에 선전선동에 열을 올리던 분위기에서 스푸트니크는 구소련 측의 기술적 우월성을 시위하는 것으로 지각되었으며 서방 세계에 강력한 위협감을 유발하였다('스푸트니크 충격').

175) 철학자이자 심리학자인 그로스Karl Groos, 1861-1946는 특히 »Einleitung in die Ästhetik미학 입문«(Gießen 1892)과 »Das Seelenleben des Kindes아동의 영혼적 삶«(Berlin ⁶1923)의 저자이다. 그는 놀이에 대한 발달심리학적인 이론을 대변하였다. 이 이론은 한편으로는 놀이적인 활동의 기본 형식들을 동물들의 특정한 행동방식에까지 파고들고 있으며, 다른 한편으로는 인간 발달사發達史에서 결정적 역할을 놀이에 돌리면서 놀이가 인간의 삶에 중요한 능력들의 발달에 대해 갖는 기능을 강조하였다. Vgl. »Die Spiele der Tiere동물들의 놀이«(Jena 1896; 3. Aufl., 1930); »Die Spiele des Menschen인간들의 놀이«(Jena 1899); »Das Spiel놀이«(Jena 1922).

176) "예술은 두 개의 극으로"부터 여기까지 아도르노가 밑줄을 그어 놓았다. 미메시스에서 가상과 놀이의 양극성에 대해서는 다음을 참조. Walter Benjamin, »Das Kunstwerk im Zeitalter seiner technishen Reproduzierbarkeit«(Zweite Fassung), in: ders. Gesammelte Schriften, a. a. O.(편집자주 94번 참조), Bd. VII·1, Frankfurt a. M. 1989, S.368f., Fn. 10; dazu auch Adornos Brief an Benjamin vom 18. März 1936, in: Adorno-Benjamin Briefwechsel, a. a. O.(편집자주 107번 참조), S.170, GS 7, S.154. 아도르노는 『미학이론』 154쪽에 다음과 같이 쓰고 있다. "벤야민이 생각하고 싶어 하듯이, 가상에 대한 반란이 놀이를 위해서 이루어지지 않는다. 가상의 특징이 고정적인 전개 대신에 교환에 의해 오인될 수 없음에도 불구하고 그러한 반란이 성립되지는 않는다. 전체적으로 볼 때 가상의 위기는 놀이를 그 내부로 들어가게 해서 찢어버리는 것이라고 볼 수 있다. 가상이 밀어주는 조화에서 정당한 것은 놀이의 무해함에서도 정당하다."

177) Vgl. den Exkurs Theorien über den Ursprung der Kunst예술의 원천에 관한 이론 in

der *Ästhetischen Theorie*미학이론, GS 7, S.480-490.

178) '마나Mana'는 폴리네시아, 멜라네시아, 미크로네시아와 다른 대양 제도 지역의 언어에서 '권력'이나 '작용력'을 의미하며 특히 초자연적인 힘에 사용되었다. 이 개념은 코드링턴R. H. Codrington, 1830-1922에 의해서 민속학적, 종교과학적 논의에 도입되었다[The Melanesians: Studies in Their Anthro- pology and Folk-Lore(1891), New Haven 1957]. 아도르노와 호르크하이머는 특히 위베르H. Hubert와 모스M. Mauss를 참조하여 『계몽의 변증법』(vgl. GS 3, S.31)에서 '마나' 개념을 사용하고 있다(Théorie générale de la Magie마법의 일반이론, in: L'Année Sociologique, 1902-1903, S.100). Vgl. auch Marcel Mauss, Essai sur le don기부에 대한 시론, Paris, sowie Émile Durkheim, Les formes élémentaires de la vie religieuse종교적 삶의 기본조건들, Paris 1912, und Friedrich Rudolf Lehmann, Mana마나. Der Begriff des >außerordentlich Wirkungsvollen< bei den Südseevölkern남태평양인들에서 특별하게 작용력이 강한 것의 개념, Leipzig 1922.

179) 아도르노는 이 문장에 밑줄을 그어 놓았다.

180) 여러 가지 형태로 쇼펜하우어-인용으로 명명되고 있는 "세계가 다시 한 번 나타난 것이다"라는 문장은 쇼펜하우어의 저작들에서 입증되고 있지 않다. 예컨대 그의 주저작의 § 52에서 다음과 같은 테제가 발견된다. "음악은 이를테면 모든 의지의 직접적인 객관화이며 모사상이다. 이것은 세계 자체가, 그리고 이념들이 모든 의지의 직접적인 객관화이며 모사상인 것과 같은 이치이다. 이념들의 다양한 출현은 개별적인 것들의 세계를 만들어 낸다"[Die Welt als Wille und Vorstellung의지와 표상으로서의 세계, a. a. O.(편집자주 7번 참조), Bd. I, S.359]. 이른바 쇼펜하우어-격언에 여러 모로 관련을 맺고 있는 아도르노는(vgl. u. a. GS 7, S.208; 499; GS 13, S.230) 19세기 말엽부터 확산된 수용 전통을 공공연하게 따르고 있다. 아도르노 이전에 쇼펜하우어-격언을 인용한 사례는 다음과 같다. Fritz Mauthner(Beiträge zu einer Kritik der Sprache, I. Bd.: Wesen der Sprache. Stuttgart - Berlin 1906, S.103; dass., 3. Bd.: Sprache und Grammatik, Stuttgart - Berlin 1913, S.183) und Gustav Landauer(Durch Absonderung zur Gemeinschaft, in: ders., Die Botschaft der Titanic. Ausgewählte Essays, hrsg. von Walter Fähnders und Hansgeorg Schmidt-Bergmann, Berlin 1994). 이러한 예들이 있으나, 쇼펜하우어-격언으로서 음악을 이처럼 규정짓는 것은 그러나 각 예들에서 그 원천의 증명이 없

는 상태에서 이루어지고 있다.

181) Vgl. GS 4, S.252. 이 자리에 다음과 같은 문장이 있다. "예술은 주술이다. 예술은 진실이어야 한다는 기만으로부터 해방되어 있는 주술이다."

182) "나는 여기에서 우리가 다음과 같이 말할 수 있다고 생각합니다. 즉, 모든 예술작품, 가장 가련한 예술작품"부터 182번 편집자주가 붙어 있는 지점을 지난 곳인 "자연의 이해관계를 지각하는 것이 확실하기 때문입니다"까지는 아도르노가 왼쪽 여백에 세로로 줄을 그어 놓았다. "예술은 편안한 놀이의 산물이 아니고 그것 자체가 진리의 전개"라는 헤겔의 말에 대해서는 아도르노가 텍스트에 밑줄을 그어 놓았다(헤겔-자리에 대해서는 편집자주 33번을 참조).

183) Vgl. GS 3, S.25ff.

184) 아리스토텔레스는 형이상학 III 4, 1000b 6에서 엠페도클레스에게 동일한 것만이 그것과 동일한 것을 인식할 수 있다고 쓰고 있다. Vgl. auch Sextus Empiricus, Adversus Mathematicos, VII, 121: 비슷한 것에 의한 비슷한 것의 인식 ἡ γνῶσις τού ὁμοίου τῷ ὁμοίῳ. 이러한 교의는 물론 더 오래전에도 있었다. 피타고라스도 이러한 교의를 대변했다고 하며(vgl. Sext. Empie., adv. Math. VII, 92), 이미 우파니샤드에서도 발견된다(vgl. Rudolg Eisler, Wörterbuch der philosophischen Begriffe, Bd. I, Berlin ²1904, S.285, S. v. »Erkenntnis«).

185) 인식이 상이하게 나타나는 어떤 것과의 대결을 통해서 진행될 수 있다는 생각은 희랍 철학에서는 처음으로 아낙사고라스의 경우에서 확인된다. Vgl. Theophrast, de sensibus, 27.

186) "예술은 이처럼 지속적으로 진보하는"부터 여기까지 아도르노가 왼쪽 여백에 줄을 그어 놓았다. Vgl. auch GS 7, S.102-111.

187) Vgl. Walter Benjamin, »Über den Begriff der Geschichte역사의 개념에 대하여«, These VII, in: Benjamin, Gesammelte Schriften, Bd. I·2, a. a. O.(편집자주 94번 참조), S.696f. — "결을 거슬러 솔질하다"라는 형상은 Joris Karl Huysmans에 의해 유행하게 되었다(A Rebours, Paris 1884). Vgl. dazu auch GS 11, S.211.

188) Vgl. Wiederum Benjamin, ebd. — 아도르노는 이러한 결정적인 모티프에 자신을 반복적으로 관련시키고 있다. Vgl. u. a. GS 7, S.291.

189) 키르케고르가 시인이 무엇인가에 대해 설명하면서 되돌아가는 이야기인

루키안에서 팔라리스Phalaris 황소에 관한 이야기에 대해서는 다음을 참조. Entweder-Oder이것이야 저것이냐, Erster Teil, I: Diapsalmata, a. a. O.(편집자 주 136번 참조), S.27. 아도르노는 이 자리를 그의 키르케고르 책에서도 인용하고 있다(vgl. GS 2, S.92).

190) "인간을 현실 원리의 절대 권력으로부터"부터 여기까지 아도르노가 밑줄을 그어 놓았다.

191) 아도르노는 이 문장에 대해 왼쪽 여백에 세로로 줄을 그어 놓았다.

192) "다른 한편으로는, 예술은 그것 자체로서"부터 여기까지 아도르노가 밑줄을 그어 놓았다.

193) Vgl. Herbert Marcuse, Über den affirmativen Charakter der Kultur문화의 체제긍정적 성격에 대하여, in: Zeitschrift für Sozialforschung VI/3(1937): wieder in: ders., Kultur und Gesellschaft I 문화와 사회 I, Frankfurt a. M. 1965, S.56-101.

194) 피카소Pablo Picasso, 1881-1973는 1950년대 당시에 가장 유명한 화가였으며, 이에 대해서는 의문의 여지가 없었다. 그럼에도 피카소에게는 여러 정신들이 나뉘어져 있었다. '위대한 화가'로서의 그의 이름을 이끌고 있는 것은 현대 예술에 대한 논쟁에서 시위하듯이 관여하는 것으로서 이해될 수밖에 없었으며, 그렇게 이해되는 것이 당연한 것이었다. 아도르노가 피카소의 어떤 그림들을 눈여겨보았는지에 대해서는 더 이상 추적할 수 없다. 아도르노는 피카소의 '말기 작품들'을 파리에 있는 레리 화랑에서 1957년에 관람했을 것으로 추측된다. 이 전시회에서는 1955-56년에 제작된 작품들이 전시되었다. 그 밖에도, 더욱 주목을 받았던 피카소 전시회가 1955/56년에 뮌헨, 쾰른, 함부르크에서 열렸다.

195) "여러분은 예술적인 것이 경험적 현실로부터"부터 여기까지 아도르노가 밑줄을 그어 놓았다.

196) 앞의 73쪽을 참조.

197) '놀이'와 '가상'에 대해서는 105쪽 이하를 참조.

198) "경험적 현실로부터 이분자처럼 존재하는 예술의"부터 여기까지 아도르노가 밑줄을 그어 놓았다.

199) Jean-Jacques Rousseau, Discours sur l'origine et les fondemonts de l'inégalité parmi les hommes인간불평등 기원론(1755), Note 9, in: ders., Œuvres complètes, hrsg. v. B. Gagnebin u. a., Bobliothèque de la Pléiade, Paris 1964,

S.207 [»Quoi donc? Faut-il détruire les Sociétés, anéantir le tien le mien, et retourner vivre dans les forêts avec les Ours? … ("그런데 뭐라고? 사회를 해체하고, 네 것 내 것 없애고, 숲으로 돌아가 곰과 함께 살아야 한다고? …")«].

200) 아도르노는 이 문장에 대해 왼쪽 여백에 세로로 줄을 그어 놓았다.

201) "나는 자연과 예술의 관계에서는 이것이 바로"부터 여기까지 아도르노가 밑줄을 그어 놓았다.

202) "기법이 이렇게 발전하는"부터 여기까지 아도르노가 세로로 줄을 그어 놓았다.

203) Vgl. Hegel, Werke, a. a. O.(편집자주 5번 참조), Bd. 15, S.446. "일반적으로 볼 때 서정시는, 서사시보다 더 적은 정도로, 통상적인 의식의 자의도, 단순히 이해되는 결과도, 학문적 사고의 필연성에서 사변석으로 논구된 진보도 견디지 못한다. 오히려 서사시는 개별적인 부분의 자유와 독립성을 요구한다."

204) Vgl. Carl Gustav Jochmann, Die Rückschritte der Poesie und andere Schriften 시의 퇴보, 기타 저작들, hrsg. von Werner Kraft, Frankfurt a. M. 1967. 벤야민은 1937년에 아도르노에게 요흐만을 주목하도록 알려주었고(vgl. Benjamin, Gesammelte Schriften, Bd. II·3, a. a. O.(편집자주 94번 참조), S.1392), 1940년에는 『사회연구』(Bd. 8, Heft I/2, S.92-114)에 요흐만의 텍스트인 »Die Rückschritte der Poesie«로부터 발췌한 글에 서문을 붙여 게재하였다(jetzt in: Benjamin, Gesammelte Schriften, Bd. II·2, a. a. O., S.572- 598).

205) Karl Marx, Einleitung (zur Kritik der politischen Ökonomie정치경제학 비판) (1857), in: Karl Marx/Friedrich Engels, Werke, hrsg. v. Institut für Marxismus-Leninismus beim ZK der SED (im folgenden abegekürzt: MEW), Bd. 13, Berlin 1963, S.641. "… 아킬레우스가 화약과 총으로 가능할까? 또는 일리아드가 압착기나 인쇄기로 가능할까? 노래, 전설, 미의 여신인 뮤즈가 곤봉과 함께 필연적으로 중지되지 않는다면, 서사적 시의 필연적인 조건들이 사라지지 않을까? [단락] 그러나 어려움은 희랍의 예술과 서사시가 확실한 사회적 전개 형식들에 연계되어 있다는 것을 이해하는 것에 놓여 있지 않다. 난점은 희랍의 예술과 서사시가 우리에게 아직도 예술에 대한 즐김을 허용하고 있으며 확실한 관계에서 규범과 도달 불가능한 본보기로서 통용되고 있다는 점이다."

206) "예술에 진보가 존재하고 있는 것입니다"부터 여기까지 아도르노가 밑줄을

그어 놓았다.

207) Vgl. *Vorschlag zur Ungüte*불편함에의 제안(1959), GS 10·1, S.332. "호텔에 걸려
있는 회화와 현대적인 것: 실제로 더 이상 다른 방식으로 나아가지 않는다.
배중률Teritum non datur."

208) 데프레거Franz Defregger, 1835-1921는 1878년부터 1910년까지 뮌헨 예술아카
데미에서 역사화畵 교수로 일하였다. 그는 초상화를 선호하였으며, 농부의
일상생활, 티롤 지방에서 1809년에 일어났던 자유 투쟁의 극적인 장면으로
부터 유래하는 모티프들을 그림으로 옮겼다.

209) "다른 한편으로는 예술작품의 질"부터 여기까지 아도르노가 밑줄을 그어
놓았다.

지난 시간의 강의가 끝난 후 여러분 중의 몇 사람과 대화를 나누다가
내가 발견한 질문이 하나 있습니다. 질문은 다음과 같습니다. "예술은
왜 오로지 우리 내부에서 파괴된 것만을 표현하는가?" 이 질문과 관련
하여 나는 여기에서 즉시 수정하고 싶은 사항이 있습니다. 이처럼 수정
에 이르게 하는 것도 질문이 기여한 성과입니다. 나는 물론 예술이 오
로지[210] 우리 내부에서 파괴된 것만을 표현한다고 말하지는 않았습니
다. 그럼에도 나는 다음과 같이 말하고 싶으며, 바로 이것이 나로 하여
금 그러한 질문을 유발하는 언어적 표현들을 사용하는 방향으로 나를
잘못 끌고 갔을 것입니다. 내가 하고 싶은 말로 되돌아가겠습니다. 오
늘날 우리가 처한 상황에서는 예술의 임무는 거의 전적으로 상처받은
것을 표현하는 것에서 성립합니다. 또는 베케트Samuel Beckett가 나에게
말한 지 일주일도 지나지 않는 말[211]에서처럼, 인간에게서 무력한 것,
억압받은 것을 표현하는 것이 예술의 임무입니다. 공식적인 예술, 공식
적으로 인정받은 예술이 일반적으로 어떠한 경우이든 표면에서 다루
고 있는 힘과 영광을 표현하는 것이 예술의 임무가 아닌 것입니다. 그
러나 나는 예술이 우리 내부에서 파괴된 것만을 당위적으로 표현해야
한다는 의도를 갖고 말하고 싶지는 않습니다. 그러한 의도는 물론 예술
에 대한 표상을 축소시키는 결과를 유발할 것입니다. 예술은 이러한 방
식에서는 예술에 대한 파악이 축소되는 것을 넘어서지 못할 것이며, 이

는 의고전주의적인 미의 개념이나 아카데미즘에서 말하는 미의 개념
에 대략 상응하는 것이기도 합니다. 내가 말하려고 했던 것은 다음과
같은 내용이었으며 다시 한 번 정교하게 정리하겠습니다. 지속적으로
진보하는 자연지배의 과정에서 침묵하고 있는 것, 또는 억압된 것, 또
는 필연성이 전혀 없음에도 파괴된 것이 목소리를 내도록 도와주는 본
질적인 요소를 그 내부에 갖고 있지 않은 예술은 존재할 수 없습니다.
극도로 심하게 파괴된 것, 모든 손상된 것의 관점은 우리 시대의 예술
이 비로소 실제로 보여주는 신호입니다. 우리는 이 신호를 진지하게 받
아들여야 할 것입니다. 나는 오해가 발생하지 않게끔 이 자리에서 지난
시간에 숙고하였던 내용을 계속해서 반복하여 말하고 싶습니다. 예술
은 '자연의 목소리'와 같은 그러한 공식에 비변증법적으로 맞춰질 수는
없습니다. 내가 여러분에게 말했듯이, 예술이 특별한 영역으로서의 정
초定礎를 통해 자연의 직접성에 대해 본질적으로 맞서고 있다면, 바로
여기에 이미 맞서 있는 것, 자연지배적인 것이 들어 있는 것입니다. 그
속에는 확실한 의미에서 환호적인 요소까지 내재되어 있습니다. 우리
가 이 문제들에 매우 민감하게 되면, 우리는 상황에 따라서는 진정한
예술작품들에서, 즉 인간에 대해 가장 강력한 힘을 행사하는 예술작품
들에서 지배적인 권력이 가장 거대하게 되는 것에 의해 고통을 받게 될
것입니다. 이렇게 되면 지배적인 권력은 이른바 진지한 예술작품들에
서 어떤 확실한 정신적–영혼적 영향력으로, 누구도 그냥 내버려두지
않고 한 사람까지 강제하는 어떤 확실한 모멘트로 전환됩니다. 이러한
모멘트에서 우리는 인간이 그 역사에서 외적 자연과 인간 자신인 내적
자연에서 경험하였던 강제적 속박을 반복해서 확실히 경험할 수도 있
는 것입니다. 다른 것, 억압된 것이 목소리를 낼 수 있도록 도와주는 이
러한 모멘트는, 예술에 대한 시각, 또는 지각이 충분할 정도로 발달되
어 있다면, 긍정적이며 권위적이고 시사적인 예술작품들에서도 본질
적인 것으로 나타나고 있다고 생각합니다.

여러분 중에서 어떤 사람은 내가 앞에서 말한 문제를 다시 한 번 다룰 수 있도록 고맙게도 나의 기억을 일깨워 주었습니다. 그 사람은 지난 시간에 고대 조각품에 나타나는 벌거벗은 형상들이 내가 앞에서 말한 모멘트와 도대체 무슨 관계가 있냐고 질문하였습니다. 벌거벗은 형상들에서는 불구가 된 모습, 억압된 모습을 전혀 감지할 수 없다는 것입니다. 이 문제에 대해 다음과 같이 말하고 싶습니다. 우리는 물론 그러한 형상들에서 불구가 된 모습과 억압된 모습을 직접적으로 느낄 수는 없습니다. 그러나 미적인 숙고들에서 나타나는 어려움들 중의 하나는, 그러한 숙고들이 한편으로는 예술의 구체적인 문제들로 파고들어갈 능력이 있을 때 유용한 것이 되지만 다른 한편으로는 우리가 그러한 숙고들을 문자 그대로 받아들여서는 결코 안 된다는 사실입니다. 다른 말로 하겠습니다. 여기에서 문제가 되고 있는 모멘트를, 즉 억압된 것이 목소리를 내도록 도와주는 모멘트를 여러분은 어떤 재료적인 것으로 단순하고도 직접적으로 생각해서는 안 됩니다. 모든 예술작품에는 억압된 것에 대한 그 어떤 관여가 놓여 있는 것처럼 생각해서는 안 되는 것입니다. 억압된 것이 목소리를 내도록 도와주는 모멘트는 때에 따라서는, 심지어는 일반적으로, 예술적 형상화의 원칙들에 숨겨져 있는 것이며, 소재의 내용에 직접적으로는 전혀 들어 있지 않은 것입니다. 그렇습니다. 그러한 모멘트는 때에 따라서는 대상들을 선택하여 그 속으로 기어 들어가거나 대상들 안으로 들어가서 보루를 쌓을 수도 있습니다. 나는 고대 조각의 문제들에 대해서 정말로 자세하게 답하는 것을 감히 시도하지는 않겠습니다. 그러나 여러분 모두가 알고 있듯이, 이러한 조각품은 기원전 4-5세기에 고전적인 권위적 도시국가에서 번성하였습니다. 내가 보기에 이러한 조각품이 인간의 육체를 도시민이 겪는 삶의 과정 내부에서 하나의 기능으로 관리하는 것에 대한 저항을 그 내부에 포함하는 한, 그 조각품은 어느 정도 확실한 의미에서 도시적인 시민성과 관련을 맺고 있습니다. 그 시대 아테네 자유 시민들은 육체노동을 스스로 행하지 않았으며 그 결과 그들은 노동과정이 자유 시민이 아닌 사람들에게 자행하였던 육체적인 훼손들부터는 자유로운 사람들이었다는 것은 분명합니다. 그러나 소피스트 철학의 방향은 그 시대에 설정된 것, 만들어진 것, 인공적인 것에 대립적인 것을 만들고 있었으며, 인위적인 것θέσει에 대립적인 것, 자연적인 것φύσει에 대립적인 것, 원래부터 당위적으로 존재해야 하는 것에 대립적인 것도 결정 結晶시키고 있었습니다. 소피스트 철학 전체는 억압된 자연에 대해 인간이 강제적으로 부과하는 규정에 맞서서 억압된 자연이 표출하는 항의에 원래부터 근거를 두고 있었습니다. 조각품에서 보이는 육체의 재생산에는 인공적 규정에 맞서서 자연을 통용시키려는 그 어떤 것이 분명히 숨어 있습니다. 육체의 재생산은 희랍의 위대한 조각품에서 그 증거가 남아 있으며, 이후로도 항상 다시 시도되었던 것입니다. 이러한 것이 전투와 같은 상황에서는 어떻게 되느냐고 어떤 사람이 내게 물었습니다. 전투에서도 사람들이 역시 벌거벗은 채로 싸우지 않았느냐, 그리고 앞에서 내가 말한 육체적 재생산 같은 상황이 재생산되었지 않았느냐고 질문하였습니다. 이에 대해서는 다음과 같이 말하겠습니다. 전투는 억압된 본성이 일반적으로 다시 그것 자체로 오게 되는 진정한 상황은 아닙니다. 오히려 그 반대입니다. 인간의 본성은 전투에서는 일반적으로 문자 그대로의 의미에서만이 훼손되는 것이 통례입니다. 내가 들어서 알고 있는 것이 맞다면, 중장비로 무장한 스파르타 병사들은 전투 중에 옷을 벗어 던지고 벌거벗은 채 전투를 하였습니다. 그러나 스파르타 병사들은 이로 인해 이루 말할 수 없는 불편을 겪었습니다. 그 밖에도, 이처럼 벌거벗은 전투에서 관건이 되었던 것은 펠로폰네소스 전쟁이 벌어진 당시의 시대에서 역사적 상황에 대한 표현이 아니었습니다. 오히려 벌거벗은 전투는 일종의 원시 제전과 같은 것입니다. 그것은 또한 시민적인 상태에 선행하는 상태의 상징적인 재생산이라는 사실이 확실합니다. 예술적인 순화에서 특별히 눈에 띄는 면을 보이지는 못했던 스파르타 사람들이 그들의 몸을 통해서 동시대의 위대한 예술이 벌거벗은 육체의 묘사에서 성취하려고 시도했던 것을, 비록 상징적으로라도, 말하자면 문자 그대로 실행해 보려고 했던 것입니다. 상징적인 원시성과는 대조적으로 육체의 해부학에 충실하게 일치하는 묘사 방식으로의 전이轉移는 억압의 기능에 해당되었다고 생각합니다. 희랍 도시국가의 관계들에서 육체가 시민적인 관습과 시민적인 의상, 그리고 이것과 관련이 있는 모든 것을 통해서 스스로 경험하였던 억압의 기능이 그러한 전이에 들어 있는 것입니다. 다시 말해, 여기에서 희랍 예술의 원시적 시대와는 대비되는 고전적 시대에서 관찰되는 이른바 실재주의에서의 진보가 나타나는 것입니다. 이것은 한편으로는 합리화의 진보, 즉 수단들이 더욱 충실하게, 더욱 자세히 지배되는 진보입니다. 그러한 진보는 그러나 다른 한편으로는 앞에서 말한 육체의 억압에 대한 저항과 일치하고 있으며, 육체에서 우리는 다시 한 번 언어를 발견하게 되는 것입니다. 반면에 육체에 대한 묘사 기능은, 즉 신적인 의미의 담지자로서의 육체, 또는 어떻든 항상 존재하였던 육체에 대한 묘사 기능은 원시적인 시대에서는 완전히 다른 것이었을 개연성도 있습니다.

여기에서 지난 시간에 여러분에게 강의하였던 내용을 상기시켜 주고 싶습니다. 자연의 모멘트와 예술의 모멘트의 대립관계, 또는 대립관계를 가지면서도 동일성을 갖는 관계로서의 자연과 예술의 관계는 정적靜的인 관계로서 이해될 수는 없다고 말한 바 있었습니다. 또한 국가형성의 초기 단계에 마치 국가계약과 같은 것이 예술을 자연으로부터 분리시키고 예술이 만든 작은 정원에서 일과 시간의 남은 시간을 편안하게 보내기 위해서 예술을 설치해 놓은 것처럼 자연과 예술의 관계가 항상 고정되어 있고 동일하게 머물러 있는 관계가 아니라고 강의하였습니다. 내가 여러분에게 말하였던 긴장관계가 예술의 모든 단계에서 반복적으로 항상 새롭게 전개되는 것이 예술의 본질에 속한다는 사실을 알리려고 시도하였습니다. 이 자리에서 이러한 긴장관계에 대한 구체적인 모델을 여러분에게 보여주는 것도 좋은 일이라고 생각하며 나의 매력을 끄는 일입니다. 특정한 예술적 전개에서 자연의 모멘트와 자연지배의 모멘트가 어떻게 서로 교차되며 어떻게 일종의 변증법으로 들어가게 되는지를 보여주려고 합니다. 동시에 오늘날 학계에 익숙한 것과는 극단적으로 대립적인 시각에서 현재로부터, 즉 가장 확실하게 노출된 현재로부터 도출되는 하나의 모델을 선택하고자 합니다. 나는 이러한 선택을 여러분 앞에서 정당화시키고 싶습니다. 왜냐하면 내가 시도하는 모델은 여러분이 문헌학을 읽었을 때 일반적으로 경험하게 되는 모든 것과는 극단적인 모순관계에 놓여 있기 때문입니다. 이른바 미적인 해석이라고 말하는 작업들에서는 미적인 해석들이 현재 생산되는 예술 앞에서 멈춰 서 있습니다. 미적인 해석들은 이른바 현대예술의 문제에 대해서 어떻게 대처해야 하는지를 제대로 알 수 없다고 말하는 것에서 출발하는 것이 습관처럼 되어 있습니다. 이에 반해서 비교적 오래되고 전통적인 예술에 대한 판단은 이미 정해진 것처럼 명료하며 그 결과에 따라 예술을 해석할 수 있으며 전통적 예술에 대해 가치를 부여하면서 조용히 … 212) 해석하면 될 것이라고 말하고 있는 것입니다. 나는 이처럼 확산되어 있는 견해에 어떠한 방식으로든 내 생각을 접맥시킬 수는 전혀 없습니다. 나는 여러분에게 예술이 진리의 전개라고 어느 정도 독단적으로까지 말한 바 있으며, 이것을 여러분에게 더욱 구체적으로 보여줄 수 있기를 희망한다고 언급한 바 있었습니다. 헤겔이 말하였듯이,213) 예술이 정말로 진리의 전개라는 견해를 우리가 갖고 있다면, 이것은 예술의 진리 내용이 스스로 전개된다는 것을 의미합니다. 다시 말해, 이미 창조된 예술작품들의 내용은 정적静的인 내용이 아니며, 어떤 고정적인 것, 사물적인 것으로서 항상 동일하게 우리와 마주하고 있는 것이 아닙니다. 오히려 예술작품의 내용은 스스로 변신을 거듭하며 어떤 확실한 도약까지 성취하는 그 어떤 것입니다. 이러한 도약에서는 그 어떤 것은 우리에 대해서 더 이상 전혀 경험할 수 없게 됩니다. 이런 의미에서 나는 다음과 같이 말하겠습니다. 비교적 오래된 작품들을 새로운 작품들보다 더욱 잘 이해할 수 있다는 생각은 현대적인 작품들과 관련하여 지나치게 그 생각을 노출시킬 수 있다는 불안이거나, 놀이 규칙과 갈등관계에 빠져드는 것에 대해 말하는 것에 대한 불안이거나, 또는 예술에 대한 사물화된 관계일 것입니다. 사물화된 관계는 이미 법전처럼 편찬되어 있는 예술작품들과 생동감 있는 관계들로부터 떨어져 나와 있는 예술작품들에만 해당됩니다. 내 견해를 매우 극단적으로 말하겠습니다. 가장 난해하고 가장 복잡한 동시대의 작품들이 더욱 깊은 의미에서 볼 때는 동시대와 멀리 떨어져 있는 과거의 단순한 작품들보다 상대적으로 이해하기 쉽다는 견해를 말하고자 합니다. 과거의 예술작품들은 항상 감정이입이라는 우회로와 같은 것을 전제하고 있기 때문입니다. 과거의 작품들은 영혼의 상황에 대한 구성, 오늘날 우리에게는 더 이상 가능하지 않은 것인 역사철학적으로 확고한 공식의 재구성을 전제하고 있습니다. 바흐Johann Sebastian Bach의 작품이 교회에서 정돈된 신앙심과 경건주의 사이에 놓여 있는 특정한 배열 관계에서 그 내용을 갖는 것이 맞다면, 이러한 내용을 정말로 직접적으로 경험하는 것은 그러한 영혼의 상태로 어느 정도 되돌아갈 수 있는 가능성을 전제로 합니다. 낭만주의도 예술작품의 내용을 이렇게 파악하였습니다. 잘 알려진 대로 낭만주의는 작품내용을 이렇게 파악하면서 예술적 종합주의에 문을 활짝 열어주었던 것입니다. 예를 들어 불레즈Boulez[214]의 작품처럼 매우 어려운 현대적 작품을 제대로 들을 수 있는 능력이 없는 사람들은 바흐의 작품이 상대적으로 단순하기 때문에 들을 수 있다고 생각합니다. 그러나 이런 사람들도 자기들이 이해할 수 없다고 생각하는 불레즈의 작품을 사실상으로는 오래된 작품들보다 비교할 수 없을 정도로 더욱 적절하게 이해합니다. 이것을 가능하게 하는 요소는 초기 루카치가 말했던 "선험적 장소"[215]의 동일성, 즉 경험의 선험적으로 주어진 내적인 전제 조건들이며, 이러한 전제 조건들이 불레즈의 작품과 같은 현대 작품과 결합되어 있는 것입니다. 반면에 오래된 작품에서 이루어지는 모든 이해는 끝을 모르는 문제점을 안고 있습니다. 이러한 문제점은 문학사에서 과거의 유명한 작품들을 '흠모'하면서 일종의 교양의 우회로와 같은 방식으로 자체적으로 의문투성이인 개념인 '미적 즐김'으로 표시한 것에 도달할 수 있다고 믿는 것에서 생깁니다. 문학사에서 나타나는 이러한 시도의 예로 17세기의 작품들을 들 수 있으며, 바로크 시대의 장편소설인 『아시아의 바니세Asiatische Banise』[216]와 같은 작품을 생각해 볼 수 있습니다. 문학사에서 그렇게 시도하는 이유는 과거의 유명한 작품들과 더불어 직접적으로 시작할 수 있는 것이 아무것도 없으며, 과거의 작품들은 통례로 볼 때 즐길 수 없게 되어 버렸기 때문입니다. 나는 문학사에서 보이는 이러한 관점에 표명되어 있는 모든 견해가 근본적으로 잘못되어 있다고 생각합니다. 이론적으로 제기되는 미적인 물음들에 대한 포착이 의미를 갖고 가장 나쁜 의미에서 단지 대학 강단에서나 고리타분하게 언급되는 문제로만 머물러 있지 않으려면, 시대에 고유한 의식 상태와 일치하는 포착은 가장 진보적인 예술에 대한 가장 직접적인 경험으로부터 실제적으로 그 영양분을 공급받아야 합니다. 르네상스 시대의 조각들에서 보이는 황금률 조각 방식에 이미 주문이 되어 있으니 그 방식에 따라 작품을 측정하는 작업을 해서는 안 될 것입니다.

지금까지 강의한 내용을 앞에 내세우면서 나는 이제 예술 자체에 들어 있는 자연과 예술의 변증법을 다루고 싶습니다. 이러한 변증법은 현대 예술에서는 두 개의 카테고리, 즉 표현의 카테고리와 구성의 카테고리에서[217] 매우 실제적으로 나타나고 있습니다. 나는 이러한 변증법의 모델로서 내게 가장 가까이 다가와 있는 예술인 음악을 선택하겠습니다. 일단은 이러한 변증법과 관련이 있는 특별한 표현 개념에 대해 몇 마디 하겠습니다. 예술은 물론 무한히 많은 층層들과 모든 가능한 단계에서 표현을 갖고 있습니다. 마네Manet의 소묘에 들어 있는 몸짓도 베토벤의 현악4중주에서 나타나는 표현 방법이나 또는 헬레니즘 조각의 어떤 몸짓처럼 풍부한 표현을 담고 있습니다. 그러나 우리가 이러한 카테고리들이 현대 예술에서 어떻게 해서 정말로 중요하고 구체적으로 되었는가에 관련하여 표현에 대해 말하려고 하면, 일단은 표현주의 운동을 생각해 볼 수 있습니다. '주의ism'[218]라는 말이 나오면 비난하는 태도가 여러모로 확산되어 있는 것이 습관처럼 되어 있기도 합니다. 그러나 나는 표현주의와 같은 개념에 관련해서는 이러한 습관에 대해 반대적 입장을 취하고 있음을 밝히고 싶고, 표현주의와 같은 개념이 정말로 좋고 유용한 개념이라고 생각합니다. 겉으로 보기에는 예술적 의식이 대단히 개별적이고 특별하게 표명된 것이 그 역사적 위치 가치를 갖고 있는 모습이 표현주의에 퇴적되어 있기 때문입니다. 이처럼 개별적인 특별한 표명들은, 그것들 자체로는 단순히 개별적으로 양식화되어 있는 것처럼 보일지라도, 실제적으로는 집단적인 운동이며, 집단적인 힘으로부터 자양분을 공급받고 있는 것입니다. 표현주의는 1910년대 초반부터 독일에서 시작된 예술사조로서 회화, 문학뿐만 아니라 음악까지 지배하였습니다. 또한 표현주의는 오늘날 우리의 직접적인 경험에도 어느 정도 열려 있는 예술사조라고 말하고 싶습니다. 여러분이 표현주의에서 나타나는 표현의 이상理想에 대해 생각해 본다면, 표현이 내가 지난 시간에 의도하였던 바로 그것을 지칭하고 있음을 발견하게 될 것입니다. 예술은, 확실한 의미에서, 억압된 것, 고통 받는 것이 그 목소리를 내도록 도와주는 것[219]이라고 말했던 그것이 바로 표현주의에서 나타나는 표현의 이상인 것입니다. 표현주의는 경직된 사회적 및 관습적 형식들에 대한 저항에서 본질적으로 성립됩니다. 표현주의는 국가의 틀, 또는 전쟁 장치에 들어 있는 사회적 경직화에 대한 저항이자, 인간이 당하고 있는 고통의 직접성을 보고도 이것이 인간과 결합되어 있지 않다고 간주하였던 예술의 경직화된 형식들에 대한 저항입니다. 표현주의는 예술과 현상 사이에 제3자, 양식화의 원칙, 완화시키는 것, 에워싸는 것을 끼워 넣지 않은 채 고통 자체가 직접적으로 말하도록 시도하였던 것입니다. 여기에서 변증법적 소견을 밝혀도 된다면, 나는 두 개의 예술적 운동 사이에 있었던 융기를, 즉 유겐트양식과 표현주의 사이에 있었던 융기를 거론하겠습니다. 오늘날 되돌아보면, 유겐트양식과 표현주의는 우리가 표면적으로만 생각하는 것보다는 훨씬 더 많은 공통점을 갖고 있습니다. 유겐트양식은 확실히 표현의 예술입니다. 관습으로 인해 받는 고통은 유겐트양식에 끝이 없을 정도로 강하게 들어 있습니다. 관습에 맞서서 자유롭고 자율적인 인간을, 또는 입센Ibsen이 말하고 있듯이[220] "자유로운 귀족 인간"을 관철시키려는 시도는 유겐트양식에 들어 있는 가장 내적인 모멘트입니다. 유겐트양식에서의 표현의 이러한 모티프는 일반적으로 구속력이 있는 그 어떤, 미리 주어진 형식 카테고리에 대한 표상과 결합되어 있습니다. 아카데미즘에서 말하는 형식 카테고리들이 쇠락한 이후에 유겐트양식은 그러한 카테고리들을 수수한 장식으로부터 끌어낼 수 있다고 믿었던 것입니다. 다른 말로 하면, 그 당시에 고통의 표현, 관습 자체에 대한 저항으로부터의 해방의 표현을 위해서 순수한 의지로부터 출발하여 어떤 양식과 같은 것을 읽어낼 수 있을 것이라고 생각하였던 것입니다. 반면에, 이러한 운동이 표현주의로 급격하게 변화하는 것은 다음과 같은 순간에 일어났습니다. 표현주의적인 꽃 장식처럼 관습에 맞서서 억압된 본성을 직접적으로 강조하고자 했듯이, 통용되는 관습들로부터 이미 멀리 동떨어져 있는 형식 요소들이 표현의 언어로서, 즉 인간이 고통받는 것에 대한 말로서 표현에 마주하여 더 이상 완전하게 표현을 담지할 수 없다는 것을 인간이 경험한 그 순간에 급변이 일어난 것입니다. 표현주의의 표현 개념에 특별한 것은 그 이전의 문예사조였던 자연주의 운동과 공통점이 있다는 사실입니다. 이것은 여러분이 단 1초 동안이라도 유겐트양식의 문제성을 생각하고 표현이란 개념이 여러분을 지나칠 정도로 낯설게 하지 않는다면 이해될 수 있는 사실입니다. 내가 여러분에게 말했듯이, 표현주의가 양식화 원리를 배척하고 있으며[221] 표현 자체로부터 예술적 형식을 획득하려는 것을 추구하고 있는 한 표현주의는 자연주의와 공통적 요소를 갖고 있는 것입니다. 다른 말로 정리하겠습니다. 표현을 기록문서와 같은 종류로 만드는 것을 통해서, 즉 표현이 가능한 한 직접적으로, 매개가 없이 순수하게 서술되도록 하는 것을 통해서 하나의 예술적 형식에 이르도록 하는 것이 표현주의의 의도입니다. 표현주의의 진정한 기록문서들은 아마도 바로 앞에서 말한 이상理想에 중간에 끼워 넣는 것이 없이 표현을 부여하고 표현 자체로부터, 즉 외부로부터 끌어 들여오는 어떤 카테고리들이 없이 형성된 형식이 가장 가깝게 표현에 다가오는 기록문서들일 것입니다. 표현주의가 영혼적인 자극으로부터 출발하는 기록문서들, 써 내려간 기록들, 표현주의 이후에 등장한 초현실주의[222]에서 "자동으로 써 내려갔던 기록들"이라고 말했던 기록들을 목표로 삼고 있는 한, 표현주의는 순수한 직접성에의 이상을 추구하고 있습니다. 이런 전제 아래 우리는 다음과 같이 말할 수 있습니다. 표현주의는 억압된 자연(본성)에, 내가 여러분에게 말했던 양극단 중 하나의 극단에 자연(본성)의 권리를 부여하기 위한 시도이며, 이러한 시도에서 극단을 서술하고 있는 것입니다. 이것은 숨겨진 시민적인 형식 규준에 대한 표상이 전체사회적인 역동성에 의해서 사회적 의미를 잃게 되었고 예술적 의미에서는 에드바르트 시대 및 빌헬름 시대의 종말과 더불어 역시 종말을 맞이하게 되었다는 사실과 정확하게 연관되어 있습니다.

자연(본성)의 모멘트와 자연지배의 모멘트 사이에는 변증법이 성립합니다. 자연적인 것φύσει, 즉 '인간은 선하다'라는 모멘트와 인위적인 것Θέσει, 즉 구성의 모멘트 사이에 변증법이 보이고 있습니다. 내가 여기에서 이미 도입해도 된다면, 자연지배의 모멘트 사이에는 변증법이 성립되는 것입니다. 순수하게 일관되어 전개된 표현주의에서 위에서 말한 두 개의 모멘트들 사이에는 매우 특징적으로 형성된 종류의 긴장이 나타납니다. 동시에 우리는 이러한 긴장이 나타나게 하는 일련의 문제들에 대해 생각해 볼 수 있습니다. 일단 가장 먼저 생각해 볼 수 있는 것부터 말하겠습니다. 예술이 스스로 변화하면서 예술 자체가 스스로 존재한다는 것이, 오로지 이런 경우에만 예술이 존재한다는 것이 예술적 작업에서는 근본이 된다는 사실입니다. 이것은 예술적 현대에서 본질적으로 중요한 요소입니다. 예술은 한번 얻어진 결과에 경직된 채 머물러 있어서는 안 되며 모든 종류의 사물화에 저항하여 끝없이 감수성이 예민한 상태로 변화하는 것이 예술적 현대에서는 본질적으로 관건이 되고 있는 것입니다. 원래부터 반복을 거부하며 스스로 변용되어야 하는 특징을 갖고 있는 이러한 종류의 감수성에 대해서는 다음과 같은 불가능성이, 즉 표현의 순수한 지점에서 경직되는 것의 불가능성이 매우 급속적으로 나타납니다. 예술은 순수하게 바로 여기에 있는 것입니다. 순수하게 여기에 있는 것, 표현의 순수한 순간을 절대적인 음성, 절대적인 자연(본성)으로서 제공하고자 하는 의지를 갖고 있는 예술은 거의 문자 그대로의 의미에서 벙어리가 되는 것의 문턱에 접근합니다. 예술은 시간에서 전개될 수 없습니다. 예술은 공간에서 전개될 수 없습니다. 예술은 원래부터 스스로 객체화될 수 없습니다. 예술은 예술이 무엇인가를 그 내부에 필연적으로 내재하고 있는 사조인 다다이즘이 그 이름에서 말해 주고 있는 것을 오로지 행할 수 있을 뿐입니다. 다시 말해, 예술은 다다이즘의 의미인 "여기에 있음"을 말할 수 있는 것입니다. 예술은 원래부터 숨소리만을 만들 수 있는 것입니다. 그 까닭은, 그것을 넘어가는 모든 것은 순수한 음성에서는 이미 반역과 같은 것이 될 수도 있기 때문입니다. 그 결과 ―완벽하게 벙어리가 되려고 하지 않을 바에는― 이러한 순수한 "여기에 있음"을 넘어서려는 욕구가 일어나게 됩니다. 이러한 욕구는 가장 급진적인 표현주의 예술가들에서, 예를 들어 안톤 베베른Anton Webern에서 매우 이른 시기였던 대략 1912년

무렵에 이미 일어났습니다.[223] 조심스럽게 말하자면, 이른바 종합적 큐비니즘[224]에서 드러난 충동들도 이러한 욕구에 속하는 것이었습니다. 더 나아가 예술가들은 경험을 만듭니다. 내가 경험에 대해 말할 때는, 항상 객관적 경험을 의도합니다. 내가 항상 의도하는 바는 사물이 영향을 미치면서 실행하는 강제적 속박입니다. 개별적인 경험들이 만들어내는 심리적인 경험들을 의도하지 않습니다. 나는 이 강의에서 예술심리학에 대해서는 전적으로 무관심함을 여러분에게 밝히고 싶습니다. 예술가들이 만드는 경험의 문제로 되돌아가겠습니다. 가장 심오하고 가장 중요한 예술가들은, 가장 필연적으로 출현하고 가장 흠이 없는 예술가들은 어떤 경우에도 위에서 말한 객관적 의미에서 그들이 표현주의에서 추구하였던 절대적인 직접성인 일종의 가상假像, Schein이라는 경험을 만들어냅니다. 여러분은 이것을 여러 모멘트들에서 관찰할 수 있습니다. 이러한 모멘트들 중의 하나는 내가 언젠가 "고독의 변증법"이라고 이름을 붙였던[225] 것으로 유겐트양식에도 해당됩니다. 다시 말해, 후기 시민사회적인 단계의 원자적原子的인 의식에 특징적인 고독의 상황은 모든 사람이 고독하게 됨으로써 그것 나름대로 하나의 일반적인 상황이 된다는 점이 고독의 변증법을 이루게 하는 모멘트들 중의 하나인 것입니다. 모든 사람이 고독하게 됨으로써 사람들이 절대적으로 직접적으로 생각하는 것이, 즉 개별 인간이 자기 자신에 대해 각기 스스로 존재하는 것이 그것 자체로서 이미 매개된 것이 됩니다. 매개된 것 내부에 사실상으로는 개별 인간을 원자화로 몰고 가는 총체성이 숨겨져 있는 것입니다.[226] 이러한 모멘트에 이어 관찰되는 모멘트는 표현주의의 모든 곳에 존재하였던 관습에 적대적인 예술이 자기 자신으로부터 필연적으로 어떤 확실한 관습을 산출시켜야 한다는 점을 보여줍니다. 이것은 우리가 현대 예술을 경험하면서 만나게 되는 기이한 모멘트들 중의 하나이며, 예술철학에서 특별히 주목하여 생각해 보아야 할 모멘트이기도 합니다. 표현이 예술이 되는 순간에, 표현이 정말로 직접적이고 생동감 있는 음성이 될 뿐만 아니라 그 어떤 방식으로 객체화를 향해 노력하는 순간에 표현은 가능해집니다. 표현은 언어가 스스로 형성되는 것을 통해서, 그리고 특정한 색들, 특정한 몸짓들, 특정한 배열들이 하나의 표현을 담지하여 다른 어떤 표현을 담지하지 않는다는 고백에 근거하는 언어를 통해서만 오로지 가능한 것입니다. 이것은 매우 기이한 일입니다. 예를 들어 문학사가 마우츠Mautz가 시도하였듯이,[227] 표현주의에서 나타나는 그러한 상징성은 독일의 위대한 표현주의 시인인 하임Georg Heym과 트라클Georg Trakl의 색채 상징에서 세밀하게 추적될 수 있습니다. 우리는 이것을 심지어는 모더니즘의 원조인 랭보 Arthur Rimbaud[228]로까지 되돌아가서 추적해 볼 수도 있습니다. 우리는 또한 급진적인 표현주의 음악에서 특정한 배열 관계들이 항상 되돌아오는 경향을 볼 수 있습니다. 이와 동시에, 관습에 적대적인 요소는 이 요소가 사용되고 또한 사용되어야만 하는 필연적 결과에 의해 양식화 원리를 자체에 포함하고 있는 것입니다. 이는 관습에 적대적인 요소가 표현해야만 하는 것을 표현하기 위함이며, 그리고 그 요소가 완전히 불특정적인 것으로 쪼개지지 않기 위함입니다. 표현주의 단계에서 활동했던 중요한 예술가들은 내가 예술적 우발 상황이라고 표시하고 싶은 모멘트를 매우 일찍 경험하였습니다. 이것은 여러 나라에서 상이하게 나타났습니다. 프랑스에서는 이러한 모멘트가 독일이나 오스트리아에 비해 매우 강력하게 형성되었습니다. 이처럼 순수한 표현 언어의 우연성의 모멘트는 그 표현 언어가 자체에서 이 몸짓과 저 몸짓, 이 색채와 저 색채, 이 음조와 저 음조가 이것 또는 저것을 의미해야 한다는 어떤 협정과 같은 것을 뜻하기 때문에 항상 자의성의 모멘트가 됩니다. 이러한 확실한 방식으로 우연성의 모멘트는 항상 다른 것이 될 수 있다는 자의성을 갖고 있는 것입니다. 따라서 이렇게 해서 발생한 사건은 그 자체 내부에서 객체화에의 요구를 객관적으로 내포하게 됩니다. 다시 말해, 우연성의 모멘트가 항상 다른 것이 될 수 있다는 사건은 그것이 실현시켜야 할 것을 —그것이 우연성과 임의적인 것의 모멘트에 맡겨진 채 머물러 있는 것 대신에— 그것 내부로부터 실현되는 방식에 따라 형성되는 것을 요구하는 것입니다.

내가 표현주의의 내적인 문제점, 또는 변증법으로부터 끌어내어 여기에서 보여주려고 시도했던 상황은 구성의 개념이 현대 예술 전체에 대해 설정하였던 바로 그 상황입니다. 구성이 요구되는 지점이 바로 이 상황인 것입니다. 나는 구성이 현대 예술이 던지는 물음을 이해하는 데 전체적으로 보아 매우 본질적인 것이라고 생각합니다. 따라서 여러분이 구성을 제대로 포착하고 이해하는 것은 매우 중요합니다. 구성은 내가 사용하는 표현에서는 매우 엄격한 의미에서 이해되어야 하는 개념입니다. 여러분은 내가 말하는 구성이 형식에 대해서 갖고 있었던 관습적이고도 속물근성을 가진 시민적인 견해와는 아무런 관련이 없는 개념이라는 사실을 제대로 이해해야 합니다. 내가 여러분에게 필연적인 전개 경향이라고 표제어로서 보여주었던 표현주의의 문제는 다음과 같이 말함으로써 해결될 수는 없습니다. 순수한 지점에 머물러 있을 수는 없다, 그 어떤 다른 형식들로 되돌아가야 한다, 그 어떤 다른 형식들로 되돌아가지 않으면, 아무것도 아닌 것이 되고 만다. 이러한 생각은 일단은 반동적인 경향에 지나지 않습니다. 이것은 관습에 저항하는 모멘트를, 즉 해방적인 모멘트를 부인하는 반동적인 경향입니다. 또한 이것 내부에는 동시에 역사철학적으로 불가능한 것이 들어 있습니다. 예술적 형식들은 그 시대의 역사철학적인 전제들에 근거할 때만이 가능해진다는 것은 예술적 형식들의 본질에 해당되기 때문입니다. 여기에서 헤겔의 견해를 살펴보겠습니다. 음악의 낭만주의적 단계에서는, 예술가가 그 대상에 맞고 그 대상에 편안한229) 형식을 매번 찾을 수 있다는 의미에서, 예술가는 그 대상에 대해 확실히 자유롭게 대한다는 헤겔의 견해는 유감스럽지만 철저하게 예술에 낯선 견해일 뿐입니다. 헤겔의 견해는 예술이라는 사물들에 내재하는 내적인 법칙성과는 동떨어져 있는 것입니다. 이제 구성의 개념에 다시 주의를 기울이고자 합니다. 여러분이 구성의 개념을 제대로 이해하려고 하면, 구성에서 관건이 되는 것은 재료Material에 대해서 행해지는 지배라는 사실을 포착해야 합니다. 재료를 철저하게 조립시키고 표현주의로부터 발생하는 위험들을 없애거나 문제들을 해결하기 위한 지배가 구성에서 관건이 되는 것입니다. 구성에서의 지배와 관련하여 결정적으로 중요한 것은 이러한 지배가 재료를 묶어 버리는 것으로 회귀하는 것이 아니라는 사실입니다. 구성에서의 지배는 양식을 만든 의지, 또는 이와 비슷한 것을 통해서 재료에 대해 낯설게 자행되는 지배가 아닙니다. 구성에서의 지배는 사물 자체로부터, 재료 전체의 논리로부터 성립되는 하나의 조립이 되어야 합니다. 이러한 개념을 지닌 구성이 필연적인 이유는 다음과 같습니다. 즉, 형식들이 더 이상 순진하게 미리 주어져 있지 않은 것이 첫째 이유입니다. 두 번째로는, 형식들은 헤겔이 위대한 시대라고 생각했던 시대에 대해 그의 미학에서 "실체적"이라고 나타냈던 것[230]이 더 이상 아니기 때문입니다. 완전히 철학적으로 말한다면, 구성의 개념은 사물로부터 순수하게, 사물이 취하는 태도로부터 순수하게 발원하여 다음과 같은 객관성을, 즉 이전에 한때 예술가들에게 미리 주어진 것으로 통용된 형식들에 —이것들이 실제와 맞는 것이든 또는 항상 단순히 오인된 것이든 간에— 의해서 보증되었던 객관성을 끌어오는 노력을 의미합니다. 그러나 이러한 노력은 조직화된 예술적 의식의 모든 노력에 의해 이루어져야 합니다. 객관성을 끌어오는 것에서 차용이 있어서는 안 됩니다. 구성은 예술가 또는 주체가 재료의 조직화를 근원적으로 실행해야 한다는 것을 의미합니다. 이 점에서 구성은 형식의 개념과는 대조적입니다. 형식의 개념은 재료의 조직화를 이미 미리 주어져 있는 것으로서 독단적으로 전제하고 있기 때문입니다. 그렇습니다. 구성이라는 표현은, 우리가 언어에서 이 사실관계에 조금 더 들어가 보면, 내가 여기에서 표현하고자 하는 것을 이미 매우 명백하게 암시하고 있는 것입니다. 다시 말해, 표현주의로부터 얻은 '결과'는 구성으로의 전이에 대해서 이미 전제를 제공하고 있습니다. 한편으로는, 표현주의는 재료를 모든 단순한 관습적인 구속으로부터 어느 정도 확실하게 정화시켰습니다. 재료는 이제 주체가 직접적으로 처리하는 것이 되었습니다. 표현주의에서 하이데거Heidegger가 "해체Destruktion"라고 표현했던 것231)이 일어난 것입니다. 하이데거의 철학에서는 다른 많은 모멘트들 외에도 표현주의적 유산의 모멘트들이 바로 파괴의 의미에서 발견되고 있습니다. 즉, 그 어떤 인위적인 것θέσει에 의해 설정되었던 형식들의 해체가 발견되고 있는 것이며, 이러한 형식들은 벌거벗은 것과 같은 소재들을 남겨 놓고 있습니다. 그러나 나는 여기에서 동시에 다음과 같은 점을 강조하고 싶습니다. 이처럼 벌거벗은 것처럼 보이는 순수한 소재들은, 즉 표현주의가 조립시켰으며 구성이 모든 예술에서 구사할 수 있는 순수한 소재들은 그러나 전혀 벌거벗은 것들이나 순수한 것들이 아니라는 점이 드러나고 있습니다. 철학적으로 말한다면, 그러한 소재들은 끝이 없는 매개들, 무한한 정신, 무한히 많이 퇴적된 인간적인 것을 항상 그 내부에 이미 내포하고 있는 것입니다. 현대 예술에서 나타나는 현상들에 대해서는 추후에 아마도 더 자세히 논의하게 될 것입니다만 여기에서는 현대 예술에서 보이는 기이한 현상에 대해 말하겠습니다. 바로 언어성Sprachlichkeit의 모멘트가, 겉으로 보이는 재료들에 퇴적되어 있는 인간적인 것의 모멘트가 예술가들을 자극시키는 공격점이 확실하게 되어 있다는 사실은 현대 예술에서 나타나는 가장 기이한 현상들 중의 하나에 속합니다. 예술가들이 그들이 사용하는 재료가 언어적으로 미리 형성되어 있는 것의 모멘트로부터, 그리고 재료에 붙어 있는 형식들의 모멘트로부터 항상 더욱 많이 떨어지려고 시도하면, 예술가들이 위에서 말한 공격점 안에서 표현주의적 충동에 더욱 충실하게 머무르게 되는 것도 현대 예술이 보여주는 기이한 현상입니다. 예술가들이 앞에서 말한 두 개의 모멘트로부터 떨어져 나오려고 시도하는 이유는 오늘날 도달된 처리방식의 기법적으로 내재적인 수준이 이미 미리 주어진 언어적 요소와 더 이상 일치하지 않기 때문입니다.

다른 한편으로, 표현주의는 주체를 미리 주어진 형식들로부터 해방시키는 것을 실행함으로써 구성에 대한 전제 조건들을 제공하였습니다. 주체의 미리 주어진 형식들로부터의 해방은 표현주의로 하여금 주권적으로 재료를 마음대로 처리하는 것을 가능하게 하였습니다. 여기에서 여러분은 변증법의 개념이 예술적인 문제들에서 얼마나 진지하게 획득될 수 있는지를 실제로 진지하게 볼 수 있습니다. 이것은 내가 사용하는 상투어가 아닙니다. 나는 변증법적으로 사고하는 습관에 익숙해 있으며, 이것은 철학으로부터 유래하는 것이고 신神이 그렇게 하도록 나에게 호소한 것이기도 합니다. 변증법의 개념은 상투어가 아니며, 사물 자체로부터 원래 유래하는 그 어떤 것입니다. 가장 넓게 확장된 의미에서의 표현주의적 예술의 주체는, 예술을 주체의 내재성 —내재성이라고만 말할 필요는 없으며 자연(본성)이라고까지 말해도 됩니다— 또는 주체의 자극에서 나오는 순수한 기호 언어로 만들지 않고, 그리고 이와 동시에 주체에 이질적인 형태로 주체를 방해하고 있는 모든 것을 제거시키지 않고, 주체 스스로 자신을 순수하게 표현하는 것을 시도합니다. 이러한 주체는, 내가 이 시간 강의가 시작될 때 말했듯이, 억압된 자연(본성)의 문제를 대변하고 있는 것이 확실합니다. 그러나 이러한 주체가 억압된 자연(본성)의 문제를 대변하며, 이러한 자연관계를 뒤따라가고, 예술을 직접적으로 자연(본성)으로 만들며, 예술을 주체의 본성으로 직접적으로 만들게 되면서, 주체는 주체의 재료에 대해서 스스로 주권적이 됩니다. 주체는 이러한 주권성을 통해서, 주체에 이질적인 것을 없애는 것을 통해서, 주체에 대립하는 모든 것을 없앰으로써 자유, 또는 새로운 능력을 획득하게 됩니다. 주체는 자연지배의 능력을 얻게 되는 것입니다. 자연지배는 예술작품들이 한때 서술하였던 평행사변형 내부에서 서로 대립각을 세우고 있는 모멘트입니다. 주체는 그 재료를 순수한 음성, 순수한 색, 순수한 표현 가치로 환원시키면서 대립각을 세우고 있는 모멘트를 더욱 많이 강조하게 됩니다. 예술가는 주체를 순수한 자연(본성)으로 만들면서 주체를 동시에 순수한 소재로 만듭니다. 예술가는 순수한 소재에 대해 예술가로서 어느 정도 주권적으로 처리할 능력을 갖습니다. 이렇게 해서, 자연(본성)이 표현주의 운동에서는 바로 위에서 말한 의미에서 순수한 언어가 되었다는 사실이 전제가 되고 힘이 되었습니다. 이러한 전제와 힘 자체로부터 대립각을 세우는 원리가, 이를테면 구성의 원리가 작동하게 되는 것이 요구되며, 또한 가능해지게 됩니다.

ᅵ주

210) 인쇄된 상태의 글에서 아도르노가 밑줄을 그어 강조하고 있다.

211) 아도르노는 아일랜드의 극작가 베케트Samuel Beckett, 1906-1989를 1958년 11월 파리에서 알게 되었다. 아도르노는 11월 24일부터 26일까지 소르본 대학에서 강의와 세미나를 맡았었다. 아도르노가 이 자리에서 관련시키고 있는 1958년 11월 28일 베케트와의 만남에 대해서는 다음을 참조. Rolf Tiedemann, »Gegen den Trug der Frage nach dem Sinn의미에 대한 물음이 기만 되는 것에 대항하며«. Eine Dokumentation zu Adornos Beckett-Lektüre, in: Frankfurter Adorno Blätter III, im Auftrag des Theodor W. Adorno Archiv hrsg. v. Rolf Tiedemann, München 1994, S.18-77, hier: 22f.

212) 녹음테이프 교환에 의해 텍스트 유실이 있었던 부분임.

213) 편집자주 33번 참조.

214) 프랑스의 작곡가이자 지휘자인 불레즈Pierre Boulez, 1925는 1950년대 이래 음악적 아방가르드의 빼어난 대표자 중의 한 사람이다. 그는 1943년에 메시앙 Oliver Messiaen의 작곡 제자로서 시작하여 파리에서 보라부르 옹네제Andrée Vaurabourg-Honneger에서 대위법과 레보비츠René Leibowitz에게서 12음 기법을 공부하였다. 그의 작품은 1950년대부터 특히 파리와 도나우에싱엔에서 연주되었다. 그는 1952년에 다름슈타트에서 국제적으로 열리는 하계 신음악 과정을 처음으로 방문하였으며, 그곳에서 1955년부터 1967년까지 대학 강사와 지휘자로서 영향을 미쳤다. 그는 1957년에 다름슈타트에서 자신의 3곡의 피아노 소나타를 최초로 연주하였고, »Improvisations sur Mallarmé말라르 메에 대한 즉흥곡« 중 2개 곡이 함부르크에서 최초로 연주되었다. 1958년 9월 9일에는 다름슈타트에서 »Le soleil des eaux물의 햇빛«, 소프라노, 혼성합창과 오케스트라를 위한 »Deux poèmes de René Char르네 샤르의 두 개의 시«(1948 년작, 합창을 넣기 위해 1958년에 개작함)가 연주되었다. 아도르노는 이미 그의 강연인 「신음악의 노화」(1954)에서 젊은 불레즈가 아방가르드 계열의 정상에 있는 것으로 보았다(vgl. GS 14, S.151). 아도르노는 특히 그의 초기 걸작인 »Le marteau sans maître주인 없는 망치«(1952-1955)에 대해 반복하여 평가하였다(vgl. GS 7, S.321; GS 13, S.406; GS 14, S.287; GS 16, S.360, 449, 494). 불레즈는 아도르노 탄신 60주년 기념논문집에 논문을 기고하였다. »Nécessité d'une orientation esthétique미적 지향의 필요성«, in: Zeugnisse.

Theodor W. Adorno zum sechzigsten Geburtstag, hrsg. von Max Horkheimer, Frankfurt a. M. 1963, S.334ff. 불레즈는 아도르노의 사후인 1969년에 합창곡 »Über das, über ein Verschwinden사라짐에 대하여«(in memoriam Theodor W. Adorno)를 헌사하였다.

215) Vgl. Georg Lukács. Die Theorie des Romans소설의 이론. Ein geschichts-philosophischer Versuch über die Formen der großen Epik위대한 서사시의 형식에 대한 역사철학적 시론試論, Berlin 1920, S.10, 13, 20.

216) Heinrich Anshelm von Zigler und Kliphausen(1663-1679)의 »Die Asiatische Banise, oder das blutig - doch muthige Pegu«는 18세기에 들어와서까지 넓게 영향을 미쳤으며, 독일 바로크 문학의 가장 성공적인 장편소설이었다. 1689년의 초판 인쇄에 이어 1764년까지 계속되는 인쇄, 다른 유럽어로의 번역, 두 세 차례의 극화劇化를 합쳐 10번의 출판을 기록하였다.

217) 여기에서부터 이어지는 내용은 아도르노에게는 중요한 것이었다. 인쇄된 상태의 글에는 제6강이 끝날 때까지 아도르노가 왼쪽 여백에 세로로 줄을 그어 놓았다.

218) Vgl. GS 7, S.43ff. "가장 최근의 의미에서의 실험적인 절차들이 주의主義들이라고 명명하는 것에 대한 복수, 강령적이고 자기 자신을 의식하며 가능한 한 집단에 의해 대변되는 예술적 방향들에 대한 복수는 실험에서 느끼는 고통스러운 것에 대해 답변을 한다. 이러한 복수는 '인상주의자들과 표현주의자들'에 대항하여 광란을 일으키는 것을 좋아하였던 히틀러에서부터 정치적으로 아방가르드적인 열정에 몰두한 나머지 예술적 아방가르드의 개념에 혐의를 두는 작가들에게까지 미치고 있다."

219) 앞의 93쪽 이하를 참조.

220) 입센Henrik Ibsen의 연극인 »Rosmerholm로스메르 저택«(1886)에서는 기독교적 신앙으로부터 소외되어 있는 전직 주임목사인 로스메르("매우 오래된, 토착적인, 당과 사람을 조정하는 귀족 가문의 자손, 세련되고 명상적이며 가장 고귀하고 가장 순수한 것을 위해 노력하는 영혼, 타고날 때부터 정신적인 귀족")가 "나의 정신들을 자유롭게 하는 의지로 순화시키는 것을 통해서 지역에 있는 모든 사람을 귀족적인 인간으로 만드는" 목표를 설정하고 있다[Henrik Ibsens Sämtliche Werke in deutscher Sprache, hrsg. v. Georg Brandes, Julius Elias, Paul Schlenther, Bd. 8, Berlin o.J.(1903), S.30.].

221) 아도르노는 '양식화 원리'의 개념을 루카치의『소설의 이론』에서 알게 되었

다[a. a. O.(편집자주 215번 참조), S.23]. 아도르노는 이 개념을 다른 가능한 형식들과 구분되는, 양식화의 특정 형식의 원리와 뚜렷하게 대조를 이루지 않는 의미에서 사용하고 있다. 그는 오히려 표현주의에 의해 그것 자체로서 의문이 제기되었던 양식화의 원리보다는 더욱 근본적인 양식화의 원리로서 의 이 개념을 사용하고 있는 것이다.

222) 프랑스의 초현실주의자 브르통André Breton, 1896-1966은 1916년경에 이른바 '사고의 노도'를 '검열 받지 않고' 재현한다는 '이성의 모든 종류의 통제가 없는 사고의 독재'를 나타내는 개념인 »écriture automatique자동기술법«의 개념을 도입하였다. 사람들이 잠에서 깨어난 직후에 아직은 반은 잠든 상태 에서 책상에 앉아 여명 상태에서 '무의식적으로' 정리된 문장인 '꿈의 문턱 에서'를 기록할 때 '자동기술법自動記述法'이 가장 먼저 성공에 이르게 된다 는 것이다. 브르통은 수포Philippe Soupault, 1897-1990와 함께 1919년에 공동 집 필한 »Champs magnétique자장磁場«에서 자동기술법의 원리를 처음으로 시 험하였다(vgl. André Breton, Œuvres complètes, Bd. I, édition établie par Marguerite Bonnet avec la collaboration de Philippe Bernier, Étienne-Alain Hubert et José Pierre, Paris 1988, S.51-106). 원고의 모사본이 기록하고 있듯 이(vgl. André Breton, Les champs magnétiques. Manuscrit original fac-similé et transcription, avertissement et notes par Serge Fauchereau, introduction, descriptifs, transcription typographique par Lydie Lachenal, Paris 1988), 출판 을 목적으로 '자동적으로 기록되어진 것들'은 1920년의 출판을 위해 전적으 로 개정되었다.

223) 작곡가인 베베른Anton von Webern, 1883-1945은 그의 스승인 쇤베르크, 알반 베르크와 함께 1912년에 표현주의자들이 발행한 연감인 »Der blaue Reiter청 기사«에 가곡 작곡으로 참여하였다. »Ihr tratet zu dem herde« nach einem Text von Stefan George, op. 4(1909). 아도르노의 논문인 Anton Webern (jetzt in: GS 16, S.110-125)은 1959년 3월에 »Merkur«에 게재되었다. 아도 르노가 이 자리에서 특히 생각하고 있는 것으로 보이는 베베른의 »Sechs Bagatellen für Streichquartett현악4중주를 위한 6개의 소곡«, op. 9(1911)에 대해 서는 다음을 참조. Der getreue Korrepetitor충실한 연습지휘자, 1963, jetzt in: GS 15, S.277-301.

224) 피카소와 브라크Georges Braque에 의해 1907년부터 주도된, '분석적' 경향을 지향하는 입체파 회화의 초기 단계에서는 대상이 다관점적인 시각에 의해

대상의 환원 불가능한 조망의 다양성 안으로 해체되는 것이 관심사의 중심
에 놓여 있었다. 반면에 1912년부터 전개된 '종합적' 경향을 지향하는 제2단
계에서는 입체파 화가들이(피카소와 브라크 이외에도 그리스Juan Gris가 결
정적인 자극을 부여하였음) 대상의 재구성적인 '구축', '재획득'으로 선회하
였다. 그림의 배치는 소수의 상대적으로 커다란 평면들로 구축되었고 강하
고도 명백한 윤곽과 더욱 힘이 넘치는 색채들을 갖고 있었다. 부분적으로는
콜라주적인 재료들도 투입되었다. 그러나 이러한 재료들은 형상화되는 형식
에 종속되어 나타나지 않으며, 분해된 대상의 단편들로서 더 이상 출현하지
않았고, 그림의 연속성을 분쇄시키기 위해 투입된 것이 아니었다. 평면들의
교차와 촘촘한 음영 표시를 통해서, 대상들이 그림 표면의 2차원성에 구속
되어 있는 것을 거부함이 없이, 구체성이 보이게 된다. 그리스는 1921년에
발표한 논문에서 그가 종합적 입체주의를 어떻게 이해하고 있는가에 대해
다음과 같이 논구하고 있다. "나는 정신의 요소들, 상상력과 함께 작업을 하
고 있다. 추상적인 것을 구체적으로 만드는 것을 시도한다. 일반적인 것으로
부터 특수한 것으로 나아간다. 다시 말해, 구체적인 현실에 도달하기 위해서
추상으로부터 출발하는 것이다. 나의 예술은 종합의 예술이며, 연역적 예술
이다. 나는 일반적인 기본 형식들로부터 출발함으로써 새로운 개별 사물들
을 산출하는 것에 도달하고자 한다"(Zit. nach: Walter Hess, Dokumente
zum Verständnis der modernen Malerei, Reinbeck bei Hamburg 1956, S.60).
피카소가 종합적 입체주의로 건너간 것에 대해서는 다음을 참조. GS 7,
S.321.

225) Vgl. Philosophie der neuen Musik신음악의 철학, GS 12, S.46-51.

226) 실패한 모더니즘의 신호로서의 고독에 대해서는 다음을 참조. Vgl.
Kierkegaard. Konstruktion des Ästhetischen키르케고르. 미적인 것의 구성, GS 2,
bes. S.81 u. 88. 고독의 양식에 대한 역설적인 일반성으로서의 유겐트양식에
대해서는 다음을 참조. GS 7, S.469.

227) Vgl. Kurt Mautz, »Die Farbensprache der expressionistischen Lyrik표현주의
시의 색채 언어«, in: Deutsche Vierteljahrsschrift für Literaturwissenschaft und
Geistesgeschichte 31(1957), S.198-240. 아도르노는 여기에서 그가 1957년에
행했던 크라니히슈타인 강의인 「신음악의 기준들」에서 강연으로 알렸던 생
각을 약간 바꾸어서 언급하고 있다(vgl. GS 16, S.206). 그는 『미학이론』에서
도 이 생각을 다시 붙들고 있다(vgl. GS 7, S.308). — 마우츠Kurt Adolf Mautz,

1911-2000는 아도르노의 가장 오래된 제자들 중의 한 명이었다. 그는 1950년부터 은퇴할 때까지 마인츠에서 고등학교 교사로 일하였다. 그는 여타 문학사적인 저작들 이외에도 여러 차례에 걸쳐 반복적으로 수정한 연구인 »Georg Heym. Mythologie und Gesellschaft im Expressionismus게오르크 하임. 표현주의에서의 사회와 신화«(Frankfurt a. M. 1961)를 출간하였다. 그는 교사에서 은퇴한 후에는 산문과 구체적인 시를 출간하기 시작했다. 1996년에는 그의 핵심 장편소설인 »Der Urfreund소꿉친구«(Paderborn)가 출간되었다. 이 소설에서는 독문학자인 엠리히Wilhelm Emrich가 1933년부터 1950년까지 활동한 경력이 서술되어 있고, 아도르노도 역시 1930년대에 활동한 '좌파 성향을 가진 조교'와 프랑크푸르트 대학의 젊은 강사로 묘사되고 있다.

228) 아도르노는 1939/1940년에 집필하여 1955년 『프리즘』에서 출간한 논문인 *George und Hoffmannsthal*게오르게와 호프만슈탈에서 랭보(1954-1891)의 시 »Voyelles모음들«(1871)이 호프만슈탈이 다루었던 '단어들의 색채론'의 출발점을 이룬 것으로 보았다. "색채는 의미로부터 멀리 떨어지게 하면서 언어에 무거운 짐을 지우는 관계 이외에는 소리와는 아무런 관계가 없다. 색채를 이용하여 소리에게 영지領地를 부여하는 것은 시를 개념으로부터 해방시킨다"(GS 10·1, S.196f.).

229) Vgl. Hegel, Werke, a. a. O.(편집자주 5번 참조), Bd. 13, S.124, und Bd. 14, S.127, 242.

230) 헤겔은 미학 강의 제3부에서 "개별 예술들의 체계"를 기초하였으며, 이곳에서 조각을 "고전적 이상의 예술"이라고 규정하였다(Hegel, Werke, Bd. 14, S.372). 헤겔은 조형적 예술이 갖고 있는 중심적인 임무가 인간의 형상에 대한 표현에서 "실체적인 개별성"을 구체화시키는 것이라고 보고 있다. "본질적으로 실체적으로 정신적인 것을 그것의 내부에서 아직은 특별한 것으로 되지 않은 개별성에서 인간의 형상 안으로 침잠하게 하고, 인간의 형상과 더불어 다음과 같은 조화를 설정하는 것이다. 다시 말해, 일반적인 것과 머물러 있는 것이 정신적인 것에 상응하는 신체형식들에서 두드러지게 나타나게 하는 조화를 설정하는 것이 조각 형상의 임무인 것이다. 우연적인 것과 변화하는 것은, 개별성에서 그 형상이 결여되어서는 안 됨에도 불구하고 옆길로 빗나가 있는 것으로 나타난다"(Ebd.). 헤겔의 "개별 예술들의 체계"는 드라마적인 시를 다루는 장에서 종결되며, 이곳에서도 "실체적-인간적인 관심들"을 현재화시키는 것에 대한 요구를 담고 있다. "일반적으로 볼 때, 드라

마적인 작품이 실체적-인간적인 관심들을 다루는 것 대신에 전적으로 특별한 특징들과 열정들을 —이것들이 특정한 민족적인 시간 방향에 의해서만 조건이 지어져 있듯이— 더욱 많이 그 내용으로 선택하면 할수록, 그 밖의 모든 우월성에도 불구하고 더욱더 무상한 것이 되고 만다는 사실을 주장할 수 있다"(Werke, Bd. 15, S.499).

231) Vgl. Martin Heidegger, Sein und Zeit존재와 시간, Tübingen ^{6}1949, S.19ff.; dazu auch GS 5, S.23; GS 6, S.117f.

제7강

1958년 12월 9일

지난 시간에 자연과 예술의 관계를 현재의 예술에서 나타나는 중심적
인 문제들에서, 즉 우리가 표현이라고 나타낸 모멘트와 구성의 모멘트
와의 관계에서 추적해 보았습니다. 자연과 예술의 관계는 예술에서 자
연 모멘트가 회귀하는 것, 그리고 예술이 자연 모멘트와 예술에 특별한
방식으로 대결을 벌이는 것을 의미합니다. 우리는 지난 시간에 표현의
모멘트를 다시 돌아온 자연 모멘트로, 구성의 모멘트를 인공적인 모멘
트로, 즉 인간이 자연과 더불어 만드는 모멘트로 나타냈습니다. 우리가
지금까지 이미 다루었던 모든 것에 대해 내가 여기에서 말하는 것은
더 이상 필요하지 않다고 생각합니다. 다만 양심상 다음과 같은 사실을
여러분에게 주지시켜야 한다고 봅니다. 내가 '표현은 예술에서 자연 모
멘트이다'라고 말할 때, 이 말에 대해 오해가 있어서는 안 됩니다. 나는
자연 모멘트가 정지되어 있으며 변환되지 않고 자기 스스로 항상 동일
하게 머물러 있는 자연이라는 생각을 여러분에게 전달하려는 것이 아
닙니다. 오히려,232) 예술에 내재하는 이러한 모멘트는 그것 자체로 역
사적인 과정에 종속되어 있다는 것이 자명합니다. 우리는 현대 예술에
서 표현의 모멘트, 자연 모멘트, 완전히 포착되지 않는 모멘트, 미메시
스적인 모멘트, 자극을 직접적으로 알리는 모멘트가 어떻게 직접적으
로 특별할 정도로 길고도 어려운 과정을 관철시켜서 마침내 스스로 자
신을 알릴 수 있는 능력을 갖게 되었는가를 추적할 수 있습니다. 나는

제7강 155

이러한 모멘트의 해방이 매우 늦게 나타난 인공적인 산물이라는 사실을, 즉 표현의 순수함이 예술이 걸어온 역사적 과정의 마지막에 놓여 있으며 예술의 시작에 놓여 있지는 않다는 사실을 확실하게 말할 수 있습니다. 이것은 또한 이러한 표현 모멘트가 표현의 순수한 자연 재료와는 대조적으로 그 자체에서 특별할 정도로 변화하였으며, 특히 분화의 의미에서 변화하였다는 사실을 의미합니다. 이것은 자명한 사실입니다. 이러한 자연 모멘트에서, 원래의 자연과 구분되는 것은 예술 속으로 들어가 예술에서 자신을 스스로 발견하게 됩니다. 원래의 자연과 구분되는 것은 이렇게 함으로써 가장 상이한 종류의 자극들과 가장 세련된 뉘앙스들 사이에서 분화하게 됩니다. 우리가 자연의 목소리라고 해석해도 될 만한 것의 재생산이 바로 이러한 분화의 과정과 결합되어 있는 것처럼 보이는 것입니다. 다시 말해, 예술이 다른 어떤 것보다도 가장 특별한 것으로서 머물러 있을 능력을 보여주는 곳에서만, 사물을 분류하는 작업에 의해 정리가 되어 일반적인 것으로 변질되는 것에 예술이 빠져들지 않는다는 능력을 보여주는 곳에서만, 그리고 예술이 정말로 예술에 특별한 차이를 요구하는 곳에서만, 예술은 실제적으로 자연의 목소리가 되는 것입니다. 이것은 예술에서 비로소 매우 뒤늦게 나타난 결과입니다. 예술에서의 순수한 음성이나 순수한 색은, 예술이 —더 이상 전혀 추적될 수 없는 의미에서— 즉시 출현하는 것으로서, 여기에 존재하는 것으로서, 한 번 출현하는 것으로서 규정되는 곳에서 표현의 담지자로서 비로소 생산되는 것입니다. 이것은 자연의 이념을, 즉 예술에서 변증법적으로 지배되고 재생산되는 자연의 이념을 얻게 하는 근거가 되는 점을 여러분에게 제공해주고 있습니다. 대략 자연 '서정시'와 같은 표면적인 개념, 자연 회화, '자연적인' 예술에 대한 표면적인 생각들과는 근본적으로 구분되는 자연의 이념을 여러분에게 제공해주는 근거점이 되는 것입니다. 예술에서 자연적인 것에 대한 전통적인 생각들은 현실적으로는 확실한 관습들, 확실한 일반성을 통용되는 것으로서 전제하고 있기 때문입니다. 그러한 전통적인 생각들은 추상적으로 자연의 개념233)에 관련되어 있는 것이 통례입니다. 이것은 매우 잘못되어 있는 자연 소설을 생각해 보아도 곧 확인이 됩니다. 전통적인 생각들은 내가 순수한 자극은 표현의 이상이라는 의미에서 여러분에게 보여주려고 시도했던 순수한 자극에 자신을 내맡기지 않고 추상적으로 자연의 개념에 빠져 있는 것입니다. 지난 시간에 여러분에게 보여주었듯이, 예술에서의 자연의 개념은 이른바 '자연에 가까운' 예술에 대한 생각과 정반대라고까지 말할 수 있겠습니다. 교양 있는 속물 인간이 자연에 가까운 예술이라는 생각을 품고 있으며, 현대 예술에 대해 적대적인 인간들이 속물 인간을 항상 반복적으로 이용하면서 놀이를 즐기고 있는 것입니다. 여기에서 덧붙여 지적한다면, 현대 예술에 적대적인 사람들은 그 어떤 상태들을, 그것이 표현 형식이든 또는 그것이 예술에서 어떤 방식으로든 통용되는 관습이든 관계없이, 그것들이 마치 자연적인 것φύσει인 것처럼, 그리고 그것들이 스스로 자연으로부터 유래하여 거기에 있는 것처럼 관찰한다는 것입니다. 이것은 내가 보기에는 그들이 저지르는 근본적인 잘못입니다. 그들은 그러한 상태들에 고유하게 내재하는 역사적인 본질을 깨닫지 못하고 있습니다.

나는 지난 시간에 표현주의에 대해 언급하였습니다. 표현주의가 그 내부에 스스로 매우 엄격하고 준엄한 전개 경향을 가진 예술사조라는 사실은 용이하게 확인됩니다. 지난 시간에 표현주의가 한편으로는 재료를 미리 형식을 만드는 것으로부터 정화시킴으로써 직접적으로 구성이 되는 것에 이르게 되었고, 다른 한편으로는 주체가 이 단계에서 모든 가능한 관습적인 속박으로부터 자유를 얻게 됨으로써 이 자유가 표현주의에서 구성이 획득되는 것을 가능하게 하는 결과에 이르게 하였음을 보여준 바 있었습니다. 동시에 우리는 구성의 개념을 얻기 위해 노력하였습니다. 구성의 개념은 표현의 개념과는 확실하게 대립적인 관계에 놓여 있습니다. 표현의 개념은 전통적이지만, 구성의 개념은 그렇지 않은 것입니다. 다시 말해, 구성은 자유롭게 된, 자유롭고도 주권적인 주체에 의해 재료에게 각인된 형식입니다. 반면에 전통적 형식에서는 주체와 객체의 분리가 일어나지 않으며, 이러한 연관관계에서 주체의 해방이 전혀 실행되지 않습니다. 이러한 상태에서 성립되는 것이 전통적 형식인 것입니다. 우리는 또한 다른 한편으로는 시대를 거슬러 올라가서, 다시 말해 예술가가 오늘날 획득한 구성적 자유의 관점에서 출발하여 과거의 예술가인 모차르트나 『액센트Akzent』에 실려 있는 논문에서[234] 내가 지금 기분 좋게 읽었던 라파엘Raffael은 전통에서 유래하는 형식들에서도 이미 구성을 구사할 수 있었던 위대한 예술가들이었습니다. 여기에서 첨언하고 싶은 것이 있습니다. 내가 여러분에게 이렇게 말한다고 해서, 이것이 구성과 형식이 분화되지 않은 것을 의미하는 것이 아님을 주지시켜 주고 싶습니다. 형식의 가장 전통적인 교본을 여기에서는 논외로 하고, 형식이 주체에 의해 순수하게 작품 내용에 각인되어 나타나는 모습을 보여주지 못하는 모멘트들을 제외한다면, 모차르트와 라파엘에서 보이는 그러한 형식은 그 내부에서 오늘날 자유롭고도 주권적으로 된 구성이 요구하여야만 하는 것을 관습이 쳐놓은 장막 아래서도 성취될 수 있게끔 형성하고 있었던 것입니다. 다만 당시에는 이러한 형식들이 일단은 미리 주어진 형식들이었고, 구성은 형식들 안에서, 또는 표면 아래에서 실행되었습니다. 이에 반해 오늘날에는 구성의 문제가 절대적인 것이 되었으며, 형식에 아무것도 미리 주어져 있지 않습니다. 그 결과 형식은 순수하게 주체가 올리는 성과가 되며, 주체는 그것의 재료를 처리하게 됩니다. 예술가가 재료를 처리하는 능력은 다른 한편으로는, 예술가가 재료에 자신을 가능한 한 순수하게 내맡기는 것, 객체에 대해 자유를 얻는 것, 예술가가 구사하는 모멘트들의 각기 개별적인 모멘트에서 예술가의 재료가 되게 하려는 의지를 철저하게 실행하는 기관器官이 되는 것을 의미합니다.

여기에서 예술에 대해 관습적으로 내려오는 생각들에 대해 말할 기회를 만들어 보겠습니다. 예술적 물음들에 대해 이론적으로 숙고하고자 하는 사람에게는 관습적으로 내려오는 생각들로부터 해방되는 것이 정말로 중요합니다. 관습적으로 내려오는 생각들 중에서 결코 중요하지 않은 것만은 아닌 생각이 하나 있습니다. 이것은 예술가가 사물에 대해 독립적으로 마주 서 있는 존재이며 창조자라는 이념을 갖고 있다는 생각입니다. 창조자로서의 예술가는 모든 것을 자신으로부터 어떻게 해서든지 가져오며, 이렇게 해서 동시에 세속화된 신학적인 생각들이 창조자로서의 예술가의 이념 속으로 들어오게 된다는 것입니다. 이렇게 되면 예술가는 사랑스러운 신神과 같은 존재가 됩니다. 위대한 신을 그러한 방식으로 제대로 믿을 수는 없기 때문입니다. 이렇게 생각하는 것이 그 어떤 곳에도 더 이상 존재하지 않게 되면, 사람들은 예술가가 그러한 창조 활동을 실행한다고[235] 생각하게 되는 것입니다. 내가 보기에는, 사람들이 예술과 예술가를 그렇게 무절제하게 끌어올림으로써 실제로는 예술과 예술가에게 불의를 확실하게 자행하고 있습니다. 예술과 예술가에게 과도한 요구를 하는 것뿐만 아니라 사물 자체에 전혀 합당하지 않는 행위를 통해 불의가 자행되고 있는 것입니다. 다시 말해, 사람들은 예술과 예술가를 어떤 자의적인 것으로 정하고 있습니다. 이에 반해 일반적으로는 어떤 예술가가 —모든 예술가가 해당되는 것은 아닙니다— 만약 재능을 갖고 있다면, 재능에 정말로 어떤 것이 함께 있고 예술가가 정말로 자유를 가진 상태에서 객체를 마주 대한다면, 예술가가 객체에서 창조하는 것은 균형이 잡히지 않을 정도로 적은 것에 지나지 않습니다. 예술가는 예술에 문외한인 사람들이 예술가가 갖고 있다고 생각하는 자유와 모든 창조적인 것을 전혀 갖고 있지 못합니다. 오히려 예술가는 사물이 예술가를 통해 예술이 되고자 하는 것에 끝이 없이 많을 정도로 계속적으로 종속되어야 하는 존재입니다. 예술가는 자기 자신으로부터 출발해서 사물을 설정하는 것 대신에 사물이 예술가를 통해 되고자 하는 것에 자신을 종속시켜야 하는 것입니다. 나는 사람들이 이것을 오인하여 예술가에게 불의를 자행한다고 말하였습니다. 내가 이렇게 말함으로써 여러분에게 알려주고자 하는 바는 예술이 제기하는 객관성에의 요구입니다. 예술 스스로 진리의 출현과 같은 것으로 존재하고자 하는 요구가, 즉 단순한 유희나 어떤 단순한 자의적인 것으로 존재해서는 안 된다는 요구가 바로 객관성에의 요구입니다. 객관성에의 요구는 이른바 창조적인 활동이 무한대로 작은 것과, 즉 한계를 넘어서는 것과 같은 것이 환원되는 것과 정확하게 연관을 맺고 있습니다. 이른바 창조적인 활동은 없는 것으로 생각될 수는 없는 활동이며, 근본적으로는 사물이 그것 자체로부터 순수하게 되고자 하는 것에 거만함이 없이, 그리고 공허함도 없이, 최고의 집중력으로 스스로를 내맡기는 자유를 의미합니다.[236] 바로 여기에서 오로지, 이른바 객관주의적인 기조의 산출이 아닌 바로 이러한 자유에서만 예술이 오늘날 처한 상황에서 객관성을 요구할 수 있는 가능성이 놓여 있는 것으로 보입니다. 예술가가, 그 어떤 원시화原始化되는 것과 같은 방식으로, 예술가에게는 처음부터 어떤 객관성이 확실하게 존재하는 것처럼 예술작품을 형성하는 것을 예술가 스스로 행사를 하듯이 실행하는 것을 통해서 객관성에의 요구가 이루어지는 것은 아닙니다.

내가 지난 시간에 여러분에게 보여주었던,[237] 표현이 변증법적으로 구성으로 넘어가는 경향들은 이제 주관적 측면에서, 다시 말해 예술가의 표현에의 필요성 또는 형상화에의 필요성의 측면에서 나타나는 확실한 특징들과 일치합니다. 이것은 공공연하게 나타나는 특징들이며, 예술적으로 생산된 것들에서 단순히 지배적으로 출현하는 특징들만은 결코 아닙니다. 이러한 특징들은 오늘날 젊은 예술가 세대에서 특별할 정도로 강력하고 특별할 정도로 현재적으로 나타나고 있습니다. 그러므로 나는 표현에 맞서는 방향으로 출현하는 이러한 주관적인 모멘트에 대해 오늘 여러분에게 최소한 몇 마디 해 두는 것이 여러분에 대한 나의 의무라고 느끼고 있습니다. 오늘날 표현에 저항하는 일종의 알레르기와 같은 것이 존재한다고 말할 수 있거나, 또는 이를 더욱 정교하고 더욱 예술가에 관련시켜 말한다면 젊은 예술가 세대가 예술적인 생산과정 내부에 있는 —언어와 유사한 요소들이라고 나타낼 수 있는— 모든 요소를 꺼리는 감정을 갖고 있다고 말할 수 있습니다. 이러한 의미에서 언어 자체가 오늘날 스스로 비언어화非言語化되고 있는 경향을, 다시 말해 언어의 표현적인 요소들을 밀쳐서 떼어 버리는 경향을 보이고 있는 것입니다. 다른 한편으로는, 회화나 내가 가장 일차적으로 조망할 수 있는 예술인 음악에서 매우 특별하게 젊은 작곡가 세대가 추구하는 노력들이 음악에서 언어를 상기시켜주는 모든 것을 음악에 낯선 것으로서 제거해 버리는 결과로 이어지고 있고, 언어에서 상기되는 모든 것이 언어를 교란시키는 결과를 초래하고 있는 것이 명백하게 드러나고 있습니다. 나는 예술적 생산과정에서 나타나는 정화 과정에 일단은 최고로 정당성을 갖는 요소라고 말할 수 있는 다음과 같은 요소가 확실하게 포함되어 있다는 점을 여러분에게 이미 지적한 바 있었습니다. 다시 말해, 예술가들이 —오늘날 예술가가 접하는 모든 영역에서 고려해야만 하는 급진적으로 해방된 재료를 마주 대하면서— 이러한 재료들 내부에서 언어에 아직도 미리 주어져 있는 것이 오래된 잔재와 같은 것이라고 느끼는 요소가 위에서 말한 정화 과정에 들어 있는 것입니다. 언어와 유사한 특징들, 또는 표현적인 특징들이 재료가 처한 역사적 상태와 확실하게 모순 관계에 들어서는 것입니다. 그러한 특징들은 그 어떤 것이 미리 주어져 있는 것처럼, 사람들이 재료로부터 발원하여 말하는 그 어떤 것을 신뢰할 수 있는 것처럼 행동하는 것입니다. 이와 동시에 한편으로는 젊은 급진적인 예술가의 양심은 그러한 행동과 유사한 어떤 것도 더 이상 신뢰할 수 없다는 결과에 이르게 합니다. 오히려 급진적인 젊은 예술가는 감각적인 경험 이전의 마음 상태tabula rasa와 같은 상태와 정말로 마주하는 자세를 가져야 한다고 생각합니다. 진지한 의미에서 시대적으로 중요한 모든 예술에 나타나는 놀라운 역설Paradoxie은 예술가가 형식들과 재료들에 있는 무無와 마주하면서 자신을 발견하고 동시에 이러한 무로부터 특별한 규정들을 당위적으로 끌어내고 강제적으로 끌어내야 하는 것에서 성립됩니다. 오로지 이러한 규정들을 통해서 예술작품이 구속력이 있게 된다는 것이 급진적인 젊은 예술가들의 양심에서 나온 결과입니다. 그러한 규정들이 재료로부터 유래하지 않고 외부로부터 재료에 단순히 부과된다면 처음부터 자의적인 것, 우연성의 모멘트를 갖게 될 것입니다. 사람들은 그러한 자의성과 우연성에 대해 특별할 정도로 반감을 갖고 있기 때문입니다. 나는 여기에 또 다른 것이 놓여 있다고 생각합니다. 표현을 꺼리는 감정이 여기에 놓여 있는 것입니다. 표현을 꺼리는 감정은 현재의 상황에 매우 특징적인 것이며, 생산과정 자체의 역사철학적인 상태의 공식에 무조건적으로 맞춰질 수 없으며 오히려 변증법적인 인간학의 의미에서 파악될 만한 것이기도 합니다. 표현을 꺼리는 감정은 예술가가 모든 표현을 중첩된 의미에서 공허하게 느끼는 것과 일단은 확실하게 관련이 있는 것으로 보입니다. 첫 번째 의미는 다음과 같습니다. 우리가 살고 있는 세계를 지배하는 사실들과는 근본적으로 아무런 관계가 없는 존재가 되어 버린 무력한 개인이 표현을 통해서 자신이 마치 무엇이라도 되는 것처럼 요구를 제기하고, 자신이 무슨 실체적 존재인 것처럼, 자신에게 아직도 무엇이 걸려 있는 것처럼 거들거립니다. 그러나 모든 개인은 동시에 자신에 걸려 있는 것이 아무것도 없다는 것을 알고 있습니다. 이것이 첫 번째 의미에서 말하는 공허함입니다. 두 번째 의미에서의 공허함에 대해 말하겠습니다. 특별하고도 각기 개별적으로 표현되는 개별성으로 되돌아가는 것을 예술작품에서 시도하는 것을 통해서 우리가 처해 있는 의식의 상태와 우리가 살고 있는 세계의 상태에서 무언가 본질적인 것을 변화시키려고 하는 모든 노력은 허사로 끝나고 말기 때문에 공허한 것입니다. 무력한 개인이 표현을 함으로써 순수하게 자기 자신에게만 되돌아간다 해도 그에게는 보편적인 것을 표현할 수 있는 힘이 더 이상 내재되어 있지 않습니다. 오히려 무력한 개인이 표현을 통해서 할 수 있는 것은 정말로 완전하게 허망한 것, 완전히 일시적인 것, 어떻게 되는 상관없는 것밖에 없습니다. 무력한 개인에게는 이런 것 이외에는 다른 것이 더 이상 없으므로 거기에 자신을 묶을 수 없음에도 자신을 단지 묶어 볼 뿐인 것입니다. 개별성 자체가 객체적인 것에 관련을 맺지 못한 채 그 자체로 항상 아무것도 아닌 것에 지나지 않기 때문입니다. 일단은 이러한 수치심의 모멘트가 표현에 적대적인 감정에 내포되어 있는 것입니다.[238] 그렇다고 해서, 나는 수치심의 모멘트를 단순한 것으로 보아 넘겨서는 안 된다고 생각합니다. 이와 관련하여『계몽의 변증법』이 상세하게 보여주었던 내용[239]을 여러분이 기억해 주기를 바랍니다. 다시 말해, 표현에의 자극에 대해 일종의 금기와 같은 형벌을 내리는 것은 전체의 문명 과정에서 매우 이른 단계부터 문명을 나타내는 표지標識에 속했습니다. 가장 빠른 길만이 맞는 길이고 유일한 길이라고 생각하는 합리성이 추구하는 직선적인 길로부터 빠져나와 있는 모든 미메시스적인 자극은 자연지배적인 합리성이 제기하는 요구 앞에서는 원죄와 같은 것에 지나지 않습니다. 미메시스적인 자극은 비문명적인 것으로, 심지어는 문화가 없는 것 정도로 폄하됩니다. 이것은 미메시스적 자극에 해당될 뿐만 아니라 합리성이 추구하는 가장 빠른 길로부터 벗어나 있는 모든 것에 해당됩니다. 나처럼 미국이나 영국 등 앵글로색슨 민족이 지배하는 나라에서 오래 살아본 사람은 아마도 위에서 말한 미메시스적인 금기의 모멘트를 중부 유럽이나 프랑스에서 누군가 이러한 모멘트를 가볍게 경험한 것보다는 훨씬 강하게 경험하였을 것입니다. 앵글로색슨 민족이 지배하는 나라들에서는 미메시스적인 금기가 너무 강력하여 사람들은 표현에의 자극을 강하게 보여주는 행위를 일종의 무례함으로 느끼기까지 합니다. 이것은 어떤 사람이 독일문화에 대해서 알지 못하는 다른 사람들에게 너무나 빨리, 이미 미리 준비되었다는 태도로, 지나칠 정도로 제어력이 없이 사적인 것들에 대해서 말을 하게 되면 예의를 벗어난 행위로 느끼는 것과 대략 유사합니다. 모든 표현적인 몸짓처럼 격렬한 슬픔의 표시는, 특히 고통의 모든 표시는, 표현에의 자극들이 원래 항상 고통의 자극이듯이, 일종의 금기와 같은 것에 놓여 있습니다. 사람들이 그렇게 행하지 않는 것입니다. 교육자라고 자부하는 모든 유명한 여성들이 자녀들에게 근본적으로 행하는 몸짓이 있습니다. 배가 뉴욕의 항구에 들어서자 아이들이 두려워서 흥분하였을 때 그 유명한 여성들은 구스타브 말러Gustav Mahler의 아이들에게 "흥분하지 마, 흥분하지 마"[240] 하면서 아이들을 불렀습니다. 흥분하는 것은 그 유명한 여성들의 관점에서 볼 때는 교육이 잘못된 것으로 통용되기 때문입니다. 흥분하는 것은 이를테면 소인배들이나 하는 행동이라는 것입니다. 교육을 잘 받은 사람들, 신사, 숙녀는 원래부터 흥분하지 않는다는 것입니다. 표현에 대한 불안감인 이러한 모멘트에 대해 우리는 여기에서 철저하게 생각해 보아야 합니다. 표현에 대한 불안감은 오늘날 나타나는, 표현에 저항하는 알레르기에서 확실히 드러나고 있습니다. 표현을 꺼리는 이러한 감정에 내가 정당성이 있는 것이라고 여러분에게 말했던 요소들이 포함되어 있음에도 불구하고, 표현에 대해 적대적인 알레르기에는 어떤 잘못된 것이 들어 있는 것 같습니다. 다시 말해, 이러한 알레르기에서는 문명의식이 —관리된 세계에서는 문명의식에 저항하는 것이 예술에 부과된 의무라는 것이 확실하며, 예술은 이 의무를 아마도 과거에 비해 더욱 많이 짊어져야 합니다— 배제되고 있는 것이 확실합니다. 표현이 문명의 원리가 지배하고 있는 현재 상황에서 제대로 된 삶에 더 이상 이르게 되지 못한 것들을 인간에게 상기시켜 주기 때문에 인간은 표현에 적대적인 태도를 취하면서 알레르기적으로 반응하는 것입니다. 사람들이 문명의 원리에 대해 말을 하지 않을 때만, 그리고 문명의 원리가 표시로 더욱 많이 발견되지 않을 때만 사람들은 문명적 원리를 견디게 됩니다. 나는 여기에서 오늘날 지배적으로 출현하는, 표현에 적대적인 알레르기의 가장 강력한 모멘트는 실재적인 불안이라는 사실을 일단은 간단명료하게 말하겠습니다. 실재적인 불안이 더욱 거대해졌기 때문에 예술은 그러한 불안에 대해 지나칠 정도로 많은 것을 폭로하게 됩니다. 예술이 이처럼 실재적 불안을 폭로하기 때문에 예술은 인간에 더 이상 건딜 수 없는 대상이 되고 만 것입니다. 오늘날 요구되는 이러한 사실관계에는 두 가지가 동시에 숨어 있습니다. 가상처럼 되어 버린 표현의 모든 요소와 모든 관계를 포기하려는 시도가 그 하나입니다. 다른 하나는 부정적인 시도로서, 표면 아래서 유지되는 것을 투과시켜 보려는 것에 대한 불안입니다. 오늘날 가장 위대한 예술작품들은 구성 원리가 끝에 이를 정도로 구성 원리를 매우 극단적으로 생각하면서도 구성 원리의 강도에 힘입어 표현의 영역에 맞서는 금지에 더 이상 굴복하지 않는 작품들일 것입니다.[241]

이와 동시에 상기시킬 수 있는 것은 개별성 이념의 문제점입니다. 매우 많은 사람들은 개별성을 아무것도 아닌 것, 우연적인 것, 순수하게 사적인 것으로 보는 경향을 갖고 있습니다. 수많은 사람들이 어떤 그림을 보거나 그들에게 노출된 음악을 듣고 다음과 같이 말합니다. '아하, 이를 어쩌나, 작품은 자극을 표현하지. 그러나 작품은 자극을 객관화시킬 수도 없고 일반적인 것으로 변환시킬 수도 없으며 나에게 다가올 능력도 없지. 작품이 의사소통시킬 수는 없지. 작품은 사적인 것일 뿐이야. 사적인 사람이 늘어놓은 심정의 토로가 나와 무슨 관계가 있단 말인가. 그것은 나를 귀찮게 하는 사람이 저지르는 무례일 뿐이야.' 수많은 사람들이 개별성을 이처럼 아무것도 아닌 것, 사적인 것으로 보고 있다면, 표현하는 주체에 대한 그러한 관념에는 또한 어떤 확실한 순진함도 들어 있다고 말할 수 있습니다. 사람들이 표현하는 주체에 대해 그것이 사실상으로는 그것 자체가 전혀 아니며 객관성의 건너편에 있는 아무것도 아닌 것이라고 비난한다면, 그들의 진술에도 역시 긍정적인 것이 숨겨져 있습니다. 다시 말해, 표현하는 주체가 단순한

개인으로서 아무것도 아닌 존재이지만 그 주체를 개별화시키는 원리
가 됩니다. 그 주체가 무력하고 고통 받으며 곤궁에 처해 있는 인간이
라는 사실, 다른 자리가 아닌 바로 여기에 서 있고 무엇을 표현하려는
의지를 갖고 있다는 사실이 객관적 상황의 표현이 되는 것입니다. 이것
이 바로 객관성입니다. 이것이 궁극적으로는 사회 자체의 형상입니다.
사회가 인간을 위에서 말한 최소치로 축소시키는 것입니다. 최소치로
축소된 개인이 다른 한편으로는 인간이 현재의 세계에서 자신을 표현
하는 것을 다시 금지하고 있는 것입니다. 무력한 개인과 사회와의 관계
에 이러한 것이 들어 있다면, 이와 더불어 개인의 위축이 정당한가에
대한 물음도 전혀 다른 차원에서 제기될 수 있습니다. 최소치는 완전히
위축된 것을 말합니다. 이처럼 위축된 것은 개별 인간에게 아직도 남아
있는 것이며, 인간이 "태어나서 고통 받으며 죽는다"[242)를 말하고 있는
아나톨 프랑스Anatole France의 말 이상의 것이 거의 없는 것이기도 합니
다. 이러한 상태를 뜻하는 '최소치'라는 표현은 무력한 개인과 사회와
의 관계에 숨겨져 있는 객체성에 힘입어 전혀 다른 차원을 갖게 됩니
다. 다시 말해, 최소치로 축소된 개인 자체가 다시금 객체성의 특정한
종류가 되는 것이며, 이러한 객체성에 의해 최소치로 축소된 개인도 역
시 현존재로서 존재할 권리를 다시 갖게 되는 것입니다. 그 밖에도, 불
안의 표현과 이에 관련되는 모든 것은 실재적인 불안의 배후에서 뒤에
물러나 있습니다. 이 사실이 우리가 논의한, 표현을 꺼리는 감정에서
하나의 역할을 맡고 있다는 것은 확실합니다. 반면에 다른 한편으로는
미메시스적인 금기는 합리적인 사회가 인간에게 적응을 강요하면서
요구하는 것을 다시 잃어버려야만 하는 것을 의미합니다.[243)
　　예술가가 갖는 불안이 실재적 불안의 배후에서 뒤로 물러나 있는
모멘트를 여러분에게 거론하면, 나는 "제3제국"의 잔혹함을 연극 작품
들에서 그 어떤 방식으로 다루어보려는 시도들[244)에 들어 있는 고통스
러운 점, 견디기 어려운 점을 떠올리게 됩니다. 그 시도들은 좋은 의도

를 갖고 이루어졌고, 인간으로 하여금 인간을 배제한 것들 중의 일부를 기억하게 하였습니다. 나는 그러한 시도들이 가치 있는 작품을 가져온 결과를 인정하고 싶지 않은 입장을 갖고 있지는 않습니다. 오로지 안네 프랑크Anne Frank나 아우슈비츠 가스실에서 어린이들을 살해한 사실로부터 어떤 드라마를 만듦으로써,[245] 다시 말해 그러한 것들은 이런 사실들을 예술적 매체로 옮김으로써 나치 시대에 발생하였던 잔혹함에 일종의 불의를 부여하는[246] 정도의 작업을 통해서 행해지는 시도일 뿐입니다. 따라서 그러한 시도들은 실제로 일어난 잔혹함의 배후에서 뒤에 머물러 있을 뿐인 것입니다. 우리가 오늘날 표현을 꺼리는 감정을 갖고 있다면, 그것은 우리가 살고 있는 세계에서 이미 진행되었거나 앞으로 진행될 것에 관련해서 우리 스스로 모든 표현을 부끄러워해야만 한다는 감정일 것입니다. 그러한 감정의 본질은 감정이 표현을 발견할 수 없다는 사실에서 성립될 것입니다.

그러나 나는 이러한 사실을 고집하면서 거기에 매달리지는 않겠습니다. 내가 여러분에게 서술하려고 시도했던 내용에 따르면 현재의 예술적 상황에서 표현에 대한 비판은 이중성을 갖고 있습니다. 표현에 대한 비판이 객관적인 것의 직접적인 긍정성을 요구하는 한, 그것은 잘 못된 비판입니다. 표현에 대한 비판이 어떤 형식이든지 간에 주관적이거나 또는 표현적인 모멘트나 또는 자연 모멘트를 그 내부에 포함하지 않으면, 긍정성은 사실상 긴장감을 잃게 되고 양탄자의 무늬처럼 단순한 것으로 변질되는 경향을 갖습니다. 그러나 다른 한편으로는, 표현에 대한 비판이 현재의 예술이 당면한 문제인 우연성의 문제에 대해 특별할 정도로 심각하게 주사위를 던지고 있는 한, 그것은 제대로 된 옳은 비판입니다. 우연성의 문제는 가장 최근의 예술적 생산에서 용감하게 상황에 맞서는 태도로 다루어지고 있습니다. 가장 최근의 예술적 생산은 우연의 문제를 스스로 주체로 다루고 있는 것이 확실합니다.[247] 우리는 다음과 같이 말할 수 있습니다. 현재의 상황에서 모든 재료, 즉 의

미성와 관련하여 미리 주어진 모든 카테고리로부터 정화된 재료는 의미의 위기와 같은 상황에 빠져들게 되었습니다.248) 즉, 스스로 주어지는 의미는 더 이상 존재하지 않습니다. 다른 한편으로는 예술가는 어떤 의미를, 긍정적으로 어떤 의미를 갖는 것을 자기 스스로 자신의 마음에 불어 넣을 수 없게 된 것입니다.249) 현재의 전체적인 예술적 전개에서 잘 목도할 수 있는 현상인 기법적 처리 방식들의 과도한 가치가 초래되고 있습니다. 나는 이런 현상을 '수단의 물신주의'라고 나타내고 싶습니다.250) 기법적인 처리방식들은 목표점에 비해서, 목적τέλος에 비해서, 매우 솔직하게 말한다면 예술작품의 존재 근거에 비해서, 즉 예술작품이 왜 현존하고 있는가 하는 물음에 비해서 특별할 정도로 완벽화의 길로 치닫고 있는 것입니다. 이것이 바로 예술의 여러 유파들이 현대 예술 내부에서 '긴장감 상실'이라고 불렀던 현상들251)입니다. 이들 여러 유파들이 기법적 처리방식들에 가장 적극적으로 동조하는 유파들은 결코 아닙니다. 내가 이것을 반反테제적으로 매우 첨예화시킨다면, 다음과 같이 말하겠습니다. 가장 최근에 지나간 시점에 이를 때까지 예술이 대척하였던 물음은 의미가 예술에서 어떻게 실현될 수 있을까 하는 물음이었습니다. 이것은 예를 들어 낭만주의 전체에 걸쳐 제기되었던 물음이기도 합니다. 특히 셸링Schelling, 쇼펜하우어, 헤겔 철학과 같은 위대한 낭만주의 철학에서 접합되었던 일련의 경험들의 총체가, 다시 말해 의미가 넘치는 것의 경험들이 어떻게 하면 예술적 형상에서 발견될 수 있을까 하는 물음인 것입니다. 낭만주의 시대의 대부분의 예술작품이 깨지기 쉬운 작품에 머물러 있는 이유는 작품이 외부로부터 형상 안으로 파고들어온 이념들에 머물러 있기 때문입니다. 이러한 이념들 자체가 스스로 실체적이 되지 못한 채, 이념들이 이념들로부터 출발하여 예술작품을 철저하게 조직화하고 있는 것입니다. 이렇게 해서 이른바 세계관 예술이 성립됩니다. 세계관 예술의 가장 높은 수준에 위치하는 것이 바그너Richard Wagner252)의 예술이며 헤벨Hebbel253)의

문학도 여기에 속합니다. 심지어는 플로베르Flaubert254)의 문학도 세계관 예술인 것이 확실합니다. 플로베르는 형상화의 순수함에서는 바그너와 헤벨을 훨씬 능가한 것이 확실하였지만, 의도와 작품의 내용에 들어오는 것 사이의 균열이 작품에서 돌출합니다. 물론 이러한 균열 자체가 플로베르 문학에서 주제를 구성하는 중심 요소이기는 합니다. 낭만주의 예술과 세계관 예술이 처했던 상황에 비해서, 현재의 예술이 직면하고 있는 상황은 오늘날 극단적으로 전도되었습니다. 현재의 예술은 예술적 의미의 가상성에 대한 비판을 앞서 갑니다. 현재의 예술은 낭만주의 예술과 세계관 예술이 구상했던 모든 것을 그 내부에서 지워 버립니다. 현재의 예술은 더 이상 다음과 같이 묻지 않습니다. 어떻게 하면 의미가 예술의 세계관으로서 침투됨이 없이 예술적으로 실현될 수 있으며, 실제로 완전하게 실현될 수 있을까? 이와는 반대로 오늘날 제기되는 물음은 다음과 같습니다. 어떻게 하면 순수한 재료가, 순수한 재료의 진행 과정들이 다시 의미가 깊은 것으로 될 수 있을까?255) 내가 여기에서 이념과 출현이라는 두 개념을 잠깐 사용해도 된다면, 이념과 출현256)의 관계와 관련하여 제기되는 물음은 현재의 예술에서 급진적으로 전도된 것입니다. 오늘날 예술에게는 이념이 어떻게 하면 출현이 될 것인가가 더 이상 관건이 되지 않습니다. 이것은 독일의 의고전주의 이래 표현주의와 표현주의를 넘어서까지 지배적이었던 생각이었습니다. 더 이상 관건이 되지 않을 뿐만 아니라 오히려 그 반대입니다. 예술가가 어떠한 유보도 없이, 의미의 어떠한 부가물도 없이 출현하는 것에 자신을 내맡기는 것을 통해서, 그렇게 출현하는 것이 조직화된 재료의 진행 과정들을 어떻게 하면 의미가 깊은 것으로 되게 할 수 있는가?257) 나는 물론 이러한 문제 제기를 비웃는 것이 매우 용이한 일이라고 말할 수도 있습니다. 다음과 같이 말하는 것도 매우 쉬운 일입니다. 좋은 예술은 예술의 재료로부터 출발하여 이 재료가 어떻게 하면 의미가 깊은 것으로 될 수 있는가를 물어야 하는 예술이다. 예술에 대해 악의가 있는 사람은 다음과 같이 말할 수도 있을 것입니다. 예술은 무엇인가를 말하면서도 무엇을 말해야 되는지를 모른다. 예술은 원래부터 예술이 무엇을 말해야 하는지를 찾아 나서는 길에 항상 놓여 있다. 다른 한편으로는 겉으로 보기 좋은 시절에는 예술은 무엇을 말해야 하는지를 항상 알고 있었지만, 예술이 무엇을 말해야 하는지를 제대로 알지 못하는 경우가 많았을 뿐이다. 나는 여러분에게 마치 즉석 연설을 하는 방식으로 이 문제를 처리하였습니다. 나는 이러한 처리가 매우 표면적이라고 생각합니다. 왜냐하면 내가 여러분에게 일단은 단순히 예술적 위기라고 말하였던 의미의 위기는 사실상으로는 세계상황 자체[258]의 위기이기 때문입니다. 미학자 루카치Lukács는 '변증법적 유물론'의 세계관[259]이 세계의 진행을 전체적으로 의미가 깊고 최선의 상태로 끝나는 진행으로 관찰하는 것[260]에서 성립된다고 주장한 바 있습니다. 나는 그러나 루카치가 말하는 그러한 행복한 상황에 놓여 있지 않습니다. 오로지 한 가지 이유만 들어도 내가 왜 루카치처럼 행복한 상황에 놓여 있지 않는가가 드러납니다. 루카치가 말하는 그러한 희망은 지금까지의 역사에서 저질러진, 그 역사가 단지 이전의 역사에 지나지 않는다고 하더라도, 한도를 넘어선 고통과 불의를 단 1초 동안만이라도 넘어서고 고통과 불의에 대해 위로해 줄 수는 없기 때문입니다. 의미의 위기는 오늘날 현실 자체에 들어 있는 위기이며 매우 심각한 의미에서의 위기입니다. 인간을 서로 결합시켜 주는 질서, 인간을 서로 연결시켜 주는 세계관은 이제 더 이상 실제로 존재하지 않으며, 그러한 질서나 세계관 같은 것은 아무것도 더 이상 미리 주어져 있지 않습니다. 세계상태가 이렇게 되었기 때문에 사람들은 다소간의 행운을 바라면서 그들이 기댈 수 있는 세계관을 다시 찾아 나서면서 그들을 서로 결합시켜 주는 질서, 세계관과 만날 수밖에 없는 것입니다. 그뿐만 아니라 현존재의 경험을 조직화시키는 것이라고 볼 수 있는 의미 자체도 문제가 있는 것으로 되고 말았습니다. 이는 세계의 진행에서 드러나는 액운이 그래도 한 번은 방향을 바꿀 것이라는 희망이 문제가 있는 것으로 된 것과 같습니다. 이 점에서 볼 때, 현재의 상황은 헤겔과 마르크스가 정리한 상황261)과 비교해서도 극도로 변화되었습니다. 예술이 무엇을 말해야 하는지를 모른 채 무엇을 말함으로써 어떤 의미를 재료의 진행 과정들에서 찾아 나서야만 하는 상황에서 예술은 부조리에 빠져들 수밖에 없습니다. 예술이 이처럼 부조리에 빠져들면서, 예술은 가장 완전한 순수성에서 오늘날 세계정신이 처한 상태를 표현하는 것입니다.262) 예술이 이러한 상태를 넘어서고 초월할 수 있는 가능성을 갖고 있다면, 그것은 예술이 부조리와 같은 방식으로 표현하는 것을 통해서만 유일하게 가능할 것입니다.263) 예술에서 보이는 부조리가 이러한 차원을 갖고 있는 한, 의미의 위기는 역사철학적인 상태 자체로부터 나오는 피할 수 없는 위기입니다. 의미의 위기가 오늘날 부당한 것을 요구하고 있는 것처럼 보일지라도, 비판적 의식이 행하는 저항에 도전하고 있다 할지라도, 의미의 위기는 예술에서 불가피한 위기인 것입니다.

다른 한편으로는 순수한 구성의 시도에 대해 말할 수 있습니다. 순수한 구성이란 재료에 모든 것을 완전하게, 유보시킴이 없이 내맡기는 것을 통해서 재료에게 의미를 불어 넣는 구성을 말합니다. 이러한 순수한 구성의 시도는 스스로 실패로 끝난 것처럼 보입니다. 그 까닭은, 예술가가 관련을 맺고 있는 재료 자체가 자연 재료가 아니기 때문입니다. 그것은 내가 아는 젊은 예술가 친구들 중에서도 많은 예술가들이 재료 물신주의자가 되어 저지르는 오류입니다. 재료 물신주의자들은 재료 자체가 자연 재료이며, 재료가 말을 하도록 만들기만 하면 되고 이렇게 되면 자연 자체가 이미 순수하게 말을 하게 된다고264) 생각하고 있습니다. 바로 여기에 구성의 한계라는 모멘트가 들어 있습니다. 구성은, 여러분에게 말했듯이, 예술가가 주체를 없애는 상태265)에서 재료에게 자신을 내맡기는 시도이기 때문입니다. 재료는 자연이 아니므로 자기 스스로부터 순수하게 다가오지 않습니다. 재료는 자체로서 역사적인 재료입니다. 이렇기 때문에, 재료에게 아무것도 묶지 않고 스스로를 내맡기는 시도들은 그 자체로서 자의성의 모멘트, 우연적인 것의 모멘트를 갖게 됩니다. 그러한 시도들은, 자의성과 우연성의 모멘트 자체가 인간의 의지가 숨겨져 있는 형상임에도 이러한 모멘트가 자연의 힘인 것처럼 행동하고 있는 것입니다. 이렇게 해서, 오늘날 구성주의적인 예술에서 나타나는 극단적인 반反주관주의는 일종의 주관주의에 제대로 빠져듭니다. 다시 말해, 자기 자신을 의식하지 못하는 주체가 재료에서 자신의 의미를 설정하는 주체인 것처럼 오인하는 결과를 초래하게 됩니다.[266] 재료 자체는 완전히 순수한 재료로서 결코 존재하지 않습니다. 재료는 그것 스스로부터는 어떠한 의미도 보증하지 않습니다. 이렇기 때문에 우연의 문제가 오늘날 예술에 들어오게 된 것입니다. 이러한 우연은 예술작품들 내부에서 개별적인 모멘트들뿐만 아니라 구성에, 즉 형식원리들 자체에 관련되어 있습니다. 형식원리들이 엄격하게 실행되면 될수록 그 원리들이 그만큼 똑같이 좋은 방식으로 다른 것으로 될 수도 있다는 모멘트가 형식원리들에 내재되어 있는 것입니다. 이것이 바로 오늘날 사행적射倖的인 것의 모멘트와 실제로 순수한 자연과학적인 카테고리인 통계가 예술 안으로 밀고 들어오게 된[267] 이유입니다. 이것이 예술과 자연의 변증법에서 자연이 현재 처한 상태이기도 합니다.

232) 여기에서부터 이 단락에 이어지는 다음 단락의 끝 문장인 "예술가의 재료가 되게 하려는 의지를 철저하게 실행하는 기관器官이 되는 것을 의미합니다"까지 아도르노가 왼쪽 여백에 세로로 줄을 그어 놓았다.

233) 강의에서 강조가 된 부분임. 인쇄된 상태의 글에서는 아도르노의 비서가 밑줄을 그어 강조하고 있는 부분임.

234) Der Aufsatz von Gustav René Hocke, »Homer und Raffael. Zur Physiognomie des Klassischen호머와 라파엘, 고전적인 것의 인상학«, erschien in: Akzente, Heft 6(1958), S.496-506. 아도르노가 호크의 위 논문에서 생각하였던 자리는 다음과 같은 내용을 담고 있다. "라파엘은 다시금 평면을 가장 광대하게 강제하는 화가들 중의 한 명으로, 즉 공간 논리와 색채 논리를 결합시키는 화가로 파악된다. 공간의 대칭들과 색채의 대칭들은 접합점처럼 그림의 평면에서 요동친다. 마치 라파엘이 '내용'이 결정적인 것이 아니라고 … 우리에게 오늘날 속삭이는 것처럼 보인다. 라파엘 자신은 특히 평면들에 대한 지배적인 점령, 색조들의 조화, 긴장의 리듬적인, 운율적인 균형을 좋아하였다. … 그는 객관적이었다. 모든 시대를 통틀어 가장 위대한 '예술'-수학자이며 미적인 엔지니어 중의 한 명이었다"(S.503f.).

235) Vgl. etwa Milton C. Nahm, The Artist as Creator: An Essay of Human Freedom, Baltimore 1956.

236) "만약 재능을 갖고 있다면"부터 여기까지 아도르노가 밑줄을 그어 놓았다.

237) 앞의 137쪽 이하를 참조.

238) "나는 예술적 생산과정에서 나타나는 정화 과정에"부터 여기까지 1쪽 이상에 걸쳐 아도르노가 왼쪽 여백에 세로로 줄을 그어 놓았다.

239) Vgl. GS 3, S.35ff.

240) Vgl. Alma Mahler, Gustav Mahler - Erinnerungen und Briefe, Amsterdam 1940, S.178.

241) "나는 여기에서 오늘날 지배적으로 출현하는"부터 여기까지 아도르노가 밑줄을 그어 놓았다. Vgl. GS 7, S.178f.

242) Vgl. Anatole France, Les Opinions de Jérôme Coignard아나톨 프랑스, 제롬 쿠아뉴아르의 견해들(1893), in: ders., CEuvres. Édition établie, présentée et annotée par Marie-Claire Banquart, Bibliothèque de la Pléiade, Bd. II, Paris

1987, S.302. »L'histoire des hommes [...]: Ils naquirent, ils souffrirent, ils moururent인류의 역사 … 사람은 태어나고, 고통 받고, 죽는다«.

243) "사람들이 표현하는 주체에 대해 그것이 사실상으로는"부터 여기까지 아도르노가 밑줄을 그어 놓았다.

244) 아도르노가 이곳에서 어떤 희곡작품들을 개별적으로 생각하고 있었는가에 대해서는 추적할 수가 없다. 전후에 서독 연극무대에서 가장 성공을 거둔 작품들로서 다음과 같은 작품들이 속한다. 추크마이어Carl Zuckmayer의 »Des Teufels General악마의 장군«(UA 1946 am Schauspielhaus Zürich), 보르헤르트 Wolfgang Borchert의 귀향을 다룬 드라마인 »Draußen vor der Tür문 밖에서« (UA 1946 an den Hamburgischen Kammerspielen). 슈미트헤너Hansjörg Schmitthenner의 »Ein jeder von uns우리들 모두«(UA 1947 am Deutschen Theater Berlin)에서는 전쟁 포로의 살해가 윤리적인 문제로 대두되고 있다. 추크마이어의 »Der Gesang im Feuerofen난로에서 부르는 노래«(UA 1950 am Deutschen Theater Göttingen)에서는 프랑스의 레지스탕스 집단이 독일 야전경찰에 의해 불이 질러진 성에서 불타서 죽는 모습이 서술되어 있다. 섀퍼 Walter Erich Schäfer는 1944년 7월 21일 히틀러 암살을 시도하였으나 실패로 돌아간 사건의 관련자들에 대한 게슈타포의 심문 내용을 그의 드라마 »Die Verschwörung모반«(UA 1948 im Schloßparktheater Berlin)에서 무대 위에 올려놓았다. 괴르츠Heinrich Goertz의 탈영병을 다룬 작품인 »Peter Kiewe oder die Methode von Thaddäus Wohltat und Dr. Ast페터 키베 또는 타데우스의 선행의 방법과 아스트 박사«(UA 1946 im Studio des Deutschen Theaters Berlin)는 독일 연극무대에서 성공보다는 비판을 받았다.

245) 『안네의 일기』는 고드리흐Frances Goodrich와 하케트Albert Hackett에 의해 1955년 연극무대용으로 각색되었다. 이 각색본은 『안네의 일기』가 세계적인 성공을 거두는 데 기반이 되었고, 미국에서는 이 각색본에 기반하여 『안네의 일기』가 영화화되었다(Regie George Stevens, 1959). 『안네의 일기』는 이 각색본에 따라 자주 공연되었다(Premiere 1. 10. 1956; Regie: Boleslav Barlog, in der Spielzeit 1957/58 auch auf den Wuppertaler Bühnen).

246) 아도르노는 그의 논문 Kulturkritik und Gesellschaft문화비판과 사회(1951)에서 다음과 같이 쓰고 있다. "아우슈비츠 이후에 시를 쓴다는 것은 야만적이다. 그리고 이것은 오늘날 시를 쓰는 것이 왜 불가능하게 되었는지를 말해주는 인식조차 갉아먹는다"(GS 10·1, S.30). 시인인 엔첸스베르거Hans Magnus

Enzensberger는 그의 논문인 »Die Steine der Freiheit자유의 돌«에서 아도르노에게 다음과 같이 답변하였다[in: Merkur, 13. Jg.(1959), H. 7, S.770-775]. "우리가 계속해서 살려는 의지가 있다면, 이 문장은 반박되어야 한다." 이에 대해 아도르노는 1962년에 다시 답변하였다. "아우슈비츠 이후 서정시를 쓴다는 것은 야만적이라는 문장을 나는 완화시키고 싶지 않다. 이 문장에서 사회 참여적인 문학에 영혼을 넣어주는 충동이 부정적으로 말해지고 있다. '묘지가 없는 죽음'으로부터 유래하는 어떤 사람이 제기한 '육체에 있는 뼈까지 부서지도록 때리는 인간들이 존재한다면, 살아가야 할 의미가 존재하는가' 하는 물음은 예술이 아직도 존재해도 되는가 하는 물음이다. 이 물음은 정신적인 퇴행이 사회 자체의 퇴행에 의해 사회참여적인 문학의 개념에서 위임되어 있는 것은 아닌지 하는 물음이기도 하다. 문학은 이러한 판정에 저항해야 하며 아우슈비츠 이후에 단순한 실존을 통해서 냉소주의에 자신을 내맡겨 버려서는 안 된다는 엔첸스베르거의 반박은 맞다. … 실재적인 고통에서의 과다함은 망각을 견디지 못한다. … 그러나 이러한 고통은 … 고통을 금지하는 예술의 존속을 필요로 한다. 예술이 아닌 다른 곳에서는 고통은 고유한 목소리, 고통을 곧바로 누설시키지 않는 위로를 거의 발견하지 못한다"(GS 11, S.422f.). 이 논쟁에 대해서는 다음의 자리도 참조. Petra Kiedaisch(Hrsg.), Lyrik nach Auschwitz?아우슈비츠 이후의 서정시? Adorno und die Dichter, Stuttgart 1995.

247) 아도르노가 여기에서 관련시키고 있는 최근의 생산에서는 케이지John Cage, 슈토크하우젠Karlheinz Stockhausen, 불레즈Pierre Boulez에 의해 전개된 "우연적 음악"의 형식이 관건이 되고 있다. 이 형식들은 다름슈타트 하계 국제 신음악 과정에서 1957년, 1958년에 소개되었으며, 격렬한 토론의 대상이 되었다. 이에 대해서는 194-195쪽과 편집자주 267, 295-297번을 참조.

248) 음악적 재료에 대한 작곡적인 처리방식이 무제한적으로 주도권을 갖는 것이 신음악에서 의미의 위기를 유발하는 조건이 되고 있다는 관찰을 아도르노는 이미 1958년에 그의 논문인 Musik und Technik음악과 기법에서 전개하였다. "음표, 리듬, 음의 높이, 강도强度의 등급, 색채, 가능한 한 유희 방식으로부터 지금 여기에서 음표 집단을 총체적으로 엮어 내야 하는 필연성, 즉 성공에 이른 포괄은 개별 현상에게 —개별 현상이 없이는 시대에서 노출된 음악은 한 번도 부화되지 못한다— 동시에 임의적인 것의 특징을 부여한다. 개별 현상이 그것과 다른 것이 되는 정도가 작으면 작을수록, 개별 현상이 다

른 것이 될 수도 있는 것처럼 들리는 것이 더욱 많아진다. 음악 외적인 내용
의 이데올로기적인 상실이 아닌, 바로 이것이 의미의 위기를 정의한다. 이러
한 위기에서 의미가 기법과 통합되는 것이 통합 자체를 향해 다가온다"(GS
16, S.235f.).

249) 아도르노는 그의 논문 *Jene Zwanziger Jahre*1920년대(1962)에서 의미의 위기
를 현대성을 진단하는 관점에서 시도한 해석을 심화시키고 있다. "의미의
위기의 모멘트들의 모든 모멘트에서 의미의 위기의 시의적인 생산이 기억되
어야 한다. 형상물에 주관적으로 부여된 의미의 위기뿐만 아니라 세계의 의
미 있는 상태의 위기가 생산되는 것도 기억에 남아 있어야 한다. 이렇게 하
지 않으면, 의미의 위기는 에누리하여 비싸게 팔리면서 정당화되고 말 것이
다. 의미가 있는 것으로서만 스스로 정통성을 갖게 되는 예술작품들은 의미
의 개념에 대항하여 가장 냉담하게 자신을 보여주는 것들이다"(GS 10·2,
S.504). GS 7, S.229 이하도 참조. "의미의 위기는, 모든 예술이 문제성이 있
는 것으로 되는 것에서, 그리고 합리성을 예술이 거부하는 것에서 뿌리가 내
려져 있는 동안에도, 성찰은 예술이 의미의 파괴를 통해서 일상적인 의식에
서 모순이 있다고 생각하는 것, 바로 이것을 사물화된 의식, 실증주의에 잘
못된 방식으로 바치는 것은 아닌가 하는 질문을 눌러 버릴 수는 없다"(GS 7,
S.231).

250) Vgl. den Aufsatz *Musik und Technik*음악과 기법(1958), GS 16, S.234. "모든 공
식적인 음악 문화가 곧바로 이르게 되는 결과인 수단들의 물신주의는 공식
적 음악 문화의 아방가르드적인 적들에서 아직도 환호성을 올리고 있다."
GS 7, S.72도 참조.

251) "현재의 예술적 상황에서 표현에 대한 비판은"부터 여기까지 아도르노가
왼쪽 여백에 세로로 줄을 그어 놓았다. —아도르노는 *Das Altern der neuen
Musik*신음악의 노화(1954)에 대한 강연에서 긴장 상실을 확인하고 있다. 긴장
상실은 노화의 징후로 볼 수 있을 뿐만 아니라 신음악의 원천에 이르기까지 되
돌아가서 추적할 수 있다고 보았던 것이다(GS 14, S.152). "긴장 상실은 동시
대의 많은 예술에 대한 가장 무거운 반론이다"(GS 7, S.85). "구성적 예술에
서 나타나는 긴장 상실은 오늘날 주관적 허약함의 산물일 뿐만 아니라 구성
의 이념에 의해서도 영향을 받고 있다"(GS 7, S.92).

252) 바그너의 세계관 예술의 실례로서 »Ring des Nibelungen니벨룽겐의 반지«
(1848-1874; UA 1876 Festspielhaus Bayreuth) 외에도 특히 후기작인

»Bühnenweihfestspiel무대 축성에 바치는 축제극«, »Parsifal파르지팔«(편집자주 28번 참조)이 고찰 대상이 된다.

253) 극작가인 헤벨Friedrich Hebbel, 1813-1863은 »Die Nibelungen니벨룽겐«(1861) 을 썼다. 세계관 예술로서의 헤벨의 희곡론에 대한 아도르노의 이해는 베데 킨트Frank Wedekind와의 비교에서 명백하게 드러난다. 이 비교에서 아도르노 는 "헤벨이 우리의 비정신적인 것으로 된 현존재의 모든 비극적 넓이를 포 괄하였다"고 강조하였다(GS 11, S.621).

254) 프랑스의 장편소설 작가인 플로베르Gustave Flaubert, 1821-1880를 세계관 예술 의 대표자로 명명하는 것은 놀라운 일이다. 그는 장편소설인 『보바리 부인 Madame Bovary』(1857)과 『감성적 교육L'Education sentimentale』(1869)에서 금욕 적이고 최대치로 거리를 두는 관찰 태도를 가꾸어 왔다는 명성을 얻고 있다. 동시대 사람들은 그의 이러한 태도를 도덕적 관점에서 여러모로 비위를 거 스르는 것으로 느꼈다. 이러한 관찰 태도, 도덕적 갈등에 대한 이러한 시각 에도 세계관이 놓여 있다. 물론 이 세계관은 스스로 자기 확신을 갖고 있는 시민들에 의해서 그들의 '세계관'으로서 일반적으로 이의가 제기되었던 세 계관과는 대립되는 세계관이다.

255) 아도르노는 이 물음을 강의를 위한 핵심용어들에서 메모해 놓았다. 이에 대 해서는 517쪽을 참조. "낭만주의 예술과 세계관 예술이 처했던"부터 여기까 지 아도르노가 밑줄을 그어 놓았다.

256) Vgl. Hegel, Werke, a. a. O.(편집자주 5번 참조), Bd. 13, S.100. "예술의 내 용은 이념이며 예술의 형식은 구상적具象的인 형상이라는 사실은 이미 언급 되었다. 예술은 내용과 형식을 자유롭게 화해되어 있는 총체성으로 매개해 야 한다. 여기에 놓여 있는 제1차적인 규정은 예술이 표현하고자 하는 것에 도달해야 하는 것인 내용이 그 내부에서 스스로 이러한 표현을 할 수 있는 능력을 보여주어야 한다는 요구이다. 그 이유는 아래와 같다. 구상성과 외부 적 출현에 대해 완고한, 그것 자체에 대해서 갖고 있는 내용이 이러한 형식 을 받아들여야만 하고 그것 자체에 대해서 스스로 산문적인 소재가 그 본성 과 대치되는 형식에서 소재에게 적절한 출현방식을 찾아야만 하게 되며, 이 렇게 됨으로써 우리가 잘못된 결합만을 얻게 되기 때문이다." 같은 책 389쪽 에 다음과 같은 내용이 들어 있다. "더욱 가깝게 들여다보면, 아름다운 것이 실현된 전개로서의 예술형식들은 이념 자체에서 다음과 같은 방식으로 그 원천을 발견하게 된다. 다시 말해, 이념은 예술형식들을 통해 표현과 현실을

향해 그것 자체를 몰아붙이며, 이념이 그 추상적인 규정성이나 구체적인 총체성에 따라 그것 자체를 위한 것이 되는 것에 맞춰 다른 실재적인 형상에서도 출현하게 되는 방식으로 예술형식들이 이념 자체에서 그 원천을 찾게 되는 것이다. 이념은 이념의 고유한 활동에 의해서 그것 자체에 대해 스스로 전개되는 이념일 때만 참된 것이기 때문이다. 이상理想으로서의 이념은 직접적으로 출현이고 그 출현과 동일성을 갖고 있는 아름다운 것의 이념이기 때문에, 이상이 전개되는 진행에서 들여 놓는 모든 특별한 단계에서 이념은 다른 실재적인 형상을 모든 내적인 규정성과 연계시킨다."

257) 이 물음은 현대 예술에 대한 아도르노의 이해에서 근본을 이룬다. "예술작품들의 정신은, 객관적 또는 주관적 정신의 철학에 대한 모든 고려가 없이도, 객관적으로 예술작품들에 고유한 내용이다. 예술작품들의 정신이 예술작품들을 결정한다. 이것은 사물 자체의 정신이며, 출현을 통해서 출현한다. 예술작품들의 정신의 객관성은 정신이 출현을 침투시키는 힘에서 그 척도를 갖는다. 예술작품들의 정신이, 산출되는 것의 정신과 기껏해야 예술작품의 정신에 있는 하나의 모멘트에 얼마나 적게 필적되는가는 예술작품의 정신이 인공적 제작물, 이것이 가진 문제들, 이것의 재료에 의해 철회된다는 점에서 통찰될 수 있다. 전체로서의 예술작품의 출현은 한 번도 예술작품의 정신이 아니며, 최종적으로는 정신에 의해 이른바 구체화되었거나 상징화된 이념일 뿐이다. 예술작품의 정신은 출현과의 직접적인 동일성에서 단단하게 묶여질 수는 없다. 예술작품의 정신은 그러나 출현의 밑에서나 위에서 어떠한 층도 형성하지 않는다. 출현에 대한 가정假定도 단단하게 묶어 두는 것에 못지않다고 볼 수 있을 것 같다. 예술작품의 정신이 위치하고 있는 곳은 출현하는 것의 성좌적 배열이다. 예술작품의 정신은 출현을 형성하며, 이것은 출현이 정신을 형성하는 것과 마찬가지이다. 현상의 불꽃이 일어나도록 해 주는 빛의 원천은 깊은 의미를 가진 현상으로 된다"(vgl. GS 7, S.135).

258) 아도르노는 이 문장에 밑줄을 그어 놓았다.

259) Diamat는 '변증법적 유물론'의 약칭이며, 당시의 언어 사용에서 흔히 발견된다. 구소련의 이데올로기도 이 용어를 이렇게 이해하였으며, 특히 스탈린의 저작인 『변증법적 역사적 유물론에 대하여』(1938)에서 규준이 만들어졌다. 반스탈린주의적이라고 자신을 드러냈던 수정 공산주의자 루카치는 'Diamat'라는 표현을 그가 대변하고 싶어 하는 입장을 나타내는 데 사용하고 있지 않다. 아도르노가 축약어를 사용하면서 루카치가 대변하는 세계관을

나타내는 이름으로 루카치에 덧붙여 놓았다면, 이것은 루카치가 유물론을 축소하여 파악하고 있다는 비난을 담은 비판으로 이해될 수 있다. 이것은 아도르노가 전적으로 높게 평가하였던 루카치의 초기 저작『역사와 계급의식』(1923)에 비해서 특히 축소된 것에 대한 비판이다. 루카치에 대한 아도르노의 비판에 대해서는 466쪽 이하를 참조.

260) Vgl. Georg Lukács, Wider den mißverstandenen Realismus리얼리즘이 오해된 것에 대한 반박, Hamburg 1958; s. dazu auch: Erpreßte Versöhnung강요된 화해, in: Der Monat, 11(Nov. 1958), jetzt in: GS 11, S.251-280.

261) Vgl. z. B. Karl Marx, Ökonomisch-philosophische Manuskripte aus dem Jahre 18441844년의 경제-철학 수고. "이른바 세계사 전체가 사회주의적인 인간에게는 인간의 노동을 통한 인간의 산출이 되면서 …, 사회주의적 인간은 자신이 자기 스스로에 의해서 탄생되었다는 것에 대한 직관적이고도 반박할 수 없는 증명과 자신의 생성과정에 대한 증명을 획득한다. … 사회주의는 … 인간과 본질로서의 천성에 대한 이론적이고도 실제적으로도 감각적인 의식으로부터 시작된다. 사회주의는 인간의 긍정적인 자의식이며, 종교의 해체를 통해서 매개된 인간의 자의식이 더 이상 아니다. 이것은 마치 실제적인 삶이 인간의 긍정적인 현실이며 사유 재산의 해체가 공산주의를 통해 매개된 현실이 아닌 것과 마찬가지이다. 공산주의의 입장은 부정에 대한 부정으로서의 입장이다. 따라서 인간의 해방과 재획득을 향해 앞으로 이어지는 역사적 전개에 필연적인, 실제적 모멘트이다. 공산주의는 다가오는 미래의 필연적인 형체이며 역동적인 원리이다. 그러나 공산주의는 그것 자체로서 인간이 전개시켜 나아가야 할 방향의 목표, 즉 인간적인 사회의 형체는 아니다"(MEW, Bd. 40, S.546).

262) 헤겔은『정신현상학』에서 세계정신을 세계사적인 과정, 자기를 스스로 의식하게 되는 정신이 지속적으로 제 것을 만들어가는 과정으로 생각하였다. "왜냐하면, 경험은 내용이 ─내용은 정신이다─ 즉자적으로 실체가 되는 것이기 때문이다. 다시 말해, 내용이 의식의 대상이 되는 것이 경험이다. 정신인 이러한 실체는 그러나 정신이 즉자적인 것으로 생성되는 것이다; 이처럼 그 내부에서 스스로 반성되는 생성으로서의 정신은 비로소 즉자적으로 실제로 정신이 된다. 정신은 즉자적으로 운동이며, 운동은 인식이다. ─이것은 즉자가 대자로, 실체가 주체로, 의식의 대상이 자의식의 대상으로, 다시 말해 없애 가져지는 대상이나 개념으로 변모하는 운동이다. 이 운동은 그 내부에서

되돌아가는 순환이며, 순환은 그 시작을 전제하면서 오로지 끝에서만 시작을 성취한다. — 정신이 그 내부에서 필연적으로 이러한 구별인 한, 정신의 전체는 직관된 상태에서 정신의 단순한 자의식과 맞서게 된다. 그리고 앞에서 말한 구별은 구별된 것이기 때문에, 구별은 그것의 순수한 개념으로, 시간으로, 내용으로, 또는 즉자로 구별된다. 주체로서의 실체는, 실체가 즉자적인 것을 실체에서 스스로 서술해야만 하는 최초의 내적인 필연성을 정신으로서 획득한다. 완성된 대상적인 서술은 동시에 비로소 서술에 대한 반성이 되거나 그것 자체를 향한 생성이 된다. —정신이 즉자적이 되기 전에는, 세계정신으로 완성되기 전에는 정신은 자의식적인 정신으로서 그것의 완성을 성취할 수 없다"[Werke, Bd. 3(편집자주 15번 참조), S.585]. 아도르노는 세계정신에 대한 헤겔의 구상을 지배의 이데올로기적인 실체라고 비판한다. "제2의 자연으로서의 정신은 그러나 정신에 대한 부정이다. 이것이 근본적이면 근본적일수록, 정신의 자의식이 자연 그대로의 상태에 대해 스스로 빛을 어둡게 하면 할수록, 정신에 대한 부정의 강도가 증대된다. 이것이 헤겔에게서 실행되고 있다. 헤겔의 세계정신은 자연사의 이데올로기이다. 세계정신이라고 지칭하는 것은 헤겔에게는 이러한 이데올로기의 폭력에 의한 것이다. 지배는 절대적이 되고, 정신이라고 하는 존재 자체에 투사된다. 역사가 항상 이미 존재했었다고 하는 것에 대한 설명인 역사는 그러나 역사가 없는 것의 질을 획득한다. 역사의 한복판에서 헤겔은 역사의 변전 불가능한 것, 항상 동일한 것, 과정의 동일성의 측면을 치고 나오면서, 이러한 것들의 총체성이 건전하다고 말하고 있다"(GS 6, S.350). 세계사 전체가 각인되어 있는 어떤 흐름이 존재한다면, 그것은 파괴의 흐름이다. "세계정신을 정의하는 것은 가치 있는 것이다. 세계정신을 정의해 볼 수 있다면, 그것은 항구적인 재앙으로서 정의될 수 있을 법하다"(GS 6, S.314). 아도르노는 세계정신의 상태에 대한 역사철학적인 물음과 개별적인 작품들이 전체 운동에 대해 갖는 위치에 대한 물음을 다각도로 다루고 있다. 아도르노는『음악사회학』에서 쉰베르크와 입체파들이 제1차 대전 전에 보았던 상황에 비해서 제2차 대전 후의 실제적인 상황이 드러내는 차이점을 다음과 같이 특징적으로 말하고 있다. "쉰베르크와 그의 제자 세대는, 제1차 대전 전의 입체파들과 유사하게, 그들 내부에서 빛이 되고자 했던 것, 그들 내부에서 알고 있었던 것이 세계정신과 하나가 되는 것을 제어할 수 없는 표현에의 필연성으로 느꼈다. 역사적인 흐름과의 이러한 일치는 주관적인 고립, 빈궁, 비방, 조롱을 넘어섰다. 그러나 이러한 일치는 오늘날 결여되어 있다. 실재적으로 무력한 개인은 자기 스스로부터 실행하고 자신에 고유한 문제로 규정하는 문제를 실체적이고도 중요하게 더 이상 받아들일 능력이 없다"(GS 14, S.385).

263) "현재의 상황은 헤겔과 마르크스가"부터 여기까지 아도르노가 밑줄을 그어 놓았다.

264) Vgl. *Das Altern der Neuen Musik*신음악의 노화, GS 14, S.153.

265) 159-160쪽을 참조.

266) "다른 한편으로는 순수한 구성의 시도에"부터 여기까지 아도르노가 밑줄을 그어 놓았다.

267) '우연적'이라는 형용사[불어의 aléa(라틴어인 alea, 즉 주사위, 주사위 놀이에 따르는 어원)에서 유래함. 성공 또는 실패에 이르는 기회, 삶의 예측 불가능성, 위험 부담]는 음악적 연관관계에서는 1954년 이래 마이어-에플러(Werner Meyer-Eppler)에서 처음으로 "사건들을 나타내는 동적인 용어"로 사용되었다. 이 형용사는 "사건들의 진행이 거칠게 고정되어 있거나 개별적으로는 우연에 의존되는" 의미를 갖고 있었다(vgl. Werner Meyer-Eppler, Statistische und psychologische Klangprobleme정적이고 심리적인 음향 문제들, in: Die Reihe, Nr. 1: Elektronische Musik. Informationen über serielle Musik전자 음악. 계열 음악에 관한 정보들. Wien 1955, S.22). 슈토크하우젠과 불레즈는 1957년 다름슈타트 하계 국제 신음악 과정에서 이 개념이 음악적 아방가르드의 어휘에서 정립되는 데 기여하였다. 물론 두 사람은 각기 강조하는 내용이 상이하였다. 슈토크하우젠에서는 '우연적'은 그가 구사했던 수많은 정적靜的인 개념들 중의 하나였다. 그는 이 개념들을 그의 작곡론에 관련시켰으며, 이 개념들과 더불어 정적인 사고방식을 작곡에 도입하고자 하였다. 불레즈는 '우연적'이라는 표현을 그가 얻으려고 노력하였던 음악적 형식을 규정하는 데 사용하였다. Vgl. Wolf Frobenius, »Aleatorisch, Aleatorik«, in: Terminologie der Musik im 20. Jahrhundert, hrsg. v. Hans Heinrich Eggebrecht, Stuttgart 1995, S.30.

여러분으로부터 나에게 두 개의 질문이 들어와 있습니다. 질문에 답할
수 있어서 기쁩니다. 질문을 비로소 이제야 받게 된 것은 물론 때늦은
감이 있으며, 질문에서 제기된 문제들은 결코 단순하지 않습니다. 이런
질문들에 대해 깊게 생각해 보아야 할 시간을 필연적으로 가졌어야 함
에도 뒤늦은 감이 있습니다. 첫 번째 질문은 내가 현실에서 나타나는 의
미의 위기로 이해하고 있는 것이 무엇[268]이며, 의미의 위기의 문제를 고
려해 볼 때 특히 예술이 처한 상황을 어떻게 이해하고 있느냐 하는 것
이었습니다. 여러분의 질문을 그대로 옮기면 다음과 같습니다. "교수님
이 사회적인 현실에서 나타나는 '의미의 위기'로 이해하고 있는 것이 무
엇인지, 그리고 표현주의 시대 이래의 사회적 현실이 예를 들어 19세기
후반과 같은 역사적 현실과 어느 면에서 구체적으로 구분되는지가 우
리에게 명확하게 다가오지 않습니다." 여러분이 표현주의 시대 이후 객
관적인 역사철학적 상황의 변화에 대한 역사철학적 분석을 나에게서
요구한다면, 그것은 내게는 과도한 요구에 해당된다고 생각합니다. 그
러한 분석은 제공될 수 있는 것이 아닌 것 같습니다. 그럼에도 나는 특
별히 예술이론적인 문제에 더욱 밀착하여 질문에 답해 보도록 하겠습
니다. 어떤 경우이든, 우리는 표현주의 시대에는 의미가 깊은 모멘트의
수용에 대해서 경험의 지평이 다른 시대와 비교할 수 없을 정도로 많이
열려 있었다고 말할 수 있습니다. 경험의 지평이 인간에 대해 열려 있

었던 선험성이든, 세계 자체가 하나의 의미 깊은 세계로 형성될 수 있다는 생각이든, 표현주의 시대에는 경험의 지평이 넓게 열려 있었습니다. 이것은 선험성의 절정 표현주의의 문학에서 종교적 모티프의 고유한 위치 가치로부터 두드러지게 나타납니다. 의미 깊은 세계의 형성에 관한 생각은 표현주의 시대에 대한 마지막 회상이기도 하며, 내가 지난 시간에 이미 언급했던 루카치의 최근 저서에서 비장감이 있고 고백하듯이 정리된 표현에서 나타나고 있습니다. 루카치는, 그리고 그와 비슷한 생각을 하는 사람들은 세계의 진행이 의미가 깊은 진행이며, 의미가 깊은 목적τέλος을 향해 움직이는 진행이고, 이처럼 의미 깊은 것에 전망을 통해서 참여하지 않는 예술은 부르주아적이고 퇴폐적이라고[269] 믿고 있습니다. 현실 자체에서 찬스가, 다시 말해 헤겔이 말했음직한[270] 표현을 사용해서 그것 스스로에게 다가오고 의미 깊은 현실이 되거나 또는 그렇지 못하게 되는 찬스가 절정 표현주의 시대 이후 얼마만큼 결정적으로 변화하였는가 하는 질문을 내가 여기에서 던질 의도는 정말로 없습니다. 여러분이 내 견해를 물어 본다면, 나는 지난 40년 동안 도처에서 결정적인 변화가 있었다는 견해에 기울어 있다는 점을 말하겠습니다. 그럼에도 나는 어떤 경우이든 다음과 같은 견해를 여러분에게 책임 있게 말할 수 있습니다. 다시 말해, 절대적 의미에서 삶에 의미를 부여하는 원리에 대한 의식뿐만 아니라 이를 통해 인간이 자기 자신을 제어할 수 있게 되리라는 구체적 희망은 실체성이 객관적으로 구속력이 있는 것으로서의 예술을 담지할 수 있는 힘을 더 이상 갖지 못할 정도로 창백해지고 말았습니다. 오늘날 예술 운동은 더 이상 존재하지 않습니다. 의미가 깊은 모멘트를 긍정적으로 주어진 것으로 받아들이는 것에서 예술 운동의 힘들을 끌어낸다면, 그 운동은 의미가 깊을 것입니다. 그러나 오늘날 이러한 예술 운동을 생각해 볼 수 있는 가능성은 매우 어렵게 되었습니다. 모든 역사철학적인 경우에서처럼, 사람들은 그들이 오늘날 직면하고 있는 문제점에 대해 과거로 되돌아가서 이미 지나가 버린 오래된 단계에서 무엇인가를 감지할 수[271) 있는 것입니다. 다시 말해, 우리가 베르펠Franz Werfel에서 신神의 이름이 어떠한 방식으로 다루어지고 있는가를[272) 오늘날 살펴보면, 신과 같은 카테고리들에 관련을 맺는 것이 이미 어떤 공허한 것을, 실제로 더 이상 담지되어 있지 않은 어떤 것을 의미할 뿐이라는 점을 매우 명확하게 느낄 수 있게 됩니다. 다음 논의로 가기 전에 릴케Rilke에 대한 내 입장을 말하겠습니다. 나는 릴케에 대해 이야기하려는 의도를 전혀 갖고 있지 않습니다. 릴케를 얼마만큼 표현주의에 넣을 수 있는가에 대해서는 논란의 여지가 많기 때문입니다. 앞에서 말한 베르펠과 카테고리 문제로 되돌아갑니다. 베르펠에서 다루어지고 있는 신의 이름과 같은 카테고리들을 살펴보면, 이러한 카테고리들이 자기 스스로에 대해 엄격하게 의식하고 있는 문학 또는 예술에 의해 배제되어야 한다는 것을 우리는 명백하게 느낄 수 있습니다. 위대한 문학이자 신학적으로 영감이 주어진 카프카 문학이 여기에 해당되는 경우였습니다. 카프카 문학에서는 행복에 이르기 위한 신적神的인 의미와 직접적으로 관련을 맺는 모든 것이 모색될 수 있었지만[273) 허사로 끝나고 말았습니다. 이렇게 볼 때, 여러분이 제기한 질문은 정당합니다. 표현주의 시대에 비해서 가장 깊은 의미에서 변화한 것은 아무것도 없습니다. 그러나 바로 이것이 과거를 되돌아볼 때는 표현주의 자체에 대한 법정이 되는 것이 어느 정도 확실합니다. 표현주의의 약점, 무력함, 절규하는 신호의 '얼어붙은' 몸짓은 표현주의가 도처에서 ―그러한 의미가 현실에서는 이미 더 이상 존재하지 않는 동안에도― 긍정적으로 구체화된 의미로서 현존하는 것처럼 움직이게 하는 원동력입니다. 우리가 오늘날 표현주의를 구출하고 싶다면, 그것은 아마도 표현주의가 무력한 맹세로서, 절망적인 맹세의 시도로서, 표현주의에 고유한 절망에서 이미 나타났던 맹세에의 시도로서 판독되는 의미에서만 구출이 일어날 수 있을 것입니다. 구출은 그러나 표현주의 스스로 믿었던 원原단어들을, 젊은 베르펠에서 "현상들phaenomena"이라고 명명된 원단어들을 직접적으로 현재적인 것으로 간주하려는 의미에서[274] 일어날 수는 없습니다. 내 생각을 여러분에게 명확하게 전달하기 위해 원단어들과 같은 불쾌한 표현에 대해 면밀하게 따져보도록 하겠습니다. 예술가가 '담지하는 생의 감정'은 —더욱 정교하게 말해서 이것은 역사철학적인 장소, 모든 예술적 생산이 제기하는 선험적인 전제들입니다— 원단어들에서 보는 것과 같은 종류의 긍정적으로 의미 있는 것이 원단어들 내부에서 미리 주어져 있지는 않은 상태에 해당됩니다. 나는 이 점을 어떠한 경우를 막론하고 말할 수 있습니다. 여러분에게 위기 상황을 기법적인 변증법으로부터 순수하게 출발하여 서술해 준 바 있습니다. 다시 말해, 의미가 어떻게 하면 재료가 될 수 있는가를 묻는 것 대신에 재료가 어떻게 하면 의미 깊게 될 수 있느냐를 묻는 것입니다. 바로 이것도 위에서 말한 역사철학적인 상황으로부터 설명됩니다. 지금까지 말한 내용이 일단은 첫 번째 물음에 대한 답변입니다. 내가 의미의 위기와 관련하여 표현하고자 했던 의도가 무엇이었던가에 대한 답변입니다.

두 번째 질문의 내용은 이렇습니다. "다른 자리에서, 교수님은 극단적인 소외가 그것에 합당한 표현을 예술작품에서 요구하고 있다고 말씀하셨습니다. 이와 동시에 예술작품은 실재 사회에서는 더 이상 발견할 수 없는 목소리인 불구가 되어 있지 않은 자연을 그 내부에서 말로 옮기는 데 성공한 것에서 예술작품의 진리를 가질 수 있다고 말씀하셨습니다. 이제 교수님께 묻겠습니다. 소외의 모멘트와 불구가 되어 있지 않은 자연의 모멘트가 개별적 예술작품에서 내재적 비판의 도움을 받아 어떻게 증명이 가능합니까?" 나는 이 문제를 가볍게 다루고 싶지 않습니다. 한편으로는 그러한 문제들에 대해 어떤 처방을 제시할 수 없다고 뒤로 물러서는 자세를 취하지도 않겠습니다. 다른 한편으로는 나는 그러한 모멘트들에 대한 구체적 분석에서 가능한 한 충분히 모멘트들을 규정해 보도록 시도하겠습니다. 왜냐하면 무언가 불편한 것을 항상 알려주는 그러한 질문들에 대해 선언하듯이 처리해 버리는 것은 어느 정도 용이한 일이기 때문입니다. 여러분이 던진 질문이 내가 의도했던 바를 정교하게 적중시키지는 않은 것처럼 보이지만, 나는 질문의 의도에 적합한 방식으로 대답을 시도하고 싶습니다. 실재 사회에서 불구가 된 자연이 말을 할 수 있도록 하는 것이 모든 시대에서 예술의 의무라고 내가 말했다면, 그것은 정말로 잘못 말한 것입니다. 내가 그렇게 말했다면, 그것은 잘못 말한 것이며 여러분에게 이에 대해 사과하여야 할 것입니다. 우리는 불구가 되어 있지 않은 자연이 말할 수 있도록 할 수는 없습니다. 불구가 되어 있지 않은 자연, 순수한 자연, 사회의 매개 과정을 통해서 관통되어 있지 않을 것 같은 그러한 자연은 존재하지 않기 때문입니다. 나는 이 강의에서, 그리고 지난 시간에서, 자연적인 것을 직접적으로 서술하려는 모든 시도에 대해 경고하였고 여러분에게 이러한 경고를 강조해서 말한 적이 있습니다. 따라서 여러분 스스로 내가 여러분이 오해할 수 있도록 언급한 부분을 즉각 수정할 수 있을 것으로 나는 믿습니다. 나는 예술의 의무에 대해 오히려 다음과 같이 말하고 싶습니다. 불구가 된 자연이, 역사의 어떤 특정 상태에서 나타나는 자연이 말을 할 수 있도록 하는 것이 예술의 의무입니다. 순수한 종류의 자연과 같은 망상에 목을 매다는 것이 예술의 의무가 아닙니다.

여러분의 질문이 말하고 있는 바는 내게는 정말로 필연적인 것으로 생각되는 문제로 다가오는 것 같습니다. 여러분은 이런 질문을 던지고 있습니다. 교수님은 원래부터 예술로부터 2개의 모순적인 문제들을 요구하고 있습니다. 교수님의 생각에 따르면, 예술은 우리, 인간, 인류, 모든 개별 인간이 역사적으로 존재하고 있는 상태를 말해야 합니다. 그리고 이러한 상태는 완벽한 소외의 상태입니다. 다른 한편으로는, 교수님은 예술이 억압된 자연, 불구가 된 자연, 즉 소외와는 다른 것으로 볼 수 있는 것이 목소리를 내도록 도와주는 것을 요구하고 있습니다. 그렇다면 교수님은 언론 자유와 단숨에 이루어지는 검열을 예술로부터 요구하고 있지 않습니까? 여기까지가 여러분의 질문이 말하고자 하는 내용입니다. 나는 여러분의 질문에 대해 짧게나마 한번 매우 진지하게 숙고해 보는 것이 정말로 좋은 일이라고 생각합니다. 이러한 숙고에서 여러분은 변증법 안으로 들어가는 하나의 작은 과정을 실제로 이수할 수 있기 때문입니다. 지난 시간에 보여주려고 시도했던 것이, 즉 순수하고 접촉이 되어 있지 않은 자연은 그것의 직접성에서 인식될 수도 없고 예술에 의해 형상화될 수도 없다는 것이 맞다면, 억압된 것이 목소리를 낼 수 있도록 도와줄 수 있는 유일한 가능성은 부정성입니다. 즉, 소외자체275)가 표현되는 것이 유일한 가능성입니다. 예술작품에서 자연이 그것의 변전된 형상에서 직접적으로 목소리를 내도록 도와줄 수는 없습니다. 예술 안에 놓여 있는 것의 위에 일종의 침묵을 걸어 놓음으로써 다른 것이 아닌 소외 자체의 형상을 보여주는 것을 —이것은 예술에서 아직도 스스로 잃어버릴 수 없는 것입니다— 통해서, 그 어떤 망상적이거나 기만적인 방식으로 자연을 간섭하는 것을 배제하고 거절하는 것을 통해서, 더욱 노골적으로 정리한다면 자연이 철저하게 그 형태가 훼손되어 있는 모습을 보여주는 것을 통해서, 우리는 오늘날 자연이라는 카테고리가 의도하는 것이 기껏해야 무엇이라도 될 수 있는가 하는 것을 표현할 수 있을 것입니다. 여러분은 철학으로부터 "규정된 부정bestimmte Negation"276)이라는 개념을 기억하고 있을 것입니다. 이 개념은, 진리의 추상적인 형상이 우리에게 주어져 있지 않다는 것을 상기시켜 줍니다. "진리는 진리와 허위의 시금석이다Vercum index sui et falsi"가 아니고, "진리 자체와 진리에 대한 거짓 지침falsum index sui et veri"277)이라는 것입니다. 다시 말해, 우리가 모든 현상을 현상 스스로 존재하겠다고 요구하는 것과 대립시키는 것에서 측정함으로써 현상의 비진리성을 지배할 수 있게 되고, 이러한 방식으로, 부정적으로, 현상의 진리도 역시 지배할 수 있게 되는 것입니다. 나는 예술과 철학 사이의 진정하고도 극단적인 통일성이 바로 이러한 생각에서 성립된다고 봅니다. 여러분이 이러한 생각을 확고하게 붙잡고 이 생각이 예술에 대해서도 근본적인 것에 해당된다고 본다면, 여러분은 내가 말했듯이 고통과 부정성에서 성립되는 자연의 모멘트가 ―완벽해진 소외에 대한 표현을 통해서, 직접적인 자연의 모든 모서리가 예술에 의해 배제되는 것을 통해서, 그리고 예술에게 아직도 자연이 존재하는 것처럼 예술이 행동하지 않는 것을 통해서― 확고하게 유지되고 있고 오로지 이러한 방식으로만 그 모멘트를 표현할 수 있다는 점을 이해할 수 있게 될 것입니다.

이 생각에 잠깐 동안이나마 더욱 가까이 다가가서 그 특징을 살펴보겠습니다. 이것은 미학적 숙고에 적합한 일입니다. 이 숙고를 기법적 고찰을 통해, 즉 낯설게하기Verfremdung의 개념278)을 통해 시도하겠습니다. 브레히트Brecht는 이론가로서 낯설게하기와 관련하여 매우 중요한 것을 파악한 바 있습니다. 세계의 낯설게하기는 예술작품에서 신뢰된 것은 관습적인 것이고 미리 형성되어 있는 것이기 때문에 신뢰된 것을 신뢰된 것으로서 놓아두는 것279)을 포기하는 것을 통해 재현될 수 있었습니다. 신뢰된 것을 낯설게 하며 이러한 방식으로 신뢰된 것을 단순한 현상의 관점이 더 이상 아닌 본질의 관점으로 밀고 들어가는 것이 예술의 진정한 임무일 것입니다. 낯설게하기의 모멘트를 통해서 자연의 개념과 특별할 정도로 깊은 의미에서 소통을 하는 어떤 것이 발생하게 됩니다. 다시 말해, 낯설게하기의 모멘트를 통해 관습적인 것의 철거가 발생합니다. 사물 자체와 의식 사이에서 중간에 끼워져 있었던 모든 것의 철거가 일어나는 것입니다. 대상이 낯설게 되면서, 예술적 형상화가 주체와 객체 사이에 사실적으로 존재하는 소외를 급진적으로 계산에 넣으면서, 객체는 확실히 연약한 의미에서 자연으로 다시 변환됩니다. 이것은 그러나 우리와 항상 마주하고 서 있는, 역사가 없는 자연으로 변환되는 것을 뜻하지는 않습니다. 여러분은 내가 역사가 없는 자연 개념을 매우 근본적으로 배제시키고 있다는 것을 잘 알고 있을 것입니다. 객체는 역사가 없는 자연으로 다시 변환되는 것이 아니고, 이데올로기적인 첨가물로부터 어느 정도 확실하게 해방되어 있는 것으로 다시 변환되는 것입니다. 이렇게 해서 이것은 내가 의도한 것, 즉 불구가 된 자연, 다른 말로 하면 세계를 우리와 자연으로부터 출발하여 본질적으로 만들었던 것[280]이 객체가 자연으로 다시 변환되는 방식으로 예술작품에서 언어가 되어야 한다는 당위성과 더불어 의도했던 것에 매우 가까이 다가서게 됩니다. 우리는 여기에서 실제로 다음과 같이 말할 수 있겠습니다. 예술적 낯설게하기의 일관된 기법은 소외의 변증법적 단계에서 자연에 대한 시각 같은 것을 다시 산출하고 있습니다. 브레히트나 특히 베케트처럼[281] 낯설게하기의 기법을 구사한 매우 중요한 예술가들은 낯설게하기의 과정을 특별할 정도로 멀리 몰고 가고, 사람들이 '현실적인 경험'이라고 나타내는 것의 자명성을 완전히 폐기하였으며, 그 결과 브레히트와 베케트와 같은 예술가들은 마침내 먹기, 마시기, 잠자기, 질병, 신체적 훼손처럼 …[282] 확실히 자연적 관계들이라고 볼 수 있는 것들에 남아 있는 어떤 것을 다시 붙잡게 됩니다. 브레히트와 베케트의 작품들에서는 벌거벗은 자연과 같은 것이 뒤에서 남아 있는 것입니다. 그러나 이처럼 벌거벗은 자연은 신비화되고, 성스럽게 빛나고, 영구적인 이른바 '전지전능한'[283] 자연이 아닙니다. 벌거벗은 자연과 인간에게 자행된 역사적인 불구화 과정의 의미에서 인간이 최후에 내려와 있는[284] 자연입니다. 나는 브레히트나 베케트의 작품들에서 나타나는 이러한 모습이 낯설게하기에 대해 여러분에게 구체적인 표상을 제공하리라고 믿습니다. 또한 내가 이것을 강의에서 충분하게 보여주지 못한 것을 여러분에게 기꺼이 고백합니다. 그러나 여러분은 동시에 낯설게하기에서 나타나는 변증법이 내가 여러분에게 주지시켰던 카테고리들과 매우 특정한 방식으로 관련을 맺고 있음을 파악할 수 있을 것입니다. 다시 말해, 여기에 자연이, 여기에 소외 또는 낯설게하기가 존재하는 것이 아니고, 자연과 낯설게하기라는 카테고리들 자체가 서로 뒤섞여 매개되어 있습니다. 이러한 카테고리들은 현재의 예술이 처한 상황에서는 필연적으로 서로 겹쳐서 관련을 맺고 있으며, 상호 간에 의존되어 있습니다. 여기까지 답변한 내용이 여러분의 질문에 대한 답이 되었기를 바랍니다. 답이 되지 않았다면, 나는 질문한 분들이 이 문제에 대해 다시 한 번 덧붙여서 말을 해 주기를 청하는 바입니다.[285]

　　우리는 지난 시간에 이 강의에서 자연과 정신의 모멘트를 대변하는 모멘트인 표현과 구성에 관련되는 구체적인 변증법을 다룬 바 있었습니다. 우리는 그러한 변증법을 논의하면서 특정한 한계에 봉착하였습니다. 다시 말해, 구성에 자리를 잡고 있으며 오늘날 예술적 경험에서 만들어지는 한계에 부딪쳤던 것입니다. 여기에서 다시 반복해도 된다면, 구성의 한계는 구성 자체가 예술의 영역에서 문자 그대로의 의미에서 구성이 아니라는 사실로부터 발생합니다. 지난 시간에 대충 넘겨버렸던 구성에 관한 생각들을 여기에서 더 자세히 논의하는 것은 좋은 일이라고 생각합니다. 구성이라는 용어는 기술의 언어로부터 예술 이론에 수용되었습니다. 기술에서 말하는 구성이란 일련의 주어진 요소들을 합리적으로 통일시키는 원리입니다. 이러한 방식으로 구축되어 있는 구성에 관련되어 있는 사물이 작동하도록 해 주는 법칙이 바로 합리적 통일의 법칙입니다. 구성이 가능한 한 적은 힘을 소모하고 가능한 한 적게 재료를 소모하면서 가능한 한 유지 가능한 방식으로 ―그 밖에도 구성의 방식들에 끼어드는 방식들이 있어도 상관이 없습니다― 현실에서 구성에게 배당된 적절한 임무를 충족시킨다면, 그 구성은 좋은 것입니다. 여기에서 예술의 목적 기능과 관련하여 잠깐 동안 여러분에게 상기시켜 주고 싶은 것이 있습니다. 여러분이 예술적인 성찰로부터 추락하지 않으려면, 이 문제를 단 1초 동안이라도 여러분의 시각으로부터 놓쳐서는 안 됩니다. 다시 예술의 목적 기능으로 되돌아갑니다. 예술은 실재적인 목적 기능과 같은 기능을 받아들이지 않고, 목적의 영역으로부터 이분자異分子처럼 떨어져 나와 있는 영역입니다. 여러분이 이 사실을 상기한다면, 예술에서 문자 그대로의 구성이 존재하지 않다는 점을 곧바로 알아차리게 될 것입니다. 여기에서 쾰른의 음악이론가인 아이머르트Eimert의 이론을 예로 들겠습니다. 아이머르트는 사람들은 오늘날 예술작품에서 옳은 것이냐 또는 그른 것이냐를 물어야 하며 예술은 이러한 방향으로 나아가야 한다는 입장을 대변하고 있습니다.286) 이렇게 되면 재료를 구속력 있고 책임 있게 형상으로 완성하는 경향이 나타나게 됩니다. 그러나 예술작품의 '정확성'의 모멘트는 물론 수학에 놓여 있는 정확성과 같은 방식으로 부여되지는 않습니다. 여러분도 예술작품을 수학에서 보이는 정확한 방식으로 문자 그대로 증명해 보일 수는 없습니다. 여러분이 현실의 조각을 모아서 현실을 구성할 수 있는 것과 같은 방식으로 문자 그대로 예술작품을 조각을 모아서 구성할 수는 없는 것입니다. 급진적 현대에서 위대한 예술가들인 파울 클레Paul Klee나 후안 그리스Juan Gris와 같은 예술가들은 구성주의자로 잘 알려져 있습니다. 그러나 그들도 구성적인 예술작품은 그것에 고유한 이른바 법칙성이 정지되는 바로 그 순간에 비로소 시작된다는 점을287) 반복적으로 강조하였습니다. 나는 이것을 여러분에게 보여주려고 시도하였습니다. 이에 대해 더 자세히 부연 설명하겠습니다. 표현 모멘트에 대한 비판을 통해서, 스스로 구성이 아닌 것을 모두 잘라 버리는 경향을 통해서, 예술적 재료와 예술적 형상화에서 구성에 저항하는 모든 것을 희생시키는, 즉 구성에의 총체적 요구 제기를 통해서, 예술은 예술에 고유한 구성 원리들을 문자 그대로 받아들이는 상황으로, 그리고 예술이 마치 현수교나 이와 유사한 것처럼 그것 자체를 이해하는 상황으로 끌려 들어가게 되는 것입니다. 여기에서 예술은 그것 자체에 고유한 기법을 통해 예술적 원리 자체, 문자 그대로가 아닌 존재, 가상의 원리와 모순관계에 빠져들게 됩니다. 여러분은 동시에 여기에서 현재 상황에 대한 인상학Physiognomik과 관련하여 내게는 매우 중요한 것으로 다가오는 것을 부수적으로 잘 인식할 수 있습니다. 나에게 매우 중요하게 다가오는 것은 의식의 확실한 퇴화입니다. 즉, 전체 의식이 확실히 유치하게 되었다는 사실입니다. 전체 의식의 유치화는 우리가 살고 있는 세계의 도처에서 수없이 많이 관찰할 수 있습니다. 이것은 인간이 연약하고, 어리석고, 우둔하거나, 또는 이와 비슷한 그 어떤 상태로 되었기 때문에 오는 것이 아닙니다. 의식의 퇴화는 진보의 원리 자체에 내포되어 있습니다. 다시 말해, 구성 원리가 정말로 끝에 다다랐다고 생각되는 바로 그 순간에 예술적인 논리의 귀결에 의해서 예술이 최종적으로는 마치 수학의 임무와 같은 것처럼 되는 것입니다. 이렇게 해서 예술 작품이 문자 그대로인 것의 수준, 조야한 사실성의 수준으로 내려앉게 됩니다. 문자 그대로인 것, 조야한 사실성은 예술 자체의 원리와 대립되는 것들입니다. 예술이 이렇게 전개되는 것을 잘못된 전개라고 우리가 위로부터 의기양양하게 간단히 처리해 버리는 권리조차 갖지 못한 채 예술은 조야한 사실성의 수준으로 내려앉게 되는 것입니다. 그러한 전개는 오히려 사물 자체에 들어 있습니다. 나는 그러한 전개가 실증주의 철학과 비슷한 방식으로 진행된다고 생각합니다. 따라서 나는 그것을 실증주의 철학과 비교해서 논의하겠습니다. 실증주의 철학은 원래부터 모든 현실적인 철학적 물음을 의미가 없는 것으로 절단시켜 버리고 최종적으로는 완전한 동어이의同語異意의 반복이나 형식주의로 흐르게 합니다. 실증주의 철학은 그러므로 철학이 본질적인 물음들에서 갖고 있는 관심과 맞서면서 의식의 철저한 퇴화를 유발하는 철학인 것입니다. 그러나 의식의 퇴화가 이처럼 완전하게 이루어지고 있음에도 불구하고, 인식비판 자체에서, 즉 인식이 자기 자신을 성찰하는 것에서 어떤 악의가 있는 필연성이 지배력을 갖고 있으며, 악의 있는 필연성이 앞에서 말한 실증주의적인 구성에 이르게 되는 것입니다. 나는 여러분이 이 점을 심각하게 받아들여 여러분 스스로 분명한 입장을 갖게 된다면 좋은 일이라고 생각합니다. 이처럼 극도로 난해한 문제들을 호의적인 마음들을 통해서, 그리고 어떻게 하면 그러한 것들이 더욱 좋아져야 하는가를 느끼게 되는 것을 통해서 끝낼 수 있다고 우리가 믿어 버리는 것을 피할 수 있기 때문입니다. 이처럼 난해한 문제들을 그 필연성에서 파악하고 나서 필연성 자체를 스스로 다시 비판하는 경우에만, 우리는 그러한 문제들을 처리할 수 있을 것입니다. 문제가 항상 이러한 상태에 놓여 있지만, 내가 여러분에게 말했던 것으로부터 예술에서 구성이 이중적 한계에 봉착했다는 사실이 유래합니다. 이중적 한계에 직면하게 된 원인은 2가지입니다. 한편으로는, 예술에서 구성의 개념은 구성될 수 있는 것이 더 이상 존재하지 않는 곳에서는 의미가 없게 된다는 점에서 구성이 한계에 부딪치게 됩니다. 내가 여러분에게 스케치하듯이 말하려고 시도하였듯이, 구성은 경험세계에서는 좋은 의미를 갖고 있습니다. 경험세계와는 대조적으로 예술에서의 구성은 산만하게 흩어진 것, 다양하게 펼쳐져 있는 것의 조직화를 뜻한다고 말할 수 있습니다. 이것들은 자체로부터는 조직화 원리를 갖고 있지 못하고 의미 없는 것으로 쇠락할 만한 것들이지만, 예술에서는 함께 모아지는 것들입니다.[288] 현대 예술이 구성의 원리를 절대적인 것으로 끌어올리려는 의지를 갖고 있는 것은 정말로 확실합니다. 그러나 구성의 원리가 절대적인 것으로 끌어올려지고 동일성의 비동일성[289]이 삭제되는 것이 실제 사실이 된다면, 구성은, 구성을 고발하는 언어로 표현한다면, 다수에 대한 고려가 부족하다는 이유로 인해 의미 없는 것이 되고 말 것입니다. 위에서 말한 동일성의 비동일성의 삭제가 왜 발생하는가에 대해 부연 설명하겠습니다. 많은 작곡가들이 의도하였듯이, 작곡의 음열을 확정적으로 고정시킴과 동시에 작곡이 전체 흐름에서 모든 휴지부休止付와 함께, 심지어는 모든 기악적인 모멘트와 함께 처음부터 결정되어 있다면,[290] ―나는 여기에서 여러분의 마음을 편하게 해 줄 수 있습니다. 작곡이 실제로 그렇게 되지는 않습니다―, 동일성의 비동일성이 삭제되는 결과로 이어질 것입니다. 다시 말해, 이렇게 되면 구성될 수 있는 것이 존재하지 않게 될 것이며, 구성 자체도 스스로 폐기될 수 있는 잠재성이 발생할 것입니다. 나는 앞에서 구성이 이중적 한계에 봉착했다고 말했습니다. 지금까지는 이중적 한계의 한 측면에 대해 말하였으므로 이제 다른 측면을 논의하겠습니다. 이중적 한계의 다른 한 가지 원인은 다음과 같은 경우로부터 유래합니다. 다시 말해, 기법에서 나타나는 경우처럼, 구성 원리 자체가 그것 스스로부터 정당화되지 못하고, 즉 구성 원리가 예술작품이 진척되도록 해 주고 기능을 발휘하게 해 줌으로써 얻게 되는 그것의 목적 관계로부터 스스로 정당화되지 못하고 구성이 그것에 고유한 진실이나 비진실의 기준으로부터 벗어나서 그것 스스로 만족에 빠져드는 것으로부터 유래하는 것입니다. 예컨대 기술의 경우에는 기술이 성취하고자 하는 목적 관계가 기술 스스로부터 정당화되지만, 구성 원리는 그것 스스로부터 정당화되지 못할 수도 있는 것입니다. 구성이 심각하게 진실을 증명하는 것에 다가서야 한다면, 다시 말해 구성 원리가 정말로 오로지 그렇게 될 수밖에 없으며 다르게 될 수는 없다는 것을 증명해야 한다면, 구성 원리에서는 우연적인 것의 모멘트가 항상 명백하게 드러나게 됩니다.[291] 심지어 몇몇 젊은 이론가들은 하이젠베르크Heisenberg의 '불확정성 관계'의 개념을 여기에 적용시키기 위해 노력하는 것이[292] 좋다고 생각하고 있습니다. 나는 그들이 이렇게 생각하는 것보다 더 잘할 수는 없지 않을까 하는 생각을 갖고 있습니다. 나는 그들의 생각이 호기심을 끌고 있다고 보며, 최소한 그들의 생각에 동의하고 있습니다. 구성 원리가 정말로 심각한 것으로 될 때, 그리고 구성 원리가 문자 그대로인 것으로 주장하는 그 순간에 비로소 구성 원리는 문자 그대로인 것이 전혀 아니라는 것이 드러나게 됩니다. 그 까닭은, 여기에서 관건이 되는 것은 순수한 수학, 사물 자체의 순수한 논리가 아니고 어떤 확실한 정도까지는 항상 예술적 주체의 자의적인 확정이기 때문입니다. 내가 여러분에게 말한 바 있었던 우연의 모멘트는 이러한 방식으로 보충적으로 구성에 이르게 되는 것입니다.

여기에서 말하는 우연은 이중적 의미에서의 우연입니다. 한편으로는, 개별적인 것에 있는 우연의 모멘트입니다. 이것은 구성에서 나타나지만 아래와 같은 이유로 인해 우연적입니다. 우연의 모멘트는 자체로는 더 이상 구성에 나타나지 않고, 구성에 의해 관련되는 자리에 불려오게 되고 관련된 자리에서 의미가 넘치는 것으로서 더 이상 증명되지 않기 때문에 우연적인 것입니다. 다른 한편으로는, 우연적인 모멘트가 구성에서 전체적인 모멘트로 나타나기 때문에 우연은 이중적 의미에서의 우연이 되는 것입니다.293)

여기에서 우연성Alleatorik294)에 대해 살펴보겠습니다. 여러분은 우연성 음악이 가장 특별한 방식으로 여러 곳에서 나타나며 서로 의존되어 있지 않다는 것을 관찰할 수 있을 것입니다. 미국에서는 케이지 Cage,295) 프랑스에서는 불레즈Boulez,296) 독일에서는 슈토크하우젠 Stockhausen297)과 같은 음악가들에서 우연성이 나타나고 있습니다. 우연성 음악은 물론 미국인인 케이지에게 우선 순위가 부여됩니다. 나는 우연성 음악의 원리가 예술에서 절대적인 것으로까지 밀어붙여진 법칙성과 스스로 물신주의적으로 과도하게 밀어붙여진 법칙성이 우연으로 전도한298) 상태에 대한 일종의 자의식이라고 생각하고 있습니다. 그러나 여기에서 여러분에게 깊게 생각해 볼 필요가 있는 몇 가지에 대해 말하고 싶습니다. 몇몇 숙고들은 아마도 여러분 자신을 일련의 개념들에서 뒤흔들어 놓는 데 기여할 것입니다. 그럼에도 우리는 이러한 개념들을 여기에서 다루어야 하며, 이 개념들에서 나는 여러분을 뒤흔들어 놓아야만 합니다. 내가 이렇게 하는 것은 낯설게하기를 위하여, 다시 말해 예술 자체를 낯설게 하기 위함입니다. 우리가 케이지나 불레즈 등이 만들어 놓은 형상물을 대하면서 부딪치게 되는 경험은 예술에 대해 우리 모두에게, 내가 케이지 등에게서 색다른 것을 경험하기까지는 나에게도 역시 자명했던 것이 동요에 빠지고 말았다는 종류의 경험입니다. 다시 말해, 우리가 음악적 의미를 생각할 때는 예술적 기준을 설정하여 생각하던 자명성이 동요하게 된 것입니다. 나는 의미의 위기와 관련하여 내 나름대로 위기를 진정시키는 정황을 통용시킬 수 있었습니다. 나는 『신음악의 철학』에서 의미의 위기에 대해 상세하게 다룬 바 있었습니다.[299] 『신음악의 철학』 말미에서 심지어 다음과 같은 질문을 던지기까지 하였습니다. 다시 말해, 음악이 지배적인 문화에 맞서서 음악이 봉사할 수 있는 가능성을 심각하게 포기하려고 한다면,[300] 음악은 그것의 진정성을, 즉 음악이 그렇게 되어야 하고 다르게 될 수는 없다는 진정성을 마침내 스스로 단념해야 하는 것이 아니냐는 물음을 제기한 바 있었던 것입니다. 내가 잘못 본 것이 아니라면, 예술이 오늘날에 이르기까지 항상 갖고 있었던 관점을 예술 스스로 잃어버리게 만든 끔찍한 것이 있습니다. 끔찍한 것은 두 가지로 나누어 생각해 볼 수 있습니다. 우선적으로는, 완벽할 정도로 필연적인 귀결성을 갖고 예술에서 운용되었던 모든 것이 예술에서 공공연하게 이러한 귀결성을 통해 일종의 의미를 얻게 되었다는 점을 말할 수 있습니다. 다시 말해, 의미는 예술이 표현할 수 있는 그 어떤 것이 되어야 한다는 필연성이 전혀 존재하지 않게 된 것입니다. 예술가는 이제 그 어떤 원리에 따라 작품을 처리하면 됩니다. 그 원리가 제멋대로 날뛰는 학교 선생이나 시계 제조공의 원리이든, 예술가가 그러한 원리에 따라 극도로 견딜 수 없을 정도로, 극도로 고집스럽게, 극도로 편집증적으로 그 어떤 예술작품을 조직하고, 충분히 길게, 충분히 멀리 몰아붙이든, 예술가는 그 어떤 원리에 따라 작품을 처리하기만 하면 되는 것입니다. 이렇게 되면 예술작품은, 순수한 귀결성을 통해서, 예술작품이 원래부터 의미를 갖고 있는 것처럼 나타나게 됩니다. 구체적 예를 들어 보겠습니다. 나는 앞에서 말한 내용을 30년 전에 아마추어 수준에서 음악에 취미를 가졌던 오스트리아의 하우어Joseph Matthias Hauer[301]에게서 관찰할 수 있었습니다. 그는 예술가적 측면에서 보면 유치한 실험을 하였습니다. 그는 자신이 고안한 정말로 바닥이 없는 원시적인 체계인 이른바 전의轉義의 체계에 따라 원시적인 음악을 만들었습니다. 그러나 하우어가 이러한 원리로부터 단 한시라도 떨어져 나오지 않았다는 것에 의해서 그가 만든 형상물들로부터 어떤 확실한 종류의 설득력이 발생하게 됩니다. 이러한 설득력은 물론 우리가 오늘날의 음악에서 만날 수 있는 하우어에 비해 비교할 수 없을 정도로 많고 높게 조직화된 구성들에서는 더욱 높고 극단적인 정도로 나오게 됩니다. 이것이 말하는 바는 일단은 다음과 같은 것입니다. 예술의 의미를 일단 정의할 수 있는 것은 강제하는 힘, 예술작품에 붙어 있는 설득적인 요소입니다. 예술작품은 이렇게 해서 일종의 연관관계를 서술하며, 이 연관관계는 일종의 논리성을 갖고 있고, 우리는 이러한 논리성으로부터 빠져나올 수 없습니다. 강제하는 힘, 설득적인 요소의 모멘트는 예술에서 원래부터 결코 문자 그대로 얻어질 수 없으며, 어떤 예술작품도 문자 그대로 제대로 된 의미의 연관관계가 될 수 없습니다. 오히려 모든 예술작품은 원래부터 의미의 연관관계가 만들어 낸 허구일 뿐입니다. 예술작품이 마치 하나의 의미 연관관계인 것처럼 행동하는 것입니다. 예술작품은 그것의 연관관계를 통해서 자체 내에서 닫혀 있고 통합적인 전체의 가상을 산출해 냅니다. 예술작품은 작품 자체 내에서 그러한 통합적인 전체가 참된 것임을 증명하지는 못한 채 가상을 만들어 냅니다. 이렇게 할 수 있기 때문에 예술작품은 우연성 음악이 만든 형상물들에 의해서 질서가 되도록 부름을 받게 됩니다. 예술작품에게 영수증이 부여되는 것입니다. 다시 말해, 어떤 의미를 구체화시키는 가상을 포기하고 그 대신에 예술작품이 가상으로 출현하는 일관성을 유지하게 되면 어떤 의미와 같은 것이 산출됩니다. 이렇게 산출되는 의미가 동시에 스스로 우연성의 모멘트와 맞부딪쳤을 때만 오로지 어떤 의미와 같은 것이 되는 것입니다. 나는 우연성의 모멘트가 어떻게 이러한 것들에 들어오는가를 여러분에게 이미 보여준 바 있었습니다.[302] 우연성의 모멘트는 다른 한편으로는 내가 특히 존 케이지의 작품들에서 얻었던 경험들이기도 합니다. 케이지의 작품들의 질에 대해서 나는 어떠한 판단도 전혀 하고 싶지 않습니다. 그의 작품들과 마주하게 되면 예술적 질의 문제는 정말로 휘어져 있는 문제이자 가로지르는 문제에 지나지 않기 때문입니다. 케이지의 작품들은 이런 종류의 작품일 뿐입니다. 그의 작품들이 정말로 제대로 된 완성적인 작품들이 아닌 것처럼, 그 작품들은 예술작품이 되려는 의지도 없는 것이 어느 정도 확실합니다. 그러나 순수한 구성 원리에 의해서 극단적으로 전도된 대립을 보여주는 케이지의 작품들에서는 우연의 원리가 작품을 홀로 지배하는 원리가 되고 있습니다. 다시 말해, 케이지의 피아노 콘서트303)와 같은 작곡에는 스케치 수준으로 되어 있고 자의적으로 붙잡혀 있는 성부聲部들이 들어 있습니다. 그 성부들 내부에는 성부들 안에 나타나는 요소들 사이의 주제적 관계들 또는 다른 종류의 관계들을 절대적으로 금지하는 것 이외의 어떤 다른 규칙도, 어떤 다른 구조 연관관계도 존재하지 않습니다. 성부들 내부에 들어 있는 유일한 규칙이 있습니다. 음音들로 이루어진 우주로부터 모든 순간에, 모든 색에서 모든 음이 자기 차례를 가질 수 있는 동일한 원리를 갖고 있다는 것이 유일한 규칙입니다. 여기에서 우연의 원리는 실제로 극단으로까지 상승됩니다. 여러분이 케이지의 색다른 작품을 청취해 보면, 여러분은 의미가 없다는 인상을 전혀 받게 되지 않을 것이고 오히려 케이지가 구사한 부정적 원리를 통해서 특별할 정도로 통합된 모멘트의 인상, 심지어는 매우 커다란 강제적 속박의 인상을 얻게 될 것입니다. 이것은 정말로 깊게 생각해 보아야 할 문제입니다. 여러분은 더 나아가 우연에 완전히 내맡기는 것을 통해서 일종의 표현, 절망적인 표현, 거칠게 대들면서 표출시키는 표현을 알아차리게 될 것입니다. 이러한 표현은 우리가 전통적이고 표현이 넘치는 예술작품들에서 익히 알고 있는 것을 매우 멀리 넘어서는304) 표현입니다. 나는 존 케이지의 피아노 콘서트와 같은 형상물에 대해 미학 강의에서는 일반적으로 논의되지 않는다는 점을 잘 알고 있습니다. 그러나 나는 가장 앞서가는 전개 경향들로부터 이론을 열어보여야 하며, 그 반대의 경우가 되어서는 안 된다고 생각하고 있습니다. 이것을 이미 여러분에게 간략하게 언급한 바 있었으며, 내가 생각하는 이러한 원칙에 따라 여러분에게 케이지의 작품들에 대해 침묵하고 싶지 않았던 것입니다.

여기에서 여러분은 내가 제시하였던 의미의 카테고리가 최종적이고 고립된 카테고리가 아니며, 의미의 카테고리에서 우리가 예술작품들을 측정할 수 없다는 것을 이해할 수 있을 것입니다. 우리는 오히려 의미의 카테고리를 내가 제시하였던 카테고리들과의 연관관계에서 생각해야만 합니다. 어떤 경우이든 오늘날에는 구성이, 절대적으로 되어 버린 구성이, 구성의 사물화되고 표면적인 형상에서, 주체와 마주하고 있다는 것이 일단은 성립됩니다. 우리 모두는 아마도 많은 현대 예술에서 긴장 상실의 모멘트를 관찰하고 있을 것입니다. 긴장 상실의 모멘트를 관찰하는 사람들은 대부분의 경우 현대 예술에서 자신의 삶과 동일한 요소를 확인하기 때문에 긴장 상실의 모멘트를 현대 예술에서 볼 수 있는 것입니다. 긴장 상실을 관찰하는 사람들은 "중간이 상실되었다"라고 끊임없이 소리를 지르는[305] 사람들이 아닙니다. 현대 예술 내부에서 긴장 상실의 모멘트는 구성 원리의 절대성에 의해서 구성과 구성되는 것 사이의 긴장의 모멘트가 없어져 버린 것에서 유래하는 것 같습니다. 심지어 우리는 다음과 같은 정도로까지 말할 수 있습니다. 주체와 객체 사이의 긴장의 모멘트가 제거됨으로써 현대 예술 내부에서 긴장 상실의 모멘트가 발생하는 것입니다. 주체와 객체 사이에 긴장의 모멘트가 제거됨으로써 단순히 주체적으로 설정된 법칙성들이 자의성의 폭력을 과시하고 있는 것입니다. 여기에서 무엇보다도 특히 구체적 예술작품과 구체적인 예술적 형상화를 위해서 긴장감 상실의 문제들에 대응하는 작업이 뒤따르게 됩니다. "사라지는 것에 대한 복수"[306]가 구성에서 확실하게 사라지는 것에 대응하여 작동을 하게 되며, 선명하게 각인된 것이 명백히 드러나도록 새로운 방식으로 노력을 하게 됩니다.

현재의 예술이 성취할 수 있는 것의 맞은편에서 예술이 발견하고 있는 문제는 근본 문제에 속합니다. 이러한 문제는 오로지 구성의 문제만은 더 이상 전혀 아니며, 특징들을 어떻게 언어로 정리하느냐 하는 문제입니다. 특징들은 잃어버릴 수도 없고, 혼동될 수도 없는 것들입니다. 특징들은 각기 개별적인 특징에게 어떤 특별한 각인을 부여합니다. 구성 원리는 특징들을 통해서 그것의 정당성을 비로소 다시 찾을 수 있게 됩니다.307) 특징들의 문제는 예술에서 오래된 전사前史를 갖고 있습니다.308) 여러분이 특징들의 재발견이라는 생각을 포착하면, 여러분은 예술의 일반적인 역사철학 또는 미학에 대하여 다음과 같은 것을 관찰할 수 있을 것입니다. 예술사가 직선적으로 진행되지 않고, 즉 직선적이고 쪼개지지 않는 진보가 존재하지 않고 상황에 따라서는 표현이나 특징화 또는 개별적인 특징의 선명하게 각인하기와 같은 카테고리들이 어떤 확실한 지점에서 다시 받아들여진다면, 그 내부에 그 어떤 이질적인 외부로부터 예술작품에 들어오게 된 요구들을 필연적으로 숨겨 놓을 필요가 없는 것입니다. 오히려 예술적인 문제 제기의 변증법에서 보이는 각인하기와 같은 분출, 지그재그 선線, 나선형螺線形, Spirale은 그러한 문제 제기 자체로부터 나온 결과입니다. 다시 말해, 이차원적인 진보의 도형은 변증법이 아닌 다른 것으로서는 생각될 수조차 없는 운동인 정신 자체의 운동과 하나가 아닙니다.

268) 앞의 167-168쪽 참조.

269) 여기에서 이렇게 정리되어 있는 표현은 루카치의 책 »Wider den mißverstandenen Realismus리얼리즘이 오해된 것에 대한 반박«에서 글자 그대로 발견된다[vgl. a. a. O.(편집자주 260번 참조), S.10f. u. 100f.].

270) Vgl. Hegel, Enzyklopädie der philosophischen Wissenschaften im Grundrisse III엔치클로페디 III, 1830, in: ders., Werke, a. a. O.(편집자주 5번 참조), Bd. 10, Frankfurt a. M. 1970, S.243. "정신은 정신을 선도한 두 개의 중심적 발전단계들과 정신에 의해 스스로 만들어진 발전들을 없애 가짐으로써 우리에게 이미 그것 자체와 매개된 것, 정신의 다른 것으로부터 그것 내부로 되돌아온 것, 주체적인 것과 객체적인 것의 통합체로서 보이게 된다. 그것 자체에게 되돌아오는 정신의 활동, 즉 객체를 이미 없애 가져진 것으로서 그 내부에 즉자적으로 포함하는 정신의 활동은 그러므로 그것 자체와 그것의 대상의 직접성이 갖는 가상, 객체를 단순하게 발견하는 형식을 없애 가지는 것을 향하여 나서게 된다."

271) Vgl. Lukács, Wider den mißverstandenen Realismus리얼리즘이 오해된 것에 대한 반박, a. a. O.(편집자주 260번 참조), S.12.

272) 유태인 혈통을 가진 독일-뵈멘계의 작가인 베르펠Franz Werfel, 1890-1945은 당시에 특히 가톨릭적인 환경에서 매우 성공적이었던 장편소설인 »Barbara oder die Frömmigkeit«(Berlin 1929)와 »Das Lied von Bernadette«(1941)를 썼다.

273) Vgl. Adornos *Aufzeichnungen zu Kafka*카프카 단상(1953), GS 10·2, S.254 bis 287, bes. 271; s. auch Walter Benjamin, »Franz Kafka«(1934), in: ders., Gesammelte Schriften, Bd. II·2, a. a. O.(편집자주 94번 참조), S.409 bis 438.

274) Vgl. das dritte Buch in Franz Werfels Gedichtband »Der Gerichtstag«, Leipzig 1919(S.95-121).

275) 아도르노는 이 문장에 밑줄을 그어 놓았다.

276) Vgl. Hegel, Werke, a. a. O.(편집자주 5번 참조), Bd. 5: Wissenschaft der Logik I 논리학 I, Frankfurt a. M. 1969, S.49. "학문적인 진전을 획득하기 위해서 —학문적인 진전에의 매우 간단한 통찰은 본질적으로 노력을 통해서 얻을 수 있다— 유일하게 필요한 것은 다음과 같은 논리적 문장에 대한 인식

이다. 다시 말해, 부정적인 것은 긍정적이라는 문장, 또는 스스로 모순되는
것은 영零, 추상적 무無로 해체되지 않고 본질적으로 그것의 특별한 내용의
부정으로만 해체된다는 문장, 또는 그러한 부정은 모든 부정이 아니며 스스
로 해체되는 특정한 사물에 대한 부정, 이렇게 함으로써 규정된 부정이라는
문장을 인식하는 것이 필요하다. 결과에는 결과가 초래된 것이 본질적으로
포함되어 있다. — 이것은 동어반복이기는 하다. 그렇지 않다면 결과는 직접
적인 것이 되고 말 것이며, 결과가 아닌 것이 되고 말 것이기 때문이다. 결과
로서 나온 것이 부정, 규정된 부정이 되면서 규정된 부정은 내용을 갖게 된
다. 규정된 부정은 새로운 개념이다. 그러나 이것은 앞서 지나간 개념보다
더욱 높고 더욱 풍부한 개념이다. 왜냐하면 규정된 부정은 내용의 부정이나
내용과 대립된 것을 위해 더욱 풍부하게 되었기 때문이다. 규정된 부정은 내
용을 내포하지만 내용 이상의 내용으로 내포한다. 규정된 부정은 내용의 완
결성이며 내용과 대립되어 있는 것의 완결성이다." 1958년 10월 15일 프랑
크푸르트 헤겔학회에서 강연한(편집자주 75번 참조) 헤겔 철학의 경험내용
에 관한 논문에서 아도르노는 다음과 같이 강조하였다. "방법으로서 변증법
의 신경神經은 규정된 부정이다"(GS 5, S.318).

277) 스피노자는 그의 『에티카Ethica Ordine Geometrico demonstrata』(1677)에서 다음
과 같이 가르치고 있다. "참이라는 것은 마치 빛이 빛 자체와 어둠을 드러내
는 것과 같은 것이다. 진리는 이처럼 진리 자체와 잘못된 것을 보여주는 기
준과도 같은 것이다"(»Sane sicut lux seipsam, & tenebras manifestat, sie
veritas norma sui, & falsi est.« Eth. II , Prop. XLIII, Schol.; zit. nach der
lateinisch-deutschen Ausgabe von B. Lakebrink: Spinoza, Die Ethik, Stuttgart
1977, S.214f.). 헤겔은 '진리는 진리와 허위의 시금석이다'라는 이 문장을 『엔
치클로페디』제2판(1827년) 서문에서 같은 형식으로 인용하였다[in: ders.,
Werke, a. a. O.(편집자주 5번 참조), Bd. 8, S.31, sowie in seinen Vorlesungen
über die Philosophie der Religion I 종교철학 강의 I, Werke, a. a. O., Bd. 16,
S.63]. 마르크스(Bemerkungen über die neue preußische Zensurinstruktion, in:
MEW, Bd. I, S.6)와 루카치[Wider den mißverstandenen Realismus, a. a. O.
(편집자주 260번 참조), S.100]도 진실에 대한 스피노자의 생각을 이어가고
있다. — 이에 반해 아도르노는, 그가 공통적으로 쓰이는 문장을 뒤집고 진
리와 허위의 시금석으로서의 진리를 허위에서 만들어내고 있다면, 오히려
키르케고르에 맞춰져 있다. 그는 다음과 같이 말하고 있다. "진리에 도달하

기 위해서는, 우리는 모든 부정성을 뚫고 들어가야 한다. 여기에서 중요한 것은, 이에 대해 전설이 이야기하고 있듯이, 확실한 주술을 해체시키는 것이기 때문이다. 극劇은 뒤로 되돌아가서 철저하게 끝까지 공연되어야 한다. 그렇지 않으면 주술은 해체되지 않는다"(Sören Kierkegaard, Die Krankheit zum Tode죽음에 이르는 병, in: ders., Gesammelte Werke. Übers. V. H. Gottsched, Bd. VIII, Jena 1911, S.41; zit. nach: Adorno, GS 2, S.120). 참된 것뿐만 아니라 잘못된 것에 대한 해명이 의심할 여지없이 확실하게 받아들여지는 진리에서 출발하여 획득될 수 있는 것이 아니라 우리가 잘못된 것으로 인식하였던 것으로부터 —이곳으로부터 부정을 경유하여 참된 것으로 나아가기 위해서— 일반적으로 출발해야 된다는 생각은 아도르노의 『부정변증법』에 들어 있는 근본적인 생각이다(vgl. dazu ferner GS 14, S.347).

278) '낯설게하기'의 개념은 브레히트Bertolt Brecht, 1898-1956의 '서사극' 프로그램에서 중심적인 개념이다. "어떤 진행이나 어떤 특징을 낯설게 한다는 것은 일단은 진행이나 특징에서 자명한 것, 명증한 것을 탈취하고 진행이나 특징의 위에 놀라움과 호기심을 산출시켜 놓는 것을 의미한다. … 낯설게하기는 따라서 역사화시키는 것을 뜻하며, 진행들이나 인물들을 일시적인 것으로서 묘사하는 것을 지칭한다"[Bertolt Brecht, Über experimentelles Theater실험극에 대하여(1939), in: ders., Gesammelte Werke in 20 Bänden, Frankfurt a. M. 1967, Band 15, S.301f.].

279) 아도르노는 이미 *Kritik des Musikanten*악사에 대한 비판(1956)에서 브레히트적인 의미에서 다음과 같은 태도를 취하고 있다. "예술은 관리된 세계의 현혹의 연관관계를 깨부술 수 있도록 예술 자체의 경험에 강직하게 따라야 할 것이다. 오로지 낯설게하기만이 소외에 대해 답변한다"(GS 14, S.71).

280) 아도르노는 크라우스Karl Kraus의 시 »Flieder라일락«에 들어 있는 행인 "무엇이 세계를 우리로부터 만들었는가"(in: ders., Ausgewählte Gedichte, München 1920, S.20)를 자주 인용하고 있다(u. a. GS 6, S. 292). 이 시는 크레네크Ernst Křenek가 그의 연連가곡인 »Durch die Nacht밤새도록« op. 67 (1930/31)에서 작곡했던 시들 중의 하나에 속한다. 아도르노는 이 가곡집을 매우 높게 평가하였으며, 1940년 2월 22일 라디오 방송을 위한 음악회에서 미국 청중에게 소개하였다(vgl. GS 18, S.580).

281) Vgl. Adornos *Versuch, das Endspiel zu verstehen*베케트의 막판극 이해(GS 11, S.281 bis 321, sowie GS 7, S.370f.).

282) 녹음에서 나타나는 빈틈은 테이프 교환으로 인해 발생한 것임.

283) 아도르노는 이미 1920년대 후반부터 '전全자연Allnatur'에 대한 논의에 대해 거부감을 느끼고 있었다. 전자연의 스피노자적이거나 괴테적인 범신론은 '피血-토대' 이데올로기로 넘어가는 경향이 증대되고 있었다(vgl. GS 19, S.163, sowie GS 20·2, S.804).

284) 이 단락 앞부분인 "세계의 낯설게하기는 예술작품에서"부터 여기까지 아도르노가 밑줄을 그어 놓았다.

285) 인쇄 상태의 글에 다음과 같이 표시되어 있다. "더 이상 의문의 여지가 없음."

286) 작곡가이자 음악 자유기고가인 아이머르트Herbert Eimert, 1897-1972는 12음 기법 음악을 위해 가장 초기에 투쟁한 작곡가들 중의 한 사람이다. 그는 특히 »Atonale Musiklehre무조음 음악론«(Leipzig 1924), »Lehrbuch der Zwölftontechnik12음 기법 교과서«(Wiesbaden 1950), »Grundlagen der musikalischen Reihentechnik음악적 음열 기법의 기초«(Wien 1964)를 저술하였다. 그는 쾰른에 있는 WDR 방송의 전자음악 스튜디오의 공동 설립자였으며, 이 스튜디오를 1951년부터 1962년까지 이끌었다. 그는 1951년부터 1957년까지 다름슈타트 하계 국제 신음악 과정의 강사로 일하였다. 1955년부터 1962년까지는 슈토크하우젠과 함께 음악전문지인 »die reihe - informationen über serielle musik계열 음악에 관한 정보«의 편집을 맡았다. 그는 1965년에 쾰른 음악대학의 교수로 임용되었고 작곡을 가르쳤다. 1971년까지 그곳에서 전자음악 스튜디오를 이끌었다. 아이머르트는 »Entscheidungsfreiheit des Komponisten작곡가가 갖는 결정의 자유«라는 논문에서 안톤 베베른에 대해 다음과 같이 쓰고 있다. "베베른이 실현시킨 것은 그 내부에서 조율이 되는 음 관계 및 모티프 관계의 기능적인 체계이다. 베베른이 작곡을 통해 이룬 진실은 더 이상 영혼적으로 적절한 모사상, '유사한 것'에만 놓여 있는 것이 아니라 구성적으로 적절한 것, '정확한 것'에도 들어 있다"[Herbert Eimert, Von der Entscheidungsfreiheit des Komponisten, in: Die Reihe, Bd. 3: Musikalisches Handwerk(1957), S.7].

287) 클레Paul Klee, 1879-1940는 그의 논문 »Exakte Versuche im Bereiche der Kunst예술의 영역에서의 정밀한 시도«(1928)에서 다음과 같이 쓰고 있다. "우리는 구축하며 구축한다. 그리고 직관은 항상 아직도 좋은 것이다. 사람들은 직관 없이도 적지 않은 것을 할 수 있다. 그러나 모든 것을 할 수는 없다. …

본질적인 것을 행하라. 정말로 예술가적인 삶에 대해 아무것도 일깨우지 말라. 그 탄생이 본질적으로 영향을 갖는 어떤 예술작품에 대해서도 아무것도 일깨우지 말라"(Zit. nach: Paul Klee, Schriften, Rezensionen und Aufsätze, Köln 1976, S.179f.). 『미학이론』의 다음의 자리도 참조. "예술은 그 체계가 더 이상 어울리지 않는 곳에서 시작한다는 클레의 언급은 체계를 다시금 전제하는 클레의 경우처럼 방법을 사용하는 예술가에게는 매우 확실한 언급이다. 최근의 예술가 세대의 의식은 클레의 언급을 제대로 받아들여 자기 것으로 하지는 못했다"(GS 16, S.211). Zu Gris s. o.(편집자주 224번 참조); vgl. auch Daniel Henry Kahnweiler, Juan Gris: Sa Vie, son CEuvre, ses Écrits, 5. Aufl., Paris 1946.

288) "문제가 항상 이러한 상태에 놓여 있지만"부터 여기까지 아도르노가 왼쪽 여백에 줄을 그어 놓았다. 인쇄된 원고에서는 "할 수 있다kann"가 특별히 강조되어 있으며, 이것은 아도르노의 비서에 의한 것이다.

289) Vgl. Hegel, Werke, a. a. O.(편집자주 5번 참조), Bd. 6: Wissenschaft der Logik II논리학 II, Frankfurt a. M. 1969, S.41. "… 동일성은 따라서 동일성 자체에서 절대적인 비동일성이다." 이에 대해서는 『부정변증법』의 다음의 자리도 참조. "원천 철학의 강제적 속박에 복종하는 것을 거부하였던 사람은 헤겔의 정신현상학 서문 이래 옛것의 매개성으로 새로운 것의 매개성도 인식하였으며, 새로운 것을 이미 옛것의 형식에서도 포함되어 있는 것으로 규정하였다. 새로운 것의 동일성의 비동일성으로서 규정한 것이다"(GS 5, S.46).

290) 아도르노는 Schwierigkeiten beim Komponieren작곡하기의 난점(1964)이라는 강연에서 1950년대의 계열 음악에 —그 주도적인 대표자로는 불레즈와 슈토크하우젠이 거명되었던— 대한 그의 비판을 다음과 같이 요약하고 있다. "계열 음악악파는 12음 원리를 재료의 부분적인 새로운 질서로서 급진화하고, 모든 음악적 차원으로 확대시키며 총체성으로 끌어올리려고 하였다. 모든 것이 즉각적으로 결정되어 있어야 하며, 쇤베르크에서는 아직도 자유로운 차원들에 머물러 있었던 리듬, 박절학, 음색, 전체 형식도 역시 곧바로 결정되어 있어야 한다는 입장을 갖고 있었다. 계열 작곡가들은, 모든 음악적 형상, 음의 높이와 음색도 최후의 심급에서는 그것들의 청각적인 법칙성에 따라 시간 관계라는 이유를 들어, 자신들을 작곡적으로는 공통적인 것, 공통분모인 시간에 환원시키지 않을 수 없다는 테제로부터 출발하였다"(GS 17,

S.268).

291) "이중적 한계의 다른 한 가지 원인은"부터 여기까지 아도르노가 밑줄을 그어 놓았다.

292) 하이젠베르크의 불확정성 관계는 양자 물리학에서 나온 진술이며, 어떤 부분에 대한 두 개의 측정치는 항상 동시에 임의적으로 자세히 규정될 수 없다는 점을 말하고 있다. 왜냐하면, 하나의 양자가 갖고 있는 위치에 대한 측정이 다른 충동을 방해하는 것과 강제적으로 결합되어 있고 이것은 역으로도 성립되기 때문이다[vgl. Werner Heisenberg, Physik und Philosophie물리학과 철학(1955/56), Frankfurt a. M. – Berlin – Wien 1981, S.26f.]. — 아도르노는 1955년 10월 14일 슈토이어만Eduard Steuermann에게 보낸 편지에서 다름슈타트에서 있었던 "슈토크하우젠과의 불행한(그러나 동시에 개인적으로는 완전히 흠이 없는)" 대화에 자신이 관련되어 있음을 밝히고 있으며, 이 대화에서 슈토크하우젠은 '불확정성 관계'가 음악에 대해서는 맞지 않다고 이의를 제기하였음을 언급하고 있다(zit. in: Adorno. Eine Bildmonographie, hrsg. vom Theodor W. Adorno Archiv, Frankfurt a. M. 2003, S.247f.).

293) "다른 한편으로는, 우연적인"부터 여기까지 아도르노가 밑줄을 그어 놓았다.

294) 편집자주 267번 참조.

295) 미국의 아방가르드 음악가인 케이지John Cage, 1912-1992는 유럽의 예술 음악에 있는 음의 형식에 대한 의식과 계열적인 아방가르드의 계산을 의도되지 않았던 것, 미리 예측할 수 없는 것, 우연, 주변 환경 소음의 충만함의 모멘트와 대립시키고, 음악이 무엇일 수 있는가에 대한 이해를 혁명적으로 변화시킴으로써 20세기 후반부에 가장 영향력 있는 작곡가가 되었다[vgl. Heinz-Klaus Metzger/Rainer Riehn(Hrsg.), John Cage, 2 Bde. Musik-Konzepte, Sonderband, München 1990]. 그의 피아노곡인 »Music of Changes 변화의 음악«(1951)은 역경易經에 따라 우연 원리에 따르는 결정을 끌어들이는 것의 결과로 나타난 작곡이다. 그의 전설적인 곡인 »4'33"«(1952)에서는 연주자들이 그들의 악기를 지닌 채 조용히 앉아 있다. '음악'은 매번 전개되는 주변 환경의 소음들로 구성되며, 여기에는 무대에서 일어난 일 또는 일어나지 않는 일에 대한 청중들의 반응들도 포함된다. 케이지가 피아니스트인 투도어David Tudor와 도나우싱엔 음악제에서 2개의 준비된 피아노를 위한 우연성 작곡인 »12' 55·6078«을 공연하였을 때 청중의 반응은 머리를 흔들어

놓는 것에서부터 당황한 웃음을 넘어서서 적대적인 경멸에까지 이르렀다. 비평가들은 "서투른 어린아이와 같은 소음들", "센세이션을 만드는 것", "횡포", "니힐리즘적인 시시함", "엉터리"라는 평을 내놓았다(vgl. Max Nyffeler, Als Cage die Vogelpfeife blies, in: Beckmesser, 23. 11, 1999). 케이지는 다름슈타트 하계 국제 신음악 과정에서 투도어Tudor와 함께 1958년 9월 3일에 »Music for Two Pianos«(1958), »Winter Music«(1957), 그리고 구상중인 곡이었던 »Variations I, for any kind and number of instruments«(1958)를 공연하였다. 이 작품은 모든 가능한 음향 형체를 예시화Instantiation로 미리 준비하는 형식을 취하고 있었다[vgl. Gianmario Borio/Hermann Danuser(Hrsg.): Im Zenit der Moderne. Die Internationalen Ferienkurse für Neue Musik Darmstadt 1946-1966. Geschichte und Dokumentation in vier Bänden. Freiburg 1997, Bd. 3, S.513ff.]. 케이지는 1958년 다름슈타트에서 »Indeterminacy불확정성«이라는 제목으로 강연을 하였으며, 이 강연에는 투도어가 피아노와 함께 동행하였다. 이 강연에서는 불확정성의 원리에 대한 '설명'이 관건이 되었다기보다는 이 원리가 갖고 있는 실행적인 예증이 관건이 되었다. "이야기들을 계획되어 있지 않은 방식에 함께 집어넣는 나의 의도는 모든 것이 —이야기들, 주변 환경에서 오는 우연적인 소리들, 확장한다면 존재들— 서로 연관되어 있다는 것을 제안한 것이었습니다. 이러한 복합성은 한 사람의 마음에 들어 있는, 관계에 대한 아이디어에 의해서 지나치게 단순화되지 않은 채 더욱 명증하게 드러납니다"(vgl. die Druckfassung des Vortrags in: John Cage, Silence, Middletown, Conn., 1961, S.260-273, hier: 260). 아도르노는 그의 강의를 듣는 학생들 중에서 최소한 일부는 1958년 WDR TV에서 중계되었던, 케이지의 곡인 »TV Köln«을 알고 있었다는 것으로부터 출발할 수 있었다.

296) 불레즈의 »3. Klaviersonate세 번째 피아노소나타«(1956/57)는, 이 곡이 해석자에게 세밀하게 작곡된 구조의 상이한 버전들을 선택하도록 하고 있는 한, 특정한 방식으로 규정되어 있지 않다. — 그의 강연인 »Alea우연성«(다름슈타드 국제 하계 신음악 과정에서 Heinz-Klaus Metzger가 독어로 Ales라고 번역하였음)에서 불레즈는 특히 슈토크하우젠과 케이지가 갖고 있는 이념들, 그리고 Mallarmé의 »Würfelwurf주사위 던지기«(1897)의 이념과 비판적 대결을 벌이면서 우연의 모멘트들이 작곡과 음악의 공연에서 어떻게 역할을 수행하는가에 대해 다양한 가능성들을 설명하였다. 케이지와 슈토크하우젠과는 다

르게, 불레즈에게는 우연을 작곡적인 언어 수단으로서 설정하는 것을 목표로 삼는 것이 중요한 일이었다. 불레즈는 1951년에 이미 »aléatoire«라는 표현을 사용하였다. 불레즈가 안톤 베베른의 처리방식을 베베른은 ―순수성에 대한 그의 더욱 엄격한 필요에 근거하여― 쇤베르크와 알반 베르크가 목표로 삼았다고 하는 조성적 음악 언어와 음열 원리부터 이루어지는 '감행된' 종합을 향해 결코 노력하지 않았다는 것을 통해 특징지었을 때도, 불레즈는 »aléatoire«라는 표현을 특별히 음악적-기법적인 의미에서 사용한 것은 아니었다[P. Boulez, »Moment de Jean-Sebastien Bach«(1951), in: ders., Releves d'apprenti, Paris 1966, S.18; zit. nach: Frobenius, »Aleatorisch, Aleatorik«, a. a. O.(편집자주 267번 참조), S.33].

297) 슈토크하우젠의 피아노곡 »Klavierstück XI 피아노곡 XI«(1956)은 우연성 음악의 패러다임을 보여주는 작품으로서 여러모로 토론되었다. 이 작품은 19개의 상이하고도 긴, 복합적인 계열적 처리방식에 집단들 자체에 대해 각기 작곡되어 완성된 '집단들'로 구성되어 있다. 이 작품은 단 한 장의 거대한 악보에 작곡되어 있고 연주 지침이 들어 있다. 곡의 해석자가 어떤 부분에서 시작하고 싶은 것인지, 곡의 부분들을 어떤 순서에 따라 뒤따르게 하고 싶은지에 대해 작곡가는 해석자에게 맡겨 둔다는 것이 연주 지침이다. 속도, 소리의 크기, 탄주법의 방식은 시작에 대해서는 자유롭게 설정되어 있다. 그럼에도 '집단'의 마지막에는 매번 연주 지침이 들어 있고, 이 지침에 따르면 (자유롭게 선택된) 다음의 집단이 이어져야 한다고 되어 있다. 이렇게 해서 선택된 구간에 따라 매우 상이한 음향 형태에 이르게 되는 것이다. 전체 작품의 연주를 위해서는 모든 '집단'이 3번씩 연주 차례가 되어야 한다. 존 케이지는 1958년 9월 그가 진행하였던 다름슈타트 세미나 과정 중 어느 세미나에서 이 작품의 개별적인 전조轉調들에서 작곡가의 형상화 의지가 지나칠 정도로 지배적으로 나타난다고 비판하였다. 슈토크하우젠이 자신의 »Klavierstück XI 피아노곡 XI«을 헌정하였고 이 작품을 여러 버전으로 연주하였던 투도어도 슈토크하우젠의 지나치게 세밀한 음의 연속에 대한 규정이 압박적인 것이라고 느꼈다. 슈토크하우젠의 목관 취주자를 위한 곡인 »Zeitmaße박자«(1956)는 아도르노에게 강한 인상을 주었으며(vgl. GS 14, S.13; GS 18, S.137; GS 7, S.239), 이 곡에서는 '시간 영역'을 갖고 있는 박절적으로 고정된 부분들이 교대된다. 시간 영역들에서는 악기들이 '가능한 한 느린' 것과 '가능한 한 빠른' 것 사이의 '개별적인 템포'로 연주한다. 이를 통

하여 비규칙적인 구조적인 변위들이 5개의 성부와 전체적으로 미리 예측할 수 없는 음향 형체들의 합동 연주에서 규칙적으로 일어나게 된다.

298) 이 자리에서 우연성의 형식들이 갖고 있는 미적 중요성을 인정하고 있는 것과는 대조적으로 아도르노의 후기 저작들에서는 비판에 무게가 실리고 있다. "행위 예술, 형식이 없는 회화, 우연성 음악은 체념적인 모멘트를 극단으로 몰고 가고 싶어 한다. 미적 주체는 자신과 마주하고 있는 우연적인 것을 형식화하는 부담으로부터 벗어난다. 미적 주체는 이러한 형식화를 더 이상 담지하는 것에 대해 회의를 품고 있다. 미적 주체는 조직화의 책임을 동시에 우연적인 것 자체에 전가시킨다"(vgl. u. a. GS 17, S.270f., und GS 7, S.329).

299) Vgl. *Philosophie der neuen Musik*신음악의 철학(GS 12, S.28). "아방가르드 음악의 내부에서 조직된 의미의 공허함으로 통해 그 음악이 결코 알고 싶지 않은 조직화된 사회의 의미를 인정하지 않은 것에서, 아방가르드 음악이 갖는 진실은 비로소 '없애 가짐'에 도달할 수 있을 것 같다. 사회는 마치 그것의 내부에서 스스로 긍정적인 의미를 갖는 능력이라도 있는 것처럼 존재하지만, 아방가르드 음악은 이것을 거부하고 있는 것이다."

300) Vgl. GS 12, S.196.

301) 오스트리아의 작곡가이자 음악이론가인 하우어Joseph Matthias Hauer, 1883-1959는 1912년에 '모자이크 기법'의 원리로부터 12음 기법에 관한 그의 고유한 형식을 펼치기 시작한다. 그의 »Nomos« op. 19(August 1919)는 최초의 12음 작곡으로 통용된다. "단지 차례차례 관련을 맺는 12개의 음들로 이루어지는 작곡"의 방법을 구사한 쇤베르크와는 달리 하우어의 이론은 음악 세계에서 별로 주목을 받지 못하였다. 어떻든 그는 1956년에 오스트리아 국가 대상大賞을 받음으로써 명예가 인정되었다. 우연성 음악의 처리방식의 맥락에서 하우어는 20세기 말엽에 후기 계열 음악의 아방가르드권圈에서 재발견되었다. 아도르노는 1929년에 음악 전문지에서 하우어의 횔덜린 가곡집을 비판적으로 검토하였다. *Joseph Matthias Hauer, Hölderlinlieder II, op. 23, und Joseph Matthias Hauer, Hölderlin-Lieder III, op. 32, und IV, op. 40*(vgl. GS 19, S.306ff. und 311f.; vgl. auch GS 12, S.63). 아도르노는 1927년의 콘서트 비판에서는 하우어의 딜레탕티즘에 대한 비판에도 불구하고 하우어의 제7 조곡組曲 op. 48에 감명을 받았음을 보여주고 있다(s. GS 19, S.107f.).

302) "이것이 말하는 바는 일단은 다음과 같은"부터 여기까지 아도르노가 밑줄을 그어 놓았다.

303) 존 케이지는 1958년 9월에 다름슈타트 하계 신음악 과정에 참여하였다(편집자주 295번 참조). 그가 다름슈타트에 등장한 것에 접맥되어 그의 »Concert for Piano and Orchestra«(UA 1958. 5. 15. in New York)가 쾰른, 뒤이어 뒤셀도르프와 스톡홀름에서 연주되었다. 총보總譜는 다양한 종류의 실험적인 기보記譜들의 모음이었으며, 개별적인 성부들은 서로 어떤 관계도 갖고 있지 않았다. 지휘자는 곡이 시간적으로 지휘와 병렬되도록 해 주는 기능만을 갖고 있었다. 아도르노는 1958년 9월 19일 쾰른의 WDR 방송의 소방송실에서 콘서트를 경험하였으며, 뒤이어 이 콘서트를 녹음한 것을 검토하였다(vgl. seinen Brief an Erich Doflein vom 26. 2. 1960, in: Theodor W. Adorno - Erich Doflein. Briefwechsel, hrsg. v. Andreas Jacob, Hildesheim 2006, S.244). 아도르노는 1959년에 프랑크푸르트의 아메리카-하우스에서 케이지에 관한 행사를 조직하려고 시도하였다. 아도르노가 의도한 대로 진행되었더라면 이 행사에서는 피아노 콘서트가 당연히 연주되었어야 할 일이었다(vgl. seinen Brief an Hans G. Helms v. 27. 2. 1959; Theodor W. Adorno-Archiv, Br 588/44).

304) "여기에서 우연의 원리는 실제로"부터 여기까지 아도르노가 밑줄을 그어 놓았다. Vgl. dazu Neue Musik heute오늘날의 신음악(1956), jetzt in: GS 18, S.124-133.

305) Vgl. Hans Sedlmayr, Verlust der Mitte중간의 상실, Salzburg 1948.

306) 헤겔은 『정신현상학』에서 "일반적인 자유"를 "사라짐의 여신"이라고 조롱하였다[vgl. Hegel, Phänomenologie des Geistes, a. a. O.(편집자주 15번 참조), S.345f.].

307) "어떤 경우이든 오늘날에는 구성이"부터 여기까지 아도르노가 밑줄을 그어 놓았다.

308) "특징들의 문제"에 대해서는 다음을 참조. Adornos Aufsatz Arnold Schönberg (1952), in: GS 10·1, S.169. Zum Gedächtnis Eichendorffs아이헨도르프에 대한 회상 in: Noten zur Literatur I 문학론 I(1958), GS 11, S.88; sowie Kleine Proust-Kommentare프루스트에 대한 작은 논평(1958), in: Noten zur Literatur II 문학론 II, GS 11, S.206.

우리는 이제 미학의 중심 개념인 아름다운 것의 개념을 다룰 때가 되었습니다. 나는 이 개념을 아름다운 것의 개념과 같은 것이 제시되어 있는 최초의 위대한 텍스트에 대해 여러분과 논의함으로써 소개하려고 합니다. 여기에서 관건이 되는 텍스트의 출처는 플라톤의 『파이드로스 Phaidros』에 들어 있는 자리이며, 유명한 스테파누스 쪽수에 따르면 30-32장[309]에 해당되는 자리입니다. 내가 아름다운 것의 개념에 대한 논의를 이렇게 시작하는 것에 대해 여러분은 일단은 이것이 무언가 기이한 시작이 아니냐 하고 말할 수도 있을 것입니다. 플라톤의 『파이드로스』 자리처럼 어느 정도는 신화적이고, 독단적이며, 어떤 경우이든 비판을 통해 검증되기 이전의 상태에 놓여 있는 특징을 지닌 텍스트를 아름다운 것의 개념에 대한 논의의 시발점으로 삼은 것에 대해 여러분은 기이한 출발이라고 생각할 수도 있는 것입니다. 왜냐하면, 내가 제시하는 그 자리에서 관건이 되는 내용은 플라톤의 유명한 신화들에 관한 것이며, 『파이드로스』[310]에서 유래하는 고대 전차를 끄는 사람에 대한 신화의 실행과 지속이기 때문입니다. 내가 플라톤의 그 자리를 선택한 것은 근거가 있습니다. 플라톤은 철학자였지 신화학자가 아니었습니다. 다시 말해, 플라톤 이후 아름다운 것에 대한 철학적 이론에 등장하는 모든 결정적으로 중요한 모티프들은 신화적인 고찰에 대한 플라톤의 해석과 이어지는 작업에 집결되어 있습니다. 위대한 향연들의 도입부에서처럼 가장 중요한 주제들이 유리 아래에서 전시되고 향연이 진행되면서 주제들이 그 실행을 발견하는 것과 같은 방식으로 중요한 모티프들이 내가 선택한 플라톤의 그 자리에 모아져 있는 것입니다. 나는 아름다운 것의 개념에 대한 설명을 장악할 수 있는 모티프들을 모티프들의 개념이 개념사를 형성하기 이전의 상태에서, 다시 말해 탄생의 상태에서 여러분에게 보여줄 수 있습니다. 또한 이와 동시에 우리가 이 강의에서 지금까지 공동으로 작업해 왔던 것이 열매를 맺을 수 있는 가능성에 대해 시험해 볼 수 있다고 생각합니다. 여러분이 양해해 준다면, 나는 이런 표현을 사용하고 싶은 것입니다. 앞에서 말한『파이드로스』의 그 자리에서 발견되고, 그러고 나서 나중에 아름다운 것에 대한 철학과 미학에서 다시 돌아오는 모티프들 중 대부분을『파이드로스』의 모티프들에 나타나 있는 개념들의 도움을 받아 여러분에게 설명할 수 있습니다. 나는 여러분이 우리가 지금 여기에서 사용하고 있는 그러한 모티프들에서 어떤 신화적인 낯섦을 느끼고 있을 것이라고까지 말하고 싶습니다. 여러분에게 그러한 신화적인 낯섦을 제거시켜 주고 싶은 것입니다.

나는 여러분에게 플라톤의 대화편에 대해 최소한 몇 마디라고 해두어야 한다고 생각합니다. 이렇게 해 두어야 여러분이 여기에서 무엇과 관련을 맺고 있는가를 알 수 있기 때문입니다. 우리가 여기에서 다루고자 하는 플라톤의 한 대화편은 정신사적으로 볼 때 아주 보기 드문 운명을 겪었습니다. 슐라이어마흐Schleichermach의 시대에는 위에서 말한 대화편은 플라톤의 청년 시절에 이루어진 것으로 되어 있습니다. 내가 잘못 알고 있지 않다면,『파이드로스』대화편이 심지어는 최초이자 플라톤의 가장 초기에 이루어진 대화라고 생각했던 것입니다.[311] 슐라이어마흐 이후 플라톤의 그 대화편은 수십 년 동안의 긴 세월 동안 플라톤의 이념론이 서술되어 있는 이른바 4개의 고전적인 대화들 중의 하나로 그 자리를 주장할 수 있었습니다.『국가』,『향연』,『파이돈』과 더불어『파이드로스』는 4개의 고전적인 대화편에 속하는 것으로 보았던 것입니다.[312] 그러고 나서는 지난 몇십 년 동안에 마침내 이 대화는 플라톤의 후기에 수용되었습니다. 내가 제대로 알고 있다면, 이것은 전적으로 문헌학적인 숙고들과 특히 단어 통계적인 숙고들[313]에 근거하여 그렇게 변경된 것입니다. 이 대화편을 후기 대화에 배열시킨 것은 이를 옹호하고 있는 문헌학적인 입증 근거들이 있음에도 불구하고 대화편에 들어 있는 사실적인 이유에서 볼 때 내게는 특별히 문제가 있는 것으로 보인다는 점을 여러분에게 이 기회를 빌려서 말해도 된다고 생각합니다. 특별히 문제가 있는 사실적인 이유는 다음과 같습니다.『파이드로스』대화편에서 실제적으로 중심에 놓여 있는 이념론은 후기 플라톤에서 특징적으로 나타나는 형태인 수정되고 완화된 형태로 강연이 되어 있지 않고 이념론의 본질적인 내용에 따라 다시 한 번 이념론의 고전적인 형태를 유지하면서『파이돈』으로로부터 유래하는 표현방식들이 사고의 개별적인 모티프들에까지 들어와 있는 것이 직접적으로 보이기 때문입니다. 말기의 플라톤이『폴리티코스Politikos』나『노모이Nomoi』와 같은 대화편에서 보이는 수정을 망각하면서 다시 한 번 중기의 고전적이고도 조야한 이원론적인 이념론[314]으로 되돌아가지 않았나 하는 사실이, 다시 말해 최고로 특별한 사실이 여기에서 일어나고 있다고 볼 수 있겠습니다. 나는 이 대화편이 여러 가지 층層으로부터 구성되었을 개연성이 높다고 보고 있습니다. 이 대화편은 원천적으로는 이른바 소피스트 대화편들을, 즉 가장 주관적인 무신론을 비판적으로 청산하는 작업들에 속해 있는 것입니다. 이런 연후에 이 대화편은 이념론과 혼합되었습니다. 플라톤이 전 생애에 걸쳐 이 대화편에 몰두하였으며 마지막으로 이 텍스트를 다시 한 번 고쳐서 편집하도록 했다는 것을 생각해 볼 수 있습니다. 이것은『파이드로스』처럼 고통 속에서 태어나는 작품들의 경우에 통상적으로 발생하는 일이기도 합니다. 어떻든『파이드로스』는 플라톤의 텍스트 중에서 가장 복잡하고 수수께끼에 휩싸여 있는 작업들 중의 하나로 만들어진 텍스트입니다. 『파이드로스』의 내용은 너무나 복잡해서 그 주제를 간단 명료하게 제시하는 것이 거의 불가능할 정도입니다. 그는 사랑에 대한 소피스트들의 강론에 대해 토론하는 것을 설정하고 있습니다. 소피스트의 강론은 자기 스스로 사랑을 하지 않는 사람만이 진정으로 사랑을 소유한 사람이라는[315] 소피스트들의 거친 테제를 대변하고 있습니다. 소피스트들의 제자였던 파이드로스라는 젊은이가 이 테제를 소크라테스에게 강론하였습니다. 소크라테스는 이 테제를 내재적으로 비판하고 테제 내부에서 모순이 없도록 더욱더 이 테제를 수정하였습니다. 이런 의미에서 이 테제는 소크라테스에 의해 수정된 것입니다.[316] 그러고 나서 그러나 갑자기 매우 대단한 단절이 발생하였습니다. 그때까지 제시되어 있었던 관점 전체가 비난을 받게 되었고, 그 관점 대신에 소크라테스의 이론과 일치하고 본질적으로 재회상再回想과 병력病歷의 모티프에 근거하는 사람에 대한 논의가 제시되기에 이른 것입니다.[317] 나는 여기에서 이 점을 선취적으로 말해 주고 싶습니다. 아름다운 것에 대한 플라톤의 이론은 아름다운 것의 힘이 우리가 근본적으로 아름답다고 명명하는 대상들이나 인간들에서 이념을 재인식하는 것으로부터[318] 유래한다는 내용을 담고 있습니다. 이것은 고통에 근거하는 위대한 모티프이며, 인간이 아름다운 것을 바라볼 때 인간을 휘어잡는 동경의 모티프입니다. 바로 이러한 동경의 모티프가 『파이드로스』대화편에서 최초로, 그리고 가장 위대하게 언어로 정리되었던 것입니다.[319] 이러한 해석에 이어서 제3부가 접맥되어 있습니다. 제3부는 플라톤에 매우 특징적인 형식을 갖고 있습니다. 나는 이 형식을 일단은 복귀의 카테고리에 넣고 싶습니다. 다시 말해, 철학이 일단은 철학의 가장 높은 곳에 위치하는 대상인 이념들에 방향을 맞추면서 만들어낸 경험들에 만족하면서 이와 동시에 영혼이 다시 땅을 향하게 되고, 키르케고르의 표현을 사용한다면[320] 고상한 것이 층계참層階站으로 들어가게[321] 되는 것입니다. 영혼이 땅으로 복귀하는 것은 플라톤에 들어 있는 모티프입니다. 이 모티프는 독일의 의고전주의에서 예전에 들어 보지 못했던 정도로 결정적인 역할을 하였습니다. 이러한 모티프를 제대로 이해하기 위해서, 이념들은 『파우스트』에 나오는 "눈물이 넘쳐흐르고, 땅이 다시 나를 갖는다"[322]만을 생각하면 되는 것입니다. 영혼의 땅으로의 복귀는 『향연 Symposion』의 끝 부분에 암시되어 있으며, 중기 플라톤에서 매우 특징적으로 나타나고 있습니다. 이러한 복귀가 갖는 의미는 다음과 같습니다. 원래는 『파이드로스』의 중간 부분을 형성하는 후렴[323]과 많이 동치된 상태에서 제시되는 이념론의 요소들이 『파이드로스』의 모두에 있는 수사修辭와 관계를 맺고 있는 문제 제기들에 적용되었다는 의미를 갖고 있는 것입니다. 이에 대해 다음과 같이 말할 수 있습니다. 이 대화편에서는 소피스트 철학에 대한 비판의 모티프와, 수사를 객관적으로 진리 내용에 따라 이념들에서 근거를 세우는 시도와 같은 모티프들이 서로 관통되어 있는 것입니다. 이어서, 후렴에서 가장 긴요한 상태로 언어로 표현되어 있는 이념론 중에서 일부 표현을 찾을 수 있는 이념론 자체, 플라톤 미학[324]이라고 볼 수 있는 내용들, 그리고 사랑에 관한 플라톤의 논의가 서로 관통되어 있습니다. 이러한 모든 모멘트는 너무나 기교 있게 그 내부에서 서로 얽혀 있기 때문에 하나의 모멘트는 동시에 다른 모멘트의 조건을 끌고 들어옵니다. 『파이드로스』에 나오는 대화편은 『향연』과 비교될 수 있습니다. 이 대화편이 개별적인 테제를 서술하지 않고 대화편이 표방하고자 하는 이념, 또는 내용을 그 내부에 들어 있는 모멘트를 성좌星座처럼 배열하는 것을 통해 표현했다는 점에서[325] 그러한 비교가 가능한 것입니다. 그러나 구조는 『향연 Gastmahl』에서 보다 더욱 섬세하며 기교가 있습니다. 왜냐하면 여기에서는 개념이 위를 향해 나아가는 운동이, 다시 말해 모색되는 개념이 변증법의 결과로서 항상 순수한 개념으로 출현하는 변증법이 전개되고 있지 않기 때문입니다. 오히려 앞에서 말한 모멘트들 모두가 모멘트들의 단계에서 각기 분류된 채 서로 관련을 맺으면서 논의되고 있으며, 모든 모멘트가 통일성 있는 전개 과정을 통해 제대로 이해될 수 있는 것보다는 마치 양탄자와 같은 형태에서326) 논의되고 있습니다.

여러분이 미학을, 그리고 우리가 여기에서 다루는 내용과 관련이 있는 내용들을 공부하고 싶다면, 나는 여러분이 『파이드로스』 전체를 읽어보는 용기를 가질 것을 권해 주고 싶습니다. 『파이드로스』는 서구 형이상학에서 성취된 가장 위대한 텍스트들에 속하며, 거기에서 여러분은 철학적 진리의 통합적 모멘트로서의 철학적 서술의 문제에 대해 무언가를 배울 수 있을 것입니다. 그 까닭은, 서술의 기법에 관한 플라톤의 강론이 단순히 가르치는 관용구 이상이며327) 사고의 구조에서 정당화되어 있는 것이라면, 이것이 『향연Symposion』 외에는 바로 『파이드로스』 대화편에 들어 있기 때문입니다. 이 대화편의 '본질적인' 주제들 중의 하나는 이성과 광기328)의 관계이며, 나는 이 점을 말하지 않을 수 없습니다. 물론 여기에서 보이는 이성의 관점은 본질적으로 단순히 소피스트적인 이성과 동치되어 있습니다. 헤겔은 이에 대해 아마도 "지나치게 말을 많이 하는" 이성 또는 단순히 반성적인 이성329)이라고 말할 것입니다. 앞에서 말한 이성의 관점으로 되돌아갑니다. 매우 거친 반전을 가져오면서 중간 부분으로 넘어가는 것은 소크라테스가 —원천적 신성神性에의 관계에 대해 아마도 가볍게 농담하면서— 열광에 포착된 상태에서 제공하면서 합리성의 영역을 남겨 놓는330) 바로 그 순간에 실행됩니다. 이것은 플라톤 철학에서 완전히 체계적인 근거를 갖고 있습니다. 다시 말해, 플라톤 철학은 전체적으로 원래 이중적 특징을 지니고 있습니다. 플라톤 철학은 합리적이거나, 또는 우리가 플라톤의 언어에서 그렇게 명명하고 있듯이 변증법적입니다. 플라톤 철학은 개념들에 대한 규정과 전개, 개념들에 대한 일반화뿐만 아니라 분할에서 성립됩니다. 그렇다고 해서 플라톤 철학이 개념들 안에서 쇠진하는 것이 아니고, 개념이 원래의 자신의 모습인 것, 즉 객관적으로 통용되는 이념이 사실상 되기 위해서 개념은 신들림ἐνθουσιασμός, 즉 신적인 광기의 모멘트에 다가서게 됩니다. 플라톤에 따르면, 가장 높은 곳에 위치하는 진리가, 비록 섬광적이고 거칠지만은, 해명되는331) 요소가 바로 광기의 모멘트입니다. 우리가 최고의 진리를 한 번 경험한 후에 플라톤 철학에서는 본질적인, 앞에서 말했던 복귀를 실행할 때까지 최고의 진리가 번개처럼 해명되는 것입니다. 플라톤은 여기에서 합리성과 대척점에 있는 광기를 방어하고 있습니다. 심지어는 다음과 같은 정도로까지 말할 수도 있습니다. 우둔함의 맞은편에서, 사랑하는 사람 앞에서 자신을 내던지고 감정의 과도함에 자신을 내맡기는 대신에 교활하고 간교한 짓들을 실행함으로써 자기 자신이 힘을 가질 수 있다고 생각하는 이른바 여성적인 영리함 또는 남성적인 영리함의 맞은편에서 광기가 방어되고 있는 것입니다. 플라톤에서는 바로 이처럼 사랑과 관련되는 광기의 정당화에 미美의 이론이 접맥되어 있습니다. 미의 면전에서 감정이 붙잡혀 있는 모습을 플라톤은 광기의 형식들 중의 하나로 서술하고 있는 것입니다. 광기가 이성의 통상적인 현명함보다 더욱 현명하다고 보고 있는 것입니다. 내가 여러분에게 지금까지의 내용을 말하지 않을 수 없었던 이유는, 여기에서 플라톤의 원전을 읽고 상세하게 해석하고 싶은 내용들을 여러분이 이해할 수 있도록 하기 위함이었습니다. 『파이드로스』 제30장에 다음과 같은 내용이 나옵니다.

"지금까지 서술된 전체 내용과 함께 이제 우리는 광기의 네 번째 종류에 대해 말을 할 차례가 되었다. 이 세상에서 미를 쳐다볼 때 진정한 미를 회상하면서 어떤 사람에게 감정을 뒤흔드는 것이 발생한다면," ―'감정을 뒤흔드는 것이 발생하는 것'은 이것에 앞서서 일어나는 중심적인 비유와 관계가 있으며,332) 이에 대해 지금 여기에서 다루고 싶지는 않습니다. 『파이드로스』에 나오는 내용을 계속해서 살펴보겠습니다―, "… 그리고 그 사람이 감정을 뒤흔드는 것을 자극하면서 날아오르는 것을 동경하지만 그럴 힘이 없기 때문에 땅에 있는 것들에 대해서는 배려하지 않은 채 마치 새처럼 오로지 높은 곳만 쳐다본다면, 그는 광기에 사로잡혀 있다는 비난을 받게 된다. 그러나 바로 이러한 광기는 모든 것 중에서 가장 좋은 것이며, 광기를 자기 안에서 갖고 있는 사람과 광기와 함께 공동체를 가져도 되는 사람에게는 광기의 도래가 가장 좋은 것이 된다. 이러한 종류의 광기에 참여하는 것은 사랑을 아름다운 것으로 만드는 것이 된다. 이것 때문에 사람들은 그 사람을 '사랑에 빠진 사람'이라고 부른다. 이미 말했듯이, 인간의 모든 영혼은 천성적으로 존재자를 바라보았기 때문이다." 현대 언어로 말한다면, 우리는 여기에서 "존재자"라고 말할 필요가 없고 '존재'[333]라고 말하면 될 것입니다. 다시 플라톤을 인용하겠습니다. "이렇지 않다면, 인간의 모든 영혼은 앞에서 말한 삶의 형식으로 들어가지 못하게 될 것이다. 그러나 이 세상에 있는 것들로부터 출발해서 위에 있는 것들을 기억해내는 것은 모두에게 쉽지 않은 일이다. 위에 있는 것들을 언젠가 다만 짧게 쳐다보았던 사람들에게도 쉽지 않으며, 땅으로 넘어지는 불행을 당하여 사악한 사회에 빠져들고 불의를 향하면서 한때 쳐다보았던 성스러운 것을 망각하였던 사람들에게도 쉽지 않다." 이 부분은 횔덜린 Hölderlin이 하는 말[334]처럼 들리기도 합니다. "이렇게 해서 그들 중 기억력이 충분히 강한 소수만이 이 세계에 존재하는 사물들로부터 시작해서 위에 있는 사물들을 기억하게 된다. 그들 소수가 사물들의 모사상模寫像을 위로 향하여 쳐다보면, 그들은 당혹스러운 경악감을 갖게 된다. 그럼에도 그들은 그들에게서 경험된 것이 무엇인지를 알지 못한다. 그들은 그것을 명백하게 인식하지 못하기 때문이다." 정의와 절제는 플라톤의 덕목 목록에서 기본 덕목에 속합니다. 정의δικαοσύνη는 가장 높은 곳에 위치하는 덕목입니다. 절제σωφροσύνη는 다른 덕목들의 극단들 사이에서 균형을 산출해내는 능력입니다.[334] "정의와 절제는 … 현세에서 그 모사상을 갖고 있다. 정의와 절제는 반짝거리지 않는다. 우리는 연약한 기관器官들과 함께 정의와 절제의 형상으로 들어

가지만, 연약한 기관들에서는 모사된 것들의 종種을 관찰하는 것이 단지 소수에게만 힘들게 성공하게 된다. 미는 우리가 제우스Zeus 또는 다른 신들의 성스러운 윤무에서 행복에 넘치는 얼굴을 보았고 관찰하였으며 신성神性에 들어가게 되었을 때 밝은 빛에서 우리를 비춰 주었다. 신성에 들어가는 것은 가장 행복한 것이라고 칭찬을 해도 될 것이다. 모든 해악을 뚫고 완벽함의 상태에서, 그리고 어느 것과도 접촉되지 않은 상태에서 신성에 들어가는 것은 칭찬받아도 되는 것이다. 모든 해악들은 나중에" —다시 말해, 지상에서— "완벽하고 다른 것과 섞이지 않은 순수하며 변전이 없고 성스러운 현상들의 비밀로 다가오면서 우리를 기다리고 있었다. 그러한 현상들은 순수한 빛에서 우리에게 그 모습을 드러냈다. 그러한 현상들은 순수하며, 우리가 지금 굴이 굴껍질에 갇혀 있는 것처럼 우리가 갇혀 있는 우리의 육체로서 우리에게 붙어 있는 것에 의해 얼룩이 만들어진 현상들이 아니다."336) 곁들여 언급한다면, 마지막 비유는 『파이돈』의 가장 유명한 자리들 중의 하나에서 유래하는 미학적 변형의 일종이라고까지 말할 수 있습니다. 『파이돈』의 이 자리에 기독교 신학 자체가 소급되어 있으며, 그것은 다시 말해서 감옥으로서의 육체에 관한 논의입니다. 감옥으로서의 육체로부터 영혼이 구제되어야 한다는 것이며, 영혼이 도망쳐 나와야 한다는 것입니다.337)

앞에서 시도한 해설로부터 이제 여러분에게 몇 가지 모멘트들을 일단 강조하고 싶습니다. 미는 플라톤에서 광기의 형식으로 출현합니다. 우리가 이 강의의 앞에서 시도하였던 규정들을 여러분이 다시 한 번 생각해 보면, 아마도 우리가 말했던 내용을, 즉 예술적 영역 또는 예술에 대한 경험이 이른바 현실을 지배하는 원리를 중지시키는 것338)이라는 사실을 기억하게 될 것입니다. 매우 거칠게 말한다면, 우리가 현실적이지 않은 그 순간에, 우리가 우리의 이익, 성공, 또는 성취될 수 있는 그 어떤 목적들을 약삭빠르게 바라보지 않고 우리를 즉자 존재로서 어떤 경우이든 우리를 마주 대하면서 나타나는 즉자 존재에게 목적의 연관관계를 고려함이 없이 내맡기는 그 순간에, 우리는 예술적으로 행동하게 되는 것입니다. 이러한 방식으로 내가 여러분에게 긍정적으로 특징지어서 말한 행동은 부정적으로는 바보 같은 짓의 모멘트를, 즉 현실에 합당하지 않은 것의 모멘트를 갖고 있다는 점도 자명합니다. 노르트라인 베스트팔렌 주州의 잘 알려진 정치가이자 내무장관이 최근에 예술에 대해 피력한 견해가 있습니다. 그는 대다수의 사람들이 터무니없다고 느꼈던 예술적 실험들에 대해 경고하는 것은 영리한 행위로 볼 수 있다고 말하였습니다.339) 그가 "터무니없다"라는 표현으로 말한 것이 사실상으로는 예술의 생명을 유지시켜 주는 요소입니다. 예술의 생명 요소를 적중시킨 것입니다. 광기로 출현하는 것이, 즉 중간쯤에 위치하는 평균적인 이성에 붙잡혀 있지 않은 모멘트로 출현하는 것이 매달려 있지 않은 그 순간에는, 목적 안에 붙잡혀 있는 것을 넘어서서 이의를 제기하는 열정주의가 존재하지 않으며, 인간들이 구체화되는 그 순간에서 예술과 같은 것이 사실상 전혀 존재하지 않게 됩니다. 이것과 밀접한 관계를 맺고 있는 다른 요소가 하나 있습니다. 이러한 광기가 인간을 움켜쥐는 것은 인간이 아름다운 것으로 표상되어진 무조건적인 것을 인간 스스로 지배하지 못하기 때문이라는 요소가 있는 것입니다. 다른 말로 하겠습니다. 인간이 조건 지어져 있다는 것은 아름다운 것에 대한 투명한 경험이 이루어질 수 있는 전제 조건입니다. 이에 따르면 아름다운 것에 대한 관계는 조건 지어진 것과 무조건적인 것 사이의 긴장관계로서 파악될 수 있습니다. 우리는 플라톤에서 이러한 이념이 상세하게 특별화되어 있는 것을 발견하게 될 것입니다. 조건 지어진 것과 무조건적인 것의 긴장관계는, 감정이 깊은 곳에서 움직이는 것으로서, 조건 지어진 본질들을 무조건적인 것의 면전에서 움켜쥐고 조건 지어진 본질들이 아름다운 것의 직관에서 파악되어 있는 한 —어떤 경우이든 일시적으로— 조건 지어진 것의 주변을 넘어서는 운동으로서 파악될 수 있는 것입니다. 이러한 모든 것에서 여러분은 이미 명백하게 형성된 생각에 기초하여 칸트의 모티프인 "이해관계 없는 편안함"[340]과 같은 모티프를 발견하게 됩니다. 다시 말해, 자기 보존과 자연 지배의 연관관계 내부에 들어 있는 목적들과 실제적인 모멘트들을 향하지 않고 이러한 모든 것을 넘어서는 편안함에 대한 모티프를 여러분이 발견하게 되는 것입니다.

고통의 모멘트는 아름다운 것의 경험에서 본질적인 구성 요소에 속합니다. 고통의 모멘트가 아름다운 것에 대한 플라톤의 이론에서 명명되어 있다면, 이것을 플라톤의 이론이라는 의미에서 살펴볼 필요가 있으며, 이러한 고찰은 또한 매우 긴요한 경험이기도 합니다. 아름다운 것의 면전에서, 즉 무조건적인 것에 대한 가능성의 경험에서, 인간이 자신들에게 고유하게 내재하는 것들인 조건 지어져 있음과 실수 가능성을 깨닫기 때문에 그러한 고통의 모멘트가 아름다운 것에 대한 플라톤의 이론에서 명명되어 있는 것입니다. 고통은 우리가 아름다운 것의 맞은편에서 조건 지어져 있는 존재들로서 그 속에서 유토피아를 생각하고 느끼고 경험할 수 있는 유일한 형상임이 확실합니다. 플라톤이 말하고 있듯이, 우리는 유토피아 자체를 지배할 수는 없기 때문입니다. 우리가 아름다운 것을 그것의 원상原像에서 쳐다볼 수 있게 된다면, 이와 더불어 우리의 모든 삶은 중지되고 말 것입니다. 우리는 아름다운 것을 단지 동경하면서, 우리를 아름다운 것으로부터 분리시키는 단절의 형상에서만 경험할 수 있습니다. 그리고 이러한 것의 내부에, 이미 아름다운 것의 경험에서 본질적으로 동역학적인 모멘트로서의 아름다운 것이 그 기초를 내리고 있습니다. 다시 말해, 고통, 불협화음이 아름다운 것에 본질적으로 속하며, 이것들은 단순한 우연만은 아닌 것입니다. 고전적인 것이라는 이름을 철학에 제대로 적용한다면, 그것은 당연히 플라톤 철학에 해당되어야 할 것입니다. 지금까지 논의한 내용에서 본 것처럼, 여러분은 플라톤과 같은 고전철학자가 —그의 사상이 주는 자극들을 볼 때— 사람들이 일반적으로 '고전적인 것'이라는 개념 아래서 생각하는 데 익숙한 것보다 얼마나 압도적으로 우월하며 그렇게 익숙한 것을 자신의 밑에 두는 정도가 얼마나 대단한지를 볼 수 있을 것입니다.

　나는 미가 우리가 살펴보았던 플라톤의 그 자리에서 정의定義되어 있는 것은 아니라는 점을 여러분에게 계속해서 주지시켜 주고 싶습니다. 또한 여러분에게 읽어주고 계속해서 해석을 하게 될 자리들에서도 미에 대한 정의가 발견되지 않는다는 점을 지적할 수 있습니다. 이것은 개념적 분리, 개념 형성, 정의와 같은 솜씨가 그토록 높은 경지에까지 올라가 있는 플라톤과 같은 철학자에서는 그것 자체로서 이미 특별할 정도로 눈에 뜨이는 점입니다. 이와 관련하여 여기에서 철학 일반의 차원에서 한 가지 지적을 하고 싶습니다. 정의定義를 뛰어 넘어서 서술되고 있는 것처럼 보이는 초기 플라톤의 대화편들을 포함한 플라톤의 대화편들을 우리가 살펴보면, 우리는 그의 대화편들이 종국적으로는 정의를 거부하고 있는 것에 직면하게 됩니다. 그의 대화편들은 소송에 의문이 있을 때 배심원이 취하는 판결 연기 평결non liquet로, 즉 열려져 있는 것의 모멘트로 끝나고 있는 것입니다. 정의定義에 대한 플라톤의 신뢰는 그가 선택한 정의적인 방법론이 보여주는 것보다도 훨씬 컸다는 것이 공공연하게 알려져 있습니다. 정의에의 신뢰는 결코 작은 것이 아니었습니다. 우리가 여기에서 곧바로 플라톤의 정의들이 정의적인 처리방식을 강화시키는 것보다는 오히려 실패하도록 하는 것에 더욱 많이 기대고 있지 않나 하는 의심을 해 볼 수도 있습니다. 물론 여기에서 용기를 만용과 비겁함의 중간으로 정의하고 있는 것과 같은 몇몇 예외들은 인정되어야 합니다. 내가 여러분에게 간략하게 언급하였듯이, 이것이 사실상 그렇다면 플라톤 철학은 다음과 같은 의미에서 하나의 변증법적인 철학이라고 말할 수도 있습니다. 다시 말해, 우리가 전통적인 논의 방식에 따라서 인식론의 방법과 같은 것이라고 말하는 플라톤의 변증법에 대해서 말을 할 때 우리가 일반적으로 생각하는 것을 이미 본질적으로 넘어서고 있다는 의미에서 플라톤 철학을 변증법적 철학이라고 볼 수도 있는 것입니다.[341]

그럼에도 그러한 개념은 플라톤에서 공허하거나 규정되어 있지 않은 채 머물러 있지 않고 여러 개의 모멘트들로 함께 조합되어 있으며, 그러한 모멘트들의 성좌적星座的 배열로부터 아름다운 것의 이념이 생명을 유지하고 있습니다. 이것은 내게는 결정적으로 중요한 요소이며, 특히 아름다운 것의 이론에서 가장 중요한 의미를 갖고 있습니다. 나는 몇몇 모멘트들에 대해서 여러분에게 이미 말한 바 있습니다. 스스로 이의를 제기하는 것, 광기, 또는 이러한 모든 것이 해당됩니다. 이러한 모멘트들 이외에도 매우 본질적인 모멘트가 추가됩니다. 내가 여러분에게 읽어주었던 텍스트에서 신성한 것으로 들어와 있는 것[342]이라는 이름으로 나타냈던 모멘트가 아름다운 것의 이념에서 매우 본질적인 모멘트인 것입니다. 이 개념에 대한 설명과 관련하여 우리가 지금까지 논의하여 획득한 결과[343] 중의 일부를 활용하고자 합니다. 신성한 것으로 들어와 있는 것은 아름다운 것의 영역이 세속화된 주술적 영역이라는 사실에 의해 특징지어진다는 것을 의미합니다. 다시 말해, 아름다운 것의 영역은 일상적인 것이 작용하는 연관관계로부터 벗어나서 일종의 금기와 같은 영역처럼 가지를 치고 있으며, 일상적인 것의 작용의 연관관계에서 어떤 독립적인 것으로 존재합니다. 예술작품에서 무엇이 일어나고 있는가를 보기 위해서는 위에서 말한 독립적인 것을 경험해야 하며 그 속으로 들어가 보아야 합니다. 예술이 무엇인지를 경험하는 것에서 다음과 같은 태도를 취하는 사람들이 있다면, 그들은 처음부터 예술의 경험을 기만하는 사람들일 것입니다. 다시 말해, 사람들이 순간적으로 갖고 있는 생각들, 느낌들, 자극들처럼 일상성의 카테고리들을 갖고 매개되지 않은 채 예술작품에 접근하는 사람, 일종의 환원을 실행하지 않은 채 예술작품에 접근하는 사람, 예술의 영역 안으로 들어오지 않은 채 극장에서 입장객들에게 바라는 것처럼 겉옷을 밖에 놓아 두는 사람은 예술의 경험을 기만하는 사람들에 해당됩니다. 내가 여러분에게 말하고 싶은 것은 다음과 같은 것이며, 이것은 아마도 플라톤이나 이념의 이론에는 정말로 본질적인 것입니다. 플라톤에서의 개념이 사용된 의미에서의, 매우 강조된 철학적 의미에서의 이념을 여러분에게 말하고 싶습니다. 우리가 정말로 철학적으로 논의하고 개념을 매우 타락한 방식으로 사용하지 않는다면, 의미에는 항상 개념이 달라붙어 있습니다. 여기에서 내가 말하는 개념이란 어떤 표징에서 서로 일치하는 대상들이 단순히 개념 아래에서 포착되어 형성되는 주변으로서 정의될 수 있는 정도의 개념은 아닙니다. 오히려 내가 말하는 개념은 그것의 생명을 자체 내부에서 갖고 있으며, 사물의 생명 자체입니다.[344] 이 개념을 구체화시키고 충족시키기 위해 주어지는 개념을 만들어내는 정의적定義的인 표징들이 아니고 개념 내부에서 스스로 일어나는 운동의 요소들입니다. 개념의 실체를 형성하는 그러한 운동들에 대해 나는 이미 여러분에게 말한 바 있으며, 여러분은 앞으로도 그러한 운동에 대해 더욱 많이 듣게 될 것입니다.

플라톤은 여기에서 미를 그것의 작용을 통해 정의하고 있습니다. 정의라는 말과 관련하여 나는 차라리 이 용어를 수정하여 다음과 같이 말하고 싶습니다. 플라톤은 미의 개념을 그것의 작용을 통해서, 즉 미가 우리에게 행사하는 작용을 통해서 규정하려고 시도하고 있습니다. 여러분은 플라톤의 이러한 시도를 역설적인 것이라고 말할 수도 있을 것입니다. 플라톤이 미를 그것의 작용을 통해 정의하는 한, 플라톤은 예술적 주관주의의 영역 안으로 들어와 있다고 여러분이 말할 수도 있습니다. 우리는 다음 시간에 예술적 주관주의에 대해 상세하게 비판하는 기회를 갖게 될 것입니다. 예술적 주관주의에 대한 비판은 내게는 미학을 새롭게 정리하는 데 결정적으로 중요한 것으로 다가오기 때문입니다.[345] 예술이 발생시키는 모멘트들이며 —예술적으로 아름다운 것, 즉 예술미를 이해하기 위한 출발점의 카테고리가 편안한 것이어야 한다고 주장하고 있는—『판단력비판』에서도 만나는 모멘트들인 자극들이나 감정들을 통해서 예술을 규정하려는 전통의 시발점에 플라톤이 서 있지 않느냐 하고 우리가 생각해 볼 수도 있습니다. 그런데, 플라톤에서는 아름다운 것에 대한 근거 세움에서 주관적인 모멘트가 결여되어 있지 않다는 것은 매우 확실합니다. 그 이유를 나는 다음과 같이 말하겠습니다. 아름다운 것의 이념 자체가 정의定義로부터 벗어나 있기 때문입니다. 아름다운 것의 이념은 단지 간접적으로만 미의 작용에서 규정될 수 있는 것입니다.346)

　여러분이 여기에서 우리가 다루고 있는 아름다운 것의 이론을 아름다운 것에 대한 모멘트들의 복합으로서 이해하려고 한다면, 이와 관련하여 여러분이 덧붙여 생각해야 할 것이 있습니다. 우리가 미를 오로지 그것의 작용에서만 감지한다는 사실은 그것 자체로 미의 객관적인 본질, 미의 원형상성原形象性으로부터, 즉 이념 영역 자체에서 미가 특별히 차지하는 자리로부터 도출되어야 한다는 점이 다른 한편으로는 간과되어서는 안 됩니다. 내가 여러분에게 말했던 내용은 일단은 문헌학적인 고찰처럼 들리기도 합니다. 다시 말해, 플라톤에서는 아름다운 것이 한편으로는 미의 이념을 표방하는 것이 되어야 한다는 것입니다. 바로 이것을 여러분은 문헌학적인 고찰처럼 듣게 될 것입니다. 겉으로 보기에는 플라톤이 아름다운 것의 이념에 대해 말한 자리에 대한 단순한 성서 해석적인 것과 같은 이것은 미학을 근거 세우는 것에서는, 내가 나를 스스로 속이지 않는다면, 우리가 생각할 수 있는 가장 중심적인 의미를 갖고 있습니다. 다시 말해, 이것이 말하는 바는 다음과 같습니다. 우리는 직접적으로 객관주의적으로, 정신에 대한 성찰이 없이, 인간이 객관성에 대해 갖는 위치에 대한 성찰이 없이, 아름다운 것의 이념이나 예술의 이념에 대해 근거를 세울 수도 없고, 다른 한편으로는 예술의 이념이나 아름다운 것의 이념은 그 이념이 우리에게 행사하는 작용의 연관관계에서 쇠진되지도 않습니다. 오히려 예술의 이념이나 아름다운 것의 이념은 본질적으로 객관적인 것이며 객관적인 모멘트를 갖고 있습니다. 다시 말해, 내가 이 자리에서 우리가 플라톤에서 부딪치는 극단성을 언어로 정리해도 된다면, 그리고 우리가 플라톤과 논리적으로 일치하지 않는 이론을 플라톤에게 거칠고 부당하게 요구하지 않으려면, 여기에서 우리의 논의에 근원으로 놓여 있는 아름다운 것에 대한 구상은 아름다운 것에 대한 변증법적인 구상이라는 사실을 말하지 않을 수 없습니다. 우리는 아름다운 것을 그것 자체로서 그것에 고유한 본질에 따라 그 내부에서 매개된 것으로, 그리고 그것 내부에서 주관적인 모멘트들과 객관적인 모멘트들 사이에서 발생하는 긴장관계와 같은 것으로 기술할 수 있는 것입니다.[347] 나는 플라톤의 이 자리에서는, 성스러운 기본 텍스트의 일종처럼, 나중에 미학에서 전개된 모든 모티프들이 실제로 그 기초를 놓고 있다고 여러분에게 말하였습니다. 내가 이렇게 말하면서 일차적으로 염두에 두었던 것은 플라톤의 그 자리가 미학에서 전개된 모든 모티프의 기본 텍스트라는 사실입니다. 그 까닭은, 미학이 최고로 올라간 단계에서도, 즉 헤겔 미학의 단계에서도 미적인 사색은 아름다운 것에 대한 플라톤의 규정을 더 이상 넘어가지 못했기 때문입니다. 아름다운 것에 대한 플라톤의 규정은 아름다운 것을 정적靜的으로, 사물처럼, 존재로서 표시하는 것을 제외하고는 주관적인 모멘트들과 객관적인 모멘트들 사이의 긴장관계로 나타냄으로써 이미 최고의 수준에서 미학을 정초하였던 것입니다.

　　나는 플라톤이 여기에서 제공하고 있는 아름다운 것의 작용에 대한 특징화에 대해 최소한 몇 마디를 덧붙이고 싶습니다. 플라톤이 제공하는 이러한 특징화는 아름다운 것에 대해 근대적이고 기독교에서 형성된 방식으로 서술하는 것과는 사실상 근본적으로 상이하기 때문입니다. 플라톤이 제공하는 서술은 이해관계 없는 편안함, 즉 욕구를 아름다운 것의 대상으로부터 제거하는 것을 아름다운 것에 대한 경험에서 자명한 것으로 설정하는348) 방식과 동일하지 않은 방식으로 설정하고 있습니다. 플라톤은 아름다운 것에 대해 확실하고도 일차적인 경험들에 더욱 가까이 다가서 있습니다. 이러한 경험들은 예술에 대한 지속적인 교육과 더불어 예술의 전개에서 항상 뒤로 물러서게 되었으며, 계속해서 배제되었습니다. 플라톤은 아름다운 것과 욕구 사이의 관계를 철저하게 인정하였습니다. 이 관계에 대해서 나는 자연과 예술에 대해 논의할 때 여러분에게 상세하게 말한 바 있습니다.349) 아름다운 것은 플라톤에서는 일단은 직접적으로 욕구의 대상입니다. 아름다운 것은 그것 자체로 아름다운 것의 개념에서 스스로 일어나는 과정의 결과입니다. 그러한 과정은 최소한 아름다운 것의 경험에서 일어납니다. 순화純化가 일어나는 것입니다. 다시 말해, 우리가 미적으로 행동하고 있다고 믿는 그 자리에서 우리에게 이미 미리 주어져 있는 직접적이고도 성적性的인 것을 제 것으로 만드는 것을 아름다운 것의 경험에서 포기하는 것이 바로 순화인 것입니다. 여러분은 여기에서 아름다운 것의 복면에 가려져 있는 원사原史의 한 조각을 들여다보고 있습니다. 플라톤 이후의 미학들에서 ―나는 특히 칸트의 미학을 염두에 두고 있습니다― 물이 새듯이, 사물과 같은 형상에서, 아름다운 것의 결과가 단지 보여줄 뿐인 형상 안을 들여다보고 있는 것입니다. 겉으로 보기에는 정적이고 존재론적인 플라톤에서, 아름다운 것의 이론은 본질적으로 역동적인 것이며 아름다운 것은 그 내부에서 전율하는 것 또는 그 내부에서 움직여지는 것으로 생각하고 있다는 것을 나는 여러분에게 말한 적이 있습니다. 내가 이렇게 말하는 것과 관련하여 특히 중요하게 생각해야 할 것이 있습니다. 다시 말해, 플라톤에서는 아름다운 것의 경험이 절대적으로 존재해야 하는 순화 과정이자 지속적으로 재생산되는 순화 과정으로서 생각되고 있다는 점입니다. 여러분은 아름다운 것에 관한 플라톤의 논의에서 매우 중요한 역할을 하는 위험한 것의 모멘트가 어디에서 유래하고 있는지를 볼 수 있을 것입니다. 위험한 것의 모멘트는 내가 여러분에게 여기에서와는 전혀 다른 말로, 전혀 해가 없는 말로 간략하게 언급했던 것에 들어 있습니다. 이 시대의 심리학에 맞추면서, 나는 여러분에게 아름다운 것의 영역에 특징적으로 나타나는 순화라는 것이 불안정한 순화라는 점을 말한 바 있습니다. 순화는 완전하게 성공하는 경우가 거의 없으며, 우리가 아름다운 것의 영역으로서 경험하는 것인 금기시되어 있고 현실로부터 경계가 쳐져 있는 영역은 매우 깊은 곳에 놓여 있다는 이유 때문에, 즉 아름다운 것의 내부에 들어 있는 속성 때문에 문제가 많으며 그러한 영역도 항상 다시 사라질 수 있는 것입니다. 아름다운 것의 이념에는, 순화의 모멘트에는, 즉 목적들의 직접성의 영역으로부터 벗어나 있는 것에는, 추락의 잠재성이 항상 들어 있는 것입니다. 다시 말해, 미적인 거리가 유지되지 않는 것이며, 예술적 주체는 단순히 존재하는 것의 영역인 자기 보존과 직접적 욕구의 영역으로 되돌아가서 추락하거나 또는 플라톤이 아름다운 것의 경험을 통합하는 모멘트라고 정말로 제대로 말했던 광기에서 사실상으로 자신을 상실하게 되는 것입니다.

309) 아도르노는 이 강의를 위해서 리터Constantin Ritter가 독어로 옮긴 『파이드로스Phaidros』 번역본을 사용하고 있다. Platon, Sämtliche Dialoge, hrsg. v. Otto Apelt, Bd. 2: Menon-Kratylos-Phaidon-Phaidros, Leipzig ²1922. 아도르노가 사용하였던 책은 아도르노 자료실에 보존되어 있다(NB Adorno 40). 이외에도 아도르노는 B. Jowett가 옮긴 영어 번역본도 참조하고 있다(B. Jowett, The Dialogues of Plato, vol. I, New York ⁴1937). 아도르노가 참조한 이 번역본에는 이 강의에서 다루어진 자리들에 대한 주석들이 발견되며, 이것들은 『파에드루스Phaedrus』에서 유래한다(NB Adorno 49, S.250-254). 플라톤이 통상적으로 인용되는 판본이 되는 스테파누스 쪽수는 스테파누스Henricus Stephanus의 3권으로 된 플라톤 전집(Paris 1578)의 쪽수와 단락의 수로 되돌아간 숫자이다. 아도르노가 이 자리에서 가리키고 있는 절節, Kapitel의 구분은 스테파누스로부터 유래한 것이 아니고 아펠트Apelt으로부터 온 것이다. 절 구분은 아도르노의 강의를 들었던 대부분의 학생들이 아마도 사용했을 것으로 보이는 슐라이어마흐의 문고판 번역본(Platon, Sämtliche Werke, Bd. 4, hrsg. v. Walter F Otto, Ernesto Grassi, Gert Plamböck, Reinbek bei Hamburg 1958)으로부터도 수용되었다. 『파이드로스』의 제시된 절들에서는 249d - 252c에 있는 단락들이 관건이 되고 있다.

310) Vgl. Phaidr. 246 a ff.

311) Vgl. Eduard Zeller, Die Philosophie der Griechen in ihrer geschichtlichen Entwicklung희랍 철학의 역사적 전개, 2. Teil, 1. Abt.: Sokrates und die Sokratiker. Plato und die Alte Akademie(EA 1846), Leipzig ⁵1922, S.537 Fn.; ferner ebd. S.488 Fn.

312) 아도르노는 여기에서 다음의 문헌에 맞춰 논의를 진행하고 있다. Friedrich Ueberweg(Hrsg.), Grundriß der Geschichte der Philosophie철학사, I. Teil: Die Philosophie des Altertums고대 철학, hrsg. v. Karl Praechter, Berlin ¹²1926, S.189.

313) 플라톤 저작들의 순서를 단어들의 통계를 근거로 해서 연구하는 작업의 정립은 디텐베르거의 책에 근거한다. Wilhelm Dittenberger, Sprachliche Kriterien für die Chronologie der platonischen Dialoge플라톤 대화편의 연대기에 대한 언어적 기준들, in: Hermes 16(1881), S.321-345. 캠벨Lewis Campbell은 대화

편인 »Sophistes and Politicus of Plato소피스트와 플라톤의 정치학«(Oxford 1867) 판본에서 언어적인 고찰에 근거하여 플라톤 저작들의 시기를 기입하는 출발점을 이미 시도한 바 있었으며, 디텐베르거는 캠벨의 작업에 뒤이어 플라톤 저작들의 순서를 정립하였다. 플라톤 저작들의 시기를 기입하는 것을 시도한 역사에 대해서는 다음을 참조. Leonard Brandwood, The Chronology of Plato's Dialogues플라톤 대화편의 연대기, Cambridge 1990. 최근의 연구에서는 『파이드로스』가 플라톤의 말기 저작들Nomoi, Politikos, Sophistes, Philebos, Timaios의 그룹에 속하는 것이 아니라 중기의 저작들Politeia, Parmenides und Theaitetos 또는 중기에서 후기로 넘어가는 단계에 속한다는 점이 정착되었다(vgl. dazu jetzt auch: Michael Erler, Platon, in: Ueberweg교차로. Grundriss der Geschichte der Philosophie철학사. Die Philosophie der Antike고대 철학, hrsg. von Hellmut Flashar, Bd. 212, Basel 2007, S.22-26).

314) Vgl. Zeller, a. a. O.(편집자주 311번 참조), S.662ff.; Ueberweg/Praechter, a. a. O.(편집자주 312번 참조), S.329ff. 아도르노가 플라톤의 이념론을 어떻게 이해하고 있는가에 대해서는 그의 다음 강의를 참조. *Metaphysik. Begriff und Probleme*형이상학. 개념과 문제들(1965), NaS IV·14유고집 IV·14, bes. S.28-35.

315) 파이드로스에 대해 발표한 리시아스Lysias의 언설을 참조(파이드로스, 227 c). 아도르노가 소지하고 있던 『파이드로스』에 그는 여기에서 언급된 문장 이외에도 프루스트Proust라는 이름을 메모해 놓았다.

316) Vgl. Phaidr. 237 a ff.

317) Vgl. Phaidr. 244 a ff. 병력病歷에 대한 교의에 대해서는 특히 다음을 참조. Phaidr. 250 a; Phaidon 72e-77 a; Menon 80 d.

318) Vgl. Phaidr. 250 b.

319) Vgl. Phaidr. 251 a-e.

320) Vgl. Sören Kierkegaard, Furcht und Zittern공포와 전율, übers. v. H. C. Ketels u. H. Gottsched, in: ders., Gesammelte Werke, Bd. III, Jena ²1909, S.35. "비속한 것에 들어 있는 고상한 것에 절대적인 표현을 부여하는 것 / … 이것이 바로 유일무이한 경이로움이다." 아도르노는 이 부분을 그의 *Kierkegaard*키르케고르 책(vgl. GS 2, S.183)에서 인용하고 있으며, 이후에도 반복해서 이 부분을 언급하고 있다(vgl. u. a. Jargon der Eigentlichkeit고유성이라는 은어, GS 6, S.435).

321) Vgl. Phaidr. 252 a-c.

322) Johann Wolfgang von Goethe, »Faust. Der Tragödie erster Teil파우스트. 비극 제1부«(1808), v. 784, in: Goethes Werke, a. a. O.(편집자주 55번 참조), Bd. 3, S.31.

323) 소크라테스는 그의 두 번째이자 '완곡한' 담화(Phaidr. 244 a ff.)를 번복시 παλινωδία, 翻覆詩라고 칭하고 있다(Phaidr. 257a). 소크라테스에게는 이 담화가 정화 의식으로서 필요하였으며, 이는 그 사이에 '진실하지 않고' 악의가 있는 것으로 비난을 받은 첫 번째 담화를 수정하기 위함이었다. 첫 번째 담화에서 소크라테스는 사람들이 일단은 사랑을 받은 사람보다는 사랑을 받지 못한 사람에게 혜택을 주어야 한다고 주장하였다(vgl. Phaidr. 237a-241 d). 신神들이 인간에 대한 가장 커다란 축복으로서 사랑의 광기를 인간에게 부여하였다는 것을 증명하는 테두리에서 소크라테스는 영혼의 수레와 날개를 단 마차와의 위대한 동치同値를 구상하였다. 이것은 영혼에서 출발하여 하늘로 올라간다는 구상이었다(vgl. Phaidr. 246 a ff.). 이러한 연관관계에 이념론에 대한 고전적인 버전이 들어 있으며, 이것이 아도르노의 파이드로스-해석의 중심에 놓여 있다.

324) Vgl. z.B. Arnold Ruge, Die Platonische Aesthetik플라톤 미학, Halle 1832; vgl. jetzt auch Stefan Büttner, Antike Ästhetik고대 미학. Eine Einführung in die Prinzipien des Schönen아름다운 것의 원리 입문, München 2006, bes. S.26ff., 40ff.

325) 결정적인 통찰들은 개별적인 개념을 통해서 이루어질 수 있는 것이 아니라 오로지 개념들의 성좌적 배열에 의해서만 이루어질 수 있다는 생각은 아도르노가 철학을 어떻게 이해하고 있는가에 대한 근본을 보여주는 생각이다. 이 생각은 키르케고르 책에서부터 후기의 중심적인 저작들인 『부정변증법』과 『미학이론』에까지 이어지고 있다.

326) 250쪽 이하를 참조. 그곳에서 아도르노는 게오르게Stefan George의 시집 »Der Teppich des Lebens삶의 양탄자«에 있는 시 »Der Teppich양탄자«를 지적하고 있다. 다음의 자리도 참조. "종국에 이르러서는 심지어 양탄자, 장식품, 모든 비유적인 것이 가장 동경적으로 암호문을 해독하는 것을 기다린다"(GS 7, S.193f.).

327) Vgl. Zeller, Die Philosophie der Griechen희랍 철학, 2. Teil, I. Abt., a. a. O. (편집자주 311번 참조), S.569ff.

328) Vgl. Phaidr. 249 c-d.

329) Vgl. Hegel, Philosophische Enzyklopädie für die Oberklasse상급 엔치클로페디 (1808), in: ders., Werke, a. a. O.(편집자주 5번 참조), Bd. 4: Nürnberger und Heidelberger Schriften 1808-1817, S.56. "지나치게 말을 많이 하는 이성은 사물들의 근거들을 찾아낸다. 다시 말해, 사물들이 설정되어 있는 것을 다른 것을 통하는 것과 다른 것의 안에서 수색한다. 다른 것은, 근거가 세워진 것 또는 결과가 근거와는 다른 내용을 갖게 되면서, 동일한 사물들이 그 내부에 머물러 있는 것이 본질이지만 동시에 다만 상대적으로 조건이 지어져 있지 않은 것에 불과하다."

330) Vgl. Phaidr. 241 e.

331) 『파이드로스』의 인용된 자리들 이외에도 플라톤 저작의 다음 자리들도 참조. Ion, 533 d-e, und Timaios, 71 e-72 a. 다음 문헌도 참조. Hermann Gundert, Enthusiasmos und Logos bei Platon플라톤에서 신적 영감과 로고스, in: Lexis 2(1949), S.25-46.

332) Vgl. Phaidr. 246 a ff.

333) 20세기 철학에서 특히 하이데거에 의해 통용된 '존재론적 차이'의 —어떻든 '존재'로서 명명될 수 있는 것과 각기 개별적인 존재자와의 구분[vgl. Sein und Zeit(편집자주 231번 참조), S.4; S.38 u. ö.]— 중요성에 대한 지적은 이 자리에서는 놀라운 일이다. 아도르노는 사유가 존재자에 대해 개별적으로뿐만 아니라 전체적으로도 관계를 설정하며 더 나아가 개별적인 존재자가 오로지 존재에 힘입어 존재할 수 있게 해 주는 존재에 대해서도 관계를 설정하는 것이 사유에게 가능하며 사유에 의해 요구된다는 주장에 대해 그의 출간된 저작들에서 대부분의 경우에 대립각을 세우고 있기 때문이다. 이에 대해 특히 다음의 자리를 참조. GS I, S.331; GS 5, S.306; GS 6, S.82 u. bes. 121; sowie GS 18, S.155.

334) 여기에서 보이는 연상은 예를 들어 횔덜린의 Patmos-Hymne파트모스 헌시 (1802)에 관련될 수 있을 것 같다(vgl. Friedrich Hölderlin, Sämtliche Werke. Kleine Stuttgarter Ausgabe, hrsg. v. Friedrich Beißner, Bd. 2, Stuttgart 1953, S.177).

335) Vgl. Zeller, Die Philosophie der Griechen희랍 철학, 2. Teil, 1. Abt., a. a. O. (편집자주 311번 참조), bes. S.882-886.

336) Phaidr. 249 d-250 c. 아도르노가 갖고 있었던 『파이드로스』본에는 마지막으로 인용된 문장의 옆에 다음과 같이 기재되어 있다. "감옥으로서의 육체/

파이돈(Phaidon)."

337) Vgl. Platon, Phaidon 114 b.

338) 113쪽을 참조.

339) 1958년부터 1962년까지 노르트라인-베스트팔렌주의 내무장관이었던 Josef Hermann Dufhues가 언급한 내용의 문헌과 그 동기는 확인이 불가능하다.

340) 6-7쪽을 참조.

341) "개념 연계의 학문"으로서의 변증법적 방법론에 대해서는 다음을 참조. Zeller, Die Philosophie der Griechen희랍 철학, II. 1, a. a. O.(편집자주 311번 참조), S.614ff. 편집자주 387번도 참조.

342) Phaidr. 250 b [218-219쪽을 참조].

343) 84-85쪽을 참조.

344) 편집자주 314번 참조.

345) 미적 주관주의 비판에 대해서는 260쪽 이하를 참조. 395-396쪽과 414-415 쪽을 참조.

346) 인쇄 상태의 글은 이곳에서 빈틈을 드러내고 있으며, 이는 녹음테이프의 녹음 장애에 의한 것으로 보인다.

347) "이것이 말하는 바는 다음과 같습니다"부터 여기까지 아도르노가 밑줄을 그어 놓았다.

348) "아름다운 것의 대상으로부터 욕망을 제거하는 것을 아름다운 것에 대한 기독교적인 형식의 기본으로 삼는 것에 대해서는 다음을 참조. Augustinus, Confessiones, eingeleitet, übersetzt und erläutert von Joseph Bernhart, München ²1960, IV. Buch, Kap. 13ff.

349) 63쪽 이하를 참조.

지난 시간에 우리가 다루었던 플라톤의 그 자리를 계속해서 논의하도
록 하겠습니다. 이 논의를 어느 정도 짧게 요약할 수 있게 되기를 바랍
니다. 지금까지 『파이드로스』의 30장을 해석하면서 텍스트의 그 장소
와 그 자리에 합당한 것보다는 어느 정도 멀리 나아갔기 때문입니다.
따라서 지난 시간에 다루었던 일련의 모티프들을 여기에서 다시 한 번
반복할 필요는 없을 것입니다. 우리가 다루고자 하는 『파이드로스』의
장을 일단은 짧게 읽고 나서 지난 시간에 미처 말하지 못했던 내용을
추가하는 것이 가장 좋은 방법이라고 생각합니다. 플라톤은 다음과 같
이 말하고 있습니다. "그 정도로 기억에 헌신적이어야 한다. 이것을 위
해서 나는 지나간 것들을 동경하면서 상세함을 갖게 되었다."350) 내가
여기에 끼어들어도 된다면, 여러분은 플라톤의 위 구절에서 서술과 사
물 사이에 존재하는 연관관계의 모티프를 이미 발견하고 있습니다. 플
라톤은 여기에서, 물론 아이러니하게, 희랍적인 교묘함을 확실히 보이
면서 대상을 다루는 것에서 그에게 고유한 상세함을 근거 세우고 있습
니다. 플라톤 자신이 대상으로부터 벗어나지 못하도록 대상이 그를 움
켜쥐고 있다는 것을 근거로 해서 대상을 다루는 것에서 그가 가진 상세
함을 말하고 있는 것입니다. 다시 말해, 서술이 사물의 한 기능으로서
고찰되고 있는 것입니다. "그럼에도 우리는 아름다움에 대해 말을 주
고받는다. 아름다움이 그것들 밑에서 어떻게 빛나고 있었던가에 대해

서 이야기하였다." "그것들"은 마부가 하늘을 향해 달리는 과정에서 그의 말과 함께 바라보았던 원형상原形象들입니다. "여기에서 우리는 그것들을 우리의 기관器官들 중에서 가장 명확한 기관으로 포착하는 것을 성사시키게 된다. 가장 명확하게 빛나는 것들로서의 그것들을 포착하게 된다." "여기에서"는 복귀와 관련을 맺고 있습니다. 즉, 지상과 관계가 있는 것입니다. 이렇게 해서 이미 감각기관들의 위계질서와 같은 것이 나타납니다. 이러한 종류의 위계질서가 희랍 문화는 본질적으로 시각적 특징에 의해 각인된다고 하는 이론을 받쳐주는 마지막 근거는 아닐 것입니다. 여기에서 우리가 보고 있는 인간학에서는 감각기관들 중에서 눈에 우위를 인정하고 있습니다. 이에 대해 더 자세히 들어가기 전에 여러분에게 말해도 된다면, 눈은 감각기관들 중에서 원래 가장 객관적인 기관입니다. 다시 말해, 눈은 대상들을 그것들이 가진 객관성과 대상성에서 우리에게 확실하게 보여주는 것을 가장 쉽게 실행할 수 있는 능력을 가진 기관입니다. 이렇게 볼 때, 눈은 합리성, 문제의 해명, 자연지배의 원리와 가장 밀접한 관련을 맺고 있는 기관임이 확실합니다. 이와는 대조적으로 귀는 앞에서 말한 것과 같은 종류의 대상적인 관계를 명백하게 알아낼 수 없습니다. 더욱이 취향 감각과 냄새 감각을 보면 눈이 대상을 얼마나 쉽게 포착하는가를 확인할 수 있습니다. 취향 감각과 냄새 감각은 훨씬 원시적이고 미메시스적인 감각들이며, 문명이 전개되면서 점점 더 위축되었을 것으로 추축됩니다. 특히 냄새 감각에서는 이러한 추측이 의심의 여지가 없을 것입니다. 어떤 사람들은 문명이 상승되는 단계에서 취향 감각도 역시 이른바 모든 신화적인 것이 가는 길을 가지 않을 수 없다고 생각하고 있는 것 같기도 합니다. "신체적으로 매개되어 우리에게 들어오는 모든 감각 중에서 시각이 가장 인상을 준다. 이성은 감각적으로 우리에게 가시적이지 않다."[351] 여기에서 말하는 이성은 물론 이성λόγος, 즉 객관적 이성입니다. 객관적 이성은 플라톤의 교의에 따르면 사물들 내부에서 스스로 존재하는 이성입니다. 헤겔은 이것을 아마도 '절대적인 것'이라고 말했을 것입니다. 독일어 표현인 '이성Vernunft'은 물론, 여기에서 의도된 것에 대한 모든 표현이 현대 언어에서 그런 것처럼, 주관적으로 변전되어 일단은 낯선 것처럼 되고 말았습니다. 이성은 감각적으로는 우리에게 가시적이지 않게 되었고 사랑이 강하게 끓어오르도록 자극하는 것이 되었습니다. 우리가 예를 들어 논리학352)을 기억에 떠올리면서 논리학은 가시적이기 때문에 사랑이 강하게 끓어오를수록 우리를 자극시킨다고 생각해 보십시오. 이것은 조금은 지나칠 정도로 부당한 것입니다. 그러나 플라톤이 이성과 관련하여 의도했던 바는 물론 다음과 같은 것입니다. 이성의 객관적 즉자, 다시 말해 사물들 자체의 이성성, 근본적으로는 존재의 진정한 질서가 가시적이 된다면, 인간은 그들이 이성의 객관적 즉자를 조건 지어진 것에서 더 이상 견디어내지 않아도 되는 동경을 손에 쥐게 될 것입니다. 여러분이 플라톤에서 이성과 같은 표현들을 접하게 되면, 그리고 그러한 표현들을 제대로 이해하려고 하면, 여기에서 관건이 되는 것은 본질적으로 객관적인 이성 개념이라는 사실을 항상 생각하여야만 합니다. 플라톤에서 이성적인 것의 개념은 항상 객관적인 것으로, 다시 말해 진리의 이념에서 측정되는 것으로 출현합니다. 플라톤에서의 이성은 그러므로 이성과 관련하여 우리에게 익숙해진 것, 즉 이성을 우리의 단순한 의식의 도구적 이성으로 이해하는 것과 동일한 것이 아닙니다. 다만 플라톤에서의 이성은 약간 복잡해진 측면도 있습니다. 플라톤에서의 이성이 현대적 언어로 말한다면 그것의 주관적 "음영들"353)을 갖고 있고, 주관적 이성을 통해서, 우리의 사고를 관통하면서 우리 내부에서 매개되어 있기 때문입니다. 그러나 이것도 최종적으로는 이성 자체의 객관성에 참여를 통해서, 분산된 사물들의 나눠가짐 μέϑεξις을 통해서만 정당화됩니다.354) 지금까지 말한 내용은 여러분에게는 조금은 낯설게 들릴지도 모르는 자리를 조금 더 명확하게 하기 위한 것이었습니다. "이성이 사랑이 강하게 끓어오르는 것을 자극하는 것처럼, 사랑할 가치가 있는 다른 모든 것이 그것들의 본질에 일치하는 명확한 형상을 제공하게 되고, 그 형상이 직관에 이르게 된다면, 그것들도 사랑이 강하게 끓어오르는 것을 자극해야만 할 것이다." 플라톤이 여기에서 "사랑할 가치가 있는 다른 것들"로 의도하는 바는 물론 이념들입니다. 이념들은 사물들 자체의 원原형상들이며, 플라톤은 이것들을 원형상들과 같은 종류의 객관성이라고 생각하였습니다. 이제 미의 본질에 대한 플라톤 특유의 정리를 살펴볼 때가 되었습니다. 미의 본질을 통해서, 미는 플라톤에서 여러 가지 관점에서 다른 이념들과 구분되고 있습니다. "사실상으로, 가장 높은 정도에서 현저하게 눈에 뜨이게 사랑을 받을 가치가 있는 것으로 그 몫을 부여받은 것은 오로지 미가 유일하다." "오로지 미만이 유일하게"라는 것은 물론 앞에서 말한 원原형상성에 관련되어 있습니다. 미의 이념이 존재하는 모든 이념 중에서 직접적으로 직관적이라는 것이며, 눈에 대한 직관성의 의미에서 매우 강력하게 직관적이라는 것이고, 이러한 직관성을 가진 유일한 이념이라는 것입니다. 이것이 플라톤 미학의 핵심이라고 보아도 됩니다. 내 입장에서 조금 앞서서 말해도 된다면, 모든 아름다운 것, 모든 개별적으로 아름다운 것은 미메시스이며, 미 자체의 이념에 대한 모방인 것입니다. 여러분은 바로 이 점을 미에 대한 플라톤의 이론의 중심으로서 일단은 붙들고 있어야 합니다. 이것에 접맥하여 내가 시도하는 해석을 여러분이 이해하는 데 필요하기 때문입니다. "성스러운 축복을 신선하게 받지 못한 사람이거나 파멸한 사람은 그가 처한 곳에서 시작하여 미자체를 향해 신속하게 앞으로 나아가지 못한다. 그런 사람은 같은 이름을 갖고 있는 것을 그가 처한 곳에서 바라본다 해도, 앞으로 나아가지 못한다."355) 그리고 나서, 내가 지난번에 이미 해석하였던 과정이 다시 나오는 자리가 등장합니다. 플라톤에서는 아름다운 것의 이념이 이해관계로부터, 즉 욕구 능력으로부터 극도로 분리되어 있지 않고 순화의 과정이 비로소 우리 안으로 뚫고 들어와서 이념에 ―오늘날 우리는 이것을 순수한 예술적 미라고 말할 수도 있습니다— 이르게 된다는 점을 나는 여러분에게 말한 바 있었습니다. 순화의 과정은 여러 상이한 단계들에서 서술됩니다. 여러 상이한 단계들에서 플라톤은 일단은 원시적이고 깨어지지 않은 단계를 생각하고 있으며, 이어서 정제되고 순수하게 된 성성性性을 생각하고 있습니다. "이전에 많은 것을 인지하고 있었으며 최근에 성스러운 축복을 받은 사람은 신성한 축복을 받지 못하거나 파멸한 사람과는 대조적이다." 이 사람은 자신이 스스로 올려다보았던 원原형상들의 세계로부터 곧바로 뒤로 물러서 있지 않은 사람입니다. 앞에 인용한 내용을 다시 연결시키겠습니다. "최근에 성스러운 축복을 받은 사람이 미를 제대로 잘 재현해주는 신을 닮은 얼굴을 쳐다보거나 또는 신과 비슷한 신의 형상을 쳐다보게 되면, 일단은 전율이 그를 엄습하게 된다. 당시의 불안이 주는 압박감에서 뒤따르는 고통이 그의 기분을 엄습하게 되는 것이다. 그리고 나서 그는 그러나 그가 앞에서 보고 있는 전율을 다시 신처럼 존경하게 된다. 그는 높은 단계에 있는 광기의 가상을 두려워하지 않게 된다. 이렇게 해서 그는 그가 사랑하는 것, 성스러운 축복의 형상, 신성神性에서 자신을 희생시킨다. 그가 전율을 주시하고 있듯이, 전율이 지나간 후에는 익숙하지 않은 열과 땀이 교대로 그를 덮친다. 그가 두 눈으로 받아들인 미의 광채는 그를 감격시키며, 이제 갓 싹튼 깃털 위로 마치 비가 내리듯이 떨어진다. 이처럼 뜨겁게 내린 비는 오랜 기간 동안 건조함으로 인해 표면이 쪼개져서 새싹이 트는 것을 막고 있는 지표면을 녹인다. 이제 영양분이 물결을 치면서 몰려오듯이, 영혼의 모든 표면 아래에서 깃털의 새싹이 뿌리로부터 부풀어 팽창하면서 앞으로 밀고 나간다. 영혼은 일찍이" —다시 말해, 영혼이 신적인 것으로 자신을 끌어올렸을 때— "깃을 붙이고 있었기 때문이다."356)

앞에서 플라톤이 말한 전율에 우리의 논의를 연결시키도록 하겠습니다. 전율에 사로잡혀 있는 것은 욕구와 열정, 마음이 내키지 않음과 고통 사이에서 오락가락하는 상태입니다. 이러한 상태는 모차르트의 「피가로의 결혼」357)에 나오는 케루비노의 유명한 아리아에서 여러분 모두에게 잘 알려져 있으며, 키르케고르는 그것을 성적인 미의 본질이라고 해석한 바 있었습니다.358) 플라톤이 본 소크라테스는 그러한 전율의 의미를 다음과 같이 해석하였습니다. 즉, 인간은 깃털을 통해서 구체적인 것과 단순히 현존하는 것에 대해 이의를 제기하며, 미와의 접촉은 이러한 깃털을 동시에 다시 밀어붙인다고 해석한 것입니다. 플라톤의 눈에는, 소크라테스가 깃털의 성장을 익살스럽고도 자연주의적인 방식으로 일종의 가려움과 같은 것이라고 기술하고 있는 것입니다. 어떤 사람에게 깃털이 다시 성장하게 되면, 이것은 그에 따르면 마음이 내키지 않음의 이유가 되는데, 마음이 내키지 않음은 아름다운 것을 바라보면서 인간을 그러한 비유에서 포착하게 된다는 것입니다. 지금까지 우리가 보았던 플라톤-자리는 버라이어티 예술가들이 갖고 있는 마술 상자와 같은 특징이 있다는 점을 여러분에게 플라톤-자리에서 보여주겠다고 내가 약속한 바 있었습니다. 마술 상자와 관련을 맺고 있는 사람은 그 상자 안에 숨겨져 있는 모든 것을 상자로부터 끄집어낼 수 있는 것입니다. 다시 말해, 플라톤 이후 전개된 미에 관한 철학에서 본질적인 구성 요소들이 마술 상자에 원래부터 이미 모두 모여 있는 것입니다. 이것은 특히 감각적으로 직관 가능한 이념으로서의 미에 관한 생각에 해당됩니다. 이에 대해 나는 앞에서 주마간산처럼 지적한 바 있었습니다만 여기에서 더 구체적으로 논의하겠습니다. 미는 플라톤의 이론이라는 의미에서 볼 때는 역설의 특정한 일종으로서 그 두드러진 특징을 내보이고 있습니다. 사람들이 정당하게 아름답다고 보는 모든 것에서는 원래부터 역설을 알아차릴 수 있습니다.359) 이 점에 대해 사람들은 일찍이 근본적으로 말해 왔던 것입니다. 아름다운 것은 절대적인 것의 담지자, 정신적인 것의 담지자, 이념의 담지자이며 동시에 감각적으로 현재적인 것이라는 역설이 아름다운 것에 내재되어 있습니다. 철학이 플라톤 이후에 표현하였듯이, 아름다운 것은 이념의 직접성에서 우리에게 다가오는 이념 자체이며 다른 말로 하면 직관적인 이념360)이 라는 역설이 아름다운 것에 들어 있습니다. 나는 미에 대한 헤겔의 정 의를 이미 인용한 바 있었습니다. 아름다운 것은 "이념의 감각적 현 현"361)이라는 미에 대한 헤겔의 정의는 플라톤이 우리가 앞에서 살펴 보았던 플라톤-자리에서 제공하고 있는 서술과 다른 점이 원래부터 전 혀 없습니다. 헤겔의 정의는 플라톤-자리가 갖고 있는 신화적인 껍데 기로부터 정의定義를 꺼내서 반복하고 있는 것일 뿐입니다. 그것은 원 래부터 같은 이론일 뿐이며, 같은 이론을 객관적 이상주의가 재현하였 을 뿐입니다. 객관적 이상주의가 이렇게 재현한 것은 나름대로 그 이유 가 있었습니다. 두 모멘트들을 동시에 함께 결합시키는 것은 오로지 객 관적 이상주의에서 가능하였기 때문입니다. 다시 말해, 우리에게 출현 하는 것의 객관성과 항상 우리 자신으로부터 오는 규정인 감각적인 것 이 객관적 이상주의에서 동시에 결합될 수 있었습니다. 그리고 이것이 아름다운 것에 대한 특징적인 규정이라는 것입니다. 플라톤은 이러한 두 개의 모멘트들이 아름다운 것의 이념에서 어떻게 서로 관련을 맺고 있는가에 대해서 자신의 이론을 전개시키는 것을 포기하였습니다. 서 구 미학은 이 점에서는 플라톤을 따랐으며, 나는 이것이 서구 미학에 불행한 것이었다고 말하고 싶습니다. 서구 미학은 아름다운 것이 직접 적으로 직관 가능한 이념이며 의미가 주어지고 매개된 이념이 아니라 고 단언하듯이 일반적으로 말함으로써 플라톤을 따랐던 것입니다. 또 는 서구 미학에서 일반적으로 표현되고 있듯이, 아름다운 것은 상징적 인 것의 형상을 갖고 있으며 따라서 정신적인 것은 감각적인 것에 의해 서 의미가 주어진다고 말했던 것입니다. 서구 미학은 또한 그러한 상징 개념을 지속적으로 성찰하지 않았으며 상징 개념을 하나의 통일체로 붙박아 둠으로써 문제를 간단히 해결하려는 태도를 취했습니다. 그러 한 통일체는 실제적으로는 명백하고도 긍정적으로 주어진 통일체로서 결코 생각되어질 수 없는 통일체에 지나지 않습니다.[362] 플라톤은 이것을 아마도 상징 개념을 정리하면서 촉발시켰습니다. 내가 앞에서 읽어주었던,[363] 아름다운 것의 작용에 대한 플라톤의 서술에서 플라톤은 그러나 상징 개념에 대한 정리를 훨씬 넘어가 있습니다. 플라톤은 아름다운 것의 작용을 하나의 과정으로 서술하였기 때문입니다. 나는 이 점에 대해서 여기에서는 충분히 강조할 수가 없습니다. 여러분은 내가 왜 이러한 입장을 취하는지에 대해 나중에 알게 될 것입니다. 아름다운 것의 작용에 대해 나는 그것이 변증법적 과정으로 서술될 수 있다고 말하고 싶습니다. 이 과정은 그것 자체에서 흡인되어지고 밀쳐 무너뜨려진 통일체입니다. 아름다운 것의 작용은 조건 지어진 것과 무조건적인 것 사이의 과정, 욕구와 마음이 내키지 않음 사이의 변증법적 과정입니다. …[364] 나는 플라톤이 위에서 말한 변증법적 과정을 이념의 감각적 직관성에 대한 규정보다도 한층 더 깊게 보았다고 생각합니다. 그 까닭은, 이념의 감각적 직관성은 그것 자체로서 우리에게 다가오는 단순히 존재하는 것이 아니고, 아름다운 것으로서 우리에게 다가오는 것은 항상 그것 내부에서 스스로 움직이는 것이며 그것 내부에서 스스로 진행되는 과정이기 때문입니다. 이것은 원래부터 예술적인 행동방식이며, 이른바 이해관계 없는 편안함입니다. 즉, 여러분에게 이미 보여주었던 것처럼 이념에 대한 정신적 사랑amor intellectualis입니다. 이것은 정신적 사랑에 의해 진행된 과정의 결과로서 서술될 수 있는 것입니다. 아름다운 것은 미의 모사상이라는 약간은 역설적으로 일맥상통하는 표현에 대해 여러분이 여기에서 주목해 주었으면 합니다. 인간 지성은 통상적으로, 앞에서 말한 것과는 반대로, 미의 개념은 일반성이라는 것에 더욱 치우치기 때문입니다. 모든 개별적으로 아름다운 것의 통일체로서, 모든 개별적으로 아름다운 것의 표징들의 통일체로서 개별적으로 아름다운 것을 일반성의 아래에서 요약하는 일반성이 바로 미의 개념이라는 생각에 치우쳐 있는 것입니다. 극단적으로 말한다면, 아름다운 것이

미의 모사상이라는 견해보다는 미가 모든 아름다운 것의 모사상이라는 견해가 더욱 통속적인 것입니다. 그러나 여기에서 여러분이 염두에 두어야 할 모멘트가 있다고 생각합니다. 나는 이 모멘트를 일단은 여러분에게 이론적으로 펼쳐 보이려고 시도한 바 있었습니다. 이 모멘트는 우리들보다는 반쪽은 원시적이면서도 원시로부터 도약하는 문턱에 서 있는 철학자인 플라톤에게 비교할 수 없을 정도로 더욱 가까이 놓여 있는 모멘트입니다. 우리는 이 모멘트를 철학적으로 자각하기 위해 최대한의 노력을 기울여야 하며, 이렇게 함으로써 우리는 예술적인 것에서 미메시스적인 모멘트를 다시 일깨우게 되는 것입니다.

　　모든 예술은 사실상으로 모방의 요소를 갖고 있다고 말할 수 있습니다. 그러나 예술은 어떤 특정 사물을 모방하는 것이 아니고, 대상적인 것에 대한 모방도 결코 아닙니다. 오히려 예술은 모방적인 행동 자체입니다. 나는 동일화의 행동이라고까지 말할 수 있다고 생각합니다. 존재하는 것이 그것 자체가 아닌 것과 동일화하는 행동, 그것 자체가 아닌 다른 존재하는 것과 동일화하는 행동인 것입니다. 모방의 행동에서 객관화의 요소가, 즉 대상화하는 모방의 요소가 놓여 있지 않은 상태에서 이루어지는 동일화의 행동이 바로 예술이라고 말할 수 있습니다. 플라톤은 바로 이 점을 아름다운 것은 미의 모사상이라고 하는 역설적이면서도 심원한 표현에서 붙들고 있는 것으로 보입니다. 다시 말해, 플라톤은 개별적으로 아름다운 것으로서 우리에게 출현하는 모든 것에서, 아름다운 것이 자기 자신과 무엇인가를 비슷하게 하며 무엇인가를 상기시키고 무엇인가를 움직이게 한다는 것을 알아차렸던 것입니다. 이에 관련하여 나는 다음과 같은 정도로까지 말할 수 있습니다. 아름다운 것은 미메시스적인 행동이라고까지 말할 수 있는 것입니다. 플라톤은 그러나, 사변적이고 극단적으로 표현해도 된다면, 아름다운 것 자체에 있는 유사성의 모멘트가 어떤 특정한 것과의 유사성이 아니고, —절대적 유사성의 모멘트로서의 유사성의 모멘트인— '즉자로서의 유사성'이라는 점도, 즉 특정한 최종 기한을 갖지 않은 채 존재하는 유사성이라는 점도 알아차리고 있었습니다. 플라톤은 이처럼 절대적인 유사성, 유사한 대상이 함께 고려되지 않은 채 유사적인 것이 즉자로서 존재하는 질質을 가진 유사성, 바로 이러한 모멘트를 아름다운 것은 미의 모사상이거나 미와 유사한 것이라는 역설적인 비유에 붙들어 두려고 시도했던 것입니다. 다시 말해, 아름다운 사물에 더 보완할 것은 없을 것이며, 존재와의 접촉에서 나오는 전율에 관하여 대답하였던 모방에 대해 보완할 필요는 있을 것입니다.

유사성으로서의 미에 대한 생각은 고통으로서의 미에 대한 생각과 매우 깊은 관계를 갖고 있습니다. 나는 여기에서 독일의 소설가인 슈티프터Stifter에 대해 말하고자 합니다. 그는 높은 의미에서 볼 때 괴테의 제자였으며 이런 점에서 플라톤주의자로 명명되는 것이 정당합니다. 슈티프터에서는 내가 지난 시간에 전개해 보였던 복귀의 카테고리와 같은 카테고리가 중요한 역할을 합니다. 그의 장편소설인 『늦여름Der Nachsommer』에서는 매우 기이한 자리가 발견됩니다. 주인공은 그의 애인을 처음에 한 번 쳐다보았습니다. 그러나 애인은 그에게는 항상 유사성의 특징을 갖고 있었으며, 이러한 유사성은 스스로 그 모습을 드러내지 않은 채 유지되고 있었습니다. 단적으로 말해서, 주인공은 그녀를 어디에서 알게 되었는지를 모르면서도 그가 이미 알고 있는 존재로 항상 보고 있었던 것입니다.[365] 사랑과 결합되어 있는 고통은 고통에 원래부터 고유하게 들어 있습니다. 이러한 고통은 프랑크 베데킨트 Frank Wedekind의 룰루-드라마에서도 나타납니다. 아버지의 여자에게 아무런 희망이 없는 채 빠져 있는 젊은 알바 쇤Alwa Schön이 거의 빛을 차단당한 채 두 눈을 감고 있다는[366] 내용이 무대 감독의 말에 들어 있습니다. 이렇듯 고통의 모멘트는 미의 본질에 속합니다. 미의 본질은 그 내부에서 역동적이며, 과정적이고, 끌어당김과 밀쳐짐 사이에서 성립됩니다. 고통의 모멘트야말로 미의 본질에 제대로 속하는 것입니다.

우리는 다음과 같이 말할 수 있습니다. 미가 존재하지 않는 곳에서는, 미가 상처와 맞닿지 않는 곳에서는, 미가 유토피아와 유토피아로부터의 거리를 동시에 우리에게 구체화시킴으로써 현존재가 받는 모든 고통과 현존재의 모든 모순성을 그 내부에서 스스로 받아들임으로써 미가 출현해야 함에도 그렇지 않은 형식으로 출현하는 곳에서는, 미에 대해 원래부터 어떠한 논의도 이루어질 수 없습니다. 여러분은 여기에서 아마도 죽음과 관련되는 모멘트를 볼 수 있을 것입니다. 오늘날 경멸의 대상이 되고 있는 유겐트양식도 죽음의 모멘트를 한때 강조한 바 있었으며, 죽음의 모멘트는 유겐트양식의 원조라고 할 수 있는 보들레르 문학,367) 바그너Richard Wagner에서도 중요한 역할을 담당하였고, 미적인 거리 유지 능력368)이 일반적으로 상실되면서 오늘날 그 자취를 잃어버리는 것이 습관처럼 되고 말았습니다. 다시 말해, 아름다운 것의 개념은 건강의 개념과 전혀 결합될 수 없으며, 고통으로서 죽음과 확실한 유사성을 갖지 않는369) 미란 원래부터 생각조차 될 수 없는 것입니다. 미적 감각이 없다는 것은 예술과의 관계, 아름다운 것과의 관계에서 그 관계가 아름다운 것이 마치 깨지지 않는 긍정적인 것과 위험이 없는 것처럼 설정되는 것을 뜻합니다. 예술과의 관계가 곧바로 동시에 삶의 작동에 가능한 한 용기를 불어 넣어주는 삶에 동의하는 관계인 것처럼 설정되면서 삶과의 거리는 고려되지 않은 채 설정되는 관계가 바로 미적 감각이 없는 것에 해당되는 것입니다. 사람과 거리를 두는 것에 고유한 이념은 다른 것이 아닌, 바로 죽음에 대한 생각이기 때문입니다.

나는 미에 대한 모든 논의에 들어 있는 가장 내부적인 모티프에 대해 말하고 싶습니다. 미는 다른 것이 아닌, 유토피아의 출현370)으로 생각될 수 있다는 모티프에 대해 논의하고자 합니다. 이러한 모티프는 플라톤의 이론에서는 깃털에 대한 생각에서, 다시 말해 이의 제기에 대한 생각에서 매우 엄격하게 포착되어 있습니다. 이러한 이의 제기는 조건 지어진 전체 세계에 대한 이의 제기와 동일한 의미입니다. 유토피아란 조건 지어진 세계에 대한 이의 제기가 그것 스스로는 성공에 이를 수 없고 오로지 가상Schein으로서만 성공할 수 있다는 것을 뜻합니다. 아름다운 것의 개념에는 숙명, 또는 체념적인 모멘트가 들어 있는 것입니다. 우리가 예술적 가상의 공허함에 관한 형이상학적인 이론을 모색한다면, 이 이론은 예술이 유토피아를 현재적인 유토피아로서 우리에게서 붙들고 있으며 예술에 처해 있는 현실을 대가로 해서 붙들고 있다는 것에서 모색될 수 있을 것입니다. 다른 어느 곳이 아닌, 바로 이곳에서 그러한 이론이 모색될 수 있는 것입니다. 바로 여기에 예술의 이중적 특성이 들어 있습니다. 예술은 비판적 예술로서, 그리고 무조건적인 것을 배신하지 않은 예술로서 현실에 저항하는 태도를 취합니다. 그러나 동시에 예술은 무조건적인 것을 스스로 실현시키는 것을 포기함으로써 다시 현실과 얽히고 설키게 되며 —품위가 떨어지면서 미천하게 되는 것은 아닙니다—, 이렇게 해서 스스로 다시 단순히 존재하는 것, 현실의 구성 요소가 됩니다. 바로 이것이 예술에 대해, 예술의 권리, 특히 오늘날 예술의 권리에 대해 원래부터 제기될 수 있는 도덕적 물음입니다.371)

플라톤은 불편함의 이론을 내가 여러분에게 읽어주었던 장의 다음 장에서 상세하게 전개시키고 있습니다. 나는 여기에서 이 부분을 직접 읽어주는 것을 생략하겠습니다. 불편함과 관련하여, 플라톤은 가려움의 특징을 아름다운 것을 바라보면서 갖게 되는 통일체로, 욕구와 마음이 내키지 않음의 통일체로 기술하고 있습니다. 이제 여러분에게 말했던 약속의 마지막 부분을 이행하고 싶습니다. 플라톤의 이론은 원래 아름다운 것에 대한 전체적인 이론을, 어떤 경우이든 전체적으로 전승되어 오는 이론을, 전체적으로 내려오는 전통적인 이론을 그 내부에 포함하고 있다는 점을 보여주고 싶습니다. 아름다운 것에 대한 이론이 아니고 숭고한 것에 대한 이론인 칸트의 이론에서 상반된 요소가 양립되는 모멘트가, 다시 말해 아름다운 것에서 부정성과 긍정성 사이의 동요가 일어나는 모멘트가 이미 나타난다는 점을 여기에서 보여주고자 합니다. 이를 위해 나는 칸트의 『판단력비판』에서 수학적으로 숭고한 것에 관한 이론에 나오는 부분을 여러분에게 읽어주겠습니다. "기분은 자연에 있는 숭고한 것에 대한 표상에서 움직여지는 것을 스스로 느낀다. 기분은 자연에 있는 숭고한 것과 같은 아름다운 것에 대한 미적 판단에서 조용한 명상의 상태에 있기 때문이다. 이러한 운동은 (특히 그 시작에서는) 동요와 비교될 수 있다. 다시 말해, 같은 대상을 밀어붙이고 끌어당기는 것이 신속하게 교대되는 것과 비교될 수 있다. 상상력에게 과도한 것은 (상상력이 직관의 파악에서 과도함에 이를 때까지 밀어붙여져 있는 것) 동시에 어떤 지옥과 같은 것이며, 이런 지옥에서는 상상력이 그것 자체를 잃어버리는 것을 두려워하게 된다. 상상력을 산출하기 위해 그렇게 노력하는 것은 그러나 초감각적인 것에 관한 이성의 이념에게는 과도하지 않다. 과도한 것이 단순한 감각성에게는 반감을 일으키는 것이었을 때 다시 그 정도로 마음을 끌어당기는 것이다."[372] 곁들여 말해 둔다면, 칸트의 이러한 이론은 아름다운 것을 감각적으로 편안한 것으로 보는 논의가, 즉 근본적으로는 18세기로부터 유래하는 전통주의적인 칸트의 논의가 교정되고 있는 것을 의미합니다. 이것은 물론 예술미의 영역이 아니고 단지 자연미의 영역에서만 이루어지고 있는 교정입니다. 앞의 인용문에서 칸트는 18세기로부터 유래하는 그의 논의를 사실상 이미 밑에다 내려놓고 있습니다. 아름다운 것이 칸트에게 더 이상 편안한 것으로 출현하지 않고 편안한 것과 반감을 일으키는 사이에서 발생하는 긴장의 장場으로서 출현하고 있습니다. 이와 동시에, 정신적인 것과 감각적인 것의 양극성이 다시 들어와 있습니다. 이러한 양극성은 플라톤에서 나타나며, 앞에서 말한 긴장의 장이 아닌 다른 개념으로는 생각될 수 없는 개념이라 하겠습니다. 위대한 미학자들인 플라톤과 칸트는 정신적인 것과 감각적인 것의 긴장 관계를 그 어떤 감성적인 개념들에서 완화시키고 거부하는 것을 포기하는 인식에 도달할 수 있었습니다. 위대한 미학자들은 그 대신에 아름다운 것의 개념 자체를 그러한 긴장의 개념으로, 즉 그러한 변증법적 개념으로 파악하는 것을 시도한 것입니다. 칸트와 플라톤이 긴장 개념으로 의도하는 바는 동일합니다. 감각적 자연의 조건 지어진 것과 무조건적인 것과의 긴장이 두 미학자가 공통으로 의도하는 바입니다. 플라톤과 칸트에서는 단순히 감각적인 것의 모멘트는, 즉 인간이 단순한 현존재와 결부되어 있는 모멘트는 그 모멘트를 넘어서는 것과 더불어 그 모습이 드러나는 것을 통해서 불편함에 **빠**져듭니다.[373] 이와 동시에 다른 한편으로는 단순히 감각적인 모멘트와는 다른 모멘트인 정신적인 부분은 이것이 미를 보아서 알아차리는 순간에 행복을 느끼게 됩니다. 여러분에게 읽어준 플라톤과 칸트의 인용문에서 우리는 아름다운 것의 본질이 어떻게 파악되고 있는지에 대해 알아보았습니다. 여기에서 아름다운 것의 본질에 대해 여러분에게 전해 주고 싶은 말이 있으며, 이것은 아름다운 것의 이론에서는 결정적으로 중요합니다. 다시 말해, 여러분은 아름다운 것의 본질을 감각적인 것과 정신적인 것의 고루한 대립관계로 가져가서는 안 됩니다. 예술이 마치 정신적인 것의 출현인 것처럼 말하고, 그리고 예술이 감각적인 것을 지향하는 한 예술이 우리에게 부정적인 영향을 미치는 것처럼 말하며, 예술이 정신적인 것을 구체화시킴으로써 우리에게 긍정적인 영향을 미치는 것처럼 말하는 태도는 아름다운 것의 본질과는 무관한 것입니다. 그러한 종류의 직관은 플라톤과 칸트에게서 멀리 떨어져 있는 것일 뿐입니다. 그 이유는 매우 간단하며, 나는 이유를 설명하기 위해 인용했던 플라톤-자리를 여기에서 다시 한 번 강조하고 싶습니다. 플라톤은 아름다운 것 자체를 일단은 직관적인 모멘트라고 지칭하였기 때문입니다. 정신적인 것은 감각적인 것과 단순한 대립관계에 놓여 있지 않으며, 감각적인 것은 정신적인 것으로부터 떨어져 나와서 정신적인 것만 남아 있는 것이 아닙니다. 이 점이 아름다운 것의 이론에서 중심적인 비중을 갖는다고 생각합니다. 오히려 아름다운 것에 본질적인 것은 다음과 같은 내용입니다. 아름다운 것에서는 정신적인 것이 스스로 감각적인 것이 되며, 이렇게 해서 정신적인 것이 출현하고, 다른 한편으로는 감각적인 것이 그것의 감각성에서 정신적인 것의 담지자로서 스스로 정신화가 됩니다. 내가 강의한 내용을 여러분이 제대로 이해해 주었으면 합니다.

아름다운 것에 대한 철학적 이론은 미적인 것에 대한 논의의 중심이 됩니다. 아름다운 것에 대한 철학적 이론에 내재하는 어려움과 원래부터 들어 있는 문제는 아마도 다음과 같이 정리될 수 있을 것입니다. 한편으로는, 감각적인 것과 정신적인 것의 모멘트를 서로 구분되지 않는 통일체로 설정함으로써 —이러한 시도는 상징 개념을 이용하여 항상 반복적으로 이루어졌습니다— 제기하는 방식으로 아름다운 것의 개념을 구축하는 것은 불가능합니다. 다른 한편으로는, 미의 개념이나 미의 이념을 아래와 같이 양극화시키는 것도 또한 불가능합니다. 다시 말해, 아름다운 것은 감각적인 것과 정신적인 것으로 구성되며 감각적인 것은 정신적인 것의 단순한 담지자일 뿐이라고 양극화시키면서 미의 개념을 규정할 수는 없는 것입니다. 내가 보기에는, 아름다운 것에 대한 규정의 본질은 감각적인 것의 모멘트와 정신적인 것의 모멘트가 서로 구분되어 있으며 서로 긴장을 유지하는 관계에, 즉 서로 매개되어 있는 관계에 놓여 있습니다. 감각적이지 않은 정신적인 것은 예술작품에서 존재하지 않는 것입니다. 정신적이지 않은 감각적인 것도 예술작품에서 존재하지 않습니다. 감각적인 것과 정신적인 것이 매번 내부에서 서로 관계를 맺으면서 떠오르지 않은 상태에서 정신적인 것이나 감각적인 것이 홀로 존재할 수는 없습니다. 이런 관점에서 볼 때, 어떤 예술작품을 이해한다는 것은 감각적인 것의 모멘트와 정신적인 것의 모멘트가 서로 관계를 맺으면서 놓여 있는 성좌적인 관계나 변증법을 깨우치는 것을 의미합니다. 감각적인 것이 어떠한 방식으로 정신적인 것이 되며, 정신적인 것이 어떠한 방식으로 감각적이 되느냐 하는 것을 이해해야 하며, 두 모멘트를 항상 구별하면서도 동시에 항상 함께 생각해야 하는 것입니다.[374] 예술작품의 정신적인 모멘트를 동시에 지각하지 못한 채 예술작품의 감각적인 측면만을 지각할 능력밖에 없는 사람은 근본적으로 미적인 것의 영역에 아직 들어와 있지 못한 사람입니다. 나는 이런 사람을 요리를 대하는 상태에 있는 사람[375]일 뿐이라고 말한 적이 여러 차례 있었습니다. 이런 사람은 사람이 음식을 대할 때 취하는 태도를 예술작품에 대해서도 취합니다. 나는 이러한 태도가 오늘날 예술작품에서도 나타나고 있다고 추정하고 있습니다. 여러분에게 말한 바 있듯이, 미적인 거리를 위한 힘이 더 이상 진흥되지 않은 상태에서는 예술작품에 대해 요리를 대할 때 위하는 태도를 보이는 상태가 실제로는 정신적인 모멘트를 함유하고 있는 예술작품들에 대해서도 그 지배력을 행사하고 있다고 생각합니다. 어떤 사람들은 예술작품들을 그것들이 가진 의미들로 환원시키는 태도를 취합니다. 직접적이고도 번지르르하게 환원시키는 것입니다. 이런 사람들은 예술작품에서 감각적인 것을 통해 매개되지 않은 의미란 존재하지 않으며 정신적인 모멘트도 존재하지 않는다는 사실을 인식하지 못하고 있습니다. 그들은 또한 감각적인 것을 통해서 이루어지지 않은 정신적인 것은 정신적인 것이 아니라는 점도 인식하지 못합니다. 이런 사람들에게는 예술작품이란 정신적인 것에 그럴 듯하게 격식을 갖추어서 만들어진 일종의 문헌일 뿐입니다. 이런 사람들은 사실상으로 나쁜 의미에서 예술의 지식화知識化라고 부를 수 있는 것에 빠져듭니다. 이런 사람들은 예술작품들의 의도를, 즉 예술작품의 의미를 우리가 예술적 내용이라고 부를 수 있는 것과, 즉 앞에서 말한 긴장 관계에서만 오로지 구축될 수 있는 것과 혼동하고 있습니다. 이러한 긴장 관계를 그것의 상이한 관계들에서 표현하고 항상 더 멀리 나아가는 척도에서 구체화시키는 것이야말로 오늘날까지 전개되어 온 철학적 미학의 유일한 임무가 될 수 있을 것입니다.

지금까지의 논의를 통해서 나는 하나의 귀결을 얻어냈다고 생각합니다. 이렇게 얻어진 귀결은 여러분 중에서 대다수 분들이 많이 갖고 있었던 생각과는 매우 극단적으로 차이가 날 것입니다. 이러한 차이는 아마도 여러분 모두에게 전적으로 명백하게 다가오지는 않았을 것입니다. 그러므로 나는 차이에 대해서 몇 마디 하는 것으로 이 시간 강의를 마치고 싶습니다. 아름다운 것은 일종의 존재376)라는 가정假定이 받아들여지고 있습니다. 예술작품이 존재에 의해서 우리에게 매개되는 정도가 많으면 많을수록 또는 예술작품 자체가 더욱 많은 정도로 존재가 될수록 예술작품은 더욱 높은 곳에 위치한다는 가정이 일반적으로 받아들여지고 있는 것입니다. 존재를 이처럼 중시하기 때문에 과정에 주목하는 모든 사고는 배제되고 맙니다. 이 문제는 우리의 모든 문화와 관련이 있는 중요한 문제이기도 합니다. 니체Nietzsche는 그의 후기 저작에서 완벽한 것은 결코 이루어져서는 안 된다377)는 관점을 조롱하면서 존재를 앞에서 말한 방식으로 파악하는 것을 예리하게 비판하였습니다. 예술작품은 어떤 절대적인 존재로서, 창조의 한 부분으로서 자신을 내보여야 한다는 생각을 니체가 정면으로 비판한 것입니다. 나는 그러한 생각을 망상적인 생각이라고 명명하고 싶습니다. 내가 쓴 『바그너 시론』에는 망상을 다룬 장章이 있습니다. 나는 그곳에서 예술을 절대적 존재로 보는 관점을 19세기의 가상 개념에서 집어내려고 시도한 적이 있습니다. 여러분이 이 문제를 『바그너 시론』의 그곳에서 더 자세히 들여다보는 것378)을 권하고 싶습니다. 존재의 개념은 미학에서 오늘날 다시 불길한 지배자가 되고 있습니다. 이러한 지배는 예술작품 자체가 —바그너의 모든 작품이 의도했던 것처럼— 절대적인 존재인 것처럼 등장해야 한다는 것을 예술작품이 요구하는 형태로는 더 이상 나타나지 않습니다. 그러한 지배는 오히려 존재 자체가 예술작품을 통해 말한다는379) 의미에서 나타나고 있는 것입니다. 그렇다면 존재는 예술작품을 통해 무엇을 말합니까? 존재는 예술작품을 통해 항상 "존재"만을 말할 뿐입니다. 나는 이러한 예술이론에 대해 결정적인 반론을 여기에서 제기하고 싶지는 않습니다. 이러한 예술이론은 말로 표현할 수 없을 정도로 보잘것없는 예술이론에 불과하며 셸링Schelling의 예술이론에서 보이는 무차별성과 정말로 같은 종류라 할 것입니다. 셸링의 예술이론과 관련하여 헤겔은 셸링의 이론에서는 모든 암소가 검은 색을 갖고 있으며,[380] 다시 말해 모든 예술은 항상 반복적으로 하나이자 동일한 것을 말하며 예술이 말하는 하나이자 동일한 이것은 전혀 규정될 수도 없고 아무런 내용도 갖지 못한다고 말한 바 있었습니다. 셸링의 예술이론에서 보이는 그러한 테제는 완전한 일반성을 주장하고 있습니다. 그러한 테제는 물론 반박될 수조차 없습니다. 반박은 그러한 테제가 주장하는 완전한 일방성에 도움을 줄 뿐이기 때문입니다. 그러한 테제에서도 무언가 취할 것은 있습니다. 예술작품이 제한된 것과 절대적인 것에 맞서서 무조건적인 것을 의도한다는 점을 취할 수 있는 것입니다. 그러나 미학이 실제로 모든 사람의 감성적인 감정에 머물러 있지 않고 현상들 자체 안으로 침잠해 들어가려고 한다면, 미학은 셸링이 규정한 것과 같은 그러한 규정에 머물러 있어서는 안 될 것입니다. 우리가 해 온 고찰들은 이제 잠정적으로나마 끝에 다다르고 있습니다. 우리의 고찰들은 셸링의 이론에서 보는 것과 같은 생각들을 흔들어 놓았습니다. 이것은 내가 여러분에게 예술작품들에 대해 다음과 같은 생각들을 보여주었다고 믿고 있기 때문입니다. 다시 말해, 예술작품은 미적 과정에 고유한 구성 요소들에 근거하여 자체 내에서 힘을 가진 영역이고, 자체 내에서 움직여지는 것이며, 자체 내에서 원래부터 하나의 과정입니다. 이런 까닭에 예술작품의 경험은 —하나의 인공물로서 그 닫혀진 영역에서 일단은 하나의 존재처럼 등장하는— 사람들이 지켜보는 가운데 사람에게 생명력 있게 다가오는 것에서 성립됩니다. 예술작품이 생명력 있게 된다는 것은 사람들이 갑자기, 순간적으로, 예술작품을 힘을 가진 영역으로 깨닫는다는 것을 의미합니다. 이것은 예를 들어 슈테판 게오르게Stefan George[381]의 시 모음집 『삶의 양탄자』에 있는 매우 중요한 알레고리적인 시인 「양탄자」에 매우 훌륭하게 표현되어 있습니다. 여기에서 나는 미적 기준을 찾는 문제에 대해 덧붙여 말하고 싶습니다. 미적 기준을 찾는다는 것은 어떤 예술작품이 언제 근본적으로 중요한 작품으로 명명될 수 있는가를 묻는 것을 의미합니다. 우리가 미적 기준을 찾는다면, 다음과 같은 것들이 결정적 기준이 될 것입니다. 어떤 예술작품이, 즉 앞에서 내가 여러분에게 설명하였던 과정으로서의 예술작품이 예술작품 안에 고유하게 들어 있는 실재적이고도 형식적인 조건들이 갖고 있는 모순들을 자신의 내부에서 얼마만큼 수용할 능력을 갖고 있으며, 모순성을 얼마만큼 참고 견디어 낼 수 있느냐 하는 것이 결정적으로 중요한 기준입니다. 예술은 이러한 모순성을 예술의 형상에서 조정하면서 그러한 모순성이 현실에서 화해되어질 수 없다는 점을 지시할 뿐만 아니라 유토피아의 개념에서 생각되어지는 화해의 잠재성을 종국적으로 가리킵니다.[382] 예술작품이 이러한 능력을 갖고 있느냐 하는 것이 미적 기준의 모색에서 결정적으로 중요합니다. 내가 여기에서 의도하는 바는 우리가 미에 대한 잘못된, 단순히 부르주아적이고 명상적인 개념을 어떻게 하면 넘어설 수 있느냐 하는 문제입니다. 뫼리케Mörike의 아름다운 서정시가 말하고 있듯이,[383] 미의 개념은 즉자적으로 스스로 축복받은 것으로서의 예술작품에서 자신의 만족감을 가질 수 있습니다. 그러나 이것은 미의 개념이 잘못되어 있음을 보여주고 있을 뿐입니다. 우리가 중요한 예술작품들에 대한 직관과 경험에서 예술작품에 이롭지 못한 지식화나 해석을 통해서가 아니고 예술작품들의 내적인 조합을 통해서, 즉 예술작품들이 성립되도록 해주는 모멘트들의 경험을 통해서 예술작품들을 게임으로서 인식할 수 있을 때, 우리는 미의 개념이 잘못되어 있는 것을 넘어설 수 있습니다. 예술작품들은 그 본질에 따라 원래부터 힘의 게임game이며, 힘의 게임은 미의 개념에 외부적인 것으로 머물러 있지 않고 힘의 게임에서 예술작품들에 고유한 미가 그 실체를 갖게 됩니다.

350) Phaidr. 250 c.

351) Phaidr. 250 d.

352) 오늘날의 언어 사용에서는 (군사적인 보충을 나타내는 것에 기대어) 수송 작업의 조직화에 대해 사용될 뿐인 "수학적 논리학"의 개념은 철학에서는 20세기 초부터 1960년대에 이르기까지 형식 논리학(상징 논리학, 수학적 논리학, 논리의 대수학 등등)의 확대된 탐구 영역의 분과를 나타내는 명칭으로 사용되었다[vgl. Günter Patzig, Artikel »Logistik«, in: Das Fischer Lexikon, Philosophie, hrsg. von A. Diemer und I. Frenzel, a. a. O.(편집자주 1번 참조), S.160-173; Joseph M. Bochenski und Albert Menne, Grundriß der Logistik, Paderborn 1954].

353) "그늘지게 함(음영)"의 개념에 대해서는 다음을 참조. Edmund Husserl, Ideen zu einer reinen Phänomenologie und phänomenologischen Philosophie순 수 현상학의 이념과 현상학적 철학, Halle ^{2}1922, S.75; vgl. dazu auch Adorno, GS 5, S.188, sowie GS 20·1, s. 59f., und bereits GS 1, S.22.

354) 플라톤에 따르면 개별 사물들에게 특정한 명칭이 부여되는 것은 오로지 개별 사물들이 이념들에 "참여(희랍어로는 나눠가짐μέθεξις)"하는 것에 힘입어 이루어진다(vgl. Phaidon 102 b; Parmenides 130 e-133 d, Timaios 52 a). 참여에 대한 생각은 동일한 내용이 어떤 사물에게 많든 적든 들어올 수 있다는 것을 이해시킬 수 있어야 한다는 것이다. 이러한 등급성은 "부분들"에 대한 담화에서 그 간접적인 표현을 발견한다.

355) Phaidr. 250 e.

356) Phaidr. 251 a-b.

357) Wolfgang Amadeus Mozart/Lorenzo da Ponte, Le nozze di Figaro(1786), KV 492; 2. Akt. 2. Szene, Nr. 12, T. 29-36: »Sento un affetto pien di desir, ch'ora e diletto, ch'ora e martir.«

358) Vgl. Kierkegaard, Entweder-Oder이것이냐 저것이냐. Erster Teil, a. a. O.(편집자주 136번 참조), S.83.

359) Walter Benjamin, Einbahnstraße일방로(1928), in: ders., Gesammelte Schriften, a. a. O.(편집자주 94번 참조), Bd. IV·1, hrsg. v. Tillman Rexroth, Frankfurt a. M. 1972, S.116. "근본적으로 아름답다고 명명되는 것의 모든

것에서 아름답다고 명명되는 것의 출현이 역설적으로 작용한다."

360) 아도르노는 인쇄된 상태의 글에서 이 문장에 밑줄을 그어 놓았다.

361) 편집자주 8번 참조.

362) 이상주의적인 상징 개념에 대한 비판은 다음을 참조. Walter Benjamin, Ursprung des deutschen Trauerspiels독일 비애극의 원천, a. a. O.(편집자주 109번 참조), S.335ff.

363) 61-62쪽을 참조.

364) 텍스트에 있는 빈틈은 녹음테이프 교환에 의한 것임.

365) Vgl. Adalbert Stifter, Der Nachsommer(1857), in: ders., Werke, hrsg. V. Uwe Japp und Hans Joachim Piechotta, Frankfurt a. M. 1978, Bd. 3, S.400 und 453.

366) 이에 해당되는 무대 감독의 언급은 베데킨트의 룰루-드라마인 »Der Erdgeist지령地靈«(1895)에서도 후기작인 »Die Büchse der Pandora판도라의 상자«(1904)에서도 발견되지 않는다. 아도르노는 아마도 베데킨트의 유고집에 있는 버전에 관련되어 있었으며, 그는 이 유고집을 1932년에 이미 집중적으로 검토한 바 있었다(vgl. GS 11, S.627 bis 633).

367) 벤야민은 20세기 초의 유겐트양식에서 비로소 제대로 명백하게 펼쳐졌던 경향들을 선취하는 특징이 —벤야민에게는 오히려 유겐트양식의 모더니즘적인 대척자로 보였던— 프랑스의 시인 보들레르Charles Baudelaire, 1821-1867에게서 나타나고 있다고 지적하였다[vgl. »Zentralpark중앙공원«(1939-40), in: Benjamin, Gesammelte Schriften, Bd. I·2, a. a. O.(편집자주 94번 참조), S.660f.]. 벤야민이 그의 »Passagen-Werk통행«을 위해 수집하였던 자료들에는 보들레르에 대한 광범위한 메모와 초록 이외에도[Konvolut합본 J, in: Benjamin, Gesammelte Schriften, a. a. O.(편집자주 94번 참조), Bd. V·1, hrsg. v. Rolf Tiedemann, Frankfurt a. M. 1982, S.300-489] 유겐트 양식에 대한 메모를 담은 종이 묶음이 발견된다(Konvolut S 합본 S, in: Gesammelte Schriften, Bd. V·2, a. a. O., S.674-697). 이 메모에는 보들레르에서 "유겐트양식의 모양이 먼저 만들어진 것"에 대한 지속적인 언급들이 들어 있다(S.687ff.).

368) 아도르노가 여기에서 말하는, 보들레르 이해의 "미적인 거리두기 능력의 상실"이 대부분 다루어지게 하는 근거가 되는 표제어는 다음과 같다. '상실' 또는 '아우라의 몰락'(vgl. Benjamin, Gesammelte Schriften I·2, a. a. O.,

S.479; s. auch ebd., S.661). 여기에 해당되는 메모로서 통행-합본인 »S«(Gesammelte Schriften V·2, a. a. O., S.692)에 들어 있는 메모는 보들레르의 시집 »Spleen de Paris파리 풍경«(Nr. XLVI, 사후인 1869년에 초판 발행)에 있는 산문시 »Perte d'aureole광채 상실«을 참조하고 있다(in: Charles Baudelaire, Œuvres complètes. Texte établi, présente etannoté par Claude Pichois, Bd. I, Paris 1975, S.352).

369) "미적인 거리 유지 능력이"부터 여기까지 아도르노가 왼쪽 여백에 세로로 줄을 그어 놓았다. 아도르노는 미의 연관관계가, 특히 사랑과 죽음의 연관관계가 바그너의 『니벨룽겐의 노래』와 『트리스탄』에서 강력한 작용을 하면서 표현된 것으로 보고 있다(vgl. u. a. GS 13, S.136).

370) Vgl. GS 7, S.461. "행복에의 약속에 관한 스탕달의 명언은, 예술이 그 속에서 유토피아를 미리 내보이는 것을 강조함으로써 존재하고 있는 것에 감사한다는 것을 말하고 있다."

371) 이 단락의 시작인 "나는 미에 대한 모든 논의에 들어 있는"부터 여기까지 아도르노가 세로로 줄을 그어 놓았다.

372) Kant, Kritik der Urteilskraft판단력비판, § 27, B 98f. 편집자주 124번 참조.

373) 아도르노의 비서가 이 표현에 뒤이어 괄호로 의문 부호를 기입해 놓았다. 이것은 아마도 녹음 장애가 발생하여 단어의 소리가 불확실하다는 점을 표시하기 위한 것으로 보인다.

374) 이 단락의 시작인 "아름다운 것에 대한 철학적 이론은"부터 여기까지 아도르노가 밑줄을 그어 놓았다.

375) 아도르노는 1931년에 『음악』지에 발표된 경구적인 텍스트인 *Widerlegungen* 반박들에서 신음악이 제기하는 진실에의 요구를 취향적 즐김에 들어 있는 음식 요리와 같은 (카테고리)와의 대립관계에서 보았다(GS 18, S.26). Vgl. auch *Über den Fetischcharakter in der Musik und die Regression des Hörens*음악에서 물신적 특징과 청취의 퇴행에 관하여(1938), GS 14, S.18; *Philosophie der neuen Musik*신음악의 철학(1949), GS 12, S.21.

376) 스콜라철학의 선험론에서는 아름다운 것은 — 참된 것, 좋은 것, 하나인 것과 더불어 — 존재의 본질로부터 따라나오며 존재에 대해서 일반적으로 통용될 뿐만 아니라 개별적인 존재자에 대해서도 개별적으로 통용되는 카테고리를 넘어서는 규정들 중의 하나로서 통용되었다. 존재와 하나와 참(진)과 아름다움(미)은 상호 전환된다ens et unum et verum et bonum et pulchrum

convertuntur.

377) Vgl. Friedrich Nietzsche, Menschliches, Allzumenschliches I인간적인, 너무나 인간적인 I(1878), Aph. 162, in: ders., Werke in drei Bänden, a. a. O.(편집자주 29번 참조), Bd. I, S.554.

378) Vgl. GS 13, S.82-91.

379) 하이데거는 그의 논문 »Der Ursprung des Kunstwerks예술작품의 원천 «(1936)에서 "예술의 본질"은 "존재하는 진실이 작품 안으로 설정되는 것" 이라는 테제를 제시하였다(Martin Heidegger, Holzwege, Frankfurt a. M. 1952, 2. Aufl., S.25, 28). 아도르노는 하이데거의 테제에 대해 그의 강연인 Die Kunst und die Künste예술과 예술들(1966)에서 비판적으로 대결하는 입장을 보였다(s. GS 10·I, S.446f.).

380) Vgl. Hegel, Phänomenologie des Geistes정신현상학(편집자주 15번 참조), S.22.

381) Stefan George, Der Teppich des Lebens und die Lieder von Traum und Tod. Gesamt-Ausgabe der Werke, Band 5, Berlin 1932, S.40; s. dazu auch GS 7, S.262.

382) "우리가 해 온 고찰들은 이제 잠정적으로나마"부터 여기까지 아도르노가 왼쪽 여백에 줄을 그어 놓았다.

383) Vgl. Eduard Mörike, »Auf eine Lampe«(1846), in: Eduard Mörikes Sämtliche Werke, hrsg. v. Gustav Keyßner, Stuttgart u. Leipzig 1906, S.32. "⋯ 아름다 운 것은 그것 자체에서 성스럽게 빛난다."

여러분에게 미의 변증법을 보여주는 것이 내 입장에서 볼 때는 미학 강의의 중심적인 과제라고 생각합니다. 지난 시간의 강의가 끝났을 때 여러분 중에서 몇 분이 강의 내용에 대해 관여하는 입장을 보였습니다. 미의 변증법 문제로 넘어가기 전에 나는 가능한 한 짧게 줄여서 여러분이 제기한 관여에 대해 최소한도로 언급하고 싶습니다. 자명하고 일반적이고 대상에 대해서 잘 알려져 있는 것을 여러분에게 말하지 않은 것에 대해서는 나에게 책임이 있습니다. 내가 그런 것들에 대해 침묵함으로써 하나의 뒤틀린 관점이 발생한 것입니다. 어떤 문제의 특별한 관점들을 보여주려는 노력에서 그러한 침묵이 발생하였고, 내가 책임져야 되는 일이 매우 쉽게 일어나고 만 것입니다. 아름다운 것에 대한 플라톤의 견해가 여러분이 제기한 관여에서 관건이 되고 있습니다. 내가 아름다운 것에 대해 극도로 역동적이거나 또는 변증법적인 견해를 플라톤의 『파이드로스』에서 뽑아내어 해석했다는 것이 여러분이 제기한 관여입니다. 이러한 관여는 정당합니다. 나의 동역학적이고도 변증법적인 해석과는 반대로, 플라톤 철학의 테두리에 있는 모든 이념처럼 아름다운 것의 이념도 일단은 그것이 영구히 그것 자체와 동일하며 변화하지 않는 것이라는 점을 여러분이 지적하였습니다. 다른 말로 하면, 플라톤에서는 그의 미학에서도 역시 정적靜的이고 존재론적인 이론이 관건이 되고 있다는 것입니다. 이러한 지적이 맞는 것은 자명합니다. 다시 말해, 플라톤의 이념론은『파이드로스』에서도 역시 펼쳐집니다. 오늘날 지배적인 문헌학적인 견해에 의하면『파이드로스』는 플라톤에서 수정이 발생한 시기인 후기 플라톤의 단계에 속한다고 합니다. 우리가 이러한 견해에 반대하는 경우에, 우리는 비로소 플라톤의 이념론이『파이드로스』에서도 전개되고 있다는 사실을 제대로 붙들고 있어야 할 것입니다. 나도 이렇게 붙들고 싶습니다. 나는 플라톤의 이념론이『파이드로스』에서도 전개되고 있다는 모멘트를 너무나 자명한 모멘트라고 생각하여 단순히 꿀꺽 삼키고 말았습니다. 그 대신에 여러분에게 보여주려고 했던 것은 다음과 같은 것이었습니다. 즉, 아름다운 것에 대한 경험을 가능한 한 자세히 재현시키려는 현상적인 노력에서 정적靜的인 존재론의 모멘트를 넘어서는 것이 플라톤에게 발생하였으며, 이것은 플라톤이 전개시켰던 구조에서 일어났다는 사실을 보여주고 싶었던 것입니다. 정적靜的인 플라톤의 모멘트는 고전적인 플라톤주의에서 최소한 체계적인 기초로 머물러 있습니다. 나는 여기에서 여러분에게 최소한 몇 마디라도 해주어야 하는 책임을 느끼고 있습니다. 여러분에게 해주고 싶은 말은 철학자에게 레테르를 붙이는 것에 관한 것입니다. 어떤 철학자에게 레테르를 쉽게 붙여서는 안 됩니다. 플라톤의 모든 측면을 단순히 정적靜的인 플라톤의 레테르 안으로 종속시켜도 되는 것처럼 믿어서는 안 되는 것입니다. 영구히 자기 자신과 동일하다는 특징과 불변성의 특징이 이념들에게 할당됨으로써 플라톤이 정적인 존재론이라는 레테르에 종속되고 있기 때문입니다. 플라톤의 철학은 객관적 이성에 관한 논의임에도 불구하고, 즉 이념들의 객관적인 즉자 존재에 관한 논의임에도 불구하고, 항상 매개의 문제와 관계를 맺고 있습니다. 다시 말해, 이러한 객관적인 이념들이, 헤겔에서는 즉자로서의 이념들이라고 불릴 만한384) 객관적 이념들이 어떻게 해서 우리에게 해당되는 것이 되느냐 하는 문제와 관련이 있으며, 우리가 어떤 방식으로 ―플라톤적인 표현을 사용해서 말한다면, 이 표현이 물론 플라톤에서는 다른 연관관계에 놓여 있기는 하지만— 이념들에 참여할 수 있느냐385) 하는 문제와 관련이 있는 것입니다. 플라톤에서는 인간이란 존재가 깨어질 수 있고 유폐된 존재이며,386) 오늘날의 언어로 표현한다면 유한하고 문제적인 존재이고, 무한한 것으로서의 이념의 즉자 존재에 마주 서 있는 존재이기 때문에, 이러한 이념들과 이념들에 대한 인식 사이에 이미 변증법적인 관계가 발생하는 것입니다. 플라톤에서는 물론 변증법이 본질적으로 주체의 측면에서 일어나며 객체성의 측면에서 일어나지는 않습니다. 플라톤에서는 인식론이 개념들의 교육에 관한 논의와 같은 의미로 쓰이고 있습니다. 이러한 의미를 가진 인식론이 플라톤에서 교과목을 나누는 옛 방식에 따라 변증법으로 표시되고 있으며,387) 거기에는 그럴만한 이유가 있는 것입니다. 변증법은 플라톤 자신의 견해에서는 하나의 운동을 서술하고 있습니다. 이 운동은 절대적으로 지속적인 운동이 아니고, 내가 여러분에게 『파이드로스』에서 보여주려고 시도하였듯이 그 내부에 질적인 도약을, 즉 갑작스러운 넘어감의 모멘트를 내포하고 있는 운동입니다. 이것은 도취, 신들림ἐνϑουσαμός388)의 카테고리, 또는 플라톤에서 신적인 광기μανία389)와 같은 카테고리를 통해서 서술되는 모멘트입니다. 우리는 다른 것이 아닌 바로 우리의 지식을 통해서, 즉 플라톤이 강조한 개념들에 대한 교육을 통해서 이념들에 대해 알 수 있습니다. 이렇게 보면, 플라톤의 존재론도 이른바 플라톤의 변증법의 맞은편에서 사람들이 통상적이고도 진부하게 생각하는 만큼 플라톤의 변증법과 무관한 채 머물러 있는 것은 아닙니다. 오히려 우리는, 이념들이 우리와 관련하여 존재하는 것에서와는 달리, 이념들의 즉자 존재에 대해서는 플라톤에 따르더라도 전혀 알 수 없으며, 우리에게 고유하게 들어 있는 인식의 메커니즘을, 다시 말해 플라톤에서는 항상 우리 자신의 사고라고 불리는 인식의 메커니즘을 매개로 해서 이념들에게 올라갈 수 있습니다. 이렇기 때문에 이념들은 그 즉자 존재에서도 키르케고르가 말한 바 있는390) 제 것으로 만들기의 과정에 관련되어 있

는 것입니다. 나는 바로 이 점을 지난 시간에 여러분에게 보여주려고
했던 것입니다. 『파이드로스』 자리에서 서술되고 있듯이 아름다운 것
의 경험에 들어 있는 주관적인 모멘트가 어떤 의미에서 역으로contre
cœur, 다시 말해 플라톤 철학에 공식적으로 들어 있는 정적이고 존재론
적인 내용과는 반대로, 미 자체의 객관적인 개념을 촉발시키고 있는가
를 여러분에게 보여주는 것이 나의 의도였습니다.

　　오늘 여러분에게 이렇게 말하는 까닭은 우리가 이제 시작해야 하
는 중심적인 논의와 전혀 무관하지는 않기 때문입니다. 아름다운 것의
개념이 갖고 있는 문제점이 아름다운 것에 대한 주관적인 행동방식의
문제점인 한, 그러한 문제점을 여러분에게 보여주는 것이 중요합니다.
나는 이제 이 일에 착수하려고 합니다. 이렇게 함으로써 나는 미적 주
관주의에 맞서서 객관적인 모멘트를 가장 강하게 강조하는 것에 이르
게 될 것으로 보고 있습니다. 이 과정에서 더욱 중요한 것이 있습니다.
여러분은 앞에서 말한 객관적인 모멘트의 반대편에 위치하는 극단에,
즉 독단적인 객관주의의 극단에 빠져들어서는 안 된다는 것입니다. 이
를 위해 여러분은 미적인 객관성과 필연적으로 결합되어 있는 주관적
모멘트를 기억해야 합니다. 나는 이러한 모멘트를 여러분에게 읽어주
었던 플라톤-자리에서 강조한 바 있었으며, 여러분 측에서 들어온 자
극에 근거하여 오늘 여러분에게 강의한 내용을 통해서 보충하였습니
다. 이제 나는 아름다운 것 자체의 개념에 대해, 그리고 아름다운 것과
예술의 관계에 대해 말하는 것으로 아름다운 것의 개념이 갖고 있는 문
제성에 대한 논의를 시작하고 싶습니다. 이것은 혹자에게는 기이한 것
으로 다가올 것입니다. 이에 대해 나는 두 가지 측면에서 말하고 싶습
니다. 잠이 자는 사람을 깨워서 사람을 행복에 이르게 하는지 또는 불
행에 빠지게 하는지 모를 교육에 근거하여 그 사람에게 예술의 본질에
대해 묻는 상황이 발생했다고 생각해 봅시다. 이런 경우에, 한편으로
는, 잠에서 깬 사람은 이렇게 말하는 성향을 띠게 될 것입니다. 제기랄,

예술이 무엇이냐고? 예술은 그것 전체가 아름다운 것의 영역이지. 그 영역은 자연미의 영역이 아니고 주술적인 영역으로부터 전개되어온 특별 영역이지. 이에 대해 우리는 상세하게 말한 바 있었지. 다른 한편으로는, 예술작품의 미적 경험에 대해 잘 알고 있는 사람이 보이게 될 반응이 있을 것입니다. 우리는 이제 여기에서 자연미에 대해 더 이상 이야기하지 않고 있으며, 예술에 대해 실제로 이야기하고 있습니다. 우리는 강의의 절반에 해당되는 후반부에서는 예술의 미적인 물음들만을 다루게 될 것입니다. 다시 앞으로 되돌아갑니다. 어떤 사람이 예술작품이 무엇인지를 원래부터 알고 있고 그것을 느끼고 있는 경우에, 그 사람에게는 미적 개념이라는 것이 매우 불편한 기분으로 다가오게 될 것입니다. 이러한 상태는 내가 행하였던 함부르크 강연391)에서 일어났던 상태입니다. 함부르크 강연에서 경험한 이야기를 내가 여러분에게 말해준 적이 있었던가에 대해 잘 모르겠습니다만 그 이야기를 여기에서 전해 주고 싶습니다. 함부르크 강연에서 어떤 남자가 내게 격정적으로 이의를 제기하면서, 내가 전개하는 매우 복잡한 모든 논의에서는 가장 간단한 것이, 다시 말해 예술작품의 영원한 미가 망각되어 있다고 말하였습니다. 이에 대해서 나는 그러한 것은 오페라 작곡가들이 예술작품이 무엇인지를 알고 있는 사람에게 제기하는 이의일 것이라고 그 남자에게 말하였습니다. 나의 답변과 동시에 이의를 제기했던 그 남자는 오페라 작곡가가 아니고 은퇴한 후 오페라 극장을 임차한 사람이었습니다. 이 이야기를 들려 드림으로써 나는 아름다운 것의 개념의 경험이 현재의 상황에서 일반적으로 어떻게 이루어지고 있는가에 대한 윤곽을 여러분에게 그려 주고 싶습니다. 우리가 시골에서 실제로 직접적으로 온 사람들이 아니라면, 우리는 일단은 예술의 경험을 아름다운 것의 경험과 동치시키는 것에 대해 함께 저항하게 될 것입니다. 동시에 우리에게는 길 위의 광고탑들에 그려져 있는 치약 선정을 위한 얼굴들이나 광고 모델로 나선 영화배우의 히죽 히죽 웃은 모습들이 떠오르게 될 것입니다. 우리는 또한 거기에서 예술작품의 본질적인 것이 —그것이 무엇이든 간에— 기만되어 있음을 느끼게 될 것입니다. 거기에서 예술작품의 본질적인 것은 매개되지 않은 감각적인 미에의 요구 제기와 더불어 직접적으로 우리에게 맞서게 되는 것입니다. 여기에서 여러분에게 비꼬듯이 이야기하고 있는 이러한 경험은 결코 새로운 것이 아니며 모든 세대에 걸쳐 새롭게 항상 다시 나타나는 것으로 보이는 경험이라는 사실을 주목해 주었으면 합니다. 그러한 경험은 수를 셀 수 없을 만큼 역사에서 반복적으로 생산되고 있으며, 항상 교대되는 방식으로 반복되고 있습니다.

　헤겔 학파인 변증법 철학은 추한 것의 개념이 미의 모멘트라는 점을, 즉 미의 필연적인 모멘트라는 점을 크게 강조하였다는 사실을 여러분이 기억해 주기를 바랍니다. 헤겔의 제자들 중에서도 가장 재능이 뛰어나고 중요한 제자들 중의 한 사람인 로젠크란츠Rosenkranz는 『추함의 미학』을 문장으로 저술하였으며,392) 그의 영향력은 다른 대부분의 사람들과는 대조적으로 19세기까지 미쳤습니다. 나는 그러나 여기에서 동시에 우리가 예술에서 미의 개념의 한계들을 제대로 알려면 그 개념이 역사적으로 어떻게 분화되었는지를 아는 것이 필요하다는 점을 말하고 싶습니다. 이른바 추한 것이 —그것이 무엇이든 간에— 항상 단순하게 같은 방식으로 예술에 어떤 모멘트를 주는 것처럼 존재하는 것이 아니고, 이러한 모멘트의 의미가 본질적으로 변화되는 것입니다. 내 생각으로는, 추한 것과의 관계에서 나타나는 이러한 변화를 역사적인 변화로 이해하는 것도 중요합니다. 우리가 감각적으로 편안한 것으로서의 미의 이상理想을 비판하기 위해 전개시켜왔던 내용을 여러분이 이해하려고 하면, 추한 것의 변화도 역사적으로 이해해야만 하는 것입니다. 17세기 네덜란드의 위대한 회화에서 드러났던 이른바 추한 것의 의미에 대해서 생각해 보십시오. 예를 들어 프란스 할스Frans Hals의 「하르렘의 마녀」와 같은 작품을 생각해 보십시오. 내 기억이 맞다면, 이 작품은 이전에 베를린 국립 갤러리에서 볼 수 있었습니다.393) 「하르렘의 마녀」는 추한 모습을 하고 히죽 히죽 웃고 있는 늙은 여인을 그린 그림입니다. 그러나 묘사 자체는 반립反立이 갖는 힘이 무엇인지를 보여주고 있습니다. 이 그림에 나타난 묘사는 풍부한 유머를 구사하면서 추함을 산출해내고 있으며, 묘사가 가진 표현을 통해서 추함으로부터 거리를 제대로 유지하고 있는 것이 확실합니다. 그 묘사가 추함으로 나타나는 것을 통해서, 이러한 추함은 간접적으로 조화적인 미의 이상理想 안으로 들어가게 됩니다. 그리고 바로 이러한 미의 이상과 그림의 구성이 일치하는 것은 자명합니다. 그림의 구성은 그리기의 형식적인 요소들이라고 일반적으로 나타낼 수 있습니다. 그림의 구성은 이른바 추한 것을 그린 네덜란드의 수많은 다른 작품에서처럼 「하르렘의 마녀」에서도 추한 것의 모멘트를 통합시키고 형식 안으로 수용하고 있습니다. 이렇게 해서 그림의 구성은 미의 원리의 승리를 더욱 강하게 해주고 있습니다. 그림의 구성은 미의 원리가 추한 것의 모멘트도 역시 자신의 내부로 들어올 수 있게 하는 것을 보여줌으로써 미의 원리가 승리하는 것을 강화시키고 있는 것입니다. 추한 것에 대한 묘사가 이 시대에서는 어떻게 이루어지고 있는가를 살펴보겠습니다. 우리가 베케트Samuel Beckett의 모든 작품을 들여다보면, 거기에는 반감을 불러일으키는 몰골들, 가장 원시적인 신체 기능들, 신체적으로 다친 모습들, 신체의 반이 소멸된 모습, 정신 박약 등등의 몰골들만이 나타납니다.394) 여러분이 베케트의 작품에서 나타나는 이러한 묘사들을 들여다보면, 여러분은 물론 이처럼 추한 감정을 더 이상 직접적으로는 갖지 않게 될 것입니다. 추함의 그림자는 여기에서는 그림자 자체에 들어 있는 힘 있는, 형성하는 정신이 올리는 환호성을 더욱 강력하게 돋보이게 하는 데 기여합니다. 즉, 작품을 형성하는 정신이 힘을 발휘하도록 해주는 기능이 추함의 그림자 자체에 들어 있는 것입니다. 여기에는 또한 어떠한 형상화의 방식도 존재하지 않습니다. 형상화의 방식으로부터 출발하여 베케트에서 보이는 추함을 넘어서서 그러한 추함의 맞은편에서 긍정적인 의미의 일종이라도 부여할 만한 형상화의 방식은 존재하지 않는 것입니다. 미적인 것은 여기에서는 오히려 베케트에서 보이는 가장 외적인 경험들에 사람을 머물러 있게 하는 힘에 그 기반을 두고 있습니다. 추한 것의 형상들에서 유지되고 있는 경험들을 단장하지 않은 채 추한 것이 보여주는 가장 외적인 경험들이 제공하는 힘에 미적인 것이 놓여 있는 것입니다. 추한 것의 모멘트와 관련하여 나는 우리에게 주어진 과제가 있다고 생각합니다. 예술에서 추한 것의 의미에 관한 논의가 잘못된 일반성에서 쇠진하지 않도록 하기 위해서 필요한 과제가 있는 것입니다. 예술을 통해 지금까지 경험했던 추함395)의 이상理想이 어떻게 변화를 거듭했느냐 하는 것을 추적해 볼 필요가 있습니다. 미학자들과 예술가들은 일반적으로 미의 이상의 변천에 대해서만 지껄이는 것을 선호하기 때문에 추함의 이상에 대해서도 관심을 가져야 하는 것입니다. 그러나 나는 추함의 모멘트를 계속해서 추적하는 것 대신에 미에 대한 비판적 물음을 제기하고 싶습니다. 일단은 여러분에게 부정적인 모멘트를 보여주는 것을 시도할 것입니다.

우리는 미의 개념에 대해 이의를 제기해 왔습니다. 미의 개념은 일반적으로 볼 때 실제로는 주관적인 개념입니다. 미의 개념은 감각적으로 편안한 것과 동일한 의미를 갖고 있습니다. 그것이 우리로부터 유래하는 그 어떤 원천적인 조화의 필요성을 고려해야 하는 그 어떤 형식적인 규정들의 단순한 조화이건, 그것이 매력이 넘치고 유혹적이며 편안하고 또는 가장 폭 넓은 의미에서 성적인 아름다움이 이끌어내는 형상의 의미에서의 감각적으로 편안한 것이든 간에, 미의 개념은 감각적으로 편안한 것과 동일한 것입니다. 내가 여기에서 이제 시작하고 싶은 것은 그러나 내재적인 비판을 시도하는 일입니다. 다시 말해, 나는 예술작품에 원래 들어 있는 내용과 예술작품의 본질이 어떤 의미에서 오로지 예술작품들의 객관적인 조합으로부터만 발원하는가 하는 문제를 여러분에게 긍정적으로 보여드리는 것을 시도하고 싶지는 않습니다. 나는 이러한 시도를 잘 할 수 있으며, 또한 그 기회가 있을 것입니다. 나는 이러한 시도를 하고 싶지 않고 오히려 그 반대되는 시도를 하고 싶습니다. 주관적으로 편안한 것의 모멘트가 우리가 우리의 실제적인 미적 경험에서 아름다운 것으로 체험하는 것에 얼마나 적게 도달하는가를 여러분에게 보여주고 싶은 것입니다. 다시 말해, 나는 미적 주관주의의 인질을 잡고 싶습니다. 나는 일단은 미적인 것 또는 예술에 대한 주관적인 경험에 매달려서 그 경험을 다른 미학들에서보다는 더욱 가까이 들여다보고 싶습니다. 나는 아름다운 것의 개념에 대해 여러분에게 몇 가지를 말할 수 있게 되기를 바랍니다. 내가 시도하는 방식에 의하지 않고는 드러나지 않을 몇 가지를 보여주고 싶은 것입니다. 나는 이해관계 없는 편안함이라는 개념이 어려운 개념이며 어떠한 경우에도 안정적이지 않은 개념이라는 점을 설명한 바 있었습니다. 여러분이 이것을 기억해 주시기를 바라며, 그 내용은 다음과 같은 것이었습니다. 예술작품들에서는, 그리고 중요한 예술작품들에서도 감각적인 매력에 대한 관심이 결여되어 있지 않습니다. 예술의 영역이 감각적 매력에 대한 관심에서 획득되는 영역이며 그러한 관심이 딱딱하게 굳은 채 추상적으로 건너편에 위치하는 것은 결코 없었기 때문에, 예술은 오히려 그것의 모든 단계에서 감각적 매력의 영역과 항상 반복적으로 긴장관계에 놓여 있습니다. 이 점을 일단은 확실히 붙잡고 있기를 여러분에게 여기에서 요청하는 바입니다. 이렇게 붙잡고 있을 때 여러분은 앞에서 말한 내용과 반대되는 극단에, 즉 잘못된 유심론적인 미적 직관에 빠져들지 않게 됩니다. 이와 동시에 또한 이러한 감각적인 매력이 실제의 예술작품들에서 오로지 흩어진 상태로만 출현한다는 점을 염두에 두어야 합니다. 흩어진 상태라는 표현으로 내가 말하고자 의도하는 것은 양적인 것이 아닙니다. 예술작품들이 여기저기에서 흩어진 상태에서 나타난다는 것을 말하려는 의도는 전혀 없습니다. 감각적으로 매력적인 것의 개념에 전적으로 일치하는 예술작품들 중에는 위대한 작품들도, 그리고 중요한 작품들도 확실히 존재합니다. 물론 우리가 오늘날 위대한 작품들을 만나는 것은 특별히 어려운 일입니다. 내가 말하고 싶은 것은 오히려, 감각적으로 편안한 것의 모멘트들이 예술작품들에서 출현하는 것이 우연적이라는 점입니다. 그러한 모멘트들은 예술작품의 본질 자체를 완성시키는 것이 아니고, 예술작품을 원래부터 지탱시켜 주는 것입니다. 그러한 모멘트들은 예술작품의 조직화이며, 예술작품이 갖고 있는 의미의 통일체의 맞은편에서 흩어진 상태로 존재하는 것들입니다. 우리가 감각적인 매력의 모멘트들을 그것들이 지니고 있는 의미와의 관계에서 바라볼 때, 그러한 모멘트들을 고립시킨 채 그것들 자체로서 문자 그대로 바라보지 않을 때,396) 우리는 그러한 모멘트들을 특별한 미적 경험에서 그 의미에 합당한 것으로 느끼게 될 것이며, 미적 경험자로서의 우리를 그러한 모멘트들과 동일화시킬 수 있게 될 것입니다. 예를 들어 알반 베르크Alban Berg397)의 「룰루」에서 특정한 종류의 음향적 미를 얻기 위해 항상 반복적으로 노력하여 그러한 미가 성취된다면, 이러한 성취는 감각적 미의 이념과 감각적 미에서 시작되는 이끌림의 이념이 —이것은 자연과 자연지배의 변증법입니다— 「룰루」에서 그 중심에 있다는 점과 관련이 있습니다. 여기에서는 감각적으로 아름다운 것이 스스로 그러한 이념의 담지자가 되어 있으며, 어떤 경우에도 즉자적으로 놓여 있는398) 그 어떤 것에 머물러 있지는 않습니다. 나는 이러한 주장을 여러분에게 비교적 간단하게 이해시킬 수 있다고 생각합니다. 우리가 예술의 감각적 요소들을 고립시키는 그 순간에 매력과 즐김의 모멘트로서의 예술의 감각적 요소들은 잘못되거나 모호하게 된다는 점을 여러분에게 이미 말한 바 있었습니다. 이렇게 말함으로써 내가 의도했던 바는 예술의 감각적 요소들이 음식과 같은 요소들이 된다는 사실이었습니다. 다시 말해, 입맛의 가치가 되고 만다는 사실입니다. 이렇게 되면 우리는 예술작품에 대해서 우리가 좋은 요리를 대할 때, 아주 좋은 포도주를 대할 때 취하는 태도와 문자 그대로 똑같은 태도를 취하게 됩니다. 우리는 예술작품을 있는 그대로의 정말로 현실적인 것처럼 소비하게 되는 것입니다. 이렇게 되면 우리는 예술이 한때 자신의 법칙을 유지시켰던 근거인 금기를 훼손시키게 됩니다. 이 문제와 관련하여 나는 우리가 이 강의에서 이미 얻어 놓았던 결과에 다시 연계시키고자 합니다. 다시 말해, 예술은 단순히 경험적인 현존재의 영역으로부터 이분자異分子처럼 분리되는 영역을 표현하고 있다는 금기를 우리가 훼손시키게 되는 것입니다. 예술이 표현하는 그러한 영역은 우리의 실존과 직접적으로 하나가 되는 영역이 아니고 일종의 주술적인 영역처럼 우리의 실존으로부터 분리되어 있습니다.

여기에서 예술의 본질과 관련하여 도출되는 것이 있습니다. 이것이 매우 간단한 문제임에도 여러분에게 아마도 이것을 말하지 않았던 것 같습니다. 이제 여러분은 바로 이 자리에서 더욱 잘 파악하게 되었습니다. 다시 말해, 정신적인 것으로서의 예술의 본질은 미적 영역이 경험세계적인 영역으로부터 이분자처럼 분리되어 있다는 점과 원래부터 직접적으로 한 몸이라는 사실을 여러분이 이해하여야 합니다. 우리가 예술작품들의 맞은편에서 우리의 현존재에 실제로 있는 모멘트들을 대하는 것과 같은 행동을 취하지 않고, 우리와는 분리되어 있는 모멘트들을, 우리의 현존재의 한 부분을 직접적으로 구성하지 않는 모멘트들을, 미적 태도399)라고 명명될 수 있는 특별한 방식으로 우리가 경험할 수 있는 모멘트들을 대하는 행동을 취함으로써 예술작품들은 단순히 감각적인 직접성의 영역으로부터 이분자처럼 분리됩니다. 경험세계적인 직접성으로부터 이렇게 이분자처럼 분리되어 있는 것이 그것 자체로 원래부터 이미 필연적으로 정신화의 모멘트가 됩니다. 이에 근거하여 우리는 다음과 같이 말해도 되며, 나는 이것이 매우 중요하다고 생각합니다. 즉, 예술의 정신적인 모멘트는 예술로서의 예술을 직접적으로 경험하는 것에, 예술작품으로서의 예술작품을 직접적으로 지각하는 것에 놓여 있는 것입니다. 예술의 정신적 모멘트는 대략 나중에 예술작품에 추가적으로 덧붙여진, 유심론적인, 정신화된 활동이 전혀 아닙니다. 이런 활동은 예술작품의 이른바 정신적인 내용에 대해서 뒤늦게 묻는 활동으로서 예술의 정신적인 모멘트와는 관련이 없습니다. 나는 사과 한 개를 먹는 것 대신에 한 편의 예술작품을 주시하는 사람에 속합니다. 나는 이렇게 함으로써 예술작품을 주시할 때 필요한 거리를 실행에 옮기고 있으며, 이와 동시에 내가 안톤 베베른Anton von Webern의 작곡이나 클레Klee의 그림과 마주 서 있을 때⁴⁰⁰⁾ 완성에 이르게 되는 정신화의 전체 과정을 이미 작동시켰습니다. 이에 반해 내가 앞에서 말했던 음식을 대하는 태도와 같은 것은 항상 원자적原子的인 것에 지나지 않습니다. 개별적인 매력은 있는 그대로의 현실적인 것이며 감각적으로 편안한 것입니다. 개별적인 매력은 형식 법칙에 놓여 있는 전체와의 관계를 통해서 정신화에 이르게 됩니다. 여러분을 가르치는 교수로서 여기에서 여러분 자신의 미적 경험을 위해 어떤 규칙이나 작은 도움을 주어도 된다면, 나는 다음과 같이 말하고 싶습니다. 감각적으로 개별적인 것을 결코 감각적으로 개별적인 것으로 파악하지 않고 전체와의 관계에서 파악하는 것이 예술작품의 경험에서 결정적으로 중요합니다. 감각적으로 개별적인 것은 전체와의 관계를 통해서 이제 여기에서jetzt und hier 나타나는 고립된 단순한 감각적인 출현 이상의 것이 되기 때문입니다. 예를 들어 베토벤의 「에로이카」 제1악장에 16분음표로 된 매우 격렬한 특정 모티프의 형상이 끼어들면,⁴⁰¹⁾ 원시적 수준의 청각이나 음식을 대하는 태도와 같은 청각, 즉 원자적인 청각은 이 주제를 다른 모든 개별적인 주제를 파악하는 것처럼 파악하는 데 머물러 있을 것입니다. 원자적인 청각은 그러한 주제를 아마도 느끼게 될 것이며, 그러한 주제를 자주 충분하게 들었다면 아마도 휘파람을 불게 될 것입니다. 원자적인 청각은 그러한 주제를 이른바 착상으로서 기억을 하게 될 것입니다. 나는 이러한 행태를 멸시하려는 의도를 전혀 갖고 있지 않습니다. 예술작품을 대할 때 감각적-원자적 행동의 단계를 경험하지 못한 사람, 예술작품을 오로지 추상적인 전체로서만 인지하는 사람, 감각적인 개별 모멘트들을 자기 스스로 잃어버리는 태도를 취할 수 없는 사람은 예술작품이 무엇인지를 제대로 알 수 없습니다. 여러분이 「에로이카」에서 중간에 끼어드는 모티프를 이렇게 저렇게 끼어드는 다른 착상들의 곁에 있는 하나의 착상으로 지각하지 않고 총체성에 관련시켜 지각하는 그 순간에, 여러분은 비로소 「에로이카」를 이해하게 됩니다. 다른 말로 설명하겠습니다. 이질적인 힘의 일종이 여기에서 악장의 진행에 끼어들었다는 점을 여러분이 일단은 알아차릴 때, 여러분이 이렇게 특별한 주제를 끼어들기로서 실제로 경험하며 단순한 연속으로서 경험하지 않을 때, 이렇게 해서 여러분이 연속적으로 전개되는 제시부와 반反테제적인 제시부의 차이를 경험할 때, 여러분은 비로소 「에로이카」를 이해하게 될 것입니다. 반테제적인 제시부에서는 미리 예정되어 있지 않은 어떤 모멘트가 나타나며, 이러한 모멘트는 힘들의 게임game을 먼저 둑으로 막은 다음 마침내 전체의 계속되는 전개에 의해서 그러한 모멘트 나름대로 비로소 전체에 다시 통합됩니다. 반테제적인 제시부에서 일어나는 이러한 작용에 대한 이해가 「에로이카」를 이해하는 데 중요합니다. 여러분 중에는 개별 문헌학이나 음악학 교육을 받은 분들이 있을 것입니다. 그런 분들은 개별 예술작품들의 분석에서 —이것은 특히 근대 문학사에서 해당되는 경우입니다— 예술작품들에서 나타나는 개별적인 현상들에 주목하도록 교육을 받았을 것입니다. 가르치는 분들은 개별적인 현상들을 양식 비판적인 카테고리들로 간주하여 교육을 받는 분들의 손에 쥐어 주었을 것이며, 이러한 시각에서 예술작품들의 개별적인 모멘트들이 어떤 방식으로 전체와의 관계에 놓여 있는가를 배우는 분들에게 보여주었을 것입니다. 내가 이 자리에서 여러분에게 가져다 주고 싶은 것은 그러나 앞에서 본 것보다는 해가 덜할 것입니다. 나는 여러분의 교육에 그렇게 대단하게 기여하고 싶은 생각은 없습니다. 여러분에게 보여주는 것은, 베토벤의 양식은 그가 착상들을 서로 맞닿게 열을 지어 배열하지 않았고 그러한 착상들이 철저하게 서로 대립적으로 규정되며 착상들이 갖고 있는 기능의 연관관계에서 착상들의 의미를 갖는다는 것에서 성립된다는 점입니다. 내가 여러분에게 말하고 싶은 것은 예술적 경험이 무엇이냐 하는 것, 즉 우리가 감각적으로 편안한 것에 대한 비판에서 다루었던 주관적인 모멘트가 무엇이냐 하는 것입니다. 개별적인 것과 전체와의 관계를 지각할 때만이 예술작품을 이해할 수 있으며 예술작품에 다가설 수 있다는 점도 여러분에게 하고 싶은 말입니다. 다시 말해, 여러분이 예술작품의 모든 감각적인 개별성들을 구체적이고도 특별하게 지각하되 다른 감각적인 모멘트들을 전체와의 관계에서 제대로 지각할 때만이 예술작품을 이해하게 되는 것입니다. 이렇게 지각할 때, 감각적인 모멘트들은 구조적인 의미의 담지자가 되며, 이 순간 감각적인 모멘트들은 단순히 고립된 감각적인 매력으로 남아 있는 것을 중지하게 되기 때문입니다. 이에 대해 간단한 예를 들어 보겠습니다. 고도로 조직화된 음악에서 우리가 단순히 개별적으로 아름다운 자리들을 지각하게 되면, 우리는 그러한 음악을 이해하지 못합니다. 그러한 방식의 지각은 때에 따라서는 예술작품의 이해의 앞에 가로막혀 있는 장벽이 될 수 있습니다. 여러분이 어떤 중요한 음악 작품을 그 작품에 들어 있는 아름다운 자리들을 모아서 감상하는 태도를 취한다면, 여러분이 이 작품으로부터 만들어내는 것은 그 작품 자체의 접속곡에 지나지 않습니다. 또는 여기로부터 여러분은 유행가를 만들어내는 경향으로 치닫게 됩니다. 한 가지를 덧붙여도 된다면, 여러분은 여기에서 고급 또는 진지한 예술이 무엇이며 통속적 예술 또는 대중문화가 —여러분이 어떻게 명명해도 상관이 없습니다— 무엇인지를 아마도 어느 정도는 명증하게 구분하게 되었을 것입니다.[402] 우리는 이러한 것들을 이른바 수준에 따라 구분할 수는 없습니다. 수준의 개념이라는 것이 예술에서는 극단적으로 문제가 많은 개념이기 때문입니다. 생산되었을 때부터 한때는 매우 높은 수준에 위치하고 있었으나 이 수준을 전혀 주장할 수 없게 되어버린 예술작품들도 있습니다. 직접적으로 보았을 때 그 수준이 전혀 높지 않았지만 예술작품 내부에 숨겨져 있다가 펼쳐진 힘들에 의해서 이른바 수준 높은 예술을 따돌렸던 예술작품들도 존재합니다. 이와 관련하여 나는 헤벨Johann Peter Hebel[403]을 상기시켜 드립니다. 헤벨을 여러분이 상기하여 보면, 내가 의도하는 바가 무엇인지를 알게 될 것입니다. 예술작품들을 그렇게 구분하면서 우리가 수준이라는 독단적인 개념을 올바르게 파악하여 그 개념에 적게 의존할 수 있게 되면 될수록, 우리가 사물 자체에서 그러한 종류의 기준들을 발견하게 되는 것이 더욱 중요하게 됩니다. 여기까지의 논의에서 나는 그러한 기준들 중의 하나를 일단은 굴려 보는 것을 보여주려고 하였습니다. 개별적인 모멘트들을 전체의 기능적인 모멘트들로 지각하는 것이 미적 경험을 정초한다는 점과, 다른 한편으로는 개별 모멘트들과 전체 사이의 그러한 변증법적 관계가 실제로 지배적인 곳에서 오로지 예술작품이 존재한다는 점을 나는 여기에서 말해 두고자 합니다. 내가 변증법적 관계라는 개념을 통해 의도하고자 하는 바는, 전체는 내가 「에로이카」를 예로 들어 설명하였던 관계들과 같은 관계들로부터 이루어진다는 점입니다. 다른 한편으로는 모든 개별적인 모멘트는, 역으로, 그것에 고유한 의미를 오로지 전체로부터만 받아들입니다.

　전체와 전체의 부분들의 동역학적인 진행 과정에서 상호 작용하면서 산출해내는 것이 바로 예술작품의 의미입니다. 우리가 예술작품 자체에 있는 예술작품의 변증법적 형상에 부여해도 되는 것이 바로 예술작품의 의미인 것입니다. 이른바 아름다운 자리들로 찢겨져 깨지는 것의 모멘트나 또는 개별적으로 감각적인 매력은 예술에 원래부터 항상 붙어 있었다는 점을 나는 말하고 싶습니다. 이것은 예술에서 영속적으로 시도되는 것이었으며, 예술작품들은 예로부터 이러한 시도의 밑에 놓여 있었습니다. 이러한 모멘트는 다른 한편으로는 추상적 또는 이상주의적인 통일체의 모멘트가 예술작품을 위협하는 것과 똑같은 정도로 예술에서 위험의 모멘트로 내재되어 있습니다.[404] 예술작품을 쳐서 부러뜨리는 위협을 가하는 모멘트인 개별적으로 감각적인 모멘트로 인해 예술작품은 우리가 살고 있는 세계에서 자율적인 형상물로 전개되는 것이 매우 드물어졌고 거의 항상 시장市場의 요소가 되고 말았습니다. 이러한 모멘트들이 확실하게 우세를 점하는 상황에서 시장은 그것의 이해관계를 관철하였던 것입니다. 위대한 예술가들도 그 어떤 방식으로든 시장에 항상 반복적으로 굴복하였습니다. 우리가 순수 시詩나 순수 음악 또는 순수 회화[405]를 표방하는 예술가들로부터 유래하는, 한층 높은 견지에서 예술가들이 시장에 굴복하는 것에 대해 비난을 퍼붓게 된다면, 이것은 편협하고도 제한된 파악에 머무르고 말 것이라는 생각이 듭니다. 나는 오히려, 역사에서 예술의 위대함은 예술의 위대함과 같은 문제들이 조금은 극단적으로 불안정하게 되어 버린 오늘날에 이르기까지 성립된다고 보고 있으며, 이것은 다음과 같은 사실에 기인한다고 생각합니다. 다시 말해, 예술은 아름다운 자리들로 깨어 부서지는 것이나 개별적으로 감각적인 매력에 자신을 내맡기기도 하지만 이와 동시에 예술의 정신화의 힘을, 즉 예술이 그것 자체를 잃어버렸던[406] 바로 그 자리에서 생기는 예술이 가진 통합에의 힘을 보존합니다. 바로 이러한 힘에서 예술의 위대함이 성립되는 것입니다. 예술작품이 모든 순간에서 그것 자체를 마음대로 지배하고 작품의 요소들에 대해 지배력을 행사하는 것이 예술작품의 본질이 아닙니다. 오히려 예술작품이 그것의 개별적인 모멘트에서 그것을 스스로 잃어버리는 것, "던져 버려라, 그래야 얻게 된다"[407]는 것, 다시 말해 위험에 그것 자체를 내맡기는 것이 예술작품의 본질에 속합니다. 이렇게 함으로써 예술작품은 비로소 예술 작품의 힘을, 즉 그것 자체를 다시 발견하는 힘을 과시하게 됩니다. 현대적으로 말한다면, 없애 가져지는 것으로서의 값어치가 없는 상품(키치, Kitsch)의 잠재력을 작품의 내부에 내포하고 있지 않은 예술작품은 아마도 예술작품이 아닐 것입니다.408) 여기에서 한 가지 덧붙일 것이 있습니다. 예술작품의 통일성을 산산조각 내는 위협을 가하고 있는 감각적인, 음식과 같은 개별적인 것의 모멘트는, 이 모멘트가 더욱 높은 것으로서 그것을 감추지 않은 채, 매개되지 않은 상태에서 스스로 그것 자체를 고백하는 곳에서 가장 먼저 공공연하게 정당한 모멘트인 것처럼 나타납니다. 어떤 특정한 리뷰나 영화 리뷰에서는 의미의 연관관계의 제시가 더 이상 거의 전혀 제기되지 않으며 예술작품이 아무런 조건 없이 감각적인 모멘트에 예술작품 자체를 내맡기게 됩니다. 그러한 리뷰에서는 예술작품을 묶는 사슬로부터 자유롭게 된 감각적 요소들로부터 대략 제2차적인 정신적 연관관계가 만들어집니다. 제2차적인 정신적 연관관계가 만들어지는 예로서 나는 차이코프스키나 위대하다고 알려져 있지만 잘못된 다른 작곡가들을 들겠습니다. 이러한 작곡가들에서도 예술작품이 요구하는 바가 제기되고 있습니다. 그러나 우리는 이러한 작곡가들에서는 주제들을 서로 결합시키는 것이 실제로 중요한 것이라는 점을 곧바로 알아차리게 됩니다. 그러한 주제들이 작곡가들에게로 다시 돌아가게 되면, 그러한 주제들은 지배력을 잘 보존할 수 있게 됩니다. 동시에, 감각적인 모멘트들은 그러한 주제들이 부끄러움을 모른 채 나타나는 곳과 비교해 볼 때 감각적인 모멘트들의 견디어낼 수 있는 정도가 무한대로 작아지게 됩니다.

여러분은 예술작품이 개별적 충동들과 전체와의 상호작용의 산물이며 이러한 이질적인 개별적 충동들에도 진리의 모멘트가 항상 포함되어 있다는 사실을 잊어서는 안 될 것입니다. 다시 말해, 예술작품은 억압된 자연을 뚫어서 깨트립니다. 자연을 통합시켜 다시 명예를 얻도록 하는 것은 예술작품의 명예도 스스로 완성시킵니다. 우리에게 고유한 미적 경험으로 이제 여기에서 되돌아온다면, 나는 아래와 같이 말할 수 있습니다. 예술작품의 전체는, 즉 예술작품에서 정신적인 모멘트의 담지자라고 나타낼 수 있는 의미의 연관관계는 일단은 숨겨져 있는 것이며 직접적인 것이 아닙니다. 그러므로 우리가 오늘날 놓여 있는 상황에서는 미적 경험에의 길은 어떤 경우이든 본질적으로 전체에 이르는 길입니다. 감각적으로 개별적인 매력을 구출하기 위해 모든 면을 따져가면서 내가 말하였던 것들이 감각적으로 개별적인 매력의 영역에 어떤 것이 머물러 있게 하는 데 필요한 이데올로기로 오용되어서는 안 될 것입니다. 시골에 있는 삼촌이 대도시의 극장에 갈 때 보이는 행동과 같은 태도로 예술작품을 종국적으로 대해서는 안 되는 것입니다. 내가 여기에서 의도하는 바는, 전체를 경험하는 사람이 예술작품을 경험한다는 사실입니다. 전체가 비로소 의미를 부여하기 때문입니다. 이러한 경험은 점차로 개별적이고 감각적인 출현으로부터 떨어져 나오는 경향을 갖는 경험이 됩니다. 여기에서 여러분은 예술의 경험에서 나타나는 보기 드문 역설에 직면하게 됩니다. 이것은 예술의 영역이 특별할 정도로 역설인 것과 마찬가지입니다. 예술의 영역이 왜 역설인가에 대해서 이미 여러분에게 설명한 바 있었습니다.[409] 예술작품들에 대한 감각적 경험이 적절하면 할수록, 여러분이 더욱 완벽하게 예술작품을 감각적으로 지각하면 할수록, 여러분은 동시에 예술작품의 단순한 감각적인 요소로부터 더욱 많이 떨어져 나오게 됩니다. 이를 통해 내가 말하려고 하는 바는 다음과 같습니다. 여러분이 복합적인 심포니 악장을 그 속에 들어 있는 모든 감각적인 모멘트가 서로 관계를 맺고 있는 형태로 청취하려고 하면, 즉 그러한 모멘트들의 통일성과 매개되어 있는 상태에서 청취하고 감각적으로 지각하려고 하면, 다시 말해 여러분이 청취하는 것을 여러분 앞에 지금 출현하는 것으로 들을 뿐만 아니라 작품에서 이미 지나간 것과의 관계, 작품에서 여러분의 면전에 있는 것과의 관계, 종국적으로는 전체와의 관계에서 청취하게 된다면, 이것이야말로 실현 가능한 모든 정교한 감각적 경험에서도 가장 높은 곳에 위치하는 척도가 되는 것이 확실합니다. 이렇게 함으로써 여러분은 동시에 감각적인 경험으로부터 떨어져 나오게 됩니다. 여러분은 이러한 종류의 지각을 통해서 단순히 여기에 있음과 단순한 순간으로부터 —이 두 곳에서 여러분은 개별적인 것을 청취합니다— 떨어져 나오기 때문입니다. 다른 말로 하면, 적절한 미적 경험이란 단순히 주어져 있는 것을, 현재 이 순간 주어져 있는 것을 —미적 경험은 이런 것들에서 출발하여 구성됩니다— 항상 초월하는 경험이기 때문입니다. 미적 경험의 본질에 대한 물음이 있으며, 바로 여기에 필연적으로 접맥되는 물음들이 있습니다. 예술적 미의 주관적 개념에 대한 상대 개념이 내가 여기에서 여러분에게 말한 것에 따라 유지될 수 있느냐 하는 물음이, 더욱 급진적으로 표현한다면 적절한 미적 개념으로서의 예술을 즐기는 것과 같은 것이 원래부터 존재하느냐 하는 물음이 여기에 접맥되는 것입니다.

384) 헤겔에 따르면 "즉자는 … 현실에 대항하여 본질이 행하는 개념화이다. 그러나 개념화는 참된 것이 아니고 오로지 의식에 대해서만 존재하는 것과 동일한 것이다. 다시 말해, 이러한 동일한 것은 현실적이라고 명명된 것과도 스스로 동일한 것이다. 왜냐하면 현실적인 것은 본질적으로 다른 것에 대해서 존재하는 것이거나, 또는 존재이기 때문이다"[Phänomenologie des Geistes정신현상학(편집자주 15번 참조), S.289f.]. "모든 사물은 일단은 즉자이며, 즉자는 홀로는 그것의 쓰임을 갖지 못한다. 이것은 식물이 즉자적으로 있는 상태인 씨앗과도 같은 것이다. 씨앗이 스스로 발달해 가듯이, 사물은 자기 내부에서의 추상적 반성으로서의 사물의 단순한 즉자를 넘어서서 앞으로 나아가며, 이렇게 해서 사물을 다른 것의 안으로 들어가는 반성으로서도 증명해 보인다. 이렇게 해서 즉자는 그 속성을 갖게 된다"[Enzyklopädie der philosophischen Wissenschaften I 엔치클로페디 I(편집자주 277번 참조), S.255]. 아도르노가 "즉자"와 "우리에 대한" 사이의 관계를 어떻게 이해하고 있는가에 대해서는 이에 대한 헤겔의 고전적인 자리들 이외에도, 그리고 이러한 자리들에 앞서서, 먼저 방향 전환이 중요하다. 이러한 방향 전환에서는 후설이 상대주의의 문제에 대해 다음과 같이 성찰하고 있다. "세계는 즉자적으로 존재하지 않은 것으로 보이며, 오히려 우리에 대한 세계나 그 어떤 다른 우연한 존재의 종種들에 대한 세계가 존재하는 것으로 보인다"[Edmund Husserl, Logische Untersuchungen논리적 탐구. Erster Band(1900), 3. Aufl. Halle 1922, S.121]. 이에 대해서는 아도르노의 다음 문헌들도 참조. *Zur Metakritik der Erkenntnistheorie*인식론 메타비판, GS 5, S.93, sowie die Abhandlung *Zur Philosophie Husserls*후설의 철학에 대하여 (1937), GS 20·1, S.46-118, bes. 91 u. 113ff.

385) 플라톤의 참여 개념에 대해서는 편집자주 354번 참조.

386) 218-219쪽과 편집자주 336번 참조.

387) Vgl. Phaidr. 266 b-c. 변증법-개념에 대한 이러한 규정에 대해서는 다음을 참조. Ueberweg/Praechter, Die Philosophie des Altertums고대 철학, a. a. O. (편집자주 312번 참조), S.329, sowie Adornos Vorlesung zur *Einführung in die Dialektik* aus dem Sommersemester 19581958년 여름학기 강의인 변증법 입문(이 강의의 편집자주 88번 참조).

388) 편집자주 331번 참조

389) Vgl. Phaidr. 244 c-245 c; 256 b.

390) 키르케고르는 '제 것으로 하기'의 개념에 대한 강조된 규정을 『이것이냐 저 것이냐』에서 전개하고 있다. in: Entweder-Oder II, übers. V. Emanuel Hirsch, Düsseldorf 1957, S.103f., 139. 이에 대해서는 아도르노의 다음 자리 도 참조. GS 2, S.26 u. 217.

391) 편집자주 39번 참조.

392) Karl Rosenkranz, Ästhetik des Häßlichen추함의 미학(Königsberg 1853), hrsg. v. Dieter Kliche, Leipzig 1990. 다음의 자리도 참조. GS 2, S.33; GS 7, S.74ff.

393) Frans Hals, »Malle Babbe미친 바바라«(ca. 1635), Öl auf Leinwand, 75cm×64cm, Gemäldegalerie, Berlin.

394) 아도르노는 베케트의 「막판극」을 빈Wien의 정육시장에 있는 빈 극장에서 관람하였다(vgl. seinen Brief an Max Horkheimer v. 17. 4. 1958, in: Theodor W. Adorno, Briefe und Briefwechsel, hrsg. vom Theodor W. Adorno Archiv, Bd. 4·V: Theodor W. Adorno - Max Horkheimer, Briefwechsel 1950-1969, hrsg. v. Christoph Gödde u. Henri Lonitz, Frankfurt a. M. 2006, S.500).

395) Vgl. inzwischen Umberto Eco, Geschichte der Hässlichkeit추함의 역사, München 2007.

396) 아도르노는 이 생각을 라디오 강연인 Schöne Stellen아름다운 자리들(1965)에서 계속해서 전개하였다. 다음 자리도 참조. GS 18, S.695-718.

397) 아도르노는 빈의 작곡가인 알반 베르크Alban Berg, 1885-1935에게서 1925년 부터 작곡 수업을 받았고 베르크가 사망할 때까지 우정을 유지하였다(vgl. Theodor W. Adorno, Briefe und Briefwechsel, Bd. 2: Theodor W. Adorno - Alban Berg, Briefwechsel 1925-1935, herausgegeben von Henri Lonitz, Frankfurt a. M. 1997). 베데킨트의 비극들인 »Erdgeist지령«과 »Die Büchse der Pandora판도라의 상자«(편집자주 366번 참조)에 근거하여 베르크가 작곡 한 오페라인 »Lulu룰루«는 미완성에 머물렀다. 아도르노는 1934년에 런던에 서 »Symphonischen Stücke aus der Oper Lulu오페라 룰루에서 온 심포니곡들«의 연주를 불트Adrian Boult의 지휘를 통해서 청취하였다(vgl. GS 13, S.472-477). 아도르노는 1937년에 취리히에서 처음으로 연주된 오페라의 일부분을 총보 總譜와 여러 연주들로부터 알게 되었다(vgl. GS 13, S.478-490). 그는 1960년 에 솔티Georg Solti의 지휘 아래 이루어진 프랑크푸르트 연주의 초연을 축하하 기 위해 「알반 베르크의 룰루에 대한 강연」을 하였다(GS 18, S.645-649). 그

는 1968년에는 그의 베르크 책에서 "오케스트라에 들어 있지 않은 제3막의 일부분을 마침내 오케스트라에 들어오게 하는" 절박한 소망을 피력하였다 (GS 13, S.333). 체르하Friedrich Cerha에 의한 제3막의 구성을 아도르노는 더 이상 들을 수 없었다. 재구성된 작품은 불레즈Pierre Boulez가 지휘하는 파리의 오케스트라에서 1979년에 초연되었다.

398) Vgl. GS 13, S.474f.

399) 아도르노는 '미적 태도'의 개념을 이곳이 아닌 다른 곳에서는 사용하지 않는다. 특히 가이거Moritz Geiger는 특별하게 '미적 태도'에 대해 말하고 있으며 [Beiträge zur Phänomenologie des ästhetischen Genusses미적 즐김의 현상학 논문집(편집자주 17번 참조), S.14, 50], 폴란드의 현상학자 인가르텐Roman Ingarden, 1893-1970도 파리에서 행한 강연인 »Das ästhetische Erlebnis미적 체험«(1937)에서 미적 태도에 대해 언급하고 있다(in: ders., Erlebnis, Kunstwerk und Wert. Vorträge zur Ästhetik체험, 예술작품과 가치, 미학에 대한 강연집, 1937-1967, Tübingen 1969, S.3-7). 예술학자인 베르너Alfred Werner는 '미적 태도'와 '예술가적 태도'를 구분하였다(vgl. Alfred Werner, Impressionismus und Expressionismus인상주의와 표현주의. Grundbegriffe der allgemeinen Kunstwissenschaft일반 예술학 기초, Leipzig - Frankfurt a. M. 1917, S.38f.). 영미계통의 미학에서는 특히 프린스턴 대학의 심리학자인 랑펠드Herbert Sidney Langfeld, 1879-1958가 그의 »The Aesthetic Attitude미적 태도«(New York 1920)에서 '미적 태도'의 개념을 정립하였다. 2차 대전 후에는 특히 미국의 칸트주의자인 스톨리츠Jerome Stolnitz가 심리학적으로뿐만 아니라 규범적으로 지향된 '미적 태도'의 이론을 대변하였다. 스톨리츠는 미적 태도를 다음과 같이 특징 짓는다. "어떤 것이든 인지의 대상에 대해 이해관계가 없는 상태에서 교감을 하는 주의 집중이며 명상이다. 미적 태도는 오로지 자체의 목적을 위한 것이다"(Jerome Stolnitz, »The Aesthetic Attitude«, in: ders., Aesthetics and the Philosophy of Art Criticism미학과 예술 비평의 철학, New York 1960, S.40ff.).

400) 아도르노는 1959년 3월 »Merkur«에 발표한 논문인 「안톤 베베른」에서 베베른과 클레가 서로 근접해 있는 것에 대해 상세하게 논의하고 있다. "베베른에게서 클레에 대한 기억이 설정되고 있는 것은 이유가 없는 것이 아니다. 이러한 기억은 베베른을 따라 다니는 절대적 서정시의 이념을 구체화시키는 것을 도와준다. 화가에 대한 베베른의 유사성은 두 사람의 중기에서 모든 진

한 것과 부피가 큰 것을 버리고 단순한 선線 긋기만을 잡아 두는 처리방식들 사이에서 나타나는 단순한 유사성보다는 더욱 깊은 곳까지 미치고 있다. 두 사람은 선 긋기 자체에서, 독특한 도법圖法적인 것에서, 동시에 특정적인 수 수께끼적 표현 서법書法에서 서로 친밀하게 근접해 있다. 이러한 표현 서법 이 갖고 있는 이름은 악필이다. 카프카는 그의 산문을 위해 억지로 참고 견 디면서 악필을 선택하였다. 클레와 베베른도 색과 소묘 사이의 상상적인 중 간 영역을 항해하고 있다. 두 사람의 형상물들은 울리는 음량이며, 색채적이 지 않다. 음의 선택이 독립적인 것으로 결코 설정되지 않는다. 음의 선택은 완력이 있는 작곡층層으로서 자기 주장을 결코 강력하게 하지 않는다. 음의 선택은 또한 결코 음향 구성이 아니다. 음의 선택은 악필의 정신을 강제적으 로 속박하고 있다. 이것은 마치 어린이들이 행복을 생각하면서 색으로 그려 놓은 스케치가 악필에 가까운 것과 마찬가지이다. 베베른과 클레의 작품은 그들이 사용하는 매체들의 정립된 장르에서 빠져나와 중간 영역으로 이주한 다"(GS 16, S.124).

401) 여기에서 언급하는 것은 베토벤의 내림마장조 op. 55(Eroica) 제3심포니 1 악장 65박자에 관련되어 있다(vgl. dazu Adorno, NaS I·1: *Beethoven. Philosophie der Musik*베토벤. 음악의 철학. Fragmente und Texte, hrsg. v. Rolf Tiedemann, Frankfurt a. M. 1993, S.42 u. 112).

402) '진지한' 음악과 '가벼운' 음악의 관계에 대해서는 다음을 참조. GS 14, S.199ff.

403) 남쪽 바아던 지방의 목사이자 교육자인 헤벨Johann Peter Hebel, 1760-1826은 알레만 구어체로 시를 썼으며, 1807년부터 1815년까지 루터의 영향을 받는 바아던 지역의 연보인 »Rheinländischer Hausfreund라인란트의 가족과 같은 친 구들«에 수많은 "교훈적인 소식들과 재미있는 이야기들"을 썼다. 이 연보에 실린 가장 재미있는 이야기들 중에서 일부를 모아 1811년에 최초로 »Schatzkästlein des rheinischen Hausfreundes라인란트 친구의 보고寶庫«라는 제 목으로 책이 출간되었으며, 수많은 새로운 판본이 출간되면서 그림 형제의 동화와 더불어 독일어권 문학에서 가장 인기 있는 책이 되었다. 이에 대해 아도르노는 『미학이론』에서 다음과 같이 쓰고 있다. "이상주의가 미적으로 준비시켜 놓았던 황폐화는 요한 페터 헤벨과 같은 희생자들에서 눈이 부시 도록 가시화되고 있다. 황폐화는 이상주의자들에게는 전적으로 영원한 것으 로 생각되었던 미적 존엄의 실존을 통해서 미적 존엄을 그것에 고유한 편협

한 영원성으로 넘어가게 함으로써 미적 존엄이라는 판단에 빠져들면서 미적 존엄을 아직도 살아남도록 한다"(GS 7, S.98). Vgl. auch Benjamin, Gesammelte Schriften, Bd. II·2, a. a. O.(편집자주 94번 참조), S.635ff. 이곳에 헤벨의 이야기들에 대한 벤야민의 생각이 들어 있다. 그것들은 "계몽을 여신女神인 이성의 신전으로 들어가도록 밀어주었던 봉납奉納이다."

404) 이 단락의 시작인 "전체와 전체의 부분들의 역동적인"부터 여기까지 아도르노가 왼쪽 여백에 세로로 줄을 그어 놓았다.

405) 프랑스의 비평가인 생 뵈브Sainte-Beuve, 1804-1869에 의해 1830년에 각인된 '순수문학poesie pure'의 슬로건은 '참여문학poesie engagee'과 대립되는 개념이며 '예술 지상주의'의 의미에서 '순수한' 문학을 일컫는다(편집자주 149번 참조). 이에 기대어 음악의 영역에서도 '프로그램 음악'과 '순수한' 음악, '절대적인' 음악, 또는 '순수 음악'이 구분되었다. 이러한 구분은 칸딘스키와 같은 화가와 20세기 초에 활동했던 다른 화가들이 '순수한', '대상이 없는', '추상적인' 회화를 전개시키는 생각에 이르게 할 수 있었던 것에 결정적으로 기여하였다. 이러한 회화는 '순수 회화'로서 전통적으로 내려오는 외부적인 모사를 과제로 삼았던 회화와는 거리를 두었다.

406) 아도르노는 인쇄 상태의 글에서 이 문장에 밑줄을 그어 놓았다.

407) "던져 버려라, 그래야 얻게 된다"는 아도르노의 주도적 모티프이다[S. u. a. GS 4, S.170, GS 12, S.193; GS 16, S.60; vgl. dazu auch Irving Wohlfahrt, »Dialektischer Spleen변증법적 심술. Zur Ortsbestimmung der Adornoschen Ästhetik아도르노 미학의 위치 규정«, in: Materialien zur ästhetischen Theorie Adornos, hrsg. v. Burkhardt Lindner und W. Martin Lüdke, Frankfurt a. M. 1980, S.310-347, hier: 317; sowie Philipp von Wussow, Logik der Deutung뜻을 내보이기의 논리, Adorno und die Philosophie아도르노와 철학, Würzburg 2007, S.132]. 아도르노는 이러한 요구를 어떤 자리에서는 "성서적인" 것이라고까지 말하고 있다(GS 18, S.694). 그러나 그 관련성은 명백하게 결말이 날 수는 없다. 가장 가까운 내용은 마태복음 16, 25에 나온다. "자신의 삶을 유지시키려고 하는 사람은, 삶을 잃어버리게 될 것이다. 그러나 나 때문에 그의 삶을 잃어버리는 사람은, 삶을 발견하게 될 것이다." 이런 의미에서 볼 때 마태복음 19, 21에 나오는 구절도 관련이 있다. "네가 완벽한 사람이 되려고 한다면, 거기로 가서 네가 갖고 있는 것을 팔아 버려라. 그것을 가난한 사람들에게 주면 너는 하늘에서 보물을 갖게 될 것이다. 오라, 그리고 나를 따르라!" 다음의 부

분도 참조. "주님 안으로 너를 던져 버려라, 두려워하지 말라, 주님은 너에게서 떠나지 않으며 너를 떨어뜨리지 않는다. 평화롭게 너를 주님에게 던져 버려라, 주님은 너를 받아줄 것이다, 주님은 너의 병을 낫게 해 줄 것이다"(vgl. Augustinus, Bekenntnisse고백, übers. v. Georg Rapp, Stuttgart 1838, S.195). 아도르노가 "던져 버려라, 그래야 얻게 된다"를 친숙하게 기대었던 원천은 아마도 루카치의 『소설의 이론』이었을 것으로 보인다[vgl. a. a. O.(편집자주 215번 참조), S.41].

408) "오히려 예술작품이 자신의 개별적인 모멘트에서"부터 여기까지 아도르노가 왼쪽 여백에 세로로 줄을 그어 놓았다.

409) 238쪽 마지막 단락 이하를 참조.

우리가 지금까지 전개시켜 온 생각을 간단하게 정리하겠습니다. 우리
는 미적 경험이 무엇인가 하는 논의에 밀착되어 있었습니다. 이는 아름
다운 것의 개념에 들어 있는 문제점에 더욱 가까이 다가서기 위한 목적
을 갖고 있었습니다. 내가 갖고 있는 가장 큰 의도는 아름다운 것의 개
념이 예술을 서술하는 것에서 어떤 방식으로 구체적으로 문제점이 있
는가를 여러분에게 보여주는 것이었습니다. 나는 이것을 이른바 미적
경험에 대한 분석을 통해서 보여주려고 시도하였습니다. 우리가 미적
경험에 대한 분석을 마쳤다고 본다면, 이제 나는 지금까지 분석한 방향
과는 반대되는 방향에서 여러분과 더불어 미학과 아름다운 것의 개념
을 고찰하려고 합니다. 다시 말해, 나는 이제부터는 미학이 다른 한편
으로는 아름다운 것의 개념이 없는 상태에서 존속할 수는 없다는 점을
보여주려고 합니다. 이어서 나는 이러한 두 개의 대립관계들이 어떤 방
식으로 상호 간에 결합될 수 있느냐 하는 점을 보여주려고 시도할 것입
니다. 우리가 착수하는 숙고들은 동시에 방법론적인 위치 가치만을 갖
는 것은 아닙니다. 변증법적인 처리에서 당연히 그렇게 되어야 하듯이,
나는 앞으로 우리가 시도하는 논의에서 얻어지는 생각들은 그것들이 갖
고 있는 고유한 자리에서 나름대로 미적인 문제들에 대해 전혀 무관하거
나 비본질적인 것만은 아니라는 점을 보여주려고 합니다. 이는 앞으로
진행될 생각의 흐름을 여러분에게 명확하게 전달하기 위함입니다.

우리는 지난 시간 강의의 끝부분에 이르러 이른바 '예술을 즐기는 것'과 그것의 문제점에 관한 물음에 부딪치게 되었습니다. 우리는 여기에서 일종의 확정성, 천편일률적인 표상을 건드리고 있습니다. 소수의 사람들만이 이러한 표상으로부터 기꺼이 빠져나올 수 있을 것입니다. 그 이유는 간단합니다. 소수의 사람들만이 빠져나오는 것에 익숙해 있기 때문입니다. '예술을 즐긴다'는 어휘가 이제는 마침내 고풍古風스럽고 온순한 어휘가 되었으며, 그 결과 매우 진보적 성향을 갖는 연령대의 사람들을 제외하고도 '예술을 즐기는 것'이라는 표현을 더 이상 입에 담지 않을 정도가 되었습니다. 그러나 '예술을 즐기는 것'이란 어휘는 겉으로 보기에는 더욱 주관적으로 채색되어 있고 더욱 많이 경험된 표현들의 일종이기도 합니다. 다시 말해, 사람이 예술작품으로부터 무언가 '주어진 것'을 가지려고 하며 예술작품을 소비자로서의 그 사람에게 떨어져 있는 상태에 따라 측정하려고 한다는 의미가 들어 있는 표현들의 일종인 것입니다. 이것은 고풍스러운 표현인 '예술을 즐기는 것'에 대해 소심한 태도로 임하는 말투일 뿐입니다. 따라서 나는 차라리 어려운 문제에 정면으로 대결하는 입장을 취하고 싶습니다. 일단은 사람에게 무엇인가를 주어야 하는가에 대한 물음보다는 예술을 즐기는 것에 대한 물음에 더 치중하고 싶습니다. 내가 보기에는, 진정한 미적 경험, 예술작품에 관한 경험, 즉 예술작품에 정당하며 다른 한편으로는 스스로부터 원래 미적으로 구성된 경험은 즐기는 것과는 직접적으로 매우 적은 관계만을 갖고 있을 뿐입니다. 이러한 견해는 널리 퍼져 있는 익숙한 습관들과는 정말로 대립되는 견해이며, 나는 이 점을 충분히 의식한 상태에서 여러분에게 나의 경험을 말하고 있습니다. 사람들이 어떤 예술작품에 대해 정말로 생명력 있는 태도를 취한다면, 즐기는 태도와는 전혀 다른 태도를 취하는 것입니다. 이것을 여러분에게 설명하기 위해, 우리가 이 강의의 시작과 더불어 실행에 옮겼던 규정이며 항상 반복적으로 소급하여 살펴보았던 규정으로 다시 한 번 되돌아가고 싶습니다. 다시 말해, 특별한 영역으로서의 예술작품에 관한 규정을 여러분에게 다시 한 번 상기시켜 주고 싶습니다. 예술작품은 경험적 현실과는 이분자異分子처럼 분리되어 있는 영역이며, 세속화된 주술적 영역입니다. 이 영역은 그것이 가진 요소들을 통해서 경험적 현실과 관련을 맺고, 종국적으로는 최고로 매개된 방식으로 있는 그대로의 현실의 한 부분으로 경험됩니다. 예술작품은 비판적이거나 유토피아적으로 경험적 현실에 관계하지만, 그 영역이 미적 영역인 한 그리고 우리가 그 영역을 미적 영역으로 경험하는 한, 있는 그대로의 현실의 한 부분으로 경험되는 것입니다. 우리가 지금 이 순간 다루고 있는 예술적 경험은 본질적으로 우리가 예술작품이라는 특별한 영역 안에 들어가 있다는 것에서 성립됩니다. 여러분이 기억할 수 있을지 모르겠지만 그 영역에 대한 규정이 정적靜的인 규정으로서 통용될 수 없다는 점에서, 그리고 경험적 현실로부터의 분절 또는 미적 영역의 설정이 스스로 일종의 영구히 지속되는 과정에서, 모든 순간에 새롭게 이루어지는 과정에서 실현된다는 점에서, 예술적 경험이 성립되는 것입니다. 정리해서 다음과 같이 말하겠습니다. 미적 경험은 우리가 예술작품 안에 들어가 있음으로써, 단적으로 말해도 된다면 예술작품 안에서 사는 태도를 취함으로써 예술작품과 함께 실행에 참여하는 것에서 성립됩니다.

즐김에 대한 물음은, 여러분에게 곧바로 알려준다면, 여기에서는 문제조차도 되지 않습니다. 내가 여러분에게 규정하려고 시도했던 경험의 종류는 주체로부터 이탈되어 있는 것이 확실하기 때문입니다. 반면에 모든 종류의 즐김은 실제로, 사람들이 멋지게 말하고 있듯이, 주체가 무엇인가를 갖고 있다는 것에 관한 것이며, 주체에 관련된 그 어떤 것입니다. 나는 이것을 조금 심술을 부려 말하고자 합니다. 즉, 주체에 고유한 '이익'이 어느 정도 확실하게 등록되어 있는 것입니다. 그러나 어떤 사람이 예술작품에 대해 실제적으로 더욱 많이 이해하면 할수록, 즉 예술에 대한 관계가 진지하면 할수록, 그는 예술을 더욱 적게 즐기게 될 뿐입니다. 이 관계를 여러분이 더욱 잘 이해할 수 있도록 내가 썼던 몇몇 문장을 여기에서 여러분에게 읽어 주고자 합니다. 나는 1930년대에 이 문장들을 썼으며, 이것들은 최근에 새로 나온 내 책에 그대로 들어 있습니다.[410] 이 문장들은 은유법을 사용하고 있지만 내가 여러분에게 여기에서 전하고 싶은 내용을 제대로 표현하고 있는 것으로 보입니다. 이 문장들은 텍스트 자체로는 음악에 관련되어 있습니다만 비교적 큰 어려움 없이 예술적 경험에 대해 잘 알려진 것으로부터 해명될 수 있다고 생각합니다. 원문을 이제 읽어 주겠습니다. "음악가는 쉽게 열광하지 않는다. 음악가에게 열광이 결핍되어 있다는 점이 음악가와 잘못된 음악 애호가를 구분시킨다. 잘못된 음악 애호가는 낯선 지배자처럼 음악 안으로 들어온다. 그는 자신의 시간을 음악에서 보내고 싶어 한다. 그는 도시를 관통하여 움직이면서 자기가 맞닥뜨리지 않았음에도 모든 것이 아름답다고 생각한다. 도시에 거주하는 사람이 그를 안내한다. 도시에 들어온 낯선 사람이 늘어놓는 칭찬에 대해서 도시의 거주인은 항상 오로지 '예. 예'라고만 말할 수 있을 뿐이다. 도시의 거주인에게는 도시의 거리들뿐만 아니라 구석구석까지도 너무나 잘 알려져 있어서 그것들을 확인할 필요조차 없을 정도이다. 그는 도시의 거리들과 구석구석을 너무 자세히 구분하고 있기 때문에 도시의 전체적 면모를 파악할 수 있는 능력을 더 이상 전혀 갖지 못한다. 그러나 그는 도시의 전체 면모를 파악하는 것을 기꺼이 포기한다. 그가 사랑하는 것은 한결같이 똑같은 행보이다. 그는 작은 길의 모든 구석을 그러한 행보를 통해 재고 또 재며, 성문의 출입구를 제대로 찾아서 들어간다. 제대로 찾아들어간 성문의 출입구로부터 건물의 앞으로 튀어 나온 합각머리를 위에서 밀착시켜 바라볼 수 있다. 그는 눈에 잘 띄지 않는 문을 갑자기 여는 행동을 자주 하면서 완벽한 내부 장식을 갖춘 뜰 안으로 들어간다. 낯선 사람이 매혹된 나머지 그에게 보답하려고 하면, 그는 오로지 뜰의 이름으로만 낯선 사람에게 대답할 뿐이다."[411] 내가 이 인용과 더불어 여기에서 의도하는 바는, 인용문에서 나타나는 것이 바로 우리가 현재 문제 삼고 있는 행동방식이라는 점입니다. 지나가는 김에 말해 둘 것이 있습니다. 음악적으로 시도되었던 유겐트운동412)이나 브레히트Brecht 주변에서도 있었던 것과 같은 확실한 운동들에서 사람들이 행하는 것이 느끼는 것보다 낫다고 말하였거나, 또는 힌데미트 Hindemith가 언젠가 음악을 만드는 것이 음악을 듣는 것보다 낫다413)고 표현하였다면, 그러한 견해는 우리가 현재 논의하고 있는 이 자리에서 볼 때 진리 내용을 갖고 있습니다. 나는 맹목적으로 행하는 것에 대한 견해를 날을 세워 매우 강하게 비판한 바 있었습니다.414) 그러므로 나는 정당성 때문에라도 앞에서 말한 진리 모멘트를 강조하고 싶습니다. 다시 말해, 예술작품에 대한 관계는 예술작품의 모든 모멘트에서 단순히 즐김이 될 뿐인 수동적인 감내의 관계가 아닙니다. 오히려, 예술적 경험이 '만들기'의 특정한 방식에서, 다시 말해 함께 실행하기의 특정한 방식에서 성립되는 한, 즐김의 문제는 원래부터 발생조차 할 수도 없는 문제입니다. 이러한 만들기는 물론 기법적인 활동성으로, 유랑 극단 악사가 하는 태도로, 그 어떤 함께 만들기로 이해될 수는 없습니다. 오히려 '만들기'는 정신적인 실행, 상상적인 실행, 감각적 출현으로서 예술작품을 그 출현으로부터 시작하여 원래 결정하는 모멘트입니다. 이러한 모멘트는 내적이며 정신적인 함께 실행하기의 활동으로서, 예술작품에 귀결되는 성취의 활동으로서 이해될 수 있습니다. 이와는 반대로, 이른바 순진하고 직접적인 행동방식인 체하면서 예술에 대해 일반적으로 취하는 행동방식은, 즉 즐기는 행동방식은 실제로는 그러한 행동방식이 원하는 결과와는 반대되는 결과에 이르고 마는 것처럼 보입니다. 즐기는 행동방식은 내 눈에는 소외된 행동방식으로 보이는 것입니다. 즐기는 행동방식은 소비자, 고객의 행동방식으로부터 빌려 온 것일 뿐입니다. 물건들은 그것들이 가진 등가물에 따라 교환되기 때문에 소비자나 고객은 세계를 오로지 물건들의 카테고리들에서 경험할 뿐이며, 모든 물건에 대해 그 물건에 대해 지불한 만큼의 돈에 합당하는 가치가 있는지, 소비자나 고객이 돈을 투입한 만큼 그 물건이 그들에게 되돌려주는지를 물을 뿐입니다. 반면에, 예술작품이 실제적으로 객관적인 의미의 연관관계이며 감각적으로 매력이 있는 모멘트들의 단순한 축적물이 아니라는 점에서 출발한다면, 예술작품에 대한 행동은 물론 앞에서 말한 소비자나 고객이 하는 행동과는 반대되는 행동입니다. 예술작품이 사람에게 무엇을 '주느냐' 하는 것이 중요한 것이 아니고 사람이 예술작품에게 무엇을 주느냐 하는 것이 중요하다고 정리한 것은 따라서 정당한 정리라고 하겠습니다. 다시 말해, 사람이 능동적 수동성의 특정 방식이나 또는 사물에 진지하게 자신을 내맡기는 특정 방식에서 사물이 그것 스스로부터 기대하는 것을 사물에 제공하느냐의 여부가 중요한 것입니다. 우리는 이것을, 부정적으로, 아마도 조잡한 규칙 안으로 들어가도록 옷을 입힐 수도 있습니다. 즐기는 사람은, 즉 내가 지난 시간에 원자적이라고 표현했던, 음식을 대하는 태도를 보이는 사람은 전체를 그르칠 뿐만 아니라 잘못된 것을 예술작품에서 항상 지각합니다. 즐김의 태도는 처음부터 예술작품에 원래 놓여 있는 것으로부터 떨어져 있기 때문입니다. 미학은 즐김의 태도를 전혀 성찰하지 않은 채 미적 태도로서 예술과 마주하게 하고 있는 것입니다.[415]

이제 여러분은 여기에서 무엇 때문에 예술작품이 존재하는가 하는 물음을 던질 수 있습니다. 여러분은 이렇게 질문할 수 있습니다. 내가 예술작품을 즐기지 않는다면, 도대체 무엇 때문에 예술작품이 존재하고 있다는 말인가? 예술작품은 인간의 세계 내부에서 어떤 방식으로든 의미를 갖고 있어야 할 것입니다. 그렇지 않다면 예술작품은 실제로 물신Fetisch과 다를 것이 없기 때문입니다. 역사가 우리에게 가르침을 주고 있듯이, 예술작품이 대대로 내려오면서 최소한 무엇보다도 우선적으로 물신을 내포하고 있다면,[416] 내가 보기에는 물신주의에 대한 이러한 비난은 일단은 가장 나쁜 비난만은 아닌 것 같습니다. 예술적 생산에서는, 예술가에게 —그가 미적 영역의 상대성에 대해서 많이 알고 있을지라도— 예술작품이 절대적이고 진실을 실제로 표출하는 것으로 다가오지 않은 상태에서 우리가 예술적 생산을 생각할 수조차 없듯이, 예술작품을 처음부터 어떤 목적을 위한 수단으로만 바라보는 예술적 경험에 대해서는 전혀 생각해 볼 수 없는 것입니다. 오히려, 우리는 아마도 역설적으로 다음과 같이 말할 수도 있을 것입니다. 예술작품이 직접적인 목적을 원래부터 충족시키지 않고 즉자 존재자로서 출현하는 곳에서 예술작품은 무엇인가를 의미하고 어떤 기능을 가지며 세계에서 그것의 존재 이유를 증명한다고 말할 수 있는 것입니다. 예술작품은 이러한 즉자 존재를 통해서만이, 그리고 예술작품의 객관적인 법칙성의 정초를 통해서만이 사람을 행복하게 하는 것을 성취시킬 수 있습니다. 악의 없는 순수한 의식이 예술작품으로부터 모든 순간에, 이제 여기에서, 직접적으로 행복하게 하는 것의 성취감을 기대하는 것입니다. 예술작품이 그 주술적 원천으로부터 확실하게 보존하고 있는 것은, 벤야민이 적절하게 정리하였듯이, 예술작품들이 관객이나 독자에게 무엇을 주려고 고안된 것은 아니었다는 점입니다.[417] 어떤 그림도 관객을 위해서 존재하는 것이 아니며, 어떤 심포니도 청중을 위해 존재하지 않고, 어떤 희곡도 관객을 위해 있는 것이 아닙니다. 그것들은 일단은 그것들 자체를 위해 존재하는 것입니다. 세속화된 신학적 모멘트라고 표현해야만 하는 이러한 모멘트를 통해서, 다시 말해 절대적인 것과의 관련에서, 인간과의 직접적인 관계들이 아닌 관계에서, 예술작품이 존재하며 말을 하는 것입니다. 사람들이 이러한 모멘트의 안에 들어 있는 거리를 훼손시키자마자, 그리고 사람들이 예술작품들로부터 얻고자 하는 것을 직접적으로 예술작품들에 관련시키는 그 순간에, 사람들은 이미 예술작품들을 '탈예술화'시키며 이렇게 해서 사람들이 예술작품들로부터 갖고자 하는 바로 그것을 파괴시키게 됩니다. 이 밖에도, 현재의 미적 의식에서 나타나는 통속적 의식에 내재하는 가장 특징적인 모순들 중의 하나에 대해 여러분에게 말해야 할 것 같습니다. 한편으로는 항상 '예술작품이 갖는 구속력', 이른바 형이상학적인 의미, 또는 훌륭하게 표현하고 있듯이 예술작품의 '진술'이 논의의 대상이 되고 있으면서, 동시에 다른 한편으로는 예술은 인간을 위해서 존재하는 것이 당연하다는 요구가 끊임없이 제기되는 모순이 발생하고 있는 것입니다. 인간을 위해 존재한다는 요구와 더불어 '구속력'에 대한 요구는 이 요구가 어떤 혐의를 받을 수 있는 것을 요구한다는 것이 증명되고 맙니다. 다시 말해, 그러한 요구는 관리기법적인 조작을 표현한 것과 다름이 없다라는 혐의를 받게 되는 것입니다. 그러나 종국적으로 여러분은 이렇게 말할 수 있을 것입니다. 우리가 신神을 좋은 사람이 되게 하려고 습관적으로 노력하고 있듯이, 예술작품 또한 우리를 좋은 사람이 되도록 할 수 있는 것이 아닌가? 예술작품이 그 내부에 행복과의 관계를 전혀 내포하고 있지 않다면, 예술작품들과의 관계를 갖는 것이 왜 유지되어야 하는가? 나는 행복과의 관계에 대해 『로미오와 줄리엣』을 예로 들어 설명할 때 여러분에게 이미 말한 바 있었습니다. 모든 예술작품은 원래부터 부정성에서, 바로 부정성에서 유토피아를 모두 충족시키는 이념을 그 내부에서 포함하고 있다는[418] 점을 말한 바 있었습니다.

여기에서 예술작품과 행복과의 관계에 대한 물음을, 또는 즐김과의 관계에 대한 물음을 조금은 다른 방향으로 돌리고 싶습니다. 이 물음이 지금 우리가 관련을 맺고 있는 물음에, 즉 미적 경험에 대한 물음에 일치하는 방향으로 논의를 진행하고 싶습니다. 예술작품들에 행복이나 즐김과 같은 것이 존재하는 것은 확실합니다. 그러나 사람들이 이것을 내가 여러분에게 조심스럽게 언급했던 형이상학적인 사변에 근거하여 간단히 거부해 버리고 사실상 매우 원시적으로 예술작품들을 단지 신에게 바쳐진 것으로 보아 절대적인 것으로 우상화시킨다면, 이러한 태도는 인간의 오성 능력 중에서도 가장 단순한 수준에 있는 층들을 면할 수는 없을 것입니다. 예술작품들은 신적인 표출이 아니고 인간이 만든 작품입니다. 이 점에서, 예술작품들은 인간적인 것과의 관계를 갖고 있으며, 그 한계도 인간적인 것에서 드러냅니다. 내가 여기에서 말하고자 하는 바는 예술작품들로부터 나오는 행복은, 또는 나와는 상관이 없는 것이지만 예술작품들이 주는 즐김은 예술작품들이 주는 미적 경험과는 직접적으로 하나가 아니라는 사실입니다. 예술작품들이 주는 미적 경험은 예술작품들의 개별적인 모멘트들에서 직접적으로 즐김을 제공하지 않습니다. 예술작품을 갈비와 야채가 놓인 접시로 변질시키는 부류들인 아마추어 예술가나 속물근성을 가진 사람은 미적 경험을 직접적인 즐김이라고 생각하겠지만, 나는 그렇게 생각하지 않습니다. 오히려 예술작품은, 내가 여러분에게 서술하려고 시도하였듯이 사람을 예술작품 안으로 끌어들이는 것이 예술작품에서 성공하는 것을 통해 행복을 제공합니다. 예술작품이 그것의 내부에서 스스로 서술하고 있는 길을 함께 가자고 사람에게 요구하는 것을 통해 사람에게 행복을 주는 것입니다. 예술작품은 이렇게 요구하는 것을 통해 우리가 살고 있는 소외된 세계에서 사람을 소외시키게 되며, 소외된 것의 소외를 통하여 직접성, 또는 상처받지 않은 사람이 스스로 다시 산출되는 것입니다. 이것이 바로 예술작품이 사람에게 주는 행복입니다. 미적인 것에, 또는 미적 즐김에 행복과 같은 것이 존재한다면, 그러한 즐김은 —내가 아래와 같이 말해도 된다면— 예술작품이 우리를 흡수하고 우리가 예술작품 안으로 들어가며 우리가 예술작품을 따름으로써 예술작품이 우리에게 실행시키는 성과에 놓여 있을 것입니다. 미적인 질도 이러한 성과에 물론 본질적으로 관련되어 있습니다.[419] 내가 이렇게 말하면, 여러분은 다음과 같이 생각할 수도 있을 것입니다. 교수님이 우리에게 말하는 예술작품에서의 행복은 상당히 추상적이고 일반적입니다. 일상적인 영역으로부터 벗어나 있다는 것은 가장 가치가 낮은 오락 소설에서부터 위대한 예술작품에 이르기까지 동일한 방식으로 해당되는 것입니다. 교수님이 우리에게 제공하는 것도 상당히 시시하고 추상적이며 공허한 것에 지나지 않습니다. 여러분이 이렇게 주장한다면, 나는 이것이 너무 조급한 주장이라고 생각합니다. 왜냐하면, 예술작품이 가진 능력, 즉 관객이나 청취자를 흡인하여 예술작품 안으로 들어오게 하고, 내가 앞에서 말했듯이 소외된 세계에서 관객이나 청취자를 소외시키는 능력, 내가 보기에는 예술작품의 이념인 이러한 능력은 예술작품이 가진 힘과 위대성, 예술작품의 자율성에 의존되어 있기 때문입니다. 다시 말해, 예술작품이 그 자체 내부에서 예술작품의 형식 법칙이 모든 개별적인 것에까지 들어가게끔 형식 법칙을 선명하게 각인시킬 수 있는 능력에 의존되어 있는 것입니다. 이렇게 의존되어 있는 한, 여기에서 지난 시간에 보여준 카테고리들로 되돌아가 본다면, 우리는 다음과 같이 말할 수 있습니다. 즉, 예술작품에서의 행복은 예술작품의 자체에 붙어 있는 것입니다. 예술작품이 우리를 단순한 실존으로부터, 그것이 일시적인 것에 지나지 않는다 해도, 어떻게 끌어내느냐의 여부를, 또는 예술작품이 이처럼 끌어내는 것을 행하지 않느냐의 여부를 종국적으로 결정하는 것은 예술작품이 갖고 있는 힘입니다. 이의異議 제기된 것을 예술작품을 통해 서술하는 것은 어떤 경우이든 즐김에 대한 서술보다 우월하며, 예술작품이 사람에게 무엇을 주는가 하는 서술보다 우월합니다. 과거의 미학은 이의 제기된 것을 예술작품을 통해 서술하는 것에 대해 알고 있었지만,420) 오늘날 그러한 서술은 더 이상 거의 존재하지 않습니다. 나는 여러분이 이 자리에서 예술 자체에 내재하는 문제점을 더욱 근본적인 방식으로 접했다는 점을 여러분에게 최소한 간략하게 언급하고 싶습니다. 소외된 세계를 사람에게서 다시 한 번 소외시키는 예술작품의 힘은 그것 자체로 가상의 모멘트이기 때문입니다. 우리가 소외를 당하게 되는 세계는 실재 세계입니다. 실재 세계는 그것의 소외되어 있는 것에서 없애 가져지는 것이 아니고, 실재 세계로부터 우리를 빼앗아 버리고 확실한 의미에서 세계가 이러한 상태가 되도록 놔두는 것을 통해서[421] 실재 세계가 없애 가져지는 것입니다. 바로 여기에 사실상 하나의 갈등이 놓여 있으며, 나는 이 점을 소리 높여 표현하고자 합니다. 세계를 변화시키고자 하는 요구 제기인 도덕적인 것과 있는 그대로의 세계를 감내할 수 없는 것인 특별히 미적인 것 사이에는 하나의 갈등이 놓여 있는 것입니다. 나는 이 자리에서 톨스토이의 장편소설인 『크로이체르 소나타Kreutzersonate』에 대해 언급하고자 합니다. 이 장편소설은 조금은 고통스러울 정도로 고행적인 경향을 갖고 있습니다만, 나는 이 소설을 특별히 중요한 형상물이라고 생각하고 있습니다. 이 장편소설은 이론적인 소설이며, 예술에 대한 비판을 중요하게 다루고 있습니다. 특히, 위대한 예술에 대한 비판을 중시하고 있습니다. 톨스토이가 깊게 생각한 후 매우 중요한 작품을 선택하고 있기 때문입니다. 톨스토이가 매우 중요한 이 작품에 대해 말하고 있는 것은, 곁들여 덧붙인다면, 매우 특별하게 철저하고도 세밀한 이해가 무엇인가에 대해 증언을 해주고 있습니다. 내가 톨스토이의 『크로이체르 소나타』를 제대로 이해하고 있다면, 이 장편소설이 본질적으로 펼쳐 보이는 생각은, 즉 톨스토이가 이 장편소설에서 예술작품에 대해 말하고 있는 생각은 다음과 같은 결과에 이르게 됩니다. 다시 말해, 예술작품이 더욱 의미 있는 것이 되면 될수록, 그리고 예술적 경험이 더욱 적절한 것이 되면 될수록, 현혹의 연관관계Verblendungszusammenhang는 그러한 변증법적 관계에 의해서 확실히 강화되며, 그 결과 사람들은 현실을 사람들이 도망가려고 마음먹었던[422] 추악한 것에 더욱 많은 정도로 그냥 놔두게 됩니다. 나는 이러한 이율배반이 최소한 한 번은 언급되어야 할 문제라는 점과 이러한 이율배반에서 관건이 되고 있는 현상에 대해 말하였습니다. 현재의 시대상황은 복고적 시기에 처해 있으며, 복고적 시기에서 우리가 순진한 유미주의에 파묻히지 않으려면 이율배반에 들어 있는 현상을 제대로 인식해야 합니다. 예술이 진지하고 완벽하면 할수록, 사람들이 도망갈 마음을 먹고 있는 추악한 상황에서는 배제되어 있는 다른 것들의 앞에 서서 다른 것들의 앞으로 예술 자체를 밀치고 갑니다. 예술은 이러한 위치 가치Stellenwert를 갖고 있습니다. 예술이 이러한 위치 가치를 갖고 있는 시대도 존재한다는 점이 바로 앞에서 내가 말한 이율배반에서 나타나는 현상입니다. 사람들은 내가 예술에서 아방가르드적이고 매우 극단적인 입장을 대변하고 있다고 말합니다. 어떤 사람이 나처럼 이러한 입장을 대변한다면, 그 사람은 그 입장에 대해 명백해야 하며 그 사람을 신뢰하는 사람들에게서 이러한 급진주의에도 전혀 급진적이지 않은 것이, 심지어는 체념적인 것이 숨겨져 있다는 점을 말해야 합니다. 그 사람은 또한 급진적 예술이 관여하는 실제를 포기하는 알리바이가 될 수 있는[423] 상황도 존재한다는 점을 말해야 합니다. 그러나 이러한 주장을 계속해서 추적하는 것이 나의 임무라고 생각하지는 않습니다. 고립된 것은 존재하지 않습니다. 문장이 갖고 있는 기능을 통해서 거짓으로 변모되지 않을 수 있는 문장은 우리가 살고 있는 세계에는 존재하지 않습니다. 문장이 참이라고 할지라도, 거짓으로 변모될 수 있는 것입니다. 이와 관련하여, 내가 여러분에게 간략하게 말하였던 생각도 동구권東歐圈 사회주의 영역(동구권 사회주의는 1980년대 후반 붕괴하였음, 역주)에서는 거짓이 되어 버린다는 점을 말하고 싶습니다. 그곳에서는 전체 예술이 이른바 실제에 종속되어 있습니다. 예술이 실제적인 수단으로 바뀌었습니다. 이렇게 해서 예술로부터 나오는 것은 예술의 공공연한 불충분성, 우둔함, 그리고 원시성입니다. 이렇게 해서 나오는 결과는, 내가 여기에서 여러분에게 보여줄 수 있는 문제에서 어떤 대안이 관건이 되고 있지 않다는 점입니다. 이를테면 도덕적 인간이 키르케고르적으로 미적인 인간에 대해서 환호성을 올릴 수 있는[424] 대안이 없는 것입니다. 오히려 예술의 불충분성, 우둔함에서 나오는 결과는 우리가 여기에서 말하는 이율배반과 관계를 맺고 있습니다. 이러한 이율배반은 아마도 우리가 살고 있는 이 세계에서 전혀 해체될 수 없을 것이며, 이율배반에 대해 변명하는 것 이외에 우리가 할 수 있는 것은 아무것도 없을 것입니다.

　미적 경험에 대해 다시 한 번 말하겠습니다. 여러분에게 말했던 것을 간단히 요약하겠습니다. 우리가 예술에 들어 있다고 말하는 이른바 해방적인 것은, 또는 이의 제기하는 것은 예술작품이 총체성과 잘못되고 문제성 있는 실존의 직접성으로부터 인간을 벗어나게 하는 힘을 갖고 있다는 점에 근거한다는 것을 여러분에게 말한 바 있었습니다. 이렇게 말한 것과 더불어 의도하는 바는, 내가 말한 것이 전체를 기술記述하지 않으며 추상적인 것이라는 사실입니다. 나는 여러분 중에서 많은 분들이 이러한 추상성에 이미 부딪쳐 있을 것으로 보며, 이것은 당연합니다. 구체적으로 미적인 것의 경험과 전체를 통해서 비로소 매개될 때 일어나야 하는 해방이 그렇게 출현하고 있는 것처럼 그렇게 매개되지 않은 채, 그렇게 단순하게, 서로 마주 서 있지는 않습니다. 여기에서 내가 했던 고유한 경험에 대해 이야기하려고 합니다. 사람들은 내 경험이 무언가 독특한 경험일 것이라고 생각하겠지만, 그렇게 독특한 것도 아닙니다. 나는 이 문제들에서는 특별할 정도로 민주적인 견해를 갖고 있습니다. 또한 나에게 고유한 경험이 정말로 매우 정교하고 세밀하게 손에 들어오는 것이 성공한다면, 나는 오로지 나에게만 개인적으로 속하지 않고 많든 적든 인간적인 것을 말해야 한다는 것을 전제하고 있습니다. 나는 또한 개별화의 절대적인 권리를 신뢰하고 있지도 않습니다. 나에게 고유한 경험을 여기에서 다시 한 번 관련시켜 본다면, 원래의 예술적 경험은 나에게는 다음과 같은 곳에서 나타납니다. 예술적 경험이 진지한 곳, 예술작품에 대한 관계가 최고도로 강력하게 집약된 곳, 고유한 삶의 맥박과 리듬에서 사람과 예술작품의 생명이 하나가 되는 곳, 돌파의 순간들이 존재하는 것에서 사람이 위로 올라가게 되는 곳에서 예술적 경험이 나타나는 것입니다. 나는 돌파를 다음과 같은 순간들이 존재한다는 것으로 이해합니다. 우연한 순간들도 있을 수 있지만, 예술작품의 가장 높고 가장 강력한 순간들도 존재할 수 있습니다. 돌파의 순간들에서는 경험적 현실과는 분리되어 있다는 감정이, 즉 단순한 현존재의 맞은편에서 단순한 현존재를 초월한다는 감정이 강력하게 응집되어 있고 활성화되어 있습니다. 돌파의 순간들에서는 예술작품이 마치 절대적으로 매개된 것처럼 우리에게 나타납니다. 해방되어 있는 존재의 이념이 마치 직접적인 것처럼 출현하는 것입니다. 이렇게 해서 우리는 그러한 이념을 직접 손으로 잡을 수 있다고 믿게 되는 것입니다. 이 순간들은 가장 좋은 순간들이며 결정적으로 중요한 순간들입니다. 예술적 경험은 이 순간들에서 그 힘을 갖게 됩니다. 예술작품들이 즐김의 대상이 될 수 있다는 표상은 이 순간들에서 벗어나 있는 것을 의미하고 있다는 것을 생각해 볼 수 있습니다. 이러한 순간들은 정말로 일종의 행복하게 만들기를 그 순간들과 더불어 끌고 오기 때문입니다. 나는 이 순간들이 행복에 존재하는 것을 압도한다고까지 말할 의도는 없습니다. 그러나 이 순간들은 어떤 경우이든 행복의 순간들에 존재하는 가장 높은 곳에서 성장해 온 순간들입니다. 이 순간들은, 우리가 알고 있는 가장 높은 실재적인 순간들이 힘을 갖고 있는 것처럼, 그러한 힘과 같은 힘을 갖고 있습니다. 예술작품의 정신 또는 예술작품의 의미가 활성화되어 있는 순간들은, 우리가 그 순간들을 직접적이고도 거의 몸에 닿듯이 우리 자신에게도 끌어들이는 순간들은 그러나 즐김의 순간들이 되는 경우는 거의 없으며, 오히려 기이하게도 압도당하게 되는 순간들, 자기를 망각하게 되는 순간들, 이와 비슷한 의미에서 주체가 말소되는 순간들입니다. 쇼펜하우어가 그의 형이상학을 전제하면서 『의지와 표상으로서의 세계』 제3권에서 예술작품의 작용을 서술할 때[425] 언급한 것이 바로 내가 위에서 말한 순간들입니다. 나는 이러한 순간들을 눈물을 흘리며 우는 순간이라고까지 명명할 수 있습니다. 이 순간들에서는 주체가 그 내부에서 동요된 채 붕괴에 이르게 됩니다. 이 순간들에서 주체는 스스로 말소되며, 이러한 말소에서 주체 자신의 행복을 갖게 됩니다. 주체로서의 주체에게 무엇이 할당되는 것에 주체의 항목이 들어 있지 않습니다. 이 순간들은 즐김이 아닙니다. 오히려 사람들이 이 순간들을 갖고 있다는 것에 행복이 들어 있는 것입니다.[426]

예술은 여러모로 쾌락주의로 몰렸으며, 모든 종교의 청교도들과 이른바 세계관적인 색채를 갖고 있는 모든 청교도는 예술이 즐김을 추구한다면서 예술을 항상 의심하였습니다. 그러나 나는 우리가 앞에서 말한 내용의 의미에서 예술이 반쾌락주의적인 것이라고 말하고 싶습니다. 다시 말해, 예술의 경험은 전래적 의미에서 주체에 도움이 되는 경험이 아니고, 사람을 주체로부터 떼어 놓는 경험입니다. 이 관점을 유지하면서 오래된 이상주의적 언어로 표현해 본다면, 예술적 경험은 사실상 개별화의 원리가 이념에서 일시적으로 중단되는 것, 또는 일시적으로 해체되는 것[427]과 같은 경험입니다. 쇼펜하우어도 이런 생각을 갖고 있었습니다. 예술적 경험은 감각적 충족이 직접적으로 가고자 하는 그러한 길은 전혀 아닙니다. 동시에 여기에서 여러분에게 언급해 두고 싶은 것이 있습니다. 이른바 감각적인 예술작품과 이른바 정신적인 예술작품의 구분은 북쪽의 형이상학적인 예술과 남쪽의 쾌락적 예술을 판에 박은 듯이 구분하는 것보다는 훨씬 어렵고 훨씬 변증법적인 문제입니다. 나는 이 강의가 진행되면서 여러분이 이처럼 판에 박은 듯한 틀뿐만 아니라 다른 상투적인 틀에서 빠져나올 수 있게 되기를 희망하고 있습니다.

감각적인 예술작품과 정신적인 예술작품을 구분하는 문제는 나에게는 매력적인 과제입니다. 그러나 나는 여기에서는 이 문제를 다루지 않고 즐김의 개념에 대해 앞에서 논의한 것에 접속해서 예술작품의 이해에 관한 개념을 여러분에게 말하고 싶습니다. 예술작품의 개념이 예술작품들과 인간 사이에서 예술작품을 제 것으로 만들기로 하는 관계이거나 또는 예술작품에 인간이 참여하는 관계가 산출되는 것으로 귀결되고 있기 때문입니다. 예술작품과 인간 사이의 관계가 이렇게 산출되는 것으로 귀결되고 있는 한, 예술작품의 이해에 관한 개념에 대해 우리가 제대로 이해해야만 합니다. 이해 이론Verstehenstheorie에게는, 예술작품은 어떤 사람에게 속하는 그 어떤 것, 어떤 사람이 자기 자신의 것으로 만드는 그 어떤 것입니다. 이런 생각은 즐김에 관한 생각에도 깔려 있었습니다. 나는 예술적 경험에 있는 이러한 모멘트를 거부하고 싶은 생각은 전혀 없습니다. 오히려 그러한 모멘트가 어떤 방식으로 자격을 가지는가 하는 문제를 다루어 보려고 합니다. 그러나 나는 일단은 예술작품에 대한 진정한 관계는 원래부터 이해의 관계가 아니라고 생각합니다. 나의 이런 생각은 아마도 여러분에게 예술과의 관계에서 조금은 도움을 줄 수 있을 것입니다. 이해의 관계가 아닌 이유는 두 가지입니다. 예술에는 그 본질에 따라 카테고리적으로, 예술에 고유한 정초定礎에 따라 일단은 이해되지 않은 그 어떤 것이 내재되어 있기 때문입니다. 이것이 첫 번째 이유입니다. 두 번째는, 예술 자체가 세속화된 주술의 한 부분으로서 예술을 우리에게 비슷하게 하는 것과 예술을 주체에 비슷하게 하는 것으로부터 벗어나 있기 때문입니다. 이해 이론에서는 예술을 우리에게 비슷하게 하기가 요구되고 있지만, 예술은 이러한 비슷하게 하기로부터 벗어나 있는 것입니다. 나는 앞에서 예술적 경험이 함께 실행하기, 또는 예술작품에 들어가 있는 것이라는 점을 여러분에게 말한 적이 있습니다. 예술적 경험을 이렇게 규정하는 것이 맞다면, 이해 이론에서 보는 예술작품에 대한 관계의 유형은 이해의 개념에 원래 들어 있는 것인 거리, 사물 자체에 들어가 있는 것을 실제로 없애버리는 결과에 이르게 될 것입니다. 예술작품들은 전체적으로 수수께끼적인 것의 모멘트를 갖고 있습니다. 이러한 모멘트는 사람들이 예술작품의 그 모든 것이 의미하는 바는 무엇인가 하고 묻지 않고 사물 자체로 들어감으로써 일단은 그 정당성을 인정받게 됩니다. 나는 다음과 같은 정도로까지 말할 수 있습니다. 사람들이 예술을 적게 '이해하면' 할수록, 다시 말해 사람들이 예술을 그 어떤 추상적인 개념들, 뒤에 숨어 있는 개념들, 예술에 의해서 잘못 매개된 개념들에 적게 집어넣으면 넣을수록, 사람들이 실행에서 예술에게 자신을 내맡기는 것이 많으면 많을수록, 예술을 더욱 잘 이해하게 됩니다. 예술의 의미 연관관계를 더욱 잘 실행하게 되는 것입니다. 다른 말로 하면, 이렇게 해야 사람들은 예술작품이 의도하는 바를 따르게 되는 것이며, 미루어 헤아리지 않게 되는 것입니다. 헤겔 철학은 이해하기가 너무 어렵고 사람들이 헤겔 철학의 개념들에서 무엇을 생각해야 하는지를 모르겠다는 비난에 대해, 헤겔 자신은 사람들은 개념에서 다른 것이 아닌 바로 개념 자체428)를 생각해야 할 것이라고 답한 바 있었습니다. 헤겔이 이렇게 답변한 것은 예술작품과의 관계에서도 특별히 일치하는 경험입니다. 헤겔 철학을 채우고 있는 경험들은 내가 이 자리에서 노력을 기울이고 있는 개념인 미적 경험의 유형과 매우 많은 부분을 공유하고 있습니다. 그렇다고 해서 우리가 헤겔 철학을 미학화시켜서는 안 될 것입니다. 예술작품을 이해한다는 것은 예술작품이 숨겨 놓은 것이 무엇이냐, 예술작품이 의미하는 것이 무엇이냐를 이해하는 것이 아니고, 예술작품이 있는 그대로 예술작품 자체를 이해하는 것을 말합니다. 다시 말해, 어떤 화음에서 다음 화음으로, 어떤 색에서 다른 색으로, 어떤 시행詩行에서 다른 시행으로 이르게 되는 논리를 이해하는 것을 말하는 것입니다. 사물에서 사물-자체를 이해하는 것이 제대로 실행된 이후에 비로소 우리는 예술작품에 다가가게 됩니다. 그렇다고 해서 사물이 예술작품의 수수께끼적 특성에는 전혀 영향을 미치지 않습니다. 예술적인 것의 영역에 대해 알지 못하는 사람이, 즉 속물인간이나 야만적인 인간이 예술작품이 도대체 무엇인가, 예술작품은 무엇을 말하고 있는가, 예술작품은 도대체 무엇을 말해야 하는가 하고 묻는 순간에 예술작품은 전적으로 어찌할 바를 모르게 되며, 전적으로 자포자기의 상태에 빠지게 됩니다. 내가 여기에서 서술하려고 시도하였던 수수께끼적인 것의 모멘트가 어떻게 해서 예술작품의 본질에 속하는 것인지에 대해 나는 아마도 강의의 끝 부분에서 여러분에게 보여주게 될 것입니다. 극단적 의미에서 볼 때 음악적 감각이 없는 사람에게, 가련한 희생자라는 의미에서 볼 때 예술적 감각이 없는 것에 시달리는 사람에게 예술작품이 무엇이 되어야 하는가, 예술작품이 의미하는 것은 무엇인가, 예술작품이 무엇인가에 대해 —예술작품이 직접적으로, 자기 스스로부터 말하고 있는 것은 제쳐 놓고라도— 파악하게 하는 것은 완벽할 정도로 희망이 없는 것일 뿐입니다. 사람들이 예술이 만들어 놓은 강제적 속박으로부터 한 번은 자신을 떼어 놓는 순간에, 현실의 한 부분에 대해 마주 서듯이 예술에 대해서도 마주 서는 순간에, 모든 예술은 원래 어찌할 바를 모름의 모멘트를 갖게 됩니다. 이 모멘트는 예술을 관찰하는 사람에게 옮겨지게 됩니다. 이와 관련하여 언급해 두고 싶은 것이 있습니다. 다시 말해, 예술에 대한 경험은 위에서 말한 단계에서 머물러 있어서는 안 되며, 더욱 높은 의미에서, 그리고 더욱 많이 매개된 의미에서 이해되어질 수 없는 것으로서의 예술작품을 이해하는 것을 —내가 여기에서 이해되어질 수 없는 것의 이해라는 역설적 표현을 사용하는 것을 양해해 준다면— 밀고 나가야 합니다. 다음 시간에 이어지는 강의의 앞부분에서 나는 미적 이해의 개념을 매개하는 문제를 최소한 간략하게 언급하는 수준에서 여러분과 함께 논의하는 것을 시도할 것입니다.

410) 아도르노가 여기에서 말하고 있는 새 책에서 관건이 되고 있는 것은 1959
년에 출간된 *Klangfiguren*울림의 형태들이다. 아도르노가 1928-29년에 최초로
출판한 *Musikalische Aphorismen*음악적 경구들의 모음집을 이 책에 넣으려던 계
획을 그는 인쇄에 들어가기 전에 포기하였다. 아도르노가 수강생들에게 다
음에서 읽어주는 문장들은 『음악적 경구들』에 속해 있었다.

411) 이 경구는 *Motiv II* 모티프 II라는 제목으로 만들어진 작은 모음집에서 처음
으로 출판되었다[in: Musikblätter des Anbruch 10(1928), Heft 6, S.199; jetzt
in: GS 18, S.14]. 다음 자리도 참조. *Einleitung in die Musiksoziologie*음악사회학,
l. Abschnitt, GS 14, S.178ff.

412) 음악적 유겐트운동에 대해서는 다음을 참조. Dorothea Kolland, Jugend-
musikbewegung유겐트 음악 운동, in: Diethart Kerbs/Jürgen Reulecke(Hrsg.),
Handbuch der deutschen Reformbewegungen독일의 개혁운동 핸드북. 1880-
1933, Wuppertal 1998, S.379-394. — 음악적 유겐트 운동을 전개했던 사람
들은 아도르노보다 20년 정도 연상인 사람들의 모임이었으며, 이 모임으로
부터 독일에서 아도르노와 같은 세대에 속했던 사람들에게 지속적으로 각인
되었던 충동이 출발되었다. 음악적 유겐트 운동의 모임은 제2차 세계대전
이후의 음악교육에서도 중요한 역할을 하였다. 음악적 유겐트 운동에 대한
아도르노의 지각은 이 운동에 대해 거리를 두고 있었다. "수중에 가지고 있
다는 것의 이데올로기, 그리고 이러한 이데올로기의 반대자는 음악적 유겐
트 운동의 지지자들의 실제에서 잎이 지고 있다. 이 운동은 바이올린을 켜는
사람이 바이올린의 전신前身인 제대로 된 피이덜Fiedel을 자기 스스로 짜 맞
추어야만 한다는 것을 전적으로 믿고 있다. 수공업적인 생산형식들은 기술
에 의해 낡은 것이 되고 불필요한 것이 되기 때문에, 그러한 생산형식들에
매달려 있었던 친근한 것들은 네 스스로 하라와 같은 것처럼 아무것도 아닌
것이 되고 말았다"(GS 6, S.485).

413) 힌데미트Paul Hindemith는 1929년 바덴-바덴 상공회의소 음악제에서 스캔들
을 일으키며 초연되었던 »Lehrstück교훈극« 공연에서 브레히트와 함께 일하
였다. 교훈극은 다음의 표어 아래 공연되었다. "음악을 만드는 것은 음악을
듣는 것보다 더 좋은 것이다."

414) Vgl. die »Kritik des Musikanten악사에 대한 비판«, in: Dissonanzen불협화음들.

*Musik in der verwalteten Welt*관리된 세계에서의 음악(1956), jetzt in: GS 14, S.67-107.

415) Vgl. z. B. die Abhandlung von Moritz Geiger, »Beiträge zur Phänomenologie des ästhetischen Genusses(편집자주 17번 참조). 미적 행동에서 음식 요리와 같은 요구 제기를 하는 것에 대한 정통성 또는 의문성을 두고 벌이는 비판적 논쟁으로부터 아도르노는 이 자리에서 그의 입장을 전개시키고 있으며, 이 입장은 그의 사후에도 『미학이론』의 수용을 규정하고 있다(vgl. Hans Robert Jauß, Kleine Apologie der ästhetischen Erfahrung미적 경험에 대한 작은 옹호, Konstanz 1972).

416) '물신' 개념은(포르투갈어의 feitiço, 라틴어의 factitiusc, 인공적으로 만들어 진 것, 모방된 것, 잘못된 것, 특히 주술적인 작용이 할당되어진 대상들에 대 해 해당되는 개념임) 근대 초기에 서아프리카의 제전 대상에 대해 평가절하 하는 의미에서 일단은 사용되었으며, 18세기에 계몽적 종교학과 식민주의 적 인간학에 의해 일반화되었다[vgl. Charles de Brosses, Du culte des dieux fetiches물신들의 숭배, Paris 1760]. 헤겔은 『역사철학 강의』에서 (헤로도투스 이래 잘 알려져 있듯이) "흑인들은 주술사들"이라고 설명하였다. 주술사들 은 자연에 대한 그들의 주술적 권력을 "직관으로부터 가져오며 … 직관으로 부터 형상들을 스스로 만들지 않을 수 없는" 사람들이며, 흑인들을 이러한 주술사들이라고 말하였다. "흑인들이 그들의 권력으로 생각하고 있는 것은 객관적인 것이 아니며, 그 내부에서 견고하고 굳어진 것도 아니고 그들과 구 분되는 다른 것도 아니다. 그것은 오히려 … 그들이 정령으로 끌어올리고 있 는 최초이자 최선인 대상이다. 그 대상이 동물이든, 나무이든, 돌이든, 나무 의 형상이든 아무런 관계가 없다. 이것이 물신이다"[Hegel, Werke, a. a. O. (편집자주 5번 참조), Bd. 12, S.122f.]. 마르크스Karl Marx는 '원시적인 우상 숭 배'에 대한 식민주의적인 비판의 맥락에서 도입된 개념을 포착하여 이 개념 을 상품관계의 분석에 적용하고 있다. "상품은 첫 눈에 보기에는 자명하고도 하찮은 물건이다. 상품에 대한 분석은 상품이 매우 기형적인 물건이며, 형이 상학적인 까다로움과 신학적인 변덕에 가득 차 있는 물건이라는 결과를 보 여준다. 상품 형식의 비밀스러운 점은, 상품 형식이 —노동생산물들 자체가 갖는 대상적인 특징들과 이러한 생산물들의 자연스럽게 갖게 되는 사회적 속성들로서의— 인간의 노동의 사회적 특성들을 인간에게 되돌려 반사시킨 다는 사실에서 성립된다. 그러므로 생산자들과 그들이 투입한 전체 노동과

의 사이에서 형성되는 사회적 관계도 노동을 투입했던 대상들이 생산자들의
영향권을 벗어나 존재하는 사회적 관계로 출현하게 된다. 이처럼 어떤 것이
다른 것과 혼동되는 것으로 인하여 노동을 통해서 발생되는 생산물은 상품
이 되며, 감각적으로 보았을 때 이미 감각을 넘어선 사물들이 되거나 사회적
인 사물들이 되고 만다. … 이것을 나는 물신주의라고 명명하며, 물신주의는
노동생산물이 상품으로 생산되자마자 노동생산물에 꽉 붙어 있게 된
다"[Das Kapital자본, I. Band, MEW Bd. 23, S.85ff.]. 물신 개념은 19세기 후
반부터는 또한 성性에 관한 학문에서 실재의 사람이나 성적 관계의 대체물
로 소용되는 부분적 대상들을 성적으로 차지하는 것을 나타내는 개념으로
사용되고 있다[vgl. Richard von Krafft-Ebing, Psychopathologia sexualis성 심
리학, Stuttgart 1886; Alfred Binet, Le Fétichisme dans l'amour사랑에서 물신 숭
배, in: Etudes de psychologie expérimentale실험 심리학 연구, Bibliothèque des
actualités médicales et scientifiques의학과 과학의 시사 도서관, Paris, 1888,
S.1-85; Sigmund Freud, Fetischismus물신주의(1927). in: ders., Gesammelte
Werke, Bd. XIV, London 1948, S.3-14]. 이렇게 해서, 물건들의 물신화는 '원
시적인 사람'의 낯선 행동일 뿐만 아니라 대상들에게 의미를 주는 인간의 능
력에 절대적으로 속한다는 점이 계몽된 유럽인들에게서 인정되는 것이 가능
해졌다. — 아도르노에게는 예술의 원천이 원시적인 물신주의에서 찾아질
수 있다는 점은 의문의 여지가 없다(vgl. GS 7, S.506; 33; 338; 480-489). 그
는 이미 『미니마 모랄리아』에서 이러한 사실로부터 미적인 결과를 끌어내
고 있다. "예술작품들은 일단은 물신으로부터 그 뿌리를 찾을 수 있기 때문
에 예술가들이 그들의 생산물에 대해 어느 정도 물신주의적으로 행동한다
면, 예술가들이 비난을 받을 수 있을까요?"(GS 4, S.254).

417) Vgl. Benjamin, Das Kunstwerk im Zeitalter seiner technischen Reproduzierbarkeit
기술복제시대의 예술작품(Dritte Fassung), in: ders., Gesammelte Schriften Bd. I·2, a.
a. O.(편집자주 94번 참조). S.480f.; vgl. auch die (Erste Fassung), ebd., S.441.

418) 62쪽 이하를 볼 것.

419) "예술작품을 갈비와 야채가 놓인 접시로 변질시키는"부터 여기까지 아도
르노가 왼쪽 여백에 세로로 줄을 그어 놓았다.

420) 쇼펜하우어는 『의지와 표상으로서의 세계』의 형이상학의 테두리에서 예술
작품들을 현재가 주는 압박들로부터 뚜렷하게 경계를 지울 수 있는 뛰어난
기회들로 이해하였다. "우리가 현재적인 대상들에 대한 순수한 객관적인 고

찰을 위해 우리를 고양시키고 우리가 아닌 객관적 대상들만이 현재적이라는
착각을 산출할 수 있게 되자마자, 우리는 현재적인 대상들을 통해서는 물론
이고 떨어져 있는 대상들을 통해서도 우리를 모든 고통으로부터 벗어나게
할 수 있다. 이렇게 되면 우리는 고통을 받는 자신으로부터 벗어나서 인식의
순수한 주체로서 현재적인 대상들과 완전히 하나가 될 것이다. 현재적인 대
상들에서 우리의 고통이 그토록 낯설어도 우리는 그러한 순간들에서 우리
자신이 될 것이다. 그리고 나서는 표상으로서의 세계만이 아직도 남아 있게
되며, 의지로서의 세계는 사라지게 된다"[Schopenhauer, Die Welt als Wille
und Vorstellung의지와 표상으로서의 세계, Band I, § 38, a. a. O.(편집자주 7번
참조), Bd. l, S.283]. "삶의 모든 목적들과 재화들을 넘어서서 올라가는 것,
삶과 삶의 유혹으로부터 나와 딴 곳으로 시선을 돌리는 것, 여기에 이미 놓
여 있는, 우리에게 전적으로 파악될 수 없는 현존재로 시선을 돌리는 것이
시민 비극의 경향이 아닌가. 삶의 소름끼치는 측면에 대한 표현이, 가장 예
리한 빛에서 우리 앞에 오게 되면서, 우리에게 이롭게 작용할 수 있고 우리
를 위한 높은 즐김이 될 수 있는 것이 어떻게 가능하단 말인가?"(Die Welt
als Wille und Vorstellung, Band II, in: Schopenhauer, Sämtliche Werke, a. a.
O., Bd. II, S.558).

421) "나는 여러분이 이 자리에서 예술 자체에 내재하는"부터 여기까지 아도르
노가 왼쪽 여백에 줄을 그어 놓았다.

422) 톨스토이Leo N. Tolstoi, 1828-1910의 중편소설 「크로이체르 소나타」는 1890
년에 최초로 독일어로 번역되어 출판되었다. 이 소설은 어떤 남자가 그의 부
인의 외도를 질투하여 부인을 살해한 이야기를 담고 있다. 그의 부인은 감각
을 자극하는 음악인 베토벤의 「크로이체르 소나타」(op. 47)의 영향을 받아
젊은 바이올린 연주자와 성적인 모험을 벌이면서 이미 오래전부터 혼란에
빠진 결혼 생활을 파탄에 이르게 하였다. 아도르노는 톨스토이의 후기 작품
에서 드러나는 격렬하게 성에 적대적인 도덕에서 성에 관한 부르주아적인 잘못
된 형상에 대한 통찰을 모색하고 있으며 이렇게 해서 —톨스토이가 설명한 의
도와는 반대로— 해방된 성성性性에 대한 전망을 최소한 간접적으로라도 획
득하고 있다(vgl. GS 4, S.200ff.). 아도르노가 여기에서 "특별할 정도 철저하
게 파고드는 세밀한 이해"라고 칭찬하고 있는, 톨스토이의 예술-비판적인
생각을 아도르노는 『미학이론』에서 다음과 같이 정리하고 있다. "가상으로
서의 숭고한 것은 그것의 모순도 또한 갖고 있으며 진실의 중화中和에 기여

한다. 이것을 이유로 들어서 톨스토이의 크로이체르 소나타는 예술을 고소한다"(GS 7, S.296, s. auch ebd. S.358).

423) 아도르노는 이 문장에 대해 왼쪽 여백에 줄을 그어 놓았다. 이와 관련하여 『미학이론』에서 다음과 같은 내용이 나온다. "예술이 가상으로서 산출하는 것인 가능한 것을 가상을 통해서 산출하는 것을 지체하면, 이것은 급진적인 예술 자체에서도 거짓이 된다. 예술은 아직도 시작되지 않은 실제에, 실제가 그것의 변화에 대해 존경을 표하고 있는지에 대해 어느 누구도 말할 수 없을 것 같은 실제에 신용을 더해 준다"(GS 7, 129).

424) 키르케고르의 『이것이냐 저것이냐』(1843)는 제1부와 제2부로 구성되어 있다. 제1부에서는(편집자주 189번 참조) 실존적으로 좌절을 당한 미학자(유미주의자) 'A'의 자화상과 반성이 모아져 있다. 제1부의 내용에 대해 반테제적으로 설정된 제2부(편집자주 390번 참조)에서는 (A처럼 역시 희망이 없는) 윤리학자 'B'가 쓴 원고들과 A에게 보내는 편지들이 들어 있다. 에레미타 Victor Eremita는 이 책 전체를 편집했다고 자칭하고 있다. 키르케고르의 도덕주의와 유미주의의 긴장관계에 대해서는 다음의 자리들도 참조. GS 2, S.18f., 23ff., 39f.

425) Vgl. Schopenhauer, Die Welt als Wille und Vorstellung, a. a. O.(편집자주 7번 참조), Bd. I, S.28I-285 und 357-372.

426) "이 순간들은 가장 좋은 순간들이며 결정적으로 중요한 순간들입니다"부터 여기까지 아도르노가 왼쪽 여백에 줄을 그어 놓았다.

427) Vgl. Schopenhauer, Die Welt als Wille und Vorstellung의지와 표상으로서의 세계, Band I, § 30. "이러한 이념들은 따라서 전체적으로 보아 수많은 개인들과 개별성들에서 표현된다. … 그러한 개인들의 다양성은 시간과 공간에 의해서, 그러한 개인들의 성립과 소멸은 오로지 인과율에 의해서 표상될 수 있다. 이렇게 해서 표상된 형식들이 어떤 것이든 그 모든 형식들에서 우리는 근본 명제의 상이한 형성들만을 인식할 뿐이다. 근본 명제는 모든 무한성과 모든 개별화의 최종적 원리이며 표상의 일반적 형식이다. 표상의 일반적 형식은 개인의 인식 내부로 들어가면서 표상에게는 다양성도, 변화도 귀속되지 않는다. 표상의 일반적 형식은 개인들에게서 표현된다. 이러한 개인들이 수를 셀 수 없이 많으며 제어할 수 없게 되고 소멸하는 반면에, 표상의 일반적 형식은 변하지 않은 채 하나의 형식으로서, 그리고 동일한 형식으로서 머물러 있다. 근본 명제는 표상의 일반적 형식에 대해서는 아무런 의미를 갖지

않는다. 근본 명제는 그러나 형식이며, 이 형식 아래에 —주체를 개인으로서 인정하는 한— 주체의 모든 인식이 놓여 있기 때문에, 이념들은 그것 자체로 서의 주체의 인식 영역의 밖에 놓여 있게 된다. 그러므로 이념들이 인식의 대상이 되려고 하면, 이것은 인식하는 주체에서 개별성이 해체되는 것에서 만 일어날 수 있다"(a. a. O., Bd. I, S.245f.).— § 41: "우리가 어떤 대상을 아름답다고 명명함으로써, 우리는 그 대상이 우리의 미적 고찰의 객체임을 명백하게 말하게 된다. 이것은 그 내부에 2가지 측면을 포함한다. 한편으로는, 객체의 모습은 우리를 객관적으로 만든다. 다시 말해, 우리는 객체의 모습을 고찰할 때 우리를 더 이상 개인들로서 의식하지 않고 인식의 순수한 의지 없는 주체로서 의식하게 된다. 다른 한편으로는, 우리는 대상에서 개별 사물을 인식하지 않고 이념을 인식하게 된다. 이것은, 대상에 대한 우리의 고찰이 근본 명제에 맡겨지지 않으며 대상의 외부에 있는 그 어떤 것과의 관계를 … 뒤따라가지 않고 객체 자체에 근거하는 한에서만 발생할 수 있다"(Ebd., S.296f.).

428) 헤겔은 그의 »Wissenschaft der Logik논리학« 제2판(1831) 서문에서 다음과 같이 비판하고 있다. "고찰된 어떤 카테고리에서 무언가 다른 것을 사유하고 이 카테고리 자체를 사유하지 않는 것은 좋지 않은 행동이다. 다시 말해, 무지한 행동이다"[Werke, Bd. 5, a. a. O.(편집자주 276번 참조), S.32].

우리는 지난 시간에 예술작품에 대한 주관적 태도를 비판적으로 분석함으로써 이른바 이해의 문제를 추적해 보았습니다. 나는 특별히 미적인 경험이 전래적 의미에서 볼 때는 경험의 이해와는 일단은 관련이 없다는 점을 여러분과 함께 논의해 보았습니다. 다시 말해, 우리는 예술작품 안에서 존재하고 예술작품을 함께 실행하는 것입니다. 이해에 관한 논의가 추적하고 있는 것처럼, 우리가 외부로부터 예술작품 안으로 들어가서 예술작품을 열어 보이는 것이 예술작품을 이해하는 올바른 태도는 아닙니다. 예술작품 안에 들어가 있는 것의 특징은 일단은 우리가 언어 안에서 생활하는 것과, 즉 언어의 의미를 성찰하지 않은 채 언어 안에서 직접적으로 생활하는 것과 같은 것입니다. 예술작품의 의미에 관한 성찰은 일차적인 미적 경험에 비해서 더욱 높은 단계를 나타내는 개념입니다. 예술작품에 대한 적절한 관계는 이해되어질 수 없는 것의 관계라고 반포하듯이 말하려는 의도가 없었다는 점을 여러분에게 말해야 되는 책임이 나에게 있다고 생각합니다. 나는 이해되지 않는 것의 관계라는 말이 오해를 불러 올 수 있다고 생각합니다. 그러나 나는 이러한 오해를 애초에 어느 정도는 두려워하지 않고 있기를 스스로 바라고 있습니다. 나는 오히려 여러분이 다음과 같이 생각할 수 있는 것으로부터 여러분을 떼어 놓으려는 의도를 갖고 있습니다. 속물인간이 동시대의 그림, 또는 동시대의 작곡, 또는 동시대의 시를 마주 대하면서 '내가 예술에서 동시에 무엇을 생각해야 하는가?'라고 묻는 것이 예술작품에 대한 적절한 관계라고 생각하는 행태로부터 여러분을 떼어놓고 싶었습니다. 이런 의도가 있었기 때문에 나는 여러분에게 헤겔이 썼던 문장을 상기시켜 주었던 것입니다. 헤겔에게 고유한 철학설哲學說에 대해 사람들이 이의를 제기하면서 '나는 이 개념에서 도대체 무엇을 생각해야 하는가?'라고 물었을 때, 헤겔은 이 개념에서 사람들이 생각해야 하는 것은 다른 것이 아닌 바로 개념 자체429)라고 답하였던 것입니다. 미적 행동은, 내가 미적 행동을 예술작품을 함께 실행하는 것으로 특징화시키는 한, 당연히 이처럼 함께 실행하는 것에서 정지되어 있지 않습니다. 미적 행동은 오히려 매번 그것 내부에서 스스로 성찰되는 형태의 함께 실행하기입니다. 여러분이 여러분 자신을 내맡기는 예술작품의 여러 상이한 모멘트들을 함께 실행하고, 예술작품이 갖고 있는 규정을 함께 실행하며, 함께 헤엄도 치고, 예술작품의 모멘트들을 동시에 성찰하며, 그러한 모멘트들과 대립하고, 지나간 모멘트들을 회상하며 앞으로 다가올 모멘트들을 기대할 때만이, 여러분은 여러분의 눈앞에 있거나 귀에 들어오는 예술작품을 진정으로 이해하게 됩니다. 예술작품에 대한 성찰적인 행동은 일단은 예술에 낯선 행동이 전혀 아니며, 외부로부터 예술작품 안으로 들어오는 행동도 전혀 아닙니다. 원래적 의미에서의 철학적 행동이 전혀 아닌 것입니다. 예술철학이 그러한 성찰을 실현시키지 않습니다. 예술작품 안으로 들어가 있는 것이, 즉 예술작품을 함께 실행하기가 그러한 성찰을 가능하게 합니다. 예술작품 안으로 들어가 있는 것, 예술작품을 함께 실행하기는 여러분이 예술작품의 단순한 직접성을 넘어가야 하며 감각적으로 직접적으로 눈앞에 있지 않은 예술작품의 모멘트들을 의식해야 한다는 것을 여러분에게 이미 요구하고 있습니다. 여러분은 여기에서 내가 여러 상이한 관점으로부터 항상 반복적으로 여러분에게 명확하게 해 두려고 했던 점을 이미 인식할 수 있습니다. 다시 말해, 단순히 직관적인 것으로서 예술작품을 보는 전래적인 개념은 전혀 충분하지 않으며, 약간 극단적으로 말한다면 여러분이 예술작품을 직관할 뿐만 아니라 동시에 항상 함께 사고할 때 여러분은 예술작품들을 제대로 완전하게 경험할 수 있는 것입니다. 왜냐하면, 예술작품의 이처럼 특별한 내용에는 사고된 것의 모멘트와 매개된 것의 모멘트가 필연적으로 내포되어 있기 때문입니다. 그 밖에도, 여러분은 내가 이미 보여주었던 내용을 인식한 이후에는, 정신적인 것으로서의 예술작품의 개념에 대해 우리가 작업했던 것보다도 더 적은 놀라움과 더 적은 충격만을 받아도 됩니다.

　　이제 여러분은 과거의 미학이 일반적으로 감추었던 하나의 차원에 짧은 시간이나마 들어가게 되었을 것으로 보입니다. 그러므로 나는 이 차원을 최소한 지적하고 싶습니다. 그것은 미적으로 영리한 것과 미적으로 우둔한 것의 차원입니다. 미적으로 우둔한 것의 모멘트가 존재합니다. 성찰되지 않은 채 단순히 재료에서 발생하는 모멘트가 존재하는 것입니다. 사람들은 예술가가 재료 자체에서 헤엄을 치고 있는 것을 재료에서 듣는 것입니다. 재료에서 사물적인 필연성에 대한 성찰을 일단은 실행함이 없이 재료에서 그저 듣는 것입니다. 사물적인 필연성에 대한 성찰은 필연적임에도, 그러한 성찰이 미적으로 우둔한 것의 모멘트에는 결여되어 있습니다. 수를 셀 수 없이 많은 오래된 작곡들이나 콘서트에서는 제1악장의 끝부분에 종지終止들을 투입시켜 악장을 완성하는 습관이 있습니다. 여러분이 이러한 종지를 듣게 되면, 여러분은 동시에 우둔한 것과 원래부터 성찰되어 있지 않은 것에서 나타나는 특정한 특징을 곧바로 알아차리게 될 것입니다. 여러분이 중요한 예술작품들 안으로 정말로 침잠해 들어가면, 여러분은 중요한 작품들에서 다음과 같은 경험을 항상 다시 하게 될 것입니다. 아하, 그것은 영리한 것이었어. 그 사람이 매우 재치 있는 작품을 만들었어! 나는 이 점을 베토벤을 예로 들어 설명하겠습니다. 베토벤이 특히 압축되고 축소된 작용을 성취할 목적으로 그의 후기 단계의 작품의 어느 자리에서 액어법軛

語法적으로 곡을 진행시키면, 다시 말해 악절의 끝과 새로운 악절의 시작을 서로 겹치게 하여 밀도, 즉 스트레토stretto의 확실한 작용을 이끌어내면, 바로 이것이 영리한 것의 모멘트로 들어가는 것에 속하는 것입니다.430) 여기에서 관건이 되고 있는 차원은 내가 아는 한 이론적인 미학에서 제대로 생각해 본 적이 거의 없었던 차원입니다. 여러분이 '음악을 좋아하는 것'에 대해 말하는 언론인들의 말투를 생각해 보면, 여기에서 관건이 되고 있는 차원에 대해 명백하게 알 수 있게 될 것입니다. 언론인들의 말투는 항상 그 어떤 작곡을 흉내 내고 있으며 칭찬의 형식을 취합니다. 이와 동시에 작곡은, 성찰되지 않은 채, 작곡 내부의 자체에서 성찰되지 않은 채, 작곡의 재료에서 성찰되지 않은 채 획 날아가 버리듯이 만들어진 것을 뜻하게 됩니다. 이렇게 해서 해당 작곡가는 작곡에 정말로 맹목적으로 자신을 내맡기게 됩니다. 작곡가는 자신의 재료에 들어 있는 단순한 고저의 차이에 자신을 내맡기게 되는 것입니다. 이러한 고저의 차이는, 좀 더 자세히 들여다보면, 일반적으로 재료 자체의 고저의 차이 이상이 아니라는 점이 드러납니다. 나는 이 점을 여기에 부언하고 싶습니다. 그러한 고저高低는 오히려 어떤 하나의 방식이나 다른 방식으로 이미 미리 재료의 형식을 정해 놓은 관습에 들어 있는 고저의 차이라는 것이 드러나게 됩니다. 음악을 좋아하는 것과 유사한 것들은 미술과 문학에도 있습니다. 화가의 눈의 특정한 재빠름에도431) 그런 것들이 존재하며, 어떤 사람이 '유려한 문체를 갖고 있다'는 칭찬을 통해 부여하였던 소름끼치는 현상이 언어에서도 존재하고 있습니다. 음악을 좋아하는 것은 성찰에 내재하는 정지의 과정이 예술작품 자체에서 일어나지 않은 것에서 성립됩니다. 예술작품은 성찰에 내재하는 정지의 과정을 통해서 비로소 예술작품이 되기 때문입니다.

미적 질質의 본질적인 모멘트는 정지의 모멘트와 자기 성찰의 모멘트를 갖고 있다는 것이 미적 질의 본질에 속하는 모멘트라고 말하고 싶습니다. 미적 질의 본질적 모멘트는 그러나 다른 한편으로는 자기 성찰에 머물러 있지 않고, 이러한 성찰은 그것 나름대로 다시 사물Sache의 순수한 논리, 즉 예술작품의 순수한 실행으로 바뀌게 됩니다. 그러나 성찰의 그러한 개념이 일단 활동에 들어가게 되면, 성찰의 과정은 정지될 수가 없습니다. 성찰 과정에 일종의 정지가 부당하게 강요될 수 없고, 성찰 과정은 필연적으로 계속됩니다. 내가 여러분에게 말한 내용은 오로지 예술에게만 해당되지 않고, 모든 합리성에 해당되는 더욱더 포괄적인 사실에도 해당된다고 생각합니다. 여러분이 예술작품에서 사물에 놓여 있는 이러한 성찰들을 —나는 성찰들에 대해 여러분에게 몇몇 예들과 모델들을 제공하였거나, 또는 모델들이 없는 것에 대해서는 몇몇 모델들을 제공하였습니다— 일단 실행에 옮기게 되면, 여러분이 얻게 되는 경험은 최종적으로는 필연적으로 예술작품 자체에 대한 성찰과 예술작품의 의미에 대한 성찰로 넘어가게 됩니다. 지난 시간에 말했던 내용을 다음과 같이 말하는 방식으로 이어가고 싶습니다. 일차적인 경험은 이른바 의미에 대한 경험이 아니라는 점이 자명합니다. 일차적인 경험은 통상적인 의미에서 이해되는 경험이 아닙니다. 자신을-내맡기는 것이 오히려 일차적인 경험입니다. 맹목적인 것으로서의 자신을 내맡기는 것은 그러나 그 내부에 부정성否定性, Negativität의 모멘트를 갖고 있습니다. 바로 우둔한 모멘트, 음악을 좋아하는 것의 모멘트를 갖고 있으며, 이러한 모멘트는 필연적으로 그것 자체를 넘어서게 됩니다. 이러한 과정을 통해서 마침내 이해가 존재하게 되는 것입니다. 모든 모멘트의 의미를 최종적으로 파악하는 것이 바로 이해입니다. 이러한 파악하기는 예술작품에 각기 내포되어 있는 모멘트들의 관계가 갖고 있는 필연성을 경험하는 것에서 그 규준을 갖습니다. 그러고 나서, 이처럼 일단 활동에 들어선 예술작품에 대한 성찰은 예술작품으로 다시 되돌아옵니다. 이러한 성찰이 일단은 예술작품을 떠난 후 외부로부터 예술작품을 바라본 후에 예술작품 안으로 되돌아오면, 이 성찰은 원래의 예술적 경험에 이르는 정초定礎가 됩니다. 예술적 경험은 최종적으로는 매개된 것으로서, 정신적인 것으로서 경험을 표현합니다. 나는 이러한 생각의 흐름이 전혀 무용지물이 아니라고 보고 있습니다. 이러한 생각의 흐름은, 번역의 형식, 특히 논평과 비평의 형식과 같은 형식들이 예술에 기대어 무성하게 자라나서 일차적인 것으로서의 예술작품을 약탈하는 기생적인 형식들이 아니고 이러한 형식들 자체가 원래부터 근본적으로 예술작품의 본질에 속한다는 점을[432] 여러분에게 지적해 주고 있기 때문입니다. 다시 말해, 오로지 논평과 비평을 통해서만이, 예술작품을 그것에 고유한 논리에 따라 활동에 들어서게 하는 성찰을 통해서만이, 예술작품에 대한 완전한 경험이 가능합니다. 오로지 이러한 모멘트들을 통해서만이 예술작품은 그것 자체로 되돌아옵니다. 또는 오로지 이러한 모멘트들을 통해서만이 여러분은 예술작품을 파악하였던 것입니다.[433] 그러므로 여러분은 실제적으로 예술작품의 이해를 예술작품 자체에 의해 요구되어지는 과정으로서 생각해야합니다. 이러한 과정은 그러나 사람들이 예술작품을 마주 대할 때 예술작품을 이해하는 요술방망이로 일격에 실행시키는 것과 같은 방식으로 이루어지는 과정이 아닙니다. 단순한 현존재에 대해 마주 서 있는 것으로서의 예술은 철학과 깊은 유사성을 갖고 있습니다. 여러분은 여기에서, 철학과 깊은 유사성을 갖고 있는 예술이 내가 여러분에게 최소한 간단히 언급하려고 시도했던 예술에 고유한 구조를 통해서 이제 철학으로 넘어가며 철학과 같은 어떤 것을 예술 스스로부터 요구하고 있다는 점을 인식하고 있을 것입니다.

이제 우리가 원래부터 다루고 있는 문제인 미적인 것의 개념에 본질적으로 붙어 있는 변증법의 문제로 되돌아가고 싶습니다. 우리는 예술작품의 경험에 해당되는 여러 고찰을 함께 진행해왔습니다. 이러한 고찰에서 나는 예술작품에 대한 경험은 쾌락주의적인 것이 아니고, 예술은 음식을 대하듯이 직접적으로 즐기는 대상이 아니며, '예술을 즐기는 것'의 개념은 매우 문제가 많다는 점을 여러분에게 보여주었습니다.

이러한 고찰과 연관하여 나는 사물 자체로부터 출발하여 여러분을 점점 증대되는 알레르기로, 즉 예술에서 편안한 것의 개념에 대한 증대되는 민감성으로 안내하려고 시도하였습니다. 다시 말해, 내부에서 깨트려지지 않은, 경직된 미의 개념에 저항하는 알레르기가 무엇인지에 대해 여러분에게 안내하였던 것입니다. 이를 내가 앞에서 여러분에게 설명하였던 의미에서 말한다면, 내부에서 스스로 성찰되지 않은 미의 개념에 저항하는 알레르기라고 표현할 수도 있습니다. 미적인 것에 대한, 즉 단순히 앞에 주어져 있는 미적인 것에 대한 알레르기와 더불어 예술의 문제도 동시에 증대된다는 점을 나는 여기에서 부언하고 싶습니다. 여러분 모두가 알고 있듯이, 칸딘스키Kandinsky는 40년 전에 유명한 선언인 『예술에서 정신적인 것에 관하여』[434]라는 책을 썼습니다. 칸딘스키는 감각적으로 직접적인 것으로서의 예술에 관한 지배적인 생각에 맞서서 이 책에서 처음으로 이상주의적, 사변적-이상주의적 철학이 예술에 대해 갖고 있었던 오래된 테제를, 즉 예술은 본질적으로 정신적인 특징을 갖는다는 테제를 예술적 형상화의 프로그램 자체에서 실행하였습니다. 칸딘스키는 예술적 형상화는 전적으로 정신적인 것의 표현이어야 하며, 예술의 감각적 직접성은 많든 적든 전적으로 포기되어야 한다고 선언하였습니다. 그는 여러분에게 '추상 예술'이란 이름으로, 내가 보기에는 별로 의미가 없어 보이는 이름으로 잘 알려져 있는 복합체에서 자신의 생각을 지속적으로 펼쳐 보였던 것입니다. 그러나 정신이 예술작품에서 우위를 많이 차지하면 할수록, 감각적인 모멘트들이 내적인 것의 담지자로서만 규정되는 정도가 많아지면 질수록, 예술작품의 문제성도 더욱더 증대되는 것이 확실합니다. 어떤 방식으로 이러한 변증법이 전개되는가에 대해서 헤겔은 이처럼 정착되기 이전의 시기인 100여 년 전에 이미 미리 내다보고 있었습니다. 헤겔은 정신화된 예술에 관한 이론을 대변하고 있었습니다. 그가 말하는 정신화된 예술에서는 감각적인 직접성과 정신의 관계가 미리 주어져 있는 관계가 아니고, 즉 그의 말을 따른다면 '실체적인' 관계가 아니고, 모든 예술에게 원래부터 새롭게 문제가 되는 관계에 놓여 있었습니다. 헤겔은 정신화된 예술은 예술작품에 의해 비로소 산출되는 그 어떤 것이 된다고 보았습니다. 헤겔에 의하면, 이렇게 됨으로써 예술의 영역이 문제적인 영역으로서 스스로 산출된다는 것입니다. 그 이유는 다음과 같습니다. 실체성의 모멘트가, 즉 감각적인 모멘트들과 정신적인 모멘트들의 미리 주어진 통일성의 모멘트가 예술에 결여되어 있기 때문이라는 것입니다. 물론 헤겔은 이러한 통일성을 1800년경의 의고전주의의 의미에서 고대에서 보였던 통일성과 동치시키려는 의도를 갖고 있었습니다.[435] 예술에서 단순히 감각적으로 아름다운 것에 저항하는 알레르기의 —이러한 알레르기는 예술의 정신화와 동일한 의미이기도 합니다 — 현대적 단계에서 우리가 마주하고 있는 문제는 헤겔이 알아차렸던 문제와는 조금 상이합니다. 헤겔이 살았던 시대에는 교육에서 낭만주의적인 노력이 있었습니다. 그러한 낭만주의적 노력들은 생각할 수 있는 모든 문화와 전제들로부터 미적인 형식들을 끌어다 썼으며, 헤겔이 낭만주의적 노력들에서 혼합주의를 생각하고 있었다는 것은 의문의 여지가 없습니다. 헤겔은, 내부에서 성찰되고 전적으로 정신적으로 되어 버린 예술의 모멘트가 갖고 있는 위험의 모든 형식이 동등하게 예술가를 내다보면서 예술가에게 열려 있고 이런 이유로 인해 어떤 형식도 더 이상 구속력이 없게 된다고[436] 말하였습니다. 헤겔은 이것을 내부에서 성찰되고 전적으로 정신적으로 되어 버린 예술의 모멘트가 갖고 있는 위험이라고 표현하였습니다. 이렇게 함으로써 헤겔은 양식-혼합주의를 실제적으로 매우 단단하게 이론적으로나마 비판적으로 미리 알아차렸던 것입니다. 양식-혼합주의는 19세기에서 지배적인 경향이었습니다. 지나가는 김에 나는 여기에서 아래와 같은 점을 지적하는 기회를 갖고 싶습니다. 변증법적 철학은 몰상식한 사람들이 흔히 흉을 보는 것처럼 밤夜과 같은 것이 아닙니다. 그 속에서 모든 고양이가 회색이 되며 참된 것도 참되지 않은 것도 존재하지 않는 밤과 같은 것이 아닙니다. 변증법적 철학은 그 본래적 의미에서 비판적 철학입니다. 바로 이 점에서 변증법적 철학은 칸트의 철학이 변증법적 철학에게 스스로 다가온 철학이기도 합니다. 다시 양식-혼합주의로 돌아가겠습니다. 양식-혼합주의는 19세기를 넘어서서 지속되었고 오늘날 우리가 살고 있는 시대에까지 들어와 있다는 것이 확실합니다. 우리가 지금 논의하고 있는 특별한 자리에서 새로운 예술이 ―우리는, 근본적으로, 이 강의에서 새로운 예술이 무엇이냐 하는 경험들로부터 출발하고 싶습니다― 마주 대하고 있는 문제성은 그러나 조금은 다른 종류의 문제성이며 많은 비중을 갖는 문제성입니다. 예술가적인 정신의 주권성은 재료를 마주 대할 때 모든 가능한 형식을 동원해 유희하고 모든 가능한 형식을 구사하는 것을 실제로 허용한다고 믿고 있는 것이 잘못된 예술가들에게서만 나타나는 것은 아닙니다. 이러한 행태는 예술가들에게서 결여되어 있지 않습니다. 그럼에도 불구하고, 나는 이러한 위험이 예술가들에게서 스스로 의식되었다고 말할 수 있습니다. 모든 종류의 형식 유희나 형식 구사는 그러나 오늘날 모든 예술 영역에서 관철되었습니다. 여러분에게 이 점을 말하면서 나는 예술적 전개에서 상대적으로 많이 진보된 관점을 실제로 건드리고 있습니다. 형식 유희와 형식 구사에 대해서 내가 어떤 판단을 제공할 자격이 있다면, 형식에서의 그러한 개방성과 더불어 우려할 만한 일이 발생하고 있다는 점입니다. 지난 30-40년 동안 예술가들을 끌어들인 결정적인 교훈이 있다면, 그것은 다음과 같은 것들입니다. 다시 말해, 앞에서 말한 임의성은 이국주의異國主義, Exotismus의 영향을 받아 가장 상이하게 나타나는 형식들에서 현대 예술이 출현한 것으로서 우려할 만한 것이며 예술과의 결합성에 상응하지 않는다는 교훈을 예술가들이 얻었던 것입니다. 전체 문화에서 어떤 형식 규준이 미리 주어져 있는 것이, 즉 실체성이 사라져 버린 오늘날에는, 모든 개별적인 형상물이 밖을 향해 곁눈질하지 않은 채 가차 없이 각자에게 고유한 형식 법칙 속으로 침잠하는 것이, 다른 것이 아닌 바로 이렇게 침잠하는 것이 예술에 도움이 된다는 사실에 모든 것이 의존되어 있다는 교훈을 얻었던 것입니다. 예술은 —교육을 통해서 얻어진, 예술과 대립되면서 가득 채워져 있는 잘못된 것들의 면전에서— 예술에게 가능해진 것이 풍부해진 잘못된 것을 마주 대하면서 예술을 스스로 제한하며, 구체적으로 지금 여기에서 예술에 고유한 특별한 조건들이 요구하는 것들을 위해서 예술에서 추상적으로 가능한 것을 포기하게 됩니다. 이것이 바로 지난 30~40년에 걸쳐 예술가들이 얻은 교훈입니다. 그러나 그렇다고 해서 예술에 대해 우리가 여기에서 부딪치고 있는 문제가 해결된 것은 아닙니다. 예술의 정신화가 더욱 많이 증대되면 될수록 —예술의 정신화는 편안함에 대항하는 알레르기로서 증대된 것이 확실합니다. 편안한 것은 문화산업, 광고, 현재 세계의 상업적 시스템을 통해서 우리에게 강요되고 있습니다—, 이러한 정신화에 특별한 어려움이 남아 있기 때문입니다. 우리는 이러한 어려움을 예술의 정신적 모멘트와 예술의 감각적 모멘트들인 표현의 담지자들 사이를 매개시키는 어려움이라고 불러도 될 것입니다. 이와 더불어 내가 의도하는 것은 현대 회화의 초기 선언들에서 매우 명백하게 돌출하였던 모멘트입니다. 거기에서는 예컨대 색채 상징에 대한 논의가 있었고, 색채 상징에 대해 말하였습니다. 그렇습니다. 색채들은 감각적인 가치를 갖고 있을 뿐만 아니라 정신적인 것의 담지자로서 전체적으로 의미를 갖고 있습니다. 내가 이러한 의미를 —악한 것은 붉은 색이며, 평화로운 것이나 우주적인 것은 푸른 색이고,[437] 또는 어떤 색이 무엇을 나타내든— 읽지 않는다면, 나는 색채의 의미를 제대로 읽지 못한 결과에 이르게 됩니다. 이러한 모든 관계가 어떤 고립된 예술적 재료들에 관련을 맺고 있는 한, 이러한 관계들에는 자의성의 모멘트가 숨겨져 있습니다. 관습의 모멘트, 이른바 확정되어진 것의 모멘트, 즉 그러한 색들이 앞에서 말했던 표현에 일치될 수 있다는 모멘트가 숨겨져 있다고 말할 수도 있습니다. 자의성의 모멘트는 표현주의 문학에서 광범위하게 나타났습니다. 표현주의 시인들인 하임Heym, 트라클Trakl, 슈타들러Stadler에서는 표현의 의미들이 일종의 고집스러운 형태를 보이면서 특정한 색채들과 연합하고 있습니다. 표현의 의미들은 자체로서의 색채의 본질에는 필연적으로 내재되어 있을 이유가 전혀 없음에도 표현주의 시인들에서 표현의 의미들과 색채의 연합이 이루어지고 있는 것입니다.438) 이러한 경향에 들어 있는 타락은, 즉 예술의 정신화에 대한 조롱이기도 한 타락은 예술 장사입니다. 예술 장사는 이른바 고상한 소재들이나 그 어떤 방식으로 특정하게 형성된 제의적祭儀的인 제스처들이 그것들에 내재하는 특별한 연관관계로부터 벗어나 있다고 믿습니다. 또는 예술 장사는 이러한 종류의 다른 요소들, 특히 상징적인 색채들이 원래부터 자기 스스로 그러한 것을, 다시 말해 앞에서 말한 소재들이나 제스처들이 특별한 연관관계로부터 벗어나는 것을 성취하였다고 믿고 있습니다. 나는 이것이 현대 예술 내부에서의 경험이 어떤 감각적으로 개별적인 것들에서 우리를 밀어붙였던 것이라고 생각합니다. 여기에서 나는 새로운 예술이 갖고 있는 문제에 대해서 여러분에게 잠깐 동안 주의를 환기시켜 주고 싶습니다. 이것은 여러분이 예술이 처한 형세를 비판적으로 알아차리는 데 아마도 조금은 도움을 줄 것입니다. 우리가 지금 여기에서 다루고 있는 예술의 감각적 모멘트들의 정신화의 피할 수 없는 과정은 어떤 방향이 정해질 수 있는 과정이 결코 아닙니다. 감각적으로 개별적인 것과 예술의 정신화의 문제로 다시 돌아가겠습니다. 그 어떤 감각적으로 개별적인 것도 그것 자체로서 절대적으로 정신적인 것이 아닙니다. 그 어떤 감각적으로 개별적인 것도 그것 스스로부터 만족한 채 정신적인 것을 산출해내는 절대적인 담지자가 아닙니다.439) 우리가 30-40년 전에 처음으로 새롭고도 특별할 정도로 불협화음적인 화음들을 접했을 때, 우리는 이러한 화음들에 있는 모든 개별 화음이 그것의 복합성, 잇대어져 있는 특성, 다층성多層性, 특히 그것의 미증유성未曾有性에 의해서 그것 자체로부터 이미 무언가 정신적으로 새로운 것이 나타난 것이 아닌가 하고 생각했었습니다. 복합성, 잇대어져 있는 특성들을 통해서 의도된 표현 내용을 강제하는 방식으로 선언하는 무언가 정신적으로 새로운 것이 아닌가 하고 생각했던 것입니다. 나는 이것을 명백하게 거부하는 것으로까지 멀리 나아갈 생각은 전혀 없습니다. 회화와 마찬가지로 음악에서도 나타난 새로운 예술의 해방기에서는, 앞에서 보았듯이 극단적 가치들이 사용되었습니다. 새로운 예술의 해방기에서는, 처음으로 시도된다는 것이 발휘하는 힘과 더불어 그러한 가치들에 우리가 의지하였고 정신적인 것에 관한 어떤 것이 내재되어 있었습니다. 그러나 시간이 지나면서 사정이 바뀌게 되었습니다. 이러한 극단적 가치들 자체가 예술의 전체적인 전개에 의해서 사람들이 오늘날 모든 예술 형식에서 '재료'라고 —이것은 어떤 한 사람에게 마음에 드는 재료일 필요가 없습니다. 그 사람을 피하는 것이 매우 어려울 수 있는 것도 필요가 없습니다— 표시하는 것으로 더욱더 많이 바뀌게 된 이후에는, 이러한 모든 개별적인 재료가 단독으로는 정신화를 성취하지 못한다는 것이 드러났습니다. 그 재료들이 가장 아름다운 12음 화음들, 노델의 붉은 색Nodelschen Rot에 관해 아직까지 한 번도 존재하지 않았던 뉘앙스, 결코 한 번도 존재하지 않았던 색채 대조라고 할지라도, 그것들은 단독으로는 정신화를 성취하지 못했습니다. 예술이 정말로 코카콜라가 되지 않으려면, 오늘날 모든 예술에 의해서 절대적으로 필연적으로 요구되어지는 정신화의 힘은 오히려 이러한 모멘트들의 성좌星座와 같은 배열에서 유일하게 성립됩니다. 이러한 모멘트들의 예술작품의 연관관계에서 어떤 위치 가치를 갖고 있는 것에, 바로 이것에 정신화의 힘이 놓여 있는 것입니다. 모멘트들이 고립되어 있는 상태에는 정신화의 힘이 더 이상 놓여 있지 않습니다.[440]

내가 이러한 고찰을 여기에 첨부하는 이유를 말하겠습니다. 여러분이 특별히 예술과 관련되는 삶을 살고 있지 않는 한 여러분에게 낯설고 비밀스럽게 들리는 것을, 다시 말해 예술에서 나타나는 이른바 구성주의의 문제를 여러분이 매우 간단하게 이해할 수 있기 때문에 그러한 고찰을 여기에 덧붙였던 것입니다. 예술에서 나타나는 구성주의는 구성의 이상理想과 같은 것들이 외부적으로 전용轉用된 것은 아닙니다. 구성의 이상들은 신즉물주의, 그리고 건축에서의 기능주의에 의해서 성립되었습니다. 그 결과 목적으로부터 자유로운 자율적인 예술들은 특히 건축과 같은 목적 예술들이 원래의 기술적인 규율들을 구성의 이상들에서 미리 만들었던 것과 유사하게 구성적으로 행동해야 한다는 방향으로 나아가게 되었습니다. 이것이 바로, 구성의 이상理想들이 외부적으로 전용된 것이라 하겠습니다. 그러나 예술에서 나타나는 구성주의는 구성의 이상들이 전용된 것은 아닙니다. 오히려 구성에의 요구, 구성의 필연성은 —여러분 중에서 많은 분은, 이러한 문제들에 대해 실제로 이론적으로 깊게 생각해 보지 않았던 한, 그러한 요구에 대해서 다음과 같이 말하게 될 것이 확실합니다. 무언가 사물적인 것이 절대적으로 구성되어진 채 왜 나에게 마주 대하고 있단 말인가? 나는 예술이 나의 고유한 목소리이며, 나에게 내 땅처럼 속해 있는 영역이고, 내가 그 영역에서 말을 건네는 것이 되어야 한다는 점을 예술에게 요구하고 있을 뿐이다— 원래부터 예술에 있는 문제점이, 즉 미적인 것 내부에 있는 문제점이 자체로부터 나온 것이라는 점[441]을 나는 여러분에게 분명히 밝혀두고 싶습니다. 더 구체적으로 말하겠습니다. 예술적 형상화에서 외부로부터 의무로 부과되어지는 규범들이 —이것들을 고전문헌학의 개념에 접맥시키면 전통적인, 관습적인 요소들, 외용적外用的인 요소들이라고 말할 수 있습니다[442]— 현대 예술에 대해서 더 이상 존재하지 않게 되었습니다. 그러나 이와 동시에 예술적인 것은 정신적인 것의 담지자가 되어야 한다는 요구가 모든 예술가에게 절대적으로 압박을 가하게 되었지만, 예술의 정신화는 개별적으로 감각적인 것에 의해서는 더 이상 성취될 수 없게 되었습니다. 이렇게 된 이래로 정신적인 것의 담지자 역할과 예술의 정신화는 예술작품의 상이한 개별적인 모멘트들이 서로 하나의 구조 연관관계 안으로 들어가는 것을 통해서만 성취될 수 있게 된 것입니다. 이러한 구조 연관관계는 실제로 예술에 고유한 논리의 의미에서 그 내부 자체에서, 모든 개별적인 예술작품에서 철저하게 형성되어지고 철저하게 시종 일관된 연관관계입니다. 모든 개별적인 모멘트가 예술작품의 이러한 특별한 연관관계 내부에서 전체의 틀에서 필연적으로 드러나는 형태로 형성된 구조 연관관계인 것입니다. 이러한 노력이 예술에서의 구성 개념을 통해서 나타나면, 이 개념은 예술작품의 정신화가 개별적인 모멘트들의 엄격하고도 필연적인 연관관계 내부로 옮겨지는 것을 통해서 이루어진다는 점을 말해 주고 있습니다. 이처럼 엄격하고도 필연적인 연관관계는 자체로서 개별적인 모멘트에게는 그 고립된 상태에서 귀속되어 있지 않은 정신적인 것의 힘을 비로소 개별적인 모멘트들에게 부여하게 됩니다.[443] 이러한 특징을 지닌 구성의 원리가 동시에 다시 매우 노출적이 되며 예술의 정신화의 자리에 단순히 어설프게 짜 맞추는 것이 구성을 통해서 들어설 수 있다는 점에 대해서는 내가 여러분에게 앞에서 말한 연관관계와는 다른 연관관계에서 이런저런 기회에 자주 충분하게 말했다고 생각합니다. 나는 이 자리에서는 현대 예술에서[444] 나타나는 구성의 문제들이 현대 예술에 고유한 역사철학적인 정황과 정신화에의 속박으로부터 나오는 정도가 얼마나 강력한지를 여러분에게 보여주는 것으로 제한하고 싶습니다. 앞에서 말하는 정도가 강한 이유는 다음과 같습니다. 단순히 감각적인 것은 그 어떤 것도 숭고한 것이 될 수 없다고 칸트가 말하고 있듯이, 그 어떤 개별적인 것도 예술작품에서 정신적인 것이 될 수는 없기 때문입니다. 또한 이전의 예술작품들에서 양식들을 통해서, 즉 미리 주어진 형식들을 통해서 외부로부터 성취되었던 것이 오로지 예술작품의 내적인 조직화를 통해서만 성취될 수 있게 되었기 때문입

니다. 예술작품의 이러한 내부적인 조직화의 총체, 이것이 바로 구성의 개념이라고 생각합니다.445)

나는 여러분에게 편안함의 개념에 대해 말한 바 있었습니다. 우리가 감각적인 매력의 모멘트를 예술작품으로부터 완전히 축출해서는 안 되는 상태에서, 우리는 편안함의 개념에 대해 점차 증대되는 정도로 알레르기적으로 되고 있다는 점에 대해서도 말한 바 있었습니다. 이와 관련하여 나는 여기에서 편안함의 개념이 그것 자체로 또한 역사적인 위치 가치를 가지며 변화된다는 점을 여러분에게 첨언하고 싶습니다. 여기에서 여러분에게 마네Manet의 회화에 대해 말하려고 합니다. 마네가 회화에서 최초로 도입하였던 그의 시선이 향해져 있었던 극도로 대조적인 색채들의 사용은 당시의 개념들을 기준으로 볼 때는 반감을 일으키는 소재들이었습니다. 나는 여러분에게 마네에서 보이는 극도로 대조적인 색채의 사용을 당시의 사람들이 과도할 정도로 추한 것으로, 그리고 조화를 깨트리는 것으로 느꼈다는 사실을 상기시켜 주고자 합니다. 이러한 느낌은 오늘날 우리에게는 전혀 다른 것으로 다가옵니다. 그동안 미적인 경험에서 모든 것을 겪은 우리에게는 이른바 전통적인 형상 배열을 대체시킨 마네의 색채 배열보다 감각적으로 더욱 매력적인 것은 전혀 생각될 수 없을 정도로까지 되었습니다.446) 이러한 형상은 음악에서도 정확하게 일치하여 나타납니다. 개별적인 음향들에서 나타납니다. 40-50년 전에는 거칠게 불협화음적으로 느꼈던 무수한 음향들이 존재했습니다. 이러한 음향들은 그 내부에서의 단절, 특정한 음향 질, 기법적인 정리에서 구사될 수 있는 모든 것들에 ―이것들에 대해서 나는 여기에서 상세하게 다룰 수는 없습니다만― 근거하여 오늘날에는 감각적으로 매력이 넘치는 인상을 만들어냅니다. 한편으로는 그러한 것들을 전혀 사용하지 않으며 그러한 것들에 반대 입장을 취하는 음향들도 물론 존재합니다. 이러한 모멘트들 중에서 어떤 모멘트가 예술작품에 도입되느냐 하는 것은 오로지 예술가의 자율성에 놓여 있습니다. 더욱 자세히 말한다면, 예술적인 형식 법칙의 자율성에 놓여 있는 것이며, 예술작품은 이러한 형식 법칙에 편입되어 있는 것입니다. 나는 오늘 여러분에게 편안한 것에 반감을 나타내는 알레르기와의 연관관계에서 예술작품에서 감각적인 모멘트와 정신적인 모멘트 사이에 발생하는 변증법에 대해서 본질적으로 이야기하였습니다. 이것은 원래 내 의지에 반하는 것입니다만 이 강의에서 전체적인 고찰의 중심에 진입하게 되었습니다. 이제 여러분에게 한 가지를 첨언하고 싶습니다. 여러분은 아마도 두 가지 유형의 예술작품이 있다는 말을 자주 들었을 것입니다. 이것은 매우 넓게 퍼져 있는 이론이기도 합니다. 다시 말해, 한편으로는 정신적인 예술작품이 있다는 것이며, 사람들은 정신적인 예술작품을 북쪽에 귀속시키는 일이 매우 자주 발생합니다. 다른 한편으로는 이른바 감각을 즐기는 예술작품이 있다는 것이며, 사람들은 이 것을 남쪽과 연관시킵니다. 나는 이러한 이론의 예술사적인 원천에 대해 상세하게 논의할 필요가 전혀 없다고 생각합니다.[447] 이러한 이론은 그러나 넓게 확산되어 있어서 사람들을 그것을 마치 모유를 빨듯이 흡수합니다. 그 이론에 특별한 원천을 공정하게 평가하지도 않은 채 흡수하고 있는 것입니다. 이러한 것들이 자격을 갖고 있는가에 대해서 나는 여기에서 시비를 걸고 싶지는 않습니다. 이와 관련하여 우리는 단지 벨리니 마돈나Bellini-Madonna[448]와 그뤼네발트의 슈투파허 마돈나Stuppacher Madonna von Grünewald[449] 정도를 고찰해 볼 필요가 있습니다. 두 작품 정도만 고찰해 보아도 우리는 정신적인 예술작품과 감각을 즐기는 예술작품을 구분하는 것에도, 확실히 손에 잡히고 노골적인 의미에서 볼 때, 무언가 일단은 들어 있다는 것을 보게 될 것입니다. 다른 많은 것들에서처럼 여기에서도 정신적인 예술작품과 미적인 예술작품의 반反테제와 같은 것이 —어떤 경우이든 철학적 반테제로서— 원래부터 존속성을 갖고 있지 않다는 점을 여러분에게 보여주는 것이 나에게는 중요한 일입니다. 존속성을 갖고 있지 않은 이유는 어떤 예술작품의 형이상학적 내용은 그 작품이 이른바 정신적인 작품이라는 것에서 바닥을 드러내지는 않기 때문입니다. 북쪽 지역의 예술작품은 직접적으로 형이상학적인 내용을 갖고 있기 때문에 세계에 대한 감각적인 기본 관계가 직접적으로 작품의 내용이 되는 남쪽 지역의 예술작품보다 위에 있다고 주장하는 것은, 즉 예술의 형이상학은 원래부터 형이상학적인 예술에만 관련되어 있다고 주장하는 것은 여기에서 문제되고 있는 것을 특별할 정도로 단순화시키는 일이라고 보입니다. 특정 의미에서 볼 때 예술에서 정신적인 모멘트의 부재, 특정한 방식으로 감각적인 것에 침잠하는 것, 더 나아가 정신적인 초월성의 모든 종류를 스스로 질단해 버리는 쾌락주의의 특정한 종류조차도, 위에서 말한 절단을 통해서 스스로 형이상학적 내용의 표현이 될 수 있습니다. 내가 장담해도 된다면, 그러한 것들은 형이상학적인 비애의 표현이나, 또는 신에게 버림을 받은 비참함의 표현이 될 수 있는 것입니다. 그리고 상황에 따라서는, 비애의 형이상학적 표현이 이른바 위대한 감각적인 예술작품들에 적합하듯이 비애의 표현은 형이상학적 내용에서 종국적으로는 예술작품에서 긍정적으로 설정되어 있는 형이상학을 넘어설 수도 있습니다. 나는 이 시간 수업을 마치면서 이러한 가능성을 여러분에게 보여주려는 의도를 갖고 있었습니다. 내가 이른바 정신적인 모멘트의 우위를 그토록 강조하였기 때문에, 여러분이 예술의 정신적 모멘트와 관련하여 어떤 단순한 규준을 가질 수 있다고 믿어 버리는 것을 방지하기 위하여 형이상학적 비애의 표현과 같은 가능성을 여러분에게 보여주려고 했던 것입니다.[450]

429) 편집자주 428번 참조.

430) Vgl. hierzu NaS I·1유고집 I·1, S.190, sowie GS 18, S.185.

431) Vgl. *Im Jeu de Paume gekritzelt*손바닥 놀이에서 서투르게 쓴 글(Frankfurter Allgemeine Zeitung, 20. 12. 1958), jetzt in: GS 10·1, S.324.

432) Vgl. GS 7, S.289f.: *Interpretation, Kommentar, Kritik*해석, 논평, 비판.

433) "일차적인 경험은 이른바 의미에 대한"부터 여기까지 아도르노가 세로로 줄을 그어 놓았다.

434) Wassily Kandinsky, Über das Geistige in der Kunst, besonders in der Malerei 예술, 특히 회화에서의 정신적인 것에 관하여, München 1911.

435) 435 Vgl. Hegel, Werke, a. a. O.(편집자주 5번 참조), Bd. 13, S.57, 61f., 130, 140.

436) Hegel, Werke, a. a. O., Bd. 14, S.235f.

437) Vgl. Kandinsky, Über das Geistige in der Kunst예술에서의 정신적인 것에 관하여, Bern ⁵1956, S.89.

438) 이미 인용하였던 마우츠Kurt Mautz의 »Die Farbensprache der expressionistischen Lyrik표현주의 시의 색채 언어« 참조. 편집자주 227번 참조. — "예술의 정신화가 더욱 많이 증대되면 될수록"부터 여기까지 아도르노가 세로로 줄을 그어 놓았다.

439) "다시 말해 앞에서 말한 소재들이나 제스처들이"부터 여기까지 아도르노가 세로로 줄을 그어 놓았다.

440) "오늘날 모든 예술에 의해서 절대적으로 필연적으로 요구되어지는 정신화의 힘은"부터 여기까지 아도르노가 세로로 줄을 그어 놓았다.

441) "예술에서 나타나는 구성주의는 구성의 이상理想과"부터 여기까지 아도르노가 세로로 줄을 그어 놓았다.

442) 장소τόπος는 희랍적인 개념에서는 고대 수사학에서 '공동 장소'의 의미이다. 이것은 언어에서 모든 사람에게 신뢰를 받으며 이런 의미에서 일반적으로 접근할 수 있는 출발점들이 되는 특정한 어법들, 관용어들, 형상들, 인용들이 존재한다는 가정에서 출발하였다. 이러한 출발점으로부터 어떤 생각이 특별하게 시작되고 설득력이 있게 전개될 수 있다는 것이다(vgl. Aristoteles, Topik, sowie bes. ders., Rhetorik 1358 a 10ff., und Cicero, Topik).

443) "예술적 형상화에서 외부로부터 의무로 부과되어지는"부터 여기까지 아도르노가 세로로 줄을 그어 놓았다.

444) Vgl. *Das Altern der Neuen Musik*신음악의 노화(1954), GS 14, S.158.

445) "단순히 감각적인 것은 그 어떤 것도 숭고한 것이"부터 여기까지 아도르노가 세로로 줄을 그어 놓았다.

446) Vgl. hierzu auch *Im Jeu de Paume gekritzelt*손바닥 놀이에서 서투르게 쓴 글, GS 10·I, S.321-325.

447) Vgl. z. B. Fritz Burger, Die Deutsche Malerei vom ausgehenden Mittelalter bis zum Ende der Renaissance중세 말엽부터 르네상스 종료기까지의 독일 회화, Berlin 1913, S.8. "미켈란젤로의 형상들에서는 미믹Mimik, 표정술이 신체의 전체 모티프, 전체적인 출현의 노티프로부터 싹텄다. 이에 반해 독일인은 몸짓에서 운동이나 출현 모티프를 볼 뿐만 아니라 초감각적인 이념의 표현을 본다. 몸짓의 모티프와 결합되어 있는 이러한 초감각적인 이념은 신체나 공간의 전체 출현을 규정하며, 초감각적인 이념이 몸짓에 적응할 수 있는 한에서만 발언에 이르도록 한다. 라파엘은 미켈란젤로의 영향을 받아 매우 늦게 비로소 이러한 문제들이 부딪치게 되었다. 그리고 나서 라파엘에게 그러나 표현의 운동이 그의 통일성 이상理想의 실현을 위한 목적의 수단이 되고 말았다. 정신화된, 초감각적인 이념의 형상화는 독일인에게는 대부분의 경우 표현의 형식적인 문제에 머물러 있다."

448) 아도르노가 어떤 벨리니-마돈나Bellini-Madonna를 구체적으로 생각하고 있었는지에 대해 재구성하는 것은 불가능하다. 프랑크푸르트 암 마인의 슈테델(Städel) 예술관에는 어린아이, 세례 요한, 성 엘리자베트와 함께 있는 마돈나 그림(목재에 혼합 기법으로 그린 그림, 72×90㎝, 16세기 초)을 볼 수 있다. 이 그림은 베네치아의 화가인 벨리니Giovanni Bellini, ca. 1430-1516의 화실에서 유래한다. 아도르노가 여기에서 말하는 유형적인 대립관계의 의미에서 볼 때는, 상당한 거리감이 있으며 정신화된 상태로 작용하고 있는 프랑크푸르트 그림보다는 아마도 뉴욕에 있는 메트로폴리탄 예술 박물관의 붉은 커튼 앞에 놓여 있는 마돈나 그림(나무에 유화로 그린 그림, 88,9×71,1㎝é, 1480년대 후반)이나 로마에 있는 보르게세Borghese 미술관의 녹색 커튼 앞에 놓여 있는 그림(캔버스에 그린 유화, 50×41㎝, 1505-1510년경)이 오히려 여기에서 관건이 되고 있는 것처럼 보이기도 한다.

449) 거대하게 제작된 마돈나 그림(침엽수 목판에 혼합 기법으로 그린 그림,

186×150㎝, 1514-1516)은 바트 메르켄트하임Bad Merkentheim시의 구區인 슈투파흐Stuppach에 있는 마리아의 승천 성당에 1812년부터 걸려 있다. 이 그림은 이센하이머Isenheimer 성찬대와 더불어 남부 독일의 화가인 그뤼네발트Matthias Grünewald, ca. 1478-1528의 대표작들 중의 하나에 속한다.

450) 아도르노는 강의를 마치면서 다음의 문헌을 가리키고 있다. *Fantasia sopra Carmen*카르멘에 대한 환상곡, Neue Rundschau, Heft 3(1955); jetzt in: GS 16, S.298-308.

여러분 주변으로부터 나에게 2개의 질문이 들어와 있습니다. 내가 이
렇게 말해도 된다면, 2개의 질문은 여러분 주변에서도 가장 능력이 빼
어난 사람들로부터 오는 질문입니다. 나는 이 질문들에 기꺼이 답하고
싶습니다. 이 질문들에서는 우리가 이 강의에서 관련을 맺고 있는 가장
중심적인 개념을 명확하게 해명하는 것이 특히 관건이 되고 있기 때문
입니다. 나는 물론 여러 가지 상이한 연관관계들에서 이 개념을 여러분
에게 접합시켜 주려고 노력하였습니다. 그럼에도 이 개념에 대해 요약
적으로 다시 한 번 말을 해 두어야 할 필요성이 대두되었다고 봅니다.
여기에서 지금 관건이 되고 있는 문제는 다름 아닌 예술작품들의 정신
적인 내용에 관한 문제입니다. 예술작품의 정신적인 내용에 관련하여
우리가 사고해서는 안 되는 것을, 나의 통찰이 미치는 범위에서, 여러
분에게 일단 요약한다면, 그것은 확실히 플라톤적이 될 것이라고 생각
합니다. 우리가 일단은 사고해서는 안 되는 것은 저자, 작가, 음악가,
화가가 이른바 이념들, 또는 감정들, 또는 다른 어떤 것들에서 예술작
품 안에 숨겨 놓았던 것들입니다. 생산적인 주체에 의해 예술작품 안에
들어온 모멘트들은, 예술가적인 의도에서 들어왔든 무의식적인 과정
들에 의해 매개되었든, 본질적인 모멘트들임이 확실합니다. 예술작품
의 객체성이 이러한 주체적인 모멘트들에 의해 매개되어 있는 것도 역
시 확실합니다. 우리가 이것을 가정假定하지 않는다면, 우리는 하늘에

서 떨어진 예술작품이라는 파악에 실제로 이르게 되고 말 것입니다. 이러한 파악을 대변하는 사람들이 바로 아마추어들이나 속물근성을 갖고 예술을 대하려는 사람들입니다. 예술작품에서 중요한 것은 그러나 오로지 사물 자체에서 구체화된 결과로 출현한 것일 뿐입니다. 예술작품에 들어오는 정신이 생산하는 사람을 고려하지 않은 채 예술작품 자체에 의해 강제로 정신을 객관적으로 표현하는 한에서만, 정신은 예술작품에서 정신적인 내용으로서, 구속력이 있는 것으로서 존재하게 됩니다. 우리는 다음과 같이 말할 수 있습니다. 예술작품에 들어 있는 정신이 예술작품에 의해 실현되는 한, 예술작품에서 정신이 존재하게 되는 것입니다. 작가가 예술작품 안으로 숨겨 놓은 것, 이른바 정신적인 모멘트들에 숨겨 놓은 것, 사람들이 말하듯이 작가가 스스로 생각하는 것, 또는 작가가 어떤 의도들을 추적하는 것은, 정신이 예술작품에 의해 실현되는 것과 견주어 볼 때 —그렇습니다. 나는 이것을 역설적으로 말하지 않을 수 없습니다— 단순히 소재적인 것들입니다. 문학작품들에서는 그 내부에서 나타나는 것들이 작품에 들어 있는 사고들입니다. 언어에서 일어나고, 이것을 통해서 무엇인가를 하려고 하는 것들 중에서 어느 것도 사고와 근본적으로 분리되어 있지는 않습니다. 그러나 사고들에서 그렇게 직접적으로 숨겨져 있는 것은 사용되는 단어들과 같은 소재의 한 부분이거나, 또는 그림에 들어 있는 색채들이거나, 또는 작곡에서의 음들이나 음의 관계들입니다. 내가 이러한 모멘트를 강조하는 이유는 문학작품의 해석에 대해 내가 받은 인상이 있기 때문입니다. 여러분 중에서 특히 독문학을 하는 사람들에게 내가 받은 인상을 말해 주고 싶습니다. 문학작품에 대한 능숙한 해석들 중에서 매우 많은 해석이 이른바 숨겨져 있는 것을 끌어내는 작업에 사실상 만족하고 있다는 것이 내가 받은 인상입니다. 여기에서, 눈에 잘 띄지 않는 것이 실제로 드러나게 됩니다. 이것을 더 구체적으로 말하겠습니다. 작가는 이념들에서, 세계관들에서, 의도들에서 이러저러한 많은 것들을 예술작품 안으로 숨겨 놓습니다. 그리고 예술작품에 대해 예술작품을 이해하는 사람이라는 태도를 취하는 해석자나, 또는 정신과학자는 작가가 앞서서 숨겨 놓았던 것을 다시 끌어냅니다. 이러한 작업을 보면서, 우리는 왜 이러한 모든 유희가 행해지는가를 물어 볼 수 있는 것입니다. 이러한 유희는 두 사람의 농부에 관한 이야기를 상기시켜 줍니다. 두 사람 중에서 각자가 유명한 두꺼비를 씹어 삼켰다는[451] 이야기를 생각나게 해 주고 있는 것입니다. 그렇게 쉬운 방식으로 예술작품의 내용에 도달할 수 있다는 생각은 거의 가능하지 않은 것으로 간주하는 것이 당연하다고 할 것입니다. 내가 이 자리에서 학문에 대해 품고 있는 단순히 소름끼치는 환각이 관건이 되고 있는 것은 결코 아닙니다. 오히려 사실상으로 널리 확산되어 있는 사실관계에 대한 서술이 관건이 되고 있습니다. 이와 관련하여 토마스 만Thomas Mann의 문학에 관한 해석을 예로 들어 보겠습니다. 여러분이 예를 들어 토마스 만에 관한 연구문헌을 일별해 보면, 여러분은 토마스 만에 관한 해석들이 그가 자신의 작품 안에 ―나는 여기에서 아래와 같은 표현을 사용하지 않을 수 없습니다― 집어넣어서 뿌려 놓았거나 집어넣어서 가라앉혀 놓았던 철학적인 모티프들을 깨끗하게 청소하듯이 끌어내는 것에[452] 일반적으로 만족하고 있음을 알아차리게 될 것입니다. 철학적 모티프들을 이렇게 끌어내는 작업을 하고 나서는 토마스 만의 작품과 같은 예술작품의 내용을 이제 정말로 이해하게 되었다고 생각하게 되는 것입니다. 토마스 만이 활발하게 작품활동을 벌이던 시기의 후반부는 『마의 산』[453]과 함께 시작됩니다. 특히 이 시기의 작품들에서 토마스 만은 그가 갖고 있었던 적절한 동기들에 의해 철학적 문제들을 작품 안에 들여놓았으며, 그러한 문제들이 작품들에서 나타납니다. 누군가가 토마스 만의 작품들에 대한 논문들을 추적하고 그것들을 다소간 강제적으로 규정하려 든다면, 그는 이 일에 대해 충분한 보상을 받게 되었음을 알게 될 것입니다. 그가 논문들을 추적하는 과정에도 얼마나 많은 박사 논문들이 나오게 될 것인지를454) 끝까지 내다보는 것이 전혀 불가능할 정도인 것입니다. 그러나 이러한 모든 것은 물론 예술작품에 실제로 들어 있는 정신적 내용과 전혀 관계가 없으며, 토마스 만의 작품이 갖고 있는 정신적 내용과도 전혀 관계가 없습니다. 예를 들어 우리가 토마스 만에서 나오는 모든 가능한 인물이 —특히 서로 특별히 사랑하면서도 적대적인 형제인 나프타와 세템브리니,455) 『파우스트 박사』456)에서 나오는 수많은 토론자와 같은 인물들입니다— 제공하는 이념들에 직접적으로 만족하지 못하고, 이런 인물들로부터 결론을 끌어내어 『마의 산』 제2부의 눈雪의 장章에서 풍부한 묘사력을 지닌 문장의 형태에서 서로 대립적인 두 주인공으로부터457) 『마의 산』의 내용을 얻게 되었다고 믿는다면, 이 모든 것은 근본적으로 볼 때 소재를 가꾸는 경지耕地의 더 높은 형식일 뿐입니다. 예술작품에 원래 들어 있는 내용에 관한 물음은 위에서처럼 겉으로 보기에 정신적인 내용으로 보이는 것들이 단순한 사실 내용들458)로서 포착되는 영역에서, 바로 이 영역에서 비로소 시작됩니다. 내가 볼 수 있는 한, 이것은 오늘날까지도 거의 착수되지 않고 있는 물음입니다. 나는 토마스 만의 경우에 정말로 중요한 문제가 남아 있다고 봅니다. 생의 철학에서 유래하는 대립들, 즉 삶과 죽음, 타락, 데카당스와 맞서는 정신, 그리고 이러한 모든 것이 말하는 대립들의 전체적이고도 외견상으로는 공식적으로 미리 주어져 있는 카테고리들로부터 토마스 만을 해방시키는 것이 일단은 중요합니다. 더 나아가 이러한 문제들을 모든 것이 이미 여행안내 책자에 놓여 있다는 듯이 모든 것을 보지 않는 방식으로 한번 보는 것이 토마스 만에서 중요하다고 생각합니다. 그러나 이러한 문제와는 별도로, 나는 예술작품의 정신적인 내용이 우리가 대략 '세계관'이라고 —세계관이라는 단어는 정말로 못된 단어이며, 사람을 곤란한 일에 휩쓸어 넣어 버리는 단어입니다. 여러분 중에 최소한에 해당되는 분들만이 세계관이라는 단어를 입에 담는 것이 무엇을 의미하는지를 깨닫고 있을 것으로 봅니다— 나타내는

제14강 329

것에서 쇠진한다고 생각하지 않습니다. 세계관이라는 단어가 예술작품은 무엇을 의도하고 있다, 또는 예술작품은 정신의 소산이다 따위와 같은 정말로 극도로 표피적이고도 극도로 췌사적인 것 이상의 것을 말하려고 한다면, 이른바 세계관은 예술작품이 자라나는 근거가 되는 전제와는, 즉 예술작품을 끌고 가는 전제와는 —중세 시대의 오래된 예술에서 이러한 전제가 있었습니다— 다른 그 어떤 것을 의미할 수 있어야 합니다. 예술작품을 끌고 가는 전제가 있었다는 것은 시민사회적 시대에도 이미 알려진 것으로부터 해명될 수 있다고 볼 수 있을 것입니다. 왜냐하면 개인, 책임, 자율성의 카테고리들을 가진 시민사회적 세계관은, 다시 말해 시민사회에서 피할 수 없는 갈등인 한편으로는 사회의 규범들이 있고 다른 한편으로는 개인의 자유에의 요구 제기가 존재하는 것 사이의 갈등을 갖고 있는 시민사회적 세계관은, 확실한 의미에서 플로베르Flaubert나 폰타네Fontane[459)의 장편소설과 같은 위대한 시민사회적 장편소설들의 전제가 되었기 때문입니다. 이것은 마치 기독교라는 실체적인 전제가 중세에서 그러한 전제가 되었던 것과 마찬가지입니다. 그러나 예술작품의 정신적 내용은, 예술작품의 형상화가 앞에서 말한 일반적인 전제들을 넘어서거나 또는 그러한 전제들이 예술작품 자체에서 구체화되는 방식에서, 즉 이처럼 특별한 방식에서 정초되는 것으로 보는 것이 맞을 것입니다. 이렇게 되지 않는다면, 예술작품의 정신적 내용은 형언할 수 없을 만큼 빈약하거나 단조로운 것에 머물고 말 것입니다. 동일한 종류의 세계관과 동일한 종류의 실체적인 전체 카테고리에 끌려가고, 이러한 이유로 인해 역시 동일한 정신적인 내용을 갖는 모든 예술작품은 원래부터 빈약하거나 단조로움을 가질 수밖에 없는 것입니다. 이렇게 되면, 예술작품의 정신적 내용에 관한 물음은 사실상 정신적인 것에 대한 물음이 결코 되어서는 안 될 물음이 되고 맙니다. 다시 말해, 일반적인 개념에 관한 물음이 되고 마는 것입니다. 일반적인 개념이 적든 많든 특정하게 표명하는 것에 변함없이 근원으로 놓여 있는 일반적인 개념에 관한 물음이 되는 결과에 이르게 됩니다. 예를 들어 사르트르나 카뮈[460]의 장편소설들에서 표현되어 있는 실존주의의 세계관이나, 또는 아주 많이 퍼져 있는 장편소설들인 가톨릭의 세계관을 다룬 장편소설들처럼 —나는 여기에서 특히 그래험 그린 Graham Green[461]을 생각하고 있습니다. 그는 그의 언어가 모국어인 나라들에서보다도 독일에서 더욱 잘 알려져 있습니다— 특정한 종류의 세계관과 같은 이른바 세계관이 우리 시대에 존재한다는 의미에서 세계관이 논의된다면, 이러한 논의에서는 이른바 세계관이 원래 형성되어진 것의 맞은편에서 첨가되어 나타난 것으로, 즉 사물 자체에 상대적으로 외부적인 것으로 된다는 점이 드러나게 될 것입니다. 사물에서 자세히 다루어졌지만 추가적인 것, 외부적인 것이 되고 맙니다. 이러한 장편소설들에서는 정신적인 내용이 가톨릭 교회의 의미에서의 신앙심의 특별한 모멘트가 되지 못하고, 그 장편소설들 내부에서 실제로 기꺼이 신앙에 대해서 논의가 되는 것입니다. 신앙이 주제적이 되는 것입니다. 이처럼 신앙이 주제적이 되고 자세히 논의되면서 신앙은 소재적이 됩니다. 여기에서 한 가지 첨언하고 싶은 것이 있습니다. 바로 이러한 문제점을 고려해 볼 때, 우리 시대의 종교적인 세계관 소설들과 비종교적인 세계관 소설들 사이에는 일상에서 벌어지는 논쟁들과 양자 사이의 대립적인 논박들에서 보는 것과 같은 그렇게 커다란 차이가 전혀 존재하지 않는다는 점을 덧붙이고 싶습니다. 소설가 카뮈를 살펴보겠습니다. 나는 카뮈가 갖고 있는 형상화 능력에 대해서 세부적으로 오인하고 싶은 생각은 추호도 없습니다. 카뮈와 같은 작가를 들여다보면, 그에게서 일종의 테제를 만드는 문학이 관건이 되고 있음을 알 수 있습니다. 이러한 문학에서는, 세계관이 카뮈로부터 나온 어떤 특이한 것이 아닌 경우에도, 작품 자체에서 일어난 것들 자체에서 정신적 내용과 실체적인 것으로 밖으로 뛰어나온 것보다는 작품들에서 일어난 것들 자체에서 세계관이 더욱 많이 그 모습을 드러냅니다. … [462] 여러분은 구체화할 수 있는 커다란 힘을 갖되 항상 구체적인 보기로 나타내면서 많든 적든 문제를 찾아보거나 대답을 시도해 보기 바랍니다. 내가 약간 구식 舊式으로 말해도 된다면, 신앙심이 없는 상태에서 도덕적인 인간으로서 행위하는 것이 어떻게 가능한가에 대해 물음을 던지고 답을 찾아보기 바랍니다. 예술작품의 정신적인 내용은 이러한 모든 것과 비교해 볼 때 훨씬 더 폐쇄적인 그 어떤 것이며, 접근하기가 훨씬 더 쉽지 않은 그 어떤 것입니다. 우리가 단순히 경험하는 자로서의 자신을 예술작품에 내맡기지 않고 예술에 대해 철학적 고찰을 제기하는 것이 어떤 의미를 갖는다면, 나는 이것이 바로 이 자리에서 정당성을 얻게 된다고 생각합니다. 예술작품의 정신적 내용이 도대체 무엇인가에 대한 규정은 일단은 어떤 사람에게 즉각적으로 전혀 굴러 떨어지지 않고 많은 노력이 경주되는 숙고가 필요합니다. 나는 이 문제를 지난 시간에 여러분에게 간략하게 언급한 바 있었습니다. 해석, 비판, 그리고 이와 더불어 종국적으로는 철학 자체가 예술작품들의 객관적인 전개에서 나타나는 필연적인 모멘트를 서술하는 것임을 여러분에게 말한 바 있었습니다. 여러분이 나를 신뢰할 수 있다는 관점에서 말한다면, 이 견해는 거칠어지고 오만함으로 파악된 철학적 사유의 결과로 나온 견해일 뿐만 아니라 발레리Paul Valèry가 예술적인 과정 자체에서 가장 커다란 힘을 투입하여 파악한463) 견해이기도 합니다.

이러한 모든 것을 마주 보면서 나는 이제 예술의 내용에 대해 의견을 말하고자 합니다. 예술의 내용은 예술작품에 추상적으로 마주 서 있지는 않습니다. 예술의 내용은 예술작품이 지금 여기에 있는 것을 통해서, 예술작품이 그 내부에 포함하고 있는 모멘트들에 의해서, 이러한 모멘트들의 함께 결합된 결과로 나타나는 총체성에 의해서 정초定礎됩니다. 이에 대해 여러분은 다음과 같이 말할 수도 있을 것입니다. 내가 예술작품의 내용에 대해 이렇게 말한 것을 통해서 예술작품의 정신적 내용을 어디에서 찾아야 할 것인가에 대해서 어느 정도 지적되기는 하였지만, 예를 들어 범죄자를 잡아 놓고 그의 이름을 어느 정도 확실하게 명명하기 위해서는 그가 어느 공간과 어느 영역에 머물러 있는가를 제시하는 것 정도의 충분함에 비교해 볼 때는 그러한 지적은 미흡한 지적이라고 말할 수 있는 것입니다. 그러나 나는 이러한 관점에서 여러분이 예술작품의 내용을 예술작품에 특별하게 내재되어 있는 성좌적 배열에 의해서 원래부터 형성되어 있는 모멘트를 통해서 파악하고 포착한다면, 여러분은 아마도 예술작품의 내용의 개념에 가장 가까이 다가설 수 있다고 생각합니다. 나는 이것을 내가 할 수 있는 한 가장 명확하게 말하고 싶습니다. 예술작품의 정신적 내용은 예술작품의 단순한 출현도 아니고, 예술작품의 감각적인 것도 아니며, 이러한 감각적인 것을 통해서 의도로서 표현된 그 어떤 것도 결코 아닙니다. 기호들이 일반적으로 언어에서, 기의記意적인 언어에서 우리에게 의미를 전달하는 것과 같은 그 어떤 것도 아닙니다. 오히려 예술작품의 정신적 내용은 예술작품의 소재 모멘트들이나 감각적 모멘트들이 그것들의 연관관계, 상호관계를 통해서 모멘트들을 넘어서는 방식으로 예술작품의 감각적 모멘트들이 서로 맺고 있는 관계입니다. 우리가 이것을 매우 추상적인 표현에서 말하는 것을 선호한다면, 예술작품의 정신적 내용은 작품에 들어 있는 전체적인, 서로 관계를 맺고 있는 감각적 모멘트들의 초월성이라고 말할 수도 있습니다. 우리가 예술작품에서의 구조에 대해 말한다면, 우리는 작품에서 사용된 전형적인 감각적 형식들의 서술을 의도하지는 않습니다. 다시 말해, 작품에 놓여 있는 단순한 기하학적인 구조, 또는 인상주의적인 구조, 또는 이와 유사한 것들을 의도하지는 않는 것입니다. 오히려 우리가 근본적으로, 그리고 미학의 여러 상이한 측면에서 예술작품에서의 '관계'를 찾았던 것은 원래부터 항상 의미 연관관계로서 규정된 것이었습니다. 다시 말해, 예술작품 내부에서 일련의 상이한 모멘트들이 서로 하나의 관계에 들어서게 하는 것, 이 관계가 모멘트들을 결합시키면서 동시에 모멘트들에서 하나의 종합을 실행하는 것, 다른 한편으로는 모멘트들을 구분하고 그 대립성을 붙들어 매는 것을 통해서, 즉 상황에 따라서는 모멘트들을 명확하게 드러나는 대립성으로 설정하는 것을 통해서 예술작품이 의미가 깊은 것으로서 직접적으로 경험이 되는 것입니다. 우리가 이러한 구조 모멘트에서 단순히 감각적인 것 이상인 정신적인 것에 대해 논의하는 이유에 대해 말해도 될 것 같습니다. 예술작품에 들어 있는 정신적인 것은 고립되어 있는 감각적인 것에서 홀로 결정될 수 없을 뿐만 아니라 예술작품의 그 어떤 모멘트를 즉자적으로 수용하지 않기 때문입니다. 오히려 예술작품의 정신적인 것은 원래부터 관계 개념이며, 상이한 감각적인 모멘트들의 상호 관계를 통해서만 파악될 수 있는 것이기 때문입니다. 또는 헤겔 철학이 사용하는 언어로 표현하는 것을 선호하는 내 입장에서는, 예술작품의 정신적인 것은 매개된 것이기 때문입니다. 나는 여러분이 예술작품의 정신적인 것이라는 개념과 더불어 무엇이 의도되고 있는가를 상당히 자세하게 파악할 수 있게 되었다고 생각합니다. 예술작품의 정신적인 것은 한편으로는 예술작품 자체의 감각적인 형상으로부터 분리된 것이 아니며, 독립적인 것으로서 예술작품 안에 들어 있는 그 어떤 것이 아닙니다. 마치 밤껍질에 밤이 들어 있는 것과 같은 그 어떤 것이 아닙니다. 예술작품의 정신적인 것은 다른 한편으로는 감각적인 출현에서 쇠진되는 그 어떤 것도 아닙니다. 그것은 오히려 감각적인 출현이 갖고 있는 특징을 통해서 감각적인 출현을 넘어서는 모멘트입니다. 그것은 예술작품에 들어 있는 현상들의 총체이며, 이러한 현상들 이상의 그 어떤 것입니다. 예술작품의 정신적인 것은 그러므로 순수한 직접성이 아닙니다. 나는 여기에서 여러분이 조심해야 될 사항에 대해 말하고 싶습니다. 여러분은 심리학적 유행이, 특히 오늘날 복고적인 심리학적 유행이 가까이 두고 있는 개념들인 전체성, 또는 형태와 같은 개념들과 예술작품의 이러한 정신적 모멘트를 동치同値시켜서는 안 될 것입니다. 이러한 시도는 미학에서 분명하게 나타나 있으며, 특히 안이한 태도를 갖는 미학은 그러한 동치를 기꺼이 받아들이는 입장을 취하고 있습니다. 예술작품의 정신적인 것이 갖고 있는 연관관계는 단순히 형성될 만한 관계도 아니고 부서지지 않는 연관관계도 아닙니다. 예술작품은 단순히 하나의 전체성이 아닙니다. 예술작품도 역시 하나의 전체성임에도 불구하고, 단순히 하나의 전체성은 아닌 것입니다. 또는 어떤 경우이든 예술작품은 다음과 같은 것입니다. 예술작품은 필연적으로 전체성일 필요는 없습니다. 또는, 형성 이론에서 사용하는 언어로 말해도 된다면, 예술작품은 게슈탈트 심리학Gestaltpsychologie이 사용하는 언어에서 "좋은" 형성 또는 "닫혀진 형성"이라고 명명하는[464] 것이 필연적으로 될 필요는 없습니다. 오히려 예술작품은 하나의 열려 있는 형태, 심지어는 하나의 잘못된 형태, 그 내부에서 균열되어 있는 형태가 될 수 있습니다. 다시 말해, 예술작품이 내부에서 포함하고 있는 여러 가지 상이한 모멘트들은 구조적인 통일성에 의해 필연적으로 균열이 없이 통합되는 것이 아닙니다. 이것은 특히 현재의 예술과 그것이 처해 있는 현재적인 상황에 해당되는 것이 확실합니다. 오히려 예술작품이 갖고 있는 깊이, 힘, 실체성은 인간들에게 고통을 주는 모순들을 예술작품 내부에서 포착하고 모순들이 은폐되어 있다는 것을 폭로하며, 모순들을 이렇게 폭로하고 샅샅이 말함으로써 모순들의 화해를 선취先取하는 능력이 얼마만큼 되느냐 하는 것에서 확보됩니다. 예술작품이 이러한 이념의 밑에 놓여 있는 한, 예술작품에 포함되어 있는 모멘트들은 다양한 것들의 종합, 통일성이라는 의미에서 예술작품이 아름다운 것에 대한 조화적인 표상이 되고자 하는 것으로서 즉각적으로 생각되어질 수는 없습니다. 오히려, 앞에서 말한 이른바 다양한 것이 그 내부 자체에서 대립적이고 찢겨져 있는 상태가 예술작품의 본질에 속하는 것으로 보입니다. 이처럼 다양한 것은 그것 내부에서 예술작품을 결정하며, 예술작품은 이처럼 다양한 것으로부터 예술작품의 구조 연관관계들과 의미 연관관계들을 형성합니다. 내가 보기에는 이러한 다양한 것이 대립적이고 쪼개져 있는 상태가 예술작품의 본질에 속하며, 이것은 오늘날의 예술작품에서는 명백한 사실이고 잠정적으로는 아마도 모든 예술작품에 해당될 것입니다.

　이제 여기에서 내가 부수적으로 말했던 내용을 상세하게 말해도 될 것 같습니다. 이것은 새로운 예술과 전통적인 예술과의 관계에 대한 내용입니다. 새로운 예술과 전통적인 예술의 관계에서 본질적인 점은, 새로운 예술이 정말로 진정한 변증법적 의미에서 전통 예술과는 매우 다른 예술이면서도 동시에 완전히 다른 것은 아니라는 사실입니다. 새로운 예술에서 전혀 다르게 나타나는 것은 새로운 예술에서 대단한 것이 되지 못했던 것, 바로 이것입니다. 그렇습니다. 새로운 예술에서 가장 먼저 현저하게 드러냈지만 대단한 것이 되지 못했던 것이 바로 새로운 예술에서 전혀 다르게 나타난 것에 해당됩니다. 새로운 예술과 전통예술의 차이점은 나에게는 항상 사실상 다음과 같은 차이점으로 보입니다. 모멘트들, 긴장관계들, 닫혀 있는 구조들, 쇤베르크가 명명한 용어를 빌린다면 "피하皮下의"465) 구조들이 전통예술에서는 나타나지 않는다는 점이 새로운 예술과 전통예술의 차이입니다. 전통적 예술의 내부에서는 미리 주어진 형식 모형들을 통해서, 즉 예술가들이 예술적 구조를 다루는 척도가 되었던 형식 모형들, 공동장소들τόποι을 통해서 그 어떤 확고부동한 형식 규준들에 맞춰 선취적先取的으로 다루어졌던 구조들이 있었습니다. 이러한 구조들이 새로운 예술에서는 나타나지 않습니다. 반면에 현대 예술에서는 앞에서 말한 긴장들이 나타납니다. 이러한 긴장들은 전통적 예술에서도 통틀어서 잠재적으로 내재되어 있었습니다. 그러나 이러한 긴장들은 현대 예술에서는 스스로 주제적이 되며 직접적으로 형식 만들기의 대상이 되는 것이 확실합니다. 이렇게 해서, 표현주의적 예술작품은 내부적인 것이 외부를 향해 표출된 것이라고 생각하는 순진한 기분이 종국적으로는 철학적 성찰에서도 전혀 어리석지 않게 나타날 수도 있습니다. 그러한 문장이 순진하게 제시된 경우에 그 문장이 일단은 울리는 만큼 그렇게 어리석게 나타나지 않고 전혀 어리석지 않게 나타날 수도 있는 것입니다. 의미 연관관계를 완성시켜 주는 이러한 통일성이 서로 나란히 놓여 있으면서 존재하는 모멘트들의 조화적인 통일성이 아니고 서로 모순되어 있거나 여러 가지 상이한, 때에 따라서는 혼란스러운 모멘트들의 통일성이라면, 바로 여기에 예술작품의 통일성에 대한 물음은 원래부터 동역학적인 문제로서 이해되어야 한다는 점이 놓여 있는 것입니다. 예술작품의 통일성에 대한 물음은 되어가는 과정으로서의 물음으로 이해되어야 하며, 정적인 관계로, 일종의 조화로 이해되어서는 안 됩니다. 나는 이 미학 강의의 앞부분에서 예술작품을 존재의 개념에 환원시키려는[466] 하이데거와 하이데거 학파의 시도에 대해 극단적으로 반대하는 입장을 표명한 바 있었습니다. 이제 나는 여러분에게 이러한 극단적 반대 입장에 대해서 근거를 자세히 세울 수 있습니다. 다시 말해, 예술작품은 필연적으로 대립적인 모멘트들로 성립되며, 일종의 미리 규정된 통일성에 놓여 있을지도 모르는 모멘트들로 성립되지는 않습니다. 예술작품 자체의 통일성은 스스로 산출되는 통일성입니다. 그러므로 예술작품이 출현하여 현존하고 있든 예술작품이 그것의 내부에서 매우 조용히 있는 것처럼 보이든, 예술작품 자체는 실제로 힘이 움직이는 장Kraftfeld, 場이며 과정입니다. 나는 다음과 같은 변증법이 미학에서 제기되는 가장 깊은 문제들에 속한다고 조심스럽게 말하겠습니다. 다시 말해, 예술작품이 이러한 과정을, 긴장의 장의 이러한 특징을 더욱 많이 존재의 가상假像으로 변화시키면 시킬수록, 예술작품은 그 이념에 더욱더 충실하게 됩니다. 예술작품이 단순히 되어가는 것으로서 직접적으로 출현한다면, 우리는 다음과 같이 말하게 됩니다. 즉, 예술작품이 객체화되지 않았고, 즉자적으로 가상에서 존재하는 것의 영역에 도달하지 않았다고 말하게 되는 것입니다. 이러한 영역은 어떤 경우이든 예술이 어느 정도 확실한 단계로 도약할 때까지는 예술의 개념에 속해 있었습니다. 예술작품이 그러나 이처럼 근본적이고 역동적인 모멘트를 그 내부에서 갖고 있지 않다면, 앞에서 말한 통일성은 스스로 단순히 가상적인 것을, 즉 전혀 구속력이 없는 것을 예술작품 자체에게 단순히 외부적으로 제공할 뿐입니다. 미학에서 자주 그렇듯이, 여기에서도 다시 한 번 논리학에 해당되는 변증법이 원래 획득하였던 규정이 되돌아옵니다. 변증법적 논리가 예술적 경험의 매체에서도 확실하게 서술될 수 있는 것입니다. 예술작품의 정신적 내용은, 앞에서 말하는 힘의 장에서 벌어지는 놀이가 예술작품에서 일종의 균형에 도달하는 한, 예술작품에서 일어나는 대립적인 힘들이 전개시켜 나가는 과정의 결과들이라고 볼 수 있다고 생각합니다. 우리는 이 문제를 다시 다루게 될 것입니다. 이러한 과정 자체는 동시에 항상 그 과정의 총체성을 통해서 예술작품에 함께 결합됩니다. 이것이 바로 예술작품에서 그것의 생명으로서 항상 다시 출현하는 것이며, 우리가 예술작품에서 생동감 있는 것으로서 경험하는 것입니다. 예술작품은 피조물이 아닙니다. 생명의 개념은 예술작품들에서는 단지 깨져 있는, 간접적인 의미를 갖고 있을 뿐입니다. 대립적인 힘들이 전개시켜 나가는 과정의 총체성이 예술작품에서 함께 결합하는 것에 다시 주목해 주기 바랍니다. 이것이 바로 예술작품이 그 내부에서 결정하는 과정을 응결되고 객체화된 상태에서 항상 진술하고 있는 내용입니다. 이것이 바로 예술작품이 그러한 과정을 —예술작품이 과정을 진술하고 그 내용을 채우며 자신의 형상으로 가져가면서— 다시 초월하는 것이기도 합니다. 예술작품을 경험한다거나 함께 실행한다는 것은 힘의 장에 있는 이러한 모든 모멘트를 예술작품에서 함께 실행하는 것을 지칭하는 것이라고 말하고자 합니다. 예술작품이 서술해 보이는 그러한 모멘트들을, 동시에 예술작품이면서도 작품을 뛰어 넘는 모멘트들을 함께 실행하는 것이 예술작품의 경험인 것입니다. 이 점에 있어서는, 미적인 경험 자체가 원래부터 정신적인 경험이라고 말할 수 있습니다. 이러한 정신적 경험이 예술작품의 감각적인 사실관계들을 가장 두텁고도 자세하게 경험하는 것이 되지 못한다면, 미적 경험이 예술작품의 본질을 필연적으로 빗나가게 함에도 불구하고, 미적 경험은 원래부터 정신적 경험인 것입니다.

　이제 나는 여기에서 한 가지 덧붙여 말하고 싶은 것이 있습니다. 지난 시간에 다루었던 카테고리인 이른바 감각적인 모멘트에 대한 알레르기로, 즉 예술작품에서 감각적으로 편안한 것에 대한 알레르기로 다시 한 번 되돌아가려고 합니다. 그러나 내가 오늘 여러분에게 이야기한 내용과 관련시켜 볼 때, 앞으로 논의하고자 하는 내용은 아마도 문제들을 지금까지 파악해왔던 정도보다는 조금 더 깊고 정교하게 파악하는 내용이 될 것입니다. 이렇게 해서 감각적인 모멘트에 대한 알레르기의 문제를 새롭게 조명하게 될 것입니다. 내가 여러분에게 감각적인 모멘트에 대한 알레르기가 발생하는 것에 대해 일단 명명했던 이유들은, 아마도 여러분 중에서 많은 분들에게 떠오를 것으로 보입니다만, 대략 다음과 같은 것들입니다. 예술작품이 그것의 실체성과 진실을 위해서, 상업에 의해 망가지는 것, 의사소통의 수단으로 변질되는 것, 그리고 이러한 모든 것에 대하여 예술작품이 실행하는 저항이 그 이유들인 것입니다. 이것은 일단은 예술작품에 외부적인 것이며, 나는 이 점에서 나를 스스로 비판하지 않을 수 없습니다. 여러분은 항상 다음과 같이 물을 수도 있을 것입니다. 피카소, 조이스, 쇤베르크, 또는 카프카와 같은 위대한 예술가들은 도대체 무엇과 관련이 있습니까? 문화산업이 혐오스러운 짓을 저지른 것이 무엇입니까? 반대로 아래와 같이 질문할 수도 있을 것입니다. 사람들이 이러한 혐오와 관련을 맺고 디즈니Disney씨467)나 또는 테크 컬러color에 의존되지 않으며 사람들 자신이 행하는 것에서 돈벌이하는 사람들이 일반적으로 실행하는 달콤한 색깔이나 형태들을 모방한다면, 이 모든 것들은 사람들을 수준 이하로 떨어뜨리는 것이 아닙니까? 그러나 나는 감각적으로 편안한 것에 대한 알레르기의 모멘트가 사물 자체에서 그 이유를 갖고 있다고 생각합니다.

나는 알레르기의 증대를 예술이 소비재로 변질하는 것이 증대되는 현상과의 관계에서 지적한 바 있었습니다. 이와 더불어 내가 의도하는 바는 여러분에게 이러한 알레르기의 내적 모티프를 보여드리는 것이라기보다는 이러한 고찰에서 아마도 지나칠 정도로 짧게 다가올 것 같은 점을, 즉 이러한 알레르기에서 역사적인 것이 관건이 되고 있다는 점을 여러분에게 보여주는 것이었습니다. 이러한 알레르기는 나에게는 특정한 종류의 속임수에 대한 민감한 반응에 다름이 아닌 것으로 보입니다. 내가 예술작품의 이념을 힘의 장의 이념으로서 서술하는 것을 여러분에게 보여주려고 시도했던 것을 단 1초 동안이라도 상기해 보기 바랍니다. 힘의 장場은 예술작품에 고유한 총체일 뿐만 아니라 예술작품이 보여주는 화해이기도 합니다. 이렇다면, 우리는 감각적으로 편안한 것이 이러한 화해를 잘못된 방식으로 선취하고 있다고 말할 수도 있습니다. 예술작품이 모순들의 화해가 —예술작품의 이념은 가장 높은 곳에서 이루어지는 화해의 이념입니다— 마치 지금 여기에서 이미 실행된 이념인 것처럼, 예술작품의 개별적인 모멘트들이 그 직접성에서 이미 화해의 담지자가 된 것처럼 받아들이는 행동을 하는 것입니다. 이것은 화해가 잘못된 방식으로 선취된 것입니다. 예술작품의 이념은 유토피아, 즉 절대적 충만이기 때문에, 이러한 이유에서 예술작품의 이념은 알레르기적입니다. 예술작품의 이념은, 이념이 원래 의도하는 것을 지금 여기에 이미 존재하는 것으로서, 직접적인 것으로서 밀수입하듯이 슬쩍 들어오게 하고 이렇게 함으로써 유토피아가 아직도 충족되지 않은 것에 대해 실제로 책임이 있는 대립주의들과 고통에 분칠을 하는 모든 시도에 저항합니다. 예술작품의 이념은 이렇게 저항하면서 불덩이가 작열할 정도로까지 예민해지는 것입니다. 편안한 것, 감각적으로 편안한 것에 대한 알레르기가 예술에서 원래 지향하는 것은 속임수입니다. 즉, 형성이자 표지標識인 예술작품은 지금 여기에서 직접적으로 충족이라면서, 그리고 감각적인 충족이라면서 우리를 속이고 있는 것입니다. 현실이 인간에게 충족을 거부하는 것을 예술작품이 감각적으로 충족시킨다면서 우리를 속이고 있는 것입니다. 이것을 심리학적으로 표현해도 된다면, 이것은 예술작품이 대체 만족Ersatzbefriedigung으로 격이 떨어지는 것에 저항하는 예민한 반응입니다. 여기에서 의도되는 것은, 불협화음이 우리가 경험하는 모든 예술에 중심적인 것이 되었다는, 즉 가장 광범위한 의미에서의 불협화음을 통한 협화음입니다. 협화음은 그러나 우리가 감내할 수 없는 것입니다. 협화음 자체에는 다른 것이 아닌 바로 현실에서 아직도 해결되지 않은 불협화음이 반사되어 있기 때문입니다. 예술작품의 감각적 모멘트 자체는, 형이상학적 사변의 의미에서는, 예술에서 가능한 가장 높은 모멘트입니다. 감각적 충족이 우리가 형이상학적 경험이라고 부르는 것에 가장 가까이 다가서 있는 충족이라는 의미에서, 예술작품의 감각적 모멘트는 예술에서 가장 높은 곳에 있는 것입니다. 이것은 마치 우리가 유토피아와 유물론 사이에서 가장 깊은 교감을 확인해도 되는 것과 같다고 할 것입니다. 바로 이러한 이유 때문에, 우리는 감각적인 것, 현재 나타나 있지 않은 것, 아직도 현재적인 것이 아닌 것을 항상 지시하는 한 부분인 정신이 ―이미 완성된 유토피아라고 직접적으로 요구를 제기함이 없이― 다만 선취할 뿐인 유토피아가, 즉 전체적으로 빈틈이 없이 가득 차 있는 감각적인 경험이 가져다주는 이러한 유토피아가 잠정적인 것, 유토피아가 원래 전혀 아닌 것에서 유토피아를 배신하는 것을 견딜 의지도 없고 감내할 수도 없는 것입니다.

　　우리는 예술이 어떤 의미에서 미의 개념에 대해 지속적으로 반대해 왔으며 어떤 경우이든 미의 개념에서 예술이 쇠진하지 않는다는 것에 대해서 매우 자세하게, 확실성을 갖고 명백하게 해둔 바 있었습니다. 그렇다고 해서 이것이 예술의 이론이, 즉 미학이 아름다운 것의 개념이 없이 지내야 한다는 것을 의미할 수는 없다는 사실을 내가 이제 여기에서 덧붙인다면, 지난 시간에 내가 여러분을 낯설게 했을지도 모르는 것보다는 아마도 더 적게 여러분을 낯설게 할 것입니다. 내가 이렇게 덧붙이지 않는다면, 우리는 실제로 "영혼을 고려하지 않은 심리학"이라는 유행어와 같은 유행어들을 상기시켜 주는 영역에 들어가고 맙니다. 이러한 학문은 그 학문에 원래부터 고유한 기본 토대를 상실한 학문입니다.468) 이것은 또한 사회학에서 이와 유사한 개념인 "사회가 없는 사회학"이라는 개념을 비판적으로 비교하면서469) 첨가하도록 나를 압박하였습니다. 지속적으로 진보하는 계몽은 각 개별 학문분과들에서 결정적으로 중요한 개념들이 스스로 지배력을 갖게 하였고 이러한 개념들을 어느 정도까지 해체시켰다는 것이 오늘날 지배적인 실증주의적 정신의 표지標識에 속합니다. 계몽이 이러한 개념들을 스스로 해체시킴으로써 계몽은 계몽 자체가 생존하는 데 원래부터 필요한 원동력을 포기하게 됩니다. 이렇게 해서 계몽은 특별할 정도로 심각한 위험에, 즉 한때 단순한 경우였던 것 앞에서 굴복하는 것에 만족하는 위험에 처하게 됩니다. 이러한 위험과 더불어 미학에서도 실증주의적 미학이라는 특정한 유형이 존재합니다. 실증주의적 미학은 미의 개념과 같은 개념이 없는 상태에서470) 미적 체험을 서술하려고 하는 태도에 얽매여 있습니다. 실증주의적 미학에서 나오는 것은 미적인 객체들과 주체 사이의 그 어떤 관계들에 관한 사실을 실제적으로 수용하는 것에 지나지 않을 것입니다. 이것은 이론의 응용과 같은 의미일 뿐이며, 예술의 매체인 정신의 포기와 동일합니다. 이것은 필연적으로 예술에 관한 모든 이론의 매체인 정신의 포기와 동일한 의미일 것입니다. 나는 미학이 걸어야 할 올바른 길을 위해 다음과 같이 말하고 싶습니다. 미의 개념이 들어 있지 않은 미학의 경향은 실증주의적 어리석음에 국한되지는 않습니다. 그러한 경향은 어느 정도 섬세하고 예민한 신경을 가진 사람들이 미가 조화라며 수다를 떠는 것, 진, 미, 선, 그리고 이와 유사한 일요일의 화젯거리에 부름을 받게 되는 것을 정당하게 더 이상 견디지 못하고, 앞에서 말한 영역들에 들어가는 것보다는 차라리 일종의 고집스럽고도 순결한 침묵을 통해 그 자리를 모면하려는 곳에서도 일어납니다. 이렇게 해서 내가 여러분에게 보여주었던 경험들이 명백하게 드러납니다. 이와 관련하여 나는 우리가 철학적으로 행동하는 경우에, 다시 말해 우리가 견고한 개념들을 마주 대하면서 얌전을 피우는 태도로부터 벗어나며, 개념들에서 손을 열어젖히고 다른 해악을 우리의 위로 가져오는 것에 대해 죽음과도 같은 공포를 갖지 않고 개념들을 붙잡고 있어야 하는 경우에 우리가 받아들여야 하는 의무들이 있다고 생각합니다. 우리가 개념들을 붙잡는 것을 통해서만 오로지 경험들이 경험에 적절하게 되도록 개념들이 분화되는 것이 가능해집니다. 우리가 개념들을 바닥으로 던져 버리고 정신적인 것, 더 높은 것, 분화된 것, 더 섬세한 것을 개념 없는 것의 형상에서 직접적으로 소유라도 하는 것처럼 믿어 버리는 것을 통해서 개념들의 분화가 가능해지는 것은 아닙니다. 바로 이것이 내가 다음 시간에 아름다운 것의 개념에 대해서 조금 더 이야기하도록 나를 이끈 동기입니다. 나는 다음 시간에 다음과 같은 길을 추적하여 여러분에게 보여주게 될 것입니다. 즉, 근자에 나타나는 미적 이론들이 아름다운 것의 개념에 일반적으로 대치시키고 있는 개념인[471] 진리의 개념은 그 직접성에서는 예술작품에 특별한 것에 —우리가 이러한 진리에 대해 직접적으로 말하는 경우에— 도달하지 않았다는 것을 여러분에게 보여주게 될 것입니다.

451) 남부 독일 사람들은 세대에 걸쳐 이 이야기를 해 왔으며, 조금은 이야기 내
용이 변하기는 하였다. 두 명의 슈바벤 사람이 구역질이 나오게 하는 두꺼비
한 마리를 보고 있다. 한 사람이 다른 사람에게 다음과 같이 제안한다. "네가
만약 두꺼비를 씹어 먹는다면 네게 10마르크를 주겠다." 다른 사람은 두꺼
비를 고통스러운 눈으로 목을 졸라 죽인다. 두 사람에게 두 번째 두꺼비가
뛰어왔을 때 이번에는 다른 사람이 처음에 제안을 했던 사람에게 제안한다.
"네가 두꺼비를 씹어 먹는다면 네게 10마르크를 돌려주겠다." 다른 사람은
10마르크를 돌려받는 것에 관심을 갖고 그 제안을 충족시킨 다음 그가 주었
던 10마르크를 되돌려 받았다. 시간이 조금 지나서 처음에 제안을 했던 사람
이 다른 사람에게 다음과 같이 말한다. "나는 지금 무엇을 위해 두꺼비를 씹
어 먹었지?"

452) 요나스Klaus W. Jonas가 미네아폴리스에서 1955년에 정리한 토마스 만 연구
50년의 연구문헌 목록은 이미 2958개에 달한다. 아도르노가 확인하고 있는
연구 상황에 대한 예들에는 다음과 같은 문헌들이 해당될 것이다. Jonas
Lesser, Einige Bemerkungen über Thomas Manns Verhältnis zu Philosophie
und Religion철학과 종교에 대한 토마스 만의 관계에 관한 몇몇 언급들, in: Neue
Rundschau LXVI(1955), S.518-523; Louis Leibrich, Expérience et philosophie
de la vie chez Thomas Mann토마스 만에서 삶의 경험과 철학, in: Études
Germaniques IX(1954), S.291 bis 307; Fritz Kaufmann, Thomas Mann: The
World as Will and Representation의지와 재현으로서의 세계, Boston 1957.

453) Thomas Mann, Der Zauberberg마의 산. Roman, Berlin 1924.

454) 토마스 만 연구에서 쇼펜하우어와 니체의 영향과 음악의 역할에 관한 학위 논문
들에 대해 아도르노가 느끼는 불쾌감을 그는 Zu einem Porträt Thomas Manns토마
스 만의 인물평에 대해(1962)에서도 언급하였다(vgl. GS 11, S.335-344; hier:
336).

455) 공화정을 지향하는 휴머니스트인 세템브리니Lodovico Settembrini는 토마스
만의 장편소설 『마의 산』에서 '이성'의 대변자이다. 그는 젊은 카스토르프
Hans Castorp에 대해 교육자의 역할을 맡으려고 시도한다. 동부 유태인 혈통
을 갖고 있으며 예수회에 의해 각인되어 있는 나프타Leo Naphta는 세템브리
니의 반대자이며, '신비', 금욕, 혁명의 대변자이다(vgl. Th. Mann, Der

Zauberberg, in: ders., Gesammelte Werke in zwölf Bänden, Bd. III, Frankfurt a. M. 1960, S.516-536; 543-570; 608-646). 『마의 산』의 수용에서 세템브리니와 나프타 사이에 벌어지는 논쟁적인 대화에서 측정되는 의미에 대해서는 특히 다음 문헌을 참조. Pierre-Paul Sagave, Réalité sociale et idéologie religieuse dans les romans de Thomas Mann토마스 만의 소설 속의 종교적 이념과 사회적 현실. Les Buddenbrooks부덴부룩스, La Montagne magique마의 산, Le Docteur Faustus파우스트 박사, in: Publications de la Faculté des Lettres de l'Université de Strasbourg, Fasc. 124, Paris 1954, 43ff.).

456) Thomas Mann, Doktor Faustus파우스트 박사. Das Leben des deutschen Tonsetzers Adrian Leverkühn erzählt von einem Freunde, Stockholm 1947.

457) Vgl. Th. Mann, Gesammelte Werke, a. a. O.(편집자주 455번 참조), Bd. III, S.686. "인간은 호의와 사랑을 얻기 위해서 인간의 생각에 대한 지배를 죽음에게 양도해서는 안 된다."

458) '사물 내용'의 차원과 이와는 다른 다소간 독립적으로 받아들일 수 있는 '정신적 내용' 또는 '진리 내용'의 차원을 구분하는 것은 아도르노에게는 특히 벤야민으로부터 오는 친숙한 구분이었다. Walter Benjamin, Goethes Wahlverwandtschaften괴테의 친화력(1923), in: ders., Gesammelte Schriften, Bd. I·1, a. a. O.(편집자주 94번 참조), S.125ff. 이러한 구분은 —'사물들'과 '가치들' 또는 '생성'의 문제와 '통용'의 문제 사이의 신칸트주의적인 구분에 근거하여 구성되면서— 이미 게오르크 짐멜의 『돈의 철학』Berlin 1900에서 발견된다.

459) 플로베르의 산문은, 특히 이미 이 강의에서 언급한 장편소설 『보바리 부인』과 『감성적 교육』(편집자주 254번 참조)은 아도르노에게는 전통적 시민사회적인 장편소설의 진정한 구체화로서 통용된다(vgl. *Standort des Erzählers im zeitgenössischen Roman*동시대 장편소설에서 화자의 위치, GS 11, S.45). 괴테와 토마스 만 사이에 놓여 있는 19세기 후반의 독일문학에서는 폰타네Theodor Fontane가 플로베르와 비슷한 위치를 차지하고 있다. 폰타네와 플로베르는 그들의 장편소설에서 개인적인 자기실현과 해방을 향한 노력과 개인이 자유와 자기실현을 향한 요구 제기를 사회적으로 일반적인 것의 규범들과 함께 밀고 가면서 직면하는 갈등들의 서술에 집중하였다. 루카치도 폰타네의 후기 작품이 시민사회적-리얼리즘적인 문학이 성취할 수 있는 것의 척도를 표현하는 작품이라고 보았다. "『에피 브리스트』는 위대한 시민사회적인 장편

소설들의 계열에 속한다. 이러한 소설들에서는 결혼과 결혼의 필연적인 파탄에 대한 단순한 이야기기가 전체 시민적 사회의 일반적인 모순들을 형상화시키는 것으로 신장되고 있다"[G. Lukács: Der alte Fontane후기 폰타네, in: Sinn und Form 3(1951), H. 2, S.71].

460) 실존주의는 2차 대전 후 지성 세계에서 지배적으로 나타났던 경향이었다. 실존주의를 주도한 대표자는 철학자, 극작가, 소설가인 사르트르Jean Paul Sartre, 1905-1980와 1957년에 노벨문학상을 받은 작가인 카뮈Albert Camus, 1913-1960였다.

461) 영국의 작가인 그린Graham Greene, 1904-1991은 1926년에 가톨릭으로 개종하였으며, 1920년대 이후 주로 파리에 거주하거나 여행을 하면서 살았다. 세계적 성공을 거둔 『전쟁터』(1934), »The End of the Affair사건의 종말«(1951), »Our Man in Havana하바나의 남자«(1958)와 같은 장편소설들에서 그린은 독단, 가톨릭적인 경건함과 여러 가지로 비판적 대결을 하였다. 장편소설 »The Power and the Glory권력과 영광«(1940)은 가톨릭 사제의 특별한 소명을 표현하였다. 이 소설은 로마 수도회의 불신을 불러일으킴으로써 로마 수도회의 금서 목록에 일시적으로 올라 있었다.

462) 녹음테이프 교환으로 인해 텍스트에 빈틈이 있으며, 이로 인해 아도르노가 다음 문장을 어느 작가에 관련시키고 있었던가를 재구성하는 것이 불가능하다.

463) 70쪽 마지막 단락부터 71쪽까지 참조.

464) Vgl. Christian von Ehrenfels, Über Gestaltqualitäten형성의 질들에 관하여. Vierteljahresschrift für wissenschaftliche Philosophie 14(1890), 249-292; s. a. Max Wertheimer, Untersuchungen zur Lehre von der Gestalt형성론에 대한 연구 II, in: Psychologische Forschung, 4(1923), 301-350. 아도르노는 프랑크푸르트 대학의 학생 시절에 골트슈타인Kurt Goldstein, 1878-1965과 겔프Adhémar Gelb, 1887-1936의 강의를 들었다(vgl. GS 20·1, S.156).

465) 쇤베르크는 '피하皮下'의 구조에 대해 특히 그의 논문인 「브람스와 진보」에서 언급하였다(in: Arnold Schoenberg, Style and Idea, New York 1950, S.96; in der deutschen Ausgabe: Arnold Schönberg, Stil und Gedanke양식과 관념, hrsg. v. Ivan Vojtech, Frankfurt a. M. 1992, S.97). "브람스의 음표에서는 피하적인 미가 8개의 박자에 감추어져 있다." — 아도르노는 '명백하게 드러나는' 구조들과 '피하적인', 표면의 밑에 숨어 있는 구조들 사이의 구분을 여러

모로 포착하였으며, 특히 그의 저서 『베토벤』을 위해 1952년에 집필한 단상에서 포착하였다(s. NaS I·1, S.113; s. auch *Arnold Schönberg*(1874-1951), in: *Prismen*프리즘(1955), jetzt in: GS 10·1, S.152-180, hier: 157; und den späteren Aufsatz *Zum Verständnis Schönbergs*쇤베르크의 이해에 대해(1955/1967), jetzt in: GS 18, S. 428-445; hier: 436]. 아도르노는 음악적 재생한 이론을 위해 계획된 저서의 핵심 테제를 1946년에 다음과 같이 기록하고 있다. "진정한 재생산은 작품에 대한 뢴트겐 사진이다. 재생산의 임무는 감각적 음향의 표면 아래에서 숨겨진 채 놓여 있는 모든 관계들, 연관관계, 대위법, 구성의 모멘트들을 가시적으로 만드는 것이다"(NaS I·2, S.9).

466) 249쪽 마지막 단락 이하를 참조.

467) 미국의 만화가이자 영화제작자인 디즈니Walt Disney, 1901-1966는 미키 마우스(1927년 이래)와 도날드 덕(1936년 이래)처럼 세계적으로 유명한 코믹물의 '대부'에 해당된다. 디즈니는 1932년에 테크닉 컬러로 처리한 첫 번째 영화인 »Flowers and Trees꽃과 나무«를 제작하였다. 동화인 »Schneewittchen und die sieben Zwerge백설공주와 일곱 난장이«(1937)를 기호의 트릭을 통한 버전으로 내 놓았으며, 이 작품은 애니메이션 영화의 고전이 되었다. 디즈니는 제2차 세계대전 이후에는 수많은 모험 영화들을 제작하였다. 세계적 성공을 거둔 영화들로는 다큐 영화인 »The Living Desert살아 있는 사막«(1953), 또는 »The Vanishing Prairie사라지는 초원«(1954) 등이 있다. 그는 '디즈니랜드'와 같은 텔레비전 쇼를 통해서 1950년대 초반부터는 미국의 텔레비전에도 개인적으로 출연하였으며, 그가 제작한 최신 영화들을 소개하거나 애니메이션 기술들을 설명하거나 또는 영화와 시리즈 영화들을 시청자들의 눈높이에 맞추는 일을 하였다. 아도르노는 미국의 영화산업이 보유한 생산조건들에 대해서 충분히 신뢰하고 있었으며, 이는 월트 디즈니라는 이름이 고도로 분업적으로 생산되는 재벌의 편을 들고 있다는 것을 알기 위한 목적을 갖고 있었다. 이에 상응하여 아도르노는 디즈니를 일부로써 전체를 대표시키면서 문화산업에 대한 이름으로 사용하고 있다.

468) '영혼이 없는 심리학'이라는 공식을 각인시킨 학자는 랑에Friedrich Albert Lange이다. Friedrich Albert Lange, Geschichte des Materialismus유물론의 역사. Zweites Buch: Geschichte des Materialismus seit Kant칸트 이후 유물론의 역사 (1874), 2. Aufl., Leipzig 1875, S.381.

469) Vgl. Adornos Beitrag zur Festschrift für Max Horkheimer zu dessen

sechzigstem Geburtstag(1955): *Zum Verhältnis von Soziologie und Psychologie*사회학과 심리학의 관계에 대하여, jetzt in: GS 8, S.42-85, hier: S.57.

470) 미의 개념을 포기할 수 있다고 생각하며 미의 개념이 아무것도 말해주지 않는 개념이라고 거부하는 입장을 보이는 '미적 경험'의 이론은 ―이미 19세기 말 심리학적인 미학에서 시도된 유사한 노력에 연결되면서― 특히 리차즈Ivor Armstrong Richards가 그의 영향력 있는 저서인 »Principles of Literary Criticism문학비평의 원리«(1924, dt. Übers.: Prinzipien der Literaturkritik, Frankfurt a. M. 1985)에서 선전하였다.

471) 아도르노가 진실의 개념을 아름다운 것의 개념과 대립시켰던 근대의 미적 이론들 중에서 어떤 이론들을 여기에서 구체적으로 주목하였는가에 대해 명확하게 해두는 것은 불가능하다. 자신이 미적 이론의 대변자로서 이해되는 것으로 보려고 했던 입장을 거의 갖고 있지 않았던 하이데거[»Der Ursprung des Kunstwerks예술작품의 원천«(편집자주 379번 참조)] 이외에도 호스퍼스 John Hospers의 »Meaning and Truth in the Arts예술에서의 의미와 진실«(Chapel Hill, N. C., 1946)이 고찰 대상이 될 것으로 보인다.

여러분으로부터 다시 나에게 의사소통을 타진해 왔습니다. 나는 두 가지 이유에서 이에 기꺼이 응하고 싶습니다. 지금까지 이루어진 강의에서 아마도 지나치게 미흡하게 규정된 채 머물러 있었던 문제들에 대해 확실하게 설명할 수 있는 기회가 생긴 것이 첫 번째 이유입니다. 두 번째 이유는 나에게 제기된 물음들이 그 전개에 우리가 놓여 있는 연관관계로 우리를 인도하거나 또는 우리를 끌어들이고 있기 때문입니다. 여기에서 관건이 되고 있는 것은 물론 미술에 특별한 문제들입니다. 나는 이 기회를 빌려서 말하고 싶은 것이 있습니다. 내가 미술의 문제들에 대해서는 요구할 수 있는 것이 없다는 점은 자명하다는 말을 하고 싶습니다. 내가 음악의 문제들에 대해 말할 수 있는 기법적인 경험과 똑같은 경험을 갖고 논의하고 자부심을 갖는 정도로 미술의 문제들에 대해 논의할 수는 없습니다. 또한 문학적 문제들에 대해서는 다른 사람들과 논의를 해도 된다고 생각하고 있지만, 이것은 미술의 문제들에는 해당되지 않습니다. 나는 여러 가지 상이한 예술들의 문제가 결코 직접적으로 동질적이지 않다는 것을 잘 알고 있습니다. 사람들은 여러 가지 예술들의 문제가 직접적으로 동질적이라고 일반적으로 주장하고 있지만, 그렇지 않은 것입니다. 나는 예술의 개념에는, 또는 개별적인 예술들과 마주하고 있는 예술 전체에는, 중화中和와 사물화의 모멘트가 이미 놓여 있다는 점을 기회가 있을 때마다 여러분에게 말했던 것으로 생각하고 있습니다. 하나의 영역에서 이미 알려진 것으로부터 해명된 결과가 다른 영역을 해명하는 것으로 이어지는 것은 문제성이 있습니다. 나는 이 점에 대해서 완벽할 정도로 명확한 입장을 갖고 있습니다. 우리는 또한 다른 한편으로는 다음과 같은 경향을 오인해서는 안 될 것입니다. 다시 말해, 오늘날 우리가 처해 있는 상황에서는 모든 정신적인 것의 통합이 폭넓게 진척되어 있습니다. 이러한 상황에서는 마침내 모든 예술이 그렇게 진척되어 있는 척도에서 역사철학적인 경험들의 대변자나 표현이 되었습니다. 이러한 상황에서는 예술 장르들 사이의 차이점들이, 가장 급진적인 의미에서는 그러한 차이들이 항상 극복 불가능한 것들이라고 할지라도, 경시되고 있는 경향이 다시 나타나고 있는 것입니다. 지금 여기에서 관건이 되고 있는 대상에 대해 내가 특히 높은 가치를 부여하고 있는 입장인 파리에 사는 다니엘–헨리 칸웨일러 Daniel-Henry Kahnweiler[472]의 측이 나에게 확인시켜 준 내용이 있었습니다. 내가 『불협화음들』에 들어 있는 논문인 「신음악의 노화」[473]에서 다루었던 문제들이 미술에서도 특별할 정도로 자세한 유사성을 갖고 존재한다는 것이 확인되었습니다. 이처럼 확인된 이후에 나는 어느 정도 추적할 수 있는 기회를 갖게 되었습니다. 내가 미술에 관한 이러한 문제들에 대해 무엇인가를 말하려고 시도한다고 해도, 나는 이것이 지나칠 정도로 무리하게 경계를 넘어서는 것이라는 책임을 나에게 지우게 될 것이라고 생각하지는 않습니다. 미술에 관한 문제들에 대해 말하기 위해, 장르 사이의 의사소통으로부터 일련의 항목들을 뽑아내서 차례차례 다루는 방식으로 문제들을 처리하는 것이 가장 좋다고 생각합니다. 문제의 복합성들이 서로 내부적으로 얽혀 있어서, 우리가 전체에 대한 조망에 근원으로 놓여 있는 확실한 전제들을 살펴볼 경우에만 그러한 복합체들을 다룰 수 있기 때문입니다. 전제들은 "예술작품의 특별한 의미가 예술작품을 구성하는 요소들을 특별하게 배열하는 것에 의해 규정된다면, 미술의 의미가 겉으로 보기에 역설적인 개별화와 자연지배의 사회적 가능성들이 지양시킨 소외가 내용적으로 현재화되는 것에서 성립된다면" 등등과 같은 것들입니다. 일단은 이러한 전제들에 대해 말하고 싶습니다. 또한 질문자께서 학교 선생님과 같은 태도를 포기하는 의지를 가져 주기를 요청합니다. 질문자가 의지하여 끌어내고 있는 규정들은 정의定義를 의도하는 것은 아니었습니다. 나는 예술이 소외에 대한 내용적인 현재화일 뿐이라고 말하지 않았습니다. 오히려 나는 내가 보기에는 전통적인 예술 이론에서 위축되어 있는 하나의 모멘트를 강조하였습니다. 오늘날 고유하게 출현하는 예술에게는 소외 자체의 특징을 표현하고 소외의 특징을 표현함으로써 소외의 특징을 극복하는 것이 결정적으로 중요하며 따라서 이에 비례하여 소외의 모멘트를 특히 강조해야 한다고 생각하였습니다. 그러나 이것이 물론 전체는 아닙니다. 나는 소외의 문제를 넘어서서 다른 하나의 모멘트에 대해, 파악하는 것이 매우 난해한 모멘트인 예술에서의 유토피아적 모멘트에 대해 여러분에게 말하는 것을 항상 시도해 왔습니다. 소외된 것의 요소들을 하나의 의미 연관관계로 옮기고, 이러한 요소들이 소외된 것들로서 투시되도록 형성되면서 동시에 이러한 상태를 확실한 방식으로 초월하는 것을 통해서 예술에서의 유토피아적 모멘트를 말할 수 있다는 점을 나는 여러분에게 항상 반복적으로 말한 바 있었습니다. 그러나 여러분이 만약 다음과 같이 생각한다면, 나는 그것이 좋은 것이 아니며 내가 여러분에게 말하려고 애써서 노력하였던 발판을 빗나가게 하는 것이 되리라고 생각합니다. 즉, 여러분이 예술을 내가 앞에서 말한 내용과 같은 종류의 규정에 고정시켜야 한다고 생각하고 이미 맞춰서 여러분이 모든 예술작품에 대해 임의적으로 말할 수 있는 일종의 척도를 손에 쥐고 있을 수 있고 그러한 종류의 척도에서 여러분이 예술작품의 질을 임의적으로 읽어낼 수 있다고 믿는다면, 그것은 좋은 일이 아닐 것입니다. 나는 예술작품의 내용을 완성시키는 카테고리들이 서로 관계를 맺으면서 갖고 있는 위치는 본질적으로 변전된다고 말하겠습니다. 물론 카테고리들의 위치는 우선적으로는 역사철학적으로 그 모양을 드러내며, 이것은 카테고리들의 전면에 위치합니다. 그렇다고 해서 우리는 그러한 추상적인 요구에서 예술작품을 측정할 수는 없습니다. 이렇게 하지 않는다면, 우리는 18세기 고트셰트Gottsched[474] 미학의 상태로 실제로 되돌아가고 말 것입니다. 고트셰트 미학은 훌륭한 레싱Lessing이 가공할 만한 노력을 통해서 퇴위시켜 버렸던 미학일 뿐입니다.[475] 또는, 우리는 비극은 "두려움과 연민"을 일깨워야 한다고[476] 주장하는, 평판이 아주 나쁜 아리스토텔레스의 미학에서 보이는 규정들과 같은 규정들에 이르게 되고 말 것입니다. 이러한 종류의 규범들과 더불어 외부로부터 예술작품으로 다가온 것은 우리가 넘어야 할 대상입니다. 나는 이 강의에서 우리가 고찰한 내용을 통해서 여러분이 바로 그러한 것을 넘어서는 것을 바라고 있습니다. 내가 이런 관점에서 말하는 의미는 다음의 2가지 시도에 들어 있습니다. 나는 예술적 질質의 객관성의 이념을 확고하게 붙잡으려는 시도에 중점을 두고 있습니다. 예술작품에 대한 고찰을 예술은 취향의 문제일 뿐이라는 생각에 항상 되돌아가는 상대주의로부터, 많은 사람들에게 통용되는 상대주의로부터 빠져나오게 하려고 시도하고 있습니다. 이와 동시에 나는 이러한 시도를 그 어떤 고정된 척도들을 외부로부터 예술에 갖다 붙여서 응용하는 방식으로 실행하지 않고 예술적 질의 객관성을 사물 자체로부터, 규정되고 일회적인 사물 자체로부터 출발하여 전개시키는 방식으로 실행하고 있습니다. 이것이 두 번째 의미입니다. 내가 여기에서 제공하고 있는 노력들로부터 여러분이 예술에 대해 고유하게 갖고 있는 관계와 예술에 대한 여러분의 이해를 위해 무언가를 배웠다면, 나는 여러분의 배움이 여러분 스스로 사고에 고유하게 들어 있는 앞에서 본 운동을 함께 실행하는 것에서 성립되기를 희망하고 있습니다. 그러나 여러분은 내가 여러분에게 이 강의에서 알려주었던 개별적인 규정들에게 어떤 정적靜的인 척도의 권위를 인정해서는 안 됩니다. 정적인 척도는 이러한 형식으로 존재하지도 않습니다. 모든 예술작품은 정적인 척도를 단순히 그것의 내부 자체와 그것에 고유한 운동에서 갖고 있을 뿐입니다.

그 밖에도, 나는 여기에서 조그만 오해를 수정하고자 합니다. 그러한 조정이 우리가 비교적 난해한 숙고들에서 무언가 말한 것에 대해 무엇이 이해되었는가를 —때에 따라서는 무언가 말한 것을 설명하기 위해서— 검토하는 동기를 제공한다면, 이것은 항상 좋은 일입니다. 나는 자연지배에 대한 사회적 가능성들을 통해서 소외가 지양된 것이 아니냐 하는 견해를 표명한 사실이 없습니다. 반대로 우리는 다음과 같이 말하지 않을 수 없다고 생각합니다. 자연지배에 의해서, 그리고 이와 관련을 맺고 있는 사회의 지배 형식들에 의해서 인간들 상호 간의 소외와 자연으로부터 인간의 소외가 강화되었으며, 예술은 이러한 지배 과정을 다시 취소시키는 것을 예술의 모든 단계에서 예술이 갖는 의무로 받아들였습니다. 그러나 나는 일단은 이와는 다른 모멘트가, 즉 지난 강의들에서 매우 자세히 설명된 의미에서의 의미 연관관계의 산출이라는 모멘트가, 최소한 매우 많은 정도로 또는 절대적으로 통용되는 정도로, —예술작품들이 나타내는 의도로서— 우리가 이미 논의하였던 또 다른 모멘트인 소외된 것에 대한 관계의 모멘트와 동일한 모멘트라는 점을 강조하고 싶습니다. 이제 질문자의 질의가 다음과 같이 이어지게 됩니다. 이 문제를 검토하기 전에 질문자가 질의한 내용을 잠깐 다시 상기해 보겠습니다. 질문자는 "… 미술의 의미가 겉으로 보기에 역설적인 개별화와 자연지배의 사회적 가능성에 의해서 지양된 소외에 대한 내용적인 현재화에서 성립된다면"이라고 질의한 바 있었습니다. 질문자가 이렇게 가정假定했던 전제에 대해서 나는 이 전제가 질문자가 해석한 것과 같은 그러한 전제로서 가정될 수 없다는 점을 보여주려고 시도하였습니다. 질문자의 질의가 이어지는 내용으로 되돌아가겠습니다. 만약 앞에서 말한 전제가 통용된다면, "경험에 대해 동질적이고 감각적인 대상성의, 즉 개인의 정체성에 일치할 만한 것인 대상성의 존립이 앞에서 말한 개별화의 가능성의 전제들에 속하는 것은 아닌 지요?" 질문자가 정리한 내용과 내가 고유하게 정리한 내용을 어느 정도 솔직하게[477] 가져간다면, 다시 말해 정리한 내용에 들어 있는 용어적인 특징들을 옷 벗기듯이 벗긴다면, ―용어적인 특징이 그렇게 된 것에 대해서 내게 책임이 있으며, 질의자는 나로 인해 자물쇠처럼 채워진 용어적인 특징에 잘못 빠져든 것이 확실합니다―, 그것은 확실히 다음과 같은 내용을 의도한 것이었습니다. 소외를 표현하는 모멘트는, 또는 소외에 대항하여 예술작품에서 설정된 저항의 모멘트는 예술작품이 표현해야 하는 사회적인 저항과 원래부터 한 몸이라는 것과 예술작품이 경험적 현실을 많든 적든 직접적으로 그 내부에 포함하는 것이, 마치 개별적 개인이 이렇게 하는 것처럼, 예술작품의 본질에 속한다는 점이 의도되었던 것입니다. 이것의 이면에는, 내가 이러한 해석을 용인해도 된다면, 소외에 대한 저항의 이론으로부터 읽히는 것인 예술작품의 앙가주망에 관한 물음과 같은 것이 놓여 있는 것입니다. 이렇게 되면 다음과 같은 물음이 논리적 일관성을 갖고 제기되게 됩니다. 그렇다고 합시다. 예술작품이 경험적 현실에 대해 그렇게 대립적인 관계에 필연적으로 놓여 있다면, 경험적 현실 자체가 ―교수님이 우리에게 강연한 내용의 의미에서 볼 때― 개별적 인간의 비예술적인 경험에 일반적으로 열려 있는 것과 같은 방식으로 예술작품에 나타날 필요가 없는 것은 아닐까요? 나는 말해진 것을 어떤 경우이든 이해해야 된다고 생각합니다. 그러나 앞에서 말한 질문에 근원으로 놓여 있는 것은 정말로 확실한 오류라고 생각합니다. 왜냐하면, 직접적으로 감각적인 대상성을 우리가 이것을 일상적 삶에서 경험하는 것처럼 받아들이는 것은 2개의 모멘트를 갖고 있으며, 2개의 모멘트는 우리가 지금까지 실행해 온 숙고에서 본질적인 것으로 고찰한 내용과는 원래부터 결합될 수 없기 때문입니다. 2개의 모멘트가 미적 주체에서 계량될 수 있다는 요구를 정말로 제기한다면, 다시 말해 2개의 모멘트가 예술작품이 그것들에게 요구하는 경험들을 예술작품 자체에서 정말로 담지할 능력이 있다는 요구를 제기한다면, 2개의 모멘트는 소외되어 있지 않은 상태에 놓이게 된다고 볼 수도 있을 것입니다. 이러는 동안에도 사실관계는 냉엄하게 존속되고 있는바, 경험적 현실 자체가 소외된 현실로서 우리와 대치하고 있는 사실관계는 그대로 있는 것입니다. 나는 여기에서 플레스너Helmuth Plessner가 정리해 놓은 참으로 좋은 표현을 여러분에게 상기시켜 주고 싶습니다. 플레스너는 세계의 소외에 대해서 예술작품이 낯설게하기Verfremdung를 통해서 답을 한다고[478] 말한 바 있었습니다. 소외된 형상에서는 이른바 자연적인 세계가 우리에게 대립적인 것으로 나타나게 됩니다. 소외된 형상이 예술작품 자체에 의해서 없애 가져지면서 다른 형상으로 옮겨지는 것을 통해서만이, 오로지 이렇게 되는 것을 통해서만이 소외된 형상은 예술작품을 통해서 소외된 형상으로서 규정됩니다. 이렇게 함으로써 예술은, 세계를 보는 것을 이미 우리에게 낯선 눈으로 강요한 세계를 낯선 눈으로 되돌아보는 것을 우리에게 가르쳐 줍니다. 오로지 이것을 통해서만이, 번역과도 같은 이러한 과정을 통해서만이, 소외된 것이 우리에 의해서 경험될 수 있는 가능성이 점차적으로 준비되는 것입니다. 소외를 이렇게 경험하는 것에 근거해서 볼 때, 우리와 대치하고 있는 현실의 경험적 요소들은 형식 법칙의 맞은편에서 이질적인 요소들로 나타납니다. 현실의 경험적 요소들은 소외되어 있고 우리의 경험을 확실한 방식으로 더 이상 전혀 뒤따라붙잡을 수 없습니다. 이렇기 때문에 현실의 경험적 요소들은 오늘날 그것들을 있는 그대로의 모습으로, 그것들의 직접성에서 형식 법칙 안으로 더 이상 전혀 들어오지 못하게 되며, 더 이상 전혀 제어될 수 없는 것입니다. 왜냐하면, 형식 법칙은 겉으로 보기에 닫혀진 경험으로서 경험에서 우리의 맞은편에 출현하는 모든 외관外觀, 모든 표면적 연관관계의 해체와 성좌적星座的 배열을 통한 대체를 요구하기 때문입니다. 성좌적 배열은 두 가지입니다. 하나는 이처럼 소외된, 표면들에서 나타나는 형상에 대한 비판입니다. 다른 하나는 소외되어 있지 않은 현실을, 즉 현실 속에서 우리가 우리 자신을 비판적으로 다시 발견하는 현실을, 우리가 마주 대하고 있는 현실을 구성하고 있는 요소들로부터 구축하는 시도입니다.

지난 수백 년 동안 미술이 걸어온 역사의 과정을 전체적으로 보아 지속적으로 진척된 주관화의 과정으로 기술할 수도 있으며, 이 시각은 정당하다고 볼 수 있습니다. 이러한 주관화 과정은 집단적인 것이나 또는 객관성에의 성찰을 통해서 단순하게 중단될 수도 없으며, 자의성의 행위에 의해서 새로운 종류의 객관성으로 없애 가져질 수도 없습니다. 미술이 걸어온 역사의 과정을 주관화 과정의 지속적 진척으로 볼 수 있다는 것은 다음의 2가지 의미를 갖고 있습니다. 예술이 사물들이나 대상들을 어떻게 보느냐 하는 방식이 변화되었으며 주관적으로 각인되었다는 점이 하나의 의미입니다. 다른 하나의 의미는, 주관화의 지속적 진척 과정의 실행에서 결정적인 단절이 나타났다는 것에서 찾을 수 있습니다. 예술에서 본질적인 것, 즉 사물 자체가 예술에 원래부터 들어 있는 사물 자체가 됨으로써 결정적인 단절이 이루어진 것입니다. 사물이 매개되어 있을 때, 사물이 일단은 대자적으로 규정된 그 어떤 사물로서 우리와 더 이상 마주 보고 있지 않고 사물이 규정하는 모든 것을 우리와 관련을 맺고 있는 것을 통해서 포함할 때, 사물 자체가 예술에서 본질적이 되는 것입니다. 예술에서 나타나는, 주체에 의한 이러한 매개로부터 벗어나 있으면서 예술작품이 현실에 대해 직접적으로 무엇을 알고 있기나 하는 태도를 보이는 모든 종류의 행동방식은 예술가적 생산력에 내재하는 전개 과정과 관련해서 볼 때 원래부터 반동적이며, 따라서 가능하지도 않습니다. 그러한 종류의 행동방식은 정치적으로 진보적인 것이라고 스스로 생각할지 모르지만, 그것은 반동적인 것일 뿐입니다. 예술은 현실에 대해 더 이상 직접적으로 행동하지 않습니다. 오히려, 예술이 주체적인 경험에 의해서 어떻게 충족되는가에 따라, 예술의 요소들이 어떻게 형식들과 형식들의 성좌적 배열로 함께 결합되는가에 따라 현실에 대한 행동이 성립되는 것입니다. 예술이 현실에 대해 직접적으로 행동한다고 믿는 의식은 다음과 같은 결과를 초래합니다. 다시 말해, 사회적으로 올바른 의식이라고 스스로 오인하는 의식이 현실로부터 유래하는 사회적인 모멘트들을 매개되지 않은 채 예술작품들 안으로 끌어들일 수 있다고 믿으면서, 이러한 의식은 동시에 곧바로 사회적으로 잘못된 의식이 되고 마는 것입니다. 사회적으로 잘못된 의식은 주체와 객체의 소외의 사회적인 관계에 숨겨져 있는 변증법적 과정을 감추고 보이지 않게 함으로써 사회적으로 잘못된 의식으로 전락하는 것입니다.

이제 질문자의 질의가 다음과 같이 이어집니다. 이 질의에서는 이른바 '추상적 회화'의 문제가 관건이 되고 있습니다. 나는 이 기회를 빌려서 말해 두고 싶은 것이 있습니다. '추상적 회화'라는 표현이 특별히 어리석은 표현이라는 점을 여러분에게 말하고 싶은 것입니다. 이유는 간단합니다. 어떤 예술작품이 예술작품이라면, 그것이 구체적이기 때문에 예술작품인 것입니다. 내가 관련을 맺고 있는 그림은 가장 높은 의미에서 구체적입니다. 그림이 추상적이라면, 그것은 잘못된 그림입니다. 예술작품의 구체화에 대한 물음은 예술작품에 우선적으로 먼저 제기되는 요구들 중의 하나입니다. 우리는 예술작품의 구체화에 대한 물음과 예술작품이 그것과 마주 대하고 있는 대상성과 얼마만큼 동일한 것인가, 또는 예술작품이 이러한 대상성에 의해 얼마만큼 추상화되는가 하는 물음을 혼동해서는 안 됩니다. 나는 대상성이라는 표현이 '비조성적atonal'이라는 단어가 유발한 만큼이나 많은 혼란을 끝이 없을 정도로 불러왔다고 생각합니다. 내가 이 표현을 위해서 꺼낼 수 있을 것 같은 유일한 말은 이 표현에 최소한 충격을 주는 어떤 확실한 힘이 내재되어 있다는 것입니다. 충격을 주는 힘은 확실히 논쟁적인 힘입니다. 충격주기는 이러한 의미에서 때때로 무언가 좋은 것, 무언가 힘 있는 것을 가졌던 것도 사실입니다. 물론 오늘날 모든 것을 삼켜 버리는 일반적인 중화中和의 상태에서는 충격주기도 이 말이 갖고 있는 논쟁적인 축복과 더불어 모두 지나간 것이 되고 말았습니다. 질의자가 대상성과 관련하여 여기에서 제기한 물음은 다음과 같습니다. "감각적 경험의 확고한 상像들의" ―이것보다 덜 섬세하게 표현하면, 대상적인 세계의 확고한 상들이 됩니다― "해체가 감각적 경험을 제한이 없을 정도로 임의적으로 조작하고 변화시킬 수 있는 가능성에 의해 오늘날 기술적으로 거의 실행된 것처럼 보입니다. 그리고 이러한 가능성은 자극을 부풀어 오르게 하는 것들의 저 건너편에서 선점되고 있습니다." 질문자가 여기에서 생각하고 있는 가능성은 주관적인 감각기관에 의해서 매개된 자극들의 건너편에서 이루어지는 객관적인 구성입니다. "개별적인 경험세계에서 보이는 이러한 임의성은 조형 예술의 영역에서, 다시 말해서 추상적 구성주의의 영역에서 그 결과를 초래하게 됩니다. 만약 감각적 경험의 확고한 상들의 해체와 개별적 경험세계의 임의성이 초래하는 결과가 조형 예술이 갖고 있는 이념의 불합리함으로 논증이 된다면, 미적 경험의 특수하고도 특이한 내용이 더 이상 논의의 대상이 될 수 없고 오히려 응집 체계의 개별적이고도 감각적인 요소가 그림을 각기 임의적인 구성 원칙의 기능이 ―완벽하게― 되게 하는 것은 아닙니까?" 나는 이 자리에서 여러분에게 선취적으로 말해 두고 싶은 것이 있습니다. 이에 대해서는 다음 시간에 더욱 진지하게 논의할 것입니다. 우리가 여기에서 논의하고 있는 것에 대한 원래의 기준들은 예술작품에 대한 주관적인 경험에 놓여 있는 것이 아니고, 예술작품의 형상 자체에 놓여 있다는 점을 미리 말해 두고 싶습니다. 나는 또한 질문자가 나의 강의에 대해 제기한 반론을 ―또는 질문자가 고유하게 갖고 있는 예술적 의도들에 대한 반론이라고까지 말하고 싶습니다― 조금은 약화시키고 싶습니다. 나는 반론의 근거를 다음과 같이 말해도 될 것 같습니다. 예술작품을 마주 대할 때 단순한 주관적인 경험 방식들이나 반응 방식들이 관건이 되는 한, 질문자가 이른바 '추상적 예술'의 흠을 찾는 근거로 제시한 우연성의 모멘트는 어느 곳에서나 해당됩니다. 우리가 예술작품에 대한 주관적인 경험 방식들을 뒤따라가 본다면, 현대 예술에서 나타난 것과 동일한 임의성을 전통적 예술에서도 역시 발견하게 될 것입니다. 내 스스로 난처하게 되면서까지 다시 반복하겠습니다. 나는 항상 다시 이 지점에 다가서게 됩니다. 현대 예술은 전통적 예술에 비해서 다른 예술이기는 하지만 전통적 예술과 동질적인 예술입니다. 예술이 갖고 있는 문제들과 어려움들에서 피하皮下에 있었던 모든 것이, 의사소통의 닫혀진 표면들에 의해서 이전에는 깊게 덮여 있었던 모든 것이 이제 예술 본래의 모습으로, 그리고 본질적인 것으로 현대 예술에서 두드러지게 출현하였다는 것이 현대 예술과 전통적 예술의 다른 점이라고 하겠습니다. 그러나 이와는 별도로 나는 배열의 임의성에 대한 반론과 대상적 세계에 대해 갖는 관계의 임의성에 대한 반론이 실제로 고수되지는 않을 것이라고 생각합니다. 여기에서 문학을 고의적으로 제외시키려고 합니다. 문학에서는 문학 스스로 가장 극단적인 명시적 선언들에서 필연적으로 사용하는 개념적 요소에 의해서 특정한 대상성에 맞춰서 특정한 척도가 항상 예술작품 내부로 끌어들여지고 있기 때문입니다. 나는 여기에서 더욱 좁은 의미에서의 조형 예술에 정말로 나를 붙잡아 두는 시도를 하려고 합니다. 이른바 추상이라는 것이 특정한 한계를 갖고 있다는 생각이 내 마음을 파고드는 것 같기 때문입니다. 여기에서 예술가들이 자명하다고 생각하는 것 중에 하나의 오류가 있다는 사실을 지적하고자 합니다. 예술가들은 예술작품을 처리할 때 자신들이 따르는 카테고리들이나 또는 예술가들이 자신들의 구성에 근원으로 놓는 형식들이 마치 본성으로부터 나오는 것처럼 항상 생각하고 있는바, 이것은 매우 널리 확산되어 있는 오류일 뿐입니다. 나는 이에 대해 예술가들에게 책임을 돌리고 싶지 않으며, 예술가들이 행하는 작업에 대해서 예술가들 스스로부터 철학적, 이론적 의식을 가질 의무가 예술가들에게 있지는 않습니다. 예를 들어 이것은 매우 특별한 척도에서 볼 때 입체파의 오류이기도 했습니다. 입체파는 기하학적인 형체들에 환원시키는 것이 특정하고도 가장 단순한 자연적으로 주어진 것들에 환원시키는 것이라고 실제로 믿었습니다. 이에 대해 나는 다음과 같이 말할 수 있습니다. 입체파 회화가 산출한 것과 같은 종류의 연관관계들은 자연에 존재하지 않으며, 모델들이 존재한다고 할지라고 그것들은 오히려 스페인이나 모로코의 문화적 풍경과 같은 풍경에서 발견될 수 있다고 말하겠습니다. 스페인이나 모로코의 문화적 풍경이 피카소에 미친 영향도 과대평가되기는 어렵습니다. 그러나 이와는 별도로, 예술은 예술의 이른바 자연 재료에서도, 즉 자연 재료가 원형들, 입체들, 기하학적인 형체들처럼 자연에 매우 가까이 다가서 있는 곳에서도, 예술에서 이미 유력해진 역사적인 것과 항상 관련을 맺고 있습니다. 다시 말해, 예술의 전체 역사가 이러한 입체들에 원래부터 들어 있는 것입니다. 피카소도 한때 '세잔Cézanne이 우리 모두의 어머니'이며 세잔으로부터 입체파의 모든 것이 나타난 것이라고[479] 말한 적이 있었습니다. 인상주의에서 출발하여 한편으로는 점묘법點描法을 경유하고 다른 한편으로는 세잔을 경유하여 입체파에 이르고 마침내 추상적 회화에 도달한 역사적 과정을 세세하게 여러분에게 서술해 주는 것이 나의 임무는 아닙니다. 이것은 이 분야에 더욱 정통한 사람들이 나보다 더욱 잘 할 수 있는 일입니다. 오로지 다음과 같은 점을 말하는 것으로 내 이야기를 제한하고 싶습니다. 즉, 앞에서 말한 역사적 과정은 예술작품에 외부적인 것이 아니고, 이러한 예술작품들에서 나타난 모든 것은 원래부터 역사적 과정의 증언, 흔적, 기념비인 것입니다. 여기에서, 내가 이러한 문제들에 대해 다른 연관관계들에서 말하려고 생각했던 것에 비추어 볼 때, 갈림길에 들어선 것이 아닌 사변으로까지 나를 끌어올리고 싶습니다. 사변의 내용은 이렇습니다. 현대 예술의 힘, 실체성은 현대 예술이 그것 내부에서 이러한 역사적 경험을 형식들을 통해서 얼마만큼 스스로 구체화시킬 수 있으며 현대 예술이 사용하는 형식들이 —그 형식들이 객체화됨으로써— 이러한 역사적인 흐름을 얼마만큼 표현할 수 있는지의 여부에 매우 본질적으로 붙어 있습니다. 반면에, 우리 모두가 다루어야 할 대상이며 질문자를 불편하게 하는 긴장감 상실의 현상들은 재료들과 형식들이 —재료들과 형식들이 증언해 주는 역사적 경험들이 더 이상 느껴지지 않고 재료들과 형식들로부터 사라져 버리는 방식으로— 스스로 독립적으로 되어 버리는 순간과 매우 강하게 연관되어 있습니다. 그러나 나는 여러분이 막스 에른스트Max Ernst의 이른바 추상적 단계에 속하는 그림들을 한번 들여다볼 필요가 있다고 생각합니다. 우리가 현재 논의하고 있는 내용의 연관관계에서 막스 에른스트가 떠오르기 때문에 여러분에게 초현실주의자를 거명하고 있습니다. 여러분이 그의 그림을 들여다보면, 이른바 추상적인 형식들이 그에게서 얼마나 탁월할 정도로 전체적으로 지휘를 받아 형성되었고 이것이 유겐트양식Jugendstil의 장식으로부터 유래했음을 보게 될 것입니다. 이와 동시에 나는 여기에서 여러분에게 보물과도 같은 유겐트양식의 형식이 갖고 있는 의미는 우리가 인정하는 것보다는 비교할 수 없을 만큼 더 큰 의미를 현대 예술에 대해서 갖고 있다는 점을 간략하게 언급할 수 있습니다. 유겐트양식은 일종의 배제 과정에 종속되어 있는 현상들에 속하기도 합니다. 사람들은 유겐트양식을 비웃음으로써 최고로 기이하며 상흔傷痕을 남기고 있는 현상과는 모든 것이 끝났다고 믿고 있을 것입니다. 반면에, 비웃음은 사람들이 비웃음의 대상과 모든 것이 끝나지 않았다는 것을[480] 사실상 고발하고 있습니다.

여러분이 양해해 준다면, 나는 여기에서 예술작품의 내용과 형식에 대해 내가 할 수 있는 한 매우 독단적이고 거칠게 표현하는 기회를 갖고자 합니다. 예술에서 이른바 형식적인 모멘트들은 퇴적된 내용이 아닌 모멘트들로서 원래부터 존재하지 않습니다. 다시 말해, 그것들 나름대로 내용적이지 않은 형식적인 모멘트들은 존재하지 않는 것입니다. 이는 사람들이 증명한 바 있는 다음과 같은 경우를 보아도 알 수 있습니다. 우리가 관련을 맺고 있고 우리가 사용하는 물건들에서는 그 물건들을 장식하는 것이, 일반적으로, 사용하는 물건들이 생산된 관계보다 더욱 오래된 생산 단계에서 제기된 필연성으로부터 유래하는 미발달된 흔적들이나 잔재들이라는 사실이 증명되고 있습니다. 우리가 사용하는 물건들의 장식은 과거로부터 잔존되어 있는 미발달된 흔적들이나 잔재들에 근거하고 있는 것입니다. 장식은 이를테면 꽃병에서 생성된 일종의 흔적입니다. 장식은 일종의 중단이기도 합니다. 사람들이 장식을 통한 중단이라는 그러한 방식이 아닌 다른 방식으로는 화분을 만드는 기구에서 화분을 생산하여 화분을 가질 수 없는 곳에서 생성되는 일종의 흔적이 바로 장식인 것입니다. 이와 같은 비유에 따라서, 장식은 이른바 모든 예술적인 형식들에 대해서도 같은 방식으로 행동해도 괜찮다고 봅니다. 예술적 형식들은 그 언젠가는 내용이었으며, 자체로서 곧장 예술적 전개의 과정인 순화, 정신화의 과정을 통해서 그러한 형식들에 고유한 독자성을 얻게 된 것입니다. 나는 바로 이것이 모든 비대상적인 예술의 기준이며, 표면들의 조화를 깨트리는 모든 예술의 기준이라고 말하고자 합니다. 이러한 모든 예술은 내용의 퇴적화 과정을, 또는 내용의 형식으로의 순화 과정을 실행함으로써 표면들의 조화를 깨트리고 있음에도 불구하고, 형식 자체에서 내용이 가진 힘에 대해 무엇인가를 감지하는 것입니다. 우리가 형식의 의미, 형식의 감정을 표현하는 기술을 입에 올리는 경우에, 우리가 이와 더불어 의도하는 것이 바로 앞에서 말한 내용입니다. 이렇게 되면, 우리는 내용적인 충동들에서 예술에 살아남아 있는 것이 우리에 의해 기록되고 실현되며 고려되는 방식으로 예술의 형식적인 수단들의 사용에서 표현하는 의지를 갖게 되는 것입니다. 그리고 더욱 높은 단계의 비판, 즉 예술작품에 대한 비판은 —예술작품들은 추상적인 규칙들을 따르지 않고 오로지 작품들에 내재하는 필연성을 따릅니다— 겉으로 보기에는 단순히 형식적인 것에[481] 내용적으로 숨겨져 있는 것을 정당화하는 물음으로 항상 나아가게 됩니다. 이와 관련하여 나는 긴장감 상실의 위험을 말하고 싶습니다. 질문자도 위험을 확실하게 지적한 바 있었으며, 나도 역시 이러한 위험에 대해 침묵하지는 않았습니다. 긴장감 상실의 위험은 내가 바로 앞에서 여러분에게 보여주려고 시도했던 모멘트들이 실제로 망각되어 있고 더 이상 통용되지 않은 곳, 또는 대중적 말투로 표현해도 된다면 예술이 예술 장사로 넘어가 버린 곳, 또는 내가 "위험하지 않은 것의 위험"[482]이라고 명명하였던 것이 일어나는 곳, 다시 말해 대상적인 세계로부터 소외가 테이블보의 견본으로 사실상 넘어가 버린 곳과 같은 도처에서 나타납니다. 그러나 나는, 이러한 모든 것에서 자체로서의 추상화 과정에 단순히 귀속될 수 있는 그 어떤 것과 제거될 수도 있는 그 어떤 것이 관건이 되고 있지 않다는 점에 대해서 우리가 분명히 해두어야 한다고 생각합니다. 세들마이어Sedlmayr[483]와 전체주의적 성향을 지닌 문화 지킴이[484]를 자처하는 사람들은 우리가 '중간', 또는 대상, 또는 이와 유사한 그 어떤 것들에 되돌아감으로써 긴장감의 상실을 추상화 과정에 귀속시키거나 제거해 버리기를 바랐지만 우리는 그렇게 해서는 안 됩니다. 왜냐하면, 여기에서 실제로 관건이 되는 것은 오히려 —추상적인 특징으로 인해 매우 확실하게 비판적으로 거론되는— 이른바 추상적인 예술작품 내부에 있는 모멘트들이기 때문입니다. 구성 원리들을 기계적이고도 외부적으로 단순히 적용하는 것 대신에 요소들의 관계를 의미 연관관계로 밀고 들어가는 힘이 추상적인 예술작품들에서 확실히 결여되어 있다는 점이 특히 관건이 되고 있는 것입니다.

이제 나는 회화의 문제들에서는 내가 기법적으로 여러분에게 설명할 능력이 부족하다는 것을 고백해야만 하는 지점에 이르게 되었습니다. 회화의 문제들에서 내 능력이 미치지 못한다는 것에 대해 여러분에게 다음과 같이 말하는 것을 통해서 고백할 수밖에 없습니다. 내가 대부분의 경우에 마치 집에 있는 것처럼 느끼는 예술은 음악입니다. 음악에도 구성이 음악 자체로부터 펼쳐지는 것 대신에 외부로부터 일방적으로 뒤집어 씌워지는 모멘트들이 나타난다는 점을 여러분에게 말함으로써 회화의 문제들에서 내 능력이 미치지 못한다는 점을 고백하고자 합니다. 이러한 모멘트들이 나타나는 형상물들은 긴장감을 갖지 않은 형상물들로서 작용하는 것들일 뿐입니다. 여기에 덧붙일 것이 또 하나 있습니다. 우리가 긴장감 상실을 알아차릴 수 있는 이른바 추상적인 형상물들은 일반적으로 전통에 대한 변증법적 관계로부터 이탈한 형상물들이라는 점입니다. 나는 이것을 오늘은 다만 간략하게 언급할 수 있을 뿐입니다. 내가 보기에, 새로운 예술의 위대한 작품들은 거의 항상 전통을 하나의 힘으로 작품 자체에서 본질적으로 갖고 있으며 작품 자체로부터 나오는 고유한 힘으로부터 전통을 부정한 작품들이었습니다. 피카소, 브라크Braque,[485] 쉔베르크 등등과 같은 이 시대의 혁명적이고도 위대한 예술가들은 모두 전통 안에 들어 있었으며, 전통에서 그들의 힘을 측정함으로써 긴장의 귀납과 같은 것을 이끌어냈던 것입니다. 우리가 지금 여기에서 논의하고 있는 긴장감 상실과 그 문제점들은 사물 자체에서, 즉 형식들에서 역사적 경험이 결여되어 있는 것과 깊게 관련되어 있습니다. 긴장감 상실과 그 문제점들은, 전통에 대한 저항이 더 이상 이입되지 않고 카프카가 말하는[486] "공허하고 즐거운 여행"에서 저항의 의미를 오로지 긴장감 내부에서만, 전통에 대한 반발 내부에서만 갖는 것을 구사하는 곳이면 어느 곳에서나 나타납니다. 항상 순화되는 모멘트로서의 전통이 더 이상 존재하지 않는 곳에는, 실제로 혁명적인 예술의 힘도 원래부터 존재하지 않습니다. 지나가는 김에 여기에서 여러분에게 지적하고 싶은 것이 있습니다. 이러한 지적으로부터 과장된 결과를 끌어내고 싶지는 않습니다만, 이것은 우리가 항상 생각해야 할 문제라고 봅니다. 조심스럽게 말하도록 하겠습니다. 현대의 화가들 중에서 가장 중요한 화가들은 완벽한 추상을, 즉 대상성에 대한 모든 관계를 말소해 버리는 것을 주저하였다는 사실을 여러분에게 말하고 싶습니다. 클레Klee도, 피카소도 완벽한 추상을 주저하였습니다. 완벽한 추상을 남겨 놓았던 시기인 클레의 후기 단계에서, 특히 칸딘스키가 보여준 전개에서도 추상은 무조건적으로 축복을 받은 것은 아니었지 않나 하는 생각이 듭니다. 앞에서 말한 주저는, 다름슈타트의 내 친구들 중에서 여러 친구가 그러한 망설임을 비난하고 있듯이, 비겁함, 약함, 수미일관성이 없는 것으로부터 오는 망설임은 아니었습니다. 오히려, 자율성의 개념을 비로소 의미 있게 하기 위해서는 이질적인 것에 대한 저항이 확실히 필요하다는 것에 관한 지식이 클레나 피카소와 같은 위대한 예술가들이 완벽한 추상을 망설이게 하는 쪽으로 움직이도록 하였습니다. 다시 말해, 형상화의 자율성은 그것이 절대화되고 공회전하는 그 순간에 스스로 해체됩니다. 자율성의 자유가 자유와는 상이한 어떤 것에서 확인되지 않으면, 자율성은 더 이상 전혀 자유가 되지 못합니다.

질의자가 제기한 질문에서 마지막으로 강조된 사항이 있습니다. 이것은 매우 정당하다고 생각합니다. 질의자가 원래 의도하였던 것으로부터 다음과 같은 질문이 결과적으로 나오게 됩니다. "조형 예술에서 보이는, 특정한 대상성을 어떤 방식으로 항상 대변하려고 하는 요구 제기의 노력은 예술의 영역에 고유한 의도인 미래적인 것, 유토피아적으로 가능한 것, 역사적으로 지나간 것을 회상하는 경험들을 담은 의도가 선회하여 나타난 것과 동일한 뜻을 가진 것으로 보입니다." 나는 질문자가 앞의 질의에서 나타냈던 이율배반이 내가 이 시간에 여러분에게 보여주려고 했던 내용의 의미에서 볼 때 해체될 수 있다고 생각합니다. 이렇게 해서, 질문자가 말한 유토피아적 의도, 이와 더불어 급진적으로 나아가 예술에 대한 긍정적 입장이 정당화됩니다. 질문자는 관찰자의 조력助力이 없이도 추상적 예술작품들이나 급진적으로 구성주의적인 예술작품들의 진실이 가능한지의 여부에 대해 마지막으로 질의

하였습니다. 이 질문은 특별할 정도로 답변하기가 어려운 질문입니다. 이 질문이 기법적인 문제를 관찰하는 것에 의존되어 있기 때문입니다. 그럼에도 나는 이론적 인식의 조력이 확실한 의미에서 모든 예술에서 사실상 필요하다는 점을 말하고 싶습니다. 다만 여기에는 내가 여러분에게 자주 지적하였던 차이가 있을 뿐입니다. 이론적 인식의 조력이라는 면에서 볼 때, 전통적 예술에서는 숨겨진 채로 머물러 있었던 것이 현대 예술에서는 노출되고 있다는 차이가 있는 것입니다. 통상적인 예술관은 예술작품이 전제가 없이 그것 자체로부터 순수하게 나와서 작용을 한다고 하면서 예술을 직접적으로 순수한 직관과 자연으로 만들어 버립니다. 이것은 통상적인 예술관이 갖고 있는 미신에 속합니다. 그러한 전제가 유지될 수 없다는 것은 전적으로 확실합니다. 이른바 문화권과 같은 전제들에서 출발된 독특한 전제들을 그 내부에서 갖고 있지 않은 예술작품은 전혀 존재하지 않을 것입니다. 문화권과 같은 단어의 내부에는 예술작품도 놓여 있습니다. 이러한 단어가 일단 발생하도록 한다면, 그것은 우리가 예술작품을 이해하기 위해서 문화권이라는 단어가 갖고 있는 말투, 언어를 말해야만 한다는 의미에서 성립됩니다. 예를 들어 서구인들이 중국 음악을 그 어떤 적절한 의미에서 듣고 이해하고 음악의 의미를 실현시키는 것은 거의 가능하지 않은 것입니다. 예술작품을 이해하기 위해 그것이 들어 있는 문화권의 말투와 언어를 말하는 것을 행하지 않는다면, 예술작품은 우리로부터 간단히 벗어나고 말 것입니다. 예술작품을 이해할 수 있기 위하여 우리는 종국적으로는 예술작품이 지역화되어 있다는 점을 확실한 의미에서 알고 있어야 합니다. 벤야민은 이를 매우 도전적으로 정리하여 말한 바 있었습니다. 그는 어떤 그림을 판단할 때 그 그림이 누구의 그림인가를 알고 있을 경우에 제대로 판단할 수 있다고 말하였습니다. 벤야민의 이러한 정리는[487] 예술작품의 질質이 질 자체로부터 나와서 작용한다는 통상적인 생각에 일격을 가하고 있으며, 여기에서 무엇이 관건이 되는가에 대해 제대로 보여주고 있습니다. 다시 말해, 가장 상이한 방식으로 가능한 이론적 전제들의 다수가 —내가 여기에서 의도하는 것은 역사적 전제들이 아니고 이론적 전제들입니다— 모든 개별 예술작품의 경험에 필연적으로 들어감으로써 우리가 예술작품을 이해할 수 있는 것입니다. 우리가 인간, 휴머니티, 자율성, 자유와 같은 개념들에 관한 것과 그러한 카테고리들에 관한 것에 대해서, 이러한 것들이 도출된 것이라 할지라도, 어떻게든 알지 못해도, 우리는 베토벤에서 모든 가능한 육감적인 것을 기록할 수는 있을 것입니다. 그러나 이러한 경우에 우리가 베토벤의 작품을 이해할 수 있다는 것은 완벽할 정도로 배제되어 있습니다. 유명한 예술가들의 위령묘Pantheon에서도 특히 직관적이라고 기록된 예술에 대해서 말해야만 하는 것처럼, 예술이 이론적 전제를 함축적으로 갖고 있다는 점은 모든 예술에 해당됩니다. 바로 이 점에서도 오로지 현대 예술만이 당당히 맞서거나, 또는 이렇게 맞서지 않으면 이데올로기적으로 덮여진 상황에 대해 고백하게 됩니다. 다시 말해, 현대 예술만이 예술이 순수하게 직관적인 것이 아니며 정신적인 것으로서 정신적인 전제들을 갖고 있다는 점을 고백하는 것입니다. 이러한 논의의 결과로서 나는 다음과 같이 말하고자 합니다. 우리가 현대 예술의 이해를 위해서 단순히 눈과 귀 이상을 필요로 한다는 사실은 우리를 경악시킬 필요가 없습니다. 우리는 눈이나 귀만으로는 예술을 이해할 수 없기 때문입니다.

472) 아도르노는 피카소에게 오랫동안 갤러리를 제공해 주었던 칸웨일러 Daniel-Henry Kahnweiler, 1884-1979를 1949년 10월 3일 파리에 있는 레보비츠 René Leibowitz의 집에서 알게 되었다(vgl. Adorno. Eine Bildmonographie, hrsg. vom Theodor W. Adorno Archiv, Frankfurt a. M. 2003, S.208ff.). 이후 그는 칸웨일러를 반복해서 방문하였다. 1960년대에는 그를 통해서 피카소 의 소품 2점을 얻기도 하였다(vgl. ebd., S.255). 아도르노는 1960년에 칸웨일 러에게 논문 *Jene zwanziger Jahre*1920년대(jetzt in: GS 10·2, S.499 bis 506)를 헌정하였고, 1964년에는 칸웨일러 탄신 80주년을 기념하는 논문집에 *Über einige Relationen zwischen Musik und Malerei*음악과 회화 사이의 몇몇 관계에 대하여 (jetzt in: GS 16, S.628-642)를 기고하였다.

473) Vgl. GS 14, S.143ff.

474) 볼프주의자인 고트셰트Johann Christoph Gottsched, 1700-1766는 라이프치히에 서 1730년부터 시학 담당 정원외定員外 교수였으며, 1734년부터는 논리학과 형이상학 담당 정교수로 일하였다. 그는 »Versuch einer Critischen Dichtkunst vor die Deutschen독일인 앞에 내놓은 비판적 문학에 관한 시론«(편집 자주 79번 참조)에서 규칙 시학의 '학문화'와 문학적 서술의 내용에 대한 '이성적인' 근거 세우기를 계몽적-합리적으로 요구하였다. 그는 독일 바로 크 문학의 '과장'과 매너리즘에 대항하여 아리스토텔레스 시학의 규칙들과 프랑스 고전주의자들(Boileau, Corneille, Racine)의 전범에 따를 것을 추천하 였다. 고트셰트는 프랑스 고전주의자들의 희곡을 독일어로 번역하여 무대에 올렸다. 그는 활발한 출판 활동과 문학비평 활동을 통해서 18세기 중반에 독 일 문학의 가장 중요한 비평가로서 영향력을 발휘하였다. 고트셰트는 자신 이 활동했던 분과를 '미학'으로 이해하지는 않았다. 바움가르텐이 주도하였 고 그의 할렌서 제자들에 의해 1750년대에 새로운 학문 분과의 명칭인 '미 학'(편집자주 64번 참조)이라는 이름으로 실행된 '아름다운 학문'의 재조직 화 프로젝트의 성공은 고트셰트의 점차적으로 독단적으로 느껴졌던 합리주 의적 '취향 독재'에 대한 반대에 최종적으로 힘입은 것은 아니다.

475) 레싱Gotthold Ephraim Lessing, 1729-1781은 »Briefen, die neueste Literatur betreffend최근의 문학에 관련된 서신들«(1759-65; in: Gotthold Ephraim Lessings sämtliche Schriften. Band 8, hrsg. von Karl Lachmann, Dritte ⋯

verm. Aufl., besorgt durch Franz Muncker, Stuttgart 1892)과 »Hamburgischen Dramaturgie함부르크 희곡론«(1767-68; in: Gotthold Ephraim Lessings sämtliche Schriften. Bd. 9, Dritte Aufl., besorgt durch F. Muncker, Stuttgart 1893)에서 고트셰트에 맞서서 투쟁하였다.

476) Vgl. Aristoteles, Poetik시학, Kap. 6, 1449 b 24. "비극은 선택된 화법에서 특정한 크기에 관한 고귀하고도 닫혀진 행위를 모방하는 것이다. 모방은 그러한 화법의 모든 형식이 각각의 부분들에서 출현하고, 행해져야 하며, 보고되지 않는 방식으로, 동정심과 공포심의 도움을 받아 앞에서 말한 종류의 자극들에 의해 정화가 성취되는 방식으로 이루어져야 한다"(Übersetzung von Olof Gigon, Stuttgart 1961).

477) Vgl. Adornos Untersuchung der Astrologie-Kolumnen aus der Los Angeles Times, *The Stars Down to Earth*지상으로 떨어지는 별들(1953/57), jetzt in: GS 9·2, S.7-120.

478) 아도르노는 *Kritik des Musikanten*악사에 대한 비판(1954)에서 다음과 같이 쓰고 있다. "낯설게하기만이 오로지 소외에 대해 답을 준다"(GS 14, S.71). 철학자이자 인간학자인 플레스너Helmuth Plessner, 1892-1985의 저작에서 어느 자리가 여기에서 아도르노에게 동인으로 작용했을지도 모른다는 점에 대해서 명백하게 해두는 것은 가능하지 않다. 플레스너는 1951년부터 괴팅겐 대학의 사회학 교수로 일하였으며, 아도르노가 하커 재단의 지원을 받아 캘리포니아에서 일하였던 기간인 1952-1953년에는 프랑크푸르트 대학에서 아도르노를 대신하여 강의하였다. 플레스너가 아도르노에게 동인을 준 것은 아마도 구어적인 언급일 수도 있다. 플레스너는 1953년에 발표한 논문인 »Mit anderen Augen다른 눈으로«에서 다음과 같이 상론詳論하고 있다. "우리가 신뢰성의 영역을 다시 볼 수 있기 위해서는 신뢰성의 영역에 낯설게 되어야 한다. 우리는 우리를 친밀하게 에워싸면서 우리 앞에 상像으로 마주 대하면서 출현하는 가시적으로 된 주변 환경을 다시 만나는 것을 신선하게 된 감각들과 더불어 즐기게 된다. 어린 시절에 고향을 떠나 성인이 되어 고향으로 되돌아온 사람은 이러한 소외를 더욱 강하게 체험하게 된다. 이것은 이민자에게서 가장 강력하게 체험된다. 이민자는 자신에게 영향을 미쳤던 모든 전승된 것을 자신을 친밀하게 보호해주는 낯선 것의 안경을 통해서 고향처럼 믿지 않고 다른 눈으로 되는 경우가 있다. 이런 경우에 이민자는 그에게는 무수한 기억을 남겨준 고향땅과 전승되어온 정신의 뿌리가 균열될 정도로 긴장

에 이르게 되는 것을 인생의 정점에서 느끼게 된다. … 사람들은 이해되지 않는 것만을 이해하려고 하며, 이해되지 않는 것과 친밀해지려고 한다. 사람들은 신뢰된 것을 시야에 들어오게 하고 조망하기 위해서 신뢰된 것만을 자신에게서 소외시킬 수 있다. … 소외된 조망의 기술은 그러므로 모든 진지한 이해에서 빼놓을 수 없는 전제를 충족시킨다. …"(Helmuth Plessner, Gesammlelte Schriften. Hrsg. v. Günter Dux, Odo Marquard und Elisabeth Ströker unter Mitwirkung von Richard W. Schmidt, Angelika Wetterer und Michael-Joachim Zemlin, Bd. VIII: Conditio Humana, Frankfurt a. M. 1980, S.92ff.).

479) 프랑스 화가 세잔Paul Cézanne, 1839-1906을 '우리 모두의 대부'로 나타내는 것은 1920년대 이래 피카소뿐만 아니라 앙리 마티스에도 격언처럼 받아들여졌다. 이것을 누가 최초로 사용했는가에 대해서는 재구성이 불가능하다. 세잔 자신으로부터 전승되는 금언도 있다. "우리 모두는 아마도 피사로 Pissaro로부터 유래하고 있다"(Paul Cézanne, Über die Kunst예술에 대하여. Gespräche mit Gasquet, Hamburg 1957, S.23).

480) Vgl. Helmuth Plessner, Lachen und Weinen웃음과 울음. Eine Untersuchung der Grenzen menschlichen Verhaltens인간 행동의 한계에 관한 연구(1941), in: ders., Gesammelte Schriften, a. a. O., Bd. VII, Frankfurt a. M. 1982, S.201 bis 387, bes. S.323-327.

481) "이와 같은 비유에 따라서, 장식은 이른바 모든 예술적인"부터 여기까지 아도르노가 왼쪽 여백에 줄을 그어 놓았다.

482) Vgl. Philosophie der Neuen Musik신음악의 철학, GS 12, S.165; s. auch Das Altern der neuen Musik신음악의 노화, GS 14, 144.

483) 편집자주 305번 참조.

484) 아도르노는 1950년에 쓴 논문인 Die auferstandene Kultur부활된 문화(vgl. GS 20·2, S.460)에서 히틀러의 문화감독관들에 대해 언급하였다. '구소련 점령지역'과 1949년 이래 이 점령지역에 세워진 동독 지역에 있는, 즉 경계의 건너편에 있는 동구권 문화감독관은 나치즘을 뒤따라 문화정책을 지배수단으로서 설정한 것이었으며, 이는 아도르노의 논문 Die gegängelte Musik마음대로 부려지는 음악(1953, s. GS 14, S.51)에서 비판 대상이 되었다. — '전체주의적'이라는 부가어는 '냉전' 시대에는 특히 구소련의 영향권에 있었던 지역에서 파시즘의 지배형식과 별로 구분되지 않았던 스탈린주의적인 지배형식을 지

나가면서 특징짓는 용어로 사용되었다. 아도르노와 호르크하이머는 아렌트 Hannah Arendt의 영향력 있는 저서인 The Origins of Totalitarianism 전체주의의 기원(1951; deutsch unter dem Titel: Elemente und Ursprünge totaler Herrschaft, Frankfurt a. M. 1955)이 나오기 전에 이미 『계몽의 변증법』에서 '전체주의적'이라는 부가어를 나치 독재에서 정점에 도달하였으며 나치 독재의 소멸 이후에도 결코 소멸되지 않은 총체적 통제와 한계가 없는 지배의 경향을 나타내는 용어로 사용하였다.

485) 프랑스 화가 브라크Georges Braque, 1882-1963는 피카소, 그리스Gris와 더불어 입체파의 창시자로 통용된다(편집자주 224번 참조).

486) "네가 말馬들을 많이 긴장시킬수록, 말은 더욱 빠르게 달린다. — 말하자면 기초를 이루는 덩어리가 뽑혀 나가는 것은 아니다. 이것은 불가능하다. 그러나 가죽끈이 찢어지면서 공허하고 즐거운 질주가 이루어진다"(Franz Kafka, Beim Bau der chinesischen Mauer und andere Schriften aus dem Nachlaß in der Fassung der Handschrift만리장성의 축성, 육필 유고로 된 다른 저작들. Nachgelassene Schriften und Fragmente I, hrsg. v. Malcolm Pasley, Frankfurt a. M. 1994, S.235). Vgl. auch Das Altern der Neuen Musik신음악의 노화(1954), GS 14, S.150, und GS 7, 31.

487) 이러한 언급은 벤야민의 저작들에서 증명되지 않는다. 추정컨대 아도르노는 벤야민이 구두로 언급한 내용과 관련시키고 있는 것 같다.

···488) 우리는 지난 시간에 비교적 긴 두 개의 질문을 검토했으므로 이제 우리가 해왔던 논의를 다시 계속하기로 하겠습니다. 내가 여기에서 용기 있는 모양새를 사용해도 된다면, 두 개의 질문으로부터 우리의 논의에 유용한 틀을 건져 올리는 것을 시도하기로 하겠습니다. 다시 말해, 우리가 질문에서 다루었던 문제들을 우리가 원래부터 시도하였던 중심적 고찰에 유용하게 연관시켜 보도록 하자는 것입니다. 우리의 지금까지의 탐구에서 중심을 이루었던 진행 과정은 미학의 중심에 놓여 있는 미의 개념의 변증법을 여러분에게 보여주려고 시도했던 과정이었습니다. 이와 동시에 나는 여러분에게 미의 개념이 —이것이 긍정적 개념으로서, 어느 정도 독단적 개념으로서 도입된다면— 필연적으로 빠져드는 어려움을 먼저 보여준 바 있었습니다. 나는 또한 내 강의를 미적 경험에 본질적으로 관련시켜 진행하였으며, 우리는 매우 변화된 관점에서 미적 경험의 개념에 되돌아오지 않을 수 없을 것입니다. 이것은 우리의 방법론에 중요하지 않은 요소는 아닐 것입니다. 미적 경험에 관한 논의에 이어서 우리는 미적 개념이 빠져 있는 미학이 무엇을 말하는지 하는 문제를 숙고하는 것으로 넘어 갔습니다. 우리는 지난 시간에는 조형 예술에서 객체에 대한 관계에 대한 반론, 또는 문제 제기를 상당히 상세하게 다룬 바 있었습니다. 나는 이러한 고찰들이 지금 우리의 논의와 관계가 있는 문제에 속해 있다는 사실을 여러분이 알아차리게

되기를 바라고 있습니다. 다시 말해, 그 내부에 미적 개념이 자리를 갖고 있지 않는 곳인 미적 고찰들이 뜻깊게 실행될 수 있는지의 여부와 어떤 방식으로 실행될 수 있는지 하는 물음에 직접적으로 관계가 있는 것입니다. 이러한 물음에 대해서 일단은 다음과 같은 반론이 가능할 것처럼 보입니다. 예술작품이 아름답지 않다면, 즉 예술작품이 항상 이상적인 관찰자, 청취자, 독자와 같은 사람을 마주 대하면서 그 어떤 방식으로 정당화되지 않는다면, 예술작품이 무슨 목적으로 현존합니까? 미적 경험이 측정될 수 있는 척도가 존재하지 않는다면, 예술작품 전체가 무엇을 위해 좋은 것으로 존재한다는 것입니까? 예술은 존재의 이유와 같은 그 어떤 것을 갖고 있습니까? 나는 이러한 반론이 반론을 유발한 주장을 쳐서 꿰뚫지 못하고 있다고 생각합니다. 이 반론이 —이 반론에 대해 내 입장을 밝히는 것이 긴요하다고 생각하였기 때문에 반론에서 정리된 내용에서 이미 내 생각을 간략하게 언급하지 않을 수 없었습니다— 관찰자와 같은 존재를 전제하고 있기 때문입니다. 다시 말해, 사람들이 우아하게 말하고 있듯이 예술작품은 무엇인가를 '준다'는 것에서 그 어떤 방식으로든 무엇을 가져야만 한다고 생각하는 관찰자가 전제되어 있는 것입니다. 동시에 지나가는 김에 이러한 생각에 숨겨져 있는 혐오스러운 교환적 사고를 지적하고 싶습니다. 관찰자는 예술작품에 명예를 부여하고 있으며, 그가 가진 시간, 그의 눈과 귀, 그의 값비싼 신경계통의 힘을 예술작품에 바치는 것입니다. 이에 대한 대가로서 관찰자는, —그것이 즐김이든, 그의 가치 있는 내적 삶을 풍요롭게 하는 것이든, 또는 그 어떤 형태이든— 현금과도 같은 그 어떤 것을 예술작품으로부터 받아내려고 합니다. 이처럼 통속적인 생각은 미적 관찰로부터 선험적으로 배제되는 것이 당연하다고 할 것입니다. 그러나 그러한 반론이 그대로 사용되도록 놓아두십시오. 여기에서 나는 예술작품이 즐김 등을 주지 않으면 아무것도 '주지 않는다'는 관점에서 미의 개념을 그것의 긍정적인 모멘트에 맞춰 여러분에게 펼쳐 보이는 길을 추적하고 싶지는 않습니다. 왜냐하면 예술작품은 그것 자체에서 작품의 질을 갖고 있으며, 항상 여러 가지 성향을 갖고 있는 관찰자와의 관계에서 갖지는 않는다는 점을 —우리는 이 점을 사실상 받아들여야 하는 매우 강력한 근거들을 갖게 될 것입니다— 생각하는 것이 전적으로 가능하기 때문입니다. 이렇게 되면, 통용 기한으로서의 미에 대한 물음은, 즉 예술작품 전체가 무엇을 위해 좋은 것으로 존재하는가 하는 물음은 효력을 잃게 될 것입니다. 예술작품은 다른 그 어떤 것이 아닌 바로 다음과 같은 것에서 대해서, 즉 예술작품이 한때 각인시킬 수 있다고 규정하였던 것을 가능한 한 순수하게, 수미일관되게, 완벽하게 각인시키는 것에 대해서 좋은 것으로 존재하는 것으로 보이기 때문입니다. 내가 가고 싶은 길은 다음과 같은 길입니다. 이 길을 가는 것이 사람들이 그 어떤 형식에서 사용하는 카테고리와, 그리고 사람들이 예술 작품들에 대한 고찰과 무엇보다도 특히 예술작품들에 대한 평가에서 —평가라는 통속적인 단어가 통과될 수 있도록 여러분이 허용해 준다면— 미美 대신에 통용될 수 있다고 믿는 카테고리와 어떤 사정을 갖고 있는가에 대해 우리가 짧게나마 숙고해 보아야 하는 길을 가고 싶습니다. 이 길은 내 강의에서 거의 규칙적으로 나오는 개념인 진리의 길입니다. 예술작품들로부터 요구될 수 있는 것은 —미는 앞에서 눈에 뜨이는 그 어떤 것, 기만적인 것, 가상이기 때문에— 미가 아니고 예술작품에서 중요한 것인 예술작품의 진리라는 것이 미적 토론에서 모든 시대에 걸쳐 항상 다시 되돌아옵니다.

이제 나는 진리의 개념이 예술에서 갖고 있는 여러 가지 상이한 의미들을, 충분히 플라톤과 같다고 할 수 있는 방식으로, 구별하는 것을 일단 시도해 보고 싶습니다. 예술은 진실한 것이 되어야 하며 다른 것이 될 수는 없다는 요구에 대해서 아래의 논의에서 제시하는 정황들이 제공해 주는 척도가 무엇인지를 나는 바로 앞에서 말한 상이한 의미들에서 검토해 보려고 합니다. 일단 논의해 볼 수 있는 것은 예술이 자연적으로 진실한 것이라는 생각입니다. 이 논의는 내가 지난 주의 강의로부터 이번 주로 넘기고 싶었던 것이기도 합니다. 예술의 객체가 주체의 경험에서 측정될 수 있으며 주체의 경험과 전혀 동질적일 수 없다는 반론을 나의 분석에서 상당히 상세하게 비판하였다고 생각합니다. 나는 예술이 자연을 재현시킨다는 생각을 먼저 검토해 보려고 합니다. 이렇게 함으로써 이미 오래전부터 알려진 것을 여기에서 반복하고 있습니다. 이렇게 말하는 것을 여기에서 다루는 문제 자체에 따라 필연적으로 느껴서 반복하기보다는 꼼꼼함 때문에 반복합니다. 예술작품이 외부적인, 대상적인 자연을 사실상 완벽하게 재현하는 것에 다름이 아닌 것이라면, 사진이나 이와 유사한 것들은 문자 그대로 예술과 동일한 것이 될 것입니다. 물론 위대한 예술작품들이 많든 적든 자연주의라는 이름으로 진행된 예술사조에서 성립되었던 시기들은 존재합니다. 나는 이러한 연관관계에서 단지 플로베르Flaubert만을 상기시키고자 합니다. 어떤 경우이든 우리가 일차적으로 고려하게 되는 양대 작품인『보바리 부인』과『감성 교육』과 같은 작품에서 우리는 그를 근대 자연주의의 기초를 세운 예술가로 볼 수 있는[489] 것입니다. 그럼에도 우리가 이른바 자연주의적 예술작품들과 더욱 확대된 의미에서 발자크 Balzac[490]의 작품과 같은 위대한 사실주의적 예술작품들을 들여다보면, 우리는 다음과 같은 문제에 부딪치게 됩니다. 다시 말해, 이러한 자연주의가 —관습적으로 되어 버리고 전해져 내려오는 표상으로 경직된— 낭만주의에 대항하는 함성으로서 자연주의의 커다란 권리를 확실히 얻기는 하였지만, 이처럼 획득된 권리는 이러한 예술작품들에서는 자연주의의 자격으로서의 자연주의와 함께 그렇게 대단할 정도로 멀리 나아간 곳에 있지 않으며, 작품을 자연주의로부터 빗나가게 하는 수많은 모멘트가 작품들에서 발견되고 있는 것입니다. 플로베르에 한번 되돌아가 보면, 특별한 정도로 기교가 넘치고 섬세한 구성뿐만 아니라 특히 언어의 기능도 상기될 수 있습니다. 플로베르에서 보이는 특별히 섬세한 구성을 통해서 우연적이고도 의미 없는 상세한 것까지 따로따로 지시하는 삶은, 이러한 삶의 무의미성에 대해서 기만되는 것이 없는 상태에서, 일종의 동일체로 요약됩니다. 플로베르가 산문 분야에서 가장 위대한 예술가들 중의 한 명이라는 것은 일반적으로 잘 알려져 있습니다. 플로베르가 그의 산문을 최고로 가다듬고 의미로부터 매우 멀리 떨어져 있는, 음악적 순수함이라는 특정한 이상理想을 독자에게 가까이 나르기 위해서 말로 표현할 수 없는 모든 잡다한 노력에 자신을 종속시켰다는 이야기를 여러분 모두가 들어서 잘 알고 있을 것입니다. 나는 여기에서 이러한 모멘트를 다루고 싶은 생각이 전혀 없으며, 조금은 다른 것을 다루고 싶습니다. 나는 플로베르에 들어 있는 이른바 자연주의적인 장편소설 유형에서는 언어적인 통합성이 형식이 기초를 다지는 것에서 매우 결정적인 기능을 갖는 것은 아닌가 하는 물음을 던지고 싶습니다. 이러한 기능은, 표현의 완벽한 순수함을 통해서, 즉 이러한 표현이 의사소통의 시도들이나 타락에 맞서서, 그것 나름대로 강직함으로 보여주고 서술된 것을 ―고도로 발달된 형식 전통에 맞춰서― 가능한 한 찌꺼기 없이 서술하는 것을 통해서만 규정될 수 있습니다. 이어서 나는 무한할 정도로 고도로 조립된 형식의 수단을 통해서 어떤 특정한 내용적인 것이 성취되는 것이 아닌가 하는 것을 묻고 싶습니다. 마지막으로 이러한 형식이 플로베르가 그의 근대 장편소설에서 서술했던 것에 들어 있는 진부함, 무의미성, 신으로부터 버림받은 것과 현저하게 대조되는 상태에 놓이게 됨으로써 의미가 버림을 받은 상태가 대조에 의해 돋보이는 것의 앞에서 당연히 돌출하는 것은 아닌지에 대한 물음을 던지고 싶습니다. 진행들의 재현이 갖는 진리를 원리로서 설정하는 것은 자연주의적인 예술의 프로그램에 속합니다. 나중에 학문에서도 프로그램이 되었던 방향도 이러한 프로그램에 특히, 매우 본질적으로 속합니다. 이러한 방향은 그 내부에서 유럽 실증주의의 전체적 유형과 접맥이 됩니다. 예술작품은 가치 판단을, 사람들이 그렇게 말하고 있듯이 어떤 경우이든 입장 표명을 포기해야 한다는[491] 요구가 제기되었으며, 이러한 요구는 우리 시대에 이를 때까지도 장편소설들을 많든 적든 항상 반복적으로 뒤섞어 놓았습니다. 어떤 사람도 자신이 보바리 부인과 동감을 갖고 있는지의 여부에 대해 결말을 낼 수는 없었지만, 플로베르는 이러한 문제에 대해 결말을 냈던 첫 번째 사람이었습니다. 그는 완벽한 논리적 일관성과 확실한 고행을 가진 상태에서 이러한 입장까지 나아간 작가였습니다. 플로베르가 여성 영웅이 아니고 그의 소설에 나오는 여자 주인공인 보바리 부인에 대해 갖는 일종의 동감은 그가 동감이라는 표현을 포기하는 것, 바로 그것에서 성립된다고 역설적으로 말할 수도 있습니다. 그는 제스처와 더불어 이렇게 그냥 놓아두고 있는 것입니다. 보라, 이렇게 되어 있다, 이 사람을 보라. 이렇게 함으로써 보바리 부인과의 동일성을 가능하게 하는 것입니다. 이것을 비로소 가능하게 하는 매체는 언어가 유일합니다. 즉, 자연주의적 예술작품은 오로지 언어를 통해서만이 예술작품이 될 수 있습니다. 자연주의의 근대적 개념이 구상되었던 초기에 통합에 대한 구체적인 구상이 형식과 함께 진행되었다는 점은 따라서 중요한 의미를 갖습니다. 이러는 동안에도, 플로베르가 제기한 요구가 서술의 엄격함에서 희생되고 플로베르로부터 아주 사소한 것만이 남아 있는 그 순간에 예술작품은 통속 소설이나 사진으로 가라앉고 말았습니다. 나는 역사적으로는 플로베르보다 앞선 시대의 작가인 발자크에서는 사정이 전혀 다르다는 점을 언급하고자 합니다. 발자크의 사실주의적 예술작품은 도처에 낭만주의적 표상들과 뒤섞여 있습니다. 낭만주의적 표상들은 발자크가 살던 시기에 갓 시작된 절정 자본주의적 사회의 삶에 들어 있는 불투명성과 그러한 표상들 나름대로 무언가 관계가 있었으며 기이한 방식으로 서로 교차되어 있었습니다. 그러한 불투명성은 문학가에게 너무나 많은 수수께끼들에게 얼굴을 돌리도록 하였으며, 문학가에게는 가장 커다란 모험보다 더욱 모험적으로 서술되었습니다. 이제 지금까지 말한 내용을 요약해도 될 것 같습니다. 자연주의적이거나 또는 사실주의적인 의미에서 진실을 찾으려고 —이것은 예를 들어 유력한 척도에서 볼 때 토마스 만에게도 해당됩니다. 많은 사람들은 그가 사실주의적 작가에 속한다고 보고 있습니다— 노력하는 모든 곳에서는, 예술작품이 정말로 의미가 있는 곳에서는, 예술작품들이 서술과 작품들에 의해 서술된 것에 들어 있는 사진처럼 충실한 서술을 넘어서고 넘어서야만 한다는 문제에 봉착하게 됩니다. 여러분 중에는 독문학과 로만계 문학을 전공하는 사람이 있을 것입니다. 내가 이 사람들에게 어떤 자극을 주어도 된다면, 이른바 사실주의와 자연주의의 형상물들을 그것들에 들어 있는 비-사실주의적이고 비-자연주의적인 특징들에 근거하여 체계적으로 한번 연구해 보기를 권하고 싶습니다. 다시 말해, 여행안내서와 같은 책에 들어 있지 않은 자연주의를 연구해 보기 바랍니다. 사람들이 게르하르트 하우프트만Gerhardt Hauptmann과 같은 자연주의적 문학가에 대해492) 그는 자신에게 충실하지 못했으며 신낭만주의에 대한 그의 급진적인 자연주의적 충동들을 누설한 문학가라고493) 비난한다면, 이것은 일관성이 없습니다. 하우프트만에게 낭만주의적 카테고리들로 나타나는 결정적인 카테고리들이 자연주의적 희곡들에서도 들어 있다는 사실을 너무나도 쉽게 보여줄 수 있기 때문입니다. 예를 들어 낭만적-역사적인 희곡에서 나타나는 기본 태도가 있습니다. 『플로리안 가이어』494)도 이러한 기본 태도를 확실한 방식으로 서술하고 있으며, 『직조공』도 이 점에서는 다른 것이 전혀 없습니다. 기본 태도는 다음과 같습니다. 억압받은 사람들이 아무런 희망이 없이 세계 대드는 것에 대한 서술로부터, 즉 이러한 제스처로부터 『플로리안 가이어』에서나 『직조공』에서나 두 번 모두 형식 요소들이 그 결과로서 생기는 것입니다. 여러분은 자연주의가 이른바 낭만적인 특징들로 넘어가는 방식과 이와 동시에 발생하는 미적 문제점을 아마도 『한넬의 승천』495)과 같은 작품에서 가장 잘 인식할 수 있을 것입니다. 곁들여서 말한다면, 이 작품의 1부는 작품이 다루고 있는 문제가 최고로 천재적인 것은 아닌 것으로 보이지만 하우프트만으로부터 존재하는 것 중에서는 가장 천재성이 있는 부분 중의 하나라고 말하고 싶습니다. 이러한 연관관계에서 사람들이 자연주의라고 부르는 것의 요소, 관점은 오늘날 우리 시대의 현대 예술에서도 매우 본질적인 것이라는 점을 내 의견으로 덧붙이고자 합니다. 우리는 지금까지 현대 예술의 모멘트들에 대해 논의해 왔습니다. 현대 예술은 이러한 모멘트들에 의해서 모사되는 것의 표면으로부터 분리됩니다. 우리가 현대 예술의 모멘트들에 대해 논의한 이후에는 우리 스스로 이것을 상기시키는 것이 맞을 것이며, 이는 변증법적 고찰에 마땅히 어울리는 태도라 할 것입니다. 루카치Lukács는 급진적인 현대 예술을 비난하면서 많은 예술사조 중에서도 특히 자연주의에게 극도로 기이한 형식으로 죄를 뒤집어씌우는 데까지 나아갔습니다. 루카치는 실제로 놓여 있는 영혼의 상태나 또는 그 어떤 유사한 것들[496]에 대한 서술이라는 의미에서 자연주의를 극도로 비난한 것입니다. 루카치가 자연주의를 이렇게 비난하는 주장을 펼친 것에 대해선 나도 전혀 책임이 없는 것은 아니라는 생각을 해 봅니다. 루카치의 주장이 비난으로서 등장하고 있는 것은 정말로 특이한 일입니다. 나는 『신음악의 철학』에서 음악에 나타난 급진적인 표현주의는 음악의 기록문서적인 특징과 연관이 있다는 점을 보여주려고 시도한 바 있었습니다. 이렇게 연관을 맺으면서 급진적인 표현주의적 음악은, 형식 관습들에 의해서 방해받고 있다고 느끼지 않으면서, 영혼의 자극들을 마치 지진계처럼 기록하고 있으며, 미리 생각된 단순한 형식적인 연관관계[497] 대신에 영혼의 자극들의 연관관계를 설정하고 있는 것입니다. 내가 이러한 시도를 했던 한, 나도 루카치의 자연주의 비난에 전혀 책임이 없을 수는 없는 것입니다. 매우 많은 현대 예술이 기록문서적인 특징을 갖고 있으며, 이러한 특징은 예를 들어 초현실주의의 프로그램에서[498] 자동으로 써 내려가는 것과도 어울립니다. 우리가 의도한다면, 여기에서 자연주의적인 특징들의 전환과 같은 것을 볼 수도 있습니다. 나는 거의 다음과 같은 정도로까지 말하고자 하며, 이것을 실제로 다만 하나의 암시에 국한시킬 수 있습니다. 기록문서적인 특징에는 변증법적 소금Salz, 물질주의적 소금이 놓여 있으며, 실재적인 현존재의 표면으로부터 가장 멀리 떨어져 있는 매우 급진적인 예술은 이러한 소금을 실재적인 현존재와 다시 결합시키고 있는 것입니다.

대상적으로 진실한 것의 개념과는 별도로, 우리가 심리적으로 진실한 것의 개념 또는 때에 따라서는 심지어 표현의 진실의 개념으로 표시할 수 있는 개념이 존재합니다. 쇤베르크도 이 개념을 의도하고 있었는지도 모릅니다. 쇤베르크는 그의 예술의 전체적 흐름에서 볼 때 자연주의와는 확실히 거리를 두고 있었지만 표현주의적 시기의 초기에 다음과 같이 쓴 적이 있었습니다. 예술은 장식이 되어서는 안 되며, 진실하여야 한다.[499] 이것은 또한 조금은 어려운 사정도 갖고 있습니다. 예술에서 이러한 종류의 진실과 더불어 의도될 수 있는 것은 사실상 다른 것이 아닌 바로 미메시스적 충동입니다. 예술은 대상화하는 의도를 추적하는 것 대신에 반응방식들로부터, 다시 말해 이러한 반응방식들에 의해서 어떤 것이 다른 어떤 것과 비슷하게 되는 반응방식들로부터 어떤 것을 그 내부에 내포함으로써 미메시스적 충동을 갖습니다. 미메시스적 충동은 어떤 것을 다른 것과 비슷하게 하는 것이 물건과 같은 것이 되는 상태에서 일어나지는 않습니다. 표현에 놓여 있는 이러한 종류의 진리, 이러한 미메시스적 충동의 맞은편에서 진리의 개념은 그러므로 최소한 특별할 정도로 어려운 것이 됩니다. 표현에서 진실하다는 것은 특별할 정도로 문제성이 있기 때문입니다. 본질적으로는 표현에서 성립되는 예술작품들의 진리는 원래 이러한 미메시스적인 자극에는 전혀 놓여 있지 않습니다. 오히려 반대입니다. 경험적 현실에 대한 대상적 세계의 척도에 따르면, 예술을 지칭하는 것인 표상력을 통해서 무엇을 무엇과 동일한 것을 설정하는 척도에 따르면, 미메시스적인 모멘트인 표현은 항상 무언가 과도한 측면을 갖고 있습니다. 내적인 표현에 완전히 침잠하는 예술에서는 —예술은 다듬어져서 알맞게 만들어진 처리방식들의 맞은편에서 그것 자체를 내적인 자극에 내맡김으로써 내적인 자극을 충실하게 재현하려고 시도합니다— 과도한 것의 모멘트가 항상 제 모습을 꺼내 보입니다. 이러한 문제들에서 특히 예리하고 예민한 니체가 어떻든 독일어권 영역에서는 최초의 위대한 표현예술가인 리하르트 바그너Richard Wagner를 비난한 것은 우연이 아닙니다. 니체는 바그너가 표현예술에 침잠하기 위해서 겉치레를, 다시 말해 확실한 의미에서 비진실성을 보이고 있다고 비난하였습니다.500) 동시에, 표현의 진리 개념이 끝까지 지탱될 수 없는 이유가 또 있습니다. 여러분은 내가 이에 대해서 나의 비교적 긴 논문인 「신음악의 기준들」501)에서 매우 세밀하게 파고들어 전개했음을 발견하게 될 것입니다. 표현과 같은 것은, 지금까지 거의 주목을 받지 못했던 것을 예술작품이 사용하지 않은 상태에서는 도저히 불가능하기 때문입니다. 더 구체적으로 말하겠습니다. 일종의 표현 관습들, 즉 재료의 특별한 배열들, 특정한 음향들, 특정한 색들, 무언가 특정한 것을 표현해야 한다는 암묵적인 일치를 예술작품이 사용하지 않고는 표현과 같은 것은 불가능합니다. 이러한 표현 관습들이 존중되지 못하는 곳에서는 이른바 표현도 그곳에 없는 것입니다. 곁들여 말한다면, 이것은 내가 지난 시간에 모든 예술작품에 필연적으로 해당되는 이론적인 전제들이라고 표시하였던 것에 제대로 속하기도 합니다. 우리가 미리, 이를테면 이론적으로, 표현이 보여주는 게임의 규칙에 대해서 명확하게 깨닫지 못한다면, 표현에 관한 모든 물음은 문제성이 많은 것이 되고 맙니다.

마지막으로 진리의 개념이 하나 더 있습니다. 이 개념은 예술에 관한 토론에서 최근에 매우 중요한 역할을 하고 있습니다. 이 개념은 음악이론가인 아이머르트Eimert가 정리한 개념입니다. 그는 예술작품이 '정합적'이어야 한다502)고 말하였으며, 이러한 의미에서 이 개념을 정리한 것입니다. 그의 언급은 한편으로는 자명하지만 다른 한편으로는 잘못된 것입니다. 자명성은 다음과 같은 경우에 한해서 성립됩니다. 즉, 예술작품이 내부 자체에서 정합적이지 않고 논리에 맞게 철저하게 조직화되어 있지 않다면 예술작품은 당연히 그 어떤 객관성도 가질 수 없게 될 것입니다. 예술작품이 그 내부에서 깨진 것으로서, 논리적으로 맞지 않은 것으로서, 미적으로 비논리적인 것이 된다면, 그것은 예술작품에 포함되지 않습니다. 이러한 경우에 한에서만, 아이머르트가 말한 정합성은 자명한 것이 됩니다. 그러나 다른 한편으로는 예술작품의 정합성은 수학적 과제의 의미에서, 다시 말해 모든 구성적인 모멘트가 기본 경과과정에 소급될 수 있다는 의미에서, 예술작품이 예술작품이라는 어떤 보장을 즉각적으로 갖는 것은 전혀 아닙니다. 어떤 예술작품이 예술작품에 근원으로 놓여 있는 수학적 계산의 의미에서, 예술작품 내부에 사용된 소재에 대한 —예술작품에 근원으로 놓여 있는— 조작의 의미에서 완벽할 정도로 정확하고 정합적일 수 있습니다. 예술작품은 그럼에도 또한 예술작품으로서 불쾌한 수다503)를 서술할 수도 있거나 또는 아무것도 서술할 수 없으며, 완전한 난센스일 수도 있습니다. 다시 말해, 이것은 아직 끝났다고 할 수 없는 문제인 것입니다.

여러분이 내 의도를 잘못 이해하지 않았으면 합니다. 내가 일단은 미적인 것 이전의 것이라고 비판하였던 개념인 진리의 개념에 대한 지금까지의 논의로서 끝내고 싶은 생각이 내게는 전혀 없습니다. 나는 이 논의를 사람들이 듣기 좋게 말하듯이 '완성된 것'으로 간주하고 싶은 의도가 전혀 없는 것입니다. 그 어떤 방식으로 경직되어 있는 관습들에 대항하는 논박으로서의 진리의 개념이 특히 필연적으로 되는 미적인 상황들이 항상 반복해서 존재합니다. 다시 말해, 표현의 수요를 억제하는 것인 미적인 일치보다도 표현의 수요가 더 강력한 곳에서는, 사람들은 예술작품이 그것의 내적인 법칙을 따라야 하며 관습들을 따라서는 안 된다는 것에 항상 다시 정당성을 갖고 되돌아가게 될 것입니다. 그리고 이것은 진리의 형식 아래에서 출현하게 될 것입니다. 예술작품의 진리 개념에 놓여 있는 이러한 논쟁적인 의미는 그러나 예술작품에 의해 의도된 것 또는 예술작품에 의해 모사된 것과 직접적으로 일치하는 것으로서의 예술작품이 마치 직접적으로 진실한 것이어야 한다는 의미로서 파악되어서는 안 됩니다. 그럼에도 예술에서의 진리 개념에는 의미가, 더 나아가 매우 좋은 의미가 내재되어 있습니다. 우리는 이 의미를 고립시킬 수만은 없는 것입니다. 우리는 예술에서의 진리 개념을 미적 진리가 대상적인 것인 것처럼 파악할 수는 없습니다. 대상적인 것은 미적 형식 법칙 밑으로 들어오지 않는 것이 어느 정도 확실하며, 대상적인 것에서 우리는 예술작품의 형식적인 토대 정도를 측정할 수 있을 것입니다. 예술에서의 진리를 통해서 예술작품은 내가 예술작품에 부여할 수 있는 유일한 의미에서 예술작품을 진실한 것으로서 선언하게 됩니다. 즉, 예술작품은 무의식적인 역사 서술이면서도 동시에 눈에 보이지 않는 역사 서술로서 그 모습을 드러내는 것입니다. 예술은 모든 시대가 그 내부에서 실행하는 역사 서술을 이처럼 무의식적이고 눈에 보이지 않게 실행하고 있는 것입니다. 예술작품은 이러한 진리 개념을 그 어떤 내적인 것이나 외부적인 것에 직접적으로 비슷하게 하는 것을 통해서도, 그리고 예술작품의 단순한 정합성을 통해서도 성취할 수 없습니다. 오히려 예술작품은 진리 개념을 예술작품의 형식 법칙에 의해 매개되는 것만을 통해서, 다시 말해 예술작품의 모든 모멘트가 의미심장한 관계에 서로 놓여 있는 것을 통해서 성취될 수 있습니다. 이러한 것의 뒤에 머물러 있으면서 예술에 관한 모든 진리를 주장하는 행태는 궁극적으로는 예술이 학문에 잘못 접근하는 쪽으로 흘러 들어가고 말 것입니다. 학문의 우위가 과도할 정도로 강력하게 느껴지는 상황에서는, 예술이 학문의 뒤에서 열심히 학문을 쫓아가는 방식을 통해서 탈주술화된 세계에서 걱정스러운 존재 권리를 확실히 해두려고 시도하는 것보다는 차라리 벙어리가 되고 예술을 포기하는 편이 예술에게는 더욱 좋은 것일 수도 있습니다. 내 생각으로는, 예술이 학문을 쫓아가는 것을 시도하면 예술은 더욱더 확실하게 스스로 해체되고 단순한 소재성으로 넘어가게 되고 말 것입니다. 이것은 이제 나에게는 결정적으로 중요한 것으로 보입니다. 우리가 예술작품에 할당할 수 있으며 내가 지난 시간에 예술작품의 과정으로서뿐만 아니라 예술작품의 결과로서 특징지으려고 시도했던 것에서 성립되는 예술의 진리 개념은 그러나 예술작품의 미의 개념과 일치하는 것처럼 보입니다. 이러한 종류의 진리는, 예술작품이 자신이 갖고 있는 모순성에도 불구하고 자신의 모든 모멘트에서 자신을 필연적으로 증명함으로써 이러한 필연성이 진리의 강제적 속박으로서 경험이 되도록 하는 것에 근접합니다. 이러한 종류의 진리는 아름다운 것의 개념 아래에서 원래 생각되어질 수 있는 연관관계입니다. 예술에서 진실된 것은 예술이 가진 내용이며, 예술의 단순한 소재성도 아니고 예술작품에 붙어 있는 그 어떤 독특한 모멘트도 아닙니다. 예술이 가진 내용은 오로지 예술의 형식 법칙 아래에서 유일하게 결정結晶됩니다. 예술작품의 진리는, 조금 더 차별화시켜 말한다면, 아마도 예술작품의 미와 직접적으로 한 몸이 되는 것은 아닐 것입니다. 한 몸이라고 말한다면, 그것은 너무나 성급한 말일 것입니다. 그러나 어떤 경우이든 예술작품의 진리는 진리가 성립되기 위한 조건으로서 예술작품이 아름답다는 것에 묶여 있습니다. 다시 말해, 예술작품은 그 내부에서 내가 설명하려고 시도하였던, 의미 있는 연관관계를 형성하고 있는 것입니다.

여기까지 강의함으로써 우리는 어느 정도 역설적이면서도 어려운 상황에 놓이게 되었습니다. 한편으로 나는 아래와 같은 것들을 보여주려고 시도하였습니다. 예술작품과 마주하고 있는 미에 대한 모든 유한한, 이른바 실증주의적인 척도들은 거부되어야 하며, 이러한 척도들은 예술작품을 쾌락적인 것으로 축소시키고 단순한 즐김의 수단으로 전락시키며, 미를 고집함으로써 예술에 낯선 것이 예술에 들어오고 만다는 사실들을 나는 여러분에게 말하였습니다. 또한 예술에 낯선 것을 해체시키기 위해 노력해야 한다는 점도 강조하였습니다. 다른 한편으로 나는 미의 이념이 없이는 예술작품이 생각되어질 수 없다는 점을 내가 몇몇의 엄밀성을 갖고 여러분에게 보여주었기를 희망하고 있습니다. 예술작품이 실제로 무질서적인 것으로 단순하게 떨어져 버리든, 예술작품이 잘못되고 너무나 성급하여 유치한 방식으로 학문의 경향으로 치닫든, 예술작품은 미의 이념이 없이는 생각될 수 없는 것입니다. 여기에서 끌어낼 수 있는 결론은 아름다운 것의 이념이 견지될 수 있다는 점일 것입니다. 그러나 아름다운 것의 이념은 존재론적인 카테고리로써 붙들어 둘 수 있는 것도 아니고, 예술작품에서 고유하게 나타날 수 있으며 그것 자체에게 스스로 다가올 수 있는 특정한 방식의 존재로서 유지될 수 있는 것도 아닙니다. 아름다운 것의 이념은 오히려 오로지 동역학적인 것, 생성되는 것, 매번 그 내부에서 움직여지는 것[504]으로서 지탱될 수 있습니다. 여기에서 여러분에게 상기시켜 주고 싶은 것이 있습니다. 나는 이것을 현대 음악에 반대하는 어떤 논문을 통해 단호하게 반박하는 것으로 통해 실행하고자 합니다. 이 논문을 쓴 사람은 마인츠에 있는 벨렉Wellek[505]이며, 그는 이 논문을 출판하는 것을 좋은 일이라고 생각하였습니다. 이에 근거하여 여러분에게 다음과 같은 점을 지적해도 되리라 봅니다. 독특하게 아름다운 것의 개념과는 대치되는 개념인, 아름다운 것에 덧씌워진 총체성의 개념은 사람들이 심리화하는 방식으로, 그리고 이와 동시에 위세를 가진 단어인 '전체를 보는 고찰'이라고 표시하는 것과 동치同値되어서는 안 되는 것입니다. 예술작품에 있는 모순들이 하나의 전체에서 조용해진다는 것이 우리에게 미리 주어져 있지 않습니다. 나는 지나간 어느 강의에서 여러분에게 다음과 같이 말한 적이 있었습니다. 즉, 미적인 통일성이나 미적인 현상은 이른바 '좋은' 또는 닫혀진 형상과 동치될 수는 없으며, 오히려 이러한 형상을 몰아냄으로써 전적으로 가능하다는 점을 말한 바 있었습니다.

왜냐하면, 이러한 모든 개념은 예술작품의 본질에 비추어 볼 때 너무나 단순하며 특히 너무나도 정적靜的이기 때문입니다. 이를 통해 내가 말하고자 하는 바는, 나에게는 어떤 경우이든 오늘날 우리의 경험에 아직도 열려 있는 것처럼 보이는 예술작품이 항상 그 내부에서 모순에 가득 찬 것506)이라는 사실입니다.

이러한 연관관계에서 나는 이제 하나의 구상에 대해 여러분과 이야기하는 것을 피할 수 없습니다. 이 구상은 우리 시대의 매우 중요한 예술가인 쇤베르크의 후기 작품들 중 어느 작품에서 유래한 것입니다. 이 구상은 현대 예술에 대해 미에 관한 긍정적인 개념처럼 보이는 것을 넘어서고 있습니다. 나는 쇤베르크로부터 유래한 미의 개념을 '신체 기능의 균형'이라고 표시하고 싶습니다.507) 쇤베르크는 이 개념을 사용하지는 않았지만 내가 보기에 이 개념은 그의 이론이 갖는 의미를 공정하게 재현하고 있습니다. 이와 관련하여 나는 음악적인 것에 관련시키고자 하며 여러분이 이에 대해 양해해 주기를 바랍니다. 음악적인 것에서 나는 조형 예술의 영역에서보다도 더욱 확실하게 운신할 수 있기 때문입니다. 쇤베르크가 구상한 것은 다음과 같으며, 이것은 일단은 전적으로 변증법적 이론의 의미에서 전개됩니다. 어떤 예술작품이, 즉 작곡이 그것의 첫 박자와 더불어, 첫 음표와 더불어 일종의 의무에 들어가게 된다는 것이 쇤베르크가 의도한 것이었습니다.508) 이러한 음표들은 일종의 긴장관계들을 서술합니다. 음악적 예술작품의 서두에 그 어떤 것이 설정됨으로써 나는 2개의 의무를 받아들이게 되는바, 하나는 서두에서 설정된 것을 뒤따라가는 의무이고 다른 하나는 이러한 설정에 동시에 포함되어 있는 모순들이나 또는 긴장들을 계속해서 추적하는 의무입니다.509) 쇤베르크가 정리한 이념은 나에게 알려진 미학으로서는 전통적 미학이 남겨 놓은 최후의 위대한 이론이며 재료로부터 실제로 창조된 이론입니다. 쇤베르크의 이론은 아래와 같습니다. 예술작품이 첫 박자와 더불어 일종의 의무에 들어감으로써 예술작품은 주고받는 것의 끊임없는 관계에서 전개됩니다. 이것은 시민사회적 사고가 깊게 들어 있는 관계이기도 합니다. 하나의 의무가 보장되면, 이어서 다른 의무가 접속이 됩니다. 예술작품은 끝이 없는 교환 관계가 됩니다. 마지막 순간에는, 우리가 이렇게 말해도 된다면, 계산이 정제整除되는 것이 산출되며, 모든 것이 균형에 이르게 됩니다. 이 이론에 따르면, 아름다운 것은 한편으로는 이러한 긴장들이 예술적 진리의 —이 표현을 여기에서 다시 도입해도 된다면— 모멘트로서 표시되고 형성되며 이와 동시에 예술작품이 그러한 과정을 통해서 해체되지 않은 상태를 넘어서며 이러한 긴장들이 일종의 화해를 산출하는 것에서 성립되는 것입니다. 여기에서 말하는 화해는 그러나 단순히 외부적인 화해가 아닙니다. 여기에서는 새로운 화해가 나타납니다. 이것은 통상적인 이론에서 기술되고 있듯이 예술작품의 끝에서 화해적인 이념이 나타나는 형식의 화해가 아닙니다. 오히려 예술작품의 내재적인 과정이 작품에 고유한 긴장들을 해체시키며, 예술작품은 총체성을 화해되어진 것, 올바른 것, 평화적인 것으로서 출현시키게 됩니다. 나는 여기에서 여러분이 주목해야 될 사항을 말하지 않을 수 없습니다. 이것은 쇤베르크에 관한 논의입니다. 쇤베르크는 여러분 중에서 많은 사람들에게 음악에서 불협화음의 지배를 기초하였고 전통적인 화음들을 음악으로부터 몰아낸 작곡가로 일단은 알려져 있을 것입니다 그러한 쇤베르크가 앞에서 내가 신체 기능의 균형이라고 표시한 이론에서는 최고로 기이할 정도로 조화와 화음의 개념을 구출하고 있으며, 이것은 매우 흥미롭다고 말할 수 있습니다. 쇤베르크의 이론에서는, 그 어떤 개별적인 모멘트가 더 이상 조화적이지 않고, 화해되어 있지 않으며, 내부에서 평화롭게 되어 있는 것이 아니고, 예술작품에서의 모든 개별적인 것은 원래부터 긴장입니다. 그러나 이러한 개별적인 모멘트들이 서로 들어가 있는 성좌적 배열을 통해서 전체의 결과는 조화적인 것, 균형, 긴장이 없음, 신체 기능의 균형510)이 되는 것입니다. 이것은 현대 심층심리학에서 충동에 관한 역동적인 이론에서 주장된 내용과 매우 유사합니다. 이런 이유에서 나는 '신체 기능의 균형'이라는 표현을 선택한 것입니다. 현대 심층심리학의 주장에 따르면, 리비도적인 본능적 힘들의 균형의 특정한 상태는 일종의 균형이며, 신체의 유기 조직이 노력해서 얻고자 하고 이를 통해 유기 조직을 스스로 충족시키는[511] 상태라고 합니다. 급진적인 신음악과는 멀리 떨어져 있으며 쇤베르크와는 전혀 다른 입장에 있는 음악사가 게오르기아데스Georgiades가 모차르트의 주피터 심포니[512]의 마지막 악장에 대한 매우 관심을 끄는 분석에서 쇤베르크와 아주 유사한 생각을 펼친 것은 흥미롭지 않은 것만은 아닙니다. 게오르기아데스는 특별한 정도로 복잡한 푸가 형식의 형상물을 내부에 포함하고 있는 것으로 잘 알려져 있는 주피터 심포니의 마지막 악장이 첫 박자부터 일종의 긴장이나 요구를 그 내부에 담고 있으며 이러한 긴장이나 요구는 마지막 박자가 끝날 때 비로소 완전히 해체된다는 점을 그의 분석에서 보여주었습니다.

나는 여기에서 신체 기능의 균형 이론과 관련하여 다만 한 가지 문제만을 간략하게 언급하고 싶습니다. 나는 이 문제를 해결할 수 있으리라는 믿음을 갖고 있지 않습니다. 신체 기능의 균형 이론에서는 다음과 같이 매우 기이한 현상이 나타납니다. 어떤 예술작품이 균형의 산출인 신체 기능의 균형으로부터 예술작품에서 스스로 노력이 경주된 과정에 근거하여 무엇인가를 가져오지 못하면, 이러한 예술작품은 도약을 하기 전의 상태에 사실상으로 항상 머물러 있게 되고 의미가 없게 됩니다. 쇤베르크가 그를 뒤따르는 작곡들에 대해서 '그래, 도대체 그것이 음악입니까?'라고 묻게 되었을 때, 그가 의도한 것은 다음과 같은 모멘트였습니다. 다시 말해, 신체 기능의 균형의 상태를 가져오는 데 성공하지 못한 예술작품에서는 내가 보여주었던 의미 연관관계의 개념이 원래부터 스스로 문제성이 있게 되는 것입니다. 신체 기능의 균형의 산출에서만, 힘들의 균형에서만 의미 있는 삶과 같은 그 어떤 것이 구축될 수 있기 때문입니다. 다른 한편으로는, 신체 기능의 균형의 요구를 통해서 궁극적으로는 불협화음적이고, 비판적이며, 급진적인 현대 예술 자체에서도 조화적이고 체계 긍정적인 모멘트가 예술 안으로 들어오게 되는 것입니다. 이러한 모멘트가 필연적으로 유토피아적인 것에, 모든 예술에서 의도되는 화해의 모멘트에 속하는지의 여부, 또는 이러한 것의 내부에 지배적인 생각들에의 적응이 사실상 숨겨져 있는지의 여부, 예를 들어 사람들이 나에게 말하고 있듯이 아인슈타인이 궁극적으로는 고전 물리학에 속하는 것처럼 쇤베르크도 이 자리에서는 실제로 전통주의적인 것과 유사한 작곡가였는지의 여부는 내가 여기에서 감히 결정할 수 있는 물음이 아닙니다. 그러나 나는 이러한 물음이 현대 예술에서 원래부터 중심적인 물음이고 가장 어려운 물음임을 이 자리에서 여러분에게 알려주고 싶습니다.513) 회화에서 벌어지고 있는 논쟁인, 일관되게 내려오는 구성주의와 초현실주의 사이에서 지배적으로 나타나는 논쟁은 내가 보기에는 바로 이러한 물음에 귀결됩니다. 모든 초현실주의적인 예술은 본질적으로 심지어는 신체 기능의 균형 개념까지도 해지시키는 예술인 것처럼 보이기 때문입니다.

488) 강의의 시작 부분은 녹음테이프 사본에서 빠져 있다.

489) 프랑스 작가 졸라Émile Zola, 1840-1902는 19세기 근대 장편소설의 문학적 운동을 나타내는 개념으로서 '자연주의'를 내세운 대표적인 작가에 해당된다. 자연주의 운동은 현실을 가능한 한 상세히, 그리고 선입견에 사로잡히지 않게 묘사하기 위해서는 근대 자연과학의 정교한 방법에 따라야 한다고 보았다. 졸라는 그의 프로그램을 담은 저작인 »Le roman expérimental실험소설«(1880)에서 플로베르의 『보바리 부인』과 『감성적 교육』을 새로운 자연주의 문학의 실례들로 삼았다(vgl. Arnold Hauser, Sozialgeschichte der Kunst und Litcratur문학과 예술의 사회사, München 1953, S.829). 플로베르에 대해서는 편집자주 254번과 459번 참조.

490) 프랑스 소설가 발자크Honoré de Balzac, 1799-1850는 스탕달, 플로베르와 더불어 19세기 시민사회적 리얼리즘에서 가장 중요한 작가에 해당된다. 장편소설들과 중단된 소설들을 합해 90개가 넘는 작품들을 포괄하는 총서인 »La Comédie humaine인간 희극«에서 발자크는 그가 살았던 시대에 대해 포괄적인 상을 그려 보였다. 아도르노는 청소년 시절부터 발자크를 집중적으로 읽었으며, 발자크로부터 시민사회에서의 권력관계와 행동유형에 대해 근본적인 안내를 받았다. 아도르노는 동시에 발자크에서 보이는 문학적 풍습 묘사의 견본에서 그가 사회과학적인 탐구 관점에서도 성과를 얻는 것으로 평가했던 기준들에 대한 표본적인 부분을 매우 특별하게 전개하였다. 아도르노의 발자크-읽기의 정수는 1961년에 *Noten zur Literatur*문학론에서 출판한 논문에 요약되어 있다(vgl. GS 11, S.139-157).

491) 졸라는 그의 자연주의 프로그램에서 이미 프랑스의 사회학자이자 학문이론가인 콩트Auguste Comte, 1798-1857의 실증주의적 교의에 기대고 있었다. 콩트는 모든 학문적 인식이 엄격하게 '실증적 사실'의 해석에 제한되어야 한다고 요구하였으며, 이렇게 해야 선입견이 없이 실증적 사실을 인식할 수 있다고 하였다. 사회과학에서 연구의 엄격한 '가치 자유'를 요구하는 것은 20세기에서는 막스 베버에 의해 대표되었으며, 이것은 많은 영향력을 행사하였다. 베버의 이런 입장은 그의 논문들인 »Die >Objektivität< sozialwissenschaftlicher und sozialpolitischer Erkenntnis사회과학적, 사회정책적 인식의 객관성«(1904)와 »Der Sinn der >Wertfreiheit< der soziologischen und

ökonomischen Wissenschaften사회학과 경제학에서 가치 자유의 의미《(1918)에 개
진되어 있다(in: Max Weber, Gesammelte Aufsätze zur Wissenschaftslehre학문
론 논문 모음집, 2. Aufl., hrsg. v. Johannes Winckelmann, Tübingen 1951).

492) 녹음테이프 교환으로 인해 빈틈이 있다. 빈틈 부분에 편자가 'wenn man
einem'을 보완하였다.

493) 1912년에 노벨문학상을 받은 하우프트만Gerhart Hauptmann, 1862-1946은 19
세기 후반 »Die Weber직조공《(1892)과 같은 사회비판적이고 자연주의적인
희곡들을 통해서 관객을 양극화시켰다. 도둑을 다룬 그의 희곡인 »Der
Biberpeiz모피《(1893)가 좋지 않은 비판을 받게 된 이후로 하우프트만은 자연
주의적인 묘사 방식을 버리고 신비적-종교적인 소재들이나 동화 소재들에
몰두하였다. 아도르노가 여기에서 말하고 있는 비판을 루카치도 제기한 바
있었다[Georg Lukács, Wider den mißverstandenen Realismus리얼리즘이 오해
된 것에 대한 반박, a. a. O.(편집자주 260번 참조), S.65].

494) Gerhart Hauptmann, Florian Geyer플로리안 가이어, Die Tragödie des
Bauernkrieges농민전쟁의 비극, Berlin 1896; UA 4. Januar 1896 im Deutschen
Theater, Berlin.

495) Gerhart Hauptmann, Hanneles Himmelfahrt한넬의 승천. Traumdichtung꿈의
문학, Berlin 1894; UA 14. November 1893 im Königlichen Schauspielhaus,
Berlin.

496) Vgl. Lukács, Wider den mißverstandenen Realismus, a. a. O.(편집자주 260
번 참조), S.21f.

497) Vgl. GS 12, S.53. "표현주의 음악은 전통적인 낭만주의적인 음악으로부터
표현 원리가 증거 문서의 특징을 가질 정도로 자세하게 표현 원리를 수용하
였다."

498) 편집자주 222번 참조.

499) 아도르노는 이 문구를 『신음악의 철학』에서도 인용하고 있다(vgl. GS 12,
S.126). 이러한 문구로 인용된 것은 쇤베르크의 저작에서 증명될 수 없다. 쇤
베르크가 베를린으로 떠난 후 그의 빈 시절 제자들이 편찬한 »Arnold
Schönberg《(München 1912)에서 린케Karl Lincke, 1884-1938는 스승인 쇤베르
크와 공유했던 경험에 대해 보고하고 있다. 쇤베르크는 린케에게 쇤베르크
가 대가에게 제출한 가곡을 작곡하는 기회에 다음과 같이 말했다는 것이다.
"… 당신이 여기에 갖고 있는 것은 장식입니다. 음악은 그러나 장식이 되어

서는 안 되며, 단순히 참된 것이 되어야 합니다"(ebd., S.79).

500) Vgl. Friedrich Nietzsche, Nietzsche contra Wagner니체 대 바그너. Aktenstücke eines Psychologen어느 심리학자의 문서(1881/1895). in: ders., Werke, a. a. O.(편집자주 29번 참조). Bd. II, S.1035-1061, hier: 1043.

501) Vgl. *Kriterien der neuen Musik*신음악의 기준들, GS 16, S.170-228; hier v. a. S.191f.

502) 편집자주 286번 참조.

503) Galiamathias(프랑스어로는 galimatias)는 이해되지 않은 것, 혼란된 수다. Matthias의 수탉인 Gallus Matthiae가 수탉의 Matthias인 Galli Matthias로 왜곡된 것에 의해 발생하였음.

504) "한편으로 나는 여러분에게 아래와 같은 것들을 보여주려고 시도하였습니다"부터 여기까지 아도르노가 밑줄을 그어 놓았다.

505) 심리학자이자 음악학자인 벨렉Albert Wellek, 1904-1972은 특히 »Musikpsychologie und Musikästhetik. Grundriß der systematischen Musikwissenschaft음악 심리학과 음악 미학, 체계적 음악학 요강«(Frankfurt a. M. 1963)을 저술하였으며, 이 책은 1980년대에 표준적인 저서로 통용되었다. 아도르노가 여기에서 관련을 짓고 있는 논문은 »Problematik der modernen Musik현대 음악의 문제성«이다(in: Konkrete Vernunft구체적 이성. Festschrift für Erich Rothacker zum 70. Geburtstag, hrsg. v. Gerhard Funke, Bonn 1958, S.335-344).

506) 아도르노는 인쇄된 상태의 원고에서 이 문장에 줄을 그어 놓았다.

507) 아도르노는 여기에서 그의 논문 *Die Funktion des Kontrapunkts in der neuen Musik*신음악에서 대위법의 기능에서 1957년에 이미 언급하였던 생각을 전개시키고 있다. "어떤 음악적 수단이 독립화되고 강력하게 되면, 이것은 일반적으로 다른 모든 수단에 관계를 갖게 된다. 이렇게 해서 음악적 수단들 사이에 균형과 후기 쇤베르크가 한때 모든 작곡에서 새롭게 성취할 수 있는 목적이라고 정의한 바 있었던 신체 기능의 균형이 형성된다"(GS 16, S.151). Vgl. auch die Kranichsteiner Vorlesung über *Kriterien der neuen Musik*크라니흐슈타인에서 행한 신음악의 기준들에 관한 강의(1957). 이 자리에서 아도르노는 다음과 같이 쓰고 있다. "예술작품이 추구하는 도덕은 어떤 것도 죄가 없는 채 머물러 있어서는 안 된다는 것을 말하고 있다. 예술작품의 도덕은 첫 번째 박자가 서명하고 있는 변화에 대해 경의를 표하려는 의지를 갖고 있다. 신체 기능의 균형은 내재적, 미적인 경제를 요구하는 것으로 된다"(GS 16, S.225).

508) Vgl. Arnold Schoenberg, Style and Idea, a. a. O.(편집자주 465번 참조). S.67. 한 작품 안으로 들어가고 나서 교환되어야 하는 것을 나타내는 쇤베르크의 개념인 '모티프적이고 조화적인 의무들'에 대해서는 다음을 참조. Adorno, *Versuch über Wagner*바그너 시론(1952), GS 13, S.11 sowie NaS I·I, S.154.

509) Vgl. Schoenberg, ebd., S.49. "시작 음에 첨가된 모든 음은 시작 음의 의미를 의문스럽게 만든다 …. 다른 음들의 첨가를 이 문제를 명료하게 해줄 수도 있고 명료하지 못하게 해줄 수도 있다. 이런 방식에서 불안, 불균형의 상태가 산출된다. 불안과 불균형은 대부분의 작품에 걸쳐 증대된다. 이것은 더 나아가 리듬의 유사한 기능에 의해 강화된다. 균형이 복원되는 방법이 나에게는 작곡의 진정한 이상理想으로 보인다."

510) "쇤베르크의 이론은 아래와 같습니다"부터 여기까지 아도르노가 왼쪽 여백에 줄을 그어 놓았다.

511) 신체 기능의 균형에 관한 개념은 화학적-심리학적 본성의 균형 상태에 대해서는 이미 19세기 중반에 프랑스의 생리학자 베르나르Claude Bernard의 책 »Leçons sur les propriétés physiologiques et les latérisations pathologiques des liquides de l'organisme생리학적 속성들과 인체/생체 액체의 병리학적 측성화에 대한 강의«(Paris 1859)에서 도입되었다. 프로이트는 플리스Wilhelm Fließ에게 보낸 편지에서 이 개념을 때때로 사용하였으나 그의 메타-심리학적인 저작들에서는 이 개념에 용어적인 기능을 할애하지 않았다. 프로이트가 특히 »Jenseits des Lustprinzips욕망 원리의 저편에서«라는 저서에서 전개한 충동의 역동적인 모델은, 다루는 문제에 따라 볼 때는, 부분적으로 대립적인 충동들 사이의 균형을 잡는 것에 관한 프로이트의 구상과 함께 신체 기능의 균형이라는 생각에 전적으로 의존하고 있다[vgl. Nigel Walker, Freud and Homeostasis프로이트와 신체 기능 균형, in: The British Journal for the Philosophy of Science VII(1956), S.61 bis 72]. 현대 심리학은 신체 기능의 균형 개념을 1940년대 이래 심리학에 고유한 개념으로 만들었다. 이것은 미국의 심리학자인 캐넌Walter Bradford Cannon, 1871-1945이 »The Wisdom of the Body몸의 지혜«(New York 1932)에서 '신체 기능의 균형'의 일반적 원리를 생명이 있는 체계들에서 이루어지는 균형 상태에 대해 도입하고 이를 심리학의 영역에 적용한 이후에 이루어졌다. 위너Norbert Wiener와 같은 인공두뇌학자는 »Cybernetics사이버네틱스«(New York 1948)에서 규칙 순환의 원리를 이용하여 이 개념을 작동시켰다.

512) 음악학자인 게오르기아데스Thrasybulos Georgiades, 1907-1977는 1954년 2월 10
일에 특히 주피터-교향곡(1788; KV 551)에 대해 언급하였다. 아도르노는 이
강연에 감명을 받았다는 점을 반복적으로 언급하였다(vgl. auch GS 15,
S.380; GS 17, S.158; NaS I·I, 73).

513) "그러나 나는 이러한 물음을 현대 예술에서"부터 여기까지 아도르노가 밑
줄을 그어 놓았다.

우리가 앞에서 시도했던 것에 대해 여러분이 기억을 되살려 보기 바랍니다. 문제성이 있는 것이면서도 그러나 동시에 없어서는 안 될 것으로서의 아름다운 것의 개념에서 변증법을 전개시키는 시도를 우리는 미적 경험의 개념에 되돌아감으로써 실행하였습니다. 나는 이제 미적 경험을 다루면서 미적 경험의 분석에서 사용하는 기준으로서 암묵적으로 전제하고 있는 것이 있습니다. 우리가 이것에 대해 성찰해 본다면, 우리는 이것을 미적 대상에 대한 미적 경험의 적절성이라고 나타낼 수 있을 것 같습니다. 적절성에는, 여러분이 그렇게 듣는다면, 아마도 여러분에게 매우 잘 이해되는 것처럼 들리는 것이 일단은 들어 있습니다. 그러나 거기에는 또한 헤겔과 같은 몇몇 현상학적인 미학자들을 공식적인 미학적 전통이 거의 200년 이래로 자명한 것처럼 생각하는 것에 대해 실제로 예리한 대립각을 이루는 생각이 들어 있기도 합니다. 다시 말해, 아름다운 것의 개념은 주관적으로 근거를 세울 수 있으며 미적 경험은 —내가 다음과 같이 말해도 된다면— 아름다운 것의 개념에 대해 법적 원천과 같은 것을 형성하고, 역으로 아름다운 것의 개념이 미적 경험을 형성하지 않는다는[514] 공식적인 미학적 전통에 대해 대립각을 세우는 생각이 위에서 말한 적절성에 들어 있는 것입니다. 나도 아름다운 것의 개념이 미적 경험을 형성하지 않는다는 것에 대해 지금까지 진행된 고찰에서 일단은 내 입장을 밝힌 바 있습니다. 이렇게 함으로써 나는 인정된 미학에 대해서 명확하게 대립되는 입장을 설정하였으며, 동시에 헤겔 미학에서 확실하게 중심 부분을 형성하는 것을 도입하였습니다. 다시 말해, 헤겔 미학의 전적으로 객관적이고, 예술작품의 본질, 예술작품에 고유한 법칙성, 예술작품에 고유한 문제성에 맞추어진 고찰을 이 강의에 끌어들인 것입니다. 이것은 이러한 모든 문제를 주체로부터 실을 풀듯이 풀어내도 된다고 믿고 있는 고찰과는 대립각을 세우고 있습니다. 헤겔 미학의 이러한 객관적인 방향이 절대적으로 높은 의미에서 볼 때는 궁극적으로 주관적인 것에 머물러 있었으며, 칸트의 선험적 주체가 최후의 심급Instanz에서 아름다운 것의 카테고리를 담지하는 주체로 헤겔에서 머물러 있다는 점은 우리가 지금 여기에서 시도하는 논의에서는 고려의 대상이 되지 않을 수 없습니다. 왜냐하면, 우리는 여기에서 이미 미적인 것, 예술이 정초定礎되어진 영역들과 관련을 맺고 있으며, 이것은 정초에 관한 가장 일반적인 물음들과는 관계가 없기 때문입니다. 앞에서 말한 정초되는 것의 틀에서는 헤겔의 고찰은 전적으로 객관적입니다. 나는 또한 이 자리에서 내가 헤겔의 고찰에 중심적으로 기대어서 여러분에게 이행해야 할 의무가 무엇인지를 알고 있습니다. 우리가 미적 대상들을 단순히 단편적으로, 즉 근본적으로 볼 때 그러한 대상들에 최종적으로 놓여 있는 관계들에서 불투명하게 다루는 것을 넘어서서 이론적 결합과 같은 것에 이르게 되려면, 나는 나를 앞에서 말한 입장으로 움직이게 한 것에 대해 여러분과 비판적으로 논의해야 하는 의무를 지고 있는 것입니다. 동시에 주관적 미학과 객관적 미학 사이에서 벌어진 전체적인 논쟁에 대해 여러분에게 무엇인가를 말하는 것도 나의 의무입니다. 가장 넓은 의미에서의 미적 주관주의는 근거를 세우는 연관관계를 하나의 완결된 통일성처럼 제공하는 것을 약속한다는 —칸트의 『판단력비판』에서 실행되었듯이— 점에서 전통적인 철학이 갖고 있는 요구와 일치한다는 것이 증명됩니다. 다시 말해, 아름다운 것이 확실한 조건들로부터 도출되는 것입니다. 이 조건들은 의식, 주체의 조건들로서 곧바로 구속력이 있는 것들이 되어야 하며, 무엇보다도 특히 선험적인 척도들과 —판단하는 것 자체에 대한 척도들은 아니더라도 어떤 경우이든 규율적인 원리들이 되는— 같은 것을 제공해야 하고, 이러한 척도들에 맞춰 예술작품에 대해 판단될 수 있다고 보는 것이 미적 주관주의의 생각입니다. 가장 넓은 의미에서 미학을 주관성에서 이렇게 근거를 세우는 것은, 객체의 잘못된 우연성으로부터 지속적으로 독립적으로 되는 것, 무언가 확고한 것, 구속력이 있는 것, 변화하지 않는 것과 같은 그러한 의식이 자기 스스로 동일하게 되는 구조로 되돌아가서 의지할 수 있다는 요구를 제기합니다. 이론의 전통적 개념이 믿어 버리는 것이 있습니다. 즉, 사람들이 그 어떤 확고한 변화되지 않는, 규칙적인 원리들을 제시할 수 있다면, 이러한 원리들로부터 다른 것이 뒤따르게 되며, 그리고 나서 구속력 있는 이론의 부족한 점을 채워주면 된다고 믿는 것입니다. 이러는 동안에 이론과 다른 모든 것은 이론의 개념에 일치하지 않은 것으로 믿어 버리는 것입니다. 이러한 이론을 그것의 마지막 조각들에까지 파고들어 가서 철저하게 조명하는 데 필연적인 것으로 생각되는 모든 것에 대해서 이 강의에서 다루는 것은 불가능합니다. 원래부터 샅샅이 말해져야 할 문제들이 샅샅이 말해질 수 없다 할지라도 문제들에 대한 철저한 조명이 필연적인 것입니다. 지금 우리에게 관건이 되고 있는 것은 이론, 미적 이론에 대한 전통적 생각에 반대되는 생각을 근거 세우는 일입니다. 이론에 대한 전통적 생각에는 하나의 닫혀진 연관관계가 들어 있으며, 이러한 생각으로부터 모든 개별적인 규정들이 끌어내질 수 있습니다. 앞에서 말한, 지금 우리에게 관건이 되는 문제와 관련하여 나는 여러분에게 다음과 같은 점들을 지적하지 않을 수 없습니다. 나는 근본적인 문제들과 매우 결정적인 의미에서 전체 전통과 대립되고 있는 문제들을 지적하지 않을 수 없으며, 이러한 물음들에 대해 이미 말한 바 있습니다. 이와 관련하는 특히 『인식론 메타비판Metakritik der Erkenntnistheorie』[515])의 서론, 그리고 이 서론에서 다루었던 문제점을 특별히 미적인 의미에서 계속해서 다루었던 논문인 「형식으로서의 에세이Essay als Form」516)를 여러분에게 알려주고자 합니다. 칸트의 이론과 관련하여 나는 여러분에게 단 한 가지 사항만을 추가해서 말하고 싶습니다. 칸트에서 가장 일반적인 카테고리적인 형식들과 현상 사이를 결합시키는 것으로서의 판단력의 개념에 이미 들어 있는 한 가지 사항을 여러분에게 말하고 싶은 것입니다. 다시 말해, 전통적 이론의 의미에서 이론가들이 의지하곤 했던, 예술에 병렬並列된 주체가 선험적 주체가 결코 아니며 충만되어 있고 구체적이며 주체의 모든 규정으로 갖추어진 주체인 한에 있어서는, 칸트의 이론에 따르면 앞에서 말한 연역적인 이론은 거의 논의의 대상이 될 수 없습니다. 순수한, 칸트적인 "나는 사고한다"517)는 예술에 대해서는 처음부터 매우 타당하지 않으며, 따라서 연역적으로 근거를 세우는 것은 그것이 의지하고 있는 근거 자체를 전혀 갖지 못한다는 점을 여러분에게 말해두고 싶습니다. 이것을 여러분에게 다만 간략하게 언급하는 수준에서 말하겠습니다. 그러나 나는 여기에서는 앞에서 포괄적으로 행한 철학적, 이론적 비판의 길과는 다른 길을 가고 싶습니다. 나는 철학적, 이론적 비판의 길을 포기하지 않을 수 없으며, 이를 포기하는 대신에 예술작품을 마주 대하면서 주관성에서 이론의 근거를 세우는 것이 불충분하다는 점을 여러분에게 보여주려고 시도하고 싶은 것입니다. 그러므로 나는 주관성 개념에 대한 비판, 주관성 개념이 갖고 있는 전체적인 문제점으로부터 출발하고 싶지 않습니다. 오히려, 나는 예술작품의 맞은편에서 주관성에 되돌아가서 이론을 근거 세우려는 그러한 시도가 예술작품에 고유한 규정들에 근거해서 볼 때 실패한 것으로 판단이 되었다는 점과 어떤 의미에서 실패한 것으로 되고 말았는지를 여러분에게 보여주고 싶습니다. 여기에서 우리의 논의와 일단은 관계를 갖지 않을 수 없는 모멘트는 예술작품에 대해 주체가 나타내는 반응의 우연성에 관한 물음입니다. 왜냐하면, 주관주의적인 미학들은 관찰자의 반응들로부터, 다시 말해 예술작품이 관찰자에서 불러일으킨다고 하는 감정들로부터 예술작품의 본질에 관한 것을 완성시키려고 하는 의도를 보이는 태도를 일반적으로 취하고 있기 때문입니다. 주관주의적 미학들은, 우리가 이러한 주관적인 반응들에 의존하지 않으면 예술 자체에 대해 전혀 알 수 없기 때문에, 예술작품에 다가서기 위해서는 주관적인 성찰의 행보를 과학적 인식에서 요구되는 행보와 동일한 방식으로 내딛어야 한다는 안이한 주장으로 일관하고 있습니다.

우리는 아름다운 것과 예술의 의미를 주관적인 반응으로부터 끌어내는 이러한 모든 고찰 방식이 가장 상위의 카테고리에 놓여 있으며, 이에 관한 모든 논쟁도 바로 이러한 카테고리에 집중되어 있다고 말할 수 있습니다. 이 카테고리가 바로 취향, 취향 판단의 카테고리입니다. 이것은 칸트에서도 상위의 카테고리에 상응하는 역할을 수행합니다. 예술작품의 본질과 질에 관한 최종 심급으로서 관찰자에게 되돌아가는 것은 취향을 예술작품의 본질에 관한 심판관으로 만드는 것을 항상 의미합니다. 이런 이유에서 나는 오늘 취향의 개념에 대해 몇 가지를 말하고 싶습니다. 이 강의에서 내가 선택한 방식대로, 나는 취향에 대한 비판이나 취향에 관한 변증법을 하나의 수레와 같은 것으로 사용하고 싶습니다. 이는 여러분에게 잠재적으로 들어 있을 것 같은 모든 주관주의적인 예술관을 뒤흔들어 놓기 위함입니다. 또한 다른 한편으로는, 취향의 카테고리가 본질적인 미적 카테고리이듯이 이처럼 본질적인 미적 카테고리에 대해 무언가를 사실에 충실하게 말해 두려는 목적도 있습니다. 나는 이제 헤겔의 한 텍스트를 우리의 논의에 관련시키고 싶으며, 내가 헤겔에 대해 느끼고 있는 고마움 중에서 사소한 정도라도 처음으로 그 고마움에 보답하고 싶습니다. 이것은 그러나 헤겔이 취향을 비판한 자리를 내가 여러분에게 읽어 주고 이어서 몇몇 고찰들을 그 자리에 덧붙이는 방식으로가 아니라 여러분에게 헤겔의 『미학』을 한 번 읽어 보기를 자극하는 방식으로 헤겔에 감사하고 싶습니다. 나는 여기에서 단지 자극들과 개별적인 모멘트들이라고 나타낼 수 있을 뿐이 며, 헤겔의『미학』전체를 단편적인 방식으로나마 꿰뚫는 것이 나의 강 의에서 거의 가능하지 않다는 것을 나는 잘 알고 있습니다. 내가 보기 에, 헤겔의『미학』은 특히 그 원리적인 부분에서는 미적인 것에 대한 전통에서 선명하게 나타난 가장 중요하고도 가장 의미가 많은 저작입 니다. 헤겔의『미학』은 내가 여기에서 전제했던 것이나 또는 어떻든 실 제로 전개시킬 수 없었던 많은 것들을 끝이 없을 정도로 보여줄 것입니 다. 여러분은 다른 한편으로는 헤겔의『미학』에서 일련의 문제들에 봉 착하게 되고 생산적인 짜증을 내게 될 수도 있습니다. 내가 여러분에게 말했던 정리定理들과 모순 관계에 놓여 있는 문제들과 여러분이 부딪 치게 될 것입니다. 우리의 논의에서 지금 관건이 되고 있는 자리, 취향 에 대한 비판을 서술하고 있는 자리는 헤겔『미학』의 서론에 있습니다. 이 자리에서 헤겔은 취향의 형성에 관한 일련의 저작들, 오늘날에는 로 코코적인 저작들이라고 말할 수 있는 일련의 저작들을 명명하고 있습 니다. 홈Home의『비평의 요소들』, 바퇴Batteux의 저작들, 라믈러Ramler 의『아름다운 학문 입문』과 같은 저작들을 거명하고 있는 것입니다.518) 해당 자리를 읽어 보도록 하겠습니다. "이러한 의미에서 취향은 예술 작품의 외부적인 출현에 속하는 것을 정리하는 것, 다루는 것, 외부적 인 출현과 어울리는 것, 외부적인 출현에 의해 양성된 것과 관련이 있 다. 더 나아가 취향의 기본 원칙들에는 이전의 심리학에 속했던 견해 들, 영혼의 능력과 활동, 정열, 정열에 들어 있는 상승, 그 결과 등을 보 고 경험적으로 관찰해서 알아내는 견해들이 부가되었다." 나는 여기에 서 아리스토텔레스의『시학』에 들어 있는 희곡에 관한 유명한 규정이 주관적으로 방향이 잡혀진 미학에 대한 최초의 기록이라는 점을 부언 하고자 합니다. 여러분 중에서 독문학을 하는 모든 사람은 레싱Lessing 을 통해 시민비극의 목적이 두려움과 연민을 일깨우는 것519)이라는 점 을 들어서 알고 있을 것입니다. 이러한 연관관계에서 여러분은 독일 문학이 미성숙된 형식주의의 특정한 종류로부터 해방되는 것이 아리스토텔레스의 미학에 대한 비판과 함께 진행되었다는 사실을 아마도 상기하게 될 것입니다. 취향에 대한 헤겔의 비판은 다음과 같이 이어집니다. "모든 사람이 예술작품들이나 특징들, 행위들, 사건들을 사람들이 각기 갖고 있는 통찰과 정취의 척도에 따라 파악하는 경우가 영구히 머물러 있다. 그러한 취향 형성은 단지 외부적인 것과 하찮은 것을 향하고 있을 뿐만 아니라 취향 형성의 규정들도 오로지 예술작품들의 좁은 주변과 오성과 정취의 제한된 교육으로부터 얻어진 것이다. 그러므로 취향 형성의 영역은 내적인 것과 참된 것을 포착하고 이러한 것을 파악하는 시선을 예리하게 하기에는 불충분하고 무능력하다." 다음의 자리로 넘어가기에 앞서 나는 여기에서 지나가는 김에 헤겔이 습관처럼 자주 행하고 있는 역습을 취하고 있다는 점을 곁들여 말해 두고자 합니다. 헤겔은 여기에서 대략 다음과 같이 말하고 있지 않습니다. 나는 나의 내부에서 일어나는 느낌들을 통해서 매개되는 형식으로만 예술작품에 대해서 알 수 있을 뿐이다. 직접적으로는 예술작품에 대해 알 수 없다. 예술작품은 즉자적으로 볼 때 알려지지 않은 어떤 것이며, 이런 이유로 나는 나를 주체에 붙들어 매야 한다. 헤겔은 이렇게 말하지 않고 오히려 다음과 같이 말하고 있습니다. 예술작품과 마주 대하고 있는 우연적인 것은 예술작품에 대한 주관적인 반응이다. 이에 대해 우리는 계속해서 듣게 될 것이다. 헤겔은 이러한 고찰에 다음과 같은 내용을 접속시키고 있습니다. "일반적으로 그러한 이론들은 철학적이지 않은 기타 학문들의 종류에서 처리된다. 그러한 이론들이 고찰하는 내용은 우리가 갖고 있는 생각으로부터 유래하는 현존하고 있는 것으로서 수용된다. 이제 이러한 생각에 들어 있는 특성에 대한 물음이 제기되는 바, 이는 우리의 생각에서 만나게 되며 우리의 생각으로부터 발원하여 정의定義로 확인되어지는 더욱 자세한 규정들에 대한 필요성이 나타남으로써 제기된다."[520] 여러분은 이제 내가 지금까지 펼쳐보였던 논의가 헤겔 미학의 정신에 얼마나 근접해 있는가를 보게 될 것입니다. "이렇게 해서 우리는 그러나 동시에 불확실하고도 다툼에 종속되어 있는 바닥에 놓여 있게 된다. 왜냐하면, 아름다운 것이 일단은 매우 단순한 생각인 것처럼 보일 수도 있기 때문이다. 그러나 곧 이어서 그러한 생각에서 여러 가지 측면들이 발견될 수 있다. 하나의 측면이 이러한 측면을 눈에 뜨이게 하고 다른 측면이 하나의 다른 측면을 부각시킨다. 또는 동일한 관점들이 고려된 경우라 할지라도, 어떤 측면이 본질적인 측면으로서 고찰될 수 있는가 하는 물음을 두고 투쟁이 발생한다."[521] 헤겔의 이 자리에서 나는 몇 가지를 첨언하고자 합니다. 여기에서도 내가 보여주려고 이미 시도했던 내용이 일단은 논의되고 있습니다. 주관주의적 미학이 가장 확실한 출발점으로 삼은 것, 발밑에 확고한 토대를 갖고 있다고 믿는 것, 다시 말해 예술작품들에 대한 반응은 주관적이라는 것이 여기에서 논의되고 있는 것입니다. 우리가 취향의 개념을 조금 더 계속해서 다루게 된다면 추후에라도 이러한 우연성이 도대체 어디에서 찾아질 수 있는가에 대해 더욱 자세하게 이야기하게 될 것입니다. 나는 여기에서 이러한 우연성이 전적으로 우연적인 우연성은 전혀 아니며, 예술작품의 관찰자 또는 파악자와 예술작품의 본질 사이에 존재하는 상위相違에서 특정한 메커니즘들, 특정한 필연성들이 다시 관철되었다는 점을 덧붙이고자 합니다. 이러한 메커니즘들과 필연성들은 성찰력이 없는 상태에서 예술작품에 다가서는 사람의 의식을 거의 필연적으로 왜곡시킵니다. 헤겔이 말한 문장 중에서 내가 더욱 중요하다고 생각하는 문장은 취향 형성이 단지 외부적인 것과 하찮은 것만을 향한다는 문장입니다. 나는 여러분이 여기에 이르러 미학에서 매우 중심적인 사실에 정말로 도달하게 되었다고 믿습니다. 예술작품은 관찰자에게 우선은 작품의 외부 측면에 시선을 돌리게 합니다. 우리가 지금 진행시키고 있는 논의와 관계가 있는 취향의 반응들은 작품의 외부 측면에 관련되어 있는 측면입니다. 반면에, 여러분이 예술작품을 그 내부에서 생동적인 것으로 경험하는 그 순간에, 그리고 여러분이 이러한 외부 측면은 취향의 반응들이 예술작품에 다가서기 위해서 꿰뚫어 보아야만 하는 하나의 모멘트에 지나지 않는다는 것을 알아차리는 그 순간에, 이른바 취향의 확실성은 문제성이 있는 것으로 되고 마는 것입니다. 여기에서 나는 우리가 살펴보았던 헤겔의 생각을 인간과 관련시켜 약간은 역사철학적으로 변화시킴으로써 우리가 현재 처해 있는 상황과 관련시켜 보고자 합니다. 우리가 존재하고 있는 오늘날의 세계에서 미적인 문제들에서 취향의 개념은 인간의 전면에 놓여 있습니다. 이런 관점에서 볼 때, 인간은 내가, 악화惡化된 의미에서, '감정이 섬세한'이라는 표현으로 나타내고 싶은 존재입니다. 여러분이 아마도 서적 수집가의 특정한 유형을 통해서 보란 듯이 발견할지도 모르는 그러한 의미에서 인간은 '감정이 섬세한' 존재입니다. 이런 존재는 일반적으로 ―사람들이 교육이라고 부르는― 그러한 교육을 소유의 카테고리들 아래에서만 경험하는 인간들입니다. 소유의 카테고리들을 위해서, 교육은 물론이고 물건들의 피난처, 더 나아가 소유의 부르주아적인 개념이 정신적인 문제들에까지 들어와서 존속하고 있습니다. 이렇게 되면서 소유의 카테고리들은 아름다운 것의 영역을, 살롱에서 부엌에 이르는 부르주아적인 주택처럼 주택 안에서 첩첩이 발견되는 모든 것과 사람들을 어떻게든 정취에 이르게 할 수 있는 가능한 모든 것에 맞춰서, 하나하나를 검사하게 됩니다. 이름이 무엇인지도 나로서는 더 이상 모르겠고 지금도 살아 있는지 모르겠지만, 여러분이 오스트리아의 미학자인 슈테르친거522)의 예술심리학이나 미학을 대략 들여다보면, 감정이 섬세한 것의 개념이 말로 표현할 수 없는 우스꽝스러움에서 반사적으로 즉각 노출되고 만다는 것을 알아차리게 될 것입니다.

오늘날 우리가 경시하는 의미에서 '유미주의자'의 개념을 사용할 때는 조심해야 할 것이 있습니다. 이러한 경시를 목관악기를 다루는 것과 같은 의미에서 행하지 않는 것으로부터 우리를 지켜야 합니다. 우리는 또한 미적인 감각 능력의 세련화에서 이러한 세련화가 운명처럼 부여했던 것에 대한 도덕적 반론을 볼 수 있을 것이라고 믿는 것으로부터 우리를 지켜야 하는 것입니다. 이른바 유미주의에 손을 내미는 힘에 넘치는 예술의 영역에 견주어 볼 때 예전의 오스카 와일드Oscar Wilde[523]의 유치한 예술Kitsch은 그래도 좋은 것에 속합니다. 그럼에도 더욱더 심각한 의미에서 유미주의자의 개념에 반대하여 무엇인가를 말할 필요가 있습니다. 다시 말해, 유미주의자는 예술작품을 유미주의자에게 붙어 있는 모멘트들에 실제로 환원시키는 사람입니다. 이러한 모멘트들은 아주 감각적인 자극들이며 유미주의자의 겉표면에서 직접적으로 출현하는 자극들입니다. 반면에, 감각적인 자극들은 중요한 예술작품들에서도 항상 그 권리와 정통성을 예술 자체로부터 갖고 있습니다. 자극적인 불협화음, 색도 예술 자체로부터 그러한 정당화를 받지 못하면 결코 자극적이 될 수 없습니다. 감각적인 자극들은 앞에서 말한 권리와 정당성을 갖고 있음에도 불구하고 예술적인 경험과 관련을 맺는 정도는 미미합니다. 여기에서 여러분에게 밝혀야 할 것이 있다고 생각합니다. 내가 살아오는 과정에서 관계를 맺었던 예술가들 중에서 이른바 유미주의자였던 예술가는 거의 없었습니다. 나는 이 점을 말하지 않을 수 없습니다. 유미주의자의 태도를 쫓아가보면, 그것은 원래부터 다음과 같은 태도입니다. 유미주의자는 예술작품에 다가갈 때 예술작품에 의해서 어떠한 상처도 입지 않으려는 관점을 갖고 있는 인간입니다. 취향에 대한 생각을 헤겔 미학을 인용하여 내가 여러분에게 읽어 주었듯이, 취향의 외부성과 표면성에 대한 생각은 그 중심에 다음과 같은 내용을 원래부터 갖고 있었습니다. 다시 말해, 예술작품은 내가 여러분에게 말한 바 있었던 비판적이고도 유토피아적인 의도에 의해서 곧바로 항상 상처받은 것이 되며, 예술작품이 더 이상 상처를 입지 않고 경험의 닫혀진 표면 속으로 철저하게 끼어드는 곳에서는 생동감 있는 예술작품이 되는 것을 중지한다는 내용이 들어 있다는 점을 말하고자 합니다.

취향의 카테고리에 의해서 지배를 받는 인간인 유미주의자의 유형은 일반적으로 불안에 떠는, 자극으로부터의 보호를 과도할 정도로 생각하는 유형입니다. 유미주의자의 유형은 삶을 예술에서 두 번째로 갖기 위한 목적이 아니고 삶의 앞에서 자신을 닫기 위한 목적으로 예술에 일단은 발을 들여놓습니다. 유미주의자에게는 가련한 삶이 밖에 머물러 있는 것만으로도 충분하지 않기 때문입니다. 유미주의자는 상처를 입히는 모든 것, 헤겔의 문장을 인용한다면 "어울리지 않는 것", 감정을 거스르는 모든 것, 모든 불쾌한 것을 예술로부터 제거함으로써 제2의 삶을 거세하는 것입니다. 취향의 카테고리에 종속되어 있는 예술의 모든 장르는 오늘날의 개념에서는 '예술 장사'라고 나타낼 수 있습니다. 예술 장사의 개념은 이미 오래전부터 더욱 좁은 의미에서의 예술장사적인 생산들을 넘어서고 있으며 수많은 형상물들을 예술 장사의 개념 아래에서 포괄하고 있습니다. 다시 말해, 순수하게 장르에 맞춰 삶에서 그 어떤 사업적인 기능을 충족시키지 못하고, 미적 형상물들이 마치 장사 자체를 위해 있는 것처럼 형상물들을 —이것들은 그러나 그 내적인 합성에 따라 예술 장사의 법칙들에 종속되어 있습니다— 예술 장사의 개념 아래에서 포괄하고 있는 것입니다. 내가 여러분에게 취향의 영역에 원래부터 특징적인 논쟁을, 예를 들어 어떤 넥타이가 취향에 맞는가 하는 것이나 또는 도료를 바른 방의 색조가 취향에 맞는가 하는 것과 같은 논쟁을 여기에서 지적하면, 여러분은 이러한 영역에서 나타나는 취향의 허망함을 가장 상세하게 인식할 수 있을 것입니다. 거기에도 물론 어떤 확실한 한계 가치들이 존재하며 정말로 소름끼치는 넥타이들도 있는가 하면 매우 예쁜 넥타이들도 있다는 사실을 부인할 의도는 없습니다. 그러나 동시에 이러한 질문들은 첫째 아름다운 것의 경험에 직면해서는 제2차적인 종류의 질문일 뿐입니다. 둘째로는, 사람들이 넥타이들이 취향에 맞는다고 말하거나 또는 그렇지 않은 것과는 전적으로 상관이 없는 무수한 넥타이들이 존재할 것입니다. 가능한 한 손으로

색칠을 한 방들이 가장 유연한 채색을 갖고 있다는 것과 관련해서도, 취향 판단은 절대적으로 예술장사적인 우연성에 실제로 공공연하게 빠져들어가 있습니다. 왜냐하면, 여기에서 출현하는 모멘트들은 사물의 생명과의 모든 관계를 상실시켜 버렸기 때문입니다. 이 관점에서 우리는 중요한 예술작품들은 항상 취향의 카테고리를 초월하는 작품들이라고까지 말할 수 있습니다. 중요한 예술작품들은 취향의 척도에 따라서 제대로 판단되는 것이 전혀 불가능합니다. 그러한 작품들은 취향을 무시하거나 취향과 상관이 없는 채 취향과 맞서는 작품들이 결코 아니며, 취향의 모멘트들을 넘어서는 것을 그 내부에서 갖고 있습니다. 이에 대해서 우리는 다시 한 번 다루게 될 것입니다. 중요한 예술작품들은 취향의 카테고리를 초월하기 때문에 헤겔도 취향 형성의 추상적 일면성에 대해 말하고 있는 것입니다. 여기에서 관건이 되고 있는 자리는 내가 여러분에게 특히 지적하고 싶은 자리입니다. 여러분은 이미 이 자리에서 헤겔의 입장과 내가 여러분에게 펼쳐 보이려고 시도했던 미적 주관주의에 대한 생각의 차이를 발견하게 되기 때문입니다. 나는 이 점을 헤겔에 대한 겸손함이 없는 것은 아닌 상태에서 여러분에게 말해도 될 것 같습니다. 아름다운 것은 여기에서 관건이 되고 있는 고찰들의 의미에서 주관적 미학이 유혹하는 그 어떤 것이 아닙니다. 아름다운 것은, 헤겔의 용어에 따른다면, "단순한 표상"524)이 아닙니다. 나는 여기에서 우리가 지금까지 비축해 놓은 논의 결과로 되돌아가도 된다고 봅니다. 여러분이 헤겔에서 발견하고 있는 생각을 나는 전혀 다른 연관 관계에서 개별적인 사항에 이르기까지 여러분에게 보여주려고 시도한 바 있었습니다. 나는 이것을 예술작품은 본질적으로 힘의 장場525)이라고 여러분에게 말함으로써 시도하였던 것입니다. 모든 예술작품이 그 내부 자체에서 과정이라면, 거기에는 내가 강조하려고 시도하였던 내용이 들어 있습니다. 다시 말해, 예술작품의 이념은, 헤겔의 아이러니한 표현을 빌린다면 어떤 '격언'에 환원될 수 없습니다. 아름다운 것의 개념은, 헤겔이 정당하게도 아이러니 아래에 두고 있듯이, 정의될 수 없습니다. 오히려 아름다운 것에 대한 규정은 다른 모멘트들이 아닌 바로 다음과 같은 모멘트들의 전개에서, 즉 예술작품들의 내재적인 생명과 예술작품들의 관계가 갖고 있는 생명에서 그 기초가 만들어지는 모멘트들의 전개에서 성립될 수 있습니다. 나는 이 점을 여기에서 부언해 두고 싶습니다. 미학은 따라서 이러한 과정을 파악해야 하며, 이러한 과정을 예술작품으로부터 끌어내서 전개시켜야 하는 것입니다. 미학은 아름다운 것을 어떤 단순한 개념으로 가져갈 수는 없습니다. 이렇게 해서, 미학의 의도는 미학이 —아름다운 것을 가능한 한 단순하고, 격언과 같으며, 결말을 내는 설정으로 가져가는 주관적 미학에 근원으로 놓여 있는 동기의 면전에서— 어떻든 성취해야 한다고 하는 것과 동떨어지게 되는 것입니다. 그리고 바로 그러한 의도의 자리에 그 의도와는 대립되는 의도가 들어서게 됩니다. 이것은 내가 이러한 고찰이 진행되면서 여러분에게 조금 더 가까이 가져가고 싶은 의도입니다. 여러분에게 말해도 된다면, 나는 여러분을 이쪽으로 전향시키고 싶습니다.[526]

이제 여러분 모두는 이 자리에서 가슴속에 물음을 품게 될 것이며, 그것은 정당한 것입니다. 여러분은 이렇게 반문할 것입니다. '그렇다면 교수님은 어떻든 확실하게 취향을 예술로부터 폐기시키려는 의도를 갖고 있습니까? 교수님도 파리로 가서서 심지어 파리의 회화[527]에 대해 논문들을 써 보십시오. 취향에 대해 아무것도 이해를 못한다면, 그 사람은 점잖은 사람이 아닐 것이며 파리의 회화에 대해서 입을 열어서는 안 되겠지요. 논문을 쓴 후에 우리로 하여금 취향을 버리게 하고 예술에 들어 있는 것들에서 문화화된 인간으로서의 인간의 자질을 갖도록 해 주는 것을 우리의 손으로부터 빼앗아 갈 의도를 갖고 계십니까? 그것은 제대로 된 강탈 행위입니다!' 여러분이 제기할 수 있는 질문을 나는 이렇게 서술하였습니다. 이렇게 함으로써 나는 내가 취향의 폐기를 의도하고 있다는 의심으로부터 안전하게 되었다고 생각합니다. 나는 취향 형성을 비판하는 데 사용했던 단어들을 충분히 조심스럽게 선택하였으며, 아무 이유 없이 그렇게 선택한 것은 아니었습니다. 중요한 예술작품들은 취향을 초월한다는 말을 여러분에게 하기 위해서 단어를 조심스럽게 선택하였던 것입니다. 여기에서 또한 중요한 예술작품들이 취향을 초월하지만 그렇다고 해서 취향을 무시하지는 않는다는 점을 부언해 두고 싶습니다. 예술작품으로부터 요구될 수 있는 것은 예술작품이 취향에 관한 것이라는 점입니다. 그러나 예술작품이 취향의 지배에 놓여 있다거나 또는 심지어 취향에 반대한다는 것이 예술작품으로부터 요구되어질 수는 없습니다. 나는 취향goût이 프랑스의 예술 영역 전체에서 기초적인 카테고리이며 이 카테고리에 관심을 갖지 않을 수 없다는 점을 이미 말한 바 있었습니다. 그럼에도 나는 다음과 같이 말하고 싶습니다. 우리가 취향 개념과 같은 그러한 개념에서 정당성이 경험되도록 시도하려면, 취향 개념을 매우 자세히 들여다보아야 합니다. 예를 들어 우리가 프랑스 회화나 또는 중요한 음악에 넣을 수 있는 프랑스 음악에서 취향으로 느끼는, 프랑스 회화나 음악에 최고로 고유하게 들어 있는 질質이 있습니다. 프랑스 예술에 들어 있는 이러한 질은 편안하고 적합한 것의 감정과 관련이 있거나 또는 우리가 인용했던 헤겔의 자리에 쓰여 있듯이 "예술작품의 외부적인 출현에 속한 것의 적절함과 만들어 길러진 것"528)의 감정과 관련이 있습니다. 그럼에도, 그러한 질에 대한 자세한 소개와 상세한 이론적 관통이 오늘날까지도 결여되어 있습니다. 여기에서 우리는 어떻든 프랑스 예술에서 말하는 취향에 대한 구체적인 현상학을 일단은 확보하지 않을 수 없다고 봅니다. 그리고 나서 우리는 그러한 취향의 개념이 우리가 예술을 마주하면서 직관적으로 행동해야 할 것인가, 우리가 예술작품을 어떻게 적절하게 형성해야 하는가와 같은 확실히 일반적으로 주관적인 기본 원리들과는 아주 미미하게 관련을 맺고 있을 뿐이라는 점을 알아차리게 되리라 봅니다.529)

나는 지금까지 여러분에게 취향의 현상학에 대해 부정적으로 몇 가지를 말하였습니다. 그러나 이제 여러분에게 취향에 대해서 최소한 몇몇 문장이나마 긍정적으로 말을 하고 싶습니다. 취향의 개념은 우리가 필요로 하는 개념이며, 이 개념이 무언가 실체적인 것을 의도하려고 하면 우리는 이 개념을 물신화시켜서도 안 되고 정지시켜서도 안 됩니다. 내가 보기에 취향의 개념은 일단은 원래부터 예술에 저장되어 있는 축적된 경험의 총체인 것 같습니다. 즉, 전통이 잠재되어 있는 곳인 것입니다. 이러한 전통은 부정된 전통으로서 직접적으로 전혀 출현하지 않는 곳에서도 모든 예술작품의 배후에 놓여 있으며, 모든 예술작품에게 예술작품이 구사하는 '수법들'이나 '처신하는 방식들'을 부여합니다. 이것은 우리가 다른 사람들과의 교제에서 처신술이라고 나타내는 것에 전체 역사가 퇴적되어 있는 것과 대략적으로 같은 것이라고 하겠습니다. 우리가 처신술이라고 명명해도 되는 모든 것이 우리 문화의 내부에서 실행되었던 오래된 궁정문화적이거나 기사문화적인 행사들의 잔재라는 점을 우리 모두는 알고 있습니다. 짧게 말하겠습니다. 신神의 이름을 걸고 예술이 '문화'라는 개념 아래에서 만들어져서 길러 온 것의 전형으로 —나는 문화 개념이 그 모델로서 원래부터 예술을 갖고 있다고 말해도 된다고 생각합니다— 간주된다면, 취향은 예술작품에 붙어 있는 다음과 같은 모멘트라고 말해야만 할 것입니다. 다시 말해, 예술작품이 문화로서 정통성을 확보하도록 해주는 모멘트들이, 즉 예술작품들이 역사에서 작품들이 구사하는 수법들을 배웠다는 것을 보여주는 모멘트들이 취향에 해당된다고 말하지 않을 수 없는 것입니다. 또는, 예술작품은 취향을 통해서 역사가 예술작품에게 매개한 관용어구와 언어를 말한다는 점을 보여주고 있다는 점도 언급하지 않을 수 없습니다. 우리는 역사적인 것의 축적이라는 의미에서 취향의 개념이 양식의 개념과 특별할 정도로 친밀한 개념이라고까지 말할 수도 있습니다. 우리가 이러한 의미에서 취향이 넘치는 예술작품에 대해 실제적으로 말하게 되면, 이것은 항상 동시에 양식이 충만된 예술작품이라고 말하는 것과 같습니다. 이와 더불어, 역사적 경험의 취향 개념은 전적으로 취향의 퇴적된 형체, 취향의 자명한 형체에서 의도된 개념입니다. 이것과는 대조적으로 추상적 형성이라는 개념이 있습니다. 이 개념은 오로지 전통으로 되돌아가며, 지나간 시대로부터 무언가 비슷한 것을 모델처럼 끌어올 수 있다고 믿습니다. 이 개념은 항상, 그리고 필연적으로 취향의 부재를 통해서 번쩍거리는 개념에 지나지 않습니다. 반면에, 우리는 오로지 다음과 같은 곳에서만 취향에 대해 말할 수 있습니다. 다시 말해, 앞에서 말한 전통적 모멘트가 문의되지 않은 채 실체적으로 예술작품에 내포되어 있는 곳에서만, 그리고 전통적 모멘트가 이러한 자명성을 위해서 무조건적으로 다시 존중되지 않고 매우 많은 모멘트들에서 공격당하고 변경되는 곳에서만, 취향에 대해 논의하는 것이 가능한 것입니다.

더 나아가 취향의 개념에 대해서 아직도 조금은 다르게 말해야 할 것이 남아 있습니다. 우리는 어떤 예술작품에 대해 그 작품이 취향이 넘치느냐 또는 그렇지 않느냐에 대해 근본적으로 말할 수 있습니다. 예술작품이 그 수단들의 개별적으로 각기 역사적으로 성취한 표준을 —이것은 역사적으로 해당되는 예술가적인 수단의 내부에서 말해질 수 있는, 개별적으로 각기 가장 진보된 언어입니다— 그 내부에서 저장했느냐 또는 저장하지 않았느냐 하는 의미에서 우리는 예술작품에 대해 말할 수 있는 것입니다. 이러한 의미에서 볼 때 피카소는 취향이 넘치는 화가이며, 한스 토마Hans Toma530)는 취향이 없는 화가입니다. 취향에는 일시적인 것이 내재되어 있습니다. 이것은 취향이 원래부터 의무적인 것이 아니고 객관적인 것에 결합되어 있는 것이 아닌 것임을 보여줍니다. 이에 대해 나는 이미 말한 바 있습니다. 취향에 내재되어 있는 바로 이러한 부정성, 즉 취향의 결점이 취향을 다시 특별한 척도에서 질을 확보하도록 해 줍니다. 이것은 취향에 내재된 악덕이 갖고 있는 미덕이기도 합니다. 취향에 들어 있는 부정성은 취향이 어느 시대의 예술이 도달한 기법과 개별적으로 역사적으로 성취된 가장 진보된 기준에 대해서 신경 자극 전달이 되도록 해주는 것입니다. 예술가로서 갖고 있는 좋은 습관들, 즉 유행에 뒤진 것, 진로로부터 벗어나 있는 것을 행하는 것에 대해 저항하는 것도 필연적으로 취향에 속합니다. 우리는 독일에서 유행의 개념이 예술의 개념과 대립되는 개념이라고 일반적으로 배워 왔습니다. 나는 이것이 너무나 유치하고 너무나 비변증법적인 견해라고 생각합니다. 나는 유행적인 신경 자극 전달에서는, 즉 무엇이 현대적이냐 또는 현대적이지 않느냐 하는 것에서는, 취향의 카테고리 아래에서, 예술가가 자기 시대의 가장 진보된 수단들을 구사할 때만이 오로지 예술가로서 무언가 실천적인 것을 말할 수 있는 것이 관찰되고 있다고 생각합니다. 반면에, 사람들이 무언가 실체적인 것, 진솔한 것, 뿌리가 있는 것을 이미 오래된 수단들과 뒤로 물러나 있는 수단들을 통해서 말할 수 있다고 믿는 것은 완벽한 무기력과 부적절한 낭만주의에 규칙적으로 빠져들고 맙니다. 예술작품들의 절대적인, 개별적인 원천성은 단순한 가상에 지나지 않으며 뒤져 있는 것일 뿐입니다. 반면에, 예술작품에서 원천적인 것은 이미 존재하는 것으로부터 새로운 것으로서 발원하는 것이며, 오로지 이러한 경우에만 항상 원천적인 것이 되는 것입니다. 취향은 이것이 제대로 되고 있는가를 감시하고 있습니다. 바로 이것이 취향에 의해 기록되는 것입니다.531)

514) "다시 말해, 아름다운 것의 개념은"부터 여기까지 아도르노가 밑줄을 그어 놓았다.

515) Vgl. GS 5, S.7.

516) Vgl. GS 11, S.9-33.

517) Vgl. Kant, Kritik der reinen Vernunft순수이성비판(편집자주 9번 참조), B 131f.

518) Vgl. Hegel, Werke, a. a. O.(편집자주 5번 참조), Bd. 13, S.32. 헤겔이 언급한 18세기 예술문학의 고전적 이론가들은 다음과 같다. Henry Horne, Lord Kames(1696-1782), Elements of Criticism비평의 요소들, Edinburgh 1762(ND Hildesheim 1970); Charles Batteux(1713-1780), Les Beaux-Arts réduits à un même principe[레보자르(미술학교)는 같은 원리로 귀착되는데], Paris 1746 (ND Genf 1969); Karl Wilhelm Ramler(1725 bis 1798), Einleitung in die Schönen Wissenschaften아름다운 학문 입문(1756-1758), Leipzig ^{5}1802[Ramler의 이 책은 1747-1750년에 파리에서 나온 바퇴의 »Cours de belles-lettres, ou principes de la littérature아름다운 편지 수업, 혹은 문학의 원리들«을 번역한 것이다].

519) Vgl. den Tragödiensatz aus der Aristotelischen »Poetik아리스토텔레스 『시학』에서 유래하는 비극에 관한 문장«(편집자주 476번 참조). 레싱의 »Hamburgische Dramaturgie함부르크 희곡론«(편집자주 475번 참조)도 참조. 특히 37절.

520) Hegel, Werke, a. a. O., Bd. 13, S.32.

521) Ebd., S.32f.

522) 슈테르친거Othmar H. Sterzinger의 책 Grundlinien der Kunstpsychologie, Bd. I: Die Sinnenwelt예술심리학 개요, 제1권: 감성의 세계(Graz 1938)에 대해 아도르노는 사회조사연구소의 전문학술지 7호(1938, S.426f.)에서 서평을 하였다 (jetzt in: GS 20·2, S.505f.).

523) 댄디즘을 대표하는 아일랜드의 작가인 오스카 와일드Oscar Wilde, 1854-1900는 장편소설인 »The Picture of Dorian Gray도리언 그레이의 초상«(1891), 희곡 작품인 »Lady Windermere's Fan윈더미어 경 부인의 부채«(1892), »Salomé살로메«(1891) 등의 작품을 통해서 19세기 말 유미주의의 대표자가 되었다. 아도르노는 논문 George und Hofmannsthal게오르게와 호프만슈탈(1939/40)에서 와일드를 다음과 같이 조롱하였다. "상징주의적으로 아름다운 것이 이중으로 왜

곡되고 있다. 소재에 대한 조야한 믿음과 알레고리적으로 어떤 입장에 결합되어 있지 않은 것을 통해서 이중적 왜곡이 발생하고 있는 것이다. 예술 장사를 하는 시장에서는 모든 것이 모든 것을 의미할 수 있다. 소재들에 대한 신뢰가 적으면 적을수록, 소재가 의도들에 대해서 처리할 수 있는 가능성이 더욱 빈틈이 없게 된다. 오스카 와일드에서 보이는 기나긴 쪽수들은 보석상의 목록을 제공할 수 있을 것 같다. 세기말의 수많은 실내장식들은 골동품 가게와 같다."

524) Hegel, Werke, a. a. O., Bd. 13, S.33(편집자주 521번 참조).

525) 1958년 12월 18일자 강의를 참조(251쪽).

526) "아름다운 것은 여기에서 관건이 되고 있는 고찰들의"부터 여기까지 아도르노가 왼쪽 여백에 줄을 그어 놓았다.

527) Vgl. *Im Jeu de Paume gekritzelt*손바닥 유희에서 서투르게 쓴 글(편집자주 431번 참조).

528) Hegel, a. a. O., Bd. 13, S.32.(편집자주 518번 참조).

529) "예술작품으로부터 요구될 수 있는 것은 예술작품이 취향에 관한 것이라는"부터 여기까지 아도르노가 밑줄을 그어 놓았다.

530) 독일의 화가인 토마Hans Thoma, 1839-1924는 1878년부터 1899년까지 프랑크푸르트 암 마인에 살았으며, 그곳의 슈테델 예술관에서 여러 작품들을 전시하였다. 그는 세기 변환기에 독일에서 가장 명망 있는 화가에 속하였다.

531) "우리는 독일에서 유행의 개념이 예술의 개념과 대립되는"부터 여기까지 아도르노가 왼쪽 여백에 줄을 그어 놓았다.

여러분은 기억하고 있을 것입니다만, 나는 지난 시간에 주관적으로 지향된 미학이 일반적으로 접속되어 있는 주관적 카테고리들에 대한 분석을 시도하였습니다. 동시에 취향의 개념에 대한 지배적인 생각을 비판하는 것을 시도하였을 뿐만 아니라 다른 한편으로는 취향 개념에 내재되어 있는 진실의 모멘트들을 끌어내려고 시도하였습니다. 오늘 강의에서 내가 갖고 있는 의도는 지난 시간에 시도했던 것을 훨씬 넘어서는 의도입니다. 나는 지난 시간에 여러분에게 취향에 대해 말하였습니다. 나는 이것이 취향 문제에 대해서 정말로 급진적이고 결정적인 것을 가져오는 데 기여했다고 감히 말할 수 없으며, 거기에서 보여준 내용이 마치 내 것인 것처럼 행동할 수도 없습니다. 오히려 나는 이것이 취향 카테고리의 현상학이라는 의미에서 즉흥적으로 연주하는 것과 같은 방식으로 이해되어야 하는 소지가 더 많다고 생각합니다. 취향의 문제는 여러분 중에서 많은 분들의 의식에서 미학의 문제에 대해 그분들이 갖고 있는 입장을 취할 때 아마도 표준적인 기준으로 남아 있을 것입니다. 여기에서 말해도 된다면, 나는 이제 어려운 문제에 정면으로 대결을 하고 싶으며, 미적 주관주의가 가장 넓은 의미에서 왜 나에게는 불충분한 것으로 나타나는가에 대해서 여러분에게 근본적인 것을 보여주려고 합니다. 여러분은 이에 대해 다음과 같이 생각할 수도 있을 것입니다. 내가 미적 주관주의를 이른바 주관적 예술작품, 다시 말해 의 고전주의적인 방향과 비교해서 매우 강력하게 주관적으로 지향된 예술작품으로 파악하고, 옌스 페터 야콥슨Jens Peter Jacobsen[532]이나 페터 알텐베르크Peter Altenberg[533]에 맞춰서 일종의 탄핵 연설을 하고 싶어 하는 것이라고 오해할 수도 있을 것입니다. 그러나 나는 이러한 오해 가능성으로부터 특별히 나를 보호할 필요가 없다고 생각합니다. 야콥슨이나 알텐베르크에 대해 탄핵 연설을 하는 것은 나와는 아주 멀리 동떨어져 있는 일입니다. 이와는 반대입니다. 여러분이 내 강의의 취지를 따라왔다면, 예술의 매개되지 않은 객관성, 주체에 의해 통과되어 지나가지 않는 객관성에 대한 생각은 나에게는 매우 동떨어진 이야기라는 점을 알아차렸을 것이라고 생각합니다. 나와는 동떨어져 있는 이러한 입장에서 관건이 되는 것은, 오해가 발생하지 않기 위해 말한다면, 미학과 예술의 척도를 주체의 반응 방식들에서 근거를 세우는[534] 시도입니다. 이와 동시에, 이러한 시도에서는 전개되는 방식에 따라 일반적으로 예술을 지각하는 사람, 즉 예술을 받아들이는 사람에 대한 분석으로부터 출발합니다. 즉, 우리가 '예술의 체험'이라고 나타낼 수 있는 것으로부터 출발하는 것입니다. 이러한 분석은 미적 경험에 대한 분석이라는 의미에서 행해집니다. 여기에서 말하는 미적 경험은 인식의 경험의 진행, 미적인 인식이 아닌 인식의 경험의 진행과 동치되어 있습니다. 앞에서 말했듯이, 나는 이러한 입장과는 매우 동떨어져 있습니다. 나의 테제These는 다음과 같습니다. 예술을 받아들이는 사람이 ―그가 개별적 존재로서 예술을 받아들이든 그가 개념화된 존재로서 예술을 받아들이든― 어떠한 근거 세움의 이론을 원리적으로 제공할 수는 없습니다. 나는 여러분에게 내가 미적 주관주의를 어떠한 방식으로 비판하려고 했었던가 하는 의도를 상기시키고자 합니다. 나는 미적 주관주의에 고유한 개념이 어떻게 비정합성으로 필연적으로 빠져들고 마는가를 여러분에게 보여주려고 했습니다.[535] 항상 일반적인 속성을 지닌 미적 주체로 되돌아가는 것이 가능하지 않다는 것에 대해서 나는 미적 주체의 특징과 관련하여 이미 여러분에게 간략하게 언급한 바 있습니다. 다시 말해, 미적 경험을 만드는 것에서 유일하게 능력을 갖고 있는 주체는 논리적 주체가 아니며 주체의 모든 구체적이고도 내용적인 경험을 포괄하는 완벽한 주체라는 점을 여러분에게 간략하게 말하였습니다. 이것은 개별적 주체의 경우에도 사정이 다르지는 않습니다. 여러분은 지난 시간에 이미 예술작품에 대한 개별적 주체의 반응들이 우연적이라는 헤겔의 반론을 들어본 바 있었습니다. 그러나 헤겔의 문장도 다른 모든 이런 종류의 문장에서처럼 조금은 추상적인 것에 머물러 있습니다. 나는 그러한 문장이 통찰의 무게를 실제로 획득하기 위해서는 일단은 문제가 되고 있는 것을 더 자세히 들여다보아야 한다고 생각합니다. 여러분이 예술적 경험에 대한 분석에서 예술작품에 대한 분석을 완벽하게 도외시하면, 예술작품은 심리학의 언어에서 '자극'이라고 불리는 것에 환원되고 맙니다. 여기에서는 예술작품은 감각기관들과 더 나아가 자극을 받는 사람의 마음에 영향을 미치는 일종의 자극이 됩니다. 이렇게 되면, 미학은 이러한 자극 자체의 본질에 대해서 예단도 해보지 못한 채536) 자극에서 발생하는 반응들로부터 사실상 출발하는 수밖에 없게 됩니다. 왜냐하면, 미학을 객관성에서 근거를 세우는 것 대신에 주관성에서 근거를 세우는 의도가 들어 있기 때문입니다. 여기에서 미적인 대상, 즉 경험되어지는 사물과 이 사물에 접속되는 반응방식들 사이의 직접적인 관계가 유지되고 있지 않는 결과가 나옵니다.537) 내가 보기에는, 이 점이 미적 주관주의에 관련된 논쟁에서 일단은 실제로 설득력이 있고 표준적인 주장인 것 같습니다. 나는 미적 대상과 대상에 대한 반응방식들이 서로 관련을 맺고 있다는 것을 전적으로 배제하려는 의도를 전혀 갖고 있지 않습니다. 양자가 서로 관계를 맺고 있다는 것은 확실합니다. 자극과 반응의 관계가 예술에서 어떤 모습을 보이는 가에 대해서 심리학뿐만 아니라 미학, 사회학에서 한번 연구해 보는 것도 우리에게 주어진 과제라 할 것입니다. 앞에서 고찰한 자극과 반응의 관계에서는 예술작품이 하나의 자극으로 소리 없이 변신하는 것이 실행되고 있습니다. 나는 지나가는 김에 여러분에게 이러한 변신이 그것 스스로 이미 의미 없는 것만을 갖고 있을 뿐이라는 점을 지적하고 싶습니다. 예술작품은 심리학 실험실에서 이러한 반응이나 저러한 반응에 따라 불이 켜지는 것과 같은 빛과 비교될 수는 없고, 예술작품의 경험과 더불어 얻게 되는 의미에 따라, 다시 말해 예술작품이 고유하게 제기하는 요구에 따라 그러한 자극과는 다른 그 어떤 것을 의미하기 때문입니다. 내가 여러분에게 펼쳐 보이려고 시도했듯이, 예술작품은 원래부터 의미의 연관관계가 아닌 다른 연관관계로는 전혀 파악될 수 없습니다. 예술작품에 내재하는 의미 있음의 모멘트의 맞은편에서 예술작품을 자극에 환원시키는 것은 —이것은 목적을 위한 단순한 수단의 환원이며, 주관적인 체험을 위한 추상적인 자극입니다— 여기에서 설명되어져야 하는 물음 자체를 이러한 반응들로부터 출발해서는 물음 자체가 전혀 재구성될 수 없을 정도로 과도하게 환원시키게 됩니다. 이른바 자극은, 이것이 반응을 촉발시키는 한에 있어서는, 이미 예술작품 자체와는 전혀 다른 것이기 때문입니다. 내가 그 어떤 방식으로, 예를 들어 내가 보는 색을 통해서나 내가 듣는 음향을 통해서 자극을 받게 되면, 그러한 모멘트들에 의해 자극을 받는 것은 총체성으로서의 예술작품이 원래부터 표현하는 것의 매우 빈궁한 잔재에 지나지 않습니다. 자극을 받는 것에 관한 논의는 근본적으로 자극 이론에서나 일단 이루어져야 할 것이라고 봅니다.

그러나 나는 지금 여기에서 지체할 의도는 전혀 없습니다. 이는 내가 여러분에게 약속했던 분석의 구체화를 어느 정도는 지나치게 급진적이고 지나치게 일찍 설정된 고찰에 의해 우리가 잃어버리는 일이 발생하지 않게 하기 위함입니다. 자극에 의한 반응으로부터 나오는 결론이 —이것은 미학에 대한 주관적인 근거 세움에서 관건이 되는 것으로 보아도 됩니다— 논리에 합당한 정도가 얼마나 미약한가에 대해서 명백하게 해두기 위해서, 나는 여러분에게, 특히 여러분 중에서 심리학을 공부하는 분들에게 특별한 감각 에너지에 관한 문장을 상기시켜 주고 싶습니다. 이 문장은 우리가 받아들이는 이른바 모든 자극은 자극들이 할당된538) 감각기관들의 척도에 따라 처리된다는 점을 말해주고 있습니다. 예를 들어 보겠습니다. 어떤 사람이 눈을 감고 있는 다른 사람의 눈을 향해 주먹질을 하면, 빛의 느낌이 습관적으로 눈에 들어오게 됩니다. 이것은 수많은 속담에서도 증명이 된 사실입니다. 예술작품이 단순히 감각적인 형상물이 아니고 정신적인 것이라는 사실은 우리 모두에게 명백합니다. 그러므로 특별한 감각 에너지에 관한 문장은, 즉 자극과 반응을 통해서 설정된 두 개념의 카테고리적인 차이에 관한 문장은 단순히 글자 그대로, 깨트려지지 않은 채, 예술작품에 적용될 수는 없는 것입니다. 나는 감각 에너지에 내가 여러분에게 여기에서 전달하고 싶은 것과 정확히 일치하는, 인간의 정신 상태에 관한 것이 존재한다는 점을 여러분에게 설명하기 위해서 감각 에너지를 비교를 위한 본보기로서 끌어들였습니다. 우리가 하는 미적 경험이 주관적으로 결정되어 있다는 것은 경험되는 사물에 완벽하게 빗나가 있을 수 있으며, 심지어는 이러한 사물 자체를 완벽하고도 급진적으로 변화시킬 수 있습니다. 이에 대해 나는 여러분에게 하나의 예를 보여주고자 합니다. 즉, 과장되고 화려한 것에 대해서 특정한 의미를 갖는 수많은 인간이 존재하고 있는 것입니다. 나는 심층심리학은 사람들이 어떻게 해서 이렇게 행동하는가에 대해 전혀 관계하지 못하고 있다고 생각합니다. 여기에서 나는 잠깐 동안 심리학적으로 논의를 진행시키고자 합니다. 앞에서 말한 수많은 사람들에게는 일반적으로 매우 강력한 권력 관념과 권력에의 필요성이 놓여 있을 개연성이 높습니다. 그러나 이러한 권력 관념과 권력에의 필요성은 그들에게서 배제되어 있으며 제대로 나타나지 않습니다. 이런 이유에서 그들은 권력 관념과 권력에의 필요성을 방해받지 않은 상태에서 실행할 수 있다고 믿는 영역을 찾으며, 그 영역이 바로 예술적 영역입니다. 그들은 예술적 영역에서 해를 입지 않은 상태에서 자신을 유지하며, 과대 환상에 취해 있습니다. 정신 치료에서 순화되어야 하는 의미로서가 아니라 과대 광기의 개념 하에서 정신병리적으로 왜곡된 채 우리 앞에 현재적으로 출현하는 의미에서의 과대 환상에 빠져 있는 것입니다. 비교적 악의가 없는 사정에서 말해 본다면, 우리는 여기에서 많은 사람들에게서 '네로-콤플렉스'[539]가 나타나고 있다고 말할 수도 있습니다. 이런 사람들은 네로-콤플렉스에 맞춰서 만들어진 예술작품에 접속하는 성향을 갖고 있을 뿐만 아니라 예술을 네로-콤플렉스의 의미에서 지각하려는 경향을 띠고 있습니다. 예를 들어 라흐마니노프Rachmaninoff[540]의 유명한 울림 다단조 전주곡은 아마도 여러분 모두에게 언젠가 한 번은 귀 안으로 천둥이 치는 음악으로 들어왔을 것입니다. 네로-콤플렉스에 걸린 사람들의 교육 영역으로부터 끌어들여 관련시키는, 숭고한 것에 대한 잘못된 관념들은 실제로는 그들을 네로-콤플렉스에서 살찌우게 하는 결과로 이어질 것입니다. 베토벤에게서 망치로 치는 듯하고 화려하며 과장된 것으로 충만된 종류의 음악을 베토벤이 접하는 출발점부터 지각해 보려는 방식으로 베토벤에 반응하는 방식이 존재합니다. 그러나 이러한 방식은, 우리가 사물 자체에 대한 분석을 통해 확인할 수 있듯이, 실제로는 사물 자체의 희생으로 이어집니다. 나는 바그너에 대해 이야기하였던 나이가 든 남자를 기억합니다. 그는 학교 교장의 행색을 하고 있었으며, 나는 당시에 아주 젊은 나이였습니다. 그는 바그너의 음악이 그의 표현에 다르면 "응고된" 분위기를 갖고 있기 때문에 바그너 음악을 사랑한다고 나에게 말하였습니다. 그것은 천천히 굴러가는 용암액, 불을 뿜으면서 육중하게 흘러가는 용암에 대한 생각과 같은 것이었습니다. 이러한 생각은 그의 내적인 삶에서 의문의 여지가 없이 근거가 세워진 이유에서 그를 바그너 쪽으로 밀고 갔습니다. 이제 우리는 —이어지는 논의에 앞서 나는 이 자리에서 여러분이 방법적으로 나에게 동의해 주셔야만 한다는 점을 말하지 않을 수 없습니다— 예술작품들 자체와 작품들에 있는 사실적 정황에 대한 기법적이고도 전적으로 완력을 통한 분석에서, 다시 말해 사실상으로 예술작품의 정신적인 것과는 비교적 관계가 적은 분석에서, 그 나이든 남자가 부당하게도 리하르트 바그너에게 좋게 말한 웅고성은 바그너에게서는 전혀 칭찬될 수 없는 것임을 확인할 수 있습니다. 우리는 우리의 의지에 따라 그 나이든 남자의 생각에 반대해도 되는 것입니다. 바그너의 오케스트라 처리는 실제로 특별할 정도로 투명하며, 확실하고 매우 신중하게 계산된 자리들에서만 무겁고 부피가 큰 최강음으로 상승됩니다. 그 밖에도, 바그너의 오케스트라 처리는 가장 가늘고 가장 섬세한 울림소리들을 구사합니다. 우리가 여기에서 작곡가의 의지로 실제로 한 번 되돌아가도 된다면, 바그너는 그에게서는 작품들에 직접적으로 속하는 것인, 그에게 고유한 공연의 실제에서 이른바 웅고성에 반대되는 작용이 일어나도록 하기 위해 할 수 있는 모든 것을 행하는 처리방식을 사용하였습니다. 내가 알기로는 바그너는 중요한 작곡가들 중에서는 유일하게 오케스트라를 가라앉히고 웅고성의 질을 제거하기 위해 바이로이트Bayreuth에서 그의 입장이 명확하게 표출되는 행사를 했던 작곡가입니다. 나이든 남자가 나에게 했던 이야기에는 사실상 미리 결정되어 있는 생각이 들어 있습니다. 우리는 이러한 생각이 일종의 투사적投射的 생각이라는 점을 받아들여도 되며, 이런 생각은, 매우 본질적으로, 음악 자체에 대한 희생을 요구합니다. 이러한 것이 미국에서 여러 가지 방식으로 발생하고 있듯이, 우리가 미학을 인간의 반응들에서 출발하여 구축하고 가치 위계질서를 이러한 반응들에 접속시키는 것을 심각하게 시도해보면, 우리는 완벽할 정도로 어처구니가 없는 결과에, 즉 물음에 대해 전적으로 직접적이고도 격렬한 모순관계에 들어서게 되는 일종의 다수결 투표하는 결과에 다가서게 됩니다. 주관적인 미학으로부터 나오는 결과는 사실상 라디오 방송국 음악분과의 모든 책임자에게 숙달되어 있는 제목들일 뿐입니다. 이러한 제목들에는 어제 연주되었다고 하는 현대적 작품이 즉각적으로 건강을 해치고 신경에 해가 된다고 하는 말들이 놓여 있으며, 납세자의 세금이 그러한 행패에 낭비되는 것에 반대한다고 하는 당사자는 혼자 반대하는 것이 아니고 이러한 문제에 대해 건전한 판단력과 같은 것을 구사한다고 하는 많은 동지들을 위해서도 말을 하고 있다는 것을 알고 있다는 말들이 들어 있습니다. …541) 그 밖에도 바로 이러한 영역에서, 다시 말해 인간들이 왕관王冠 앞에서도 자부심을 증명하고 자신들에게 고유하게 들어 있는 미적 경험으로부터 출발하여 말을 하는 것처럼 서로 대화를 주고받는 곳에서, 인간이 실제로는 완전하게 표준화된 주장을 갖고 작업을 하는 것은 매우 흥미로운 것이라고 하겠습니다. 미국에서는 우리의 전체 고찰에 대해 일단은 독단적으로 —나는 독단적이라고 말하고 싶습니다— 전제되었던 것에 대한 관념이 있습니다. 나는 이것이 왜 독단적 전제인가에 대해서 여러 각도에서 여러분에게 보여주었으며 이에 대해 확실한 증거를 갖고 있다고 믿고 있습니다. 다시 말해, 미국에서는 객관적인 정신과 같은 것이 도대체 존재하느냐 하는 물음인 예술작품의 객관성에 대한 물음이 원래부터 전혀 이해될 수 없으며, 사람들이 예술작품의 객관성에 이야기가 미칠 때마다 사람들은 여기에서 다른 것이 아닌 바로 주관적 투사가 관건이 되고 있다고 말을 하게 될 것입니다. 미국에서는 사람들이 미학을 근거 세우는 것의 어려움에 직면하여 다수의 의사542)에서 문제를 해결하는 방법을 찾아내며, 문제를 사물 자체로부터 출발하여 해결하는 것 대신이 전문가들을 문제 해결에 고유한 심급審級으로 설정함으로써 어려운 일로부터 빠져나오려고 시도합니다. 여러분은 여기에서 일단은 단순한 논리적 어려움에 봉착하게 됩니다. 다시 말해, 여러분이 다른 사람들의 반응들로부터 전문가를 떼어 놓으면, 여러분은 전문가를 사물 자체의 척도와 같은 것으로 암묵적으로 통용되도록 해야 하는 어려움에 부딪치게 되는 것입니다. 왜냐하면, 전문가는 사물 자체에 대해 이해하고 있으며 따라서 사물에 대해 무엇인가를 말해도 되는 자격을 가진 사람이기 때문입니다. 사물에서 경험이 있고 체험한 것이 있으며 전문성을 가진 사람을 전문가라고 볼 수 있을 것입니다. 그렇지 않다면 이것은 다수의 의사, 다수결 결정을 위한 단순한 축소에 지나지 않을 것이며, 내가 위에서 여러분에게 말했던 이러지도 저러지도 못하는 어려움을 어떠한 방식으로도 넘어가지 못하게 될 것입니다. 그러나 여러분이 이러한 어려움을 일단 도외시하면, 전문가들이 그들 나름대로 실제적인 심급을 전혀 나타낼 수 없는 사정이 다시 되고 맙니다. 전문가들도 모든 생각해 볼 수 있는 사회적 요소들이 들어가 있는 특정한 권력 배열에 근거하여 선발되기 때문입니다. 예를 들어 어떤 비평가가 대중의 마음에 들도록 하는 술책들을 갖고 있는 곳에서는, 그러한 술책은 전문적인 것으로 쉽게 가져갈 수 있습니다. 이러한 연관관계에서 나는 매우 유명한 어느 전문가의 이름을 여러분에게 제시하지 않을 수 없습니다. 여러분은 미국에서 취향 형성의 물음과 관련하여 조직된 단체들이나 전문가 단체들에서 이 이름과 만나게 될 것입니다. 여기에서 관건이 되고 있는 사람은 스패트Sigmund Spaeth라는 이름을 가진 남자입니다. 그의 명성은 특히 그가 쓴 저작인 『위대한 심포니들을 어떻게 인지하고 기억할 것인가 Great Symponies. How to Recognize and Remember them』[543]에 근거합니다. 그가 가진 생각은 이렇습니다. 즉, 가장 중요한 주제들에 본문의 구절들을 붙이고 이러한 구절들에 힘입어 중심 주제들을 메모함으로써 위대한 심포니 작품들을 최상의 상태로 자기 것으로 만들게 된다는 것입니다. 나는 이것이 악마와 같은 술책이라는 점을 여러분에게 말할 수 있습니다. 사람들이 이러한 술책에 귀를 기울이게 되면, 그러한 구절로부터 다시 빠져나오는 것이 어려운 지경에 처하게 되는 것입니다. 나는 스패트 씨가 구사하는 처리방식의 작용력을 어떠한 방식으로든 부정하고 싶은 의도를 갖고 있지는 않습니다. 물론, 이러한 종류의 주관적 미학이 사물 내부로 제대로 뚫고 들어가는지의 여부에 대해서 나는 의

구심을 갖고 싶습니다. 예를 들어 나는 스패트 씨가 차이코프스키의 「비창 교향곡Symphonie pathétique」544)에 나오는 유명한 부副문장 주제에 갖다 붙인 하나의 텍스트가 있다는 것을 알고 있습니다. 여기에서 관건이되는 것은 이른바 서정적이고 가라앉은 주제입니다. 스패트는 이 주제에 "차이코프스키가 이제 다시 조용해진 것 같다"545)라는 말을 갖다 붙입니다. 여러분은 여기에서 놀랍게도 일종의 거친 남자로서의 예술가에 대한 관념을 보게 됩니다. 예술가가 무섭게 흥분하여 공포스럽게 발광하다가도 조용한 주제를 쓸 때는 정신을 잃은 사람처럼 예술가를 강제하는 외투에서 다시 평온해지는 것입니다. 내가 여러분에게 이러한 것들을 지적하는 것은 단지 여러분의 기분을 좋게 하기 위한 것만은 아니라고 생각합니다. 오히려 우리가 이러한 것들이 갖고 있는 과실들에서 문제들을 인식해야 한다는 말이 정말로 중요한 것입니다. 다시 말해, 객관적인 정신과 같은 것은 존재하지 않으며 인간의 반응에 기대야한다는 ─잘 알려진 대로 예술은 오로지 인간을 위해 있습니다─ 매우학문적으로 들리는 확언으로 시작하고, 차이코프스키가 다시 조용해졌다는 것과 함께 이에 상응하는 완벽한 귀결에서 앞에서 말한 확언이중지됩니다. 전문가들은 주관적 미학에 근거하여 이러한 것을 우리에게 가르쳐야 한다고 말합니다. 전문가들의 말이 객관적으로 무언가 쓸모가 있는 것처럼 보이기도 합니다. 대부분의 전문가들은 양적으로 스패트 씨와 구분되기는 하지만 질적으로는 구분되지 않습니다. 여러분은 나의 이 말을 믿을 수 있을 것입니다. 이렇게 해서 나는 전문가들에대해서, 그리고 어떤 사람이 미적인 전문가가 되는 여부가 의존되어 있는 사회적인 선별 메커니즘에 대해서 여러분에게 말하였습니다. 이제내가 하는 다음의 말을 믿어주기 바랍니다. 전문가가 여러분을 만나게될 때마다, 여러분은 전문가를 믿지 말기 바랍니다! 전문가보다 더욱나쁜 것은 전문가가 아닌 사람들, 즉 아마추어입니다. 그러나 여기에선택의 고통이 있습니다. 두 카테고리는 서로를 자르듯이 서로 맞물려 있으며 상호보완적입니다. 두 카테고리는 예술에 대한 진정한 경험이 방해받고 있다는 사실을 증언해주는 카테고리입니다.

이렇게 해서 우리는 이 자리에서 미학에서 매우 중심적인 사실과 접하게 되었습니다. 즉, 미학을 주관적인 반응형식들에서 근거를 세우는 것은 불가능합니다. 지나가는 김에 말해두고 싶은 것이 있습니다. 나는 철학적 미학, 즉 이른바 철학적 근본 물음들과 사회학 사이에 이른바 엄격한 분리선을 긋는 것을 경멸합니다. 내가 이런 입장을 취하는 데에는 나름대로의 근거가 있다는 점을 여러분에게 말하고 싶습니다. 내 동료들 중에는 이것이 철학이 아니라고 주장하는 사람들이 있습니다. 이런 사람들과는 대조적으로 나는 미학의 방법론 문제에서 매우 많은 권한이 있는 헤겔에 기대고자 합니다. 헤겔의 생각을 들어보겠습니다. 사람들이 현상들의 구체적이고도 사회적인 내용과 마주할 때 지나치게 까다로운 태도를 가진 상태에서 철학은 구체적인 내용을 갖고 있지 않은 것에 지나지 않다고 생각한다면, 이것은 철학을 완전한 외부성과 완벽한 공허함으로 끌어내리게 되고 말 것이라고[546] 헤겔이 쓴 적이 있었습니다. 나는 이것을 이 자리에서 내가 채택하는 방법론적인 원칙으로서 명확하게 말해두고 싶습니다. 주관적인 미학이 보이는 것과 같은 반박은, 다시 말해 이른바 철학적 또는 미적 원리들에 대한 물음은 내용적으로 확실한 사회학적 고찰과 전혀 분리될 수 없는 것입니다. 나는 여러분에게 이것을 곧 보여주게 되기를 바라고 있습니다. 여러분이 알고 있듯이, 나는 이 강의에서 이른바 근본 물음들과 방법론적 물음들을 일반적인 문제들을 시위하고 있듯이 보여주고 있는 내용적인 문제들과 하나로 연결시키려고 시도하고 있습니다. 그러므로 나는 이제 이것을 증명해 보이고 싶습니다.

주관적 미학에서 관건이 되는 생각은 주관적 미학이 되돌아가서 근거로 삼는 생각, 즉 예술작품을 받아들이는 사람들이 그들의 견해에 따라 미적 판단의 최종적인 법률적 원천이 되어야 한다는 생각입니다.

예술에 대한 판단들과 예술에 대한 관계가 이러한 관점에 따라 직접성에 기초가 두어져야 한다는 생각인 것입니다. 직접성에 근거를 두기 위해서, 이러한 판단들은 직접적인 것, 환원할 수 없는 것, 최종적인 것으로서 일단은 근원으로 놓이게 됩니다. 무엇을 고정적인 것, 최종적인 것, 주어진 것으로 소급시키는 것은 철학에서 나타나는, 앞에서 언급한 것들에 기초를 두겠다는 망상입니다. 나는 여러분에게 언급하였던 두 편의 이론적 논문547)에서 이러한 망상에 반대하는 입장을 밝히고 솔직하게 비판하는 것을 시도한 바 있었습니다. 그 밖에도 여러분은 기초를 두겠다는 망상에 대한 비판의 요소들이 —그러한 요소들은 헤겔에서는 여기에서 우리가 논의하고 있는 주관적 미학에서 나타나는 모티프들과는 다른 모티프들, 철학의 우위를 주장하는 모티프들과 교차하고 있기는 하지만— 헤겔의 저작에서 대규모로 산재되어 있음을 발견할 수 있을 것입니다. 여기에서 나는 그러나 모든 것이 소급되는 곳이어야 한다고 하는 일차적인 것, 직접적인 것에 대한 비판에 들어가고 싶지 않으며, 그 대신에 기초를 두는 것의 망상에 반대하는 테제를 문자 그대로 수용하고 싶습니다. 이미 말했듯이, 기초를 두는 것의 망상에 당당히 맞서고 싶습니다. … —그리고 나는 나의 이러한 입장이 예술에 대해 말해지는 모든 것이 소급될 수 있는 그러한 직접성으로서의 미적인 관계들과 어떤 관계를 갖고 있는가를 묻고 싶습니다. 이와 동시에 우리는 앞에서 말한 직접성이 논의의 대상이 될 수 없다는 것에 봉착하게 됩니다. 오히려 최종적인 것과 절대적인 것을 서술한다고 하는 반응방식들이 끝이 없이 넓은 척도에서 미리 결정되어 있다는 점이 논의의 대상이 되어야 합니다. 나는 바로 이 점이 예술작품을 받아들이는 사람들의 반응방식들에서 미학을 주관적으로 근거를 세우는 것에 대한 내용적 비판에서 실제로 결정적으로 중요하다고 생각합니다. 최종적인 것과 절대적인 것이 미리 결정되어 있다는 생각을 동역학적이고 사회적인 연관관계 내부로 넣어 보면, 우리는 다음과 같은 변증법에 부딪치게 됩니다. 다시 말해, 사회적 조직화Vergesellschaftung의 그물망이 더욱 촘촘하게 엮일수록, 우리가 우리의 모든 삶에서 사회적인 선線이 자르는 절단면으로 내려앉는 정도가 강할수록, 이른바 미적인 반응들이 미리 결정되는 정도가 증대됩니다.548) 미학의 이른바 법적 원천이라고 하는 주관적 반응의 직접성은 내가 여기에서 다루고 있는 관점에 따르면 실제로는 전적으로 매개된 것입니다. 사람들이 작품들이나 작품의 내용 안으로 침잠해 들어가는 것보다 더욱 순수하고 미적 인식에서 우연성에 의해 방해를 더 적게 받은 원천을 확보한다는 믿음은 전통적 철학의 순수한 믿음에 지나지 않습니다.

이것을 최소한 3개의 카테고리들에서 설명하고 싶습니다. 나는 예술작품들이 소비되는 대상이 아니라는 입장을 갖고 있습니다만 여기에서는 예술작품이 소비된다는 입장을 수용해도 되는 관점에서 논의를 진행하겠습니다. 일단은 작품들에서 소비되는 것, 즉 인간과 대중의 반응들이 매우 본질적으로 향하고 있는 것이 끝이 없이 넓은 정도로 작품에서 소비되는 것과 같은 종류가 갖고 있는 권위성, 인기, 모든 가능한 모멘트에 무한하게 넓은 정도로 의존되어 있다는 점을 상세하게 다루고 싶습니다. 이에 관련하여 나는 나의 프린스턴 시절 동료였던 해들리 캔트릴Hadly Cantril549)의 매우 재미있고 설득력 있는 시도를 다룰 생각은 전혀 없습니다. 캔트릴은 다음과 같은 사실을 입증한 바 있습니다. 서로를 알아보기 위해 만든 명찰을 달고 있거나 통지를 받고 모여든 비교적 큰 집단에게 시골 악단의 악장이 지휘하여 제작한 음반을 토스카니니550)의 음반이라고 소개하면서 청취하게 할 경우에 집단에 모인 사람들은 토스카니니의 음반을 서로 구분할 수 없게 되며, 가치 위계질서도 또한 이처럼 구분할 수 없게 되는 것에 따라 맞춰진다는 사실을 증명해 보였습니다. 그러나 나는 여기에서 그의 시도를 다룰 생각이 전혀 없다는 것을 여러분에게 앞에서 밝혔습니다. 여러분이 나에게 다음과 같이 물을 수 있기 때문입니다. 여러분은, 내가 지속적으로 영향이 남도록 여러분을 반박하지 않는 상태에서, 제5 심포니를 일반적으로 볼 때 지휘자가 없이도 그렇게 매끄럽게 연주할 수 있는 고도로 조직화된 오케스트라에서 악장의 자질은 ―악장이 제5 심포니를 특히 꾸준하게 노력하여 연주한다고 하더라도― 특별히 문제가 있다고 나에게 질문할 수 있을 것입니다. 그러나 나는 여기에서 『노이에 도이췌 헤프테Neue Deutsche Hefte』의 마지막 호에서 「미사 솔렘니스Misa Solemnis」에 관하여 발표했던 연구 논문551)을 여러분에게 알려주어도 될 것 같습니다. 내가 여러분에게 이 논문을 알려주는 이유는 이미 많이 고생한 나의 파리채를 이용하여 다른 파리를 잡고 싶기 때문입니다. 다시 말해, 다음과 같은 특정한 유형의 인간이 존재하기 때문입니다. 그들이 나에게서 출발하여 세상에 알려진 「미사 솔렘니스」에 관한 연구 논문들을 읽게 되면, 세월이 나에게 그러한 연구를 몰아 붙였으며 나의 연구도 말하자면 비체계적인 연구에 지나지 않는다고 생각할 것입니다. 내가 체계에 대해서 어떻게 사고하는가에 대해서 나는 충분히 명백하게 정리한 바 있습니다.552) 여러분이 나의 강의에 자극을 받아 「미사 솔렘니스」 연구 논문들을 들여다보게 된다면, 나는 여러분에게 다음과 같은 점을 지적하고 싶습니다. 다시 말해, 나의 논문들이 겉으로 보기에는 특별할 정도로 서로 멀리 떨어져 있고 직접적으로 서로 전혀 매개되어 있지 않은 주제 영역들에 뻗쳐 있음에도 불구하고, 그 논문들은 철학의 전체 구조 내에서 ―나는 여기에서는 여러분에게 철학의 전체 구조로부터 다만 하나의 단면만을 제공할 수 있을 뿐입니다― 매우 상이한 위치 가치를 갖는다는 점을 여러분에게 알려주고 싶습니다. 내가 예를 들어 「미사 솔렘니스」에 관한 한 편의 논문을 발표하는 경우에도, 음악사의 영역으로 떠나는 소풍과 같은 것이 되는 것은 아닙니다. 이와 관련하여, 명예심이 나와는 완벽할 정도로 동떨어져 있는 것에 지나지 않는 것이라는 점에 대해 여러분은 나를 믿을 수 있을 것입니다. 지금의 논의에서 정말로 관건이 되는 것은 바로 체계적인 의도이며, 이는 예술작품의 수용 및 권위성과 예술작품 자체 사이에는 완벽한 모순이 지배하고 있다는 점을 보여주려는 의도입니다. 여러분에게 말해도 된다면, 「미사 솔렘니스」는 모든 음악적 문헌이 증명해 보일 수 있는 작품들 중에서도 가장 난해하고 수수께끼와 같은 작품들 중의 하나에 속합니다. 나는 이 작품이 지금까지도 전혀 이해되지 않았다는 점을 나의 논문들에서 보여주었다고 생각합니다. 나는 예를 들어 쇤베르크처럼[553] 음악에서 나름대로 판단을 제대로 할 수 있는 몇몇 사람들이 있다고 봅니다. 나는 이들의 판단이 음악에 진지하게 제공할 수 있는 무엇이 들어 있다고 생각합니다. 쇤베르크와 같은 몇몇 사람들이 「미사 솔렘니스」의 어두운 측면과 이해될 수 없는 측면을 확인하였던 것입니다. 그러나 이러한 확인이 다음에 열거하는 것을 털끝만큼이라도 변화시키지 못하고 있습니다. 다시 말해, 「미사 솔렘니스」는 어느 정도는 이름이 있는 합창단과의 협연에 의해 매년 또는 2년마다 한 번씩 작품의 격이 낮추어지는 상태에서 소박하게 오르간 연주가 되고 있으며, 연주 후에는 비평가들이 해당 비평가의 목적에 맞춰서 청취자의 정신을 다시 한 번 고양시켜주는 밤이었느니 또는 정신을 고양시켜주는 밤이 아니었느니 하는 평을 쓰게 됩니다. 황제의 새로운 의복과 같은 것이었다고 감히 말하려고 시도하는 사람은 아무도 없습니다. 즉, 베토벤이 제기한 미적 문제들에 가장 깊이 있게 빠져드는 경험들에 들어가지 않고는 일단은 전혀 이해될 수 없는 것이 관건이 되고 있다는 사실을 말하는 사람은 아무도 없는 것입니다. 이처럼 심연까지 들어가는 경험에서 「미사 솔렘니스」는 베토벤의 중심적인 작품들 중의 하나로서 사실상 그 모습을 드러내게 될 개연성이 높습니다. 베토벤도 「미사 솔렘니스」를 그의 중심적인 작품들 중의 하나로 기술한 바 있었습니다.[554] 어떠한 경우이든 다음과 같은 풍경은 계속됩니다. 사람들이 음악회에 가서 연주를 청취하고 박수를 칩니다. 작품은 위대한 권위성을 갖게 되며 인정된 걸작으로 통용됩니다. ― 사람들은 문자 그대로의 의미에서라도 단한 번도 자신들이 작품을 전혀 이해하지 못했다는 점을 알아차리지 못합니다. 사람들은 실제로는 「미사 솔렘니스」에 지속적으로 증대되어 붙어 있는 특권만을 소비하는 것입니다. 나는 거의 다음과 같은 정도로까지 말하고 싶습니다. 사람들은 이 작품이 사람들에 대해서 오로지 갖고 있을 법한, 통속적이고 유물론적인 표현을 사용해도 된다면, 사용가치 대신에 이 작품이 갖고 있는 축적된 교환가치를 소비하고 있습니다. 나는 「음악에서 물신적 특징과 청취의 퇴행에 관하여」[555] 라는 논문에서 이러한 사실관계를 여기에서 논의되는 측면과는 다른 측면에서 서술하려고 시도한 바 있습니다. 나는 이 논문에서 이러한 사실관계를 원리적으로 이론적으로, 다시 말해 사실관계의 경제적 뿌리로부터 출발하여 논의하였던 것입니다. 「미사 솔렘니스」에 관한 논문과 토스카니니[556]에 관한 논문에서 나는 그러한 사실관계를 역으로, 즉 두 사람의 예술가에서 나타나는 현상들 자체에 대한 분석을 통해서 포착하려고 시도하였습니다. 물신의 문제로 되돌아갑니다. 독일에서의 물신은 아직도 교육의 물신에 머물러 있습니다. 물신이 독일에서보다는 훨씬 앞서 있는 미국에서는 물신은 실제로 치약 광고의 희죽 희죽 웃는 여성 광고 모델, 인기 영화배우, 광고의 신神이 된 사람과 동일한 종류의 물신입니다. 물신에 의해 미리 형성되어 있는 메커니즘은, 즉 물신의 카테고리들은 미적 경험을 몰아내고 그 앞에서 자리를 차지하고 있습니다. 따라서 반응형식들, 주관적인 반응형식들에서 아름다운 것의 본질을 근거 세우려는 시도는 처음부터 실패한 것으로 심판을 받은 것처럼 보입니다. 「미사 솔렘니스」에 대한 판단들이나 또는 「미사 솔렘니스」의 본질을 사람들의 임의 추출에 의한 설문을 통해 조사함과 동시에 고전적 작품으로 인정된, 완벽할 정도로 이해 불가능한 작품이 인간의 영혼적인 살림살이에서 무엇을 의미하는가를 확인하는 것이 어떤 결과에 이르게 될 것인가는 예측하기 어렵다고 할 것입니다.

이제 앞에서 말했던 종류의 두 번째 조건에 들어가고 싶습니다.

이 조건은 사회적 압박의 강제적 속박에 직접적으로 훨씬 적게 놓여 있습니다. 이러한 조건에서도 역시 계속해서 포착하는 분석이 내가 바로 앞에서 서술하였던 현상에 못지않게 사회적인 메커니즘들을 발견할 수 있게 해 줄 것입니다. 내가 이렇게 의도하는 바를 슬로건으로 표시한다면 아마도 예술작품에 대한 감정적 관계라고 나타낼 수 있을 것입니다. 여기에서 내가 했던 경험을 아주 간단하게 말하고자 합니다. 여러 해 전에 나는 옥스퍼드에서 젊고, 비범한 재능을 지닌, 미적 문제들에 대한 이론가로도 재능을 타고 난 영국인과 친하게 되었고 기회가 있을 때마다 그의 앞에서 피아노를 조금씩 연주하였습니다. 내가 피아노를 연주하자 기이한 일이 일어났습니다. 젊은 영국인은 내가 생각해 낸 모든 음악에서 연주를 듣고 눈물을 흘리는 것이었습니다. 특별히 사람의 마음을 움직이게 하거나 뒤흔들어 놓는 특징을 갖는 음악에서만 우는 것이 아니고 모든 음악에서 눈물을 보였습니다. 내가 들려주는 이 이야기에서는 대단한 정신적 힘을 갖고 있는, 보통이 아닌 특별하게 차별화된 인간, 여러 가지 면에서 매우 높게 발달된 인간이 관건이 되고 있습니다.557) 내가 여기에서 말하고자 하는 바는, 예술작품들이 불러일으키는 이른바 자극들과 관련하여 —이것은 젊은 영국인의 이야기에서 매우 공공연하게 보이고 있습니다— 사람들이 마주하게 된 것과 반응방식 자체 사이에는 광범위한 편차의 폭이 발견된다는 점입니다. 나는 젊은 영국인 이야기를 끝난 일로 해두려고 할 의도가 없습니다. 사람들이 예술에서 감성을 찾아 나서고 예술에 대해 감성적으로 반응한다는 것, 즉 이것이 사람들에게서 무한대로 확산되어 있는 반응방식들에 이르게 된다는 것은 사람들이 이른바 현실원리의 지배에 놓이게 되면서 자극들을 배제시키는 것에 지속적으로 속박되어 있는 상황과 관계가 있는 것입니다. 현실원리에 대해서 이 강의의 제5강에서 지금의 논의와는 전혀 다른 연관관계에서 여러분에게 이미 말한 바 있었습니다.558) 기회가 있을 때마다 눈물을 터트리는 인간, 특히 남성은 노동 도덕의 규율화에서, 그리고 가능한 다른 모든 것의 연관관계에서 우스운 형상에 해당되고 마는 것입니다. 여러분 중에서 많은 분들은 내가 어렸을 때 스스로 겪었던 경험을 아마도 겪었을 것입니다. 내가 그 어떤 상황에서 눈물을 흘렸을 때 사람들은 나를 가장 매섭게 질책하였으며, 여러분 가운데 많은 분들이 이런 경험을 갖고 있을 것입니다. 특별한 성적 자극 충동뿐만 아니라 모든 자극적인 언급까지 배제시키는 것은 예술에 의해 확실한 방식으로 이완됩니다. 내가 제공하였던 예술에 대한 규정을 이 자리에서 상기해 보시기 바랍니다. 나는 이 강의의 제5강에서 예술이 왜곡되지 않은, 아직도 정돈되지 않은 채 남아 있는 자연(본성)의 목소리라고 말한 바 있었습니다.[559] 예술 자체에 붙어 있는 이러한 모멘트가 젊은 영국인의 예를 들어 우리가 이 자리에서 논의하는 연관관계에서는 하나의 기묘한 도착倒錯, 하나의 기묘한 왜곡에 이르고 있습니다. 예술이 내가 최소한 몇 가지 사항에 대해서는 여러분에게 이해될 수 있도록 설명을 시도하였던 자연지배와 자연의 변증법의 의미에서 경험되지 못하게 되는 것입니다. 오히려 예술은, 역으로, 사람들이 스스로 갖고 있는 자극들의 용기容器가 되고 맙니다. 예술은 이를테면 자연보호공원이 됩니다. 자연보호공원이 된 예술에서 사람들은 걸어 다닐 수 있으며, 무엇을 느끼는 것을 자기 자신들에게 허용할 수 있습니다. 예술이 현재의 문화에서 수행하는 비교적 커다란 역할은 —이것은 합리화된 문명에서 예술이 합리화에도 불구하고 합리화에 상응하는 척도에서 견디어 내고 있다는 사실에서 증명됩니다— 앞에서 본 기능 변화와 관련이 있습니다. 다시 말해, 예술은 자연보호공원으로서 인간에게 자극적으로 행동하는 것, 무언가를 느끼게 하는 것, 고통을 느끼는 것을 허용합니다. 예술은 배척당할 필요가 없는 상태에서, 그러나 동시에 이러한 자극들이 인간의 실재적 행동에 어떤 결과를 가져오지 못한 채 인간에게 자극적 행동 등을 허용하고 있는 것입니다. 이것은 예술을 경험적 현실로부터 엄격하게 분리된 특수 영역으로서 정립시키는 악마와 같은 패러디Parodie일 뿐입니다. 심리적으로 볼 때는 사람들이 투사投射라고 부르는 것이 매우 엄중하게 나타난 경우가 여기에서 실제로 문제가 되고 있는 것입니다. 즉, 인간에 고유한 자극들과 감정들이 예술작품에 단순하게 투사되고 있습니다. 이른바 자극이 단지 일종의 촉발자, 일종의 지레와 같은 것으로서만 기능을 수행하고 있습니다. 이러한 자극에 접속되는 모든 반응은 예술과는 아무런 관련이 없거나 또는 어떤 경우에도 단지 한계적인 경우의 의미에서만 관련이 있을 뿐입니다.

532) 덴마크의 시인 야콥슨Jens Peter Jacobsen, 1847-1885은 19세기 말과 20세기 초
에 상징주의와 신낭만주의의 선구자로서 크게 인정을 받았다. 발전소설인
»Niels Lyhne닐의 리네«(1880)의 중심에는 청소년기의 주인공들이 겪는 판타
지와 충족되지 못한 성이 심리학적인 감정이입능력을 통해서 묘사되어 있
다. 매우 섬세한 영혼의 자극들과 자연분위기를 풍부한 뉘앙스와 더불어 재
현시키는 그의 서정시는 릴케나 슈테판 게오르게와 같은 시인들에게 많은
영향을 주었다. 그의 사후에 출간된 중편소설인 »Ein Kaktus erblüht선인장이
만개하다«에 들어 있는 »Gurre-Lieder말괄량이-노래«는 쇤베르크에 의해 작곡
되었다(UA 1913 in Wien).

533) 알텐베르크Peter Altenberg, 1859-1919, 다른 이름은 Richard Engländer는 빈에서 커
피하우스 문학가였다. 알반 베르크는 »Fünf Orchesterlieder nach Ansichts-
kartentexten von Peter Altenberg(op. 5)페터 알텐베르크의 그림 엽서 텍스트에 따
른 5개의 오케스트라 가곡«을 작곡하였다. 크라우스Karl Kraus는 알텐베르크의
작품을 정선하여 편찬하였다. 아도르노의 다음 논평도 참조. *Physiologische
Romantik*생리학적 낭만주의, GS 11, 634ff.

534) "미학과 예술의 척도를 주체의 반응 방식들에서 근거를 세우는"에 대해 아
도르노가 왼쪽 여백에 줄을 그어 놓았다.

535) "나의 테제These는 다음과 같습니다"부터 여기까지 아도르노가 왼쪽 여백
에 세로로 줄을 그어 놓았다.

536) 미를 느끼는 것에 대해 경험적, 심리학적으로 제기하는 것으로부터 출발되는 '아
래로부터의 미학'의 프로그램은 페히너Gustav Theodor Fechner의 »Vorschule der
Aesthetik미학 입문서«(2 Teile, Leipzig 1876)에서 이미 전개되었다. 이 프로그램은
20세기에는 심리학적인 미학과 '실험적 미학'의 새로운 관점들에서 지속되었다.
아도르노가 여기에서 경계를 지우고 있는 입장들에는 특히 다음과 같은 것들이 속
한다. Theodor Lipps, Ästhetik. Psychologie des Schönen und der Kunst미학, 아름다
운 것과 예술의 심리학. Hamburg/Leipzig 1903-1906. 또한 아도르노가 프린스턴 라
디오 리서치 프로젝트에서 비판적 대결을 벌였던 새로운 심리학적인 연구에 대해
서도 그는 경계를 지웠다.

537) "여기에서 미적인 대상, 즉 경험되어지는 사물과"부터 여기까지 아도르노
가 밑줄을 그어 놓았다.

538) 특별한 감각 에너지의 법칙은 상이한 감각기관들의 동일한 자극은 상이한 감각 느낌을 촉발하며, 역으로, 동일한 감각기관에서의 상이한 자극들은 동일한 종류의 감각 느낌들을 촉발한다는 점을 말하고 있다. 외부적인 자극이 아니라 자극된 감각기관의 속성만이 지각의 질을 규정한다는 것이다. 생리학자인 뮐러Johannes Müller는 1826년에 이 이론을 »Zur vergleichenden Physiologie des Gesichtssinnes des Menschen und der Thiere인간과 동물의 시각에 대한 비교 생리학«에서 정리하였다. 이 책은 시신경에 여러 가지 상이한 자극을 가했을 때 발생하는 작용에 대해 실험적 연구로 진행한 것에 근거하고 있다.

539) 프롬Erich Fromm은 미국의 어느 신문 귀족의 자서전에 대해 서평을 하면서 '네로-콤플렉스'에 대해 언급하였다(in: Zeitschrift für Sozialforschung V사회조사연구 V[1936], S.284f.).

540) Zu dem Preludium cis moll올림 다단조 전주곡, op. 3, Nr. 2(1892), von Sergej Rachmaninoff(1873-1943) vgl. GS 16, S.285f.

541) 녹음테이프 교환.

542) 루소Jean-Jacques Rousseau, 1712-1778에 따르면, 일반성에 대해 잘 이해된 관심에 놓여 있고 이런 이유로 인해 정치적으로 관찰되어야 하는 의미에서의 '일반의지'는, 일반적으로, 지배적인 의견이나 '다수결'을 표준이 될 수 없는 개별 관심들의 총량으로서 주어진 상황에서 요구하는 것이 결코 아니다[vgl. J.-J. Rousseau, Du contrat social ou Principes du droit politique사회 계약 또는 정치 권리의 원리(1762), in: ders., Œuvres complètes, hrsg. v. B. Gagnebin u. M. Raymond, (Bibliothèque de la Pléiade), Bd. 3, Paris 1964, bes. Liv. II, ch. 3.]. — 그 밖에도, 아도르노는 일반의지의 주장된 주권이 경시된 '다수결'을 지배하면서 이상화되는 것에 대해서는 동떨어진 입장을 취하고 있다. "우리는 루소가 일반의지와 다수결을 구분함으로써 어떤 해악을 설치하였던가를 알고 있다. 테러리즘적인 독재자로서 독재자들의 목적을 위해서 일반의지를 점령해 버리는 해악이 설치되었던 것이다"(Kann das Publikum wollen?대중은 의지를 가질 수 있는가?, 1963, in: GS 20·I, S.344).

543) Vgl. Sigmond Spaeth, Great Symphonies: How to Recognize and Remember Them, Garden Ciry, N. Y., 1936. 미국의 음악학자이자 엔터테이너인 스패트Sigmund Gottfried Spaeth, 1885-1965는 미국의 NBC 라디오에서 매주 방송되는 프로인 »The Tune Detective«(1931-1933)에 출연하여 대중에게 알려졌다. 그는 1947년에는 쌍방-라디오 프로그램인 »Sigmund Spaeth's Musical

Quiz«에 출연하였다.

544) Die 6. Symphonie h-moll, op. 74(1893) von Peter Tschaikowskij차이코프스키
의 나단조 제6 심포니 op. 74.

545) 아도르노는 그의 *Theorie der Halbbildung*반쪽 교육의 이론(1959)에서 여기에 관
련되는 스패트의 구절을 다음과 같이 인용하고 있다. "이 음악은 덜 애처로
운 긴장감을 갖고 있다, / 이 음악은 더욱 온전한 것처럼 들리며 고통으로 가
득 차 있지 않다. / 슬픔은 끝났고, 고통은 아마도 호전될 것이다. / 차이코프
스키는 다시 고요해질 것 같다!"(GS 8, S.113).

546) 아도르노는 여기에서 헤겔이 »Grundlinien der Philosophie des Rechts법철학
개요«(1821)의 '서문'에서 상론하고 있는 생각을 요약하고 있다. "우리는 자연
에 관해서는 철학이 자연을 자연이 있는 그대로 인식해야 하며 … 자연의 영원
한 조화를 자연에 내재하는 법칙과 본질로서 탐구하고 포착해야 한다는 점을
인정하고 있다. 이에 반해서 인륜적 세계는, 이러한 요소에서 사실상으로 그
것을 물리적 힘과 강제적 힘에 이르게 하고 그 속에서 그것을 주장하면서 내
재하는 것이 바로 이성이라는 행복을 즐겨서는 안 될 것이다. … 학문이 사고
와 개념을 전개시키는 편에 서지 않고 오히려 직관적인 지각과 우연적인 상상
의 편에 서는 것은 천박함이 갖고 있는 중심적 의미이다. 이와 똑같은 정도로
인륜적인 것을 그 내부에서 풍부하게 정돈하는 것도 가능하다. 국가는 이러
한 정돈의 결과로 성립되며, 이것은 국가가 갖고 있는 이성성의 건축술이다.
… 이것이 무엇이냐를 파악하는 것이 철학에 맡겨진 과제이다 …"[Hegel,
Werke, a. a. O.(편집자주 5번 참조), Bd. 7, S.15-26].

547) 397-398쪽을 참조. 편집자주 515번 참조.

548) "이와 동시에 우리는 앞에서 말한 직접성이 논의의 대상이"부터 여기까지
아도르노가 왼쪽 여백에 줄을 그어 놓았다.

549) 아도르노는 미국의 사회심리학자인 캔트릴Hadley Cantril, 1906-1969과 1938-
1940년까지 프린스턴 라디오 리서치 프로그램에서 함께 일하였다. 캔트릴
은 올포트Gordon Willard Allport와 함께 »The Psychology of Radio라디오 심리학
«(Salem, N. H., 1935)을 출판하였다. 캔트릴은 고디트Hazel Gaudet, 헤어초크
Herta Herzog와 함께 1938년에 웰즈Orson Welles의 전설적인 라디오 방송인
»Invasion from Mars화성으로부터의 침입«에 의해 촉발되었던 공황 상태를 탐
구하였다(vgl. Invasion from Mars: A Study in the Psychology of Panic, New
York 1940). 아도르노가 여기에서 관련시키고 있는 연구는 다음과 같다.

Hadley Cantril, Experimental Studies of Prestige Suggestion위신 암시에 대한 실험적 연구, in: Psychological Bulletin 34(1937), S.528ff. 여기에서 말한 캔트릴의 연구에 대해 아도르노는 그의 *Einleitung in die Musiksoziologie*음악사회학 (1962)에서 상세하게 다루고 있다(vgl. GS 14, S.294).

550) 미국뿐만 아니라 유럽 전역의 가장 중요한 콘서트 하우스와 오페라 하우스에서 이미 일찍이 성공을 거두었던 이탈리아의 지휘자 토스카니니Arturo Toscanini, 1867-1957는 고전주의-슈퍼스타의 전형이었다. 아도르노는 토스카니니와 오랜 기간에 걸쳐 벌인 비판적 대결을 토스카니니의 사후인 1957년에 라디오 강연에서 요약하였으며, 이것은 1958년에 출판되었다. *Die Meisterschaft des Maestro*대가의 원숙성; jetzt in: GS 16, S.52-67.

551) 베토벤의 라장조 »Missa Solemnis미사 솔렘니스«, op. 123(1823)는 작곡이 이룬 가장 의미 있는 성취 중의 하나로 통용되고 있다. 아도르노는 1957년에 행한 라디오 강연에서 청자를 거역하는 이 작품과 작품의 수용사를 비판적으로 검토하였다. 아도르노의 강연은 *Verfremdetes Hauptwerk*낯설게 되는 중심 작품이라는 제목으로 출간되었다[in: Neue Deutsche Hefte, Nr. 54(Januar 1959); jetzt in: GS 17, S.145-160].

552) Vgl. u. a. *Minima Moralia*미니마 모랄리아(1951), Nr. 79. "소크라테스 이후의 사람들을 위하여: … 연역적 체계의 마지막 남은 흔적들을 사고를 마지막까지 옹호하는 태도와 함께 제거해 버리는 것은 변증법적 논리학에 부과된 임무에 속한다"(GS 4, S.79). Vgl. sowie die Vorrede zur *Metakritik der Erkenntnistheorie*인식론 메타비판(1956), GS 5, S.9; ebd. auch S.181ff.

553) 쇤베르크가 「미사 솔렘니스」에 대해 언급한 내용은 파악될 수 없다.

554) 베토벤이 쇼트Schott 출판사에 보낸 다음 편지를 참조. "내 자신에 대해 말한다는 것이 그토록 어려운 일입니다만, 나는 미사 솔렘니스를 그래도 나의 가장 중요한 작품이라고 생각합니다"(Beethoven, Sämtliche Briefe, hrsg. v. Emerich Kastner, Neuausgabe von Julius Kapp, Leipzig 1923, S.44). S. dazu auch NaS I·I유고집 I·I, S.200.

555) Vgl. GS 14, S.14ff.

556) 편집자주 550번 참조.

557) 확인되지 않음.

558) 112쪽 이하를 참조.

559) 110쪽 하단과 111쪽을 참조.

제19강

1959년 2월 3일

여러분은 아마도 지난 시간의 강의를 기억하고 있을 것입니다. 나는 지난 시간에 예술작품에 대한 주관적인 반응방식들, 그리고 더 확대된 의미에서 반응을 받아들이는 주체에서 미학을 근거 세우는 것이 왜 구속력이 없는지에 대해서 여러분에게 세세히 서술하려고 시도하였습니다. 나는 예술작품들에 대한 반응들이 어떤 의미에서 미리 결정되어 있는가를, 즉 모든 가능한 상투적인 것, 물신, 이와 유사한 것들을 통해 사회적으로 매개되어 있는가를 일단 보여준 바 있었습니다. 이어서 예술작품들에 대한 감성적 반응현상에 시선을 돌려 여러분에게 다음과 같은 점을 보여주려고 시도하였습니다. 다시 말해, 예술작품들에 의해 촉발된 감성적 방식의 반응들은 문화가 갖고 있는 전체적인 이유로 인해 예술작품들의 사실적인 내용과는 전혀 관련을 맺을 필요가 없으며, 그러한 상황에서는 예술작품이 실제로 단순히 하나의 자극으로서, 반응들에 대해서 특별하지 않은 자극으로서 기능할 뿐이라는 점을 말하였습니다. 이러한 연관관계에서는 예술은 모든 가능한 감성의 용기容器와 같은 것이라는 점을 말하였습니다. 용기와 같은 것이 되지 않으면, 예술이 배척되지만 이와 동시에 인간이 예술의 변전에서 예술을 값싸게 팔아치울 수 있다고 믿게 된다는 점도 여러분에게 언급하였습니다. 나는 예술작품을 대할 때 확실하고도 매우 부드럽게 이해되는 의미에서 합리적인 행동방식이 예술작품에 원래부터 알맞은 행동방식이라는 점을 여러분에게 말하였습니다. 예술작품을 대할 때 이치를 캐고 따지거나 지성화시키는 행동방식을 내가 추천하고 있는 것은 아닌가 하는 오해가 발생할 수도 있겠지만, 나는 이러한 가능성으로부터 안전하다고 생각합니다. 예술작품 자체를 경험하기도 전에, 예술작품에 대한 판단을 통해 생동감 있는 경험을 대치시키는 행동방식을 추천할 의도를 나는 갖고 있지 않습니다. 내가 이것을 의도하고 있지 않다는 것은 자명합니다. 내가 의도하는 바는 오히려 사람들이 예술작품을 대할 때 어떤 태도를 가지게 되느냐 하는 것입니다. 우리는 이 태도를 인식하는 태도라고 표시할 수 있을 것이며, 이것이 아마도 최선의 표시일 것입니다. 다시 말해, 예술작품이 갖고 있는 모든 측면에서, 예술작품이 우리에게 가져오는 모든 것에서, 우리가 예술작품에 집중하는 태도가 바로 인식하는 태도입니다. 이러한 집중은 그러나 단순히 수동적인 집중이 아닙니다. 긴장이 풀어지고 이완되는 그러한 종류의 집중이 아니며, 미국에서 흔히 말해지고 있듯이 신神의 축복을 받아 좋은 사람이 되도록 앉아 있으면서 예술작품이 인간에게 아름다운 것을 가져오기를 기다리는 집중도 아닙니다. 오히려 우리는 내가 언젠가 여러분에게 말한 적이 있었던 의무를 가져야 합니다. 이러한 의무는 예술작품 자체를 작품이 출현하는 모든 순간에서 청취자, 관찰자 또는 관객으로서 우리 내부로 받아들이고 집중을 유지하면서 예술작품에 맞서는 의무입니다. 이렇게 집중함으로써 우리는 예술작품 자체에서 실행된 종합, 즉 예술작품에서 서로 갈라져 있으면서도 서로 지시하고 서로 결합되어 있는 모멘트들의 결합을 우리 자신으로부터 시작하여 포착할 능력을 갖게 되는 것입니다. 이러한 종합은 정신적인 종합이기 때문입니다. 나는 이 점을 여러분에게 상기시켜도 된다고 봅니다. 모멘트들은 그것들 자체로서 예술작품에서 항상 분리된 채 머물러 있습니다. 여러분이 정신적인 통일체로서의, 의미 연관관계로서의, 구조로서의 예술작품에 대해 얼마만큼 지각할 수 있느냐는 여러분의 태도에 달려 있습니다. 여러분이 나름대로 예술작품을 대할 때 종합화하는 힘을 어떻게 함께 가져오느냐 하는 정도와, 그리고 약간 과도하게 말해도 된다면 여러분이 예술작품에서 응결된 형상으로 잠재성으로서 나타나 있는 과정을 여러분 자신의 내부에서 관찰자로서 현재적으로 활성화시키는 준비가 되어 있느냐 하는 정도에 따라 여러분은 정신적인 통일체로서의 예술작품에 대해 지각할 수 있습니다.560) 이렇게 말하는 것은 전혀 해가 없고 매우 그럴듯하게 들립니다. 그러나 나는 앞에서 말한 종류의 관점이 공식적인 미학, 거의 모든 미학의 관점과는 매우 결정적인 지점에서 서로 멀리 떨어져 있다는 사실을 여러분에게 지적하고자 합니다. 이와 관련하여 여러분을 속이고 싶지 않습니다. 앞에서 말한 종류의 관점은 공식적인 미학의 관점에 대해서 격렬한 모순을 보이면서 나타나는 관점입니다. 나는 바로 이 지점을 논의하여 여러분에게 보여줄 책임이 있다고 생각합니다. 이 지점은 전래적인 관점들로부터 벗어나 있는 가장 중요한 지점이며, 이처럼 벗어나 있는 것은 나의 관점들에 근원으로 놓여 있습니다. 전래적인 관점들로부터 벗어나 있는 관점을 내가 논의하는 이유는 여기에서 매우 중심적인 논쟁이 실제로 관건이 되고 있을 뿐만 아니라, 내가 여러분에게 이미 주의를 환기시켰듯이, 이론적 미학이 일반적으로 예술의 사실적인 전개의 뒤편에서, 동시에 또한 예술가적인 감각기관의 전개의 뒤편에서도 절뚝거리고 있기 때문입니다. 이론적 미학이 이처럼 뒤편에서 절뚝거리는 것이 그 어떤 자리에서 주장되어도 된다면, 그것은 바로 내가 지금 다가서는 바로 이 지점일 것입니다. 다시 말해, 예술은 순수한 직관적인 것이 되어야 한다는 관념이 바로 이 지점입니다. 이 관념은 내가 지난 시간에 몇 가지 비판을 가했던 '순수한 감정'에 대한 관념과 가장 밀접하게 연관되어 있습니다.

사회는 사회에 고유한 정초定礎에서, 그리고 사회의 합리성에서 항상 지속적으로 진보하며, 이것은 사회가 사용하는 수단들을 고려해 보면 어떠한 경우에도 해당되는 진보입니다. 이처럼 진보하는 사회가 비합리성을 보이는 몇몇 자연보호공원을 설치하고 있다는 것은 기이한 일입니다. 이러한 자연보호공원들에서, 사회는 이성이 그 어떤 방식으로 함께 대화를 나누어야 한다는 당위성을 전혀 견딜 수 없게 되는 기이한 현상이 발생합니다. 예를 들어 이른바 여성적인 특징에 대해 전통적으로 내려오는 부르주아적인 구축이 앞에서 말한 비합리성에 속합니다. 여성적인 특징은 무의식적이며 순진하고 성찰되지 않는 특징을 갖고 있는 것에 대해 보상을 받고 있습니다. 왜냐하면, 남성적인 사회, 남성이 지배하는 사회가 여성에 대해 갖고 있는 관념은 앞에서 말한 여성적인 특징이 사회에 부여한 억압의 상태를 화해된 것, 본성에 의해 승인된 것으로 다시금 반영하고 있기 때문입니다. 통상적인 확정성이 여성들을 붙잡고 있는 것과 매우 유사한 사례가 예술에서도 일어납니다. 예술은 단순히 직관적인 것이 되어야 한다는 것이며, 이렇게 함으로서 긴장으로부터 해방되어 있는 어떤 것이 되어야 한다는 것입니다. 속물인간이 여성에게서 휴식을 취하고 모든 긴장으로부터 벗어나도 된다는 것을 여성이나 또는 연인으로부터 기대하듯이, 예술에서도 이런 것을 기대해도 된다는 것입니다. 이것은 노동과 피로감의 분리를 인간학적인 카테고리로 옮겨 놓는 행동방식일 뿐입니다. 사회적으로 볼 때 예술이 자유 시간 안으로 옮겨지고 우리 사회가 노동의 긴장과 자유 시간을 구분하는 것을 그토록 엄격하게 준수하고 있는 것은 ─이렇게 함으로써 자유 시간은 노동력의 재생산을 위한 휴식으로서 기능하며 휴식 후에는 노동에 다시금 더욱더 도움이 되게 합니다─ '순수한 직관'561)의 미학에서 반영되고 있습니다. 이러한 미학이 제기하는, 모든 단순한 지적인 것으로부터 독립적이어야 한다는 요구에 대해, 나는 이러한 요구의 배후에는 런던이나 뉴욕에서 언젠가 그 어떤 리뷰의 광고로서 기능하였던 "피곤한 비즈니스맨의 쇼"가 항상 숨어있다는 의심을 품고 있습니다. 나는 피곤한 비즈니스맨이 예술작품들에 대한 이상적인 관찰자라고 생각하지 않습니다. 피곤한 비즈니스맨 때문에 생기는 이유, 즉 그가 예술작품을 받아들일 능력이 없기 때문일 뿐만 아니라 예술작품이 단순히 수동적으로 수용되는, 순수한 직관적인 방식에서는 전혀 지각될 수 없다는 점이 예술작품 자체의 본질에 속하기 때문입니다. 현대 예술의 생산이 모든 예술적인 영역에서 전통적 예술과 실제로 질적으로 구분되는 지점이 존재한다면, 그것은 무엇보다도 특히 새로운 예술이 단순한 직관성에의 맹세를 깨트리는 것에 놓여 있다고 할 것입니다. 새로운 예술은 예술작품에서 감각들에 들어 있지 않은 것은 절대적으로 존재하지 않는다는 맹세를 부수고 있는 것입니다. 또한 새로운 예술이 직관적인 것의 직접성과는 하나로 모아질 수 없는 모멘트들을 매우 심오한 이유로 인해 그 내부로 받아들이는 것에, 앞에서 말한 지점이 놓여 있습니다. 이것은 새로운 예술이 전통적 예술처럼 그 내부에서 닫혀져 있고 따라서 직접적으로 경험 가능한 의미 연관관계에 대한 관념을 더 이상 제공할 수 없으며 예술작품이 표현해야 하는 의미 연관관계가 예술작품 자체에서 문제성이 있는 것으로 되고 말았다는 사실과 본질적으로 관련이 있습니다. 새로운 예술에서는 의미 연관관계가 오로지 깨트려진 의미 연관관계로만 출현할 수 있습니다. 의미 연관관계가 이렇게 깨트려지는 것은 새로운 예술의 모든 영역에서 예술작품이 직관성에서 끝나는 것은 아니라는 점을 의미합니다. 그러나 예술작품은 직관성에서도, 여러 가지로 고찰해 볼 때, 예술작품이 새로운 예술과 함께 행동하는 것처럼 ―이 점을 여러분에게 지적해도 되리라 봅니다― 행동합니다. 다시 말해, 직관성에서는 사물들만이 명백하게 드러납니다. 새로운 예술은 사물들을 열어 놓은 채로 받아들이며, 실제로는 전체 예술이 원래부터 이미 철저하게 지배했던 사물들을 주체적으로 만듭니다. 결론적으로, 예술작품들은 미학자들이 주장한 대로 순수한 직관성에서 결코 고갈되지 않았다고 말해도 되는 것입니다.

　　나는 여기에서 내가 많은 자부심을 갖고 있는, 의외의 작은 발견을 여러분에게 지적하지 않을 수 없습니다. 나는 미학자인 테오도르 마이어Theodor Meyer를 여러분에게 알리고 싶으며, 그는 그가 살았던 시대에 쉰탈Schönthal 교구에서 영향력을 갖고 있었습니다. 그는 약 60년 전에 『문학의 양식 법칙』이란 제목을 가진 책을 출판하였으며, 이 책은 겸손함과 소박함을 지닌 책이었습니다. 마이어는 이 책에서 그에게서 싹이 텄던 생각을 고정시켜 놓았습니다. 그는 레싱Lessing의 『라오콘』 Laokoon[563] 이래 항상 지속적으로 만연되어왔던 문학에 대한 전통적인 주장들 중의 하나인 주장이, 즉 문학은 감각적인 형상들, 관념들, 직관들을 우리 내부에서 일깨운다는 주장이 맞지 않다고 말하였습니다. 감각 형상들을 일깨움으로써 문학은 직관성이 된다는 주장이 맞지 않음을 지적한 것입니다.[564] 마이어는 위대한 문학작품들을 읽을 때 그에게는 감각적 형상들, 이른바 시각적인 관념들이 나타나지 않았다는 것을 슈바벤 지방의 아름다운 순진성으로 말함으로써 앞에서 말한 주장에 도달하였습니다. 마이어는 언어의 매체가 개념들의 매체로서 문학에 다가설 뿐만 아니라 미적 내용이 정초定礎되는 곳은 원래 매체라는 점을 주장함으로써 문학이 감각적 형상들을 일깨우는 직관성이 아니라는 생각에 미치게 된 것입니다. 다시 말해, 순수한 직관적인 내용으로서의 미적 내용은 전혀 주장될 수 없습니다. 이와 유사한 것이 회화의 경우에서도 매우 확실하게 나타납니다. 이것은 전통적 회화에도 해당됩니다. 전통적 회화가 구사하는 소재들이 항상 직관성의 단순한 직접성을 넘어서고 정체성과 같은 것을 요구하며 이미 확실한 지적인 모멘트들을 승부수로 내거는 한, 전통적 회화도 순수한 직관성에서 고갈되는 것은 아닙니다. 이것은 현대 회화에서는 더욱 높은 정도로 해당됩니다. 최근에 사람들이 표현하고 있는,[565] 현대 회화가 작업할 때 사용하는 여러 가지 상이한 '시각적인 기호들'이 표지標識들로서 이해되려는 의지가 나타나고 있습니다. 시각적인 기호들이 단순히 직접적으로 파악되지만은 않고 있는 것입니다. 음악에서도 역시 이러한 것이 나타나고 있음이 자명합니다. 여러분에게 이미 한 번 간략하게 언급하였듯이,

음악에서는 이해의 가능성이 현재적인 것에서 동시에 현재적이 아닌 것을 알아차려서 습득함으로써 기억의 힘과 기대의 힘을 불러일으키는 것에 근거합니다. 음악을 이해하기 위해서는 이러한 힘들이 필요한 것입니다. 현재적이지 않은 것을 현재적으로 갖고 기억하거나 기대하는 노력은 우리가 지적 노력이라고 나타내는 바로 그러한 노력입니다. 예술에서는, 그리고 예술의 진정한 경험에서는 우리가 일반적으로 사고에 해당되는 것으로 돌리는 모든 종합적인 기능과, 우리가 단순한 직관에 해당되는 것으로 돌려서는 안 되는 모든 종합적인 기능이 함께 작용을 합니다. 여기에서는 그 구조에 따라 오늘날까지도 완전히 분석되지 않은 사고가 관건이 되고 있습니다. 다시 말해, 여기에서 관건이 되고 있는 것은 개념에 의존되지 않는 사고, 개념에 의존되지 않는 종합입니다. 이러한 종합은 '이것이 이렇다'라고 말해지는 것에서 제한되지 않고 '이렇게 해서 이것이 되었다'라는 제스처와 함께 어떤 것이 놓이게 되는 것에서 결과로 나타납니다. 이러한 종합은 예술작품의 외부에 있는 어떤 것에 의해 '이것이 이렇다'라고 진술되는 것이 없는 채 성립되는 종합입니다. 그럼에도 이러한 종합은 —일반적인 것이 특수한 것을 일반적인 것의 아래에 두고 파악하거나 그 어떤 존재하는 것에 대해 판단을 한다는 요구 제기가 없는 상태에서— 자체에서 종합에 내재하는 구조 모멘트들에 따라 논리적 종합의 모든 모멘트를 그 내부에 포함하고 있습니다. 예술이 관찰자에게 그러한 종합이나 또는 그러한 실행을 기대함으로써 예술은 단순히 수동적으로 직관적인 것이 아닌 것이 됩니다. 거의 모든 미학이 우리에게 부당하게 요구하는 예술의 이상, 즉 단순히 수동적인 직관은, 매우 거칠게 말해도 된다면, 원래부터 예술에 낯선 것입니다. 단순히 수동적인 직관은 예술작품들이 우리에게 전달하는 개별적인 자극들에 우리를 내맡기는 결과에 이르게 하고 맙니다. 우리가 개념의 노력이나 사물 자체에 기초를 두고 있는 종합에의 작업을 하지 않은 채 우리를 개별적인 자극들에 내맡기는 한, 우리는 예술작품 자체를 빗나가게 하게 됩니다. 예술작품을 단순히 소재적인 것, 단순히 감각적인 것으로 축소시키게 되는 것입니다. 소재적인 것이나 감각적인 것이 미적 내용이 아니라는 것을 나는 여러분에게 보여주려고 시도한 바 있었습니다. 여기에서 덧붙이고 싶은 내용이 있습니다. 우리가 예술작품을 우리 내부에서 수동적으로 우리 안으로 얽어매는 것 대신에 예술작품과 마주하여 앞에서 말한 종류의 종합을 실행하는 것에서 —예술작품들을 대하면서 우리가 하는 고유한 행동에서— 바로 미적 거리Distanz의 모멘트가 성립됩니다. 나는 이 강의의 출발점이었던 역사철학적인 숙고에서 여러분에게 미적 거리의 모멘트에 대해 언급한 바 있었습니다. 미적 거리를 통해서 미적인 것의 영역이 직접적인 경험적 현실로부터 분리된 영역으로서 성립될 수 있음을 보여주려고 시도하였던 것입니다. 이러한 의미에서 나는 여러분에게 내가 의도하는 바를 이해해 줄 것을 요청합니다. 예술을 경험한다는 것은 예술을 인식한다는 것을 뜻합니다.566) 이렇게 말함으로써 나는 감성적인 모멘트들을 마치 정화주의淨化主義적으로 제거하고 싶지는 않습니다. 감성적인 모멘트들은 많은 예술작품에서 작품들의 표현 내용으로서 사실상 포함되어 있으며, 전적으로 정당하게 관찰자에게 돌아갈 수 있는 모멘트들입니다. 내가 의도하는 것은 감성적인 모멘트들의 제거와는 반대되는 입장입니다. 감성적인 모멘트를 제거하고 싶어 하는 정화주의는 예술을 단순한 하나의 과목科目과 같은 기능으로 끌어내리고 예술이 생동감 있는 인간을 위해서 의미할 수 있는 것을 예술로 하여금 잃게 하는 결과에 이르게 합니다. 내가 다만 의도하고자 하는 바는 예술작품에 대한 감성적 관계에 관한 물음이 내가 여러분에게 특징적으로 말한 바 있었던 젊은 영국인에서처럼, 즉 음악 한 곡을 매번 연주하기 시작하자마자 눈물을 보였던 젊은 영국인에서처럼 그렇게 간단하게 일어나는 것에 관련되는 물음이 아니라는 사실입니다. 오히려 예술작품의 감성적 내용은 그것 나름대로 매개된 내용으로 우리의 앞에 놓여 있습니다. 예술작품의 감성적 내용은 내가 서술하려고 시도하였던, 개념에 의존하지 않는 종합, 판단이 없는 종합의 결과로 나타납니다. 예술작품의 감성적 내용은 그것으로부터 출발하여 앞에서 말한 종합이 비로소 형성되는 방식으로 나타나는 내용이 아닙니다.

　　이제 예술의 인식에 대해 논의하려고 합니다. 예술의 인식에 대해 내가 의도하는 바는 예술에 관련되는 외부적인 성찰이 아닙니다. 예술의 인식을 논의하는 중요한 이 자리에서 여러분이 나를 오해하지 않도록 이 점을 다시 한 번 강조하고 싶습니다.[567] 여러분이 피카소나 브라크Braque 전시회에 가서 그림들을 어떻게 보기 시작해야 하는지를 제대로 모를 때 여러분은 피카소에 대한 모든 가능한 책을 이리저리 뒤지고 이렇게 해서 큐비즘과 큐비즘을 넘어서는 지식을 습득한 후, 바로 이것이 내가 의도하는 예술의 인식이라고 믿어 버릴 수도 있을 것입니다. 그러나 내가 의도하는 예술의 인식은 이런 종류의 인식이 아닙니다. 앞에서 내가 예를 든 교육의 모멘트들은 경우에 따라서는 예술적 경험에 접근할 수도 있으며, 상황에 따라서는 좋은 것을 진척시킬 수도 있습니다. 교육의 모멘트들은 단순한 교육 체험을, 특히 단순한 역사적인 성찰을 사물 자체에 대한 성찰의 자리에 놓음으로써 해악을 유발할 수도 있습니다. 내가 의도하는 인식은 이처럼 단순한 역사적인 성찰에 의한 인식이 아니고 예술이라는 사물 자체에 대한 내재적 인식입니다. 다시 말해, 여러분이 전적으로 종합들에 자신을 내맡기고 종합들을 수동적-능동적으로 실행하는 인식입니다. 더 자세히 말하겠습니다. 예술작품은 예술작품의 개별적인 감각적 모멘트들의 관계에 의해서 그 모습이 그려져 있습니다. 여러분이 이러한 모멘트들을 여러분 자신으로부터 출발하여 그것들이 왜 그렇게 그려져 있는가를 뒤따라가면서 생각해 볼 때만이 생명력이 있게 되는 종합들에 여러분을 내맡기고 종합들을 실행할 때, 바로 이렇게 실행할 때 내가 의도하는 인식이 비로소 성취되는 것입니다. 여기에 덧붙이고 싶은 것이 또 있습니다. 여기에서 내가 명명하고 싶은 용어인 내재적 성찰에 대해서, 즉 사물 자체에 대한 지적인 관계에 대해서 말하고 있는바, 성찰적인 것과 단순히 직관적인 것과의 경계는 뚜렷이 구분되지 않고 유동적인 것임을 여러분에게 말해 두고자 합니다. 우리는 심지어 다음과 같은 정도로까지 말할 수도 있습니다. 예술적인 의식이 진보되면 될수록, 의식이 사물 자체의 경험에서 더욱더 많이 교육이 될수록, 겉으로 보기에 단순히 지적인 것이 이처럼 단순히 지적인 것에 대하여 스스로 직관적인 것으로서 더욱더 많이 서술됩니다.568) 이 점을 여러분에게 설명하기 위해 예를 들겠습니다. 여러분이 길이가 긴 심포니 악장, 음을 길게 끄는 음악적 형상물을 이해하는 것에는 각 부분들이 시간에서 차지하는 비율, 시간의 외부적인 비율뿐만 아니라 시간이 서로 갈라져서 산출되어 있는 실재, 시간이 서로 갈라져서-강조된 것, 시간의 내부시간적인 논리를 이해하는 것도 속합니다. 그렇습니다. 이를 위해서는 우리가 경련을 일으키면서까지 자각하거나 또는 어떤 것을 붙잡고 있는 것과 같은 일종의 지적인 노력이 상황에 따라서 필요한 것입니다. 이처럼 붙잡고 있는 것, 특히 강화된 주의력 집중은, 우리에게 낯설게 다가오는 예술작품을 우리의 것이 되도록 노력하는 곳에서는, 무조건 필연적인 행동방식임이 확실합니다. 여러분이 대단한 경험을 갖고 있거나 앞에서 말한 길이가 긴 심포니 악장에 대해 매우 상세하게 알고 있는 경우에는 그러한 악장들, 더 나아가 가장 길이가 긴 악장들을 가장 멀리 떨어져 있는 시간 관계의 순간으로부터 직접적으로 느끼는 것도 가능합니다. 이에 대해 예를 들겠습니다. 알프레트 로렌츠Alfred Lorenz는 바그너의 『니벨룽겐의 반지』를 분석한 바 있으며, 나는 그가 분석을 통해서 참으로 좋은 결과와 깊이 있는 결과를 끌어냈다고 생각합니다. 로렌츠는 『니벨룽겐의 반지』의 청취자들이 매우 거대하고 4일 동안에 걸쳐 저녁에 연주되는 괴물과 같은 이 작품을 전체적으로 완전하게 자신의 앞에서 볼 수 있는569) 능력을 원래부터 관념적으로 갖고 있어야 하며, 그도 또한 이러한 능력을 갖고 있음을 믿고 있다고 썼습니다. 초기 루카치가[570] 사용한 표현을 빌려서 말한다면, '외연적인' 총체성이 팽팽하게 긴장된 총체성으로 이렇게 변화하는 것은 그러나 칸트적인 정교한 의미에서 볼 때 하나의 이상에 불과합니다.[571] 다시 말해, 이러한 변화에 도달하는 것은 미적 교육이라고 당연히 명명해야 할 과정을 통해서만 가능합니다. 미적 교육을 통해서만이 우리를 이러한 변화로 가져갈 수 있는 것입니다. 우리가 미적 교육에 대해 논의해도 되는 한, 이것은 아마도 매개된 과정들이며 어느 정도 확실한 단계까지는 자의적인 과정들인 미적 교육이 매개된 것에 대한 직접적인 파악의 가능성으로 더욱 많이 넘어가는 것을 의미할 것입니다. 예술작품에서 실행되는 모든 것을 위에서 말한 직접성에서, 다시 말해 로렌츠가 언급한[572] 『니벨룽겐의 반지』의 1초의 의미에서 실행할 능력을 우리가 많이 갖게 되면 될수록, 우리가 예술작품의 내용에 더욱 가까이 다가선다는 것은 명백한 사실이기 때문입니다. 지금까지 강의한 내용으로 직관의 문제에 대한 논의를 마치도록 하겠습니다. 예술작품에 대한 지적인 관계 또는 논리적인 관계가 세부적인 내용에서 통상적인 논리와 어떻게 구분되는가 하는 문제를 나는 명백하게 열린 문제로 놓아두고자 합니다. 나는 이 문제를 여기에서 계속해서 추적할 수 없습니다. 사고를 결정하는 모든 형식적인 구성요소들인 종합, 구분, 기억, 재인식, 기대, 비율의 산출과 같은 모든 것이 예술작품의 경험과 예술작품 자체의 정초定礎에서 회귀하는 것처럼 보이기도 합니다. 그러나 이러한 모든 것은 우리가 논리의 언어에서는 대상화하는 활동이라고[573] 나타낼 수 있는 것을 잘려 나가게 하는 수정, 즉 예술작품에 고유한 수정과 함께 다시 돌아오는 것처럼 보입니다. 논리적인 카테고리들 모두가 예술작품에 있는 것처럼 보입니다. 그러나 대상화하지 않는 방식으로 존재하는 것 같으며, 이 방식에 의해서 일종의 대상적인 객체성, 내부세계적인 객체성이 실현되지 않는 것으로 보입니다. 잘 알려져 있듯이, 대상적인 객체성에는 개념 형성이 본질적으로 속합니다. 오히려 예술작품에서는 통상적인 논리에서와는 완벽하게 다른 종류의 객체가 구성되고 있는 듯이 보입니다. 그것이 어떤 방식으로 이루어지는 것인가에 대해서 내가 언젠가 매우 상세하게 서술할 수 있게 되기를 바랍니다. 나는 예술작품의 논리가 대상적인 세계의 논리 및 인식과 비교해 볼 때 어떤 종류의 논리인가를 보여주는 것이 미학의 주제가 되어야 한다고 생각합니다. 이것은 정말로 의미 있는 일입니다. 예술작품이 가진 논리는 최고로 기이한 논리입니다. 이 논리에는 모든 것이 남아 있지만, 진술된 것, 주장된 것, 말해진 것에 대한 관계는 떨어져 나가 있습니다. 우리는 이 논리를 술부述部가 없는 논리라고까지 말할 수 있을 것 같습니다. 예를 들어 하부르거 Harburger의 음악적 메타 논리에서[574] 이 방향으로 파고드는 시도도 있었습니다. 이 책은 대단히 수학적이고, 내가 꿰뚫어 볼 수 없는 장치로 집필된 책입니다. 하부르거가 미학에 원래부터 중심적인 문제를 어떤 방식으로든 감지하였고 보았음에도 불구하고, 나는 내가 여기에서 여러분에게 말한 문제의 해결에서 그의 책에 힘입어 앞으로 많이 나아갔다고 말할 수는 없습니다.

이제 세 번째 모멘트를 논의하고자 합니다. 이는 미적 판단이나 미학을 근거 세우기 위해서 단순한 주관적인 반응들로 되돌아가는 것이 얼마나 많이 부족한 것인가를 여러분에게 보여주기 위함입니다. 이것은 이를테면 방어를 위한 반응들입니다. 방어 반응들은 새로운 예술이 매우 여러모로, 그리고 매우 많은 사람들에게서 촉발시킨 반응들입니다. 방어 반응은 루카치와 세들마이어 Sedlmayr의 뉘앙스를 가진 전체주의의 대변자들에 의해서 새로운 예술에 대한 판정에 이르게 하는 데 이용되었을 뿐만 아니라 현대 음악과 현대 회화의 격렬한 적대자인 알로이스 멜리하르 Alois Melichar[575]처럼 서구 지역에서 문화산업에 대한 이론적 대표자들에 의해서도 현대 예술에 대해 매우 직접적으로 판정하는 데 이용되었습니다. 다시 말해, 현대 예술에 특정한, 순수한 의식에서 촉발시킨 저항들을, 이러한 반항의 이유들에 대해서 일단 성찰하는 것 대신에, 현대 예술에 대한 판단으로서 파악하는 단순한 방식으로 방어 반응을 이용한 것입니다. 현대 예술이 촉발시킨 저항들이 일단은 특별할 정도로 확산되어 있고 거의 일반적이기 때문에, 위에서 본 주장 방식들은 문화산업의 이해관계들과 가장 행복한 조화에서 연합합니다. 왜냐하면, 방어 반응을 사용하는 사람들은 이러한 연합에서 국민이 느끼는 건전한 목소리가 나타나고 있다고 주장할 수 있기 때문입니다. 또는 미국의 광고 슬로건에서 말하고 있듯이, 방어 반응을 사용하는 사람들은 시청자들이 잘못 빠져들 수는 없는 것이라는[576] 목소리가 최소한 나타나고 있다고 주장할 수도 있기 때문입니다. 나는 방어 반응으로 되돌아가는 것이 맞지 않다는 점을 여러분에게 말하고 싶습니다. 이러한 방어 반응은 그 모습이 노출된 새로운 예술에서 최소한 낯설게 되는 것과 서로 일치하지 않음을 자각하며, 이런 까닭에서 새로운 예술에 대해 저항을 합니다. 나는 이러한 방어 반응이 오늘날 더욱 확산된, 더욱 위험해졌다고까지 말할 수 있는 반응형식보다는 그래도 더 나은 편이었다고 생각합니다. 오늘날 더욱 확산되고 위험해진 반응형식은 출현하는 모든 것을 전적으로 소비해 버리며, 이러한 모든 것을 저항, 증오, 분노의 힘으로 한 번이라도 더 이상 가져가지 않습니다. 사물 자체가 더 이상 전혀 심각하게 받아들여지지 않게 되었고, 예술이 진실의 출현으로서 더 이상 전혀 파악되지 않게 되었으며, 오히려 사람들은 많든 적든 애매하고도 구속력이 없이 기록하는 시대의 현상과 같은 것이 되고 말았기 때문입니다. 사람들이 예술로부터 자신에게 고유한 인식이나 또는 자신의 삶을 위해서 어떤 의무적인 것을 알아서 읽어냄이 없는 상태에서 예술은 앞에서 말한 처지에 놓이게 된 것입니다. 새로운 예술에 대한 이처럼 부정적인 반응방식들을 더 깊게 논의하기에 앞서 나는 내가 여기에서 사용하는 새로운 예술의 개념에 잠깐 머무르고자 합니다. 내가 말하는 새로운 예술은 물론 뾰쪽하게 드러나는 새로운 예술이 관건이 되는 의미에서의 새로운 예술입니다. 미로Miró[577]의 그림들과 타시즘tachisme의 그림들, 나와는 관계가 없지만 클레의 그림들이나 피카소가 그의 확실한 단계에서 그렸던 그림들, 쇤베르크의 음악, 쇤베르크의 후계자와 그 계열 악파의 음악, 조이스Joyce578)의『피네간Finnegan』과 같은 예술작품들이 내가 말하는 새로운 예술입니다. 여러분이 이른바 절제된 현대성을 생각하지 않고 그 모습이 뾰쪽하게 노출된 새로운 예술작품들을 실제로 생각해 볼 때, 여러분은 내가 여기에서 말하는 것에 대해 어느 정도라도 이해할 수 있을 것입니다. 여기에다 다른 것을 덧붙이는 토론은 쓸모가 없습니다. 새로운 예술에 대한 부정적인 반응 방식의 문제로 되돌아갑니다. 나는 방어 반응의 대부분이 일단은 사람들이 해당되는 형상물로 다가설 때 갖게 되는 기대감과 사람들이 스스로 행하는 것 사이에서 모순이 산출되는 것으로부터 유래한다고 생각합니다. 나는 이에 대해 음악적 실례들에서 상당히 상세하게 분석한 바 있었습니다.579) 간결함을 위해서 내가 음악적인 것에서 예증하는 것에 대해 여러분이 양해해 주리라 믿습니다. 음악적으로 특별히 교육되지 않은 사람이「작은 손들이 홀로 넓은 세계로 들어갔네」라는 민요를 — 나는 이 텍스트에 대해 더 이상 말하려는 의도는 없습니다— 들었을 때, 그는 '작은 손들이 홀로 들어갔네'라는 첫 행이 최초에 두 번 나온 후에는 '넓은 세계 안으로'로 이루어진 선율적인 보완이 나타나기를 기대할 것입니다. 이유는 두 가지입니다. 첫째로는, 선율이 특정한 방식으로 대칭적으로 구축되어 있으며 리듬적으로 동일한 길이로 성립되어 있기 때문입니다. 둘째로는, 선율이 조화적으로 만들어져 있어서 중앙의 속음에서 반쪽 닫힘과 함께 종결되며, 반쪽 닫힘은 그것의 보완을 위해서 전체 닫힘을 직접적으로 필요로 하고, 전체가 최고 성부에서 진행되기 때문입니다. 새로운 예술에 대한 저항은 작은 손들-모형이 작은 손들이 넓은 세계로 전혀 들어가지 못하는 곳에서 —작은 손들은 이미 완전히 홀로 있기 때문입니다— 작품들로 전용되는 것을 통해서 일단은 매우 유치한 수준에서 본질적으로 성립됩니다. 나는 이것이 회화와 문학에도 해당된다고 생각합니다. 다른 말로 설명하겠습니다. 작은 손들-모형이 일상적인 진부함, 앞에서 말한 대칭 관계의 관습성, 반쪽 닫힘과 전체 닫힘에 대한 관계의 관습성, 그 내부에서 깨지지 않은 채 단순히 진행되는 최고 성부 선율, 그리고 이러한 모든 것이 불쾌한 것들로 되어 있는 작품들로 전용됨으로써 새로운 예술에 대한 저항이 유치한 수준에서 성립되고 있는 것입니다. 여기에서 예술가적 창조적 재능은 이러한 전개의 뒤에 머물러 있는 의식이 이 자리에서 기대하는 것을 얻게 되는 것을 거부합니다. 이렇게 해서 예술작품에서 볼 때 충족의 연쇄적 고리가 놓여 있는 곳에, 다시 말해 전혀 다른 논리가 지배하는 곳에, 청자나 관찰자의 순진한 의식에서 볼 때는 거부의 연쇄적 고리가 놓여 있게 되는 것입니다. 전혀 다른 논리는 대략 전혀 다른 법칙들에 따라 정돈되는 선율 형성입니다. 예를 들어 아직도 거기에 없었던 모든 음을 사용하는 법칙, 또는 비규칙적인 시간 배분의 법칙, 또는 반복됨으로써 습관이 되다시피 한 것과 모순관계에 있는 것들의 법칙에 따라 선율 형성이 정돈되는 것입니다. 이로 인해 새로운 예술에 대한 저항은, 내가 나를 속이지 않는다면, 내재적인 처리의 요구에 대해 미리 죄를 짓게 되는 결과에 이르게 됩니다. 나는 내재적인 처리의 요구를 근거 세우는 것을 시도하여 여러분에게 보여주었으며, 그것은 내가 잘할 수 있는 것이었습니다. 새로운 예술에 대한 저항이 짓게 되는 죄는 다음과 같은 현상에 근거합니다. 다시 말해, 형상물들이 그것들에 고유한 의미에 따라 전혀 약속을 이행할 의도가 없는 기대와 이행할 수도 없는 기대를 갖고 형상물에 처음부터 다가서고 나서는, 사람들이 습관이 되어 있고 습관에 따라 원하고 있는 대로 되지 않았다고 소아병적으로 실망한 후, 사람들이 그러한 상황에서 만나게 되는 사물 자체에 대해 부정적으로 판단하는 것으로 전도되는 현상이 새로운 예술에 대한 저항이 저지르는 죄입니다. 그러나 이것이 전부는 아닙니다. 다른 것이 존재하며 더욱 깊은 것이 존재합니다. 다시 말해, 내가 통상적인 것과는 전혀 다른 연관관계에서 여러분에게 말하였던 새로운 예술은 예술이 중심적인 의미에서 항상 가지고 있었던 것이 됩니다. 새로운 예술은 배제되어 있었던 고통을 말하는 대변자가 된 것입니다. 고통으로서 출현한 것은 사디즘Sadismus과 어차피 이미 받고 있는 고통에 고통을 추가시키는 충동을 일깨웁니다. 사디즘적으로 반응하는 사람에게는 이렇게 해서 그러한 방식으로 하지 않으면 털어 놓을 수 없는 자신의 삶이 상기되기 때문입니다. 여기에서 프랑스의 초현실주의자들과 최근에는 사르트르까지도 매우 크게 주목하였던580) 마르키스 드 사드 Marquis de Sade에 대해 언급하겠습니다. 사드는 그의 저작들 중의 한 저작에서, 고통이 이미 처음부터 있는 곳에서581) 고통을 받는 것만이 아름답다고 말하였습니다. 이러한 반응방식과 같은 것이 다음과 같은 인간에게서 나타납니다. 이런 인간은 낯선 그림 한 점이나 익숙하지 않은 음악 한 곡을 위에서 내리치고 그 어떤 방식으로 다시 한 번 패악을 저지르는 일에 이용하게끔 선동하는 짓을 저지릅니다. 나는 여기에서 브런즈윅Brunswik582)이라는 미국의 심리학자가 제대로 관심을 끄는 실험들을 수행했다는 사실을 여러분에게 말해도 되리라 봅니다. 그는 만족도, 슬픔의 정도, 고통의 정도에 의해 서로 구분되는 그림들을 일련의 집단에게 보여주었습니다. 브런즈윅은 그림들을 마주 대하고 있는 사람들에게 테스트를 수행하였으며, 그림들에 들어 있는 얼굴 중에서 어떤 얼굴이 그들에게 호감이 가고 어떤 얼굴이 호감이 가지 않는지를 말해 보라고 하였습니다. 이러한 종류의 실증적인 사례를 이용하여 여러분에게 미안합니다만, 실험의 결과 부정적 판단들, 즉 '호감이 가지 않는' 판단들과 그림에 들어 있는 얼굴이 표현하였던 고통과 절망의 척도 사이에는 매우 높은 상관관계가 나타났습니다. 고통을 호감이 가지 않는 것과 소아병적으로 동일화시키는 결과가 브런즈윅의 실험에서 드러난 것입니다. 사람들이 지워버리고 싶고, 자신으로부터 멀리 떨어져 있게 하고 싶으며, 최선책으로는 짓밟아 버리고 소멸시켜 버리고 싶은 것인 호감이 가지 않는 것이 고통과 동일화되고 있는 것입니다. 이것은 일단은 메커니즘일 개연성이 높습니다. 이른바 변종되었거나 퇴폐적인 예술에 대해 나치 당원들이나 오늘날에는 그 어떤 다른 당원들이 갖는 분노를 유발한 메커니즘이 고통과 호감이 가지 않는 것을 소아병적으로 동일화시키는 메커니즘이었습니다. 그리고 이러한 분노는 나중에는 모든 가능한, 많든 적든 게을러빠진 문화철학적인 험담들과 더불어 합리화되었습니다. 내가 말하는 연관관계에서의 새로운 예술에서는 '데카당스', '퇴폐 예술', '예술에 낯섦', '국민에 낯섦', '속물적인', '회피', 그리고 이런 말들이 그 밖에 명명할 수 있는 모든 것이 관건이 되고 있다는 험담과 함께 새로운 예술에 대한 분노가 합리화된 것입니다. 이러한 합리화가 내가 지난 시간에 예술작품에 대한 관계에서 잘못된 감성적 요소와 관련하여 여러분과 더불어 비판하였던 내용과 대위법을 이루고 있다는 점은 매우 드문 일이라 하겠습니다. 먼저 감성적인 것이 상투적인 것이 되는 곳에 대해 말하겠습니다. 고통 자체에 대해서 원래부터 전혀 말해지지 않고 고통이 운하처럼 파져 있는 곳에서는, 즉 모든 통속 문학, 영화관과 같은 이러한 모든 것에서처럼 감성적인 행동 방식들의 모형이 설계되어 있는 곳에서는, 감성적인 것이 상투적인 것이 됩니다. 이런 곳에서는, 사물에 들어 있지 않은 감성이 너그럽게 받아들여지게 됩니다. 인간은 눈물을 흘리고, 이것을 부끄러워하지 않으며 기뻐합니다. 그러나 이와는 반대로 감성이 인간 자체의 감성으로 인간에게 마주 다가오는 그 순간에, 예술이 더욱 높은 의미에서 자연주의적이 되는 그 순간에, 다시 말해 예술이 인간 자체에 대해 말하는 곳에서, 예술이 인간에 의해 억압되었거나 인간 내부에 들어 있는 것의 목소리를 자기 것으로 만드는 곳에서, 앞에서 말한 눈물을 흘리며 부끄러워할 줄 모르는 인간은 해학을 이해하지 못하고 분노하며 자신을 내려치고, 이러한 행위로부터 새로운 예술에 대한 저주의 판단을 끌어내게 됩니다. 예술에서 정서의 표명이 외형을 망가뜨리지 않는 곳에서 예술은 배제에 빠져들고 만다고까지 말할 수도 있습니다. 반면에, 예술은 감성이 이미 설치되어 있고, 이렇게 함으로써 감성이 없어진 곳에서는 예술을 건디어 냅니다. 내가 이렇게 해서 보여주었던 관계를 여러분은 전적으로 역사적-동역학적인 관계로서, 점차 증대되어가는 관계로서 이해하여야 합니다. 다시 말해, 우리가 앞에서 본 반응방식들은 점차 증대되는 사회적 조직화의 정도에 맞춰 증대됩니다. 이러한 새로운 경험에 자신을 내맡긴 대부분의 사람들에게서 준비되어 있는 것과 경험 자체가 서술해 보이는 것 사이에서 나타나는 모순은 더욱더 증대되는 것 같습니다. 이와 동시에 교육사회학적인 문제들이 이러한 모순에 들어와서 매우 강력한 역할을 맡는 것도 자명합니다. 예를 들어, 오늘날 발달한 의사소통수단들을 통해서 현대 예술과의 접촉이 과거의 경우에 비해서 무한히 많게 사람들과 계층들에게서 이루어지고 있으며, 이러한 현상은 성숙된 상태나 미성숙된 상태에서 공히 새로운 예술에 대한 저항에 기여하게 됩니다. 교육사회적적인 문제 외에도 오늘날까지도 전혀 분석되고 있지 않은 반쪽 교육의 문제가 있습니다. 사회학적으로는 다음과 같은 현상이 일반적이며, 헉슬리Huxley583)는 『멋진 신세계 Brave New World』584)에서 이를 매우 멋지게 서술한 바 있습니다. 다시 말해, 어떤 사람이 현대 예술작품을 마주 대하면서 '너는 그것을 이해하니? 나는 이해하지 못하겠어'라고 말하면, 그는 이렇게 말함으로써 더 나은 사람으로 여겨지며, 부끄러워하는 것 대신에 그가 마주 대하고 있는 것을 이해하지 못한다는 것으로부터 자신이 특별히 정상적이고 건전한 사람이라는 자부심까지도 끌어내게 됩니다. 그는 자신이 모든 사람의 여론 공동체에 의해 이를테면 엄호되었다는 자부심과 이렇게 해서 특별히 좋은 것을 말했다고 믿는 자부심을 갖게 되는 것입니다.

560) "이러한 종합은 정신적인 종합이기 때문입니다"부터 여기까지 아도르노가 밑줄을 그어 놓았다.

561) 아도르노가 여기에서 비판적 대결을 벌이고 있는 대상인, 신칸트주의적인 배경에 기초를 둔 미학-구상에 대해서는 다음을 참조. vgl. Hermann Cohen, Ästhetik des reinen Gefühls순수한 감정의 미학(1912), 3. Aufl., in: ders., Werke, Bd. 8 u. 9., hrsg. v. Helmut Holzhey u. Gerd Wolandt, Hildesheim 1982.

562) "현대 예술의 생산이 모든 예술적인 영역에서 전통적 예술과"부터 여기까지 아도르노가 밑줄을 그어 놓았다. Vgl. GS 7, S.228f.

563) Gotthold Ephraim Lessing, Laokoon, oder Über die Grenzen der Malerei und der Poesie라오콘, 또는 회화와 문학의 경계에 관하여(1766), in: ders., Sämtliche Schriften, hg. v. Karl Lachmann und Franz Muncker, Bd. 9, a. a. O.(편집자주 475번 참조).

564) Vgl. Theodor A. Meyer, Das Stilgesetz der Poesie문학의 양식 법칙, Leipzig 1901. S. dazu auch GS 7, S.150.

565) 아도르노가 여기에서 어느 곳과 관련시키고 있는가에 대해 재구성하는 것은 불가능하다. '광학적 기호'의 개념은 모리스Charles Morris부터 벤제Max Bense에 이르는 기호론에서 용어적으로 도입된 것은 아니다. 거기에서는 그 대신에 '모상적인 기호' 또는 기껏해야 '시각적 기호'와 같은 개념들이 사용되고 있다. 조형 예술에서는 1950년대 이후 일차적으로 시각에 호소하며, 따라서 '광학적인' 작용에 기초가 두어지는 객체로서의 상을 파악하는 것이 전개되었다. 그러나 '광학적 예술'의 개념은 1960년대 중반에 비로소 출현하였다.

566) 이 단락 첫 문장인 "나는 여기에서 내가 많은 자부심을 갖고 있는 의외의 작은"부터 여기까지 아도르노가 왼쪽 여백에 세로로 줄을 그어 놓았다.

567) "예술작품의 감성적 내용은 내가 여러분에게 서술하려고"부터 여기까지 아도르노가 왼쪽 여백에 세로로 줄을 그어 놓았다.

568) "내가 의도하는 인식은 이처럼 단순한 역사적인"부터 여기까지 아도르노가 밑줄을 그어 놓았다.

569) Vgl. Alfred Lorenz, Das Geheimnis der Form bei Richard Wagner바그너에서

형식의 비밀, Bd. I: Der musikalische Aufbau des Bühnenfestspiels »Der Ring des Nibelungen«니벨룽겐의 반지의 무대 축제의 음악적 구축, Berlin 1924, S.291f. "형식 창조가 오성적 사고를 … 요구하는 것은 명백하다. 오성적 사고에서는 정돈하는 원리가 관건이 되기 때문이다. 오성의 이러한 작업은, 정말로 실제적인 창조력이 당연히 문제가 되어야 한다면, 물론 천재적인 모멘트가 그 뜻을 내보이는 결과로 될 수 있다. 천재적인 모멘트에서는 모든 참된 창조 작업의 기본 조건인 천재성이 서로 따로따로 놓여 있는 많은 것들을 하나의 순간에서 동시에 포착하는 힘을 갖는다. 누군가는 아마도 여기에서 2시간 이상 계속되고 있는 동요된 선線에 대해 통일성을 느낄 수 있는 가능성을 믿지 않을지도 모른다. … 나는 매우 겸손한 작곡적인 창조력을 내가 가진 힘이라고 명명해도 되는 것임에도 불구하고, 나는 ─나에게는 물론 자주 나타나지는 않는─ 영감을 받는 모멘트에 대해 보고할 수 있다. 나는 영감을 받은 모멘트에서 실제로 연속적으로 나타나는 모든 것을 강도가 최고조에 달하는 순간에 내적으로 동시에 듣게 되는 것이다. 이것은 파악되지 않는 형이상학적인 현상이다. 이것이 어떻게 진행되는가에 대해서 나는 말할 수 없다. 우리는 처음과 끝을 가까이 서로 잇닿아 밀쳐진 상태에서 청취할 뿐만 아니라 전체 작품의 모든 음을 동시에 문자 그대로 분리될 수 없는 짧은 순간에 청취하는 것이다. … 우리가 위대한 작품을 그것에 내재하는 모든 개별적인 것과 함께 완전하게 작품의 밖에서 장악하는 경우에는, 시간에 대한 의식이 사라지면서 전체 작품이 ─나는 모든 것이 최고의 세밀함에서 '공간적'으로 함께 한다고 말하고 싶다─ 동시에 존재하게 된다." 아도르노는 내부적 및 외부적 투명성의 이상理想을 그의 Zweite Nachtmusik제2의 밤 음악(GS 18, S.52)과 Wagner und Bayreuth바그너와 바이로이트(1966)(GS 18, S.219)에 관련시켜 논의하고 있다.

570) Vgl. Lukács, Theorie des Romans소설의 이론(편집자주 215번 참조). S.31, 44.

571) Vgl. Kant, Kritik der reinen Vernunft순수이성비판(편집자주 9번 참조). B 595ff.

572) "초기 루카치가 사용한 표현을 빌려서 말한다면"부터 여기까지 아도르노가 밑줄을 그어 놓았다.

573) Vgl. Edmund Husserl, Logische Untersuchungen논리학 연구. Zweiter Band. 1. Teil(1901/1913), in: ders., Gesammelte Werke (Husserliana), Band XIX/I, hrsg. v. Ursula Panzer, Den Haag 1984, S.443. "의도적인 체험은 의도적인 체험에게 대

상을 표상하도록 하게 하는 표상하기의 활동적 체험이 의도적 체험에서 출현하는 것을 통해서만 대상적인 것에 대한 관계를 획득한다. 대상은 의식이 ―대상을 대상으로 만들었고 대상이 느낌, 욕망 등등의 대상이 될 수 있도록 가능하게 하였던― 표상하기를 실행하지 않는다면, 의식에 대해 아무것도 아니다."

574) Vgl. Walter Harburger, Die Metalogik메타논리. Die Logik in der Musik als exakte Phänomenologie음악에서 정교한 현상학으로서의 논리, München 1919; vgl. dazu GS 18, S.160.

575) 오스트리아의 작곡가이자 지휘자인 멜리하르Alois Melichar, 1896-1976는 1945년부터 1949년까지 빈 필하모니와 빈 교향악단의 지휘자로 활동하였다. 그밖에도 그는 1946년부터 1949년까지 빈의 라디오 방송인 Rot-Weiß-Rot의 진지한 음악 부서의 책임자로 일하였다. 그는 1933년부터 1955년까지 60여 곡 이상의 영화음악을 작곡하였다. 거기에는 나치의 선전용 녹음테이프를 위한 음악도 들어 있다(u. a. »Kameraden«(1941); » … reitet für Deutschland«(1941); »Anschlag auf Baku«(1942); »Geheinmis Tibet«(1943)]. 음악적 현대에 대한 그의 극단적인 입장은 여러 권의 책에서 표출되었다[»Die unteilbare Musik«(Wien 1952), »Überwindung des Modernismus«(Wien 1954), »Musik in der Zwangsjacke«(Wien 1958), sowie »Schönberg und die Folgen«(Wien 1960)].

576) 어떤 상품이, 이 상품을 사기로 결정했다고 하는 고객들의 대다수는 이러한 결정에서 벗어나지 않는다는 주장과 함께, 처음으로 광고가 되었느냐를 재구성하는 것은 불가능하다. 다양하게 사용된 이 슬로건은 아이러니가 되고 말았다. 미국의 여성 엔터테이너인 투거Sophie Tucker, 1884-1966는 이미 1927년에 '5000만 명의 프랑스 사람들이 잘못 선택할 수는 없다'는 슬로건으로 커다란 성공을 거두면서 자축하였다. 엘비스 프레슬리는 이 슬로건을 그의 앨범인 '5000만 명의 앨비스 팬들이 잘못 선택할 수는 없다'에 붙였다.

577) 카탈로니아의 화가이자 작가인 미로Joan Miró, 1893-1983는 1920년대와 1930년대에 초현실주의자에 속하였으며, 2차 대전 후에는 아동을 위한 소묘를 연상시키는 추상적인 회화들을 통해 대중에게 인기를 얻게 되었다. 1954년에는 베네치아 비엔날레에서 조각 대상이 그에게 수여되었다. 1955년에는 카셀에서 열린 증거 I 전시회에 그의 작품들이 전시되었으며, 1967-58년에는 그의 조각 작품들의 그레펠트, 베를린, 뮌헨, 쾰른, 하노버, 함부르크에서 전시되었다.

578) »Finnegans Wake피네간의 경야«(1939)는 아일랜드의 소설가인 조이스James Joyce, 1882-1941의 마지막 장편소설이다. 이 작품이 20세기 문학에서 가장 주목을 받을 만하고 동시에 가장 접근하기 힘든 난해한 작품이라는 점은 의심의 여지가 없다. 이 작품에는 인식할 수 있는 행위의 타래도 없다. 40종류의 언어로 이루어진, 다의적으로 읽힐 수 있는 단어의 혼합으로 집필된 이 작품에는 단어가 구사하는 재치가 가득 들어 있으며, 서구적 및 비서구적 교육 규준의 중심적인, 중심과 멀리 떨어져 있는 원천들을 비꼬는 묘사가 들어 있다. 조이스는 『피네간의 경야』가 되어야 한다는 책에 대해 수십 년 동안 작업하면서 사용한 제목을 갖고 있었다. 아도르노는 이 제목에 대해 그의 『미학이론』에서 "앞서 가는 작품"이라고 말하였다(vgl. GS 7, S.537).

579) Vgl. *Philosophie der neuen Musik*신음악의 철학, GS 12, S.16ff.

580) 사르트르는 특히 다음의 문헌에서 사드에 대해 언급하였다. »Saint Genet. Comedien et martyr생 주네. 배우와 순교자«(1952), vgl. die dt. Übers. v. U. Dörrenbacher, Reinbek 1986, S.272. 사드에 대한 사르트르의 비판적 검토에 대해서는 다음을 참조. Robert E. Taylor, The SEXpressive S in Sade and Sartre, in: Yale French Studies Nr. II(1953), S.18-24.

581) 여기에서 언급한 내용을 아도르노가 사드Marquis de Sade, 1740-1814의 어떤 자리에 관련시키고 있는가에 대해서는 확인되지 않는다. 호르크하이머는 1937년에 아도르노에게 결혼 선물로 »Histoire de Juliette줄리엣 이야기« (Hollande 1797)를 주었다. Vgl. auch den 2. *Exkurs* in der *Dialektik der Aujklärung: Juliette oder Aufklärung und Moral*계몽의 변증법: 줄리엣 또는 계몽과 도덕(GS 3, S.100-140).

582) 아도르노가 이 자리에서 어떤 연구를 논의에 관련시켰는가에 대해서 재구성하는 것은 불가능하다. 그는 아마도 브런즈윅Egon Brunswik, 1903-1955의 도식화된 인간 형체의 인지적 특징들을 생각하고 있었던 것 같다[*Psychological Bulletin* 36(1939), 553ff.; vgl. auch E. Brunswik & L. Reiter, Eindrucks- charaktere schematisierter Gesichter도식화된 얼굴들의 인상 특징들. Zeitschrift für Psychologie 142(1937), 67-134]. 부다페스트 태생의 심리학자인 브런즈윅은 »Wahrnehmung und Gegenstandswelt지각과 대상 세계«라는 논문으로 교수자격을 획득하였으며, 1936년에 캘리포니아 소재 버클리 대학의 교수로 임명되었다. 그곳에서 그는 1955년에 사망할 때까지 일하였다. 20세기 심리학에 대해 그의 연구가 갖는 의미에 대해서는 다음을 참조. Bernhard Wolf,

Brunswik und ökologische Perspektiven in der Psychologie브런즈윅과 심리학에서 생태학적 관점들, Weinheim 1995. 아도르노가 1937년에 벤야민과 함께 프랑크푸르트 사회조사연구소를 위해 마련하였던 '학문의 통합을 위한 회의 (논리 실증주의자들)'에 관한 보고서에서는 브런즈윅에 대해 별로 친밀감을 느끼지 않은 것을 보여주는 특징적인 것이 발견된다(s. Adorno - Horkheimer, Briefwechsel서신 교환. Bd. l. 1927-1939, hrsg. v. Christoph Gödde und Henri Lonitz, Frankfurt a. M. 2003, S.566). 브런즈윅은 여성 심리분석가이자 사회심리학자인 프렌켈Else Frenkel, 1908-1958과 1938년에 결혼하였고, 그녀는 사회조사연구소의 권위적 특성에 관한 연구에 주도적으로 참여하였다(vgl. Theodor W. Adorno, Else Frenkel-Brunswik, Daniel J. Levinson, R. Nevitt Sanford, The Authoritarian Personality권위주의적 인성, New York 1950; teilweise in: GS 9·I, S.143-509).

583) Vgl. Adornos Vortrag *Theorie der Halbbildung*반쪽 교육의 이론 auf dem 14. Deutschen Soziologentag in Berlin(23. Mai 1959), s. GS 8, S.93 -121.

584) 헉슬리Aldous Huxley, 1894-1963의 »Brave New World«멋진 신세계(1932)는 헤어리차카Herbert v. Herlitschka에 의해 맨 먼저 독일어로 번역되었고, 그 제목은 »Welt— wohin? Ein Roman der Zukunft세계— 어디로? 미래의 장편소설« (Leipzig 1932)이었다. 1950년의 제2판에서는 »Wackere neue Welt. Ein Roman der Zukunft용감한 신세계. 미래의 장편소설«이라는 제목으로 출간되었으며, 이어지는 판본들에서는 »Schöne neue Welt. Ein Roman der Zukunft아름다운 신세계. 미래의 장편소설«이라는 제목으로 나왔다.

우리가 지금까지 진행해왔던 고찰의 큰 흐름을 여러분이 상기해 주실
것을 요청합니다. 나는 미학, 또는 개별적인 미적 판단들을 주관성에
서, 일단은 예술작품을 받아들이는 사람의 주관성에서 근거를 세우려
는 시도가 얼마나 문제가 많은가에 대해 여러분에게 일련의 모델들에
서 구체적으로 보여주려고 시도하였습니다. 나는 그러한 모델로부터
일단은 두 개의 모멘트를 다루었으며, 이것들은 미적인 물음들의 이해
에 확실히 객관적인 의미를 갖고 있는 것으로 보입니다. 하나의 모멘트
는 예술작품들에 대한 이른바 직접적인 반응들이 사회적인 메커니즘
들에 의해서 미리 결정되어 있다는 것이고, 다른 하나의 모멘트는 예술
작품에 대해 이른바 감성적으로 반응하는 것에 관한 물음입니다. 이어
서 마지막으로 나는 그러한 직접적인 반응들에 되돌아가는 것이 맞지
않다는 점을 새로운 예술을 잘못된 자발적인 반응들을 통해서 방어하
는 것에서 우리가 부딪치게 되는 전형적인 사실관계들에서 여러분에
게 보여주었습니다. 우리의 논의를 통해 도달하였던 마지막 관찰에 대
해 나는 여기에서 반복하고 싶습니다. 마지막 관찰에서는 오늘날 우리
가 처해 있는 정신적 상황에 대해서 확실한 진단을 해주는 의미가 미적
영역을 넘어서서 귀속되어 있기 때문입니다. 다시 말해, 인간이 사물화
되어 있는 현상들을, 인간 자신에게 낯설며 인간에게 직접적인 관계로
는 놓여 있지 않지만 인간을 고객으로서 계산하고 있는 사물화된 현상

들을 일반적으로 그들에게 고유한 것으로 느끼며 사물화된 현상들에게 자신을 고백하는 것을 우리가 관찰할 수 있는 것입니다. 반면에, 인간을 원래 움직이게 하고 인간에게 실제로 있는 것을 명백하게 표명하는 것에 대해 진지하게 말하는 것은 인간에 의해서 낯설고, 불안을 유발하며, 차가운 것으로서 방어가 되고 있습니다. 이것은 특별할 정도로 널리 확산되어 있는 메커니즘이며, 진보와 같은 카테고리를 방패로 삼고 있습니다. 왜냐하면, 사물화와 계산의 현상들은 일반적으로 특정한, 물론 제한된 테크놀로지적인 의미에서 인간 자신에 대해 논의하는 현상들보다는 더 앞서 있기 때문입니다. 뉴욕에 있는 통계조사 사무실은 어떤 유행가에 어떤 요소들이 들어가야 하며, 이렇게 함으로써 유행가가 대중에게 받아들여지고 가장 많이 팔린 유행가 목록들 중의 하나에 성공적으로 이르게 될 것인가를 계산합니다. 자신이 갖고 있는 귀, 이성, 책임감, 그리고 아마도 재능 이외에는 가진 것이 아무것도 없는 가난한 작곡가가 뉴욕의 통계조사 사무실과 경쟁하는 것은 일반적으로 매우 어려운 일입니다. 재즈585)와 이와 유사한 일련의 형상들은, 인간이 그러한 형상들에서 인간에게 원래부터 고유한 사물화에 들어가 있으며 인간이 고유하게 고객이 되어 있다는 것을 긍정하고, 자신들의 것으로 만들며, 인간 스스로 이러한 메커니즘에 함께 포함되어 있는 것을 어느 정도 즐기는 것과 서로 관련을 맺고 있습니다. 반면에, 인간은 그러한 메커니즘에 들어 있지 않은 모든 것, 메커니즘에 이처럼 고유하게 들어 있는 내재성이 문화사업조직에서 갖고 있지 않은 모든 것에 대해서는 방어적인 태도를 취하고 있는 것입니다.

여기에서 여러분에게 교육학적인 조언을 해도 된다면, 다음과 같이 하고 싶습니다. 여러분이 반응들을 통제할 수 있는 한, 여러분 자신에게 고유한 반응들이 예술의 맞은편에서 확실한 정도까지 기계 장치와 같은 강제적 속박의 틀에 놓여 있지는 않은지를, 이러한 의미에서 어떤 것이 유행을 타고 있는지를, 작동되고 있는 메커니즘들에 의해 여과되어 있다는 경험이 여러분에게서 사물에 충실한 반응들을 압도하고 있지는 않은지를 판단해 보라는 조언을 하고 싶습니다. 우리가 그 어떤 정신적인 산물들이 이른바 저널리즘의 이름으로 어떤 방식으로 무장되며 준비되는가를 관찰해보면, 다음과 같은 문제에 봉착하게 되며 동시에 다음과 같은 것을 요구받게 됩니다. 다시 말해, 정신적 산물들이 물건처럼 되어 버렸고 소외됨으로써 인간이 이처럼 물건이 된 정신적 산물들에 가까이 다가서 있다는 생각을 인간 스스로 형성하는 것을 요구받게 되는 것입니다. 뾰쪽하게 그 모습을 드러내고 있는 현대 예술에 저항하는 반응들에는 물론 현대 예술에 대해 부정적 생각을 갖고 있는 사람들의 은밀한 적대감이 들어 있습니다. 그들은 어떻든 절대적으로 현대 예술과 함께하지 않습니다. 그들에게서 거부된 경험들을 보충해주는 가능성들이 제한되어 있고 문제성이 많기 때문에, 그들이 할 수 있는 것은 이러한 가능성들을 배제하는 것을 거부하는 것 이외에는 다른 방도를 거의 갖고 있지 못합니다. 그들은 가까이 하기 어려운 것들의 맞은편에서 은밀한 적대감이나 복수심 같은 것을 표출합니다. 그들은 현대 예술이 속물적이며 따라서 가치가 없다고 습관적으로 말하고 있는 것입니다. 나는 또한 이러한 반응형식에 대항하고자 하며, 이렇게 함으로써 여러분에게서 이런 반응에 대한 불신이 일깨워지도록 시도하고 싶습니다.

예술이 그것에 고유한 형식법칙을 더욱 많이 성찰하면 할수록, 이러한 결과 예술이 예술에 관련되는 것들을 예술 스스로부터 출발해서 완성시켜야 하는 쪽으로 압박을 많이 받으면 받을수록, 예술에 관련되는 것들은 종국적으로는 역사의 진행 과정에서 예술작품들에 남아 있는 것으로서 항상 그 모습이 드러납니다. 다시 말해, 예술에 관련된 것들의 미적 형상은 소재의 작용 연관관계들을 희생시키는 대가로 나타나게 되는 것입니다. 예술은 이렇게 함으로써 사회에 대한 예술의 대립관계가 필연적으로 상승되는 방향으로 압박을 받게 된다고 일반적으로 말할 수 있습니다. 다른 한편으로는 수를 셀 수 없이 많은 사람들이 이른바 문화로부터 배제되어 있는 경향이 있습니다. 이러한 문화의 배후에는 인간의 실재적인 삶에서 전혀 실현되지 않은 문화 자체의 죄와 같은 것이, 최종적으로 나타나는 효과에서 볼 때, 숨겨져 있습니다. 인간이 자신들에게 고유한 문화를 마주 대하면서 뒤로 물러나 있는 이러한 현상은 —그 가장 본질적이고도 가장 특징적인 형식을 영화가 서술하고 있습니다— 문화에 고유한, 서술하기 힘들 정도로 위력적인 문화에 의해서 다음과 같은 방식으로 조작되고 약탈되었습니다. 다시 말해, 뒤에 물러나 있는 것을 이처럼 약탈함으로써, 그리고 많든 적든 발육부전적인 의식 상태의 재생산을 약탈함으로써, 시대와 실제로 결합되는 정신적 생산과 정신적인 생산의 수용 사이의 차이가 아마도 더욱 강화되는 방식으로 인간이 문화의 뒤로 물러나 있는 것입니다. 여기에 교육사회학적인 모멘트가 덧붙여집니다. 이 모멘트에 대해서는 내가 여러분에게 이미 간략하게 언급하였습니다. 매스 미디어를 통해서 무한대로 많은 사람들이 이른바 문화가 행사하는 힘의 장場 내부로 들어가게 되었습니다. 이처럼 수많은 사람들에게는 한때 교양 계층으로 하여금 진보를 거듭하는 생산에 즉각적으로 참여할 수 있는 능력을 부여하였던 전통적인 전제들이나 교육의 전제들이 놓여 있지 않으며, 이러한 상태에서 그들은 문화가 행사하는 힘의 장으로 휩쓸려 들어가게 된 것입니다. 교양 계층이 가졌던 그러한 능력은 실제로 존재하였던 경우였습니다. 우리가 베토벤이 작곡한 마지막 4중주들이 오늘날에도 역시 청취자들의 영혼성에 어떠한 요구를 제기하였는가를 마음속에 그려 보고, 베토벤의 4중주와 같은 형상물들을 집중과 책임을 갖고 추적할 수 있는 사람들의 수가 오늘날 얼마나 소수에 불과한 것인가를 생각해 본다면, 놀라운 사실을 경험하게 됩니다. 베토벤의 마지막 5개의 4중주들은, 공식적이고 문화산업에 의해 염색된 전설과는 반대로, 베토벤이 살아 있었을 때 특별할 정도의 성공을 거두었고 즉각적으로 반복되지 않을 수 없었다는586) 사실을 우리가 경험하게 되는 것입니다. 반면에, 사람들이 오늘날 베토벤의 4중주들을 참고 견디면서 듣는 경우에는, 그것은 내가 여러분에게 이미 몇 가지 사항에 대해 말하였던 교육물신주의로부터 일반적으로 나타난 것에 지나지 않습니다. 반쪽 교육은 사람들에게 알려지는 것들을 진정으로 경험하지 않은 상태에서 알려지는 것이 확산되는 현상입니다. 나는 반쪽 교육의 현상이 사람들로 하여금 알려져 있는 것만을 경험하게 하고 사물들 자체에 대해서는 경험하지 못하게 한다는 점을 간략하게 언급하고 싶습니다. 오늘날 반쪽 교육의 현상은 지금까지 들어보지 못한 정도로 확산되어 있습니다. 이것은 일종의 얼치기 사치가 널리 확산되어 있는 것과 매우 유사한 현상입니다. 다른 말로 설명하겠습니다. 교육의 개념이 한편으로는 급진적인 의미에서 볼 때, 다시 말해 교육의 개념이 휴머니즘의 시대에 언어로 표현되었을 뿐만 아니라 실현되었던 의미에서 볼 때 한편으로 사멸하는 동안에, —이런 의미에서 볼 때 교양을 갖춘 사람들의 수가 지속적으로 줄어들고 있으며 희랍어나 라틴어처럼 오래된 언어들에 대한 중심적인 지식, 독일의 경우 최근에는 프랑스어에 대한 중심적인 지식이 사멸하고 있습니다—, 다른 한편으로는 이른바 교양이 없는 사람들의 유형도 사멸하고 있습니다. 이렇게 됨으로써 모든 사람이 어떻게 해서든지 무엇에 정통하게 되며, 우연히 마음에 들지 않는 영화에 대해 그 영화는 단순하고 평범한 젊은 여성을 위해 만든 것이라고 말할 준비가 되어 있지 않은 젊은 여성이 아마도 시골에서는 멀지 않아 더 이상 존재하지 않게 될 것입니다. 내가 보기에 반쪽 교육의 문제는 오늘날 예술의 수용에 대해서, 그리고 소설 목록들에서 확인되고 있는 문화산업에 의해 생산된 모든 물건에 대해서 특별할 정도로 중심적인 문제인 것 같습니다. 우리가 오늘날 예술작품의 수용이란 의미에서 예술사회학과 같은 것을 저술한다면, 반쪽 교육의 현상을, 이를테면 반쪽 교육의 카테고리들을 지금까지의 경우보다는 훨씬 철저하게 걱정하는 태도를 가져야 한다고 생각합니다. 나는 여러분 중에서 교육학을 전공하는 사람들이 특히 반쪽 교육의 문제에 대해 주목해 주기 바랍니다. '대중화'와 같은 상투적인 말에 최소한이라도 만족하지 말고 반쪽 교육의 문제를 숙고하도록 용기를 북돋아 주고자 합니다.

　노출된 현대 예술작품들에 대한 주관적 입장에 대해 이 강의에서 스케치한 사실들이 현대 예술작품들에 대한 기준을 제공하지 않는다는 점을 지적하는 것은 매우 중요합니다. 메커니즘이 매우 확산되어 있기 때문에, 이 메커니즘은 여러분 중에서 많은 사람들에게도 아무런 악의가 없는 상태에서 내가 여러분에게 이러한 메커니즘에 대해 주의를 환기시키고 있는 이 시점까지도 그 지지자를 발견하고 있을지도 모릅니다. 이제 메커니즘에 대해 설명하겠습니다. 진보된 예술과 사회 사이에서 발생하고 있는 단절은, 다시 말해 미적, 또는 역사철학적, 사회적으로도 동일한 정도로 그려 보여주고 있는 단절은 의심의 여지가 없이 적확한 관찰입니다. 이러한 관찰은 앞에서 말한 단절을 예술작품들에게 전가시키는 데 이용되며, 예술이 일종의 행패나 타락을 저지르는 것처럼 예술을 폄하시키는 데 이용됩니다. 예술가들이 종족이든, 민족이든, 예술가들이 속한 계급이든, 또는 그 밖에 다른 것이든 관계없이 그 어떤 태생적 근원과 떨어져 있고, 그 어떤 사로邪路에 빠진 사변들에서, 이른바 건전한 국민감정이 절대로 함께할 수 없는 사변들에서 자신을 잃어 버렸기 때문에 예술이 행패나 타락을 저지른다는 메커니즘이 매우 확산되어 있는 것입니다. 이러한 종류의 메커니즘이 공식적으로 알려진 사례들이 있습니다. 메커니즘에 해당되는 예술가들을 즉각 집단 수용소로 보낸다거나 러시아에서 있었던 마이어홀드Meyerhold의 경우처럼587) 살해의 위협이 가해지는 사례도 있었습니다. 메커니즘을 이러한 방식으로 알리는 것들은 오늘날에는 동일한 방식에서는 더 이상 시의성을 갖지 못합니다. 그러나 이러한 메커니즘에 내재한 사고의 도식은 아직도 살아남아 있습니다. 여기에 덧붙여, 내가 여러분에게 서술한 이러한 메커니즘들은 미적 생산력의 자의와 거부에서 찾아질 수 있는 것이 아니고, 다른 한편으로는 예술이 —예술이 팔려지는 대상이 아니고 말해져야만 되는 것을 말해야 한다는 요구에 충실하게 위해서— 오늘날 분노를 유발시키는 방향으로 밀쳐지고 있다는 점도 언급될 수 있겠습니다. 반면에, 다른 한편으로는 인간이 이러한 예술을 경험하는 것을 방해하는 메커니즘들은 사회적인 베일입니다. 사회적인 베일은 우리가 오늘날 고발하는 예술작품들과 인간 사이로 밀려 들어와서 움직입니다. 이것은 매우 편리한 메커니즘입니다. 사람들은 이 메커니즘을 이용하여 사람들이 예술과 함께하고 있지 않다는 사실을 이에 대해 책임이 있는 사회로부터 빠져나오게 하고 '도둑을 잡아라'라는 문장에 따라 모든 책임을 예술작품에게 떠넘기면서 스스로 퇴행적인 상황에 빠져듭니다. 퇴행적인 상황은 종국적으로는 대량생산된 염가 제품들을 먹어 치우면서 미적 경험의 영역에서 상업적인 이해관계를 통해서 미적 경험이 인간에게 원래 당연하게 제공해야만 하는 것을 근본적으로 속이는 결과로 치닫게 됩니다. 미적 경험에서 보이는 이러한 은폐 메커니즘에 대항하여 여러분 마음속에서 확실한 불신과 확실한 저항을 일깨우는 것이 이 자리에서 성공한다면, 나는 매우 만족할 것입니다. 이러한 자극의 의미는, 내가 여러분에게 제공하는 의미처럼, 다른 것이 아닌 바로 저항의 힘을 —이것이 각자에게 가능한 한— 여러분 내부에서 강화시키는 것에 있습니다. 저항의 힘은 수많은 메커니즘들에 의해서 항상 지속적으로 저하되는 위협에 시달리고 있습니다. 이에 대해 그 어떤 개별적인 메커니즘들에게 가장 하찮은 비난조차도 제대로 하지 못한 상태에서 저항의 힘은 저하되고 있는 것입니다. 바로 이 점이, 내가 여기에서 개인적으로 해도 되는 말을 여러분이 용인해 준다면, 내가 왜 루카치의 최근 저서인『오해된 리얼리즘에 대한 반박』에 그토록 상세하게 관계하면서 이 책에 대해 장문의 반박문을 쓴[588] 이유이기도 합니다. 장문의 반박문을 쓴 것은『오해된 리얼리즘에 대한 반박』이 갖고 있는 절대적인 의미 때문이 아닙니다. 왜냐하면, 루카치의 이 책은 전체적으로 볼 때 미적 논쟁들이 의미 있게 제기될 수 있는 곳에서 이루어지는 주장의 수준보다 낮은 수준에 머물러 있다는 점만 말해도 충분하기 때문입니다. 나는 이 점에 대해 여러분을 어느 정도 납득시켰다고 생각하고 있습니다. 루카치가 간과하고 있고 이러한 연관관계에서 그래도 우리의 관심을 끄는 것이 있습니다. 현대 예술의 소비자로부터의 소외가 그것 자체로 사회적인 것이며 이러한 소외가 예술가들의 진영에서 단호한 결심이라든가 단순한 속마음에 의해서 철회될 수는 없다는 것이 바로 그것입니다. 다시 말해, 루카치는 이 점에서, 그리고 그의 태도에서 특별할 정도로 쪼개져 있는 것입니다.

　루카치가 소련(옛 소련을 의미함, 역주)의 공식적인 예술제조술을 지배하는 실제와 관련을 맺는 곳에서는, 그는 이러한 실제를 매우 좋게 생각하면서 용기를 갖고 표현합니다. 그러나 그가 이론적인 문제들, 미적 원리들에 대한 물음에 관계하는 한, 예나 지금이나 현대 예술이 '인민과 낯선 것', '개인주의', 그리고 되풀이하여 알려주는 이러한 모든 것에 지나지 않는다는 구호를 기계적으로 반복하고 있습니다. 루카치가 동구권(1980년대 말에 붕괴한 동구권 사회주의 국가군을 의미함, 역주) 진영의 이른바 예술적 생산에서 나름대로 근거를 세워 만들었던 경험들을 그가 근본적으로 동구권의 사고로부터 원래 스스로 받아들였던 이론적 카테고리들과 함께 결합시키는 것은 루카치에서 성공하지 못하였습니다. 루카치는 그가 현대 예술을 마치 당黨서기처럼 헐뜯는 근거인 극단적 고독의 상태와 의사소통의 단절이 그것 자체로 극단적으로 치닫는 원자화라는 사회적 상황이 표현된 것이라는 점을 무엇보다도 특히 완전하게 오인하고 있습니다. 나는 이 점을 지적하고자 합니다. 원자화는 집단화의 측면만을 내보여주는 것이 어느 정도 확실합니다. 집단화는 집단화 아래에서 서로 관계가 없는 것을, 원래의 의미에서 매개되어 있지 않은 것을, 원래부터 완전히 낯선 것을 이것이 마치 서로 매우 가까이 있는 것처럼 오인되도록 하는 방식으로 서로 누르게 하는 것에서 성립됩니다. 다른 한편으로는, 이처럼 원자화된 의식이 자신의 자의식이 되고 자기 스스로 명백하게 말하는 곳에서만, 원자화된 의식은 원자화를 원래부터 생기게 하는 힘인 집단적 폭력에 저항하는 기회를 갖게 됩니다. 나는 여기에서 우리가 처해 있는 역사적 상황에 대해서 생각해 보고자 합니다. 나는 호르크하이머와 내가 『계몽의 변증법』에서 제대로 상세하게 전개시켰던 상황과 같은 종류의 상황에서 우리가 오늘날 살아가고 있다고 봅니다. 올바른 사회의 구축과 인간의 올바른 삶을 지향하는 생각들이 올바른 삶을 명백하게 말하거나 형성하는 사람들의 아무런 희망이 없는 개별화에서, 집단들이 끊임없이 끌어들이는 연대성이나 화해를 위해서 보증하는 생각들보다도 더욱 잘 폐기되어 버리는 역사적 상황들이 존재합니다. 집단들은 그것들이 행사하는 실제를 통해서 인간을 단순한 객체로 끌어 내리면서 올바른 삶이 실제로 이루어지는 것을 방해합니다. 여기에서도 역시 종국적인 심급에서는 미적 주관주의가 관건이 됩니다. 루카치가 자신이 끌어들이고 있는 헤겔을 나에 대한 공격을 위해 인용하고 있고 이러한 주관주의를 반박하고 있다는 이야기를 듣게 된다면, 분노에 빠져들 것이 매우 확실합니다. 나는 루카치로부터 뒤로 물러나 있을 수는 없습니다. 그가 예술작품들의 객관적 내용이나 객관적으로 형식화된 것에 대한 자각에 대비시켜 놓은 것은 최종적인 심급에서는 근본적으로 작용의 연관관계에, 즉 가능한 실제에 대한 관계에 머물러 있기 때문입니다. 예술이 관계를 맺고 있다고 하는 실제는 그러나 다른 것이 아닌 바로 예술을 소비하는 사람들의 실제입니다. 이러한 한, 단순히 수용하는 주체가 이러한 실제주의에서 사물 자체 대신에 다시 척도를 부여하는 심급이 됩니다. 즉, 예술작품의 객관적인 진실에 관한 물음이 예술작품이 어떤 정치적인 배열들에서 성취할 수 있는 것이 무엇인가 하는 실용주의적인 물음으로 내려앉게 됩니다. 이것은 루카치가 미학자로서 근본적으로 갖고 있는 입장과, 즉 예술작품은 단순히 주관적인 표명이 아니고 그 내부에서 객관적으로 형성되어진 것이어야 한다는 입장과 절대적으로 결합될 수 없는 이론이 되고 마는 것입니다. 닫혀 있는 철학이 끌어당기는 힘이 ―루카치에 대해 화가 나 있고 매우 적게 닫혀 있는 에세이주의의 맞은편에서― 많은 사람들에게 영향력을 행사하는 이러한 미학은, 미학에 고유한 사고의 동기들에서, 즉 미학의 이론적인 구조에서 원래부터 철저하게 사고하지 않고 이러한 미학의 내부에서 완벽하게 자의적으로 머물러 있는 것을 통해서 스스로 발생하게 된 것입니다. 루카치의 진영이나 또는 루카치에서 보이는 거친 관계망 안으로 들어가는 진영이 진지한 의미에서의 현대 예술을 향해 현대 예술에서는 사회가 출현하고 있지 않기 때문에 우리 시대가 당면한 곤궁들의 면전에서 빗나가는 기능을 현대 예술이 가질 뿐이라고 주장한다면, 이것은 내가 보기에는 소피스트적인 주장에 지나지 않습니다. 어떤 것이 현실로부터 벗어나 있다면, 이것은 여러 가지 유형을 보이고 있는 사이비-리얼리즘적인 형상들입니다. 미국과 독일에서 성공하고 있는, 지금 중요한 것은 오로지 인간의 가슴일 뿐이라는 점을 설득시키려고 하는 가슴을 따뜻하게 하는 것들이건, 사회주의는 소련에서 이미 실현되었다는 것을 사람들에게 믿게 하려는 소련의 공식적인 국가 문학이건 상관없이, 그것은 사이비-리얼리즘적인 유형일 뿐입니다. 소련에서 사회주의가 실현되었다는 주장은 틀린 것이며, 오히려 그 반대의 경우가 맞는 주장입니다. 이러한 종류의 사이비-리얼리즘적인 문학에서의 리얼리즘은 제2등급의 영화에 해당되는 리얼리즘처럼 허위적이고 가상적입니다. 이러한 영화에서는 모든 전화가 그것이 현실에서 보이는 것과 똑같은 것에 지나지 않고, 어떤 회사의 모든 편지의 머리말은 은행이 발송하는 편지의 머리말처럼 보일 뿐입니다. 이러한 회사에서는 어느 인간도 인간이 보이는 것처럼 보이지 않습니다. 나는 이제 다음과 같이 말하고자 합니다. 루카치의 리얼리즘은 영화 리얼리즘이 거짓인 것처럼, 바로 똑같은 정도로 거짓에 지나지 않습니다. 루카치의 리얼리즘은 방향을 빗나가게 하는 기능을 갖고 있습니다. 반면에, 진보된 현대 예술에서 출발되는 충격과 이러한 현대 예술이 일으키는 세계를 낯설게하기는 —어떤 매개의 길을 항상 통해서— 실제Praxis로 넘어갈 수 있습니다. 그럼에도, 내가 보기에는 예술이 스스로부터 시작해서 실제를 직접적으로 목표로 삼는 순간에 예술은 실제와의 관계를 이미 조작하고 망치게 합니다. 이와는 달리, 실제와 위대한 예술작품들과의 관계는 훨씬 더 매개되어 있는 관계입니다. 나는 이 관계가 빛에 가려져 있는 관계라고까지 말하고 싶습니다. 이 강의가 진행되는 동안에 우리는 아마도 예술과 실제와의 관계에 대해서 더욱더 원리적으로 말할 수 있는 기회를 갖게 될 것입니다.

충분하게 숙고하지 않은 이데올로기 개념이 미학 내부로 들어와 도처에서 그 기능을 발휘하고 있습니다. 이러한 이데올로기 개념은 모든 정신적인 것을 그 어떤 이해관계들을 위한 베일이나 수레와 같은 것으로 끌어 내립니다. 그러나 사회주의의 원천적인 구상에서 항상 드러났던 경우처럼, 이러한 이데올로기 개념을 비판하는 것 대신에, 그리고 이데올로기 개념에 대항하는 자신을 방어하는 것 대신에 사람들은 이데올로기 개념을 자기 것으로 만들어서 예술이 사람들 스스로 맞는 이해관계들이라고 생각하는 이해관계들에 소용이 되는지의 여부에 맞춰서 예술을 재단하고 있습니다. 이러는 동안에 사람들이 이데올로기를 비판하려고 의도했던 이론이 스스로 '이데올로기'가 되는 것을 보여주는 결과로까지 추락하게 되었습니다. 이데올로기 개념 자체의 의미는, 예술작품들이든 이론이든 어떤 정신적인 형상물들이 실제적인 이해관계들의 편에 서 있다고 할지라도, 외부로부터 규정될 수는 없습니다. 오히려 어떤 것이 이데올로기냐 또는 이데올로기가 아니냐 하는 척도는 어떤 것에 내재하는 진실이며, 종국적으로는 척도가 철학의 앞에서 책임져야 하는 내용입니다. 이데올로기 개념을 진실에 대한 물음으로부터 벗어나게 하는 이데올로기는 필연적으로 잘못된 의식589)이며, 이처럼 잘못된 의식에 대해서는 올바른 의식이 대치될 수 있다는 점을 더이상 붙잡고 있지 않은 순간에 이론은 사실상 황량한 상대주의적인 실용주의로 가라앉게 됩니다. 이러한 이론은 또한 현대적인 데카당스와 대립하면서 그것 스스로에게 항상 할당하고 있는 모든 실체성을 상실하게 됩니다.

　　이제 나는 미학을 예술작품을 받아들이는 입장에서 근거를 세우는 것에 관련되는 고찰을 마치고 싶습니다. 이 자리에서 칸트의 이론에 대해 몇 마디 말하는 것을 여러분께서 허락해 주기 바랍니다. 나는 이 강의에서 현재의 상황에서 발원하는 예술적 물음에 관한 것과 미적 정초定礎의 물음에 관련된 것을 여러분에게 실제적으로 보여주려고 시도하였습니다. 그 결과 유감스럽게도 이 강의에서 나는 미적인 이론들의 역사를 여러분에게 제공할 수도 없고 미적인 이론들을 세부적으로 서술할 수도 없을 뿐만 아니라 그러한 이론들에 대한 토론을 전혀 할 수 없게 되었습니다. 그러나 나는 최소한 한 가지를 여러분에게 알려주고 싶습니다. 나는 이러한 모든 고찰에서 독일어권에서 내려오는 가장 존경을 받을 만한 이론인 칸트의 이론과 매우 명백한 반대 입장을 갖고 있습니다. 칸트의 이론은, 칸트가 미학을 주관적인 카테고리들에, 즉 주체가 갖고 있으며 그것들 나름대로 예술작품을 원래부터 근거 세운다고 하는 느낌들에 환원시키려고 시도하고 있다는 점에서 볼 때는 이미 전적으로 통속적인 견해와 일치하고 있기 때문입니다. 이와는 대조적으로 나는 다음과 같이 말하고 싶습니다. 우리는 주관성 개념 자체의 내부에서 이 개념을 일단은 분화시켜야 합니다. 나는 칸트 미학에서 이루어진 것보다도 훨씬 더 많이 분화시켜야 한다고 생각합니다. 나는 칸트가 미학을 주관성과 의식의 형식적인 기초적 요소들에서 근거 세우는 자리에서 그 자신이 고유하게 설정한 것의 뒤에 머물러 있다고까지 말하고자 합니다.590) 겉으로 보기에는 내가 칸트를 존경하고 있지 않은 것처럼 보이는 이러한 태도에 대해 여러분이 양해해 준다면 이렇게까지 말할 수 있는 것입니다. 『순수이성비판』과 『실천이성비판』에서 칸트의 철학이 설정하고 있는 것은 —두 권의 비판적 저작들은 『판단력비판』에 의해서 서로 결합되어 있습니다[591]— 다음과 같습니다. 다시 말해, 현실은 감각적으로 주어진 것들과 의식의 형식들의 —우리가 형식들로부터 대상들을 산출하는[592] 형식들이 이른바 '직관의 형식들'이건 또는 이른바 카테고리적인 형식들이건 관계없이— 연합에 의해서 기초가 이루어진다는 것입니다. 여기에서 예술과 미적 경험의 영역과 같은 영역에 대한 분석이 칸트가 사용하는 언어에 따르면 이미 기초가 이루어진 공간에서 원래부터 실행된다는 점이 명백하게 드러나게 됩니다. 의식과 마주 대하고 있는 예술작품들은 칸트에서처럼 형식들과 직관내용들 사이의 연합을 통해서 진척되는 대상들이 아닙니다. 오히려 예술작품들은 이러한 정초定礎를 나름대로 전제하고 있는 그 어떤 것입니다. 예술작품들은 일단은 공간과 시간에서 개별화된, 객체화된 형상물들입니다. 칸트가 선험적 이성에 따라 —선험적인 요소들과 감각적으로 주어진 것들의 연합으로부터 비로소 뚜렷하게 나타나는[593] 것인— '경험적 현실'이라고 표현했던 것이 바로 이러한 형상물들에 맞는 것입니다. 이것은 예술작품들이 인간에게 마주 대하는 방식에서 인간에 의해 가장 일반적인 카테고리들과 관련되지 않는다는 점과 예술작품들이 가장 일반적인 카테고리들에 의해 성립되지 않는다는 점을 매우 간단하게 말해주고 있습니다. 예술작품들은 이렇게 성립되는 것이 아니고, 오히려 그 내부에서 이미 가장 높은 수준에서 자격을 갖고 있는 것들이며, 가장 높은 수준에서 접합된 것들입니다. 여기에 추가해서 말하겠습니다. 예술작품을 의미 있게 경험하게 하는 유일한 능력을 갖고 있는 주체인 미적 주체는 그것 나름대로 가장 높은 척도에서 조직화되고, 구체적이며, 역사적 경험들을 가득 담고 있는 주체들입니다. 미적 주체는 앞에서 말한 가장 일반적인 선험적 주체와는 전혀 비교될 수 없습니다.

나는 여기에서 『판단력비판』과 이를 통해 미학을 주관성에서 근본적이고 철학적인 근거점을 찾는 입장이 가진 약점이 드러났다고 말하고자 합니다. 다시 말해, 미적 대상과 미적 주체처럼 최고로 규정되어 있으며 이미 확고한 기초에서 존재하는 카테고리들이 마치 가장 일반적이며 형식적으로 논리적인 주체로부터 직접적으로 근거가 세워질 수 있는 것처럼 보는 입장이 나타나고 있는 것입니다. 여러분이 진지하게 받아들인다면, 이것은 우리가 여기에서 다루고 있는 물음인, 미학을 단순한 주관성에서 근거를 세우는 것의 불가능성에서 대해서 매우 결정적인 것을 의미합니다. 나는 이것을 중심점이라고 실제로 생각하고 있으며, 이러한 중심점은 객관적인 선회를 정당화시키고 강제합니다. 나는 강제한다는 표현을 여기에서 사용하지 않을 수 없습니다. 나는 또한 내가 여러분에게 강의하였던 개념의 운동에서 객관적 선회를 실행시켜야 하는 것을 강제받고 있습니다. 미적 경험의 객체와 주체가 원천적인 지각과 원천적인 정초定礎의 선험적 관계에서 서로 놓여 있지 않고 기초가 만들어진 세계로 이미 함께 들어가게 된다면, 객체에 대한 주체의 우위는 중단됩니다. 미적 경험의 두 모멘트들은 상호 간에 생산적이 되면서 동일한 지위를 갖게 됩니다. 객체는 매우 충분한 비중을 가질 수 있는 이유에서 심지어는 주관성의 앞에 놓일 수도 있습니다.[594] 나는 이것을 이어지는 논의에서 여러분에게 보여줄 수 있게 되기를 바랍니다. 내가 펼치는 주장에서 나는 ―칸트의 출발 지점에 대한 비판이 적용될 수 있을 것으로 보이는[595]― 철학적 정초에 관한 문제들에서 움직이는 입장을 전혀 취하지 않고 있습니다. 여러분은 내가 철학적 정초에 관한 문제들에서 움직이고 있다고 생각할 수도 있겠지만, 나는 그렇게 하지 않고 있습니다. 오히려 내가 위에서 제기한 숙고는 칸트의 이상주의적이거나 또는 주관적인 설정을 근본적으로 자기 것으로 하는 경우에도 적확한 것입니다.

전통적인 미학을 정당성의 근거로서 스스로 주장하는 미적 경험은 일반적으로 매우 잘못되게, 그리고 매우 부족하게 서술되어 있다는 점을 덧붙이고자 합니다. 헤겔은 이 점을 오늘날에도 읽어볼 가치를 갖고 있는 모세스 멘델스존Moses Mendelssohn에 대한 반박문과 예술이 촉발시킨다고 하는 이른바 '아름다운 느낌들'에 대한 믿음에 대항하는 반박문에서 특별할 정도로 이론異論의 여지가 없이 입증해 보였습니다. 헤겔 미학의 제1부에 해당 부분들이 들어 있습니다. 나는 지금 이 순간에는 여러분이 해당 부분들을 나중에 읽어 보도록[596] 여러분에게 자극을 주고 싶을 뿐입니다. 이로 인해 우리에게 주어진 시간에 부담을 주고 싶지는 않기 때문입니다. 그럼에도 나는 여기에서 한 가지 사정을 말해도 된다고 생각합니다. 미적 경험 자체가, 사람들이 항상 그렇게 명명하고 있듯이 이른바 예술심리학에 의해서 너무나 유치하게 서술되고 있는 것입니다. 미적 경험이 일반적으로 볼 때 실제로 원자적으로 서술되고 있는 것이며, 하나의 총체성으로서의 예술작품에 합당한, 예술작품의 작용이라는 의미에서 전혀 서술되고 있지 않은 것입니다. …[597] 우리는 내가 여러분에게 보여주었던 것에 따라 총체성을 합리적인 것이며 비합리적인 것으로, 즉 두 가지를 하나에서 명명해도 됩니다. 총체성이 사물에 대해 상세하고도 인식적인 관계에 근거하고 있는 한, 총체성은 합리적인 것이 됩니다. 개념의 매체가 총체성에서 흩어져 버리고 판단의 매체가 절대적으로 전혀 나타나지 않는 한, 총체성은 비합리적인 것이 됩니다. 우리가 예술작품이 진지하게 행사하는 작용을 서술하려고 한다면, 우리는 다음과 같은 규정에 다다르게 됩니다. 다시 말해, 주관성에서 그렇게 서술하는 것에서 설정된 것에 대항하여 스스로 가장 구속력 있게 말함으로써 나름대로 빈약하게 되지만 제공된 서술들처럼 그렇게 진실이 아닌 것만은 아니라는 장점을 최소한 갖고 있는 규정과 마주치게 되는 것입니다. 나는 이른바 '세계에 대한 감정'[598]과 같은 음울한 개념에 들어 있는 불순화를 잘 의식하고 있습니다. 나는 이 개념에 대해 다음과 같이 말하는 위험을 감수하고자 합니다. 예술작품들에 대한 반응의 총체는, 이것이 아마도 어느 정도 적절한 것으로 고찰되어도 된다면, 예술작품이 산출하는 세계에 대한 감정의 총체가 아닌가 싶습니다. 이것은 세계가 그 구체적인 상태에서 갖고 있는 본질의 총체이며, 추상적으로 존재하는 총체가 아닙니다.599) 우리가 미적 카테고리들을 분석하는 연관관계에서 작용에 관한 분석을 진지하게 실행하려고 한다면, 우리는 세계에 대한 어떤 종류의 감정이 중요한 예술작품들에 의해 확산되었는가를 정말로 확실하게 해 두어야 할 것입니다. 이어서 우리는, 특별할 정도로 어렵고 거의 불가능한 일이지만, 이러한 감정을 현재적으로 중요한 감정으로 활성화시키는 것을 시도해야 합니다. 이러한 시도는 그러나 감정의 개별적인 모멘트들로 제한되어서는 안 될 것입니다. 세계에 대한 이러한 감정에는, 이러한 감정이 판단의 형체를 갖고 있지 않으며 감정 내부에 서로 모순적인 모멘트들이 갇혀 있다는 점도 물론 본질적으로 속해 있습니다. 명백성과 규정성은 판단의 전통적인 논리를 통해서 우리에게 전달됩니다. 예술작품이 세계에 대한 감정에서 이러한 명백성과 규정성과 관련하여 상실한 것, 바로 이것을 세계에 대한 감정은 ―통상적인 판단의 추상적인 메커니즘들에게는 부여되지 않는 것인― 본질에 특정하게 가까이 다가서고 본질을 구체화시키는 것을 통해서 획득하게 됩니다.600)

나는 이 점을 몇몇 구체적인 문장으로 여러분에게 설명하려고 합니다. 나는 이 자리에서 여러분에게 가장 많이 부당한 요구를 하고 있음을 잘 알고 있습니다. 여러분에게 돌 대신에 빵을 줄 수가 없다면, 먹어도 건강에 전적으로 해가 되지 않는 가루가 돌에서 나올 때까지 돌을 최소한 갈아야 할 정도로 나는 압박을 느끼고 있습니다. 내가 의도하는 바는 아래와 같습니다. 나는 어제 마르부르크Marburg의 빼어난 예술가인 우세너Usener601)와 마네Manet에 대해 대화를 나눌 기회를 가졌습니다. 나는 최근에 파리에서 마네의 그림을 다시 한 번 매우 자세히 본 바 있었습니다.602) 대화를 나누면서 전문가이자 내 친구인 우세너와 아마추어인 나 사이에 그림들의 해석에서 놀라운 일치가 이루어졌습니다. 나는 이것을 내가 의도하는 예술작품의 다의성多意性으로 여러분에게 알려도 될 것으로 봅니다. 마네의 그림들에는 세계의 사물화에 대한 특정한 종류의 충격과 특정한 종류의 공포가 의문의 여지가 없이 숨어 있습니다. 마네를 후기 인상주의자들과 구분시키는 것은 그가 소외된 세계를 감각적인 지각 장치의 연속성 내부로 받아들인다는 점입니다. 이러한 연속체를 통해서 소외된 세계는 마네가 소외된 세계의 낯섦에서 파악하는 것과 더불어 주체와 화해하게 되는 것입니다. 마네가 선택한 대상들, 특히 사회적 유형으로서의 창녀 그림은 마네에서는 전적으로 사회비판적인 의미에서 보이는 그림이며, 그의 친구인 보들레르의『악의 꽃』에 나타나는 의미와 같다고 볼 수 있습니다. 창녀 그림은 인간을 가장 가까운 곳에서 압박하는 사회적 소외의 유형이 특별할 정도로 두드러지게 나타나는 그림입니다. 그러나 우리가 마네를, 캐테 콜비츠 Käthe Kolwitz[603]처럼, 창녀와 프랑스의 술인 압생트가 어디로 가는가를 보여주는 사회적인 화가 정도로 고찰하려고 한다면, 우리는 완벽하게 어리석은 결과에 이르게 되고 말 것이라고 봅니다. 마네의 그림과 같은 예술과 그 내용이 사회에 대해서 갖고 있는 관계에서 성립되는 깊이는 완벽하게 빗나가게 될 것입니다. 소외된 것, 위협적인 것은 이것들이 우리를 압박함으로써 다시 자극으로 느껴지는 것이며, 이러한 요소도 마네의 그림과 같은 예술에 들어 있는 것이기 때문입니다. 마네의 그림에 들어 있는 색들은 대비의 강도와 예리함을 통해서 위협적인 것, 압박하는 것, 화난 것을 표현하며, 색들은 이렇게 해서 다시 적극적인 가치들, 긍정적인 것, 행복이나 열광 같은 것으로 경험됩니다. 이러한 색들이 마네의 그림에서 기이할 정도로 하나가 되어 있습니다. 이것은 한편으로는 부정성이 다른 한편으로는 행복이나 유토피아의 경험이 하나가 되어서 작용을 하는 모습이며, 또한 '우울함과 이상'[604]이 하나가 되어 있는 모습입니다. 바로 이런 모습이 마네의 그림을 완성시키고 있는 것입니다. 마네를 어떤 판단으로 가져가려고 한다면, —대도시는 한편으로는 매력을 갖고 있거나 또는 다른 한편으로는 통계의 규칙에 따르면 수를 셀 수 없는 타락한 여성들이 존재하고 있는 사악한 곳이며, 이런 곳에서 우리가 살고 있습니다—, 그러한 종류의 모든 판단은 잘못된 것일 뿐만 아니라 카테고리적으로도 예술작품에 적절하지 않습니다. 왜냐하면, 예술작품의 본질은 예술작품이 판단의 명백성을 알지 못한다는 점과 내가 세계에 대한 감정이라고 명명하였던 것을 산출함으로써 이러한 요소들이 변증법적으로 교차되어 있음을 제시하고 개별화를 지향한다는 점에서 매우 상세하게 확보되기 때문입니다. 위대한 논리만이 오로지 이러한 차원의 본질을 갖고 있을 것이며, 위대한 논리에서는 앞에서 말했던 종류의 모든 개별적 판단은 정말로 추상적이고 제한되어 있으며 편협할 것입니다. 반면에, 예술은 이러한 의미에서 볼 때 단순히 고립되어 있는 것의 편협함을, 오로지 사변적 사고가 원래부터 할 수 있는 것[605]과 유사하게, 넘어서게 됩니다. 이것이 보여주는 것은 복합성입니다. 무섭고도 죽음으로까지 몰아붙여진 표현인 '다층성多層性'이 이러한 복합성에서 이제 제대로 한 번 그것의 권리를 획득하게 되며, 의미가 깊은 의미를 갖게 됩니다. 바로 이러한 복합성에서 여러분이 예술작품들에 대한 주관적인 반응이라고 명명되는 것을 이러한 방식으로 포착할 능력을 갖고 있을 때만이, 여러분은 그러한 분석을 통해서 주관적인 모멘트도 예술작품들에게로 가져갈 수 있는 전망을 갖게 될 것입니다. 이렇게 해서 이번 시간 강의를 마치고 싶습니다. 우리가 객관적 경험의 충만함을 주관적인 분석으로부터도 사물 자체에 대해 무엇인가를 경험할 수 있도록 주관성 안으로 밀어 던진다면, 주체와 객체, 즉 사물과 고찰하는 주체는 예술에서 —가능하지 않은 것이라고 생각하는 것보다는— 훨씬 더 많이 서로 밀접하게 연결될 것입니다.

585) Vgl. *Zeitlose Mode*시대를 초월한 유행. *Zum Jazz*재즈에 대하여. GS 10·1, S.123ff., sowie *Über Jazz*재즈에 관하여 GS 17, S.74ff.

586) Vgl. Karl Bargheer, Ludwig van Beethovens fünf letzte Quartette베토벤의 마지막 5개의 4중주, Hamburg 1883.

587) 러시아의 연극배우, 무대감독, 극장 대표였던 마이어홀드Wsewolod Meyerhold, 1874-1940는 1938년에 극장의 문을 닫았다. 소련 당국이 그에게 요구한 '사회주의적 리얼리즘'에 굴복하지 않았기 때문이다. 그는 1939년에 체포되었고, 1940년에 처형되었을 가능성이 높다.

588) 편집자주 260번 참조. S. auch GS 7, S.213.

589) 아도르노가 마르크스에 기대어 필연적인 잘못된 의식 또는 필연적으로 잘못된 의식이라고 규정하고 있는(vgl. u. a. GS 10·2, S.584; GS 20·1, S.387) 이데올로기 개념은 마르크스에서는 이러한 표현방식으로 발견되고 있지 않다. 그러나 이러한 규정은 마르크스와 엥겔스가 '독일 이데올로기'에 대한 그들의 비판에서 출발했던 개념과 제대로 맞아 떨어진다. "바로 여기에서, 어떻든 이데올로게Ideologe들에서는 그들이 사물을 필연적으로 거꾸로 해 버리고 그들의 이데올로기를 모든 사회적인 관계들의 산출되는 힘으로뿐만 아니라 목적으로 간주하는 것이 인지될 수 있다. 이데올로기가 모든 사회적 관계들의 표현이며 징후임에도 이데올로게들은 이데올로기를 이처럼 힘과 목적으로 간주하고 있는 것이다"[vgl. Marx/Engels, Die deutsche Ideologie (geschrieben 1845/46, veröffentlicht 1932), in: MEW, Bd. 3, S.405].

590) "나는 칸트가 미학을 주관성과 의식의 형식적인"부터 여기까지 아도르노가 밑줄을 그어 놓았다.

591) Vgl. Kant, Kritik der Urteilskraft판단력비판(편집자주 3번 참조). B XXV.

592) 칸트의 『순수이성비판』에 따르면, 인간은 "인식의 2개 줄기를 운용한다. … 다시 말해, 감각성과 오성"을 운용한다[Kritik der reinen Vernunft, a. a. O.(편집자주 9번 참조). B 29; vgl. auch B 74f.]. 감각성을 통해서 "우리에게 대상들이 주어지며", 오성을 통해서는 "사유가 이루어진다"(ebd., B 29). 칸트가 『순수이성비판』에서 주장하고 있듯이, 엄격하게 말하면 우리에게 그 어떤 대상들이 결코 "주어져" 있지 않다. 우리로 하여금 때에 따라서는 우리가 감각적인 자극을 받았다고 느끼게 하는 대상들을 특정한 대상들로서 정

초하는 것은 오히려 주체가 성취하는 성과이다. 이러한 성과는 감각성과 직관 및 오성 개념의 선험적 형식들 사이에서 이루어지는 공동 작업을 통해서만 유일하게 경험에서 비로소 성립될 수 있다. "개념이 없는 직관은 맹목적이다"(ebd., S.75). 모든 경험은 "어떤 것이 주어지도록 해 주는 것인 감각들에 대한 직관의 외부에서" —우리가 어떤 것이 무엇인지, 그리고 어떤 것에 대해 어떤 입장을 갖고 있는가에 대해서 즉각적으로 알 수는 없다— "직관에서 주어져 있거나 또는 출현하는 대상에 관한 개념"을 포함해야 한다 (ebd., B 126). 이렇지 않으면, 모든 경험은 어떤 특정한 것에 대한 경험이 되지 못할 것이다. 오성 개념들이나 또는 카테고리적인 형식들, 주변 환경에 대한 감수성 이외에도, 칸트에 따르면, 이른바 "직관의 형식들"이 대상에 대한 정초의 가능성 조건들로서 참여한다. 이것들은 칸트에게는 공간적으로 나란히 있는 것과 시간적으로 뒤따르는 것을 정돈하는 차원이 된다. 이러한 차원들은 오성 개념들로 파악될 수도 없고, 어떤 것을 통해서 감각적으로 자극되어 있는 것의 모멘트로 귀속되어질 수도 없다(vgl. ebd., B. 33-73). — 아도르노는 『인식론 메타비판』과 최종적으로는 1959년 여름 학기에 행한 그의 강의에서 『순수이성비판』과 집중적으로 비판적 대결을 벌였다(vgl. NaS, Bd. IV·4: *Kants »Kritik der reinen Vernunft«*, hrsg. v. Rolf Tiedemann, Frankfurt a. M. 1995).

593) Vgl. Kant, Kritik der reinen Vernunft순수이성비판, a. a. O., B 43f.

594) "미적 경험의 객체와 주체가 원천적인 지각과"부터 여기까지 아도르노가 밑줄을 그어 놓았다. 객체의 우위에 대해서는 다음을 참조. GS 6, S.185 bis 193, sowie GS 10·2, S.602 und 746ff.

595) Vgl. *Zur Metakritik der Erkenntnistheorie*인식론 메타비판, GS 5, S.144ff.

596) Vgl. Hegel, Werke, a. a. O.(편집자주 5번 참조). Bd. 13, S.52f. "이러한 성찰은 아름다운 예술이 느낌, 더 자세히 말하자면 우리가 적절하다고 생각하는 느낌, 편안한 느낌을 자극하도록 규정되어 있다는 고찰을 유발시켰다. 이러한 고려에서 아름다운 예술에 대한 탐구가 느낌들에 대한 탐구로 되었으며, 사람들은 예술을 통해서 어떤 느낌들의 자극되는가를 묻게 되었다. 예를 들어 두려움과 동정 같은 느낌들이 예술에 의해 자극된다고 보았으며, 이러한 느낌들이 어떻게 편안하게 될 수 있는가, 그리고 불행에 대한 고찰이 어떻게 만족을 가져올 수 있는가를 묻게 되었다. 이러한 방향으로 이루어졌던 성찰은 특히 모세스 멘델스존Moses Mendelssohn의 시대부터 유래하였으며, 우

리는 그의 저작들에서 그러한 고찰들을 볼 수 있다. 그러나 그러한 탐구는 넓은 곳까지 이르지 못한다. 느낌은 정신적인 것이 규정되어 있지 않고 모호한 상태로 남아 있을 뿐인 영역이기 때문이다. 느껴진 것은 가장 추상적이며 개별적인 주관성의 형식에서 안개에 가려져 있다. 그러므로 느낌에 대한 구분들은 전적으로 추상적인 구분들에 지나지 않으며, 사물 자체에 대한 구분이 아니다."

597) 이 부분에 녹음 상태의 장애가 발생하여 비서가 이를 인쇄 상태의 원고에 표시해 놓고 있다. "하나의 총체성으로서의 예술작품에 합당한"부터 "총체성은 비합리적인 것이 됩니다"까지 아도르노가 왼쪽 여백에 세로로 줄을 그어 놓았다.

598) Vgl. Robert Henseling, Das All und wir모두와 우리. Das Weltgefühl der Gegenwart und seine Urgeschichte현재에 대한 세계 감정과 그 원사原史, Berlin 1936.

599) "예술작품들에 대한 반응의 총체는"부터 여기까지 아도르노가 왼쪽 여백에 세로로 줄을 그어 놓았다.

600) "나는 칸트가 미학을 주관성과 의식의 형식적인"부터 여기까지 아도르노가 밑줄을 그어 놓았다.

601) 우세너Karl Hermann Usener, 1905-1970는 마르부르크 대학의 예술사 담당 정교수였다. 그는 중세, 르네상스 시대, 근현대 예술을 다루는 많은 저작들 이외에도 »Eduard Manet und die vie moderne마네와 현대적 활기«에 대해 연구하였다. 이 저작은 그의 사후에 마르부르크 예술학 연감 19권(1974)으로 출간되었다.

602) Vgl. Im Jeu de Paume gekritzelt손바닥 유희에서 서투르게 쓴 글, GS 10·1, S.324.

603) 여류 그래픽디자이너이며 조각가인 콜비츠Käthe Kollwitz, 1867-1945가 어떤 기회에 아도르노에 의해 여기에서 비판된 의미에서 마네에 대해 언급하였는가에 대해서는 확인되지 않는다.

604) »Spleen et idéal우울함과 이상«은 보들레르의 시집 『악의 꽃』(1857/1868)의 6개 부분 중에서 제1부에 해당된다[vgl. Baudelaire, Œuvres complètes, a. a. O.(편집자주 368번 참조), Bd. 1, S.7-81].

605) 편집자주 602번 바로 뒤에 나오는 "마네의 그림들에는 세계의 사물화에 대한 특정한 종류의 충격과"부터 여기까지 아도르노가 왼쪽 여백에 세로로 줄을 그어 놓았다.

이 강의가 진행되는 동안에 조금은 혼란에 빠져들었던 매듭들을 우리가 8일 전에 이런 매듭들이 미끄러지도록 놓아두었던 곳에서 다시 집어 드는 것을 시도하도록 하겠습니다. 내가 여러분에게 마지막으로 시도했던 것은 이른바 미적 체험이나 미적 고찰자의 의식에서 미학의 기초를 세우는 것에 대한 완결적인 비판이었습니다. 내가 거기에서 착수했던 마지막 동기는 이른바 미적 체험에 대한 규정이나 사람들이 예술작품에서 경험하는 것에 대한 규정은 일반적으로 원래부터 매우 기울어져 있고 불충분한 규정이라는 점이었습니다. 이러한 규정은 결정적인 것을 그냥 지나가 버리고 있습니다. 다시 말해, 특정한, 명백한 반응들과 같은 것이나 그 내부에서 예술작품이 제한된다고 하는 것으로서의 명백한 지적인 판단들이 원래부터 전혀 존재하지 않는다는 것을 비켜가고 있는 것입니다. 이러한 종류의 명백성은 판단의 형식에서 이루어지는 것으로서, 이것은 이렇다 또는 이렇지 않다와 같은 인식으로부터 우리에게 익숙한 명백성입니다. 이러한 종류의 명백성은 예술작품의 영역에서는 절대로 일어나지 않습니다. 이 생각을 조금 더 명백하게 하기 위해서 내가 에두아르 마네 현상을 여러분에게 지적했던 것을 여러분은 기억하고 있을 것입니다. 내가 마네 현상을 예로 들어 시도했던 것은 물론 테제 정도만을 제시하는 것이었으며, 이론적인 것을 지향하는 내 강의에서 그러한 시도를 실제적으로 상세하게 실행할 수는 없습니다. 마네의 작품에는 비판적, 사회비판적 모멘트와 파괴적인 것 또는 사악한 것의 경험이라고 표시할 수 있는 모멘트가 이러한 모멘트들이 작품들과 결합되어 있는 자극들에서 최고로 기이한 방식으로 황홀함과 하나가 되어 있습니다. 그리고 예술작품은, 헤겔을 빌려 말한다면, 예술작품이 마네에게서 갖고 있는 형상에서 '금언'과 같은 것을 제공하지는 않습니다. 위에서 말한 두 가지 사항을 나는 여러분에게 마네 현상을 예로 들어 말하려고 시도하였던 것입니다. 담론적인 개념과 판단에서 지속적으로 움직이는 논리가 사물들에게 자행했던[606] 것을 예술이 이러한 방식으로 치료하려고 시도한다는 ─거의 이단자와 같은─ 이념에 우리는 다가설 수도 있습니다. 다시 말해, 의미 있는 예술작품이 불러일으키는 세계에 대한 감정이 복합적인 것처럼 세계도 사실상 그렇게 복합적인 것입니다. 무엇을 위한 판단들이거나 또는 무엇에 반대하는 판단들인 통상적인 판단들은 ─이것들은 '무엇이 이렇다' 또는 '이렇지 않다'라고 말하며, 비판이나 또는 입장에 머물러 있습니다─ 바로 이렇게 함으로써 진실과 비진실이 서로 얽혀 있는 것을, 생동적인 것이 서로 얽혀 있는 것을 파괴시킵니다. 반면에, 예술작품들은 이러한 모멘트들을 자의적으로 떼어 놓지 않고 결정으로 나아가도록 하지 않으며, 모멘트들이 서로 뒤섞여 있는 것에서 모멘트들을 부여함으로써 단순한 판단에 의해서 우리들이 진실에서 잃어버렸던 것이 진실에 대해 말하고 있는 것을 다시 산출합니다.[607] 여러분이 내가 예술작품이 매개하는 세계에 대한 감정이라고 ─이 표현이 문제가 있다는 것에 대해서 나는 여러분에게 이미 고백하였으며, 이 점을 여기에서 다시 한 번 매우 강력하게 강조하고 싶습니다. 이 표현은 매우 부적절한 사실관계를 가리키는 것을 그 내용으로 갖고 있습니다─ 명명했던 것이 정말로 매우 애매하고 규정되어 있지 않은 것이라고 생각한다면, 여러분은 내가 예술작품들 또는 예술적 경험의 인식적 특징이라고 명명했던 것을 과소평가할지도 모른다는 생각이 듭니다. 우리가 예술적 경험에서 획득하는 세계에 대한 감정은 내가 특정한 방식으로 여러분에게 펼쳐 보이려고 시도했던 것인 다층성에서 모든 가능한 특별할 정도로 구체적인 모멘트들을 그 내부에서 포함하고 있습니다. 카프카에 관한 통속적인 실존주의적 해석에서 —통속적인 실존주의는 존재합니다!— 행해지고 있는 잘못을 여기에서 말하겠습니다. 여러분이 예를 들어, 나도 이 자리에서 내 나름대로 통속적으로 표현해도 된다면, 카프카에서는 세계가 일반적으로 혐오스러울 정도로 나쁜 것으로 묘사되고 있으며 카프카의 작품에서는 다른 것이 아닌 바로, 카프카의 장편소설의 주인공들이 놓여 있는 일반적인 불확실성과 같은 것이 근본적으로 나타나고 있고 카프카 작품들의 행위가 항상 부딪치게 되는 명확하지 않는 것 non liquet과 쫓아갈 수 없는 것non sequitur이 나타나고 있다고 믿어 버린다면, 이것은 매우 잘못된 것이 아닌가 하는 생각이 듭니다. 오히려 카프카의 작품들에는 무한히 많은, 그 내부에서 철저하게 규정된 모멘트들이 —이러한 모멘트들이 카프카에서 끝없이 중요한 역할을 수행하는 사무국의 영역이든 또는 사디즘의 영역이든, 에로스적인 개별화의 이전에 놓여 있는 에로스적인 것의 기이한 원시적인 영역이든, 또는 죄, 죄의 연관관계, 신화의 물음에 대한 매우 특정한 관계이든— 들어 있습니다. 이러한 모든 모멘트는 카프카의 작품에서 최고로 명백하고 철저하게 나타나 있습니다. 앞에서 말한 모티프들이 카프카에서 나타나게 하는 개별적인 명백성들을 여러분이 붙잡고 있을 때만이, 여러분은 카프카의 작품을 이해하게 됩니다. 여러분은 이러한 명백성이 보이는 곳의 밑에 줄을 긋고 나서 다음과 같이 말해서는 안 될 것입니다. 작품은 이것을 보여주고 있고 이것을 밖으로 내보이고 있다. 사람들이 말하고 있듯이 이것이 카프카의 세계상, 또는 '세계관', 또는 세계상이나 세계관과 유사한 그 어떤 것이다. 이렇게 말하는 태도는, 내가 보기에는, 통속적인 실존주의가 앞에서 말한 명백성과 관련될 때 저지르는 근본적인 잘못인 것 같습니다. 세계관, 세계상과 같은 단어들에는 구역질이 나고 불쾌한 것이 들어 있습니다. 이처럼 구역질이 나고 불쾌한 것은 이러한 종류의 혐오스러운 단어들이 보증하는 데 익숙한 사항을 여러분에게 아마도 고발하고 있을 것입니다. 카프카에 들어 있는 앞에서 말한 모멘트들이 모여 들게 되는 종합은 '이것이 이렇다'라는 종합이 아닙니다. 이러한 종합으로부터 어떤 결론이 끌어내지는 것이 아니며, 어떤 금언, 어떤 판단이 도출되는 것도 아닙니다. 오히려 이러한 모멘트들은, 판단이 들어 있지 않은 상태에서 다의적으로 서로 뒤섞여 있는 것이 존재하는 것의 충만함을 그 내부에서 수용하는 것을 예술작품에게 허용합니다. 이러한 충만함은 이렇게 되지 않은 경우에는 판단의 논리에 의해서 절단되고 말 것입니다.

나는 위대한 사변 철학과 예술이 설정하는 것 사이에는 매우 깊은 관계가 있다는 점을 여러분에게 여러 차례 지적한 바 있었습니다. 나는 이러한 유사성을 말하면서, 철학에서 행해지는 통속적인 역사서술이 그렇게 하고 있듯이, 마치 셸링이나 헤겔이 '관념 예술작품들'을 설치한 것처럼 의도하지는 않았습니다. 다시 말해, 사고의 스스로 만족하는 산물들을 의도하지 않은 것입니다. 이러한 산물들에서는 사물 자체에 대한 관계가 더 이상 존재하지 않기 때문입니다. 관념 예술작품들을 설치하는 것은 물론 터무니없는 일입니다. 이러한 무의미한 일은 오로지 경직된 과학주의에서만이 정리될 수 있을 것입니다. 그럼에도 우리는, 헤겔 논리학이 모멘트들을 개별적인 금언, 어떤 고정된 판단, 요약, 또는 사람들이 멋지게 말하듯이 이념에 추상하지 않고 이념을 이러한 모멘트들의 총체성에서 찾으려고 하는 한, 헤겔 논리학의 행태와 예술의 이념 사이에 훨씬 깊은 의미에서 하나의 관계가 존재한다고 말할 수 있습니다. 이러한 한, 이상주의적 철학에서 예술과 매우 다양하게 연상되었던 이념의 개념은 예술작품에 고유한 본질에는 전적으로 부적절한 개념입니다. 내가 여러분에게 말하였던 세계에 대한 감정은 그 내부에서 최고로 접합된 것입니다. 여기에 곧바로 첨언하겠습니다. 세계에 대한 감정은 그것 자체로 역사적인 것입니다. 이 문제에 대해 여기에서 잠깐 동안 나의 주장을 펼치도록 양해해 주기 바랍니다. 카프카의 장편 소설들이 불러일으키는 세계에 대한 감정은, 루카치가 카프카 문학을 변질시켜 버렸듯이,[608] 이른바 인간의 조건에 관한 감정도 아니고, 저 주받고 버려지며 불안에 의해 왜곡된, 인간의 현존재에 대한 감정도 결코 아닙니다. 카프카가 불러일으킨 세계에 대한 감정은 철저할 정도로 현대적인 감정이며, 전면에 나타난 것에 대한 경험이 아닌 본질에 대한 경험으로서의 현재적인 세계 상황에 관련되고 세계 상황을 재현하는 감정입니다. 동시에 카프카의 장편소설들은 이러한 역사적 경험을 양 각陽刻을 통해 두드러지게 하기 위해 노력하며, 이를 위해 카프카는 극도로 기이한 수단들과 친밀한 관계를 갖고 있는 것입니다. 카프카의 장편소설들은 낡은 것, 진부한 것, 닳아 떨어진 것의 특징을 갖고 있는 것이 확실합니다. 카프카의 장편소설들은 이면과 음화陰畵, das Negativ를 갖고 있으며, 이러한 음화에서 현대의 능률적으로 굴러가는 절정자본주의적 또는 후기자본주의적 사회의 겉으로 보기에 긍정적인 것이 사라집니다. 우리가 하나의 전체로서의 예술작품의 규정성을 내가 여러분에게 말한 바 있었던 개별적인 모멘트들의 규정성과의 대립관계에서 명명할 수 있는 것이 있습니다. 이것은 이러한 개별적인 모멘트들이 특정한 종류의 종합으로 그것들 나름대로 들어가면서 생기는 것입니다. 그러나 이것은 우리가 단순한 논리적인 인식 활동으로부터 익숙한 종류의 종합, 다시 말해 주부와 술부, 연사連辭의 종합 속으로 들어가면서 생기는 것이 아닙니다. 오히려 이것은 상이한 층層들과 모멘트들을 서로 결합시키는 종합으로 들어가는 것이며, 예술작품에 고유하게 들어 있는 형식법칙에 힘입어 생성되는 하나의 연관관계로 들어가는 것입니다.[609] 이러한 형식법칙은, 여러분에게 다시 한 번 말한다면, 예술작품에 외부적인 것이 아닙니다. 크로체Croce는 이 점을 가장 강력하게 강조하였으며, 가장 확실한 명증성을 갖고 입증하였습니다.[610] 앞에서 말한 종합은 개별적인 모멘트들에 맞서서 완성되어 있는 종합이 아니고, 이미 선명하게 각인되어 있는 종합도 아니며, 구속력이 있는 형식에 예술작품의 개별적인 모멘트들이 종속되는 종합도 아닙니다. 그러한 종류의 종속되는 종합은 예술에서는 외부적인 종합에 지나지 않으며, 사실상 낮은 등급이라고 나타낼 수 있는 종합일 뿐입니다. 오히려 상이한 층들과 모멘트들을 서로 결합시키는 종합은 개별적인 모멘트들이 서로 맺고 있는 관계로부터 스스로 결과로 나타나는 종합이며, 이것이 이러한 종합의 본질입니다. 이러한 종합이 이루어지는 동안에, 다른 한편으로는 개별적인 모멘트들은 스스로 전체에 의해서 좋은 장편소설에서의 첫 문장에서 전체의 구성이 근본적으로 많든 적든 착수되어 있어야만 하는 방식으로 규정됩니다. 이와 관련하여 나는 계속해서 말하려는 의도가 없으며, 다만 어떤 경우이든 이러한 경향이 있다는 점만 말하려고 합니다. 이것이 더 높은 정도에서 서정시에도 해당된다는 것도 자명합니다. 이것이 음악에서도 해당된다는 것에 대해 나는 여러분에게 지적한 바 있습니다. 여러분이 정의定義하기의 사치를 예외적으로 허락해 준다면, 우리가 예술작품의 내용이라고 정의할 수 있는 것은 앞에서 말한 종합이 현실에 대해 놓여 있는 방식이라고 할 수 있습니다. 이러한 종합은 예술작품들의 모멘트들의 상호관계에서 진행되는 모멘트들의 과정이며, 이 과정은 동시에 전체의 결과이기도 합니다. 예술작품의 생동감 있게 충족된 형식법칙과 예술작품이 매개된 채 항상 관련되어 있는 현실 사이의 관계를 우리는 아마도 더욱 의미 있는 방식으로 예술작품의 내용이라고 표시할 수 있을 것입니다. 이러한 관계를 나는 실증주의적으로는 예술작품이 갖고 있는 몫이라고까지 명명하고 싶습니다. 통속적인 미신이 예술작품이 매개하는 것들이라고 말하고 있는 이른바 이념적인 내용, 또는 이른바 사자使者, 이른바 '메시지'와는 다른 것입니다.611)

이렇게 해서 나는 주관적인 경험에서 예술작품을 근거 세우는 것에 대해 여러분에게 제공하려고 시도한 비판을 마치게 되었습니다. 이와 동시에, 내가 여러분에게 마지막으로 말했던 사항들은 전체의 구성 내부에서 다음과 같은 역할을 하고 있습니다. 다시 말해, 수용자에서 예술작품을 주관적으로 근거 세우는 통상적인 견해가 갖고 있는 근본적 오류는 주관적 경험이 지나치게 호흡이 촉박하게 서술되었다는 점에서 성립된다는 역할을 담당하고 있는 것입니다. 주관적 경험이 감각적 자극들과 같은 개별적인 모멘트들에 단순히 관련이 있는 것처럼 서술해 버리거나, 또는 전체, 이념이 직접적으로 직관적이며 직접적으로 주어진 것처럼 서술함으로써 호흡이 촉박하게 된 모습을 보이고 있는 것입니다. 반면에, 이러한 전체는 그것 스스로 오로지 매개된 채 주어져 있으며, 모멘트들과 과정, 그리고 모멘트들의 배열을 통해서 주어져 있습니다. 전체는 이러한 것들로부터 출발하여 성장합니다. 앞으로 나아가기에 앞서, 나는 우리가 여기에서 다루었던 점과 관련하여 헤겔에서 유래하는 한 구절을 논의를 마무리하는 차원에서 여러분에게 읽어주고자 합니다. 이 구절에서 헤겔은 간결하고도 힘차게, 그가 살았던 시대와 마찬가지로 오늘날에서 구속력이 있게, 예술작품에 대한 반응에 관한 물음, 즉 예술적 경험의 물음과 비판적으로 대결하고 있습니다. "예술적 열광이 어디에서 성립되는가를 우리가 묻는다면, 열광은 다른 것이 아닌 바로 사물 자체에 의해서 완전히 충족되는 것, 사물 자체에서 현재적으로 되는 것을 의미한다. 예술이 열광의 형상으로 선명하게 각인되고 그 내부에서 채워질 때까지 조용히 머물러 있는 것에서 열광이 성립되지는 않는다."[612] 이렇게 해서 우리는 우리의 고찰이 출발점으로 삼았던 곳으로 되돌아가게 됩니다. 예술적 경험과 같은 것을 서술하고 예술적 경험의 현상학과 같은 것을 제공할 수 있기 위해서는, 우리는 예술작품 자체의 개념과 예술작품의 객관성 개념을 가져야만 하는 것입니다. 우리가 이러한 개념을 갖지 못하면, 예술작품에 대한 반응을 서술하는 심리학적인 모멘트들로부터는 예술작품의 개념에 성공적으로 도달하는 것이 불가능합니다. 헤겔이 앞의 인용문에서 말하고 있는 것은 한없이 간단한 것입니다. 그렇다고 해서 여러분이 헤겔이 한 말을 과소평가하지 않기를 바랍니다. 헤겔의 말은 통상적이고 부르주아적인 예술교육이 우리에게 가져다주는 모든 습관에 현저하게 대립되어 있는 내용을 담고 있습니다. 나는 앞에서 여러분에게 세세한 분석을 제공하였습니다. 이러한 분석과 더불어 헤겔의 문장이 여러분에게 고유한 미적 경험에 대해 확실하게 구속력이 있는 의미를 얻도록 하는 명증한 근거가 될 수도 있습니다. 이것이 내가 제공한 분석을 통해 성공에 이른다면 나로서는 이미 만족스러운 결과라 할 수 있습니다. 다시 말해, 집에서 빵을 굽는 것과 같은 통속적 미학이 ―미학이 집에서 빵을 굽는 것과 같은 모습을 많이 보이면 보일수록, 이러한 미학은 잘 알려져 있듯이 더욱더 기꺼이 주체를 끌어들입니다― 출발점으로 삼고 있는 주관적 자극들은 유일하게 중요한 문제를, 즉 예술작품 자체에 대한 관계의 맞은편에서 근본적으로 항상 곁에 있는 것을 겨냥하고 있는 것입니다. 사람들이 '미적 열정'이라고 나타낼 수 있는 것은 다른 것이 아닌, 바로 사물 자체에 대한 충족된 관계입니다. 사물 안에 완전히 들어 있으며 사물 안에서 사라지는 것, 다른 어떤 것이 아닌 바로 이러한 열광이 예술이 갖고 있는 것들에서 존재하고 있는 것입니다. 나는 이러한 것과 관련하여 내가 비교적 오래전에 썼던 경구들에서 명백한 생각을 밝힌 적이 있습니다. 경구들에서 나는 예술에 대해 무엇인가를 이해하는 사람은 어느 도시에서 도시에 대해 샅샅이 알고 있는 토착민으로 표현되는 사람이라고 말한 바 있습니다. 반면에, 도시에 대해 잘 모르는 아마추어는 항상 '얼마나 아름다운가, 얼마나 아름다운가, 얼마나 아름다운가!'만을 말할 뿐입니다.613) 진정한 의미에서의 미적 열광, 플라톤이 예술에 나타난 신들림ἐνθουσιασμός이라고 표현한 열광은 '얼마나 아름다운가'가 사물 자체에 대한 직관에서 충족되고 사라지는 것에서 성립될 개연성이 높다고 말할 수 있을 것입니다.

　여러분은 이제 내가 시도한 고찰들에 대해 다음과 같이 말할 수 있을 것입니다. 다시 말해, 나의 고찰들에는 매우 많은 가지가 쳐져 있고, 이러한 고찰들이 하나의 테제를 노출시키면서도 이 테제를 동시에 일련의 사항들을 위한, 즉 이것들 자체를 위해 말해진 일련의 사항들을 위한 결정화結晶化의 지점으로서 사용한 것이 아니냐고 말할 수 있을 것입니다. 내가 애매하고, 규정되어 있지 않으며, 우연적인, 받아들이는 주체에, 즉 예술적 판단의 정당성 근거로서는 요구 제기가 거의 될 수 없다고 하는 그러한 주체에 관련을 맺었더라면, 매우 쉽게 논의를 풀어 나갔을 것입니다. 받아들이는 주체와는 다른 또 하나의 주관성이 존재한다고 합니다. 사람들이 기댈 수 있고 받아들이는 주체에 비해서 훨씬 더 커다란 결합성과 구속성을 갖고 있는 주관성이 존재한다는 것입니다. 창조자의 주관성, 예술가의 주관성이 존재한다고 말하고 있는 것입니다. 여러분 중에서도 이러한 관점을 대변하고 있는 사람들이 있는지 모르겠습니다. 나는 이러한 관점이 오늘날 시대의 전체적 흐름에 의해서 조금은 낡은 것이 되었다고 가정假定하고 싶습니다. 예술가와 천재가 숭배하는 것은 속박되지 않은 채 대자적으로 존재하는 개인에 대한 —후기자유주의 세계에서 매우 특정한 사회적인 전제들을 갖고 있었던614)— 믿음과 관련이 있기 때문입니다. 현재의 세계에서는 니체와 같은 유형의 천재가 있을 자리에 많든 적든 사무직 노동자가 들어서 있습니다. 이러한 세계에서는 예술가의 상像도 강조된 의미에서, 그리고 격앙된 의미에서 볼 때 창백하게 되었으며, 이런 이유로 인해 사람들은 예술가의 상에 과거처럼 그렇게 많은 정도로 의지하게 되지도 않을 것입니다. 그러나 나는 딜타이Dilthey가 아직도 위대한 이름으로 남아 있다는 의구심을 버리지 않고 있으며, 딜타이 학파가 매우 현저한 영향력을 행사하는 개별적인 정신과학들에서는 예술을 이른바 창조자라는 인물에 소급시키는 것이 사람들이 가정假定하는 것보다도 더욱 많이 남아 있다는 의구심을 갖고 있습니다. 다시 한 번 말한다면, 예술작품을 예술작품 내부에서 선명하게 각인된다고 하는 예술가의 체험으로 환원시킬 때 예술작품을 이해하게 된다는 생각이 개별적 정신과학들에 남아 있는 것입니다. 이와 관련하여 내 입장을 미리 밝히고 싶습니다. 이러한 모든 것은 역사철학적인 관점에서 보면 전혀 적절하지 않은 것만은 아닙니다. 그 이유는 다음과 같습니다. 이처럼 체험에 기대는 것은, 주체의 생동감 있는 경험 내용으로부터 떨어져 있었고 제의적-객체적인 특징과 소외된 객체적인 특징을 담고 있었던 후기-봉건주의적, 절대주의적 예술에 비교해서 볼 때 형언할 수 없을 정도로 새로운 것이었기 때문입니다. 여러분은「모든 산꼭대기 위에는 평안함이 있나니」[615]처럼 젊은 날의 괴테가 쓴 위대한 서정시를 그가 라이프치히 시절에 쓴 은둔자적인 시들[616]과 비교해 보고, 괴테의 시들에서 발견되는 입김, 현악기의 주자가 내는 것과 같은 음을 후기 로코코와 비교해 보면 됩니다. 이렇게 하면 여러분은 사람들이 19세기 초와 20세기 초에 체험[617]이라고 명명했던 것을 통해서 실제로 한없이 새롭고 결정적인 것이 예술 내부로 들어왔다는 것을 볼 수 있게 될 것입니다. 이것은, 부언해도 된다면, 예술이 우연성의 위협에, 즉 알렉산드로스 구격句格에 다시 빠져드는 위협과 같은 영구적인 위협에 빠져들지 않으려면, 예술이 잃어버릴 수 없는 새롭고도 결정적인 것입니다. 그러나 이것이 우리의 논의에서 관건이 되고 있는 것은 아닙니다. 우리의 논의에서 관건이 되고 있는 것은 일단은 인식론적-미적인 물음입니다. 예술작품이 예술가의 주체를 통해서, 예술가에 관련을 맺고 있는 이른바 이해심리학과 해부심리학을 통해서 이해될 수 있는지의 여부에 대한 물음이 딜타이 학파에서 관건이 되고 있습니다. 또한 여러분이 딜타이에서『체험과 문학』에 들어 있는 노발리스Novalis나 휠덜린Hölderlin 장을 실제로 읽는 경우에 휠덜린이나 노발리스에 대해 읽기 전보다도 더욱 많은 것을 알아냈는지의 여부에 대한 물음도 중요합니다. 여러분 모두가 이 책을 읽었는지에 대해 나는 알 수가 없습니다. 여러분 중에 많은 사람들이 교사가 되려는 의지를 갖고 있기 때문에, 이 책을 읽는 데 시간을 아끼지 않을 것으로 보입니다. 다른 한편으로 나는 횔덜린 장에 대해 다음과 같은 생각을 해보고 싶습니다. 여러분이 『체험과 문학』을 오늘날 읽었을 경우에 횔덜린의 언어가 마치 붉은 망토처럼 어깨를 내려치듯이[618] 여러분에게 다가왔는지에 대해 논의가 되는지의 여부와 딜타이의 책이 횔덜린을 이해하는 데 그토록 많이 도움을 주었는지의 여부에 대해서 나는 판단을 망설이고 싶습니다. 이렇게 함으로써 나는 고인이 된 딜타이를 비웃고 싶지는 않으며, 딜타이가 설정한 모든 것에 관련된 것만을 지적하고 싶습니다. 다시 말해, 사람들이 예술작품을 작품의 창조자에서 출발하여 이해하려고 시도하는 경우에 지나칠 정도로 동요되고 문제가 있는 기반에 미리 놓여 있게 된다는 점을 지적하고자 하는 것입니다. 왜냐하면, 더 이상 살아 있지 않은 사람들에 대한 심리학을 완성시키는 것은 매우 어려운 일이기 때문입니다. 딜타이와 정신과학적인 학파가 정립시키려고 애썼던 심리학을 나는 숲 심리학 또는 초원 심리학이라고 나타내지 않을 수 없습니다. 딜타이와 정신과학적인 학파의 심리학은 많든 적든 '객관적 유형', 또는 '주관적 유형'과 같은 개념들이나 또는 이와 유사한 카테고리들로 꾸려 나가는 심리학입니다. 그러나 이러한 심리학은 특별한 것 안으로 들어가서 자기를 잃어버리는 것이 없이, 특히 충동 근거, 문제점을 보여주는 근거, 어두운 근거에 접촉함이 없이 앞에서 말한 개념들이나 카테고리들로 꾸려 나가는 심리학일 뿐입니다.

심리분석은, 딜타이와 정신과학적인 학파와는 반대의 입장에서, 겉으로 보기에는 미적 고찰로 보이는 일련의 고찰들을 이러한 학파로부터 끌어내려는 시도를 하였습니다. 레오나르도 다빈치에 대한 프로이트의 연구나 보들레르에 대한 라포르그Laforgue의 연구가[619] 그 구체적 실례들입니다. 이러한 심리학은 딜타이학파에서 다루어졌던 심리학보다는 확실히 더 낫고, 깊이가 있으며, 덜 타협적입니다. 나는 내게 고유한 정신적인 발달에서 심리분석에 매우 여러모로 신세를 졌다는 것을 알고 있습니다. 그럼에도 나는 다음과 같이 말해야 되는 의무가 있음을 스스로 느끼고 있습니다. 다시 말해, 심리분석이론은 예술가들의 영혼적 삶에 더욱 많이 다가서고 예술작품들을 영혼적 삶에 대한 기록물로서 탐정처럼 풀어내는 능력을 갖고 있기는 하지만, 일반적인 심리학적 상식 수준의 고찰들이 예술작품의 본질에 낯선 것과 똑같은 정도로 낯설게 머물러 있는 것입니다. 상식 수준의 고찰들은 딜타이가 일반적으로 제기한 고찰들이기도 합니다. 여러분은 예를 들어 보들레르에 대한 라포르그의 책에서, 보들레르의 심리학이 보들레르와 어머니와의 관계에 관련을 맺고 있음을 발견하게 될 것입니다. 심리분석적인 방식에 따르면, 보들레르는 어머니와의 갈등을 결코 제어하지 못한 매우 신경증적인 사람으로 서술됩니다. 이 책에는, 보들레르가 현실에 대해 정상적인 관계를 갖고 있었고 그의 어머니에 대한 신경증적인 증오를 잃어 버렸었더라면 매우 쓸모가 있고 정상적인 개인이 되었을 것이라는 견해를 많든 적든 들여다볼 수 있는 자리들이 들어 있습니다. 나는 이러한 견해를 고안해내지 못하였습니다.『악의 꽃』에서 나오고 그 책에 들어 있는 사실은 라포르그의 심리학과 같은 심리학에서는 전혀 출현하지 않습니다. 여기에서 오로지 중요한 것, 다시 말해 예술작품 자체의 질과 품위가 그러한 심리학에서는 —이것이 예술가에 대한 심리적 이해를 위해 진지하게 노력한다면— 전혀 나타나지 않는다는 사실은 그러한 심리학이 사용하는 방법을 반대해야 하는 이유를 직접적으로 증명해 줍니다. 우리는 다음과 같은 정도로까지 말할 수 있습니다. 예술가 심리학이 좋으면 좋을수록, 예술가 심리학은 예술작품 자체에 더욱 많이 다가설 수 있는 능력이 더욱 줄어듭니다. 예술작품 자체에는 심리학을 넘어서는 어떤 것, 심리학 이상인 어떤 것이 들어 있기 때문입니다. 예술작품들이 심리적인 개인들이 찍어 놓은 지문指紋들에 지나지 않는 한, 예술작품들은 예술적인 것 이전의 것일 뿐입니다. 이 것들은 기록물들이며, 예술작품들이 아닙니다. 이것들은 따라서 보다 높은 의미에서의 미학에 대해서는 의미가 없는 것들에 지나지 않습니다. 이와 관련하여 나는 다음과 같이 말하지 않을 수 없습니다. 딜타이 학파에서, 매우 완화된 형태이긴 하지만, 아직도 항상 조금은 가물거리고 있는 불빛이, 구성적 철학의 낡은 불빛이 제공하는 덕택으로, 앞에서 말한 심리적 처리에서보다도 더욱 많이 —최소한 예술작품들 자체에 관해서는— 딜타이 학파에 보존되어 있는 것입니다.

감정이입의 카테고리는, 즉 사람들이 자신을 예술가와 동일화시키고 예술가의 자리에 자신을 앉혀 놓음으로써 예술작품을 이해할 수 있다고 하는 카테고리는 특별할 정도로 많은 문제를 갖고 있습니다. 어떤 사람의 감정을 다른 사람에게 이입시키는 것은, 감정이입이 다른 사람을 통해서 예술작품을 다시 한 번 생산할 수도 있다는 정도에 이르게 하는 것을 전혀 성취할 수 없기 때문입니다. 감정이입에는 올바른 모멘트도 들어 있습니다. 예술작품을 실제로 확실한 방식으로 이해한다는 것은 예술작품을 재생산하는 것, 즉 예술작품 자체에 숨겨져 있는 생산과정을 다시 한 번 예술작품으로부터 출발하여 실행해 본다는 모멘트가 들어 있는 것입니다. 모든 훌륭한 연극배우나 모든 훌륭한 음악해석자가 예술작품이 갖고 있는 논리성, 일관성, 필연성, 예술작품의 요소들의 도약, 그리고 이러한 모든 것에서 예술작품으로부터 다시 한 번 예술작품이 산출되어야만 하도록 예술작품을 상연해야 하는 것이 바로 감정이입에 들어 있는 올바른 모멘트입니다. 모든 훌륭한 연극배우나 모든 훌륭한 음악해석자로 하여금 이렇게 행동하게 하는 규준은 그러나 그들에게 주어진 작품의 텍스트입니다. 이러한 규준은 예술을 창조한 사람들을 향한 심리학적인 감정이입이 어떤 방식으로 매개된 과정들이 아닙니다. 예술은 그러므로 감정이입으로부터 출발하여 파악될 수 없습니다. 예술은 주체가 예술 안으로 들어와서 행한 것 이상의 어떤 것을 통해서 예술이 됩니다. 예술은 개별적인 예술가의 우연성을 넘어서는 것을 통해서 예술이 됩니다.

예술작품에는 정신이 객관화되어 있으며, 예술작품은 실제로 객관적으로 생성된 정신이고, 예술작품은 그 내부에서 전달되는 주관적인 내용의 단순한 반영이 아닙니다. 이러한 점이 예술작품에 구속성의 특징을 부여하며 예술작품이 단순하고도 우연적인 알림을 넘어서 그 이상이 것이 되도록 해줍니다. 예술작품으로부터 무엇을 말한다면, 예술작품이 진실로 말하는 것이 있다면, 그것은 작품 내부에서 객관화된 정신입니다. 여기에서 나는 내게 고유한 예술적 경험으로부터 나온 것을 여러분에게 확인시키고 싶으며, 여러분이 이에 대해 주목하기를 바랍니다. 이렇게 해도 겸손을 벗어난 태도는 아니라고 봅니다. 나는 예술작품이 완성된 것으로서의 작품이 의도하는 것에 속해 있다고 생각합니다. 완성된 작품이 의도하는 것에 비해서 창조하는 주체에 예술작품이 속해 있는 정도는 무한히 적다고 말할 수 있습니다. 그 이유를 말하겠습니다. 부르주아적인 사회가 더욱 많이 객체화되고 대상화될수록, 사회는 예술작품들이 순수하게 주체에 날아와서 붙어 있는 것에 지나지 않는다는 주장을 더욱더 고집하게 됩니다. 이러한 고집에는 한편으로는 예술작품이 창조자의 절대적인 소유물이라는, 소유 개념에 대한 일종의 환호성이 숨겨져 있습니다. 이렇게 함으로써 다른 한편으로는 예술작품이 자연보호공원으로서 보존되는 것입니다. 자연보호공원에 대한 생각이 잘못되어 있다는 것에 대해서 나는 이미 여러 가지 상이한 관점에서 여러분에게 주의를 당부한 바 있었습니다. 예술작품으로부터 발원하여 말해지는 정신이 진정으로 객관화되어 있다면, 그것은 항상 사회의 정신이며 동시에 사회에 대한 비판의 정신이라고 우리는 말할 수 있을 것입니다. 예술작품의 품위는 예술작품에 숨겨져 있는 퇴적된 사회가 작품 내부에서 단순히 전달되는 각기 개별적인 것의 우연성을 얼마나 멀리 넘어서느냐 하는 것에 달려 있습니다.[620]

여기에서 예술적 생산의 개념에 대해 몇 마디 말하고자 합니다. 예술적 생산의 개념은 특히 슈테판 츠바이크Stefan Zweig, 에밀 루드비히Emil Ludwig[621]와 같은 잡동사니 장편소설 문학과 이러한 문학의 부분적으로는 숙달되어 있지만 부분적으로는 저급한 후계자들에 의해서 가장 불명예스럽게 곤란한 지경에 처하게 되었습니다. 신학에서 유일하게 둥지를 갖고 있는, 창조적인 것에 대한 생각이 —인간이 자기 존경심을 잃어버리는 것을 두려워할 필요가 없을 경우에는 인간은 창조적인 것에 대한 생각이 없이는 삶을 꾸려나갈 수 없다고 믿습니다— 이제 예술가들에게 투사되면서 예술적 생산은 무에서 유를 창조하는 것creatio ex nihilio[622]과 같은 것이라는 관념이 생기게 된 것입니다. 내가 이미 앞에서 예로 들었던 오래된 실례로 되돌아가서 말할 수 있다면, 이것은 기껏해야 사실상 소가극笑歌劇, Operetten 작곡가들에 의해서 공유될 수 있는 관념입니다. 그러나 진정한 예술적 생산과정을 지키는 예술가나 이러한 과정을 관찰하는 사람에게서 이러한 관념을 확인시켜 주는 일이 결코 발생하지 않을 것입니다. 사람들이 자기 자신으로부터 생산하기를 설정하는 그 순간에, 사람들이 생산하기를 창조하는 그 순간에, 생산하기는 객관적으로 요구되는 것으로써 이미 우리가 마주 대하고 있는 것을 실행하는 것을 의미합니다. 플로베르의 예술이론 및 생애와 관련하여 창조의 고통이라고 나타낼 수 있는 것에서, 무한히 수많은 사람들에서 예술적 과정을 그토록 고통스럽고 비통한 것으로 만드는 것에서 절대적인 산통産痛이 차지하는 비중은 별로 높지 않습니다. 절대적 창조과정의 산통을 이야기하는 것은 매우 피상적인 견해일 뿐입니다. 예술가가 생산과정에서 항상 객관성에 이르도록 해야만 하는 것에서 성립되는 형언할 수 없는 노력에 비하면 절대적 창조과정의 산통은 별 것이 아닌 것입니다. 예술가는 이미 거기에 있는 것처럼, 그리고 전적으로 특정한, 절대적인 필요한 요구들을 우리에게 던지고 있는 것처럼 우리를 마주하면서 다가오는 객관성을 —이러는 동안에도 객관성은 동시에 아직 거기에 있지는 않습니다— 뒤따라야 하는 것이며, 이것이 바로 예술적 생산의 과정입니다. 이것은 자체로서는 지금 여기에 우리 앞에는 전혀 있지 않은 법칙이 따르는 행위입니다. 이러한 행위는 —칸트에 따르면 법칙이 소유하고 있는— 강제의 특징을 가장 높은 정도로 담지하고 있습니다.[623] 자기 자신을 의식하고 있는 모든 예술가는 그가 이러한 법칙에 어떻게 따르고 있는가를 알고 있습니다. 확고한 규준이 외부로부터 우리에게 더 이상 미리 주어져 있지 않은 오늘날에 모든 예술적 생산과정에서 부단히 이루어진 결정은, 즉 그것은 옳은 것인가, 틀린 것인가, 그것은 여기에 이렇게 있어야 하는가, 그것이 다른 것이 될 필요는 없는가 하는 결정은 중단되지 않는 과정입니다. 오늘날 예술적 생산과정에서 일어나고 있는 과정은 상상적으로 객관적인 것에서 이루어지는 통제입니다. 상상적으로 객관적인 것은 실제로 있지는 않지만, 마치 자석磁石의 장처럼 생산의 모든 순간에 실제로 들어와서 작용을 합니다. 상상적으로 객관적인 것은, 우리가 인내와 힘을 잃어버리지 않고 용기를 잃지 않거나 또는 만년필을 피아노에 던져버리지 않으려면, 상상적으로 객관적인 것을 그렇게 만들어야 하고 다르게 만들어서는 안 된다는 점을 우리에게 요구하고 있습니다. 리하르트 바그너도 이러한 모멘트에 대한 내용을 『거장巨匠 가수들』에 들어 있는 문장에서 메모해 놓았습니다. 이곳에는 발터 폰 스톨칭Walter von Stolzing이 "나는 그것을 규칙에 따라 어떻게 시작합니까?"라고 묻는 내용이 들어 있습니다. 이에 대해 바그너는 다음과 같이 답변합니다. "너희들이 규칙을 스스로 설정하고 규칙을 따르면 된다."[624] 바그너의 이 문장에는 외부로부터 설정된 규칙이 구속력이 없다는 내용이 들어 있으며, 이것은 매우 맞는 내용입니다. 스스로 설정된 규칙에 대한 바그너의 매우 심오한 생각은 예술이 오늘날 처해 있는 상황에 견주어 보면 전혀 해롭지 않은 생각입니다. 오늘날 우리는 규칙을 한 번이라도 스스로 설정할 수 없게 되었기 때문입니다. 규칙이 설정되는 것은 이미 자동적인 것, 자의적인 것과 같은 것이나 산출하는 결과로 이어질 뿐입니다. 오히려 우리는 한 번이라도 우리 스스로 설정할 수 있는 규칙이 —하물며 이것이 우리에게 객관적으로 설정되어 있다고 할지라도— 아니고 사물에 놓여 있는 규칙에 따라야 합니다. 우리가 적확하거나 구속력이 있는 예술작품들을 산출해 내려고 한다면, 우리는 동시에 우리에게 고유한 대위법에 맞춰 음악을 들어야 하며, 우리에게 고유한 색채에 맞춰 그림을 보아야 하고, 우리에게 고유한 단어들을 관찰하고 우리에게 고유한 단어들을 따라야 합니다. 이에 비해서 자유의 활동, 그것 자체로부터 자유롭게 나오는 창조의 활동은 무한히 사소한 것에 지나지 않습니다. 앞에서 강의한 내용을 여러분이 오해하지 않기를 바랍니다. 내가 앞에서 지적한 것은 예술작품에서 겪게 되는 방해 메커니즘들이며, 나는 이 메커니즘들이 오늘날의 객관적 상황에 대해서 매우 특징적인 것을 보여주고 있다고 생각합니다. 여러분이 오해하지 않기 위해 내가 말하고자 하는 바는 다음과 같습니다. 예술가들이 갖고 있는 기질에 따라 앞에서 말한 방해 메커니즘들을 전혀 내보이지 않는 부류의 예술가들이 존재하고 있는 것입니다. 무한할 정도로 가벼운 손으로 작품을 생산해내는 많은 위대한 예술가들이 존재합니다. 피카소는 이에 대한 가장 특별한 예입니다. 쇤베르크도 가장 높은 생산성을 보이던 시기에는 정말로 신속하게 작업을 하였습니다. 그리고 나서 그는 매우 긴 창작 휴식기를 보내면서 쉬었고, 아주 많은 작품들을 중간 정도의 작업 상태에 놓아두었다가 갑자기 흥미를 잃으면서 그 작품들을 완성시킬 수 없었습니다. 이러한 것들은 오늘날 매우 복합적입니다. 그럼에도 나는, 피카소를 예로 들어, 피카소의 작품 생산과 같은 생산에서도 다음과 같은 모멘트들이 도처에 객관적으로 숨겨져 있다고 말해도 되리라 봅니다. 다시 말해, 피카소 자신에게서 내보이고 있는 모멘트들을 그렇게 해야 되고 달리 해서는 안 된다는 점을 피카소가 따르는 모멘트들이 있으며, 이러한 모멘트들이 피카소 작품 도처에 들어 있는 것입니다. 이

와는 대조적으로 '나는 그렇게 하겠다, 그리고 달리 되어서는 안 된다'
라는 창조의 이른바 자유로운 활동은 피카소에서 완벽하게 뒤에 물러
서 있습니다. 나는 이 자리에서 여러분이 음악미학자인 할름Halm[625)의
이론을 상기하고 이 이론에 주목해 주기를 바랍니다. 그는 오늘날 거의
잊혀진 사람입니다. 그의 이론은 매우 일방적이며 거칠고 존재론적입
니다. 그의 이론은 미적 형식들에 대한 거친 독립화, 거친 실체화를 보
여주고 있습니다. 할름의 이론은 그러나 내가 앞에서 보여주었던 모멘
트와 관련해서는 최소한 매우 심오한 내용을 우리에게 알려주고 있습
니다. 할름은 소나타와 푸가와 같은 형식들이 사실상으로는 완전히 독
립된 채 예술가와 마주 서 있는 객관적 정신의 산물이라고 말하였습니
다. 그에 따르면, 바흐는 푸가를 창조하거나 발명하지 않았으며, 단지
푸가와 같은 객관적 형식에 들어 있는 잠재력을 만족시킬 수 있던 사람
이었을 뿐입니다. 우리가 바흐 이전과 바흐 이후의 모든 푸가를 바흐의
푸가와 비교해 보면, 형식의 절대적인 진정성의 느낌을 바흐에게서 실
제로 갖게 됩니다. 다른 어떤 작곡가에서도 성취되지 않았던 절대적 진
정성을 바흐에게서 느끼게 되는 것입니다. 절대적 진정성의 느낌이 객
관성에 이르고 앞에서 말한 객관적인 정신이 실현되기 위해서는 주체
가 갖고 있는 모든 힘이 절대적 진정성에 속해 있기만 하면 됩니다. 주
체가 갖고 있는 모든 힘은 주체가 그것 스스로부터 자유롭게 설정하는
것이 아닙니다. 주체가 가진 모든 힘은, 이 힘이 잠재적이고도 존재하
고 있지 않은 객관성에서 어떻게 소멸하며 이러한 소멸을 통해서 존재
하고 있지 않은, 숨겨진 형식을 가시적可視的인 형식으로 어떻게 만들
어지는가[626) 하는 것에 근거하고 있습니다.

606) 이 언급은 아도르노가 『부정변증법』에서 정리하였던 테제의 맥락에서 이
해될 수 있다. 아도르노는 인식은 '상처를 입힌 자가 그 상처를 치료할 것이
다τρώσας ίάσεται'라는 테제를 정리하고 있다(GS 6, S.62). 여기에서 사용되
는 토포스Topos, 공동으로 사용하는 에는 텔레포스-전설을 인용하고 있다. 텔레
포스에게 부상을 입힌 아킬레스의 창을 통해서만이 텔레포스의 부상이 치료
될 수 있었다. — 아도르노에게는 예술은 개념을 사용하는 논리와 도구적 이
성의 —부상당하고 손상당한 것으로 드러나고 있는— 작용의 연관관계에
근본적으로 참여한다. 이러한 연관관계에서 예술이 개념적 논리와 도구적
이성에 의해 유발된 손상을 치유하는 것과 같은 것을 성취할 수 있기 위해서
는, 예술은 사람들이 자신을 지탱할 수 있고 지탱시켜야 한다고 말하는 부분
이 되어야 한다.

607) "담론적인 개념과 판단에서 지속적으로 움직이는 논리가"부터 여기까지
아도르노가 밑줄을 그어 놓았다.

608) Vgl. Lukács, Wider den mißverstandenen Realismus리얼리즘이 오해된 것에 대
한 반박, a. a. O., S.86f.

609) "카프카가 불러일으킨 세계에 대한 감정은 철저할 정도로"부터 여기까지
아도르노가 왼쪽 여백에 세로로 줄을 그어 놓았다.

610) Vgl. Benedetto Croce, Grundriß der Ästhetik미학 개요. Vier Vorlesungen,
Leipzig 1913, bes. S.43-48; dazu auch Walter Benjamin, Ursprung des
deutschen Trauerspiels독일 비애극의 원천, in: ders., Gesammelte Schriften, Bd.
I·1(편집자주 109번 참조), S.223ff.

611) "이러한 종합은 예술작품들의 모멘트들의 상호관계에서"부터 여기까지 아
도르노가 왼쪽 여백에 세로로 줄을 그어 놓았다.

612) Hegel, a. a. O.(편집자주 5번 참조), Bd. 13, S.372f.

613) 284쪽 마지막 단락부터 285쪽과 편집자주 411번을 참조.

614) Vgl. Edgar Zilsel, Die Geniereligion천재에 대한 종교. Ein kritischer Versuch
über das moderne Persönlichkeitsideal, mit einer historischen Begründung역사
적인 근거를 통해서 본 현대적 인성 이상理想에 관한 비판적 시론(1918), hrsg. v.
Johann Dvofak, Frankfurt a. M. 1990.

615) J. W Goethe, »Ein Gleiches« (»Wanderers Nachtlied«)같은 것, 방랑자의 밤노

래, in: ders., Werke, a. a. O.(편집자주 55번 참조), Bd. I, S.142.

616) Vgl. z. B. Goethe, »Die Nacht밤«, ebd., S.18.

617) 딜타이Wilhelm Dilthey는 "우리에게 현존하는" 모든 것은 "정신적으로 발생한 것들과 활동에 대한 내적인 파악"에 의해서만이 의식에 도달할 수 있다는 주장을 ─실증주의적인 19세기의 자연주의적 심리학에 대항하여─ 통용시켰다. 정신적으로 발생한 것들 및 활동들과 함께 "경험들의 고유한 영역이 성립되며, 이러한 영역은 내적인 체험에서 그 독립적인 원천과 재료를 갖게 된다. 이러한 재료는 그러므로 … 특별한 경험과학의 대상이 된다"[Wilhelm Dilthey, Einleitung in die Geisteswissenschaften정신과학 입문. Versuch einer Grundlegung für das Studium der Gesellschaft und der Geschichte사회와 역사 연구를 위한 기초(1883), in: ders., Gesammelte Schriften, Bd. I, hrsg. v. Bernhard Groethuysen, Göttingen ^{9}1990, S.8f.]. 칸트의 "모든 종합적인 판단들의 가장 높은 곳에 있는 근본 원칙"[vgl. Kritik der reinen Vernunft순수이성비판, a. a. O.(편집자주 9번 참조), B 197]에 따라 딜타이는 "체험"의 개념을 통해 정신적인 것의 외부에서 관찰될 수 있는 모든 대상 및 사건과는 구분되는 차원인 "내적 경험"의 차원이 "경험의 대상들에 대한 가능성의 조건"으로서 인정될 수 있다고 주장할 수 있었다. 딜타이가 '정신과학'의 핵심 과제로 완성시켰던, '체험'의 구조들과 자기 법칙들에 대한 탐구는 그러므로 "인식하기의 원리들"뿐만 아니라 "우리의 행위의 원리들"을 푸는 해결책을 약속하였다(Dilthey, ebd., S.9). 특히 후설의 '현상학' 프로젝트는 이러한 과제에 뒤이어 나타난 것이었으며, 아도르노는 그의 박사학위 논문과 후기 저작인 『인식론 메타비판』에서 후설의 현상학과 강력한 방식으로 대결을 벌였다(vgl. GS 1, S.7-77; GS 5, S. 7-243). 20세기 초에는 '체험'이 모델 개념이 되는 추세가 증대되었다. 체험 개념은 심리학, 인간학, 인식론, 논리학, 미학, 윤리학에서 이 학문들이 갖는 매우 상이한 의도들을 실현시키기 위한 목적으로 사용되었다. "체험이 갖고 있는 해석학적-인간학적 의미에서 다양하게 서술되는 해석에서, '체험'은 20세기 초의 30여 년 동안 생의 철학 및 세계관 철학의 기본 개념으로 머물러 있었다. 생의 철학과 세계관 철학은 딜타이의 영향보다는 니체와 베르그송의 영향에 더욱 많이 소급된다[K. Cramer, Erleben, Erlebnis체험하다, 체험, in: Historisches Wörterbuch der Philosophie철학 대사전, hrsg. v. J. Ritter u. a., Bd. 2, Basel/Stuttgart 1972, Sp. 708f.].

618) 편집자주 58번 참조.

619) Vgl. René Laforgue, L'Échec de Baudelaire. Étude psychanalytique sur la névrose de Charles Baudelaire보들레르의 실패. 샤를 보들레르의 신경증에 대한 정신 분석 연구, Paris 1931. 프로이트의 논문인 »Eine Kindheitserinnerung des Leonardo da Vinci레오나르도 다빈치의 유년시절 회상«에 대해서는 편집자주 131번 참조.

620) "예술작품으로부터 발원하여 말해지는 정신이 진정으로"부터 여기까지 아도르노가 밑줄을 그어 놓았다.

621) 편집자주 171번 참조.

622) 158쪽 이하를 참조.

623) "예술가가 생산과정에서 항상 객관성에 이르도록 해야만 하는 것에서"부터 여기까지 아도르노가 밑줄을 그어 놓았다. 칸트는 »Metaphysik der Sitten도덕 형이상학«(1798)에서 의무들의 구속성을 다음과 같이 설명하고 있다. "모든 의무는 법칙에 의한 강제를 내포한다. 윤리적 의무는 단지 내적인 의무만을 위해 존재하는 의무이다. 이에 반해 법적 의무들은 강제이다. 법적 의무들을 위해 외부적인 법 제정이 가능하다. 강제하는 속박이거나 다른 사람에 의한 강제적 속박일 수도 있다"[Immanuel Kant, Die Metaphysik der Sitten(1797), hrsg. v. Paul Natorp, in: Kant's gesammelte Schriften, Akademie-Ausgabe, Bd. VI, Berlin ²1914, 394].

624) Richard Wagner, Die Meistersinger von Nürnberg뉘른베르크의 마이스터징거 (UA 21. 6. 1868 in München). Textbuch, Mainz 1862, S.100(Dritter Aufzug, Zweite Szene).

625) 신학자, 작곡가, 음악미학자였던 할름August Otto Halm, 1869-1929은 음악적 유겐트 운동에서 가장 중요한 음악교육자이고 대변자였다. 그는 1903-1906년에 하우빈다Haubinda의 주州 교육원에서 가르쳤으며, 특히 벤야민은 그곳에서 1906년에 그의 강의를 들었던 제자에 속하였다[vgl. dazu Benjamin, Gesammelte Schriften, Bd. VII·1, a. a. O.(편집자주 176번 참조), S.86f.]. 그는 1906-1910년과 1920-1929년에는 튀링겐의 비커스도르프 자유 학교공동체에서 음악교육을 담당한 책임자였다. 그는 다음과 같은 저작들을 남겼다. »Harmonielehre화성론«(Berlin 1913), »Von Grenzen und Ländern der Musik음악의 경계와 영토에 대하여«(München 1916), »Einführung in die Musik음악 입문«(Berlin 1926), »Von zwei Kulturen der Musik음악의 두 문화에 대하여«(Stuttgart 31947). 할름에 대해서는 다음의 자리도 참조. GS 14, S.419; GS

17, S.280; GS 7, S.299.

626) 아도르노는 제21강을 끝낸 후에 병으로 인해 강의를 계획했던 것보다 앞서
서 끝낼 수밖에 없었다. 그가 작성한 강의계획[535쪽 하단 이하를 참조]을 보
면 이 강의는 총 25강으로 계획되어 있었던 것을 알 수 있다. 강의내용을 보
여주는 목차에 관한 한, 아도르노는 학기가 진행되면서 그가 최초에 생각했
던 계획으로부터 많이 벗어나 있었다. 따라서 개별적인 시간별 강의 주제에
직접적으로 병렬시키는 것이 의미를 얻는 것은 더 이상 불가능하다.

핵심 용어들

핵심용어들

제1강 1958. 11. 11.

미학의 문제성. (프렌첼 참조)

a) 철학에의 의존성
칸트와 헤겔의 정의

논리학에서처럼 확실하게 보장되는 존립이 없음

b) 미학을 위에서 아래로 내려오는 것으로 정립하는 것의 불가능성, 불충분함. 크로체

형이상학이나 인식론에서처럼 사고의 지속성이 한 번도 없었음.
취향 판단의 우연성에 대한 확정성이 이론을 배제시키고 있는 것으로 보임.
이런 배후에서 제기되는 물음들:

취향 판단들은 우연적<u>이다</u>
그 이유는, 어떤 테두리에서
미적 원리들은 따라서 미적인 이론을
<u>필요로 한다</u>

추가적인 이유들:

비합리적인 것의 자연보호로서의 예술, 예술은 자각을 배제시킨다고 주장하고 있다.

답변: 사물의 비합리성은 사물에 대한 자각을 배제하지 않는다.

그러나 사물은 그렇게 비합리적이지 않다. 소(笑)가극 작곡가. — 이론은 작품을 <u>대체시키지</u> 않는다.
XII. XI

예술가적 재능의 우연성.

예술가적 재능의 문제점. 재능은 절대적인 카테고리가 아님. 권한에 관한 물음.

외부로부터 출발하여 성찰하는 사람과 사물을 알고 있는
사람의 차이: 차이가 중간에 있는 것은 아님.

극단을 통해서.   이른바 영원한 기본원칙이
                            라는 반동적인 반응
공식적인 미학에 들어 있는 예술에 낯선 것과 뒤로 물러나 있
는 것 (예, 폴겔트)∧

이에 반해 "진리의 출현"으로서의 예술에 관한 기본 구상.
예술작품들은 그 전개의 매체로서 이론을 <u>필요로 한다</u>.
무기들을 펼치지 말고 독단화하지 말 것.

미적 이론에 대한 모델 고찰, 체계가 아니고 몇몇 본질적인 카테고리들
을 다룸.
— 나는 방법론학을 제공하지 <u>않는다</u>. 사물에 붙어 있는 방법론, 추상
적이지 않은 방법론.
             「신음악에 대한 다름슈타트 기고들」을 참조.

<u>예술미</u>의 이론으로서의 미학
~~동시에 유화에서와~~ <u>직관</u> ~~개념. 직관 개념은 결코 심급어 아님.~~

<u>자연미</u>에 대한 관계. 칸트 이래 쇠퇴   이유: 형식적인 것인 감각적
                                 으로 편안한 것의 맞은편에
                                 서 아름다운 것이 정신화됨.

헤겔의 비판, 규정되지 않은 것.
헤겔에 집중하지 말아야 하며, 그의 자연미 이론은 매우 결함이 많음.
그러나 본질적이라고 보아야 하며, 배제되어 있고, 거기에는 묻혀 있는
것이 있음.
"품위", 인간에 대한 찬미. 바로 이것이 문제성이 있음.

13. XI. 58

헤겔은 자연미의 무상성과 자기 스스로부터 벗어나 있는 것을 추상성
과 혼동함. 자연미의 개념에 대한 언급.   아우라
자연미를 지각할 수 없는 사람에게는 예술이 닫혀 있음.   모방인 한, 참된 것도 있음.

1) 예술미에 대한 모델 특징.   객관적으로 감각적인 것의 출현
   경험: 저녁이 우울하다는 것은, 객관적이고 단순한 분위기가
   아닌 것으로서, 모든 예술적 경험의 모델임.   예술은 여기에서 끝남.
                                              모든 산맥 위에서

   자연에 대한 대립으로서의 예술은 자연에 의해 매개되고, 자
   연을 가리키며, 배제된 자연에 권리를 부여함, 예술이론은 자
   연과 분리될 수 없음
                   단순히 형식적-수학적이 아님

2) 자연미는 또한 역사적이고, 예술에 의해 매개됨.
   자연적인 것φύσει과 인위적인 것θέσει 사이에 적대적인 대
   립관계가 존재하지 않음
   산맥과 대양. 바다는 대성당보다 더 아름답다.
   자연미에서 "이미 익숙해진 것"을 폭탄을 통해 새롭게 경험
   하기.

3) 예술에 대한 본질적인 경험들은 자연미 안으로 들어감
                                124-125

   숭고한 것에 대한 칸트의 이론은 자연에 제한되어 있음(칸트
   인용).
   이것이 바로 새로운, 주관적 내용적 예술에 대한 기대임.

4) "이해관계 없는 편안함". 값이 깎여진 것과 같은 것임. 원칙
   적로는 가장 큰 이해관계는 욕망이며, 이것이 부정되고 순화

된 것임.

욕망의 권리. 성욕.　　　　　　욕망에 대한 <u>금기</u>에서 욕망의
　　　　　　　　　　　　　　　　힘이 인식될 수 있음

그러나 정의적(定義的)이 아니고, 불안정하며, 항상 반복의
위협에 처해 있음. 갈퀴로　　모든 미에 대한 관계로서의 <u>동경</u>:
내쫓아진 자연.　　　　　　　동경에 들어 있는 고통스러운 것

가장 심원한 근거: 현실적인 것이 예술에 대해 갖는 통치권. 구원.
　　　예술에서 예술 이상인 것으로서의 자연의 요소는 예술을
　　　비로소 예술로 만들어 줌.　예술의 순수한 자급자족을 예술 스스로 없애 가짐.
　　　감각적 행복은 말소될 수 없는 것임.

　　　감각적 행복의 부정, 불협화음에서 없애 가져짐.　　이것은 항상 욕구
　　　　　　　　　　　　　　　　　　　　　　　　　　의 고통임. 봄의 명
　　　　　　　　　　　　　　　　　　　　　　　　　　령, 달콤한 곤궁
자연적 행동으로서의, 오래된 것으로서의 예술 자체, 합리성으로부터
벗어나 있는 것.
　　　5) 미메시스로서의 예술 = 자연지배에 의해 <u>억압된 것을</u>
　　　　　　　　　　　　　실재적인 <u>관여</u>의 대가로 예술에서 확고하게 유지되고 있음.
　　　통용시킴.

　　　<u>모방</u>의 이론에 대하여: 미메시스의 사물화된, 합리적인 형태.
　　　모방으로서의 예술, 그러나 <u>무엇에</u> <u>대한</u> 모방이 아님.

3

예술과 자연의 변증법적 관계:
　　　<u>대립관계</u>: 예술은 세계가 다시 한 번 나타난 것,　유희이기도 하지만
　　　세계로부터 분절되어 있음.　　　　　　　　　　　　능동적은 아님

"실제적이어야 한다는 기만으로부터 해방되어 있음."

따라서 경향에 대해 민감함.

세속화된 성역

세계가 다시 한 번 나타난 것에 들어 있는 그림자: 자연지배

> <u>동일성</u>: 예술은 현실과의 대립관계를 통해 자연의 <u>이해관계</u>와 현실
> 원리의 이름으로 억압된 것을 알아차림. 예술은 소외된 세
> 계에서의 자연이며, 소외된 세계가 스스로 소외　　"표현".
> 되어 있는 형상으로 나타남.

예술과 자연의 관계는, 예술 영역의 정초(定礎)를 통해서, 언제나 항상
정적(靜的)인 것으로서 끝나는 관계가 아님. 모든 단계에서 재생산됨.
예술은, 기법에 힘입어, 자연지배에 참여하며 이렇게 함으로써 전체적
인 경향으로 들어감.

> 여기에 계몽의 모멘트, 탈신화화가 들어 있고, 신화적 속박의 틀을
> 깨트림. 여기에서 예술은 <u>진보</u>에 참여함, 비가역적. 낡아빠진 것의
> 재생산 불가능성.

- 마르크스와 요흐만, 불안정한 것

예술은 그러나 다른 모멘트를 갖고 있으며, 단순한 지배에 대항하여 <u>이</u>
<u>의 제기하는</u> 모멘트와 유토피아의 모멘트를 갖고 있음.

> — 이것은 <u>오늘날</u> 표현과 구성의 문제의 형태에서 출현하고 있음. — 변
> 증법에 대해: 자연보호공원으로서의 표현은 유토피아를 방해할 수
> 있음. 구성을 전복시킬 수 있음.

예술작품의 품위는 표현과 구성의 두 모멘트가 서로 관통되어 있는지
의 여부와 얼마나 깊게 서로 관통되어 있는가에 본질적으로 의존되어
있음. 자연적인 것φύσει과 인위적인 것θέσει의 관계는 <u>전체적</u>
<u>으로 볼 때</u> 변증법적임.

S. 5.에 X를 삽입

제2강(1958. 11. 13.)

아름다운 것의 개념에서 입장의 윤곽을 밝히는 시도.

예술을 아름다운 것과 동치시키는 것에 대한 저항.

변증법은 추한 것의 미학을 알고 있음.

예술은 감각적으로 편한 것이 아님. 미적 주관주의에 반대하는 중심 근거

X를 S. 8.에 삽입

감각적으로 편안한 것에 들어 있는, 예술적 직관성에 대한 문
제의 지적.

예술의 본질적이고도 정신적인 특징은 사변적 미학의 구성
이 아니고 예술에 대한 근본적 경험임.

힐레 보브Hille Bobbe[627]는 착란된 형식이 아니고,   질적인
불협화음은 케이지Cage가 아님.   도약

추한 것이 강화됨. ∧ 칸딘스키. 아름다운 것에 대한 알레르기

추한 것과 더불어 문제점이 증대됨: 자체로서 모색된 정신은 더 이상
구속력이 없음. 색채 상징

예술 및 의사소통에 맞춰진 양극단화의 기능으로서의 편안한 것.

4

편안한 것 자체는 역사적인 위치 가치를 가지며, 변화됨.

기피되었던 색채 대조(마네), 음향은 감각적으로 아름답게 될 수 있음
(삐에로, 룰루).

인상주의는 감미롭게 됨.

감각적인 예술작품과 정신적인 예술작품을 구분하는 것에
대한 비판.

구분에 반대: 미에 대한 논의가 없는 미학 = 영혼에 대한 논의가 없는 심리학,

고정된 개념들
에 붙어서 상처
받지 않으려는
고상한 체하는
태도에 반대
/실증주의와 현대.

사회에 대한 논의가 들
어 있지 않은 사회학.

무엇을 위하여라는 것에 붙어 있음.
예술을 전적으로

— 객관적으로, 우리에 대하
여라는 관점에서 더 이상 받
아들이지 않으면, 아름다운
것의 개념을 실제로 던져 버
릴 수 있음.

들어 있지 않음 =
~면 무엇을 위해?
| 최종적인 것은 아님;
스스로 자족하는 것.

이렇게 되면 미학은 사실을 단순히 수영하는 것에 머무르게 되
며, 이론이 물러나게 되는 결과가 됨. 이렇게 해서 탈정신화
　　　　　　　더 이상의 결과

최종 기한이 아님 ∧, 단순한 현존재(항상, 아마도 최종 기한이
없이 지내게 될 것임!)

진실, "예술은 진실하다는" 문장에 대해. 이 문장의 다의성
(자연적, 심리적으로.)

예술이 "진실하다면", 이것은 직접적으로 진실한 것이 아니

진실의 개념이,
고립된 채
채택되면, 예술을
그르침.

장식적인 것에 대한 반대 입장, 사물 자체의 논거, 물질주의적 요소.

고, 예술이 가진 내용을 통해 진실한 것임. 내용은 완성된 것
이 아니고, 예술에 외부적인 것이 아니
며, 형상물을 통해 비로소 정초됨.

이러한 매개에 미의
이념이 붙어 있음.

예술의 내용이 계속해서[?] 정확성에 대한 비판, 진실한 것은 문자 그대로 되지는 않음.

진실이 되는 것
은 형식 법칙 아
래에서, 즉 미로
서 정초된다.

이렇게 되지 않으면 예술과 학문의 불순화에 이르게 됨(졸라
등등)

학문적 해명에 대한 지침

소재의 소농小農과 같은 것으로 전도(음악!)

과제:　　아름다운 것의 이념을 확고하게 붙들되, 존재론적인 카테고
　　　　리로서가 아니라 내부에서 움직이는 것으로 붙들어야 함.
　　　　<u>총체성</u>으로서의 아름다운 것? 이것은 지나치게 단순하고 정적임.
　　　　　　전체성에 반대함(웰렉)
　　　　과정으로서의 아름다운 것. 통일성으로서의 화해와 모순.
　　　　예술작품에서 <u>의무</u>의 카테고리.
　　　　내재성의 논리.
　　　　신체 기능 균형의 개념, 긴장 균형의 개념.
　　　　　　　　　　예술은 이것의 뒤에 있는 문제: ∨ 모순을
　　　　　　　　　　벗겨내 <u>보이고</u> 초월해야 함
　　　　이 개념의 문제점: 이것이 최종적인 것은 아님.
　　　　"기준들"의 종결에 관한 이론을 제시.
　　　　확실성의 이념을 해지하는 것으로서의 미의
　　　　가능성　　이런 이유에서 새로운 예술에서는 단편적(斷片的)인 것이 나타남.
　　　　　　　　　알레고리적인 모멘트. 루카치에 반대함. "착란된 것".

이행로(移行路): 내가 예술적 경험에 대해서 말했던 곳에서, 예술적 경험
　　　　이 적절성의 이상理想에서 은연중에 측정되었음. 다시 말해 객
　　　　관성으로부터 측정되었고 주체로부터 측정되지 않았음.
　　　　이것은 거의 모든 미학과는 대립각을 이루고 있는 입장이며,
　　　　이에 대해 근거를 세우는 것이 필요함　　<u>(이 방향으로 향함)</u>

　　　　　　　　　　　　4a

미적 주관주의는 근거를 세우는 것의 통일성을 통해서, 객체의 우연성
으로부터 독립됨으로써 전통 철학에 자신을 맡기고 있음.

여기에서는 이론의 통상적인 개념과의 대립관계에서 미적 주관주의가 설정되고 있음.

이에 대한 기본적인 이해를 위해서는『인식론 메타비판』서론과「형식으로서의 에세이」를 참조. — 이에 대해: 예술에 속해 있는 주체는 선험적 주체가 아니며, 가득 차 있는 주체이고, 이렇기 때문에 전통 철학의 의미에서 볼 때는 우연적 주체임.

여기에서 빠져나와 역으로: 주관성에서 근거를 세우는 것은 사물과 마주 대할 때 불충분함.   취향에 반대하는 헤겔

가장 노골적인 주장은 반응의 우연성에 관한 주장임.   X를 S.13에 삽입 주체로부터 시작해서 볼 때 예술작품은 "자극"임; 반응과 사물 사이에는 물론 하나의 관계가 지배하고 있지만 어떤 법칙도 반응과 사물의 관계를 규율하지 못함.

증거들: 1) 미사 솔렘니스Misa Solemnis의 경우. 이해되지 않은 사물 대신에 교육에 대한 존중심이 있음.

특권의 소비, 물신주의; 그러므로 주체에 대한 관계는 오늘날 특히 문제성이 있음.

2) 감성적인 측면: 모든 음악이(좋은 것이든 나쁜 것이든) 연주될 때마다 눈물을 흘려야만 했었던 젊은 영국인.

부차적 언급: 예술에 대한 경험은 확실한 합리성을 요구한다. 예술을 경험하는 것은 예술을 인식하는 것임.

3) 현대 예술에 대항하는 방어 반응들로부터는 현대 예술이 파악될 수 없음. 방어 반응들이 현대 예술에 무관심한 태도로 모든 것을 삼켜 버리고 있음.

따라서 객체로의 선회.

S.7 하단과 8에서 근거 세우기를 계속

S.3 앞에 삽입 　　　　　이미 제기된 주장을 동일 저자가 반박하는 것이 아름다운 것
　　　　　　　　　　　에 관한 철학이 만들어내는 모든 것을 "독단적인 것"에서 모
　　　　　　　　　　　으고 있다는 점에서 출발함.

『파이드로스』에서 유래하는 미에 대한 플라톤의 논의.

　　　　　光氣의 모티프 = 현실 원리의 정지.

1) **XXX.** 광기의 형식으로서의 미(S.63).　　아름다운 것의 조건으로서의 조건 지어짐.

　　　　　　　　　　　　　　　　　　　(감각적인 것과 서로 관련이 있음).

　　　　미는 정의되지 않고 미의 작용에서: 광기 = 경험세계로부터의 소외

정의(定義) 대신에 이념세계에서 미의 위치　　　｜에로스적인 미에서 출발: 본성과
　　　　　　　　　　　　　　　　　　　　　　　｜극단적으로 단절되어 있지 않음.

　　　　여기에 이미 이상주의의 주관주의가 잠재되어 있음. 그러나

　　　　그 반대도,

　　　　미에 들어 있는 위험의 모멘트: 심원한 것은 조화적인 것이 아님. [?]628)

　　　　　　　베일에서 받은 고통. 미 그리고: 감옥으로서의 육체

2) **XXXI.** (64) 감각적으로 직관 가능한 이념으로서의 미.

　　　　여기에 직관의 모멘트뿐만 아니라 정신적인 것도 들어 있음.

　　　　감각적인 것 이상으로서의 감각적인 것.

　　　　과정의 결과로서의 이해관계 없는 편안함: 헌납의 과정의.

　　　　세속화된 주술적 영역으로서의 예술.

　　　　미의 모사상으로서의 아름다운 것(미메시스)

　　　　　　　　　　　　　　　　대상의 모사상이 아니고 전체의
　　　　a) 미의 객관성. (이념).　　모사상: 바로 이것이 미메시스적

　　　　　　　　　　　　　　　　슈티프터: 애인을 다시
　　　　　　　　　　　　　　　　알아보지 못했던
　　　　b) 고통으로서의 미 (베데킨트, 룰루).　하인리히

　　　　그러므로 "건강함"에 반대.

무조건적인 것에 대한 동경으로서의 동경: 유토피아.

영혼이 스스로 일어남: 깃털. — 일상적인 것에 대한 반대

3) XXXII. (66) 가려움으로서의 깃털의 성장.

"불쾌함".

67 불쾌함와 치료로서의 고통

욕구와 욕구 없음의 통일성.

칸트적인 전율.   『판단력비판』 S.120.

객관적으로 방향을 전환하면: 모든 미는 그 내부에서 과정이다.

여기에서 도출되는 이론적인 결론: 힘의 장으로서의 예술작품.

예술작품을 단순한 존재로 생각하는 것에 대한 반론.

고통의 근거는 고통을 치료하는 수단. (67)

6

1958. 12. 4.

예술 내부에서 전개되는 자연과 예술의 변증법의 현재적 형태

가장 현대적인 것으로부터 출발:
문헌학적 견해에 대한 반대를 전개.

표현과 구성의 관계

표현주의가 구사하는 표현의 이상은 경직된 것, 사물화된 것에 저
항하는 자연(본성)의 우위가 직접적으로 나타난 것임.

여기에서 특별한 것은 기록문서적인 것이며, 이것은 표현이 형식에 의해

유겐트양식과의 차이점

완화된 기록문서적인 것이 아님. 순수한 직접성의 이상.

여기에 동시에   1) 지점을 고정하는 것의 불가
들어 있는 문제들: 능성, 말문을 닫는 것으로서
                의 순수하게 거기에 있는 것.

　　　　2) 가상으로서의 절대적인 직접
　　　　　성의　경험, 항상 스스로 이미
　　　　　매개되어 있음, 표현주의적인
　　　　　표현 언어에 있는 관습적 모
　　　　　멘트들.
　　　3) 미적 우연성, 비구속성의 문제.
이러한 문제들의 해결을 위해 구성, 즉 재료에 대한 지배가 필연적임.
　　　　　　　형식들
더 이상 순진하지 않고 직접적으로 미리 주어져 있지 않기 때문임. ∧
구성은 주관적인 것이 스스로부터 출발하여 객관화되는 것을 지칭함,
차용이 없는 상태에서 이루어짐.
표현주의가 산출한 결과는 다음과 같은 것에 대한 전제를 제공함:
　　　1) 자유롭게 설정된, 미리 형태를 이루는 것에 의해 정화된 재료.
　　　　　비교적 저항이 없이
　　　　이와 동시에 구성은 본질적으로 재료에 대한 비판, 즉 표현
　　　　주의적 재료에서 "언어와 유사한" 요소들의 발견. 이러한
　　　　요소들은 재료의 기법적―내재적인 상태와 더 이상 결합될
　　　　수 없음.
　　　　쇤베르크와의 관계.　　　　　　　　 | 방해가 없는 급진적 처리
　　　2) 관통의 자유로서의 주체가 가진 자유.

　　　　　　　　　　　　　　　　　　　　　　 1958. 12. 5.
덧붙여 언어와 유사한 요소들에 저항하는 알레르기.
표현 앞에서 느끼는 수치 (단순한 주체의 공허함; 주체는 오래전부터
　　　미메시스적인 금기: 흥분에 빠져들지 말라!

7

더 이상 단순한 주체가 아니며, 그 내부에서 매개된 주체임에도 불구하고!)

표현은 반동적이 될 수 있음: 인간의 이데올로기.

　표현의 배제. 표현의 최근 형태에서 나타나는 미메시스적인 금기. ―

　　　합리적인 사회에의 적응에 의해 금지된 것에 대한 불안이 움직이는 모습.

　실재적 불안의 뒤에서 표현이 머물러 있음.

　　　　　　　　　　　　　　　　　　　　객관적인 것의 직접적인

　표현에 대한 비판은 참된 것이면서도 잘못된 것임. 긍정성으로서는 잘못된 것임.

　상황: 의미의 위기로서의 정화된 재료.　　　　　우연성의 문제로서는 참된 것임.

　　수단들의 물신주의, 취미로 하는 물건 분해하기와 조립하기.

　　오늘날 더 이상 존재하지 않는 물음: 예술에서 의미가 어떻게 실현될

　　　　　(낭만주의: 세계관 예술. 바그너)

　수 있는가 하는 물음이 아니고∧, 조직화된 재료 과정들이

　　　　　　　　　　　　｜이 문제는 오늘날 현실에서의 의미의 문제와 상응함(헤겔과

어떻게 의미가 있게 되느냐 하는 물음.｜마르크스에 대한 반대 입장). 재료

　　　　　　　　　　　　　　　　로부터 순수하게 나오는 문제가 결

　　　　　　　　　　　　　　　　코 아니기 때문임. 재료에 합당한

　　구성의 한계에 대한 경험.　　　　것의 문제. 재료는 자연이 아님.

구성은, 순수한 구성으로서, 경험의 전체도 아니고 의미를
보증하지도 않음

　　우연의 문제.

　　구성에 대한 보완적인 대립관계.

58.　　구성에 저항하는 개별 모멘트, 그러나 자체로서 의미가 떠나 있는

12. 9.　모멘트임. 입김. 유희의 모멘트.

　　앞뒤가 논리적으로 맞는 모든 것이 항상 의미의 모멘트를 가짐.

그러나 남아 있는 것:

　　주체와 표현에 외부적으로 머물러 있는 구성의 사물화된 형태.

이것이 현재 나타나고 있는 긴장 상실의 역사철학적 이유임.
주관적으로 설정된 법칙성 자체의 <u>자의성</u>의 모멘트, 명목론의
문제.
구성되어진 것의 <u>힘</u>에서 표현(Expression)이 회귀함.

58.12.11. 미적 <u>주관주의</u>의 문제.
고찰하는 주체의 개념뿐만 아니라 창조하는 주체의 개념도 불충분함.
4a에 관계됨 a) ~~이상주의에 대한 전체적 비판, 여기에서 이미 성취된 것~~

예술이 생산하는 주체와 받아들이
~~으로서 전제되어야 하는 비판임.~~ 는 주체에 속하는 <u>정도는</u> 사람들이
가정하는 것보다는 비교할 수 없을
정도로 적음.

변증법: 작품은 객관성으로서 예술가와 마주 대하며,
작품이   b) 특별히; 예술작품에서는 <u>객체가</u> 정신임(단지 정신에 머
객관성이 되기 위해서는   물러 있는 것만은 아님)
주체가 필요함
반응들의 우연성

8

법칙성, 객체의 의미 있음
c) 칸트의 주관주의의 한가운데에서 객관적인 이론의 관점 설정

I 35
d) 주관주의에 대한 헤겔의 비판
e) 형식주의로서의 주관주의
미적 주체에 대한 <u>규정</u>: 칸트
『판단력비판』의 물음 제기는 미리 주관적으로 제기되었음 10-11

X를 S.3에 삽입.

내재적 비판의 방법, 여기에서 감각적으로 편안한 것의 테제
를 주관적으로 물어 보기

감각적 자극들이 존치되고 있음 (되돌아가서 참조)

그러나 조각이 나 있음, 의미의 담지자로서(룰루).

감각적 자극들이 고립되는 한, 그것들은 "음식과 같은 것"
이 되고, 예술 이전의 것이 됨.

다시 말해, 특별히 미적인 것의 밖에 머물러 있는 문자 그대
로인 것, 육체적인 것이 됨.

미적 특수 영역의 정초는 그것 자체로, 직접성을 깨트리는
것으로서, 정신화임.

음식과 같은 것은 원자적인 것, 즉 미적 형식법칙의 밖에
있는 것임.

이 모멘트는 물건으로서의 예술을 항상 동반하였고, 이 모
멘트가 연상적으로 돌출하는 곳에서 그것의 권리를 가짐
(리뷰 등등), 이 모멘트가 사이비 형식의 뒤에 숨겨져 있는
곳에서 그것은 나쁜 것이 됨(차이코프스키).

개별 충동과 전체 사이의 상호 유희.

그러나: 전체는 숨겨진 것이며, 직접적인 것이 아님.

9

그러므로 미적 경험의 길은 항상 전체에 이르는 길임.

전체를 경험하는 사람이 예술작품을 경험하게 됨, 전체가 의미를 부여하기 때문임.

에로이카의 첫 문장에 나오는 중단되는 형상이 그 예임.

이러한 경향은 감각적 경험으로부터 벗어나는 경향을 갖게 됨.

변증법: 예술작품들에 대한 감각적 경험이 적당하면 할수록, 완벽해질수록, 이러한 경험은 감각적 요소로부터 더욱 멀리 떨어짐.

여기에 접속해서 미적 경험이 원래부터 어떻게 실행되는가 하는 물음이 이어짐.   1959. 1. 6.

"예술을 즐기는 것"의 문제성.

경험은 오히려 내부에 들어가 있는 것, 함께 실행하는 것, 내부에서 살아 움직이는 것.

이것이 "경험 만들기"의 진실 내용임.

어떤 사람이 예술에 대해 많이 알면 알수록, 관계가 상세하면 할수록, 그는 예술을
                        ― 즐기는 자는 이미 소외된 자이고 소비자임.
더욱 적게 즐기게 됨.   근본적인 것: 즐기는 자가 잘못을 알아차리는 것.

거주민에 관한 예.

행복이 없다면 무엇을 위해 존재하느냐 하는 물음: 예술작품은 대중에게 통용되지 않음.

행복 ― 즐김 ― 은 미적 경험과 직접적인 하나가 아니고 매개되어 있음: 밖에 머물러 있음; 단순한 현존재로부터 벗어나 있다는 것은 전체에 붙어 있다는 것이며, 예술작품이 더욱 높게 조직화되면 될수록, 예술작품은 우리를 직접성으로부터 벗어나게 하고 우리는 더욱더 많이 작품 밖에 머물러 있게 됨 ― 여기에 예술작품의 문제성이 연관되어 있음.

　가장 높은 순간들에서만 오로지 이러한 경험의 관통은 관통이 매개되는 것을 통해서 이루어짐. 이렇게 되면 관통은 직접적인 것이 됨. 그러나 이것은 즐김의 순간들에 의해서 이루어지는 것이 아니고 극복되는 것, 스스로 망각되는 것의 순간들에 의해서 이루어짐 ― 주체는 눈물

을 흘리는 것에서 붕괴됨.

　　　　이 순간들은 즐김이 아님: 이것은 사람들이 이 순간을 갖게 되는 행복임.
예술이 쾌락적인 것에 반대하는 것은 예술의 경향이며, 이것은 예술에
대한 경험을 주체로부터 멀어지게 하는 경향임.
여기에서 예술의 <u>이해</u>에 관련되는 몇몇 문제들이 뒤따르게 됨.

10

이해 개념은 문제성이 있음. 이해되지 않는 것이 예술 자체에 본질적으
로 들어 있기 때문임. 주술적인 것의 유산.
사람들이 예술을 더욱 적게 이해할수록, 더욱 많이 이해하게 됨. 음악을
"만든다는 것" = 음악 속에 있는 의미 연관관계를 함께 실행하는 것.

헤겔에서처럼: 우리가 어떤 개념 아래에서 스스로 사고해야
한다는 것: 개념 자체를 추측하는 것이 아님.

예술작품을 이해한다는 것은 예술작품
자체를 따르는 것을 지칭함,
예술작품이 의도하는 것을
추측하는 것이 아님.

외부로부터 오는 물음에 대한 대답되어질 수 없는 것에서 시위하는 것
[?], 예술적 감각이 없는 것에서 시위하는 것 [?]: 예술은 무
엇을 위해 거기에 있는가 하는 물음.
　어찌할 바를 모름.

오로지 내부로부터 :
외부로부터는
예술은 방어력이
없음.

　　59. 2. 8.
예술을 이해한다는 것은 성찰이며, 성찰은 사물로 되돌아가서 사물을
변화시키는

즉, <u>매개된 것</u>

것임. 철학은 그러므로 예술적 경험에 필요한 근본적인 기초임.

따라서 논평과 비판의 형식들이 존재함. 계속해서 S. 3으로

59. 1. 15. 예술의 정신적인 내용의 개념에 대하여

    정신적 내용이 <u>아닌</u> 것:

        저자가 이념, 의미에 집어넣어 숨겨 놓은 것.

        <small>토마스 만 해석에서 나타나는 오해</small>

        이것은, 역설적으로, 형상화의 맞은편에 있는 소재적인 것임.

        예술작품의 이른바 세계관.

        이것은, 중세에서처럼, 담지되는 전제, 가능성의 조건이거나 또는 오늘날 대다수 종교적인 예술에서처럼 덧붙여진 것임

    정신적 내용인 것 :

        예술작품의 내용은 예술작품에 추상적으로 마주 대하고 있는 것이 아니며 예술작품의 지금 여기에의 특별한 배열을 통해 정초되는 것임.

        출현에서 스스로 쇠진되지 않은 채 출현에 묶여 있는 것임.

        예술작품의 담지자는 구조 연관관계이며, 이것은 의미 연관관계라고 명명할 수도 있음. 의미 연관관계는 현상들의 총체로 성립되지만 현상들 이상인 것이며, 순수한 직접성이 아님.

        이러한 연관관계는 단순한 전체성, 형상이 아니며, 그 내부에서 대립적이고 균열되어 있고, 힘의 장(場)임.

11

정신적인 내용은 이러한 과정의 결과로뿐만 아니라, 이러한 과정에 고
유한 총체성으로 규정될 수 있을 것임.

예술작품을 경험하고 함께 실행한다는 것은 이러한 정신적인 내용을
깨닫는 것과 동일한 것임.

이러한 과정이 견고해지면 질수록, 동시에 필연적으로 성찰에 이르게
되며, 철학이 됨. 철학은 부문(部門)이 아님.

예술 철학은 예술을 규칙 밑에 종속시키는 것이 아니고 정신적인 내용
을 개념에서 뒤따라 구축하는 것임. 이렇게 해서 비판도 이루어짐.

~~계속해서 S. 4 [xxx] 상단.~~

감각적인 모멘트에 반대하는 알레르기에 대해서:

　이러한 알레르기는 <u>잘못된</u> 감각적인 것, 기만, 대체에 대한 반대임.

　불협화음을 통해서 협화음이 의도되고 있음; 협화음은 불협화음으
로서 감내할 수 없음.

　예술의 감각적 모멘트는 예술의 <u>유토피아</u>이며, 유토피아는 잠정적
인 것에서는 그 모습을 드러내지 않으려고 함.

계속해서 S. 4 상단.

1959. 1. 20.

　에어하르트(Erhardt).　(1) "소외의 내용적인 현재화"<u>만은</u> 아님. 정의
　　　　　　　　　　　　(定義)가　아님. 본질적인 <u>모멘트</u> — 전체
　　　　　　　　　　　　가 아님. 다른 모멘트도 있음, 의미 연관관
　　　　　　　　　　　　계의 산출
　　　　　　　　　　　(2) <u>아닌 것</u>: 개인의 정체성에 일치할 것 같은
　　　　　　　　　　　　동질적이고도　감각적인　대상성.　이러한
　　　　　　　　　　　　대상성은 :
　　　　　　　　　　　　a) 소외되지 <u>않은</u> 동질성

핵심용어들 523

b) 형식법칙에 대해서 이질적인 동질성.
경험에 대한 관계는 주체에 의해 <u>매개됨</u>.
예술은 현실을 직접적으로 제시하지 않으며,
마치 개별적인 경험처럼 현실을 <u>가득 채우면서</u>
현실의 요소들처럼 형식법칙으로 함께 접합됨.

12

3) 추상화(抽象化)는 부끎을 갖고 있음.
추상화에서는 추상적인 형식들이 존재하지 않음. 예술은 자연 재료
와 관련을 맺고 있지 않고 심리적인 재료와 관련을 맺고 있기 때문임.
막스 에른스트(Max Ernst) 참조, 유겐트양식의 장식물들.
예술에서 모든 형식은 퇴적된 내용
긴장 상실, 단순한 장식, 예술 장사는 <u>위험한 것</u>들임. 위험은 그러나
자체로서의 추상화로부터 발원하지 않고 다음과 같은 것에서 발원함
　　　　a) 의미 연관관계에서 요소들의 관계가 갖고 있는 힘이 부족
　　　　한 것에서 유래함. 즉, 외부적, 기계적인 처리로부터 유래함.
　　　　b) 경험이 도출되어지는 것, 경험이 상투적으로 되는 것에서
　　　　유래함.
　　　　<u>저항</u>의 결핍. 추상화는 전통에서 측정될 때만이 실체적이
　　　　됨.
　　　　표현을 강제적으로 속박하는 <u>근성</u> 예술.
피카소, 클레처럼 위대한 화가들이 객체에 대한 관계를 <u>완전히</u> 절단
시키지 않았다는 점을 상기할 것. 이것이 완화된 기질에 기인하지 않
음이 확실함.

4) 에어하르트에 동의함. 그는 "낯설게하기"에서 쇠진되지 <u>않는</u> 모멘
   트를 나타내고 있음.

5) 대답하기 어려움. 기법적인 권한에 보편적으로 의존되어 있음.
   기법적 권한은 실제로는 모든 예술에 의해 요구되고 있음, 다만 다른
   예술에 의해 노정됨.
   갈아서 만들어진 것에 대한 사이비 이해.

   계속해서 S. <u>4</u>

1) "진실"에 대한 비판   내용은 진실하며, 미로서 정초된다.

2) 여기에서 관건이 되는 매개들의 총체는 미<u>이다</u>.

3) 의무와 신체 기능 균형

4) 이것의 문제점

          3 진실한 것의 개념.

           1) 자연적으로 진실한 것

           2) 표현적으로 진실한 것. (문제성이 있음,
              미메시스적인 것은 대상적인 것이 아니고
             — 자체로 "진실하지 않은 것"이기 때문.
             연극 배우

           3) 맞는 것.

           4) 논쟁적 의미.

              5) 매개된 진실 =
                 내용 = 아름다운 것.

13

S. 4a. 취향에 삽입

      1) 헤겔 자리 38-39.[629]

      2) 반응의 우연성

      3) 취향에 들어 있는 외부적인 것.

"감정이 섬세한", 수집적인, 교육의 의미에서의 축적.

예술적 경험의 반대로서의 "유미주의자". 이것은 근본적으로 상처를 입지 않으려는 것의 이념임.

취향과 예술 장사; 넥타이, 방을 색칠하는 회색.

출현하는 모멘트들이 사물의 내적 생명과 관계가 없음.

의미 있는 예술작품은 취향을 초월하며, 내리침.

4) 헤겔의 2.절에 나타난 취향 형성의 추상적인 일방성.

아름다운 것은 ─ 주관적 미학이 가르치고 있듯이 ─ "단순한 매개"가 아니고, 복합적임. 어떤 격언에 환원될 수 없음. 내가 힘의 장(場)이라고 규정한 것을 참조. ─ 미학은 힘의 장이 보여주는 과정을 파악해야 함. 아름다운 것을 단순한 개념으로 가져가서는 안 됨.

5) 그럼에도 취향.

취향의 위에 있어야 함, 취향에 반대하거나 취향의 아래에 있어서는 안 됨.

모든 프랑스 예술의 근본적 카테고리로서의 취향.

이러한 취향은 취향 형성의 공허한 객체가 아님.

이것은 :

(방향을 바꿈)

13a

a) 예술의 축적된 경험들의 총체, 총체는 예술의 특별한 모멘트로서 예술에서 파악할 수 있는 것임. 특별한 모멘트의 퇴적화된, 스스로 이해되는 형상에서.

역사적 금기들의 총체, 금기들을 거스르기 위해서는 금기들을 느껴
야 함.

브레히트의 예와 가르침 — 취향의 일시성이 취향을 역사적인
동인으로 만듦.

b) 매번 성취된 <u>표준</u>의 총체. 이러한 표준의 모든 병적 혐오감과 함께.

이것을 갖지 않은 사람은 예술 이전의 상태에 놓여 있음.

단순한 <u>가상(假像)</u>, 퇴보로서의 절대적으로 개별적인 원천성.

원천적인 것은 새로운 것에 상응하는 것으로서 유일하게 존재함.

취향은 이에 대해 깨어 있음.

루소의 손바닥 놀이에 증거가 있음.

14

1959. 1. 29.

주관주의의 불충분함에 대해:

A 예술의 경험 = 받아들이는 사람.

받아들이는 사람이 법적 원천이 될 수는 없음. 그 이유는

1) 받아들이는 사람에게 예술은 "자극"임.

그러나 직접적인 관계가 지배하고 있지 않음.

특별한 의미 에너지를 표현한 문장을 상기.

주관적

정신적인 것에도 해당됨: 미적 경험이 기록되어 있는 것∧은 사
물과 완전히 빗나가게 놓여 있음. 예를 들어 화려한 것에 대한
의미가 미적 경험을 완전히 변화시킴. 화려한 장식은 베토벤에
서는 구조를 희생시키는 대가로 이루어지고 있음.

바그너를 진득한 작곡가로 사랑하였던 교장.

미학을 반응으로부터 출발하여 구축하려고 시도한다면, 완전히

의미 없는 것에 이르게 됨. 다루어지는 문제에 대한 다수결 투표임.
미국에서의 경험.

> 미국에서 의도하듯이, 미국에서는 정신의 객관성이
> 아예 생각될 수조차 없음.

정신의 객관성은 전문가 의견을 통해 대체될 수 없음. ∧ 이것 자체가 의문의 여지가 있음: 전문성은 선별 메커니즘들에 의해 미리 형성되어 있음.

2) 주관적 이론이 전제하고 있는 것처럼, 수용자들은 마지막 원천이 아니고, 전적으로 미리 결정되어 있음.

망(網)이 두터워질수록, 더욱더 많이 미리 결정되어 있음.

직접성에서 나타나는, 미학의 잘못된 법적 원천은 철저하게 매개되어 있음.

증거들: a) 미사 솔렘니스Misa solemnis.

　　　이해되지 않는 작품의 권위와 인기.

　　　교육이 문제의 앞에서 밀고 들어감.

　　　특권의 소비, 물신주의.

　　　따라서 주체에 되돌아가는 것은 오늘날 특히 문제가
　　　있음

15

　　　　　　　모든 음악을 들을 때마다, 그 음악이 좋든 나쁘든,

b) 예술에 대한 비합리적 관계.　　눈물을 흘려야만 했었던 젊은 영국인.

　자극들은 어떻든 간에 배제됨.

　예술의 사회적 기능은 예술을 받아들이는 것이 널리　　자연보호공원.

　축적된 것임.　　　　　　　자극들은 예술에 투영되어 있음.

이것은 다루어지는 문제와 관련이 없거나, 한계적인 경우에
서만 관련이 있음.

예술에 대한 경험은 확실한 합리성을 요구함.   59. 1. 29.
예술작품이 기대하고 있는 종합.   X 삽입 a

S. 17

예술을 경험한다는 것은 예술을 인식하는 것임.

논의의 대상이 되고 있는 미적 거리는 바로 여기에서 성립됨.

c) 미적 거리는 현대 예술에 저항하는 방어 반응들로부터 파악
될 수는 없음. 방어 반응들이 냉담하게 모든 것을 삼켜 버리
는 것보다는 더욱 많은 것을 말하고 있음에도: | 예술을 경험하는 것 =
1) 기대를 실망시키고 있음, 발육부전적인 반복에 반대 | 순진성을 산출하는 것 =
2) | 잘못된 기대를 제거하는 것

이것이 의미하는 것: 배제된 삶이 상기되는 것.

역설: 운하처럼 퍼져 있는 것은 투사를 허용함, 자극들을 통
    과시킴.

    투사가 외형이 망가지지 않은 채 예술에서 나타나는 것
    은 억압에 빠져듦.

더구나: 기법적으로, 정신적으로 앞서가는 예술과 대중 사이
의 소외가 양자가 분리될 수 없는∧ 상태에서 증대됨.

                                59. 2. 3.

인간에게 고유한 사물인 예술은 인간에게 낯설게 됨.

인간에게 소외된 예술은 인간에게 상품으로서 가깝게 다
가오고, 인간은 예술을 상품으로 취급함.

새로운 예술과 함께 하지 않는 사람들이   교육사회학적인 이유들도
새로운 예술에 대해 행하는 복수.   있음. 반쪽 교육

X 예술이 자율적일수록, 형식법칙에 충실할수록, 예술은 소비로부터 더욱 많이 벗어남.

이러한 보복이 정당성의 원천이 <u>아니라는</u> 사실을 지적하는 것은 매우 중요함.

<u>사회</u>(문화산업과 지속적인 이질성)에 부담으로 떠넘겨질 수 있는 단절로부터 출발해서 <u>예술</u>에 비난이 가해지기 때문임. 이러한 비난은 억압에 이르게 됨.

따라서 루카치에 반대하는 논쟁.

루카치는 예술이 소비로부터 소외되는 것이 <u>그것</u> 자체로 사회적인 것이며, 결단을 통해서 철회될 수 없는 것이라는 점을 간과하고 있음.

16

매개된 원자화로서의 원자화.

루카치에서는 미적 주관주의가 <u>실제주의</u>로 나타남.

이른바 빗나가는 기능.

다른 것에 의해서 빗나가게 되며, 공포에 의해 빗나가게 되지 않음.

여기에 들어와서 유희를 벌이는 이데올로기 개념: 이데올로기는 그러나 사물 자체에서 그 척도를 가지며 단순한 연관관계에서 갖지 <u>않음</u>.

헤겔 387에 접속   X 삽입 b, S. 17.

B.   창조자의 주관주의. 19세기 천재 이론, 체험과 문학.

대부분의 경우 숨— 초원심리학에 지나지 않음: 심층심리학

주관적 창조자에 들어있는 원리적인 <u>폐쇄성</u>이 일단은 인식 불가능하고, 동요하는 기반임. ↓ 하나로만은 불충분함.

"감정이입"은 모든 규율에서 벗어나 있음. "입법자의 의지".

예술은 이것 이상의 그 어떤 것임. 예술은 스스로 말하는 객관화된 정신임.

이렇게 되면: 예술은 확정성이 의도하는 것보다는 창조적 주체에 속하는 정도가 훨씬 적음. 퇴적된 사회.

생산한다는 것은 실행한다는 것을 뜻하며, 객관적으로 요구된 것에 뒤따르는 것을 의미함.

아마추어들만이 무에서 유를 창조하는 것을 믿고 있음; 자기 스스로 의식하고 있는 모든 예술가는 자신이 얼마나 많이 객관적으로 요구된 것에 따라야 하는지를 알고 있음.   한스 삭스(Hans Sachs): 너희 스스로 예술을 설정하고, 설정한 예술에 따르라

자유의 활동이 극히 미세함.

59. 2. 12.   헬름의 테제. 이 테제의 진실과 비진실. 형식들의 즉자에는 항상 주체가 이미 들어 있음.

변증법: 작품은 잠재적인 객관성으로 예술가에게 마주 대하게 됨, 그러나 이러한 객관성을 활성화하기 위해서는 주체가 필요함.

이에 대해서는 장소τόπος, 場所의 카테고리.

승화되어 있으며, 사라지지 않음.

베베른

가장 진보된 것에 아직도 들어 있는 재능.

예술가의 창조도 직접성이 아님.

장소τόπος에 의한 매개. 직접성의 논리적 매개의 부정을 통해서 생성됨(모차르트).

X 삽입 c. S.18.

C│예술의 객관적인 변증법은 어디에 의지할 수 있는가?

예술작품이, 주체인 한, 정신에 대해 열려 있고 정신과 유사하다는 것에 의지할 수 있음.

그러나 동시에: 대상화된, 출현으로 생성된, <u>구속력 있는</u> 정신.

중심적인 내용임. S.18로 계속

17

a를 삽입

확정성과 대립되는, 합리성의 요구.

여성이 순수한 감정을 갖는 것처럼, 예술은 순수하게 직관적이어야 함.

합리적인 사회가 비합리적인 것에서 부리는 고집.

예술은 이것과 모순되는 관계에 있음. 여기에서 예술의 차별성이 특별하게 통용됨.

1) 문학의 개념적 요소들(마이어)

2) 회화의 소재층(層)

3) 무엇보다도 특히, 매개된 것, 단순한 직접성을 넘어서는 것.

예술은 종합, <u>실행</u>을 요구하고, 단순한 수동성을 요구하지 않음: 단순한 수동성은 예술에 낯선 것임.

예술을 경험하는 것은 예술을 인식하는 것임.

여기에서 미적 거리가 성립되며, 미적 거리는 감성을 없애 가짐.

감성적인 것이 매개됨.

예술에 대한 인식은 그러나 인식에 <u>외부적인</u> 성찰이 아니며, 성찰 <u>내부</u>에 있음.

성찰과 직관의 관계는 유동적임(기억과 연속적 형상).

S.16.에 b를 삽입.

예술에서 감정들은
칸트적인 근본적 주관성과 관계가 없으며,
정초되는 것에서 항상 이미
유희를 하고 있음.
감정들은 여기에서 객관적인 것에
대해 우위를 갖지 않음

받아들이는 사람에게서 근거를 세우는
것에 대한 결론적 비판 ←

경험 자체는 항상 잘못된 것으로 —원자적인 것— 서술됨.
훨씬 복합적이며, 하나에 합리적이고도 비합리적인 것이 함께 들어
있음

경험의 구체적 상태의 본질
(존재에 대항하는 것이 아님)

세계에 대한 감정이며,
판단으로서 세계에 대한 감정이 명백성에서 상실하게 하는 것을 세
계에 대한 감정은 본질에 근접한 것과 본질의 구체화에서 획득함. 예) 마네 59. 2. 5.
세계에 대한 감정은 단순히 주관적인 것이 아니고 전체를 의도함.
진술된 형식들에서보다는 전혀 다른 종합들임: 브레히트의 오류.

18

세계에 대한 감정은 동시에 그 내부에서 최고도로 규정되어 있음.
형식법칙 아래에서 이루어지는 종합이 이러한 규정성임.
이러한 종합이 현실에 대해 갖는 관계, 현실을 반영하는 것이 예술
작품에 원래 들어 있는 내용이 아님.

S.16.에 c를 삽입
주관적인 것 이전의 상태, 궁정적—위계질서적인 것으로 되돌아가
는 것이 아님.
객관성 구성요소로서의 주체: 자유

이런 의미에서 볼 때 진보.

이러한 주관적인 것은 그러나 객체에서 객관적으로 규정되며, 심리적으로 거기로 되돌아가는 것이 아님.

주관성은 본질적으로 비판적-카테고리이며, 실체에 의해 잘못된 것으로 됨.

59. 2. 12. 중심 텍스트 계속

<u>한계</u>: 실행의 가능성.

작품들의 사멸.

원시적인 것 = 실행될 수 없는 것.

해석이 불가능하게 되고 있음.

경계선이 교대되고 있음.

역사의 템포가 증대되는 것과 함께 상대적으로 가까이 있는 작품들은 해석이 불가능한 작품들이 될 수 있음.

예술 장르들에서 상이하게 나타남: 음악은 급격하게 자신을 가린다.

이렇게 되면 예술의 태도는 구성과 <u>구원</u>.

생동감 있는 작품에 대한 관계는 <u>비판적</u> 관계임.

형식—내용 문제.

주관주의에 대한 비판에는 형식주의적인 것에 대한 비판이 놓여 있음.

내용은 근본적 구성요소들에서 떠오르는 것이 아니기 때문임.

19

그러나 이것이 내용미학을 의미하는 것은 아님. 조야한 내용미학은 칸트에 대한 헤겔의 비판을 오용하면서 오늘날 지배적이 되고 있음.

1) 예술작품의 객관성은 주체와 객체를 포함함.

주체에 의해 관통되어지지 않는 예술적 객관성은 존재하지 않음.

주체 없는 객체는 없음. 이렇게 하지 않으면 단순한 소재 내용에 지나지 않음.

객체 없는 주체는 없음.

<u>형식</u>은 퇴적된 내용임.

형식과 내용은 서로 상호 작용하면서 산출됨.

장편소설 형식에서 상세히 논의.

소재의 우연성(의미 없는 삶)

위에서 내려와 만들어진 것에 대항하는, 부서진 조각과 같은 형식.

상투적인 말이 의도하듯이, 형식과 내용을 직접적으로 서로 동치시켜서는 안 됨.

형식과 내용은 서로 의존적이면서도 항상 구분됨. "내용이 형식이다"라는 주장에 반대함.

바로 이것이 힘의 장(場)을 이루게 됨.

종국적으로는 내용이 작품이 맺는 결실이 되는 것도 아님.

내용은 형식에 의해 소모되기 위해서 필연적임.

바로 이 과정이 작품이 맺는 결실임.

<u>미학강의</u>   1958 겨울학기
주제들.

1) 주제와 대상의 문제점	추가적인 중심 주제들:
2) 내 입장의 윤곽을 제시. (미의 개념에서)	예술과 직관
3) 미적 주관주의에 대한 변증법적 비판.	모방과 미메시스
	추함(로젠크란츠 언급)

4) 미적 형식주의에 대한 변증법적 비판. 비율

전면에 제시하는 노선들

5) 객관성에 대항하는 방향 전환: 루카치.

6) 가상과 현실. ←

7) 주체—객체—변증법

8) 내재적 법칙성, 의무

9) 기법과 테크놀로지

10) 예술과 소통.

11) 앙가주망, 경향 등등.

12) 예술을 위한 예술

13) 예술의 내용과 사회.

14) 진보의 문제, ~~예술~~에서의 합리성과 미메시스

15) 예술과 예술들, 문화, 중립.

16) 미적 명목주의와 형식들

17) 양식 개념에 대한 비판, 정당함과 부당함

18) 고전주의, 낭만주의, 현대

19) ⎫ 형식 분석적인 모델들, 드라마, 장편소설,
20) ⎭ 소나타, 심포니

21) ⎫
22) ⎭ 기준들(음악에서 전개)

23) 예술은 원래 무엇인가, 매개된 규정

24) 예술작품들의 내부적인 것과 외부적인 것

25) 오늘날 예술이 처한 상황에 대해

미적 상대주의의

문제(ad[?] 19—20)

예술의 수수께끼적 특징,

이러한 특징의 간접적인 해체

(종국에 이르러)

예술과 유희의 카테고리

미적 의미의 문제.

진술을 둘러싼 논쟁.

테크놀로지와의 관계.

예술의 선험성과

내재성.

예술의 사회적 기능

1) 역사적으로 변전함(뷔히너, 위고)

2) 오늘날에는 직접적이지 않음, 위로부터 항상 덮여 있기 때문

3) 기능을 거부하는 것에 들어 있는 기능

4) 반영이 아니고 본질

5) 요소들을 전치轉置시키는 것을 통해 비판적이 됨, 낯설게 하기

6) 예술은 실제에 직접적으로 작용하지 않음, "격언"이 아님.

7) 기능의 설치는 항상 국가자본주의적—전체주의적임. (생시몽St. Simon)

8) 기능을 발휘하는 예술은 이데올로기임

9) 인간의 조건∧ 이라는 개념에 산입되는 것은 역사적 위치 가치를 가짐.

10) 어상주의는 리얼리즘은 단순한 가상

11) 유토피아는 부정성否定性에 숨어 있음.

12) 예술은 사회가 모든 것은 아니라는 것을 보증하고 있음: 그러나 이 것도 이데올로기의 한 조각이며, 동일성 철학임.

627) 262쪽 이하를 참조. 편집자주 393번 참조.

628) 두 개의 철자/약부(略符)는 해독 불가.

629) Moldenhauer/Michel이 편찬한 판본 제13권 32쪽과 일치함(편집자주 5번 참조). 1959년 1월 27일자 강의 참조(402쪽).

편집자 후기

편집자 후기

아도르노는 미학에 대한 체계적인 책을 집필할 생각을 오래전부터 갖고 있었다. 그는 이에 대한 메모와 착상들을 1956년부터 기록하였다. 아도르노가 자신의 주저작이 되어야 한다고 생각한 책의 성립 과정에서는 그가 1950년부터 1968년까지 총 6차례에 걸쳐 미학에 대해 행했던 강의가 결정적 영향을 미쳤다.

1958/59년도 겨울학기 강의의 내용이 들어 있는 이 책은 총 6차례의 강의 중에서 4번째 강의를 출판한 것이다. 이 강의는 또한 녹음테이프를 인쇄 상태의 원고로 옮기는 작업을 통해서 완벽하게 기록된 강의이며, 가장 먼저 완벽한 기록에 이른 강의이다. 인쇄 상태의 원고에 추가 작업이 이루어진 것에서 보이듯이, 아도르노는 나중에 행한 강의들을 준비할 때와 그의 『미학이론』이 되어야 한다고 생각했던 책의 작업을 할 때 이 텍스트와 더불어 지속적으로 작업하였다.

아도르노가 미국 망명 생활 후 독일로 돌아온 후 행했던 최초의 미학 강의에 대해서는 그 강의가 1950년 여름학기에 월, 화, 수요일 16시부터 17시까지 진행되었다는 사실 이외에는 더 이상 알려진 것이 없다. 아도르노는 1950/51년 겨울학기에 미학에 대해 두 번째 강의를 하였으며, 이 강의로부터는 타자를 쳐서 정비된 핵심용어들과 요약된 기록이 보존되어 있다. 이 기록은 테오도르 W. 아도르노 자료실에 보존되어 있다. 이 기록으로부터 아도르노가 언급한 주제들의 스펙트럼과 일련의 중심적인 테제를 뽑아낼 수 있다. 1955/56년에 행한 세 번째 강의는 육필로 쓰여 있는 구상들과 핵심용어들, 속기사가 강의를 받아쓴 노트에 근거하여 정리한 사본의 형식으로 기록되어 있다. 이러한 자료들을 엮은 책은 『유고집 제4부, 17권(Nachgelassene Schriften, Abt. IV, Bd. 17)』으로 출판될 예정이다. 녹음테이프 내용을 완벽하게 책으로 편찬하는 것은 이 책 이외에도 아도르노가 1961년 여름학기와 1961/1962 년 겨울학기에 걸쳐 두 부분으로 나누어 행하였던 강의가 있다. 이 강의는 『유고집 제4부, 8권(Nachgelassene Schriften, Abt. IV, Bd. 8)』으로 출판될 예정이다. 1967년 여름학기와 1967/68년 겨울학기에 걸친 2학기 동안의 마지막 미학 강의는 『미학이론』의 대부분이 이미 집필된 시점에서 행해졌다. 이 강의는 구상들과 핵심용어들, 따로따로 작성된 속기록, 부분적으로는 녹음테이프에서 받아쓴 기록의 형태로 불완전하게 남아 있다. 1967/68년 겨울학기 강의(미학 II)로부터 몇 시간 수업 분량에서 발췌된 내용이, 판권이 없는 상태에서 학문적 요구 제기를 하면서, 어떤 방식으로도 결코 충분하지 않은 편집의 형태로 1973년에 출판되었다. 이것은 아도르노의 강의 내용을 도둑질하여 인쇄한 책이었다. 이 책의 이름에 자신의 이름을 C. K.라고만 표시하였던 편찬자는 녹음테이프의 질이 "생각할 수 있는 한도에서 볼 때 매우 나쁜" 상태였다는 점을 진술하고 있다.

1958/59년 겨울학기 강의는 여러 가지 면에서 시사하는 바가 많다. 이 강의에는 냉전 시대에서 서독에서의 삶을 각인시켰던 예술적, 지성적, 정치적인 차원에서 다양하게 엮여 있는 비판적 대결들이 들어 있다. 이 강의는 그러므로 시대에 대한 기록이기도 하다. 이 강의는 오늘날의 학사과정과 석사과정의 테두리에서는 생각하기 어려운 학문적 가르침의 형식에 대한 기록이다. 아도르노의 강의는 연구와 강의의 통일이 무엇인가를 보여주고 있으며, 그것은 이 강의가 실행되었던 시대에는 이러한 통일에 대해 어떠한 망각도 일어날 필요가 없을 만큼 당연한 것이었다. 연구와 강의의 통일은 반세기의 시간차를 두면서 아도르노의 강의에서 재구성되면서 관찰되고 있는 것이다. 연구와 강의의 통일은 교수가 연구 결과의 성과로부터 교수에게 중요한 것으로 보였던 내용을 강연하는 것에서 쇠진되지 않았을 뿐만 아니라 강의 자체가 아

도르노에게는 실험실과 같은 것이었다. 이러한 실험실에서 아도르노는 그의 생각을 우선적으로 전개시키거나, 또는 이러한 생각들이 —자신을 학생들에게 이해시켜야 한다는 필연성에서— 하나의 질서와 조형성에 이르게 될 수 있었다. 아도르노의 강의가 보여주는 질서와 조형성은 이것들에서 엮여 있는 물음들의 복합성에서 비로소 성과가 일어날 수밖에 없었다. "아도르노의 생각들이 강의에서 진행되는 말에서 점차적으로 완성되면서" 획득하는 생산성은, 학생들에게 수용된 강의 시간들, 아도르노가 그의 강의를 준비하면서 기록해 놓은 핵심용어들, 그리고 그가 관여한 출판된 텍스트 사이의 관계를 더욱 자세히 탐구해 보면 특히 잘 이해된다. 더 나아가 아도르노가 자유롭게 강의하였던 내용을 녹음을 통해 인쇄 상태에 이르게 된 원고를 아도르노 스스로 평가하고 그에게 특히 중요하게 나타난 자리들에 밑줄을 긋고 있는 것을 관찰해 보는 것도 앞에서 말한 생산성의 이해에 특별한 도움이 된다.

『미학이론』의 주제들 중의 일부가 이미 이 강의에서 언급되고 있으며, 부분적으로는 상세하게 전개되고 있다. 근본적인 모티프들은 아도르노에게 이 당시에 이미 명백하였다. 아도르노는 그러나 많은 것들을 강의 자체의 관점에서 비로소 스스로 명백하게 해두고 있다. 어떤 자리들에서는, 이 강의는 『미학이론』에서 추후에 출발점을 찾아야 된다고 생각했던 정도를 넘어서고 있기도 하다. 루카치와의 비판적 대결이 이에 해당되지만, 이것이 유일한 경우는 아니다. 아도르노는 1958/59년 가을과 겨울에 그가 나중에 『미학이론』에 들어갈 내용을 써 놓은 텍스트의 편집에서, 반드시 필요하다고 생각했던 것보다도 더욱 강력하게 루카치와 비판적 대결을 벌였다. 특히 강조할 만한 것은 아도르노가 이 강의에서 미적 경험의 이론에 대해 상세한 논의를 전개하고 있다는 점이다. 이 이론은 지난 30년 동안에 철학적 미학에서 전개된 이론의 관점에서 볼 때 현재적 중요성을 획득하는 것으로 보아야 할 것 같다. 더 나아가 2가지 사항이 언급할 가치가 있다. 하나는 아도르노가 플라톤의 『파이드로스』에서 시도된 아름다운 것에 대한 고전적 해석을 집중적으로 다루고 있다는 사실이다. 다른 하나는 아도르노가 존 케이지에 대해 커다란 관심을 보이고 있다는 점이다. 아도르노는 1958년 가을에 케이지의 실험들이 그를 눈에 띌 정도로 혼란시키고 있다고 보아 그러한 실험들에 대해 반대하는 입장을 개진하였다. 케이지의 실험들은 아도르노에게는 청취자를 퇴행과 자아의 약화로 불확실하게 끌고 가는 음악이었으며, 그는 이 경향이 증대되고 있다고 보았다.

이 책은 녹음테이프로부터 얻어낸 246쪽의 원고에 기초하여 편집되었다. 이 원고는 아도르노 자료실에 Vo 3497-3747로 표시되어 보존되어 있다. 아도르노가 달아 놓았던 주석들이나 인쇄 상태의 원고에 작업한 다른 흔적들은 편집자주에 기입되어 있다. 편집자는 이 책을 편집할 때 아도르노가 행한 자유로운 강연의 특징, 아도르노에게 고유한 문체적, 단어적, 구문적 특성들을 유지시키려고 시도하였다. 현저한 청취실수, 오기, 문법적 오류, 또는 문장의 단점들은, 이것들이 강의의 내용과 관련하여 논란을 불러일으키지 않는 가능성을 보여주는 경우에는, 암묵적으로 교정되었다. 몇몇 소수의 경우들에서는, 다시 말해 의미의 뉘앙스가 걸려 있지 않은 경우들에서는 '그리고', '그러므로', '이제' 등과 같은 반복들과 문구를 나누는 단어들, '원래는' 또는 '여러분이 의도한다면'과 같은 미사여구들은 삭제되었다. 주문과 부문이 결합되어 있는 부결문附結文은 텍스트의 가독성이라는 관심에서 경우에 따라 두 개나 여러 개의 문장으로 분할되었다. 편집 문제의 본질로 볼 때 편집자에 의해 부가되어야만 하였던 구두점은 일차적으로는 부차적 생각에 의해 중단된 부결문을 가능한 한 오해하지 않도록 나누는 것에 기여한다. 녹음테이프 교환이나 녹음의 기술적 장애로 인해 발생된 공백은 …으로 표시되었으며, 이것은 편집자주에서도 기입되었다. 아도르노가 인용한 텍스트들에서 그가 경우에 따라 생략하고 인용한 부분도

…로 표시되었다. 편집자주들은 강의에서 언급된 이름들, 작품들, 사건들, 그리고 즉각적으로 이해되지 않는 개념들로 가정될 수밖에 없는 개념들에 대해 설명할 목적으로 작성되었다. 편집자주들은 본질적으로 이렇게 이해되는 것들이다. 복합적인 사실관계가 단지 지나가듯이 언급되거나 또는 아도르노가 의도하는 바가 명확하게 표현되어 있지 않은 경우들에 대해서는 아도르노의 저작들에서 그러한 경우들에 해당되는 부분을 제시하였다.

녹음된 강의를 인쇄된 원고로 바꿈으로써 강의를 재현시키는 것에 이어서 아도르노가 육필로 쓴 핵심용어들과 목차에 대한 개관은 가능한 한 기록된 상태에 충실하게 모사하여 재현시켰다. 이 기록은 아도르노 자료실에 Vo 4235-4255로 표시되어 보존되어 있다. 이 기록은 번호가 붙여져 있는 19장과 번호가 없는 2장으로 된 목차에 대한 개관으로 구성되어 있다. 19장의 순서는 19장에 메모되어 있는 주제들로서 실제 강의에서 다루어진 주제들의 순서와 일치하지 않는다. 강의에서 일단은 지나가 버렸던 것들 중에서 많은 것들을 아도르노는 지나간 이후에도 기회가 닿는 대로 다시 포착하였다. 이에 상응하여, 많은 장에는 아도르노가 작업한 여러 개의 층들이 겹쳐져 있다. 이것들은 작은 글씨로 쓰여 있으며, 처음에는 자유로운 여백으로 주어진 자리나 또는 행 사이에 기입되어 있다. 이 기록에 나오는 날짜 표시는 일반적으로 해당되는 시간의 강의가 행해졌던 날과 관련되어 있다. 개별 단어들이나 약부略府가 해독되지 않는 곳이 두 곳에 있다. 이곳은 [?]로 표시되어 있다.

목차에 제시되어 있는 개관은 독자를 강의의 내용에 안내하는 데 기여할 뿐 더 이상 의미를 갖지는 않는다. 아도르노의 미학 강의는 구성이나, 심지어는 체계성의 밑에 깔려 있지도 않고, 그런 것들을 갖고 있지도 않다(이 책에서는 한국판 차례로 여기에서 언급되는 개관을 사용하였다, 역주).

편집자는 학문과 예술의 진흥을 위한 함부르크 재단과 편집 작업이 진행되면서 편집자의 옆에서 조언을 해 주고 활동을 통해 도와주었던 모든 사람들에게 감사드린다. 특히 Michael Schwarz, Tilman Borsche, Lydia Goehr, Andrew Bowie, Christian Thorau, Martin von Koppenfels, Nikolau Urbanek, Martin Seeber, Andreas Haug, Gesine Palmer, Christoph Ziermann, Michael de Groot, Raimund Groß, Alena Gärtner에 감사드린다.

옮긴이 후기

옮긴이 후기

I

제2차 세계대전이 끝난 후 미국 망명생활에서 독일로 돌아 온 테오도르 W. 아도르노는 프랑크푸르트 대학에서 철학, 미학, 사회학 강의를 시작하였으며, 그의 강의는 세상을 떠났던 해인 1969년까지 계속되었다. 그는 1950년부터 1968년까지 총 6차례에 걸쳐 미학 강의를 하였으며, 이 강의들은 미완성으로 끝난 그의 주저작인『미학 이론Ästhetische Theorie』의 집필에 초석이 되었다. 여기 한국의 독자들에게 내놓는『미학 강의 I』은 아도르노가 1958/1959년 겨울 학기에 강의한 내용을 녹음테이프로 옮긴 후 인쇄 상태의 원고로 작성되는 과정을 거쳐 편찬된 책이다. 이런 과정을 거친『미학 강의 I』은 아도르노가 구두로 행한 강의 내용을 완벽하게 전달하고 있다. 6차례의 미학 강의 중에서 내용이 완벽하게 보존되어 있는 또 다른 강의로는 1961년 여름 학기와 1961/1962년 겨울 학기에 거쳐 2회로 나누어 행한 강의가 있다. 이 강의는 독일에서 아직 출판되지 않은 상태에 있으며, 아도르노 강의록 제8권으로 출간될 예정이다. 1958/59년의 강의록의 한국어판 제목을『미학 강의 I』로 정한 것은 1961/1962년에 행한 강의가 한국어로 번역될 경우 이 책의 제목이『미학 강의 II』가되는 것이 타당하기 때문이다.

II

『미학 강의 I』이 한국어로 출판되는 의미는『미학 이론』과의 관계에서만 논의될 수 있다. 서구 미학사·예술이론의 역사에서 성취된 최고의 학문적 업적으로 평가받고 있는 아도르노의 미학·예술이론은 그의 최후의 주저작인『미학 이론』에 집대성되어 있기 때문이다.『미학 강의 I』의 내용뿐만 아니라 앞으로 출간이 예상되는『미학 강의 II』의 내용도 최종적으로는『미학 이론』에서 수렴된다. 이 책은 아도르노의 미학·예술이론에 관한 논의에서 가장 중요한 텍스트인 것이다. 여기에서 옮긴이는 학문과 글쓰기 형식에 대한 아도르노의 입장과『미학 이론』의 제목과의 관련성에 대해 잠깐 언급하고자 한다. 이렇게 함으로써, 아도르노가 생각하였던 미학·예술이론의 특징에 독자들이 더욱 가까이 다가설 수 있다고 보기 때문이다.

아도르노는 대학에서 행하는 강의에 대해서는 'Ästhetik(미학)'이라는 제목을 사용하였지만, 그의 최후의 주저작에 대해서는 'Ästhetische Theorie'라는 제목을 붙였다. 그가 이처럼 특이한 제목을 붙인 것은 경직된 개념과 체계를 싫어했던 그의 학문적 신념 때문이었다. 그는 개념과 체계를 사용하여 논리적으로 엄격하게 구축된 논문을 쓰는 것을 적극적으로 기피하였고, 자신의 이념과 사상을 대부분의 경우에 에세이 형식으로 표현하였다. 'Ästhetische Theorie'도 역시 에세이 형식으로 집필된 저작이다. 옮긴이가 1993년에『아도르노의 사회 이론과 예술 이론』을 '문학과 지성사'에서 출간한 이후 아도르노를 국내 학계에 소개하는 과정에서 옮긴이는 첫째로는 그의 이러한 신념을 존중한다는 의미에서, 둘째로는 'Ästhetische Theorie'에서는 미학이 무엇인가 하는 물음에 대한 이론적 대답이 관건이 되어 있지 않고 예술·예술작품이 무엇인가 하는 물음에 대한 아도르노의 통찰이 책 전체를 관통하고 있다는 의미에서 'Ästhetische Theorie'를『예술 이론』으로 주로 번역하였고, 몇몇 특별한 경우에는『미학』으로 옮기기도 하였다. 그러나 2010년에 국내의 아도르노 전공학자들이 그의 강의록들과 아직 번역되지 않은 저작

들을 한국어로 번역하기 위한 목적으로 '아도르노 저작 간행위원회'
를 결성하면서 책과 논문 제목의 통일, 핵심용어들의 통일 등 번역에
관련된 여러 문제에 대해 집중적으로 토의하였고, 이 과정에서
'Ästhetische Theorie'를 『미학 이론』으로 옮기는 것에 최종적으로 합
의하였다. 이에 따라 옮긴이는 『미학 이론』이라는 제목을 사용하기
로 한다.

　　아도르노의 미학·예술이론을 이전의 미학·예술이론과 뚜렷
하게 구분하게 하는 결정적인 요소는 그가 예술을 인간의 삶을 결정
하는 근원적인 관계인 자연-인간-사회의 관계에서 통찰했다는 점
이다. 인간에 의한 자연지배와 자연지배와 더불어 설치된 사회에 의
한 인간지배가 지속적으로 진보하는 과정에서, 그의 시각으로는 문
명사의 타락 과정에서 예술은 역사를 —학문에서처럼 개념과 체계
를 통해서가 아니고 비개념적인, 형상화된 언어를 통해— 인식함으
로써 '무의식적인 역사 서술'을 실행하였으며, 더 나아가 역사가 그
렇게 타락적으로 진행되지 말았어야 했으며 앞으로는 그렇게 진행
되어서는 안 될 것임을 언어가 없는 언어sprachlose Sprache를 통해 말
해왔다는 것이다. 그에 따르면, 예술이 —카프카의 소설이나 피카소
의 그림처럼 수수께끼와 같은 형상을 지닌 예술작품이 그것 자체로
서 존재한다는 사실을 통해서, 예술작품이 보여주는 비개념적인 언
어를 통해서— 역사를 인식하면서 인간에게 말해 주고 있는 것은 고
통이다. 바로 이것이 아도르노 사상에서 중심적인 개념인 세계에의
고통Weltschmerz, 또는 세계가 주는 고통이다. 앞에서 매우 짧게 요약
한 내용이 아도르노 미학·예술이론의 핵심이다.

　　예술을 보는 아도르노의 이처럼 새로운 시각이 철학, 사회학, 미
학, 음악학, 문예학 등에서 성취된 그의 모든 학문적 노력과 결합되
어 『미학 이론』에 퇴적되어 있으며, 학문적 성취도에서 볼 때 서구
미학사·예술이론사에서 이 책을 능가하는 저작은 아직 나오지 않

고 있다고 볼 수 있다.『미학 강의 I』에서도 앞에서 말한 핵심이 이미
—서술이『미학 이론』에서보다는 덜 구체적이고 구어라는 특징으
로 인해 다층적·다의적·다차원적이지는 않으며 아도르노에게 특
유한 농축된 언어로 이루어지지 않고 있지만— 대략적으로 윤곽이
드러나고 있다. 이어지는 글에서 옮긴이는『미학 이론』에서 종합되
어 있는 아도르노 미학·예술이론의 핵심을 자연-인간-사회의 관계
를 중심으로 해서 간략하게 소개하고, 이 책이 특별한 난해하기 때문
에 수용에 문제점이 있다는 점, 바로 이 점에서『미학 강의 I』의 한국
어 출판이 의미를 지닌다는 점을 언급함으로써 독자들이『미학 강의
I』에 가능한 한 편안하게 접근하여 아도르노 미학·예술이론을 파
악하는 데 미력이나마 보태고자 한다.『미학 이론』이 한국어로 번역
되어 있기는 하지만 난해성으로 인해 아도르노 미학·예술이론이
아직도 국내에 충분하게 수용되지는 않았다는 생각을 옮긴이가 갖
고 있기 때문이다.

　　이런 의도에서,『미학 강의 I』에 대한 안내에서도 아도르노 미
학·예술이론의 이해에 핵심적 요소인 자연-인간-사회의 관계를
중심으로 해서 그 내용을 간략하게 해설하고자 한다. 자연-인간-사
회관계와 예술의 관계는 21개의 강의로 이루어진『미학 강의 I』의
제1강부터 제5강까지의 내용에서 주로 언급되고 있기 때문에, 옮긴
이는 이 부분에 대해 해설을 집중시키고자 한다. 예술이 인간에 의한
자연지배와 사회에 의한 인간지배에서 오는 고통을 표현한다는 아
도르노의 핵심적 사유를 독자들이 제1강부터 제5강까지의 내용을
통해서 이해하게 되면, 큰 어려움 없이 제6강 이후의 내용을 파악할
수 있을 것으로 보기 때문이다.

　　아도르노는 원시 시대의 인간이 자연의 위력이 주는 공포로부
터 벗어나기 위하여 자연에 자신을 비슷하게 하는 의식인 원시 제전
에서 자연지배가 시작되었다고 보며, 그에게 원시 제전이라는 주술

적 행사는 동시에 사회의 설치를 의미한다. 주술사가 주도하는 원시 제전의 실행 과정에서 권력을 행사하는 사람과 권력의 지배를 받는 사람이 발생하며 지배를 받는 사람에게 부자유한 노동이 강요되면서 인간을 지배하는 사회가 설치되었다는 것이다. 강제적 속박의 연관관계로서의 사회가 원시 제전에서 시작되었다는 것이 아도르노의 시각인 것이다. 원시 제전은 또한 그에게는 예술의 탄생을 본격적으로 알리는 행사이기도 하다. 인간이 자연의 위력을 달래기 위해 원시 제전이라는 조직적 행사를 통해 자신을 자연에 비슷하게 하는 과정에서 주문呪文을 외우고 노래하며 춤을 추는 형식으로 예술이 탄생하였다는 것이다. 아도르노는 인간이 자연에 자신을 비슷하게 하는 행위를 미메시스Mimesis라고 명명하며, 이 개념은 탈주술화, 합리성, 가상 개념과 더불어 아도르노 미학 · 예술이론에서 핵심적 위치를 차지하고 있다. 약간 과도하게 표현한다면, 인간학적 · 문화사적 · 예술이론적 · 인식론적 의미와 차원을 갖고 있는 미메시스라는 개념에 대한 최소한의 이해도 없이 아도르노 미학 · 예술이론을 파악하는 것은 거의 불가능하며, 아도르노 사상 전반에 접근하는 것도 역시 가능하지 않다. 요약하자면, 예술은 자연의 위력으로부터 인간이 자신을 보존시키기 위한 과정에서 필연적으로 형성될 수밖에 없었던 자연-인간-사회의 관계에서 탄생되었으며 미메시스적 특징을 갖고 있다는 것이 아도르노의 예술이론을 이해하는 데 결정적으로 중요하다.

자연-인간-사회관계의 큰 틀에서, 다시 말해 문명사의 전개라는 큰 틀에서 구상된 아도르노의 미학 · 예술이론은 역사철학적 차원, 인식론적 차원, 사회이론적 차원을 지니며, 옮긴이는 이 점을 아도르노 사상에 관한 여러 글에서 수차 강조한 바 있다. 아도르노의『미학 이론』은 역사철학, 인식론, 사회이론으로도 읽힐 수 있는 책인 것이다. 자연-인간-사회관계의 틀에서 정초된『미학 이론』은 예술작품이 자연에 대한 모방이라는 이론, 예술작품은 예술가의 천재적 재능에서 생산된다는 이론, 예술을 위한 예술이라는 예술지상주의에서 예술작품이 생산되며 예술작품의 생산은 사회와는 아무런 관계가 없다는 이론, 예술은 사회의 객관적 모순을 객관적으로 반영한다는 이론, 예술은 대리 만족이나 소망 충족이라는 이론 등이 보여주는 인식의 차원을 훨씬 뛰어 넘는 수준을 보여주고 있다. 이와 동시에『미학 이론』은 칸트 미학이 성취한 인식인 이해관계 없는 편안함, 취향 판단, 그리고 헤겔 미학의 핵심 내용인 이념의 감각적인 현현을 한편으로는 수용하면서도 다른 한편으로는 앞에서 말한 자연−인간−사회관계에서 예술을 인식하는 시각을 도입함으로써 칸트 미학과 헤겔 미학을 비판적으로 극복하는 학문적 진보를 보여준다.

『미학 이론』이 학문적으로 성취한 가장 중요한 업적 중의 하나는 이 책이 아도르노가 '새로운 예술'이라고 지칭한 현대 예술에 대해 가장 설득력 있는 해석을 제공하고 있다는 점이다. 프루스트, 조이스, 카프카, 베케트, 클레, 피카소, 쇤베르크와 같은 예술가들이 보여주는, 아리스토텔레스 시학 이후의 서양의 전통적 미학·예술이론의 틀로는 도저히 이해할 수 없는 특이한 현상들에 대해『미학 이론』은 최초로 가장 설득력 있게 해석을 제공한 책으로 평가받고 있다. 현대 예술에서 특이하게 나타나는 추함, 충격, 어두움, 괴기스러움, 공포, 전율, 고통, 불안, 불안정, 낯설게 하기, 소외, 부조리, 수수께끼적인 성격, 병적 혐오감, 부조화, 불협화음, 의식의 흐름과 같은 새로운 서술 기법, 12음과 같은 새로운 음계 등의 현상들이『미학 이론』에서 비로소 제대로 그 본질이 규명되고 있기 때문이다. 현대 예술이 과거의 예술과는 근본적으로 다른 새로운 예술이라는 점을 최초로 통찰한 이론가는 물론 발터 벤야민이다. 그는 자본주의가 절정 자본주의 단계에 도달하였음을 보여준 19세기의 세계 중심도시 파리에서 전개된 문명의 잔혹성과 상품 세계의 폭력성을 추함의 언어,

병적 혐오성의 언어를 통해 알레고리적으로 표현한 보들레르C. Baudelaire에서 '예술적 현대'가 본격적으로 시작되었음을 최초로 통찰하였다. 아도르노는 그러나 벤야민의 통찰을 더욱 확대·심화시키고 현대 예술에서 나타난, 앞에서 예거한 특별한 현상들을 매우 구체적으로 해석하면서 이와 관련되는 새로운 개념들을『미학 이론』에서 정초함으로써 이 책 이전에 있었던 미학·예술이론으로는 인식될 수 없었던 현대 예술의 본질을 인식하게 하는 학문적 업적을 성취한 것이다. 단적으로 말해서, 아도르노는 현대 예술에서 나타나는 이해될 수 없는 현상들에 대한 이해 가능성을 본격적으로 설득력 있게 제시한 예술이론가이다.

그러나『미학 이론』에는 철학, 미학, 사회학, 심리학, 음악학, 문예학 등 여러 학문 분야에서 아도르노 이전에 이미 획득된 인식과 아도르노 자신이 위 분야들에서 새롭게 성취한 인식이 다층적·다의적·다차원적으로 서술되어 있고, 이 서술조차도 아도르노 텍스트의 난해성을 높여 주는 문체인 농축체로 이루어지고 있다. 이런 이유로 인해 독일어를 모국어로 하는 인문학자에게도『미학 이론』은 특별할 정도로 난해한 책이다. 옮긴이가 독일 유학 당시 하버마스의 미학 세미나에 참석했을 때 그가 이 책에 대해 언급했던 내용이 지금도 생생하게 기억이 난다. 그는 이 책이 매우 특별할 정도로 어려운 책이라고 말하면서, 이 책을 읽는 요령을 웃으면서 학생들에게 알려주었다. 아도르노가 핵심용어에 따라 쓴 내용이 들어 있는 부분을 읽을 때 앞부분의 몇 문장을 집중해서 반복적으로 읽고 나서 뒷부분의 몇 문장을 여러 차례 읽으면 그 내용을 어느 정도 파악할 수 있다고 하버마스가 웃으면서 말하자 학생들도 웃었던 기억이 난다. 하버마스의 세미나는 1989년에 열렸던 것으로 기억되는 데, 그 당시 이미 세계 최고의 철학자이자 사회이론가였던 하버마스에게도 특별할 정도로 난해했던 책이 바로『미학 이론』이다. 프랑크푸르트 학파의 제1

세대 학자들이 학문 연구의 기본원칙으로 정초하였던 공동학제적
연구를 충실히 이어 받은 하버마스에게도 이 책이 난해했던 이유는
『미학 이론』의 몇몇 문장들만 보면 알 수 있다. 이 자리에 몇몇 문장
들을 예거해 보기로 한다.

예술은 사회에 대한 사회적인 반테제이다. 예술은 사회로부터 직접적으로
연역될 수 없다(Theodor W. Adorno, Ästhetische Theorie, 5. Aufl., Frankfurt
a. M. 1981, S. 19).

다만 새로운 것에서 미메시스는, 퇴행 없이, 합리화와 결합된다. 새로운 것
에서 보이는 소름끼치는 것에서 합리는 그것 스스로 미메시스적으로 된다
(S. 38).

실제적이 되겠다는 요구 제기로부터 자유롭게 된 주술 자체는 계몽의 한
부분이다. 계몽의 한 부분이 갖고 있는 가상은 탈주술화된 세계를 탈주술
화시킨다. 이것이 오늘날 예술이 생기게 되는 근거가 되는, 변증법적인 정
기精氣이다(S. 93).

예술에서 수수께끼적인 상은 미메시스와 합리성이 독특한 방식으로 형성
된 것이다(S.192).

예술적 합리성과 비합리성은 똑같은 정도로 사회의 해악에 의하여 상처를
받아 다시는 알아볼 수 없게 되고 만 것들이다(S. 306).

위에 예거한 문장들은 아도르노의 사상을 장기간 연구하여 그
의 사유 세계에 들어가 있는 사람에게도 난해하며, 그의 글을 처음
접하는 사람에게는 도저히 이해될 수 없는 문장들이다. 아도르노의
미학·예술이론에 핵심적인 주제가 되는 예술과 사회의 관계, 현대

예술과 미메시스와 합리화의 관계, 예술과 계몽과 가상의 관계, 예술의 수수께끼적인 형상과 미메시스와 합리성의 관계, 예술적 합리성·비합리성과 사회와의 연관관계 등이 서술되고 있는 것처럼 보이지만, 인용된 문장들에서 나타나는 여러 개념들과 그 관계들은 아도르노의 사유 세계에 깊게 파고 들어갈 때 비로소 그 모습이 드러나는 것들이다.

　이렇기 때문에 『미학 이론』은 독일어를 모국어로 하는 인문학자들에게도 쉽게 읽히는 것을 거부하는 책이라는 평판을 받을 수밖에 없으며, 전문학자가 아닌 독자들이나 이제 갓 공부를 시작한 학생들은 전문학자의 도움이 없이 이 책을 읽는 것이 사실상 거의 불가능하다. 옮긴이도 자력으로는 『미학 이론』을 읽는 것이 불가능하다는 판단을 하여 『계몽의 변증법』에 관한 세미나, 아도르노의 인식론과 사회이론에 관한 세미나, 하버마스의 미학 세미나, 아도르노 철학에 대한 브룬크호르스트의 강의 등 여러 세미나와 강의에 참석한 후에 비로소 『미학 이론』을 조금씩 읽을 수 있었다. 궁극적으로는 아도르노의 사유 세계 전체에 대한 파악과 이해, 그의 농축체 문장에의 적응이 『미학 이론』을 읽을 수 있는 전제조건이 된다. 이 책이 예술이론이면서 사회이론이고 역사철학이자 인식론이라는 다양한 얼굴을 갖고 있음을 독자가 이해할 때, 비로소 이 책의 내용이 독자에게 다가올 수 있는 것이다. 앞에서 말한 여러 이유들로 인해 『미학 이론』이 독일어를 모국어로 하는 전문학자들에게도 특별히 난해한 책임을 감안할 때, 한국어로 번역된 이 책을 읽는 것도 역시 지난한 일이 아닐 수 없다. 독자는 앞에서 예거한 몇몇 문장들과 같은 난해한 문장들을 이 책에서 수를 셀 수 없이 마주치게 된다. 더구나 이 책은 논리에 따른 서술을 전적으로 거부하고 있기 때문에 논리적 맥락에 따라 의미를 파악하는 것도 거의 불가능하다. 독자가 이 책을 읽는 과정에서 아도르노가 무슨 말을 하고 있는지를 모르게 되는 경우가 자주 발생하게 되면, 독자는 책의 내용을 파악하지 못하는 어려움에서 오는 고통을 받으면서 마침내 미궁에 빠질 수 있는 것이다. 더구나 『미학 이론』은 번역을 거부할 만큼의 난해성을 보이고 있기 때문에 그 내용이 번역을 통해 독자에게 전달될 수 있는 정도도 높지 않다고 보는 것이 타당할 것이다. 결론적으로, 한국의 독자들이 한국어판 『미학 이론』을 통해서 아도르노 미학·예술이론의 중심으로 진입하는 것은 매우 어려운 일이다. 읽는 과정에서 고통만 받다가 별 성과가 없이 끝날 개연성도 있다. 바로 이러한 사정에서, 『미학 강의 I』이 한국에서 출판되는 의미가 성립된다. 옮긴이가 『미학 강의 I』을 한국어로 번역하기로 결심한 것도 이러한 사정에 근거한다. 『미학 강의 I』은 아도르노의 미학·예술이론에 다가설 수 있는 길을 그가 친절하게 행한 강의를 통해서 안내해 주고 있기 때문이다.

III

『미학 강의 I』은 아리스토텔레스의 『시학』이후 전개된 서구 미학의 구체적인 내용을 학생들에게 안내하는 강의가 아니다. 아도르노는 역사적으로 전개된 서구 미학의 내용을 학생들에게 설명하고 있지 않고 오히려 그에 앞서서 전개된 중요 미학에서 논의된 개념들과 비판적 대결을 벌이고 있다. 이처럼 비판적 입장을 보이는 이유는 그가 생각하는 새로운 미학, 그의 미학에서 논의되는 새로운 개념들, 기존의 미학에서 사용된 개념들을 새롭게 해석하는 시도들을 학생들에게 알려주기 위한 목적을 갖고 있기 때문이다. 아도르노는 제1강의 모두에서 칸트 미학에서의 '이해관계 없는 편안함', '취향 판단', 헤겔 미학에서의 '이념의 감각적 현현'을 언급하면서 칸트와 헤겔의 미학을 비판적으로 극복하여 미적 객관성이 무엇인지를 규명하는 것이 자신이 생각하는 미학이 될 것임을 알리고 있다. 그는 예술에서의 정합성을 그 나름대로 근거를 세워서 미적 논리가 무엇인가를 학생들에게 설명한 후 제1강의 말미 부분에서 이미 예술적 비합리성에 대해 언급하면서 자연지배와 예술의 관련성을 암시하고, 이어서 예술의 수수께끼적 성격에 대해 논의하게 될 것임을 예고하고 있다. 아도르노는 이미 제1강에서 기존의 미학에서 발견할 수 없는 새로운 시각과 새로운 개념들을 제시함으로써 자신의 미학이 기존의 미학과는 전혀 다른 미학이 될 것임을 알리고 있는 것이다. 제1강은 강의의 시작을 알리는 강의이고 학생들에게 구두로 하는 강의 형식이기 때문에 언뜻 보기에는 쉽게 읽힐 수 있는 글처럼 보인다. 그러나 구두로 한 강의임에도 불구하고 『미학 강의 I』은 제1강부터 독자에게 사고력을 집중시키는 노력을 요구하고 있다. 제1강의 내용을 꼼꼼하게 읽어 보면, 칸트 미학과 헤겔 미학을 구성하는 중심 개념들과 비판적으로 치열하게 대결을 벌이고 예술적 비합리성, 예술과 자연지배의 관계 등 새로운 시각과 개념들을 제시하는 아도르노의 노력에서 그의 새로운 미학이 태동하고 있음을 인지할 수 있다.

『미학 강의 I』의 전편을 관통하는 핵심적인 주제는 미적 경험 또는 예술적 경험의 객관성이다. 아도르노는 미적 경험이 어떻게 하면 객관적으로 이루어질 수 있는가에 대해 이 강의의 전편에 걸쳐 —때로는 자신의 미학 이전에 있었던 미학적 논의들과의 비판적 대결을 통해서, 때로는 자신이 새롭게 제시하는 시각과 개념들, 카테고리들을 통해서— 역설하고 있다. 그는 그러나 이런 의도를 직접적으로 학생들에게 밝히는 방식을 채택하지 않고, 그가 보기에 미적 경험의 객관성을 방해하는 요소들, 사람들이 예술작품을 대할 때 가장 흔하게 접하게 되는 요소들을 거론함으로써 학생들이 그가 생각하는 미적 경험의 객관성을 점차적으로 인식하게 하는 방식을 취하고 있다. 아도르노는 학생들이 아리스토텔레스, 칸트, 헤겔, 쇼펜하우어,

니체, 프로이트, 루카치 등 서구 미학사의 중요 인물들이 예술에 대해 전개하였던 시각에 이미 많든 적든 익숙해져 있다고 전제하고 있다. 그는 이러한 전통적 미학과는 다른 시각에서 미적 경험을 보고자 하는 자신의 시각을 학생들에게 인식시키기 위하여 제2강에서는 예술을 이해하는 데 어떤 지침이 있어야 된다고 하는 선입견, 예술에 대해 사람들이 개별적으로 갖고 있는 선입견, 재능, 섬세한 감정이라고 표시하는 영역, 미적 향유자의 영역, 감정이입적인 영역이 미적 경험의 객관성에 이르는 길을 방해하는 요소들임을 비교적 상세하게 설명하고 있다. 예술을 재능, 심리적 반응, 예술 수용자의 주관적 반응, 감정이입, 미적 즐김, 취향 등의 관점에서 바라보고 미적 경험을 이런 관점과 연관시키는 것은 미적 경험의 객관성을 획득할 수 없다는 아도르노의 입장은 제12, 17, 18, 19, 21강에서도 구체적으로 개진되고 있으며 『미학 강의 I』의 전편에 걸쳐 퇴적되어 있다. 아도르노는 자신의 이러한 입장을 제2강에서 우선적으로 밝힘으로써 학생들이 갖고 있을 수 있는 선입견을 제거하려는 노력을 기울이고 있는 것이다. 이러한 노력에 이어서 그는 예술철학이 미적 경험을 매개할 수 있을 때만이 정당성을 확보할 수 있으며, 미적 경험을 위해서는 예술작품에 대한 논평과 비평이 필요함을 강조하고 있다. 제2강의 후반부에서 그는 칸트의 '선험적 미학'이 형식 미학에 머물러 있음을 지적하고 내용 미학의 위상을 갖고 있는 헤겔의 미학도 예술미만을 지나치게 강조하고 자연미는 경시하고 있음을 비판함으로써 자신이 생각하는 미적 경험은 칸트 미학과 헤겔 미학으로는 설명될 수 없는 개념임을 알리고 있다.

　이러한 입장을 밝힌 아도르노는 제3강에서 헤겔 미학에서 경시되고 있는 자연미의 구출에 본격적으로 나선다. 자연미의 구출은 아도르노가 예술을 보는 근본적인 시각과 특히 밀접하게 연관되어 있기 때문이다. 아도르노는 "예술은 일시적인 것, 완전히 포착되지 않은 것, 마치 법적 규정처럼 확실하지 않은 것의 모멘트에서 예술의 생명을 유지시키는 요소를 갖고 있고" 이러한 것들이 "아름다운 것의 본질에 산입"된다고 보고 있다. 그러나 헤겔은 자연미에 이러한 것들이 들어 있다고 자연미를 비난하고 이에 따라 예술미를 옹호하고 있음을 학생들에게 설명한 후, 자연미에 대한 헤겔의 입장을 비판함으로써 자연미의 구출에 나서고 있는 것이다. 그는 자연미를 옹호하는 2가지 근거를 제시하고 있다. 첫째로는, "일회적인 것을 본래의 특징으로 갖고 있는" 벤야민의 아우라 개념을 비교적 자세하게 설명하면서 자연미 옹호의 근거로 들고 있다. 이어서 그는 "예술작품이 우리 자신에게서 객체성, 정신적으로 객체적인 것으로 내재되어 있다는 것을 우리가 예술작품에서 알게 되는" 것을 가능하게 하는 것을 원原현상이라고 명명하면서 원현상도 "자연에 대한 관계로부터 유래"한다는 점을 두 번째 근거로 제시하고 있다.

이러한 설명에 근거하여 아도르노는 마침내 자연미와 예술미가 매개되어 있다는 점, 자연미가 "역사에 의해 매개되어 있다는 점"을 명확하게 언급함으로써 그의 미학이 나아갈 길을 밝히고 있다. 그는 『미학 강의 I』의 중심 주제인 미적 경험을 자연미와 연관하여 신념에 가득 찬 어조로 학생들에게 다음과 같이 전달하고 있다. "내가 여기에서 일단은 정말로 의도하고 싶은 것은 자연에 의해 주어진 것과 인간에 의해 만들어진 것 사이에는 미적인 경험의 영역에서는 사람들이 생각하는 것처럼 그렇게 철저한 차이가 성립되지 않는다는 점입니다." 이러한 입장을 표명한 아도르노는 자연미의 역사성에 대해 상세히 설명하고 칸트에서의 숭고미가 자신이 생각하는 자연미와 밀접한 관련이 있음을 논의한 후, "미적 경험이란 오로지 자연지배가 진척된 이래 열리게 되었음"을 강조하고 있다. 이렇게 설명함으로써 미적 경험이 그것 자체에서 변증법적이라는 결론을 내리고 있는 것이다. 제3강을 마치면서 그는 "자연미에 대한 새로운 자각은 미학에 특별히 중요한 것임"을 다시 한 번 역설하고 있다. 자연미의 구출을 통해 예술이 자연과 인간의 관계에서 발생하는 자연지배와 변증법적 관계에 놓여 있음을 밝히고 있는 것이다. 이 자리에서는 지면의 제약으로 구체적으로 논의할 수는 없지만, 제3강에서는 그가 자연미를 어떻게 이해하고 있는가가 비교적 상세하게 개진되고 있다. 그가 제3강에서 설명하고 있는 자연미에 대한 내용을 독자들이 꼼꼼하게 읽어 보면, 아도르노 미학·예술이론에 다가서는 길이 더욱 가까워질 수 있을 것이다.

　앞에서 옮긴이는 아도르노 미학·예술이론이 자연-인간-사회의 관계에서 구성된 미학·예술이론임을 언급한 바 있다. 제3강까지의 내용을 통해서 독자들은 아도르노의 사유에서 보이는 자연-인간의 관계와 예술의 상호연관성을, 다시 말해 자연지배와 예술의 변증법적 관계를 대략적으로나마 알아차릴 수 있게 될 것이다. 자연지배에 대한 그의 사유는 『계몽의 변증법』을 비롯한 그의 모든 저작에서 —때로는 매우 구체적으로, 때로는 논의하고자 하는 주제에 따라 구체성이 조정되는 방식으로— 드러나고 있는 바, 『미학 강의 I』의 제2강, 제3강에서는 그가 자연지배에 대해 구체적으로 설명하고 있지 않기 때문에 독자의 입장에서는 자연지배의 내용을 충분히 이해하는 데 한계를 느낄 수밖에 없다. 아도르노에서 자연지배의 개념은 외부 자연에 대한 인간의 지배인 외적 자연지배와 인간의 본성에 대한 지배인 내적 자연지배, 다시 말해 자기 주체의 자기 포기를 포괄하는 개념임이 1949년에 출간된 『계몽의 변증법』에서 명료하게 드러나고 있음에도, 제2강과 제3강에서 이 점에 대한 구체적 설명이 없는 것도 독자에게 어려움으로 다가올 수 있다. 그럼에도 독자는 제3강의 내용을 통해 예술에 대한 아도르노의 사유에서 자연지배가 매우 중요한 요소임을 일단은 파악할 수 있다.

　제4강의 모두에서 아도르노는 "욕구의 의미에서의 자연미"라는 표현을 사용함으로써 자연지배에 내적 자연지배가 포함되어 있음을 간접적으로 알리고 있으며, "욕구된 것"과 "욕구하는 것"의 분리로부터 오는 고통이 미의 경험에 원천적으로 표현되어 있음을 언급하고 있다. 그는 "미로서 지각될 수 있기 위해서는 미는 욕구로부터 밀려나 있어야 하며 욕구로부터 벗어나 있어야 하기 때문에 미의 개념에는 고통이 함께 하고 있음"을 강조함으로써 미는 대칭, 균형, 조화를 보여주는 아름다운 것이라는 전통적인 관념을 깨트리면서 고통을 미적 경험의 중심에 위치시키고 있다. 미의 개념에 이처럼 고통이 함께 하기 때문에 "본래의 것이 아닌 것으로서의 미적 영역의 특징"은 미적 가상이라는 이름으로 숙고되는 모든 것을 수용하게 된다고 밝히고 있다. 자연미에 이어서 그의 미학·예술이론에서 중심적인 개념들인 고통, 미적 가상의 개념이 여기에서 그 모습을 드러내 보이고 있으며, 이는 자연미-고통-미적 가상의 관계가 간략하게 제시되고 있는 것으로 볼 수 있다. 아도르노는 그러나 이러한 종류의 고통이 심리학적인 예술이론과는 전혀 관련을 없음을 매우 강력하게 강조하고 심리학에서 말하는 순화의 개념이 예술에서는 불안정한 상태에 머물러 있음을 지적한 후, 자신이 생각하는 순화, 감각적인 모멘트와 정신적인 모멘트의 긴장관계를 거론하고 있다. 이렇게 함으로써 그는 형식 미학이 "감각적으로 편안한 것에 대한 추상적인 표상만을 붙들고 있다"는 결론을 내린다.

전통적인 형식 미학의 한계를 지적한 아도르노는 자신의 미학·예술이론에 특유한 요소들을 현대 예술을 예로 들어서 제4강의 중반부부터 본격적으로 거론한다. 그는 현대 예술이 감각적으로 편안한 것으로부터 지속적으로 멀어지는 특징을 학생들에게 지적한 후, 이러한 특징이 마네Manet에서 이미 색의 조화가 색의 대조에 의해 철저하게 파괴되는 예에서 나타나고 있다는 점과 음악에서도 불협화음이 지속적으로 그 비중을 확대해 가고 있는 경향에서 보인다는 점을 강조하고 있다. 이렇게 함으로써 아도르노는 자신의 미학 · 예술이론에 집중적으로 논의되고 있는 개념들인 추함, 어두운 것, 충격적인 것, 낯선 것, 반감을 일으키는 것, 억압된 자연, 부정성 등을 자연지배 및 고통과 관련시키면서 설명하고 있다. 이러한 모든 특징들이 자연적인 행동의 한 부분임을 강조한 아도르노는 마침내 자연-인간-예술의 관계에서 가장 중요한 개념인 미메시스적 행동을 학생들에게 알리고 있다. 이를 위해 그는 학생들에게 『계몽의 변증법』을 읽어볼 것을 권유하면서 미메시스적 행동과 합리성의 관계, 단순한 보호색Mimikry과 미메시스의 차이점, 주술적 실제, 탈신화화 과정, 계몽과 신화의 관계, 자연지배에 의해 억압된 자연의 모멘트와 예술의 관계에 대해 설명하고 있다. 이러한 설명에 근거하여 그는 제4강의 마지막에 이르러 예술에서의 모방에 대해 언급하면서 모방과 자신이 생각하는 미메시스적 행동 사이에 차이점이 존재한다는 점을 역설하고 있다. 이렇게 해서, 제4강까지의 강의에서 자연-인간-사회의 관계 중에서 자연-인간관계와 예술의 관계가 그 모습을 드러내고 있으며, 아도르노는 자연과 예술의 관계가 철저하게 변증법적임을 특히 강조하고 있다. 그의 확신에 가득 찬 주장을 들어보기로 한다. "여러분이 예술을 원시적인 것, 미메시스적인 것, 자연 상태의 재생산에 지나지 않는 것으로 생각한다면, 이것은 잘못된 것입니다. 예술은 항상, 그리고 본질적으로 역사적인 과정에 얽혀 있으며, 지속적으로 진보하는 자연지배의 모든 카테고리에 스스로 참여합니다."

　독자들이 『미학 강의 I』를 읽는 데 조금이라도 도움을 주기 위해 옮긴이는 여기에서 미메시스적 행동이라는 용어와 관련하여 다음의 내용을 첨언하고자 한다. 아도르노가 세상을 떠난 후인 1970년에 출간된 『미학 이론』에서는 그는 미메시스적 행동이라는 용어보다는 미메시스적 충동이라는 용어에 더 많은 비중을 두고 있으며, 이 용어는 예술이 대상을 표현하지 않고는 견딜 수 없는 충동을 의미한다. 독자들은 『미학 강의 I』을 읽으면서 미메시스적 행동, 미메시스적인 근원, 미메시스적인 특징 등의 용어를 접하게 될 것이다. 독자들이 이 용어들의 뜻을 세계가 인간에게 주는 고통을 예술이 표현하지 않고는 견딜 수 없는 충동으로 —아도르노에 따르면 이런 충동은 예를 들어 카프카나 베케트와 같은 예술가에서 표현되고 있다— 받아들이면, 예술을 문명의 타락사에 대한 인식과 비판으로 보는 아도르노의 미학 · 예술이론에 더욱 가까이 다가설 수 있게 될 것이다.

제4강까지의 강의를 통해 자연–인간관계와 예술의 관계, 다시 말해 자연지배와 예술의 관계를 학생들에게 설명한 아도르노는 제5강에서 예술과 경험 세계, 예술과 현실원리의 관계에 대해 본격적으로 강의하고 있다. 예술을 자연–인간 사이의 관계에서 보는 시각에 이어 자연–인간–사회의 관계에서 보는 시각으로 확대되고 있는 것이다. 예술이 경험 세계로부터 일단은 분리되어 있다는 점을 학생들에게 설명하기 위해 그는 예술이 놀이의 모멘트와 가상의 모멘트를 갖고 있다는 점을 지적한다. 이러한 모멘트들을 갖고 있는 예술은 경험 세계, 경험적 현실로부터 이분자異分子와 같은 영역으로 존재하고 있지만 이것은 그러나 쇼펜하우어가 말한 "세계를 다시 한 번 보여주는 것"임을 강조함으로써 예술이 경험 세계를 인식하는 기능을 갖고 있다는 논리로 나아가고 있다. 이처럼 단계적으로 진행되는 논리를 펼친 아도르노는 자신에게 결정적으로 중요한 사실관계를 학생들에게 다음과 같이 알리고 있다. "예술이 확실한 의미에서 자연지배에 저항하는 자연의 이해관계를 … 지각한다면, 예술은 그러한 이해관계를 단순히 지각하는 것이 아니고 예술 자체 내부에서 항상 동시에 계몽의 한 부분이 되는 과정을 통해 지각합니다." 그는 바로 이 점이 예술의 본질이라고 명명해도 될 만한 사실관계임을 명백하게 밝히고 있다. 아도르노는 자연지배, 계몽, 합리화의 과정에서 —그에게 이 과정은 강제적 속박의 연관관계의 총체로서 작동하는 사회의 전개 과정을 의미하며, 더 구체적으로는 사회에 의한 인간지배 과정이 부정적으로 진보하는 과정이다— 희생되는 미메시스적 능력이 예술이 잔존되어 있고 예술이 보유하는 이러한 능력은 "기억에의 척도이며, 억압된 것에 대한 기억, 희생물에 대한 기억, 지속적으로 진보하는 합리화 과정에 의해 인간에서 파괴된 인간 내부에 존재하는 모든 힘에 대한 기억"임을 강조하면서 바로 이 점에서 진실의 전개로서의 예술의 존재 가치가 성립되고 있음을 주장하고 있다. 예술이 경험 세계를 지배하는 현실원리를 부정하고 고통을 표현한다는, 다시 말해 아도르노 미학·예술이론의 핵심 내용을 제5강에서 알리고 있는 것이다.

제5강까지의 강의에서 독자는 인간의 자연지배 과정과 자연지배의 결과로 설치된 사회에 의한 인간지배 과정에서 인간에게 강요되는 고통을 미메시스적 충동을 통해 표현하지 않고는 견딜 수 없는 속성을 지닌 예술은 사회로부터 발원하지만 사회에 대해 저항하는 입장을 취하지 않을 수 없다는 아도르노의 시각을 이해할 수 있는 발판을 마련했다고 볼 수 있다. 그가 『미학 이론』의 모두에서 이 책을 관통하는 핵심 원리로 알리고 있는 "예술은 사회에 대한 사회적인 반테제이다"라는 명제가 『미학 강의 I』의 제5강까지의 강의 내용에 이미 어느 정도 들어 있다고 볼 수 있는 것이다. 또한 아도르노 미학·예술이론을 관통하는 핵심 원리인 자연지배와 예술의 변증법, 미메시스와 합리성의 변증법의 골격도 제5강까지의 강의에서 어느 정도 그 모습이 드러나고 있다. 제5강까지의 강의 내용에서 어느 정도 윤곽이 드러나고 있는 자연-인간-사회관계와 예술의 관계, 이 관계에서 아도르노가 제시하고 있는 미메시스적 행동, 합리성과 예술의 관계, 예술적 가상, 예술과 계몽의 관계, 경험 세계와의 관계에서 이분자처럼 존재하는 영역으로서의 예술, 현실원리의 부정으로서의 예술, 예술이 표현하는 고통, 진실의 전개로서의 예술을 이해하게 되면, 제6강에서 21강까지의 강의 내용을 이해하는 것은, 옮긴이가 보기에, 별다른 어려움을 수반하지 않을 것으로 사료된다. 이런 까닭에서, 아도르노의『미학 강의 I』로부터 학문적 인식을 충분하게 얻어내고 싶은 독자들은 제1강부터 제5강까지의 내용을 집중적으로 파고 들어간 후 제6강 이후의 내용을 읽으면 될 것이다.

IV

옮긴이는 제6강부터 제21강까지의 강의에서는 크게 보아 4가지 내용이 들어 있다고 본다. 첫째는, 자연-인간-사회관계에서 생산된 예술작품에 대한 객관적 경험을 방해하는 요소들과 아도르노가 지속적으로 비판적 대결을 벌이고 있는 내용이다. 그는 예술이 천재성, 재능, 심리적 반응, 즐김, 감정이입 등에 환원되어 규정되는 것에 대한 거부, 예술은 이해되는 것이라는 입장에 대한 거부, 모든 종류의 미적 주관주의에 대한 거부를 명백하게 밝히고 있다. 이를 위해 그는 칸트와 헤겔은 물론이고 자신에 앞서서 활동하였거나 동시대에 활동한 중요한 미학자, 예술이론가, 문예학자, 예술가들의 입장과 비판적 대결을 전개하고 있다. 그는 칸트 미학, 헤겔 미학과의 비판적 대결, 프로이트의 예술론에 대한 거부, 딜타이의 예술론에 대한 비판, 루카치의 리얼리즘론에 대한 논박 등을 통해 예술에 대한 자신의 입장을 명백하게 밝히고 있는 것이다. 이러한 비판적 대결을 통해서 그는 미적 경험의 객관성이 예술이 성취하는 세계에 대한 객관적 인식이 되어야 한다는 확고한 입장을 표명하고 있으며, 옮긴이는 이 점이『미학 강의 I』을 구성하는 중심적 내용에 속한다고 본다. 둘째는, 미적 경험의 객관성은 예술을 받아들이는 사람이 예술작품에 자신을 내맡기면서 예술작품 내부로 침잠하여 예술작품에 내재된 진실을 함께 실행하는 것에서 획득될 수 있다는 사실을 강조하는 내용이다. 아도르노는 이를 "성찰된 공동 실행"이라고 명명하면서 미적 경험의 객관성은 오로지 이러한 공동 실행을 통해서만이 획득될 수 있음을 반복적으로 언급하고 있다. 셋째로, 아도르노의 미학 · 예술이론에 특이한 개념들을 학생들에게 제시하고 설명하는 내용이다. 정합성, 기법 Technik, 재료Material, 구성Konstruktion, 표현Ausdruck, 힘의 장Kraftfeld, 의미 연관관계 등의 개념을 예술작품의 생산, 예술작품의 수용, 예술작품에 내재하는 진실과 관련시켜 설명하는 것이 『미학 강의 I』에서 중요한 비중을 갖고 있는 것으로 보인다. 넷째로, 추함, 충격, 어두움, 소외, 낯설게 하기, 병적 혐오감, 불안, 부조리 등 현대 예술에서 나타나는 특이한 현상들을 미적 경험의 객관성과 연관하여 해석을 하고 있는 내용이다. 현대 예술이 이처럼 부정적인 특징을 보이는 것은 자연지배와 사회에 의한 인간지배가 인간에게 가하는 고통의 산물이라는 점을 강조함으로써 현대 예술에 대한 새로운 해석을 제공하고 있는 것이다. 이처럼 새로운 해석이 바로 아도르노 미학 · 예술이론의 핵심을 이루면서 그를 20세기 최고의 예술이론가의 자리에 올려놓은 것이다. 앞에서 언급한 4가지 내용은 각기 독립적으로 존재하는 내용이 아니며, 상호간에 밀접한 관계에 놓여 있다. 이 점을 망각하면, 아도르노의 『미학 강의 I』이 제공하고 있는 학문적 인식을 놓쳐버리거나 극히 일부만 얻어내는 결과로 귀착되고 말 것이다.

　　『미학 강의 I』의 말미에 첨부된 '핵심용어들'은 아도르노가 강의를 하기 위해 육필로 메모한 것을 가능한 한 원래의 형태대로 보여주고 있다. 아도르노가 실제로 행한 강의 내용 및 순서가 이곳에서 메모된 내용 및 순서와 정확하게 일치하지는 않지만, 독자들이 『미학 강의 I』을 읽은 후 '핵심용어들'을 주의 깊게 살펴보면 아도르노 미학 · 예술이론에서 중점적으로 거론되는 내용을 파악하는 데 도움을 받게 될 것이다.

V

아도르노가 플라톤의 『파이드로스』를 해석하고 있는 것도 『미학 강의 I』에서 보이는 특별한 내용이라고 볼 수 있다. 그는 고통이 아름다운 것에 대한 경험에 근본이 된다는 점을 『파이드로스』에서 끌어내어 자신의 미학·예술이론의 중심에 위치하고 있는 예술과 고통의 관계를 강조하는 계기로 삼고 있는 것이다. 그밖에도, 『미학 강의 I』에서는 플라톤에서 현대에 이르기까지 활동한 철학자, 미학자, 문학이론가, 음악이론가가 언급되고 있고, 바흐부터 존 케이지에 이르는 음악가들에 대한 아도르노의 해박한 지식을 비롯하여 문학, 미술 분야에까지 이르는 방대한 지식이 퇴적되어 있다. 이 책을 통해 독자는 서구 정신사의 한 부분을 경험하는 효과를 얻을 수도 있을 것이다. 옮긴이 후기를 마치면서 이 자리에서 마지막으로 인용하고 싶은 문장이 있다. 세계가 주는 고통을 표현하지 않고는 견딜 수 없는 충동, 즉 미메시스적 충동을 갖고 예술작품을 생산함으로써 인류를 계몽시킬 수 있는 예술가가 —카프카와 같은 예술가— 사라진 이 시대에, 폭력과 광기가 더욱 정교하게 진화하면서 인간의 영혼까지 지배하는 고통을 인간이 감내하도록 인간에게 강요하는 이 시대에, 아도르노가, 벤야민을 인용하여, 1958/1959년에 정곡을 찌르듯이 학생들에게 던진 한 마디 말은 우리에게 충격으로 다가오면서 예술이 무엇인가를 다시 상기해 보도록 우리를 압박하고 있다. "예술작품은 사람의 두 눈을 때려 눈이 열리도록 해준다."(제3강)

　이 책의 번역에서 드러나는 모든 오류나 잘못은 오로지 옮긴이의 학문적 능력이 부족한 것에 기인한다. 옮긴이가 저지른 오류나 실수에 대해 독자들의 가차 없는 질책을 바란다. 희랍어와 라틴어를 번역해 주신 김진성 선생님과 프랑스어를 우리말로 옮겨 주신 최인령 선생님께 고마움을 전한다. 이 책이 세상에 나올 때까지의 긴 시간 동안 인내를 갖고 모든 도움을 주신 세창출판사의 사장님 이하 여러 직원들에게 깊이 감사드린다. 인문학자로서 살아가는 길의 동반자가 되어 주고 항상 격려해 준 아내에게 이 책이 작은 위로라도 되었으면 한다.

2014년 3월 서울 보문동에서

문 병 호

테오도르 W. 아도르노 연보

1903

9월 11일 독일 프랑크푸르트 암 마인Frankfurt am Main에서 포도주 도매상을 운영하는 오스카 알렉산더 비젠그룬트Oscar Alexander Wiesengrund와 이탈리아 혈통의 성악가 마리아 바바라 카벨리-아도르노Maria Barbara Cavelli-Adorno della Piana의 외아들로 태어남. 10월 4일 프랑크푸르트 성당에서 가톨릭 세례를 받음. 출생신고 때 사용한 성姓 Wiesengrund- Adorno를 1943년 미국 망명 중에 Adorno로 바꿈. 유명한 피아니스트였던 이모 아가테Agathe가 늘 아도르노 식구와 함께 살았음. 어머니, 이모와 함께 음악에 둘러싸여 유복한 어린 시절을 보냄.

1910

프랑크푸르트 독일인 중등학교에 다님. 견진성사 수업에 참여.

1913

카이저 빌헬름 김나지움으로 전학.

1921

김나지움 졸업. 최우수 졸업생. 프랑크푸르트 암 마인 대학 등록. 중학생 시절부터 받아오던 음악 레슨 계속. 베른하르트 제클레스에게서 작곡 수업을 받고 에두아르트 융 문하에서 피아노 레슨을 받음. 당시 지방 신문사의 기자였고 후일 망명지 미국에서 영화이론가로 명망을 떨치게 되는 14세 연상의 사회학자 지그프리트 크라카우어Siegfried Kraucauer(1889-1966)와 알게 됨. 크라카우어와 함께 칸트『순수이성비판』읽기 시작.

1921-1924

프랑크푸르트 대학에서 철학, 심리학, 사회학, 음악학 강의 수강.

1922

대학의 한 세미나에서 막스 호르크하이머Max Horkheimer(1895-1973)를 만남.

1923

발터 벤야민Walter Benjamin(1892-1940)을 만남. 편지교환 시작. 그레텔 카플루스Gretel Karplus(1902-1993)를 알게 됨. 음악비평문들 발표.

1924

바이에른의 한적한 시골마을 아모르바흐Amorbach에서 후설 현상학을 주제로 박사학위 논문 집필. 6월에 프랑크푸르트 대학 철학과에 제출. 박사학위 취득. 지도교수는 한스 코르넬리우스Hans Cornelius(1863-1947). 초여름 작곡가 알반 베르크Alban Berg(1885-1935)를 그의 오페라 〈보체크Wozzeck〉 초연에서 알게 됨.

1925

3월에 알반 베르크에게서 작곡을 배우고 에두아르트 슈토이어만Eduard Steuermann에게서 피아노를 배우기 위해 오스트리아 빈Wien으로 감. 아놀드 쇤베르크Arnold Schönberg(1874-1951), 조마 모르겐슈테른Soma Morgenstern(1890-1976), 게오르크 루카치Georg Lukács(1885-1971)를 알게 됨. 8월 크라카우어와 함께 이탈리아로 휴가를 다녀온 뒤 프랑크푸르트로 돌아옴. 작곡에 몰두하여 〈현악 4중주 op.2〉 등을 작곡. 이 곡은 1926년 빈에서 초연됨. 음악비평문들을 씀.

1926

한스 코르넬리우스에게서 철학 연구 계속함. 알반 베르크와 서신교환 지속. 베를린과 빈에 체류. 알반 베르크, 안톤 베베른Anton Webern(1883-1945)에 관한 논문과 12음 음악에 관한 논문들 작성.

1927

교수자격논문 착수. 음악비평문들 다수 발표. 9월에 그레텔 카플루스와 이탈리아 여행. 11월에 첫 번째 논문 「초월적 영혼론에서 의식되지 않은 것의 개념」

을 지도교수 코르넬리우스에게 제출하였으나 지도교수의 의견에 따라 대학에 제출하지는 않음.

1928

연초에 베를린으로 여행. 그 사이 약혼한 그레텔 카플루스 방문. 베를린에서 음악비평가로 활동하기 위한 안정된 직장을 구했으나 실패함. 에른스트 블로흐Ernst Bloch(1885-1977), 베르톨트 브레히트Bertolt Brecht(1898-1956) 알게 됨. 음악지 『여명Anbruch』의 편집위원. 연초에 작곡가 에른스트 크레네크 Ernst Krenek(1900-1991) 알게 됨. 새로 작성할 교수자격논문의 주제를 키르케고르로 결정. 키르케고르의 철학에서 미학이론적 내용을 찾아보려 함. 아도르노가 작곡한 〈Sechs kurze Orchesterstück op.4〉가 베를린에서 발터 헤르베르트Walter Herbert의 지휘로 초연됨. 알반 베르크에 헌정한 〈Liederzyklus op.1〉 완성.

1929

『여명』 편집진과 불화. 베를린에서 〈Liederzyklus op.1〉 초연. 또 다시 음악비평가 자리에 도전. 갓 프랑크푸르트대학 철학과 정교수가 된 파울 틸리히Paul Tillich(1886-1965)가 아도르노에게 교수자격논문 제출해보라고 허락. 1월에 마틴 하이데거Martin Heidegger(1889-1976)와 처음이자 마지막으로 대학 재단 이사 쿠르트 리츨러의 집에서 만남.

1930

두 번째 교수자격논문에 몰두. 10월에 탈고. 여배우 마리안네 호페 알게 됨.

1931

1월 교수자격논문 통과. 지도교수는 파울 틸리히. 부심은 막스 호르크하이머. 2월 교수자격 취득하고 철학과 강사로 임용됨. 5월 취임강연 「철학의 시의성」.

1932

7월 프랑크푸르트 칸트학회 초청으로 강연. 「자연사 이념Die Idee der Naturgeschichte」. 사회연구소 기관지 『사회연구Zeitschrift für Sozialforschung』에

논문 「음악의 사회적 위상에 대하여」 게재.

1933

교수자격 논문이 『키르케고르. 미적인 것의 구성』이라는 제목으로 J. C. B. Mohr (Paul Siebeck) 출판사에서 출간됨. 국가사회주의자들이 권력을 장악하는 동안 베를린에 머물면서 빈으로 가 다시 교수자격을 취득할 생각을 함. 9월에 유태인 교수에 대한 면직 조치에 따라 강의권을 박탈당함. 프랑크푸르트 집이 수색을 당함. 11월과 12월 사이 대학 연구원 지원 단체(AAC)에 영국대학의 초청장을 받을 수 있도록 도움 요청.

1934

4월 영국으로 망명. AAC가 옥스퍼드 대학과의 접촉을 주선함. 6월 옥스퍼드 대학의 머튼 칼리지Merton College에 연구생으로 등록. 후설 현상학 연구 시작. 박사학위 논문 초안이 대학 당국에 받아들여짐. 10월 뉴욕에 있는 호르크하이머가 아도르노에게 연락. 사회연구소와 계속 연락하지 않았다고 아도르노를 질책.

1935

옥스퍼드에서 철학 저술 작업을 하는 동시에 음악에 관한 기고문도 작성. 6월 26일 이모 아가테 사망. 에른스트 크레네크가 전하는 알반 베르크의 사망소식을 듣고 충격 받음. 베르크의 비참한 최후는 경제적 이유로 병원에 가지 않고 집에서 가위로 허벅지 종기를 제거하다가 걸린 패혈증이 원인.

1936

『사회연구』에 헥토르 로트바일러Hektor Rottweiler라는 필명으로 논문 「재즈에 관하여」 게재. 빌리 라이히Willi Reich(1898-1980)가 편집을 주도한 알반 베르크 평전에 참여. 호르크하이머가 아도르노에게 영국에서 박사학위를 받는 즉시 사회연구소의 상임연구원으로 임용하겠다고 알려옴. 알프레트 존-레텔 Alfred Sohn-Rethel(1899-1990)과 서신교환 시작. 11월에 파리에서 벤야민과 크라카우어 만남.

1937

호르크하이머의 초청으로 6월 9일 2주간 뉴욕 방문. 8월에 파리에서 벤야민, 존-레텔 그리고 크라카우어 만남. 두 차례 철학 심포지엄. 아도르노의 논문 여덟 편이 실린 빌리 라이히 편집의 알반 베르크 평전이 빈에서 출간됨. 8월에 베를린의 그레텔 카플루스가 런던에 도착. 9월 8일 패딩턴Paddington 구청에서 결혼. 막스 호르크하이머와 영국 경제학자 레드버스 오피Redvers Opie가 증인. 10월에 호르크하이머가 아도르노에게 편지로 미국에서 라디오에 관한 연구 프로젝트에 참여할 수 있음을 알려옴. 베토벤 프로젝트 시작. 리하르트 바그너Richard Wagner(1813-1883)에 관한 저술 시작.

1938

빈 출신의 사회학자 파울 라자스펠트Paul Lazarsfeld(1901-1976)가 주도하는 라디오 연구 프로젝트에 연구원 자리를 얻기 위해 미국으로 건너감. 나치 집권 후 뉴욕으로 근거지를 옮긴 프랑크푸르트 사회연구소의 공식 연구원이 됨. 미국에서 처음 작성한 논문 「음악의 물신적 성격과 청취의 퇴행에 관하여Über den Fetischcharakter der Musik und die Regression des Hörens」를 『사회연구』에 게재. 이 해 후반부는 발터 벤야민과 유물론적 미학의 원칙들에 관한 논쟁이 정점에 오른 시기임.

1939

아도르노의 양친이 쿠바를 거쳐 미국으로 망명. 아도르노와 라자스펠트 사이에 공동연구에 대한 견해 차이 발생. 5월에 컬럼비아 대학 철학부에서 「후설과 관념론의 문제」 강연. 후에 『철학저널』에 게재됨. 『사회연구』에 「바그너에 관한 단편들」 발표. 라디오 프로젝트의 음악부분에 대한 재정지원 종료됨. 호르크하이머와 아도르노가 공동 작업으로 구상했던 『변증법 논리』의 기초가 될 대화와 토론들이 두 사람 사이에서 이루어짐.

1940

라디오 프로젝트에서 부정적인 경험을 한 아도르노에게 호르크하이머가 연구소 기관지 『사회연구』 편집을 담당하는 정규직 제안. 아도르노는 반유태주의 프로젝트 구상. 『국가사회주의의 문화적 측면』 초안 작성. 벤야민이 9월

26일 스페인 국경 포르 부Port Bou에서 스스로 목숨을 끊음. 아도르노와 그레텔 큰 충격 받음.『건설Aufbau』에「발터 벤야민을 기억하며」기고.

1941
『신음악의 철학』작업. 호르크하이머와『변증법 논리』공동 작업을 계속하기 위해 로스앤젤레스로 이주 계획.「대중음악에 대하여」와「라디오 심포니」발표. 11월 로스앤젤레스로 이주.

1942
연초부터 호르크하이머와 함께 후에『계몽의 변증법』이라는 제목으로 출간될 책의 저술에 집중. 아도르노는 영화음악을 위한 프로젝트를 위해 한스 아이슬러Hans Eisler(1898-1962)와 작업. 할리우드 사교계의 수많은 망명인사들과 교제. 그레타 가르보Greta Garbo, 막스 라인하르트Max Reinhardt, 알렉산더 그라나흐Alexander Granach, 프리츠 랑Fritz Lang, 릴리 라테Lilly Latté 등.

1943
토마스 만Thomas Mann(1875-1955)과 알게 됨. 만이 집필하는『파우스트 박사 Doktor Faustus』의 구상에 결정적 영향을 미침. 그동안 정기적으로 편지를 주고받았던 뉴욕의 양친을 7월 방문. 버클리 여론 연구 그룹과 공동작업. 반유태주의의 본성과 외연에 관한 프로젝트 진행. 그 결과물이『권위주의적 인성』.

1944
한스 아이슬러와 함께『음악을 위한 작곡』집필에 많은 시간 투여. 호르크하이머와 공동 저술한 철학적 단상『계몽의 변증법』이 프리드리히 폴록Friedrich Pollock(1894-1970)의 50회 생일을 기념하여 출간. 전미 유태인 협회Das American Jewisch Committe(AJC)가 반유태주의 프로젝트 지원 승인. 샤를로테 알렉산더Charlotte Alexander와 내연관계.

1945
2월 막스 호르크하이머의 50회 생일을 기해 후일 출간될 책『미니마 모랄리아』의 제1부 보여줌.

1946

부친이 7월 8일 뇌출혈로 사망. 9월에 뉴욕으로 어머니 방문. 위장장애, 심장이상 등. 편도선 절제 수술.

1947

『계몽의 변증법』이 암스테르담의 퀘리도 출판사에서 나옴. 『권위주의적 인성』 마무리 작업. 한스 아이슬러와 3년 전에 마무리 지은 저술 『영화를 위한 작곡』이 아이슬러의 단독저술로 출간됨. 아도르노의 이름을 제외시킨 것은 정치적인 고려에 의한 결정.

1948

라 하브라La Habra 칼리지에서 음악학자로 활동. 로스앤젤레스의 심리분석 연구소에서 강의. 토마스 만이 『파우스트 박사의 성립』이라는 저술에서 파우스트 소설에 기여한 아도르노에게 감사를 표함. 『미니마 모랄리아』 2, 3부 완성.

1949

『신음악의 철학』. 연말, 15년 만에 독일로 돌아옴. 막스 호르크하이머의 교수직 대행으로 프랑크푸르트 대학에서 강의. 비정년 트랙. 파리를 거쳐 10월에 프랑크푸르트에 도착. 편지와 그 밖의 그리고 여러 공식적인 언급들에서 독일 민주주의에 진실성이 결여되었다는 한탄을 늘어놓았지만 학생들의 정신적 참여에는 매우 감동을 받았다고 밝힘. 한스 게오르크 가다머Hans-Georg Gadamer(1900-2002)가 하이델베르크 대학의 초빙을 받아 떠나면서 후임으로 아도르노를 추천. 알반 베르크의 미망인 헬레네 베르크 Helene Berg와 베르크의 오페라 〈룰루Lulu〉의 오케스트라 편성작업 관련으로 서신교환.

1950

『권위주의적 인성』이 포함된 『편견연구Studies in Prejudice』가 뉴욕에서 발간됨. 다름슈타트 지역연구Darmstädter Gemeindestudien에서 주관한 독일 과거사 문제 연구에 참여. 호르크하이머와 함께 사회연구소 재건에 노력. 다름슈타트 '신음악을 위한 국제 페스티벌Internationle Ferienkurse für neue Musik'의 위원이 됨. 중간에 몇 번 불참하기는 했지만 1966년까지 위원자격 유지. 마리 루이제 카슈니츠Marie-Luise Kaschnitz(1901-1974)와 친분 시작.

1951

주어캄프Suhrkamp 출판사에서 『미니마 모랄리아』 간행. 발터 벤야민의 아들 슈테판 벤야민Stefan Benjamin으로부터 부친의 저작 출간에 대한 전권 위임받음. 10월에 잠깐 프레드릭 해커Fredrick Hacker가 주도하는 심리분석 재단 Psychiatric Foundation 설립에 참여하기 위해 캘리포니아의 비벌리 힐즈 방문. 12월 바인하임Weinheim에서 열린 제1차 독일 여론조사를 위한 대회에서 기조발표. 잡지 『메르쿠어Merkur』에 「바흐 애호가들에 맞서 바흐를 변호함」 발표.

1952

『바그너 시론(試論)』. 2월 23일 뉴욕에서 아도르노의 모친 사망. 10월부터 해커 재단의 연구소장Research Director. '독일 청년음악운동' 진영과 정치적 미학적 논쟁 시작. 1959년에 이르기까지 양 진영에서 학회, 라디오 대담 그리고 저술출판을 추진하는 형식으로 논쟁 계속됨.

1953

프레드릭 해커와의 격렬한 갈등으로 재단에 사퇴를 통보하고 8월에 독일로 돌아옴. 『미니마 모랄리아』에 대한 호평. 프랑크푸르트 대학 철학 및 사회학 전공 교수로 부임. 정원 외 교수. 정년트랙. 「카프카 소묘」, 「이데올로기로서의 TV」, 「시대를 초월한 유행」, 「재즈에 관하여」 등 수많은 에세이 발표.

1954

사회연구소의 소장 대리로서 연구과제에 대한 책임 증가. 7월에 에두아르트 슈토이어만Eduard Steuermann 그리고 루돌프 콜리쉬Rudolf Kolisch와 함께 다름슈타트 신음악을 위한 국제 페스티벌에서 가르침. 하이델베르크에서 열린 제12차 독일 사회학자 대회에서 이데올로기 개념에 대해 발표. 아놀드 쇤베르크 메달 받음.

1955

『프리즘』 출간. 미국여권이 만료됨에 따라 1938년 미국으로 이주하면서 상실

했던 독일 국적 회복. 부인 그레텔과 함께 프리드리히 포드추스 Friedrich
Podszus의 도움을 받아 벤야민의 저술 두 권 출간. 8월에 토마스 만 사망 소식
을 들음. 알프레드 안더쉬Alfred Andersch(1914-1980)와 친분. 서신교환 시작
됨.

1956
『불협화음들』,『인식론 메타비판』 출간. 4월 헬레네 베르크와 빈에서 만남. 오
랜만에 크라카우어와 프랑크푸르트에서 만남. 게르숌 숄렘Gershom Scholem
(1897-1982)과의 활발한 교류.

1957
『헤겔 철학의 면모들』. 철학 및 사회학 전공 정교수로 임용됨.『시와 사회에 대한
강연Rede über Lyrik und Gesellschaft』. 바그너의 오페라 〈파르지팔Parzifal〉의 악
보에 관한 에세이가 바이로이트 축제공연 프로그램에 게재.

1958
『문학론』 제1권. 사회연구소 소장이 됨. 여가수 카를라 헤니우스Carla Henius
와 알게 됨. 불면증. 연초 빈에 강연을 하러 가서 처음으로 사무엘 베케트
Samuel Beckett(1906-1998)의『막판극Das Endspiel』 접함. 파리에서 그를 만남.
파리에서 세 차례 강연.

1959
베를린 비평가 상, 독일 문학비평가 상. 5월 베를린에서 열린 제 14차 사회학
대회에서「반쪽 교육Zur Theorie der Halbbildung」 발표. 10월에 카셀 도큐멘타
기간에 신음악에 대하여 발표. 바덴바덴에서 현대예술에 대하여 발표. 기독교
유태교 공동작업을 위한 연석회의에서「과거청산은 무엇을 의미하는가」 발표.
페터 스촌디Peter Szondi(1929-1971)가 주선한 파울 첼란Paul Celan(1920-
1970)과의 만남은 성사되지 않음. 프랑크푸르트 대학 시학강의를 계기로 인
게보르크 바흐만Ingeborg Bachmann(1926-1973)과 친분.

1960

빈에서 구스타프 말러 100주기 추도 강연. 첼란과 서신교환. 사회연구소와 향후 설립될 지그문트 프로이트 연구소와의 관계를 정립하기 위해 알렉산더 미처리히Alexander Mitscherlich의 주선으로 바덴바덴에서 2주 간 체류.

1961

Paris College de France에서 3회에 걸친 대형 강의. 이탈리아(로마, 팔레르모, 폐루자 등)에 강연요청. 아도르노와 칼 포퍼Karl Popper(1902-1994) 사이에 있던 '사회과학 논리'에 관한 토론이 촉발시킨 이른바 '실증주의 논쟁' 시작. 주어캄프사가 주관한 Vortragsabend에 베케트에 관한 장문의 발표문. 「베케트의 막판극 이해」.

1962

1월에 아도르노와 엘리아스 카네티Elias Canetti(1905-1994)의 라디오 공동 대담. 3월 토마스 만 전시회 개막 연설. 알렉산더 클루게Alexander Kluge(1932-)와의 친분.

1963

독일 사회학회 회장으로 선출됨. 60회 생일에 프랑크푸르트 시가 수여하는 괴테휘장Goethe Plakette 받음. 6월 빈에서 개최된 유럽학회에서 20세기의 박물관을 주제로 강연. 베를린에서 횔덜린에 관한 강연.

1964

독일 사회학회 회장으로 하이델베르크에서 제15차 사회학 대회 개최. 주제는 막스 베버와 오늘의 사회학. 바이로이트 트리스탄과 이졸데 공연안내문에 「바그너의 시의성」 게재.

1965

2월에 아놀드 겔렌Arnold Gehlen(1904-1976)과 '사회학은 인간에 관한 학문인가?'라는 주제로 라디오 방송에서 논쟁. 호르크하이머 70세 생일을 축하하는 아도르노의 글이 주간신문 디 차이트Die Zeit에 실림. 3월에 파리에서 강연. 사무엘 베케트 다시 만남.

1966
게르숌 숄렘과 함께 벤야민의 편지들을 편집하여 두 권으로 간행. 브뤼셀에서 음악사회학에 관한 대형 강의. 다름슈타트 페스티벌에 마지막으로 참여. 「음악에서 색채의 기능Funktion der Farbe in der Musik」이라는 주제로 3회 강연(매회 두 시간).

1967
베를린 예술아카데미에서 발표(「음악과 회화의 관계」, 「예술과 예술들 die Kunst und die Künste」). 게르숌 숄렘의 70회 생일을 맞아 12월 스위스 취리히 신문Neue Züricher Zeitung에 숄렘에 대한 아도르노의 헌정사가 실림. 7월 베를린 자유대학에서 아도르노 강의에 학생운동 세력이 반발하고 방해하는 행동 처음 발생.

1968
갈수록 과격해지는 학생운동 급진세력과 갈등 심화. 1월에 파리에서 미학에 관한 강연. 다시 베케트 만남. 2월에 쾰른에서 열린 베케트 작품에 관한 TV 토론회 참석. '비상사태하에서의 민주주의 행동본부Demokratie im Notstand'가 주최한 행사에 참여. 이 행사는 TV로 중계됨.

1969
피셔Fischer 출판사에서 『계몽의 변증법』 재출간. 『미학이론』 저술에 몰두. 1월 운동권 학생들이 사회연구소를 점거하자 경찰에 해산요청. 4월 학생들의 도발로 강의중단 사태 발생(이른바 '상의 탈의 사건'). 자유 베를린 방송에서 「체념Resignation」에 대해 강연. 학생운동의 행동주의를 두고 허버트 마르쿠제 Herbert Marcuse(1898-1979)와 논쟁. 이론과 실천의 관계에 대한 메모들. 스위스의 휴양지 체르마트Zermatt에서 휴가를 보내다가 8월 2일 심장마비로 비스프Visp의 병원에서 사망.

1970

그레텔 아도르노와 롤프 티데만이 편집한『미학이론』출간.

* 위 연보는 슈테판 뮐러 돔Stefan Müller-Doom의 아도르노 전기 Adorno. Eine Biographie, Frankfurt/Main(2003)에 기초함.

연도별로 본 아도르노의 저작*

1924

● Die Transzendenz des Dinglichen und Noematischen in Husserls Phänomenologie. Phil. Dissertation. Frankfurt/M.
후설 현상학에서 물적인 것과 노에마적인 것의 초월

1927

● Der Begriff des Unbewußten in der transzendentalen Seelenlehre (Habilitationsschrift, wurde aber noch vor der Einleitung des Habilitations-verfahrens zurückgezogen).
초월적 영혼론에서 의식되지 않은 것의 개념

1933

● Kierkegaard, Konstruktion des Ästhetischen. Tübingen. J. C. B. Mohr.
키르케고르. 미적인 것의 구성

1947

● Dialektik der Aufklärung. Philosophische Fragmente. Amsterdam, Querido, zusammen mit Max Horkheimer geschrieben.
계몽의 변증법

---

* 1983년 프랑크푸르트 대학교에서 개최된 '아도르노에 관한 토론회 Adorno-Konfernz'에서 발표된 원고를 정리한 책인 Adorno-Konfernz 1983, Frankfurt/M. Suhrkamp, 1983에 첨부된 르네 괴르첸Rene Goertzen의 목록을 기준으로 하였다. 연도는 아도르노의 개별 저작의 최초 출판 연도를 의미한다.

1949

- Philosophie der neuen Musik. Tübingen. J. C. B. Mohr.
  신음악의 철학

1950

- The Authoritarian Personality. New York. Harper & Brothers.
  권위주의적 인성

1950

- Minima Moralia. Reflexionen aus dem beschädigten Leben. Berlin, Frankfurt/M. Suhrkamp.
  미니마 모랄리아

1952

- Versuch über Wagner. Berlin, Frankfurt/M. Suhrkamp.
  바그너 시론(試論)

1955

- Prismen. Kulturkritik und Gesellschaft. Berlin, Frankfurt/M. Suhrkamp.
  프리즘. 문화비판과 사회

1956

- Zur Metakritik der Erkenntnistheorie. Studien über Husserl und die phänomenologischen Antinomien. Stuttgart. W. Kohlhammer.
  인식론 메타비판. 후설과 현상학적 이율배반들에 관한 연구
- Dissonanzen. Musik in der verwalteten Welt. Göttingen. Vandenhoeck & Ruprecht.
  불협화음들. 관리된 세계에서의 음악

1957

- Aspekte der Hegelschen Philosophie. Berlin, Frankfurt/M. Suhrkamp.

헤겔 철학의 면모들

1958

- Noten zur Literatur I. Berlin, Frankfurt/M. Suhrkamp.
문학론 I

1959

- Klangfiguren. Musikalische Schriften I. Berlin, Frankfurt/M. Suhrkamp.
울림의 형태들

1960

- Mahler. Eine musikalische Physiognomik. Frankfurt/M. Suhrkamp.
말러. 음악적 인상학

1961

- Noten zur Literatur II. Frankfrut/M. Suhrkamp.
문학론 II

1962

- Einleitung in die Musiksoziologie. Zwölf theoretische Vorlesungen. Frankfurt/M. Suhrkamp.
음악사회학 입문
- Sociologica II. Rede und Vorträge. zusammen mit Max Horkheimer, Frankfurt/M. Europäische Verlagsanstalt.
사회학 II

1963

- Drei Studien zu Hegel. Frankfurt/M. Suhrkamp.
헤겔 연구 세 편
- Eingriffe. Neuen kritische Modelle. Frankfurt/M. Suhrkamp.
개입들

- Der getreue Korrepetitor, Lehrschriften zur musikalischen Praxis. Frankfurt/ M. Fischer.
충실한 연습지휘자
- Quasi una fantasia. Musikalische Schriften II. Frankfurt/M. Suhrkamp.
환상곡풍으로

1964

- Moments musicaux. Neu gedruckte Aufsätze 1928~1962. Frankfurt/M. Suhrkamp.
음악의 순간들
- Jargon der Eigentlichkeit. Zur deutschen Ideologie. Frankfurt/M. Suhrkamp.
고유성이라는 은어

1965

- Noten zur Literatur III. Frankfurt/M. Suhrkamp.
문학론 III

1966

- Negative Dialektik. Frankfurt/M. Suhrkamp.
부정변증법

1967

- Ohne Leitbild. Parva Aesthetica. Frankfurt/M. Suhrkamp.
길잡이 없이

1968

- Berg. Der Meister des kleinen Übergangs. Wien. Verlag Elisabeth Lafite/ Österreichischer Bundesverlag.
알반 베르크
- Impromptus. Zweite Folge neu gedruckter musikalischer Aufsätze. Frankfurt/M. Suhrkamp.

즉흥곡

1969

- Komposition für den Film. zusammen mit Hans Eisler, München. Rogner & Bernhard.
영화를 위한 작곡
- Stichworte. Kritische Modelle 2. Frankfurt/M. Suhrkamp.
핵심 용어들. 비판적 모델 2.
- Nervenpunkte der Neuen Musik(Ausgewählt aus Klangfiguren: cf. Klang-figuren von 1959).
신음악의 예민한 문제들
- Th. W. Adorno u.a., Der Positivismusstreit in der deutschen Soziologie. Neuwid und Berlin. Luchterhand.
독일 사회학에서 실증주의 논쟁

1970

- Ästhetische Theorie. Hrsg. von Gretel Adorno und Rolf Tiedemann, Frankfurt/M. Suhrkamp.
미학이론
- Über Walter Benjamin. Hrsg. und mit Anmerkung versehen von Rolf Tiedemann. Frankfurt/M. Suhrkamp.
발터 벤야민
- Aufsätze zur Gesellschaftstheorie und Methodologie. Frankfurt/M. Suhrkamp.
사회이론과 방법론에 관한 논문들
- Erziehung zur Mündigkeit. Vorträge und Gespräch mit Helmut Becker 1959~1969. Hrsg. von Gerd Kadelbach. Frankfurt/M. Suhrkamp.
성숙함으로 이끄는 교육

1971

- Eine Auswahl. Hrsg. von R. Tiedemann. Büchergilde Gutenberg.
작은 선집

- Kritik, Kleine Schriften zur Gesellschaft. Hrsg. von R. Tidemann. Frankfurt/ M.
Suhrkamp.
사회 비판

1973

- Versuch, das Endspiel zu verstehen. Aufsätze zur Literatur des 20. Jahrhunderts
I. Frankfurt/M. Suhrkamp.
베케트의 막판극 이해
- Zur Dialektik des Engagements. Aufsätze zur Literatur des 20. Jahrhunderts II.
Frankfurt/M. Suhrkamp.
사회 참여의 변증법
- Philosophische Terminologie. Zur Einleitung. Band I, Hrsg. von Rudolf zur
Lippe. Frankfurt/M. Suhrkamp.
철학용어들 I
- Philosophische Terminologie. Zur Einleitung. Band II, Hrsg. von Rudolf zur
Lippe, Frankfurt/M. Suhrkamp.
철학용어들 II

1974

- Briefwechsel. zusammen mit Ernst Kreneck, Hrsg. von Wolfgang Rogge.
Frankfurt/M. Suhrkamp.
에른스트 크레네크와의 편지 교환

1975

- Gesellschaftstheorie und Kulturkritik. Frankfurt/M. Suhrkamp.
사회이론과 문화비판

1979

- Der Schatz des Indianer-Joe. Singspiel nach Mark Twain. Herausgegeben und
mit einem Nachwort von R. Tiedemann. Frankfurt/M. Suhrkamp.
인디언-조의 보물. 마크 트웨인에 따른 징슈필

- Soziologische Schriften I. Hrsg. von R. Tiedemann. Frankfurt/M. Suhrkamp.
사회학 논문집 I

1980

- Kompositionen, Band I: Lieder für Singstimme und Klavier. Hrsg. von Heinz-Klaus Metzger und Rainer Riehn. München. Edition Text+Kritik.
창작곡 제1권. 성악과 피아노를 위한 가곡
- Kompositionen, Band II: Kammermusik.Chöre, Orchestrales. Hrsg. von Heinz-Klaus Metzger und Rainer Riehn. München. Edition Text+Kritik.
창작곡 제2권. 실내악곡, 합창곡, 오케스트라곡

1981

- Noten zur Literatur IV. Hrsg. von R. Tiedemann. Frankfurt/M. Suhrkamp.
문학론 IV

마티스, 앙리(Henri Matisse) 370

만, 클라우스(Klaus Mann) 91

만, 토마스(Thomas Mann) 328, 344, 345, 378, 522

멘델스존, 모세스(Moses Mendelssohn) 474, 479

멜리하르, 알로이스(Alois Melichar) 448

모네(Claude Monet) 121

모리스(Charles Morris) 455

모차르트(Wolfgang Amadeus Mozart) 21, 22, 158, 239, 531

뫼리케(Eduard Mörike) 252

미로(Joan Miró) 449, 457

미켈란젤로(Buonarroti Michelangelo) 324

ㅂ

바그너(Richard Wagner) 16, 168, 176, 244, 381, 419, 420, 446, 496, 517

바사리(Vasari) 97

바움가르텐(Alexander Gottlieb Baumgarten) 48, 53, 55, 368

바퇴(Charles Batteux) 400

바흐(Johann Sebastian Bach) 136, 498

발레리, 폴(Paul Valéry) 39, 332

발자크(Honoré de Balzac) 375, 377, 390

베데킨트(Frank Wedekind) 177, 243, 254, 277, 514

베르그송(Henri Bergson) 500

베르나르(Claude Bernard) 393

베르너(Alfred Werner) 278

베르크, 알반(Alban Berg) 151, 208, 266, 277

베르펠(Franz Werfel) 184, 201

베를렌(Paul Verlaine) 66, 78

베버, 막스(Max Weber) 390

베베른(Anton von Webern) 97, 103, 141, 151, 204, 208, 268, 278, 531

베케트(Samuel Beckett) 130, 149, 189, 263, 264, 277

베토벤(Ludwig van Beethoven) 68, 121, 138, 268, 270, 308, 367, 419, 428, 436, 463, 464

벤야민(Walter Benjamin) 27, 61, 62, 64, 74, 75, 254, 288, 366

벤제(Max Bense) 455

벨렉(lbert Wellek) 385, 392

보들레르(Charles Baudelaire) 244, 254, 476, 480, 491, 492

보브, 힐레(Hille Bobbe) 510

볼프(Christian Wolff) 48

뵈브, 생(Sainte-Beuve) 280

분트(Wilhelm Wundt) 27

불레즈(Pierre Boulez) 136, 137, 149, 175, 181, 195, 207

뷔히너(Georg Büchner) 537

브라크(Georges Braque) 151, 364, 371, 445

브런즈윅(Egon Brunswik) 452, 458

브레히트(Bertolt Brecht) 188, 189, 203, 286, 527, 533

브르통(André Breton) 151

ㅅ

사드, 마르키스 드(Marquis de Sade) 452, 458

사르트르(Jean Paul Sartre) 331, 346, 452, 458